모나크 교회역사 제5권

The Age of Reason

이성의 시대

종교 전쟁부터 프랑스혁명까지
서기 1570-1789

메익 피어스(Meic Pearse) 지음

박 응 규 옮김

존 D. 우드브리지 (John D. Woodbridge) 및
데이빗 F. 라이트 (David F. Wright)
고문편집인

팀 다울리(Tim Dowley), 시리즈 편집인

그리심

The Age of Reason

by Meic Pearse

tr. by **Pak, Ung-Kyu**

이성의 시대

저자 : 메익 피어스(Meic Pearse)

메익 피어스는 뉴욕의 휴톤 대학의 역사학 교수다. 영국의 학자인 그는 Why the Rest Hates the West의 저자이기도 하다.

존 D. 우드브리지(John D. Woodbridge)는 트리니티 이벤젤리칼 디비니티 스쿨(Trinity Evangelical Divinity School)의 교회사와 기독교 사상사 연구교수이다.

데이빗 F. 라이트(David F. Wright)는 에딘버러 대학(Edinburgh University)의 교부 및 개혁주의 기독교 교수이다.

팀 다울리(Tim Dowley)는 『기독교 역사 라이온 핸드북』(*The Lion Handbook to the History of Christianity*)을 비롯하여 많은 책을 편집했다.

역자: 박응규 교수 (Pak, Ung-Kyu)

- 총신대학교 졸업 (B.A.)
- 미국 Westminster Theological Seminary (M.Div., Th.M., Ph.D., 역사신학전공)
- 미국 Westminster Theological Seminary 및 Princeton Theological Seminary 연구교수
- 현 한국복음주의신학회 협동 총무, 개혁신학회 총무
- 현 아세아연합신학대학교 교무처장 및 역사신학 교수

저서

- 『한부선(Bruce F. Hunt) 평전: 가장 한국적인 미국 선교사』 (도서출판그리심, 2004)
- Millennialism in the Korean Protestant Church (Peter Lang Publishing Inc., 2005)
- 한국복음주의신학회 신학자대상 수상 (2005) 및 30여편의 논문

역서

- 『부흥의 계절: 미국의 전도와 부흥운동 역사』 (기독교문서선교회, 2006)
- 『역사 속의 종말인식』 (기독교문서선교회, 2007)
- 『종교개혁과 개혁신앙』 (크리스찬출판사, 2008)
- 『교리 속 종말론』 (도시출핀그리심, 2010)
- 『페르시아와 성경』 (공역, 기독교문서선교회, 2010)

저자 서문

여러 해 동안 내가 접했던 다양한 책들 중에서, 단지 한 권의 책만이 이 책보다 출판하는 일에 더 많은 시간이 걸렸을 뿐이다. 저술하는 기간은 여러 나라에 체류하는 일뿐만 아니라 두 가지 일을 할 수밖에 없었다. 다시 말해 이 일과 관련한 작업이 진행되고 있는 동안에 – 이론적으로는, 언제나 실제적이 아닐 수도 있지만 – 다른 작업들이 시작되고 끝마쳐졌다. 나는 1960년대 인기 배우였던 피터 쿡(Peter Cook)과 더들리 모어(Dudley Moore)가 주고받은 인상 깊은 대화를 기억한다. 두 사람 모두 접이용 의자에 기대어 앉아있었다. 한 사람이 다른 사람에게 "나는 책을 쓰고 있는 중이야"(I' m writing a book)라고 말한다. 오랜 침묵 후에, 다른 사람이 "나도 책을 쓰고 있지 않아"(Neither am I)라고 엉뚱하게 대답한다.

그러나 여기서 그 대화는 결국에 운명이라는 불빛 속에서 명멸하는 것이 있다. 인간 종족과 마찬가지로 그것은 의심할 여지없이 그의 창조자를 불충분하게 인식하고 있고, 인간 종족과 달리 그것은 올바른 대의를 가지고 있다. 규모에서 세계적이기를 의도하는 이러한 부류의 작품에서, 어떤 독자들은 약간 기만당하는 것처럼 느낄 수 있는 경우의 본질이 있다. 노르웨이인들(Norwegians)과 아이슬란드인들(Icelanders), 은데벨레족(Ndebele, 아프리카 부족 – 역자주)과 이보족(Ibo, 나이지리아의 흑인 종족 – 역자주), 네팔인들(Nepalese)과 이리안자야인들(Irian Jayans, 인도네시아 뉴기니 섬 서쪽 끝 지역 – 역자주)은 그 누구도 이 연구에 속한 책에서(명백히, 여기 한 부분을 제외하고) 다루어지지 않는다. 한 책에서 모든 나라들과 사람들의 유형을 완전히 알려주는 것은 불가능하다. 나는 그 대신에 세 가지 사항을 추구했다. 첫째로, 나는 이 책이 관계하고 있는 시대 동안 기독교 안에서의 발전과정에서 '대표적인 취급'(*representative* treatment)을 하려고 노력했다. 모든 가톨릭 영역들(모든 개신교, 모든 정교회 영역들 역시)을 망라하지는 않을 것이다. 그곳에 있는 사람들에 관한 것도 마찬가지이다. 물론 어떤 사람들은 다른 사람들보다 더 충분히 다루었다. 그러나 나는 총론적인 형태를 기술하고 예증하는 이야기의 양상들을 나타내려고 시도하였다. 둘째로, 나는 뚜렷한 성장, 축소, 또는 교회 안에서 중요한 내적 발전과 같은, '전략상 중요한 국면' (*strategic* aspects)에 집중하려고 노력했다. 마지막으로 나는 미래에 대한 아주 커다란 영향을 끼쳤던 사람들, 장소들, 그리고 활동들 – 명백히, 그것으로 현재를 포함하는 – 에 특별한 관심을 가졌다. 영국과 미국이 적용범위에서 상당한 몫을 부여 받았다고 덧붙여서 말해야만 하겠다. 일부는 미래에 대한 영국과 미국의 커다란 영향 때문에, 또 일부는 이 책이 특별히 영국과 미국의 독자층들을 목표로 하고 있기 때문이다.

자신이 속한 교회들과 나라들에 해당하는 독자들이 모두 공명정대하게 잘 다루어졌다고 느꼈으면 하는 바람이 있다. 만일 그것이 너무 많은 것을 바라고 있는 것이라면, 적어도 그들 교회와 경쟁하는 교회들을 감히 지지하는 야비한 분리주의 또는 독자의 사랑하는 고국과 인접한 영토에 출몰하는 '인간 이하의 사람들' (*Untermenschen*)처럼 매몰차게 취급하지 않았기를 바란다.

내가 이 책으로 인해 다른 사람들에게 신세진 것이 너무 많아서 일일이 다 언급할 수가 없다. 따라서 단지 이렇게만 언급하는 것으로 충분하다. 관련이 있는 사람들은 몰바니아(Molvania)의 발틱 해 연안의 정교회에 대한 나의 큰 무지를 점차적으로 (그리고 전적으로 곧) 해결해주었던 동료들로부터, 수천마일이나 떨어진 곳에서 온 작은 캥거루(wallaby)처럼 내 마음이 뛸 수 있게 해준 이들의 호의에 이르기까지 다양하다. 스코페(Skopje), 마케도니아(Macedonia)에 있는 복음주의 교회의 훌륭한 사람들이 있는데, 그들은 내가 저술하려고 애쓰고 있었던 (그리고 어떤 날에 정말로 성공했던) 2003년의 여름 기간 동안 그들의 공동생활에 나를 넣어주었다. 게리 백스터(Gary Baxter)와 쥬디 콩던 박사(Dr. Judy Congdon)는 적어도 관련된 어떤 실수를 하지 않도록, 특별히 미술 역사와 교회음악 분야에서 나에게 도움을 주었다. 팀 돌리 박사(Dr. Tim Dowley)는 당신이 손으로 잡을 수 있는 인상적인 작품이 되도록 이 책을 잘 다듬어주었던 참을성 있는 연속출판물의 편집자이다. 마지막으로, 무책임한 남편이 책을 쓰고 있는 동안, 여러 집들에서 홀로 짐을 쌓고 풀었던, 많은 맛있는 과자들을 구워냈던, 특히 나의 아내 앤이 있다. (그것이 당신들이 기대하고 있을 소식일지라도) 나는 당신들의 그 누구에게도 은혜를 갚을 수는 없지만, 당신들은 적어도 다음의 내용들에서 확실히 있게 될 다수의 논쟁적인 말들에서는 책임이 없다.

이 책은 오늘날 우리 각자의 삶에 의미심장하게 영향을 미치는 주제를 다루고 있다. 우리는 "세계적인 교회"(global church)의 시대에 살고 있는데, 우리의 선조들의 행동들의 여파는 그들이 거의 감히 기대하지 않았고 또한 어떤 경우에도 전혀 두려워할 없었던 방식들을 초래하였다. 국가와 교회 사이의 동맹으로 인한 타락과 소위 "이성의 시대"의 냉혹한 개신교-가톨릭의 다툼은 최근의 세기에 그 강압(compulsion)이 사라진 이후에도 대부분의 유럽지역에서 특색을 이루게 된 종교적인 환멸과 세속화에 일조했다. 반대로, 이 책에서 망라되어진 시기에서 동부와 남부지역으로의 기독교의 확장은 여러 번에 걸쳐서 확대되었다. 필립 젠킨스(Philip Jenkins)가 최근에 설득력 있게 다루었던 것처럼, 21세기는 이 두 가지 발전의 결과만으로도 결코 작지 않은 부분에서 가장 중요한 특징이 될 것이다.[1] 그러므로 그와 같은 중요한 현재의 사실들에 대한 오랜 대의들이 적어도 어떤 분석적인 엄격함으로, 합당한 균형 잡힌 무게로, 그리고 무엇보다도, 최고의 합당한 진지함으로 여기에서 망라되었기를 바라는 바이다.

메익 피어스(Meic Pearse)

휴톤, 뉴욕(Houghton, New York)
2005년 9월

역자 서문

메익 피어스(Meic Pearse) 박사의 『이성의 시대』(*The Age of Reason*)를 번역하는 일은 큰 기쁨과 즐거움이었다. 이 책에는 일반적으로 접할 수 있는 교회 역사 그 이상의 귀한 역사적 보고(寶庫)가 담겨있다. 저자 피어스 박사는 종교개혁 한 세대 이후인 1570년을 출발점으로 하여, 1789년 프랑스 혁명이 발생할 때까지의 두 세기에 걸친 교회의 역사를 보다 객관적인 관점에서 서술하였다. 이미 그때는 진정한 기독교가 다양한 요소들로 인해 상당부분 훼손된 상태였다. 이 책에는 이후 두 세기 동안 벌어진 신구교의 발전과 쇠퇴, 그리고 화해와 다툼의 시간들이 편견 없는 한 학자의 소신으로 적나라하게 눈앞에 펼쳐지는 광경을 목격할 수 있다.

특별히 놀라운 것은 그동안 우리에게 생소했던 구소련을 비롯한 동유럽, 그리고 남미, 아시아와 아프리카에 속한 제3세계의 소중한 자료들을 활용하여 역사서술의 중요한 부분으로 삼았다는 사실이다. 서양의 특정 나라들을 중심으로 기록되고 읽혀졌던 교회사 읽기가 이 책을 통하여 어느 정도라도 교정될 수 있다면 그것은 제일 큰 소득일 것이다. 서양인들의 하나님과 교회로만 인식된 기독교 역사인식이 이제는 보다 폭넓게 확장되어야할 필요성이 있다. 저자는 이 책을 통하여 교회의 부흥이 특별했던 지역들의 역사도 보여주지만, 소외되고 가려졌던 많은 지역들에 존재했던 교회의 끈질긴 존속과 활동 역시 강하게 보여주고 있다. 그것은 우리가 신봉하고 있는 기독교 신앙이 얼마나 위대한 진리의 능력인지를 잘 드러내 주고 있다. 하나님의 놀랍고도 크신 은혜를 간과하지 않으면서도, 교회의 역사를 어떤 자의적인 해석보다, 있는 모습 그대로 나타내려는 저자의 수고와 노력은 경탄하지 않을 수 없을 정도이다.

우리는 이 책을 통하여, 이 세계의 어느 특별한 지역이 아니라 전(全) 세계에서, 자신의 뜻을 이루어 나가시는 하나님의 놀라운 섭리를 다시 한 번 확인할 수 있을 것이다. 과거의 역사를 통하여 자신의 완전한 뜻을 결국 이루신 하나님께서는 그 동일한 섭리의 손길을 통하여, 오늘과 미래의 모든 역사 속에서 동일하게 자신의 완전한 뜻을 이루어 가실 것이다. 우리는 단순히 교회 역사의 이야기들을 읽는 것이 아니라, 그 이야기들 속에서 뚜렷하게 자신을 나타내시는 놀라우신 은혜의 하나님을 발견할 수 있을 것이다. 이 책을 저술한 피어스 박사의 궁극적인 의도 역시 그러하리라고 역자는 확신한다.

한 가지 꼭 지적하고 싶은 것은, 이 책을 보다 효과적으로 읽어나가기 위하여 교회 역사와 함께 맞물려 돌아가는 일반 세계사를 참고해야만 한다는 것이다. 궁금하거나 모호한 부분이 있는 것은 이 책의 내용이 부족해서가 아니라, 이 책이 전제로 하고 있는 세계사의 지식이 부족해서 발생하는 것이라 할 수 있다. 미국과 영국의 독자들을 대상으로 쓰여 진 책이기 때문에, 우리로서는 어떤 한계를 피할 수가 없다는 사실도 인정해야 한다. 그러므로 이 책에 나타난 교회 역사와 관련된 세계사－특별히 유럽의 근대역사－를 필요할 때마다 잘 참조하면서, 이 책이 가져다주는 보다 깊은 지식과 이해의 즐거움을 음미하기를 바라마지 않는다.

여러 가지 일로 분주한 시간들이 겹쳐 번역하는 일이 어렵고 힘들었지만, 이 과정에서 함께 수고해 준 사랑하는 제자 조권수 목사에게 깊은 감사의 마음을 전한다. 더 많은 시간과 정성을 들여서 번역하지 못한 아쉬움이 크지만, 본서의 진의를 잘 드러내기 위해 함께 교정보고 여러 가지로 수고해 준 출판사 여러분들의 노고에 감사드린다. 『이성의 시대』가 종교개혁 이후의 근·현대 교회사를 잘 이해하도록 인도해주는 귀한 안내자 역할을 하리라 기대하고 또한 확신한다.

박 응 규 교수

(아세아연합신학대학교 역사신학)

지도와 삽화의 목록

지 도

삽 화

차 례

서 론

독자들은 프랑스 혁명으로부터 2세기 이상 멀리 떨어져 있다. 그 사건이 미치는 범위 내에서, 세상과 기독교의 입장 모두는 바스티유(Bastille) 감옥 습격이 호전적인 세속주의의 첫 번째 출현이었다는 것과 또 왕권과 영권의 연합에 대한 아찔한 공격이었음이 드러난 이후에 상상할 수 없이 변화되었다. 그 혁명은 현대로 들어가는 출입구였다. 옹호되는 - 그리고 반대를 받는 - 영향과 사상들은 여전히 우리들과 같이 있다. 하지만 이 책은 우리들처럼 그 사건으로부터 머지않은 동일한 거리에서 시작하는 중요한 사건과 관련이 있고, 단지 방향(다시 말하면, 1570년의 시작하는 시기에서)만 다를 뿐이다. 또한 이 책은 파리, 성 앙투안느(St. Antoine)의 작은 소매상인들이 바스티유 감옥을 빼앗고, 통치자를 죽이고, 또 소수의 당황한 포로들을 반짝이는 한낮의 빛으로 해방시켰던 그 때까지의 발달 상황들을 추적해간다.

본서가 다루고 있는 시기의 시작에서 교황 피오 5세(Pius V)는 엘리자베스 1세가 폐위되었다고 선언하는 교서를 반포하고 있었고, 적어도 그것이 실천되리라는 어떤 소망을 가지고 있었다. 비록 종교개혁이 서방 기독교를 균열시켰지만, 교회는 여전히 세속 정부들을 일으키거나 파괴할 수 있는 그들의 전통적인 능력을 고수하고 있었다. 하지만 이 책이 다루고 있는 시기의 끝무렵에, 그 능력은 사라진 지 오래가 될 것이다. 18세기경에, 국가 교회들-

1792년 프랑스 성직자들에 대한 대학살

가톨릭, 개신교, 그리고 정교회 – 은 왕들과 군주들의 도구였지 주인이 아니었다. 국가 교회들은 왕들과 군주들의 영토를 다스리고 그 백성들을 지속적으로 복종시키는 일에 유용한 협력자들이었다. 그것이 새롭게 떠오르는 지성인들의 세대 – 민주주의자, 민족주의자, 그리고 공화주의자 – 가 교회의 세력을 무너뜨리려고 했던 이유이기도 하다. 혁명에 사용된 구식소총은 단지 귀족들만이 아니라 성직자들까지 공격했다.

현재 살펴보고 있는 2세기 동안에, 이것은 기독교의 영향력에서 쇠퇴를 의미하는 것으로 받아들여서는 안 된다. 그 시대의 출발에서, 서방의 기독교 세계는 내향적이었고, 종교적인 투쟁으로 쪼개졌고, 또 그 자신의 다툼들로 괴로워했지만, 결국에 서방의 교회들은 "성도들에게 단번에 전달된 믿음"(faith once delivered to the saints, 또는 어쨌든 유럽 사람들에 의하여 발전된 경쟁하는 여러 가지 믿음)이 지구의 가장 끝부분까지 퍼지는 것을 보는 전례가 없는 선교의 확장 시대를 바야흐로 맞이하고 있었다.

그럼에도 불구하고, 이것이 전체 모습은 아니었다. 서방이 전체 세계가 아니기 때문이다. 오히려 그 반대로 서방이 계속해서 망상에 사로잡혀 있었을지라도 말이다. 이집트, 팔레스타인, 시리아, 그리고 페르시아에서 대부분 무슬림의 지배아래에서 살고 있었던 동방의 기독교 교회들은, 본서에서 다루고 있는 시대 동안, 법적으로 그리고 사회적으로, 그들의 환경에서 피할 수 없는 불이익을 받으면서 서서히 쇠퇴해가고 있었다. 그렇지만 그들은 자신들의 존재양식을 유지했고, 또 그들의 삶을 보존하였다. 북쪽과 서쪽으로 간 그들의 형제들, 그리스와 발칸 지역의 기독교인들은 비슷한 상황 아래에서 살았지만, 그들은 더 최근에야 무슬림에게 굴복했기 때문에 다소간 보다 적은 약화를 경험했다. 본서의 이야기가 끝마칠 즈음에, 그들 중의 어떤 이들은 확장하는 러시아와 오스트리아 제국의 형태로 기독교세계와 다시 통합했다. 그리고 다른 이들은, 처음에 세르비아(Serbia)와 그리스(Greece)에, 그 다음에 루마니아(Romania)와 불가리아(Bulgaria)에 자신들의 여러 국가들을 세울 수 있는 날이 멀지 않았다.

러시아에서, 우리 시대의 시작은 동방의 무신론적인 이전의 지배자들에 대항하여 자신의 것을 유지하는 능력을 점점 유지하는 기독교 러시아를 경험했다. 1570년까지 13세기에 동부 유럽을 황폐화시키고 그 중심지역을 공포에 떨게 했던 몽골(Mongol) 유목민들은 훨씬 이전의 작은 규모의 칸의 영토와 군주의 지위로 사라지고 있었다. 17세기와 18세기는 러시아가 동쪽 지역의 이웃 나라들에 압력을 가하면서, 우랄 산맥을 넘어, 결국 동쪽으로 광대한 지역들을 포함하는 확장의 긴 시대를 시작하였다. 또한 러시아는 남쪽으로 칭기즈칸(Genghis Khan)의 자손들을 그 조상들이 정복했던 정교회 기독교인들의 피지배자가 되게 하면서, 그 흐름의 결정적인 반전을 증거하였다.

더 넓은 범주로 나아가서 볼 때, 아메리카는 1570년에 드문드문 사람이 거주하고 있었다. 실로 스페인의 지배아래 있었던 지역들은 유럽의 질병이 토착 인구의 3/4보다 더 많은 목숨을 빼앗아갔기 때문에, 60년 이전에 그랬던 것보다 훨씬 더 희박하게 사람이 거주하고 있었다. 북부와 남부 아메리카에서, 그들을 연결하는 파나마 지협에서도 역시, 미래가 유럽 사람들과 그들의 종교와 관련되어 있다는 것은 이미 분명했다. 그렇지만 18세기 후반까지, 이베리아 사람들에 의하여 식민지화된 나라들의 가톨릭주의는 자신만의 독특한 삶을 지니게 되었다. 하지만 북아메리카에서는 어떤 국가 교회도 사람들을 강제할 수 없었고, 분파주의자들이 확고하게 자리를 잡고 있었으므로 피오와 엘리자베스의 시대에 두려움을 주게 할 가능성이 있었다.

그렇다면 세계의 나머지는 어떠했을까? 로마가톨릭 – 특별히 예수회 – 의 선교는 아시아의 많은 지역들에서 급속히 진행되었다. 그들의 개종자들이 속한 비밀 공동체는, 페리(Perry) 제독의 재출현(parousia)을 기다리면서 일본에서 혈거인(troglodyte)의 생활을 지속했다. 인도에서는 도마 기독교인들(Mar Thoma Christians)이 포르투갈 사람들의 "원조"에도 불구하고 자신들의 독특한 문화를 유지했다. 그렇지만, 서방 유라시아 지역을 넘어선 세계의 수백만의 사람들과 아메리카 사람들은 대부분 1789년에, 다양한 기독교에 대하여 이방인들로 남아 있었다. 이 모든 것은 곧 바뀔 것이다. 비록 우리가 이 책에서 그 변화를 추적할 수는 없을지라도, 우리는 적어도 그것을 가능하게 했던 기독교 안에서의 발전을 인식하는 시도를 할 수 있다. 18세기 후반은 이후의 200년을 특징졌던 기독교 믿음의 전 세계적인 확장의 출발점이었다. 바스티유 감옥의 무너짐만큼이나, 복음주의적인 선교운동의 시작은 현대로 넘어가는 시대의 출발점이었다.

제1장

위태로운 기독교 세계:

1570년의 배경과 그 과거에 대한 언급

1570년의 기독교 세계는 교훈적인 모습을 보여주지는 못했다. 그 세기의 초반부터 일단의 르네상스 학자들이 받아들였던 소망들은 종교개혁과 그 사건에 이어 발생한 가톨릭의 반발이라는 불길 속으로 내던져졌다. 그들은 서로 관용하고 연합할 수 있는 새로운, 교양 있는, 그리고 계몽된 유럽을 꿈꿨지만, 서구 기독교의 구조가 산산이 분열되면서, 처음에는 로마 교황의 권위에 대하여, 그 다음에는 관련된 많은 논쟁점들에 대하여 증대하는 불관용 – 직접적으로는 박해에 이르게 하고, 신앙적으로는 전쟁을 유발시켰던 신앙적인 다양성 – 과 불일치를 목격했다.

누구에게나 인정받는 덕망 있는 학자들 가운데 최고의 인물이었지만, 불행했고 또 깊은 근심 속에서 살았던 로테르담의 에라스무스(Erasmus of Rotterdam)는 1536년에 사망했다. 가톨릭교회의 복음적이고 인문주의적인 학자 추기경 콘타리니(Contarini)는 로마의 종교재판소가 시작되었던 해인 1542년에 영면하였다. 그는 이전 해에 레겐스부르크(Regensburg)에서 루터파와 화해를 이루려는 그의 시도를 의심받고 있었고, 그의 저작들은 이미 교회 당국자들에 의해서 공식적으로 금서가 되었다. 마찬가지로, 젊은 청년으로서 개신교 대의에 애착을 갖고 있었던 평화주의 학자 필립 멜란히톤(Philip Melanchton)은 새롭게 분리한 자신의 편에 있었던 아주 파괴력이 있는 원리들의 영향력을 제지할 수가 없었다. 1560년에 그의 임종에서, 그는 "걱정과 신학자들의 격정에서 자유로워지게 될 것"[1])을 하나님께 감사했다.

관용하고 연합하는 일: 매우 명백한 자기모순이지만, 그럼에도 불구하고 여전히 우리 대학들에 거주하고 있는 사람들이 열정적으로 신봉했던 바로 그 관용구가 단순한 사실들과 증거, 그리고 경험에 의하여 잘 정돈된 자유로운 사고방식에는 통하지 않는다는 것을 보여준다. 관용은 그것을 실행할 수 있는 일에서 참되고, 견고한, 서로 영향을 줄 수 있는 차이가 존재할 때에만 실행될 수가 있다. 역으로, 연합은 분리와 그것에 도움이 되는 의견들을 허용하지 않는 경우에만 성취될 수 있다.

그런데 1570년의 군주들, 제왕들, 왕들, 그리고 존경받을 만한 공회원들은 결정적으로 연합을 선택했지만, 확신하건대, 그들은 연합을 받아들여야만 하는 형태에는 동의할 수가 없었다. 그래서 그들은 지역적인 차원에서 자신들의 의견을 강요했다. 1555년에 아우구스부르크 평화조약 때까지, 이러한 강제는 가장 넓고 강력한, 그리고 가장 다양하게 구성된 유럽 지역이었던 신성로마 제국에서 합법화되었다. 이 조약은 표면상 독일 왕들 사이에서 경건한 싸움의 최후 승부를 '군주를 따라서, 종교도 마찬가지로' (*cuius regio, eius religio*, according to the prince, so the religion)라는 방식으로 기술되는 협정으로 종결지어졌다. 이미 장래의 형태는 분명했다. 즉 국가의 신앙고백은 통치자의 결정에 좌우되었다.

물론 그 실제는 보다 복잡했다. 과거에 대한 민중의 궤변들은 군주정치의 "잔인한 여왕의 이론"(Queen of Hearts theory, '이상한 나라의 엘리스' 에 나오는, 본인이 싫으면 누구든지 사형처벌을 내린 하트여왕 – 역자주)보다도 견딜 수가 없었다. 그 군주는 까다로운 아이처럼, 그리고 홀로 결정하는 사람처럼 반대자에 대한 첫 번째 불평에서 "그의 머리를 치라!" 고 소리 질렀었다. 사실상, 초기 근대 유럽의 거의 모든 통치자는 그들이 지배하고 있는 주민들의 바람에 의하여 매우 심한 압박을 느꼈다. 물론 그들이 지배하고 있는 모든 주민들 때문만은 아니었다. 굶어 죽을 것 같은 대다수의 관점 – 그들의 민감성이 너무 깊게 충격을 받았을 경우에, 정말 그들이 반란의 능력이 있었을지라도 – 은 중요한 일들과 관련된 원대한 계획에서 거의 문제가 되지 않았다. 그러나 주요한 귀족 가문들과 부유한 시민(그들은 순차적으로 보다 적은 고뇌에 의하여 영향을 받았다)들의 신념과 관심을 고려하는 일에 실패했던 통치자는 분쟁으로 치닫게 되었다. 가장 성공적이었던 사람들은 그들이 무엇을 모면할 수 있는지를, 그리고 누가 새로운 정치적 상황에 걸맞은 충분히 융통성 있는 양심을 소유했는지를 알았던 사람들이었다. 튜더 왕가의 엘리자베스의 이름이 머리에 떠오른다.

1570년의 기독교 세계는 일찍이 그런 예를 들 수 없을 정도로 분열되었다. 물론 옛날의 균열은 여전히 그곳에 있었다. 칼케돈(A.D. 451) 회의가 그리스도의 본성을 명확히 정의하는 일을 시도해서 동방교회들 – 이집트와 에디오피아 콥트교도들, 아르메니아 사람들, 그리고 메소보타미아에서 말라바르(Malabar)에 이르는 시리아 정교회 – 을 화합할 수 없는 불일치로 내몰았던 그 이후의 2세기부터 시작된, 네스토리우스파(Nestorian)와 그리스도 단성론(Monophysite) 분파들은 이 분열들 가운데에서 가장 오래된 것이었다. 그 후 중세 동안, 비잔틴과 로마 교회들은 '필리오케' (filioque) 논쟁과 교황의 권위에 대한 범위 논쟁으로 상호간 저주하면서 표류했다.[2] 1054년은 동서방이 서로 결별한 해로 종종 인용되고 있지만, 가장 실제적인 이유들로 인하여 그 교회들이 이전 여러 세기동안 따로 떨어져 지내왔다. 그 후에는 실로 적어도 대립하는 종교 단체라는 어떤 느낌을 지속적으로 갖고 있었다. 그리스 정교회 총대주교는 동남부 슬라브 민족에 대한 충성을 주장한 반면에 로마 교황에 속한 교회는 중북부 유럽뿐만 아니라 라틴계의 서부까지 망라하였다.

이제 이 마지막 교회 제국의 연합 역시 깨져버렸다. 1517년 이후에 몇 년 동안 마틴 루터(Martin Luther)가 처음으로 그리고 결정적인 맹타를 가하면서, 독일에 속해 있는 많은 주들이, 공국들이든지 아니면 자치 도시들이든지, 자신들의 영역 안에서 분리된 교회를 조직하도록 격려했다. 여러 개의 스위스 주들도 선례를 따랐다. 스칸디나비아 왕국들과 많은 남동부 발트해 연안 지역들도 그렇게 했다. 1530년대에 영국왕 헨리 8세는 그의 나라를 로마가톨릭으로부터 분리하도록 이끌었다. 영국성공회가 경쟁하는 분파들 사이에서 끊임없이 의문시되었던 절반 정도의 미숙한 개신교 형태로 남았지만, 그럼에도 불구하고 그것은 교황제도(1553년부터 1558년까지 메리 1세 치하에서 덧없는 회복을 시도한 일을 제외하고)와는 상관이 없었다. 1560년대까지 개신교는 지중해 남쪽을 제외한 이전의 가톨릭 영토에 속한 모든 곳에서 성행하였다. 칼빈주의 위그노들은 신속히 전도하면서 그리고 권력을 향하여 도전하려고 준비하면서 프랑스에 침투하였다. 네덜란드의 칼빈주의자들은 스페인의 통치에 불만을 품고 있었던 지역들과 연합해서 나라의 상당수가 반란을 일으키기 위하여 일어섰다. 스코틀랜드는 옛 신앙과 새 신앙 사이에, 후자가 다소간 불명확하게 실권을 쥐고 있는 상태에서, 격렬한 다툼이 있었다. 루터파와 칼빈파는 헝가리와 트란실바니아에서 세력을 얻고 있었다. 여러 종류의 개신교가 폴란드에서 뿌리를 내리고 있었다. 독일의 황제들은 오스트리아와 보헤미아에 속한 자신들의 중심지에서도 개신교 세력에 직면한 것을 발견했다.[3)]

이것이 모든 것은 아니었다. 종교개혁은 여러 문제들에 대하여 – 교리, 교회, 그리고 정치 – 폭넓은 다양성을 가진, 급진적으로 이탈한 수많은 운동들을 일으켰다. 그들의 적수들이 "재침례파"라는 이름으로 그들 모두를 합하여 하나로 취급했지만, 이것이 그들의 관심사들에 대하여 완전한 범위를 기술한 것은 전혀 아니었다. 숫자상으로 그리고 다양성에서, 그것들은 종교개혁 이전의 반대자들과 "이단"의 세력을 훨씬 능가했다. 비록 1570년엔 그들의 숫자가 온건하게 머물러 있었고 또 모든 곳에서 박해를 받고 있었지만, 그들은 세속국가의 발흥을 불가피하게 하는 종교적인 다원성을 전조(前兆)하는, 미래의 진정한 선구자들이었다.

서부 지역의 영혼을 위한 주창자들

가톨릭교회의 구조는 중세 동안 봉건적인 유럽의 계급제도를 반영시켰던 계급적인 기관이었고, 지금도 그것은 마찬가지다. 그 정도로, 가톨릭교회는 계급주의를 실행했고 또 반영하기도 했던 사회와 긴밀하게 일치되어 있었다. 그렇지만 인간이 어떤 일에 영향력을 미칠 수 있는 모든 조직들처럼 가톨릭교회는 제도와 관련해서뿐만 아니라, 성직자들, 주교들, 그리고 참으로 교황들의 개인적인 잘못들에 있어서도 타락에 노출되어 있었다.

비록 근대 이전의 사회적 변화들이 갑작스럽다기보다는 점진적으로 증대되었을지라도, 16세기 초까지는 서유럽의 사회, 정치, 그리고 경제 구조들에서 의미심장한 누적된 변화들이 있었다. 이 때문에 로마 가톨릭교회의 특정 연대를 신성화시켰던 구조는 확실히 더 이상 적합한 것이 아니었다. 세속 정권들 – 왕들, 군주들, 도시 의회들 – 에게 속하여 최근에 두드러지게 된 세력은 통치자의 영토 바깥에서 통치했던 교회의 권위를 진력나는 것으로 보이게 만들었다. 상업 세계의 보다 인류평등주의적인 분위기에서 살았던 도시 거주자들에게서, 로마 가톨릭교회의 엄격한 성직자 계급제도는 그들이 피해 달아났었던 봉건제도 지역의 모든 것을 매우 웅변적으로 이야기하는 것이었다. 상업에 대한 의심과 고리대금의 저주(이자를 받고 돈을 빌려주는 일)는 사업을 어지럽게 했다. 게다가, 그 중요한 경건의 행위인 미사는 명백한 구경거리였고 또 기적으로 소문난 것이었다. 그것이 문맹의 농부들을 두려움에 붙잡아두려고 하는 일이었지만, 도시민들의 충성을 유지하게 하는 것은 그렇게 확실하지 않았고, 그들은 개신교의 말씀 중심의 호소와 요약된 교리들과 인쇄된 본문인 성경에 보다 더 열려 있었다.

유명한 성직의 남용들에 관하여 – 동족등용, 성적인 부도덕, 성직겸임(한 곳 이상의 성직을 차지하는 일), 성직매매(돈을 받고 성직자의 신분을 파는 일), 성직의 무지, 그리고 문맹 – 이러한 일들은 그것들이 이전에 존재했던 것보다 16세기 초에 약간 더 악화되었다. 그러나 14세기 후반 이후로, 사람들이 "조금 더 비난하고, 조금 덜 이해하는" 것을 배웠던 것처럼, 대중적인 경건의 발흥하는 풍조는 권력의 남용에 대한 관용의 수준이 점점 약해지고 있었다는 것을 의미했다. 이것이 성직자의 무지에 대하여 점점 학식이 늘어나는 주민들의 줄어드는 관용과 결합되었고, 이 때문에 문제가 되는 것은 당연했다.

루터파

1517년부터 작센(Saxony)의 비텐베르크(Wittenberg)에서 한 신학 교수였던 마틴 루터는 교황의 권위에 대한 핵심적인 질문으로 재빠르게 이끌었던 쟁점들의 한계에 관하여 이의를 제기했다. 간단한 이의제기 후에, 루터는 성경의 권위가 교황의 권위를 넘어서는 우선권을 가져야만 한다고 주장했다. 그는 자신에게 찬동하고 또 임박한 교황의 화형 협박들로 인하여 자신에게 군사적인 후원을 제공하는 쪽으로 기울어진 불어난 많은 수의 독일 영주들을 발견하고서 안심했다. 그들이 허락했던 주로 보수적인 영역 내에서, 그는 그의 교리적인 관점을 따라서 그들의 경계 안에서 교회들을 개혁하는 일을 할 수가 있었다.[4)]

물론 이것은 경쟁하는 석의학자들이 루터 자신과 다른 깨달음으로 성경을 이해했을 경우에 어떤 일이 발생하겠는가의 질문을 곧바로 제기했다. 그 대답이 오는 데에는 오랜 시간이 걸리지 않았다. 1520년대 동안 다른 곳에서 도시나 또는 영주들의 권위에서 후원을 구할 수 있었던 경쟁자들은 그렇게 했고, 결과적으로 개신교에 속한 다른 비루터파의 방식들을 옹호하는 나라들을 양산했다. 대부분 이러한 것들은 이제 개신교로 명명되어진다. 이런 종류의 어떤 후원도 구할 수 없었던 자칭 종교개혁자들－이들은 가장 급진적인 모든 사람들을 포함했다－은 어쩔 수 없이 스스로 조용히 물러나든지, 그렇지 않고 계속 고집을 부린다면 그들은 박해를 겪어야만 했다.

개혁파

도시의 권력자들이 자신을 후원하도록 만들었던 한 종교개혁자는 울리히 츠빙글리(Ulrich Zwingli, 1484-1531)였다. 그는 스위스의 취리히(Zurich)의 지도자들을 설득하여 그가 그들의 영토 안에 있는 교회를 개혁하는 일을 허락하게 했다. 그의 개신교 사상은 루터의 사상보다 더 간소했고, 그가 선호했던 예배 형태는 더 단순했다. 또한 그의 교훈적 경향은 보다 더 실제적이었고, 또 역설에 대해서는 덜 세심했다. 그렇지만 본질적으로 츠빙글리와 루터는 하나였다. 죄인들은 선한 행위가 아니라 믿음에 의하여 의롭다함을 받는다. 하나님께서 영원 전부터 어떤 개인들이 구원받을 것인가를 예정하셨다는 그 선택은 원인만큼이나 결과를 헤아릴 수 없는 것이었다. 전통이나 교황이 아니라, 성경이 믿음과 실천에 있어서 가장 탁월한 권위와 기준이다. 교회는 세속정부에 복종하고, 결과적으로 정부는 교회를 유지하고, 그 신민들이 그것을 붙잡도록 강제해야하는 의무를 갖고 있다.[5)]

마틴 부처(Martin Bucer, 1491-1551)는 스트라스부르(Strasbourg)의 다소간

좀 더 불안정한 정치적 환경에서 비슷한 개혁들을 도입했다. 1536년부터 1538년까지, 그리고 다시 1541년부터 그 이후로, 존 칼빈(1509-1564)도 제네바에서 마찬가지로 사역했다. 그의 신학적인 조직화 작업은, 특별히 그의 저서 『기독교 강요』(Institutes of the Christian Religion)에 반영된 것처럼, 오랜 기간 동안 그를 개신교 신학에서 가장 탁월한 인물로 만들었고, 개혁파(Reformed)와 칼빈주의자(Calvinist)라는 표현들 – 그것들이 이 책에서 보통 사용되어지는 것처럼 – 은 종종 동의어로 사용된다. 개혁주의 개신교는 1570년에 유럽의 거의 대부분 지역에서 발전하고 있었다. 그 능력은 정돈된 연구방법에 의한 지적인 강건함과 현대성에 있었다. 또한 개혁주의 개신교는 일반적으로 매우 잘 조직되었다. 이러한 이유들로 인하여, 그것은 루터파들이 했던 것보다 도시 중산층들에게 압도적인 호소력을 갖고 있었다. 동일한 이유들로 인하여, 개혁주의 개신교는 소작농 주민들에게 일반적으로 환영받지 못했다.[6]

급진주의자들

두 번째 집단에 속하는 사람들(즉 세상 통치자들에게서 지원을 받지 못했던 급진주의자들)은 무수한 다양성을 갖고 있었다. 그들의 인격적인 장점만이 아니라 장래의 중요성에서 있어서 가장 주목할 만한 사람들은 대개 복음적인 침례교파로 간주되는 사람들이었다. 1525년 초반에 츠빙글리의 개혁으로부터 이탈하면서, 그들은 스위스, 남독일, 오스트리아, 그리고 보헤미아에서 급속히 퍼져나갔다. 그들은 신자들의 교회 – 즉 개인적으로 회심한 사람들로만 구성된 회중 – 를 원했기 때문에, 정부의 승인을 구하지는 않았다(정부들에 의해 그 교회가 받아들여지는 어떤 기회도 없었던 것은 아니었다). 동일한 상징에 의하여, 그들은 기독교 국가에 대한 어떤 가능성도 거부했다. 이것을 강조하기 위하여, 그들은 자신들의 교회론과 개신교와 가톨릭(그 문제에 있어서는 동방 정교회 역시)의 교회론 사이에 결정적인 표지였던, 신자들의 침례를 가르치고 실천했다. 개신교와 가톨릭은 재침례파를 발견할 때마다 그들을 박해하는 일에 연합하는 것으로서 이 견해에 일치를 보았다.

개신교와 가톨릭 정권은 다수의 급진주의자들이 평화로부터 거리가 멀다는 통탄할 만한 사실로 인하여 그들의 결정을 강화시켰다. 토마스 뮌처(Thomas Muntzer, 약 1490-1525)는 사회 혁명을 주창하고 사악한 사람들의 박멸을 설교하면서 – 물론 그것으로 그는 그와 일치하지 않는 모든 사람들을 의미했다 – 자신을 새로운 다니엘로 인식했던 극렬한 과대망상자였다. 그의 강조는 산상수훈의 강조와는 충분히 거리가 멀었는데, 20세기 동유럽의 공산주의 정권은 그를 영웅의 지위로 추앙하면서 거리들이나 광장들에 그의 이름을 붙였다. 뮌처는 1524-1525년의 독일 농민전쟁에서 가담함으로써 처형당했지만, 다른 폭력적인 선지자들이 나타났다. 1534년부터 1535년까지, 라인지방(Rhineland)의 뮌스터(Munster)는, 라이덴(Leyden)의 얀 뵈컬스(Jan Beuckels)라는 그들의 왕이 이끄는, 비정상적인 재침례파에 의하여 메시아 왕국으로 변했다. 예상대로, 비록 뮌스터 재침례파들(Munstrites)은 그 책임으로 인하여 상당한 피를 흘렸을지라도, 그것은 당국자의 손에 의하여 피의 숙청으로 끝났다.

급진주의는 오는 여러 세기 동안 뮌스터의 오명에서 벗어나지 못했다. 급진주의는 모든 분파주의적인 신앙을 해산시키는데 편리한 도구였다. 바꿔 말하면 그것은 마음이 내키는 대로 말하는 사람보다 더 급진적이었던 국가교회와도 조화를 이루는 견해였다. "급진주의는 또 다른 뮌스터로 이끌어갈 것이다." 그것으로 충분했다.

이후의 분파주의는 믿음과 실천에 관한 거대한 범주를 망라했다. 즉 신비주의(mysticism), 비밀적인 메시아들(secret messiahs), 성경의 영해(Spiritualizing of Scripture), 그리고 일신론 이단(unitarian heresy)를 포함했다. 그렇지만 일반적으로, 분파주의는 가장 성공적이었고 또 지속적이었던 복음주의적 재침례파의 변형들이었다. 그러나 모두가 박해를 받았다. 오늘날 "근본주의"라는 용어처럼 그 사용에서 부주의하고 심할 정도로 부정확하게, 뮌스터 이후의 "재침례파"는 화자가 동의하지 않는 사람들의 의견들을 나타내려는 또는 십중팔구 익숙하지 않은 사람들의 특징을 나타내려는 포괄적인 관용구가 되었다. 그것은 고민거리가 되었다.[7]

로마가톨릭

가톨릭교회는 어떠했는가? 가톨릭교회에 속한 전통적인 신자들은 그처럼 상당부분을 빼앗기는 동안에 단순히 빈둥거리고 있었는가? 놀랍게도, 종교개혁의 거의 첫 30년 동안, 그 대답은 "예"이다. 교황과 추기경들은 양손을 쥐어틀고, 초조해·하고, 그리고 소란을 피우면서, 개혁이 필요하다고 결정했다. 그리고는 아주 약간 그렇게 했다. 1517년 종교개혁이 일어나기 전에도, 많은 학자들과 성직자들이 공의회로 모여 교단을 정돈하려고 교회를 소집했었다. 그러나 어느 하나도 제대로 소집하지 못했던 언제나 똑같은 익숙한 이유들이 있었다. 개혁을 회피하기를 원했던 사람들은 1512-1517년의 제5차 라테란 공의회(the Fifth Lateran Council)를 지적할 수 있었는데, 그것은 (교황청의 관점에서) 만족스러워하는 이빨 빠진 유순한 개임을 증명하였다. 그러나 그것은 다른 더 엄격한 일에 대한 요구에 불을 지피는 것과 같은 준비조치였다. 1520년대와 1530년대의 가톨릭 세계에서 진실로 개혁하는 공의회를 소집하는 일에 대한 교황권의 실패는 개혁되지 않은 상태로 남아있기를 바라는 것에 원인이 있다고 의심하는 사람들이 있었다. 교황들은 앞으로 있게 될 모임이 1414-1418년의 콘스탄스 공의회(Council of Constance)의 전철을 따를까 두려워했다. 그 공의회는 로마교황의 지위와 관련된 서로 싸우는 모든 신청인들을 폐하고 어떤 다른 사람을 지명하였고, 최후의 조정자를 자체적으로 결정하면서 오래 끌었던 분열을 끝냈다. 교황 클레멘트 7세(Clement VII, 1523-1534)는 그의 선출에 수반되었던 불법적인 탄생과 성직매매가 어떤 미래의 공의회로 하여금 그를 해임시키는 원인이 될까봐 두려워했다. 그리고 모든 16세기의 교황들은 최종적인 권위가 교회 공의회가 아닌, 교황 직책에 본래적으로 부여되었음을 강조하고 싶어 했다.

신성로마제국의 황제 찰스 5세는 개신교 분파를 정화시키고 그의 제국의 일치를 회복하기 위하여 공의회를 소집하는 것을 절실히 필요로 했다. 그의 가장 냉혹한 원수인 프랑스 왕 프란시스 1세(Francis I)는 같은 이유로 그와 같은 어떤 가능성도 차단하려고 동일하게 결심했다. 16세기 초반의 4반세기 동안, 그의 왕국에서 개신교의 도전이 미약했던 것은 프랑스가 국내 문제에서 안심할 수 있는 여유가 있었다는 것을 의미했다. 찰스가 국내 문제로 근심하고 있었다는 것은 그에게 매우 적합한 것이었다. 그가 가톨릭교회에 속한 가능한 모든 차원의 이권을 부여받고 있었기 때문에, 그는 개혁에 제동을 걸었다. 비록 1525년 이후 잠시 동안, 찰스의 손에 의한 클레멘트의 실제적인 투옥이 황제가 교황에게 요청할 수 있는 어떤 것을 그가 거부하는 것을 어렵게 만들었지만, 그는 그 위기가 지나기까지 – 그리고 1534년 그가 사망할 때까지 – 연기하고 얼버무려 넘기면서 근근이 계속 버터 나갔었다.

그러나 서서히, 간담이 서늘한 충격을 주는 불가피한 분위기와 함께, 교회는 마지못해서 스스로를 개혁하는 두려운 임무를 향하여 천천히 나아갔다. 환자들이 다가오는 외과의사에게 용기를 내서 나아가는 동안, 우선 보다 쉬운 조처가 취해졌다. 처음에 여러 가지 새로운 수도원 단체들이 만들어졌다. 이것은 현존하는 허약한 기관들에게 치료효과가 있는 고통을 가하는 위험이 없이도, 열정과 자선의 출구를 제공했다.

가장 성공적인 새로운 단체는 단연코 스페인 사람인 이그나티우스 로욜라(Ignatius Loyola, 1491-1540)가 세운 예수회(Society of Jesus, 또는 Jesuits)였다. 그것은 1540년에 교황의 승인을 얻었고, 눈부신 결과들을 이루었다. 예수회는 가톨릭 수도회 가운데에서 가장 수준 높은 교육기관이었다. 또는 적어도 오랫동안 존재했던 도미니크 수도회와 동등한 수준이었는데, 도미니크 수도회는 그들의 경쟁자들이었다. 예수회는 아시아에서 선교 사업과 유럽에서 교화 사역을 선도하는 최전선에 있었다. 다른 그 어떤 단체보다도 더 많이, 그들은 가톨릭교회의 자체적인 모습을 바꾸고 사기를 회복하는 일을 도왔다.

추기경 알레산드로 파니스(Alessandro Farnese)는 독일 추기경들에게, 만일 자신이 교황으로 선출된다면, 당장 공의회를 소집할 것이라고 확언했었다. 그러나 그렇게 하는 대신에, 교황 바울 3세(Paul III)로서 그의 첫 번째 행위는 그의 두 손자들을 추기경직에 지명하는 일을 포함하는 것이었다. (일반적으로, 그것은 기억할 만한데, 교황이 손주들을 지명하는 일은 상상할 수가 없었다.) 이러한 본질적인 것들과 더불어 교황 바울은 개인적인 사례와 관련된 것을 제외하고서, 자신이 마음대로 할 수 있는 모든 수단들을 가지고 개혁의 대의를 촉진하기 위하여 노력했다. 이 모든 일들을 고려했을 때, 1542년 5월에 그가 정식으로 다음 11월에 (또는 아마도 기한이 지나서) 모이는 공의회를 소집하는 교서를 발표했던 것은 처음에 언급되었던 것보다는 아마도 덜 놀랄 만한 것이다. 6월에 그는 스페인의 종교재판소를 모방한 로마가톨릭 종교재판소를 설치하도록 추기경 피에트로 카라파(Pietro Carafa)에게 자격을 주는 다른 교서를 발표했다. 공의회가 3년 이상 동안 프랑스와 신성로마제국 사이에 있었던 새로운 전쟁의 발발로 인하여 연기되고 있는 동안, 종교재판소는 곧바로 시작되었다. 자신의 개인적인 재원으로 헌신적인 카라파는 감옥의 작은 방에 적합한 곳을 샀다. "설사 나의 아버지가 이단일지라도, 나는 그를 불태우기 위하여 나무를 모을 것이다"라고 그는 비장하게 말했다.

카라파 자신이 교황의 존엄성과 교황의 권위에 대한 위협이 되는 모욕적인 공의회를 거부했던 이유 때문에, 비록 그가 바울 4세(1555-1559)로 교황의 권좌를 올랐을 때 어떤 회기도 소집하지 않았다는 것이 언급되어야 한다. 하지만 1545년 12월 이후에, 트렌트 공의회(Council of Trent)를 열망하던 사람들은 20년 동안 네 교황에 걸쳐서 이따금씩 회합했다. 그들 상호간의 반감에도 불구하고, 카라파와 공의회는 교회에서 개혁의 위업을 단언했다. 카라파는 완강하고, 단호한 군주로서, 교황의 예산과 관료들을 대폭 삭감했고, 로마에 있는 매음굴을 폐쇄했으며, 그와 그의 관리들이 붙잡을 수 있는 어떤 이단들도 불태웠고, 성직자에게 엄격한 훈련을 가했다.

트렌트 공의회는 카라파와 거의 유사할 정도로 무시무시했지만, 동시에 오랫동안 교회를 괴롭혔던 교회의 부패행위들을 정화하기로 결의했다. 그것은 주요한 개신교 가르침들을 몰아내고 종교개혁자들이 반대했던 많은 교리들을 재확인하는 방식으로 가톨릭 교리를 정의하였다. 성찬식은 실제로 그들이 의미했던 은혜를 포함하고 있는 '사효론'(*ex opere operato*, 성사의 은총은 그리스도의 행위인 성사적 예절에 내재하는 힘에 의하여 주어진다는 로마 가톨릭 교회의 이론-역자주)의 은혜를 베풀었다. 교회는 성경을 해석할 수 있는 유일한 권한을 가졌고, 그것과 관련된 권위 있는 성경 텍스트는 제롬(Jerome)의 불가타(Vulgate) 성경이었다. 13세기 도미니크 신학자였고 또 중세 후반부의 무미건조한 스콜라주의의 대들보였던 토마스 아퀴나스(Thomas Aquinas)는 '대중의 박사'(doctor communis)로 회복되었다. 이 마지막 요지는 이전 세기의 3/4에 속했던 시대 풍조를 강력히 반대하고 공의회 자체의 처음 성향을 뒤엎는 움직임이었다. 그것은 인문주의자들의 노선 위에서 성직자와 평신도 교육을 증진시키고, 개신교로부터 지적인 고상한 근거를 빼앗아 오는 것이며, 성경 본문들에 대한 비판적이고 역사적인 연구를 일반적으로 선호하는 것이었다. 그러나 공의회는 협조적인 편에 있었던 에라스무스파의 쇠퇴를 전체적으로 목격했고, 논쟁적인 용어로 로마가톨릭을 단호하게 전통주의자로 재정의했다. 그것은 또한 그 세기의 후반부 동안 로마 가톨릭교회의 특성과 유효성을 바꾸는 많은 구조적이고 교육적인 개혁들에, 비록 그 효력이 나타나는 데에는 잠시 시간이 걸렸지만, 시동을 걸었다.[8)]

외적인 위협

이 시기의 시작에서, 서방의 기독교 세계는 오래 지속된 내적인 위기의 중심에 있는 자신을 발견했다. 그러나 그것은 또한 외적으로도 위협을 받고 있었다. 터키의 형세가 이전보다 더 증대하고 있었고, 그것은 유럽의 기독교 문화가 전반적으로 터키에 의하여 일소될 수도 있다는 생각을 쉽게 할 수 있는 것으로 보였다. 찰스 마르텔(Charles Martel)이 아랍 군대들을 피레네산맥(Pyrenees) 남쪽 뒤로 내몰았을 때인 732년 푸아티에(Poitiers, 또는 Chalons) 전투의 전야를 마지막으로, 이슬람 유럽의 전망은 아마도 그렇게 보였다.

1453년 콘스탄티노플이 이슬람교도에게 무너지기까지, 그것은 오스만 무슬림 해양에서 어쩔 수 없이 단순한 기독교 섬으로 오랫동안 쇠락할 수밖에 없었다. 1345년 초두부터, 이슬람교도들은 훨씬 더 유럽 안으로 진군했다. 대담하게도, 그들은 1389년 코소보 폴리예(Kosovo Polje)에서 세르비아 사람들을 격퇴시켰다. 이어지는 두 세대는 이슬람교도들의 손안에 들어간 남부 발칸 지역 전체를 보여준다.

터키는 거기에서 멈추지 않았다. 대부분의 크로아티아(Croatia)와 달마티아(Dalmatian) 연안은 16세기 초반 오스만 군대에 의해 무너졌고, 베오그라드(Belgrade)는 1521년에 점령당했다. 잠시 동안 터키는 다뉴브(Danube) 강을 따라서 계속 전진했지만, 1526년 그들은 북쪽으로 다시 전진하면서 헝가리 군대를 모하치(Mohacs)에서 격파했다. 트란실바니아와 몰다비아도 그들의 손에 떨어졌다.

당시에는 그 누구도 그것을 몰랐지만, 터키는 그들의 성공이라는 측면에서 거의 최고점에 달했다. 비록 그들이 북쪽이나 서쪽으로 더 나아가서 위험한 약탈을 했고, 또 비엔나를 두 번이나 포위했지만, 그들의 지역적인 팽창은 종말을 고했다. 그러나 그것은 참으로 그들을 매우 멀리까지 오도록 만들었다. 헝가리와 크로아티아는 그들의 이전 영토에 속한 단순한 흔적으로 한정되었다. 터키는 폴란드와 공동 경계지역을 공유하게 되었다.

기독교가 붕괴할 가능성에 대한 불안한 여론이 한 세기 동안 확립되었다. 기독교에 속한 남부지역까지, 이슬람은 북아프리카를 오래 지배하였다. 그들의 동부지역에는 타타르 사람들(Tartars – 터키계 민족 – 역자주)이 있었고, 그들은 여전히 러시아를 둘러싸고 있었으며, 아직도 칭기즈칸(Genghis Khan)의 기억이 민족전승으로 남아 있었다. 북쪽으로는 얼어붙은 얼음이 있었고, 서쪽으로는 끝없는 대양이 있었다. 기독교인들은 이교도들과의 환경 사이에 갇혀 버렸다. 그리고 남동부 쪽에서 무슬림들이 전진해오고 있었다.

15세기 탐험가들은 기독교 세계에 대한 이슬람의 이런 점증하는 포위정책에서 벗어나는 일과 아시아의 먼 지역들에서 비무슬림들과 접촉하기를 원하는 일로 동기를 부여받았다는 설이 자주 제기되었다. 아프리카 서부연안을 아래쪽으로 항해하여 아마도 전설로 알려진 수도사-왕 프레스터 존(Prester John)을 발견하는 것이 가능하지 않았을까? 그것이 실패한다면, 무슬림을 대적하여 그들을 도울 수 있는 잠재력 있는 동맹이 이슬람 세계의 남쪽에서 적어도 가능할지도 모르는 것이었다. 포르투갈의 해양 탐험가 헨리 왕자는 그렇게 생각했던 것으로 보인다. 그 실제는 소망만큼이나 좋았다. 아프리카는 남쪽 끝이 있었고, 누구든지 그곳을 돌아서 인도에 이르기까지 항해할 수 있었다. 콜럼버스(Columbus)는 유명하게도 1492년 서부로 항해하여 동쪽에 이르는 여정을 시도했고, 그것은 결과적으로 기독교의 전파를 가져왔다. 우리는 3장에서 그것을 간략하게 언급할 것이고, 11, 12장과 13장에서 더 많은 분량을 다룰 것이다. 그러나 자신의 계획을 착수하는 콜럼버스의 동기의 일부는 무슬림의 지배에 얽매이지 않는 인도를 향한 노선을 확립하는 것이었다.

이 시기에 유럽의 기독교 세계에 관한 언급이 전혀 없다는 것은 말이 되지 않고, 16세기 기독교인들의 마음의 상태에 대한 언급은 그들의 전체 문화가 완전히 이질적인 무슬림의 조류 아래에서 소멸되려고 했던 수백만의 사람들이 경험한 – 특별히 중부와 게르만 지역 유럽의 거주자들 – 더디고, 갉아먹는 듯한, 대단히 괴로운 불안에 대한 분명한 인식이 없이는 불가능하다.

종교개혁의 논쟁을 그러한 고통으로 몰아넣었던 것은 이러한 갉아먹는 듯한 두려움이었다. 하나님께서는 그들을 대적하여 이슬람교도들을 보내셔서 기독교 세계의 죄악들을 심판하셨다. 이 심판의 의미는 여러 가지 방법으로 말할 수 있었을 것이다. 개신교의 관점에서, 하나님의 진노의 이러한 유출을 자극했던 것은 가톨릭교회의 도덕적이고 교리적인 타락들이었다. 종교개혁은 기독교 교회의 질서를 회복하여 진노하신 하나님을 달래고자 하였다. 그러므로 진리를 바라보고 종교개혁에 동참하기를 거부했던 가톨릭교회는 인지하든 못했든 사탄의 대리인들이었다. 그러나 가톨릭교회의 관점에서 백배나 더 상황을 악화시켰던 것은 개신교도들이었다. 만일 기독교세계가 1517년 이전에 심판을 받아야 했다면, 이단과 분리의 죄악들이 그렇게 만연하게 된 그 이후에는 얼마나 더 많은 심판을 받아야 했겠는가? 그리고 기독교 세력을 분열시키고 또 기독교의 에너지를 분산시킴으로써 개신교는 터키사람들의 과업을 훨씬 더 수월하도록 만들고 있었다. 가톨릭과 개신교는 모두 다양한 급진주의자들이 사탄의 모든 대리인들 중에서 가장 위험하고, 그들을 그냥 존속하도록 내버려두는 것은 이슬람교도들의 침입을 긍정적으로 권유하는 일이라는 것에 동의했다.

그러나 1571년의 레판토(Lepanto) 전투에서 스페인이 주도한 연합 기독교 군대가 터키 해군에게 압도적인 패배를 가했을 때, 기독교의 활기가 갑자기 상승했다. 그 사건은 전례가 없는 것이었지만, 유럽의 열망이 갑자기 높아지지는 않았다. 돌아보건대, 그것은 오스만 제국이 이제 막 내적인 쇠퇴와, 다가올 세기들이 보여주는 것처럼, 타락의 시기로 들어가고 있는 바로 그 때에 기독교의 군사적 기술이 마침내 오스만 제국의 군사적 기술을 따라 잡았다는 어떤 분수령을 상징했다고 볼 수도 있다. 하지만 이 가운데 어느 것도 당시에는 분명하지 않았다. (실로 오스만 제국의 비엔나에 대한 공격이 여전히 도사리고 있었다.) 유럽 사람들은 그 이전의 전투에서 터키 사람들을 가끔 이겼지만, 그렇게 했을 때마다, 그들은 훨씬 더 많은 경우들에서 패배했었던 것을 역시 잘 알고 있었다. 아무리 만족할 정도로 극적인 것이었을지라도, 레판토는 단지 일시적인 성공일 수도 있었다.

권력의 중심부에서 아주 멀리 떨어져 있어서 거의 문제가 되지 않았던 기독교 세계의 가장 먼 동쪽지역에서만, 그 근본이 변화되기 시작했다. 여러 세기 동안 중부 러시아의 슬라브족 거주자들은 타타르 사람들에게 – 처음에는 그들의 대군주에게, 이후에는 강력한 국가로서 러시아가 진보한 이후에까지 적어도 그들의 지속적인 습격과 약탈행위에 – 복종하며 지냈다. 13세기 황금 군단(13세기 유럽에 원정한 몽골 군단 – 역자주)의 주군인 베르케(Berke)가 이슬람으로 개종한 일은 볼가 강 지역의 타타르 사람들에 대한 유형을 결정지었다. 러시아 정교회 기독교인들은 계속 이슬람을 위협적인 존재로 느꼈다.

얼마 전에 모든 러시아의 첫 번째 황제(Tsar)로 스스로를 명명했던 러시아의 젊은 황태자 이반 4세(Ivan IV)가 원정대를 이끌어 카잔(Kazan) 도시를 황폐화시키고, 그 거주민들을 살육하고, 강제로 살아남은 자들을 개종시켰다. 그는 그 도시에 러시아 기독교 신자들을 다시 정착하게 하면서, 1552년에 그 흐름을 바꾸어 놓았다. 통치자였던 예디갈-모하메드(Yedigar-Moham-med)는 소수의 생존자 가운데 하나였다. 그는 모스크바로 의기양양하게 되돌아갔고, 그는 대주교 마카리우스의 질의에 대하여 진지하게 그가 어떤 외부의 압력에 응하여 이 과정을 취하는 것이 아니라고 주장하면서, 다음해 2월(한 구덩이가 모스크바 강의 얼음에 특별히 파헤쳐졌다)에 침례에 의한 세례를 받았다.

카잔 주변의 시골에서는, 비천했던 사람들이 이슬람교에서 기독교로 회심하는 일에서 비슷한 계몽의 방식을 따랐다. 1553-1554년의 겨울 동안에 수많은 사람들이 반항적인 부족주민들을 죽였고, 그 살육은 많은 생존자들이 그들의 정복자의 믿음을 포용하도록 유발하였다. 성모마리아교회(The Church of the Intercession of the Holy Virgin, 이후에 성 바질 성당으로 불렸다)가 카잔(Kazan)의 중앙광장에 세워졌다. 다른 교회들은 그 도시 주변에 산재했다. 1555년에 그 지역은 주교관구로 확립되었다. 기독교인들이 볼가(Volga)강의 전체 물길을 지배하고, 카스피 해(Caspian Sea)에 접근하면서, 아스트라한

(Astrakhan)의 칸(Kahn)이 다스리는 지역은 신속하게 그 뒤를 따랐다.

북동부에서, 이슬람의 조류-적어도 다음의 사백 년 동안-는 결정적으로 저지를 당했다. 그 세기의 후반부 동안에 우랄지역을 가로질러 시베리아 쪽으로 러시아의 원정대는 사정없이 동쪽 지역을 압박했다. 눈 덮인 황무지에서 기독교 세계가 확장하고 있었다.[9)]

이교도의 지배 아래에서

발칸 지역의 기독교인들만이 불신자의 지배를 받았던 유일한 교회는 아니었다. 아프리카와 아시아의 교회들은 물활론자, 일신론자, 조로아스터교신자, 불교신자, 또는 유교신자였던 지배자들의 묵인 덕분에 살아남아서, 여러 세기 동안 소수파의 지위를 유지했다.

압도적으로, 남부와 동부지역의 교회들은 무슬림 사회에서 표류하는 자신들을 발견했다. 그와 같이, 성경과 이브라힘(Ibrahim) 또는 아브라함(Abraham)의 하나님에 대한 그들의 충실한 지지 때문에, 그들은 '딤미'(dhimmi, 보호받는 사람들, 이슬람법에서 딤마는 비무슬림에 대한 생명과 재산의 안전 보장을 의미한다-역자주)들이었다. (무슬림 치하의 유대인들도 동일한 지위를 유지했다.) 그러나 그들은 길고도 더딘 이슬람과의 문화적인 마찰뿐만 아니라 모든 방식의 법적인 불이익을 당했다. 게다가, 18세기와 19세기 동안 적어도 유럽의 권세가 무슬림 정권들에 대항하여 분투하기 시작하여 국면을 다시 변화시킬 때까지, 다국간 마찰이나 폭력은 유일한 하나의 가능한 결과만 가져올 수 있었다. 7세기에 이슬람의 발흥과 급속한 군사적 확장은 북아프리카와 근동의 교회들을 압도했다. 그 교회들은 살아남았지만, 계속적으로 다음 세기 내내 감소되었다. 외국의 적수들을 위한 어떤 잠재적인 제5열(fifth column, 적과 내통하는 집단-역자주)이 될 가능성을 제기하지 않았기에, 로마가톨릭과의 그들의 절연관계가 무슬림 지배자들로 하여금 그들을 비교적 친절하게 대하도록 해주었을지라도, 그들은 동일한 표지에 의하여 격리되었고 자국의 지배자들에 좌우되었다. 게다가, 그들은 그들 사이에 연합은 없었고, 비교적 지역적인 신앙을 가진 사람들로 인식하는 것이 가능했다. 그와 같이, 그들은 유서 깊은 역사적 문화를 마음에 간직하면서 그런대로 자연스럽게 나아가는 불굴의 저항력을 소유하고 있었다. 그러나 그들은 자신들에게 확장된 활력을 유일하게 줄 수 있었던 보편화된 추진력을 대부분 상실하였다.[10)]

이론적으로, 콥트교회는 6세기에 비잔티움(Byzantium, 지금의 이스탄불 – 역자주)에서 거부당했던 이론인 일원론 – 그리스도께서 단 하나의 본성만을 취하였고, 그것은 신성이라는 주장 – 을 옹호했다. 실제적으로, "콥트"(copt)란 이름이 시사하는 것처럼, 그들은 이슬람 이전의, 그리스적이지 않은(non-hellenic) 이집트의 종교적 문화를 간직하고 있었다. 13세기에 이르러, 비록 그와 같은 통계들이 널리 알려진 대로 논쟁의 여지가 있고 또 곡해되기 쉬운 것이지만, 그들의 숫자는 인구의 7%로 줄었고, 그때부터 그런 식으로 유지되었다. (19세기의 한 프랑스 관찰자는 기독교인들이 인구의 8%였다고 평가했다. 현재의 수준은 이집트 정부에 의하여 공언되는 것처럼, 6%정도만큼 낮거나 또는 어떤 기독교인들이 주장하는 것처럼 20%정도로 높다.)[11)]

본서가 다루고 있는 시대의 시작에서, 1517년에 오스만 제국이 이집트를 사로잡은 이후부터, 이집트는 느슨하게 오스만 제국에 속해 있었다. 파괴적으로 세금이 부과되었고 비효과적으로 통제되었다. 그러나 그 침략 덕분에, 기독교인들을 박해하는 것으로 자신들의 무슬림 경건을 과시했던 후기 중세 노예기병(Mameluk) 지배자들의 풍조는 방해를 받았다. 참으로, 오스만 치하에서 콥트교도들은 특별히 유명한 정부 관리들, 지나치게 과세하는 집행자들, 그리고 과도통치의 도구들이었다.

비록 수단-누비아(Sudan-Nubia) 교회들이 이 시대의 시작 이전에, 외진 마을들에서만 살아남으면서, 무슬림의 침략에 의하여 거의 멸절상태에 이르렀지만, 그들과 에디오피아의 역사적인 교회들 역시 콥트교회였다. 1530년대와 1540년대 동안, 에디오피아 사람들 또한 모진 무슬림의 압력에 직면했었다. 수단 사람들이 아랍 침략자들에 의하여 정복되었던 반면에, 에디오피아 사람들은 터키 사람들의 병력과 마주쳤다. 비록 그들이 교회의 감소와 자신들이 소유했던 고대 사본들의 많은 분량과 관련된 조직적인 파괴를 경험했지만, 그들의 젊은 왕 크라디우스(Claudius)의 게릴라전은 1542년에 터키 장군 아마드 그랜(Ahmad Gran)의 결정적인 대패를 낳으며 옹호되었다.

시리아 정교회는 (초대 주교 야콥 바라다에우스[Jacob Baradaeus]를 따라서 종종 야곱파로 알려진) 콥트 교회와 동일한 신학을 지지했다. 그러나 사실상 나일 삼각주에서 동일한 신자들에게는 흔히 있는 일이었지만, 그것은 믿음의 문화적인 표현이었다. 그 지지자들은 헬라어가 시리아어와 아람어로 바뀐 비잔틴 제국의 동쪽 경계지역에서 왔다. 소아시아에 있었던 교회의 문제들에 대한 6세기와 7세기의 기록자들은 이것을 매우 솔직하게 인정했다. 그들의 용어에서, '헬라' 와 '칼케돈' 은 같은 뜻의 용어였다. '시리아 사람' 과 '그리스도 단성론자' 역시 그랬다. 중세 동안, 시리아 교회는 박해, 대량학살, 고립, 내부분열, 그리고 이슬람으로의 개종으로 대단한 시련을 겪었다. 16세기 이전까지, 비록 오스만 통치의 세대가 셀림 1세(Selim I, 1512-1520)와 술레이만 대제(Suleiman the Magnificent, 1520-1566)에 의하여 서아시아를 정복하는 일이 시작되면서, 이라크, 시리아, 레바논, 그리고 팔레스타인에서 놀랄 만한 성장의 시기를 보았지만, 그것은 기껏해야 수천 명의 숫자였다.[12)]

역사적인 시리아 정교회 세력에 속한 한 다른 지역인 남부 인도의 케랄라(Kerala)는 100,000명 정도의 기독교인들에게 안식처였다. 그들에게 다가오는 주요한 위협은, 둘러싸고 있는 힌두교로부터가 아니고, 어떤 "도움"을 그들에게 제공했지만 거의 치명적이 되었던 포르투갈 사람들로부터 왔다.

네스토리우스 교회는 오랫동안 인도 기독교인들의 충성을 얻었고, 자신들이 1세기의 사도 도마의 복음전도에서 기원되었다고 주장했다. 분명히, 기독교는 200년경에 그곳에 존재했다. 4세기와 5세기 이후로, 인도 교회들은 메소포타미아와 페르시아 교회들에 몹시 의존했다. 그들 구성원 가운데 다수는 페르시아 이주자들이었고, 그들은 사실상 기독교의 네스토리우스 형태를 가져왔다. 수세기 동안, 인도 사람들은 주교의 공급을 위하여 서아시아에 있는 그들의 형제들에게 기대를 걸었지만, 그것은 종종 실망스러웠고 소홀하게 보답되었다.

15세기와 16세기의 전환점의 시기로 연대가 추정되는 한 문서는 그 시기에 잔존했던 대단히 적은 수의 문서 중 하나인데, 인도 기독교인들로부터 셀루시아 크테시폰(Seleucia-Ctesiphon)의 총주교(또는 대주교)에게 새로운 대주교가 말라바르(Malabar)의 오랜 공석인 주교직에 임명되어야 한다고 청원하는 위임을 기록하고 있다. 마르 토마스(Mar Thomas)와 마르 존(Mar John)이 라는 두 명의 수도사가 정식으로 임명되어서 남인도에 보내졌고, 거기에서 그들은 기쁘게 받아들여졌다. 더 많은 피임명자들이 곧 뒤따랐다.

인도 기독교인들은 이런 축제의 시기에 그것을 알 수 없었겠지만, 그들의 대적들이 이미 문 앞에 와있었다. 1498년, 바스코 다 가마(Vasco da Gama)가 캘리컷(Calicut)에 도착했고, 그는 이집트 사람들로부터 인도와 유럽 간에 향료와 후추 무역의 독점권을 억지로 빼앗는 일에 우선적인 관심이 있었다. 그러나 원판매자와 최종적인 소비자와의 만남은 단순히 중간 상인을 그만 두게 하는 일보다 훨씬 더 많은 일에 전조가 되었다. 즉각적으로, 그 관계는 종교적인 영향력을 갖기 시작했다.

유럽 사람들의 월등한 무기에서 잠재성을 파악한 코친(Cochin)의 기독교 지도자들은 무슬림과 힌두교 경쟁자들에 대항하는 동료 기독교인들에 의한 방어를 요청하기 위하여 1502년에 다 가마의 두 번째 항해에서 그와 교섭했다. 인도 기독교인들은 최근에 디암페르(Diamper)의 기독교 왕국처럼 자치권을 갖고 있었지만, 그 왕가가 사라졌을 때, 권력을 코친의 라자(Raja)에게 빼앗겼다고 불평했다.

포르투갈 사람들은 동양에 제국을 건설하기 위하여 계속적으로 군인-모험가들을 보내는 일에 착수하였다. 그 군사들 중의 다수는 인도에 정착하여 결혼했다. 그들은 포르투갈어를 사용하는 다양한 성(姓)들을 후세에 남겼고, 이것은 이 시대까지도 지속되고 있다. 그들은 다양한 가톨릭 선교회를 동반했다. 프란체스코회, 도미니크회, 아우구스티누스회, 카르멜파, 그리고 다른 수도회들의 수사들이 있었다. 그러나 포교의 영원히 지울 수 없는 흔적을 남긴 것은 예수회였다. 포르투갈의 우세와 남인도의 고대 기독교의 변화가 나타난 것은 바로 그 때문이었다.

양측이 서로를 더 잘 알게 되면서, 상호간의 기쁨은 분노와 더 악한 것으로 바뀌었다. 화상을 경배하는 행위들이 힌두 이웃들의 행위처럼 우상숭배라고 여기면서, 인도 기독교인들은 그런 행위를 하지 않았다. 그리고 자신들의 네스토리우스 유산을 반영하면서, 마리아를 "하나님의 어머니"로서 숭배하려 하지 않았고, 오직 "그리스도의 어머니"로서만 숭배했다. 그들의 성직자들은 특이한 옷을 착용하지 않았고, 어거스틴이 성적 생식을 원죄의 유전과 동일시했던 일을 의심함이 없이, 결혼하고 가정을 갖는 일이 허락되었다.

포르투갈 사람들은 소름이 끼쳤다. 인도 사람들은 거친 군사들 가운데서 수치스러운 일이 되는 도덕적인 삶에 관한 낮은 기준을 발견했다. 의식적인 차이들과 문화적인 오해와 관련된 수많은 것들이 그 긴장을 악화시켰다. 바빌론의 총대주교가 파견한 오래 재직한 주교 마르 야콥(Mar Jacob)이 그의 생애 동안 양측 사이의 관계를 냉담하면서도 견고한 기초 위에서 유지했던 반면에, 그의 사후 16세기 중반에 사정은 퇴보하였다. 결국 몇 십 년 안에 인도의 기독교 전통은 큰 재앙으로 이끌려졌다.[13)]

아대륙(subcontinent, 인도 그린란드 등)은 유럽의 기독교인들이 이 시기의 시작 이전에 인상을 끼치기 시작했던 유일한 영토는 아니었다. 우리가 3장에서 고찰할 결과와 더불어, 선교는 포르투갈 사람들이 인도로 가는 도중에 지나쳤던 주변의 아프리카 연안의 많은 나라들에서 이미 시작되었다. 북아메리카에 대한 선교의 실질적인 영향력은 여전히 미래에 있었지만, 더 멀리 남방에 있는 카리브 해와 중부, 서부 아메리카에서 그 표지는 이미 깊고 영구적인 것이 되었다.

이런 영구적인 많은 것들은 1492년 이후 스페인과 포르투갈의 정복에 뒤이어 나타났던 야만적인 파괴와 재앙이었던 전염병 때문이었다. 살아남은 주민들은 매우 무력했을 뿐만 아니라, 심각하게 사기가 저하되어서 단순히 외적으로든지 내적인 확신으로든지 그들의 정복자들의 하나님을 받아들이는 수밖에 없었다. 이 정복자들이 자신들을 숫자적으로 주민들의 중요한 일부분으로 확립했던 일은 그 과정을 더 쉽게 만들었다. 한편, 이것이 우리가 3장에서 보다 자세히 살펴볼 결과의 한 과정이다. 그 사이에서, 교회의 역할이 정복과 대량학살에서 단순히 보조자요 선동자가 아니었다는 것을 주목해야 한다. 기독교화는 강압적인 것이었지만, 성직자는 정복자의 손에 계속 학대당하는 일로부터 그들을 보호하려고 노력하는 일에서 – 그들의 기록에서 계속적으로 논쟁되어지는 도덕적 애매함을 부여하는 사실 – 자주 원주민 편을 들었다.

요약하면, 1570년대 기독교 세계는 진정한 기독교가 군사력에 의하여 파괴된 것이었다. 너무나 많은 신자들이 "천국은 침노를 당하나니 침노하는 자는 빼앗느니라"(마 11:12)는 그리스도의 언명을 지나치게 마음에 새겨두었고, 그것을 잘못 해석하였다. 유럽은 이미 고질적인 종교 전쟁의 시기에 들어섰다. 그것은 한 세기의 3/4 동안 지속된 과정이었다. 아메리카에서는, 기독교가 무력에 의하여 장려되고 있었고, 또는 적어도 금, 노예들, 그리고 제국을 찾아 헤매는 일에 사용되었던 검의 뒤에서 가까이오고 있었다. 기독교화의 시도는 오직 아시아에서만 평화로웠다. 유럽인들이 아메리카에서 이미 그들의 것이었던 힘의 지배의 전율을 아시아에서는 느낄 수가 없었기 때문이었다. 또는 아직까지만 없었는지도 모른다.

도덕적인 관점에서 기독교의 전반적인 모습이 유덕한 것이 되지 못한다면, 그 상황은 세력을 서로 바꾸었다는 측면에서 더 혼합적이었다. 유럽에서, 기독교는 이슬람에 의하여 둘러싸였고 또 그 가치를 상실할 위험에 처해있었다. 북아프리카, 중동, 그리고 서아시아에서 기독교의 소수파들은 쇠퇴하며 위협을 받고 있었다. 아메리카, 아시아의 일부분, 그리고 사하라 이남의 아프리카에서는 확장하는 시기가 진행되고 있었다. 그것은 현재와 너무 비슷한 형태이어서(그 숫자들과 비율이 아무리 다를지라도) 어떤 주의 깊은 사람도 잠지 멈추어 서서 생각하게 만든다

제2장

경쟁하는 영토

개신교와 가톨릭 사이의 분쟁 지역들(1570-1609)

원칙적으로, 개신교와 가톨릭은 16세기의 마지막 1/3의 기간에 라딘 기독교 세계의 영토 모든 곳에서 충돌하였다. 그러나 실제로는 어떤 지역들은 다른 지역들과 달리 "안전"하였다. 예를 들면, 적어도 모든 다른 개신교 지역들이 재-가톨릭화로 무너지기까지, 가톨릭은 절대로 스칸디나비아 반도를 회복할 수 없는 것으로 보였다. 반대로, 이탈리아와 이베리아 반도에는 소수의 용감한 개신교 영혼들이 있었지만, 그들은 강경한 박해에 직면했고, 극소수의 실용주의자들이 그곳에서 종교개혁을 조만간 기대하고 있었다. 영국에서, 엘리자베스 1세는 그녀를 가톨릭 친족으로 (스코틀랜드의 메리 여왕과 같은) 대체하기를 원했던 사람들에 의한 암살의 그럴 법한 협박에 직면했다. 그러나 대부분 그녀의 가톨릭 주민들은 평안한 삶을 가장 원했다. 그들은 다른 사람의 관심을 끄는 일을 피하고(또는 통상적으로 했던 대로), 외국의 권력과 더불어 반역적으로 행동하려고 했던 열심당원들의 음모에서 멀리 떨어져 지내기를 원했다. 비록 개신교의 근거 없는 의심이 지속적으로 다른 것들을 두려워했을지라도, 외부로부터의 침입이 일어나지 않는 한 (우리가 이번 장의 마지막에서 주목하게 될 가능성), 적어도 그 세기 말까지 영국에서의 종교개혁은 확실한 것이었다.

이것은 유럽 대륙의 많은 지역들에서 뜨거운 논쟁을 남겼다. 네덜란드와 프랑스는 16세기 후반부에 모진 전쟁을 겪었고, 그곳에서는 신앙의 정체성에 관한 투쟁이 가장 중요한 요인이었다. 만일 네덜란드와 프랑스 전쟁이 개신교의 성장을 견제하려는 가톨릭의 싸움을 의미하는 것이었다면, 독일과 중부 유럽에서의 전쟁들은 개신교의 증가를 반전시키고 또 교황제도에 의하여 상실되었던 사람들과 지역들을 다시 되찾으려는 목적이 있었다. 이러한 지역들은 대부분 실제적인 다툼을 피했다. 그러나 1618-1648년 사이에 격렬했던 대재앙의 단지 연장된 서곡으로 증명되었던 "냉전"에서, 새로운 신앙고백과 이전의 신앙고백 사이의 전쟁은 다른 방법으로 지속되었다. 스페인과 영국 역시 17세기 초반까지 서로 간에 균형을 상실한 전투에 빠져 들어갔다. 어떤 기간에는, 그들 사이의 대결은 직접적이었다. 그러나 때때로 각자는 다른 편이 다른 곳에서 수행하는 전쟁을 참견하고 또 악의적인 중립의 역할을 하였다. 모든 경우들에서, 그 다툼에 원한을 제공하는 동기유발 요인은 종교적이었다.

네덜란드

현대의 네덜란드와 벨기에로 넓게 구성된 영토들이 1555년까지 찰스 5세(Charles V)의 거대한 제국의 일부를 형성하고 있었다. 그러나 나이를 먹으면서, 그는 그의 왕국을 그의 아들 필립(Philip, 네덜란드, 스페인, 그리고 이탈리아의 일부)과 그의 동생 퍼디낸드(Ferdinand, 신성로마제국, 즉 독일, 오스트리아, 보헤미아, 그리고 모라비아)에게 나누어주었다. 이때부터 네덜란드 영토는 본질적으로 스페인 왕권의 부속지가 되었다. 북이탈리아와 마찬가지로, 가장 크고 분주한 항구인 앤트워프(Antwerp, 90,000의 인구)와 더불어 이 지역은 유럽에서 가장 경제적으로 발전한 지역이었다.

네덜란드가 1520년대에서 1540년대 동안 루터주의의 성장에 거의 영향을 받지 않았다는 것은 아마도 놀랄 만한 일이었다. 다양한 네덜란드 지역들은 자신들이 대부분 환영했던 개신교주의와 더불어 북독일의 동일한 문화의 많은 요소들뿐만 아니라, 동일한 언어 – 영국에서 그것을 부르는 것처럼 "기본 독일어" – 를 공유했다. 그들은 또한 도시들에서 비교적 높은 밀집 상태를 보였고, 상업 경제에서 모두 개신교 사상들을 잘 받아들이는 선한 예언자들이었다.

그러나 일반 국민들의 경건은 에라스무스적인 경향성으로 관대하고 태평하였다. 이백 군데 정도의 연극단체들(rederijkerkamers, dramatic society – 역자주)은 옛 정통주의의 엄격한 재천명과 같은 새로운 개신교의 단호함에 대하여 비협조적일 수 있는 자유로운 토론의 분위기를 조장하였다.

루터의 종교개혁이 네덜란드에 미미한 영향을 주었을지라도, 그 사실은 거의 같은 시기에 발전했던 가톨릭에 대한 토착적인 대안 세력과 결부시켜서 생각하지 않을 수 없었다. 코르넬리스 호엔(Cornelis Hoen)과 힌네 로데(Hinne Rode)는 1520년대와 1530년 초반 동안 가장 빨리 성장하는 운동이었던 네덜란드 성찬형식론(sacramentarianism)에서 가장 유명한 지도자들이었다. 그것은 평신도들의 참여를 격려했고, 화체설(transubstantiation)을 부정했으며, 성경주의를 촉진시켰다. 성찬형식론 교리는 성찬식의 빵과 포도주가 그리스도의 몸의 육체적인 현시가 아니라, 그리스도의 죽음의 기념이 되는 것들이라고 가르치면서, 루터가 가르쳤던 것보다 훨씬 더 멀리 나아갔다. "츠빙글리와 함께 순수한 포도주를 마시기보다는 교황과 더불어 순수한 피를 마시는 것"을 지지하는 루터의 유명한 선호에서 나타났던, 그와 같은 이성주의자의 의견들에 대한 그의 무자비한 적의는 초기 독일 개신교로부터 성찬형식론자들을 멀리하는 일에 일조했다.[1)]

1530년 초기, 대부분의 성찬형식론 운동은 멜키오르 호프만(Melchior Hofmann)의 묵시적인 설교 아래에서 재침례파를 전반적으로 움직였다. 그러나 불운하게도 호프만의 사상들은 이단적인 기독론(그는 그리스도께서 마리아로부터 인성을 취하지 않으셨고, 하늘로부터 그것을 가져왔다고 가르쳤다)을 포함하고 있었고, 폭력적인 경향성을 내포한 매우 불안정한 것을 받아들였다. 멜키오르 지지자들은 (뮌스터 도시를 점령하는 것으로) 폭력적인 반란 가능성을 여실히 보이면서 그 대가로 대량학살 당한 가장 큰 집단을 이루면서 대단히 일찍 파벌로 분열하였다.

1530년대 중반 이후부터 평화주의-성경주의자 분파의 지도자들은 네덜란드 재침례파의 흩어진 남은 자들을 복음적인 운동으로 다시 조직하기 위하여 꾸준히 사역했다. 비록 자신들이 내적으로 불화를 일으키는 경향성들로 인하여 비난을 받기 쉬웠지만, 1530년대 초반의 무질서한 분위기는 메노 시몬스

(Menno Simons)와 더크 필립스(Dirk Philips)와 같은 뛰어난 지도자들에 의하여 서서히 보다 더 조직화된 구조로 바뀌었다. 그와 같은 구조는 그들을 박해하고 회원들을 축소시키게 만들었던 박해의 열기를 잘 인내하도록 더 잘 무장시켜 주었다. 우리는 1550년대와 1560년대 초기 플랑드르(Flanders)에 있는 44개의 재침례파 모임들을 알고 있고, 그것들은 대부분 작았다(가장 큰 것이 겐트[Ghent]에서 회원이 70명 정도뿐이었다).

그러나 이때쯤에 개신교의 새로운 형태는 네덜란드에서 절실했던 자신의 실제를 만들고 있었다. 복음적인 재침례파처럼, 조직은 개혁교회들 또는 칼빈주의 교회들에게 어울리는 생존과 발전의 열쇠였다. 그들의 초반 성장 대부분은 프랑스어(또는 왈론어[Walloon])를 말하는 지역들에 있었다. 신앙고백이 왕 필립 2세에게 보내는 편지에 붙어서 투르네(Tournai) 성벽을 넘어서 던져졌을 당시에는, 단지 열두 개의 그와 같은 교회들만이 1561년까지 세워졌다. 투르네 회중의 목사였던 귀도 브레이(Guy de Bray)가 그 저자였고, 그는 "교회가 인간의 고안물들로 인하여 타락하기 이전에 존재했던 것처럼, 개혁자들이 종파분리론자도 반역자들도 아니고, 또 이단들도 아니며, 예수 그리스도와 그의 교회, 그리고 성경 안에 있는 신자들이라는 것을 왕은 볼 것"이라고 확신했다.

물론 필립은 그러한 종류의 것을 전혀 보지 못했다. 그는 이 기이한 우편물에 의하여 감동을 받지 못했고, 그의 투고자가 언급했던 타락과 인간의 고안물에 대하여 차라리 편파적이었다. 또 놀라운 것은 아니지만, 그 저자의 동료 신자들은 그 문서의 정통성에 큰 감명을 받았고, 매번 개혁교회 총회에서 큰 소리로 읽혀지도록 그리고 직무를 받아들인 개개의 새로운 장로나 집사들이 동의하게 하면서, 1565년 그것을 그들의 믿음의 기준으로 채택했다－벨직 신앙고백(the Belgic Confession of Faith).

칼빈주의자의 진보를 원조하고 또 박해의 압박 아래에서 압도되는 일에서 그들의 의욕을 지켜주었던 것은 조직적인 연합과 단결을 위한 이러한 소망이었다. 교회 정치의 탄탄한 세포(cell) 구조와 장로법원과 대회의 계급구조 또한 동일한 목적에 기여했다.

이런 성장은 1560년대 초반 그들의 동료 신앙인들의 대량학살로부터 도망쳤던 프랑스 개신교도들이 남부 네덜란드로 유입됨으로써 더 증가되었다. 1566년까지 대략 시골지역에 300개의 개혁교회 공동체와 그룹이 있었다. 겐트 도시에는 칼빈주의자들이 인구의 80%를 구성했고, 그들은 대부분의 다른 주요 도시들에서도 역시 형성되어 있었다. 앤트워프에서 그들은 왈론어와 네덜란드어를 말하는 사람들로 교회를 분리했다. 그 자체로 국제적인 장소였던 까닭에 엔트워프는 또한 극심한 압박으로 명목상 그리스도인이 되었던 스페인과 포르투갈의 유대인들인 많은 '마라노'(marranos)들이 있었다. 이들은 개신교에 우호적이었고, 그들 중의 일부는 발각당하는 일을 피하는 또는 신앙의 관용을 얻는 전략에 관하여 그들에게 충고해주었다. 당국자들은 그곳이 매우 불안한 곳임을 발견했다.

1566년에 집합적으로 "네덜란드 독립전쟁"(the Dutch revolt)으로 알려진 일련의 전쟁 중에 첫 번째 발발이 있었다. 가끔씩 잠시 숨을 돌리는 휴전을 하면서, 그 전쟁은 1621년까지 12년 동안의 중단이 선언되었던 1609년까지 지속되었다. 그 기간이 경과했을 때, 양 측은 그 말을 지켰고, 따라서 27년 동안 있었던 폭력(거의 지역적인 영향이 없는)이 재개되었다.

그 반란은 세 가지 주요한 원인들을 갖고 있었다. 먼저, 귀족계급이 왕권과 그 섭정인 필립 2세의 의붓 자매인 파르마의 마가렛(Margaret of Parma)의 중앙집권화 정책들에 분노했다. 모든 유럽의 군주들은 16세기와 17세기 동안 그들의 영토에서 더 강력한 중앙집권적 지배를 주장하려고 시도했고, 모든 것에서 그 과정은 투쟁을 야기했다. 필립은 그의 접근방법에서 지혜롭지 못하고 덜 민감했다.

둘째로, 경제적 적수들이 1560년대 중반 동안 네덜란드에 나타났다. 영국 여왕은 앤트워프에서 엠덴으로 그 나라의 옷감을 수출함으로써 네덜란드인들의 실업상태를 일으켰다. 발트해 연안에서의 전쟁은 네덜란드의 도회지 거주자들이 의존하고 있었던 지역들에서의 수입 곡물들을 끊어버렸다. 메마른 날씨는 국내에서 수확의 실패를 초래했다. 결과적으로, 플랑드르의 밀 가격은 1565년 동안 200%까지 올랐다.

그러나 반란의 세 번째 원인은 신앙적인 박해에 의하여 자극을 받았던 분노였다. 교권반대주의(Anticlericalism)는 단순히 개신교주의를 받아들이는 경향이 있었던 사람들보다도 네덜란드 주민들 가운데서 더 폭넓게 퍼져 있었다. 가톨릭 성직자는 그때까지 트렌트 종교회의에서 구상했던 개혁들을 개선하지 않았고, 네덜란드에서는 거의 존경을 받지 못했다. 성직자의 장기부재가 어떤 지역에서는 40%까지 이르렀고, 실제로 봉사했던 사람들은 일반적으로 그들의 학식과 존엄에서 명성을 높이지 못했다. 어떤 시골 지역의 평신도-아무리 비공식적일지라도 그리고 교회의 당국자들이 무엇을 주장했든지 간에-는 그들의 아내들이 고통을 당하지 않는 가장 확실한 방법으로서 그들의 성직자들이 결혼하는 것을 오랫동안 요구했었다. 그들 가운데서 개신교에 대한 새롭고 강경한 박해와 관련된 공식적인 정책 때문에 격분했던 것은 이러한 더할 나위없는 실용주의였고 또 고상함에 대한 현실적인 경멸이었다. 1562년 발렌시엔(Valenciennes)과 1564년 앤트워프에서의 개신교도들의 처형이 폭동을 유발시켰다. 마가렛 정권이 1566년 여름에 동업자 조합(craft guilds)에서 특별의 용군을 소집하려고 할 때, 징집된 남자들은 스스로 왕권을 지킬 준비가 되었다고 선포하면서도, 성직자를 공격으로부터 지킬 준비는 하지 않았다.

여기에서 언급되는 첫 번째와 세 번째 원인들(즉, 중앙집권적인 정책에 대한 분개와 박해에 대한 분노)은 서로 동화되는 경향이 있었다. 1540년대 종교재판소의 재조직과 확장은 종교재판관들에게 지방 관헌들의 사법권을 침해하는 권력을 주었다. 이것은 이단이 반역의 한 종류로서 재정의 되었을 때 가장 정확히 영향을 받았다. 이 때문에 중앙정부가 지방 종교재판소로부터-이제는 그 수가 매우 많은-그와 같은 사건들을 박탈하는 일을 허락하였다. 어떤 도시들은 종교재판관들을 내쫓으려고 노력했고, 브뤼헤(Bruges) 도시는 그들 중의 두 사람을 체포하는 구실을 발견했다. 브라반트(Brabant)주의 많은 지역에서, 종교재판소는 지역 관헌들이 너무 약해서 저항할 수 없는 시골 지역들에서만 체포할 수 있는 것으로 축소되었다. 1549년 이후, 정권은 저주받은 이단들의 재산권을 주장하기는 했지만, 만일 이단이 다른 지역에서 재판받을 경우에는 그것이 그 도시로부터 이양되었다. 분노한 시민들은 이 모든 것에 자신들의 이웃들을 비난하지 않는 것으로 응답했고, 그 침묵은 종교재판관들의 일터에서 그들을 자연스럽게 훼방하였다. 필립은 1565년 10월 파르마의 마가렛에게 보내는 한 편지에서, "이단들이 어떤 방법에 의하여 비밀스럽게 처단되어서는 안 되는지 아니면 다른 방법으로 그래야만 하는 것인지"(비록 공적인 처형이 모범을 보이는 일에 도움이 되는 것은 사실이지만)를 궁금해 했다. 그때까지 지방 종교재판관들 가운데 하나였던 피터 타이틀맨(Peter Titelman)은 체포하는 일을, 일반시민들이 훨씬 더 선호할 만한 가혹한 환경이었던, 밤이나 천둥번개가 치는 날로 축소시켰다.

다음 달, 오렌지 공과 그의 젊은 형제 나소의 루이스(Louis of Nassau), 칼빈주의 형제들인 마닉스(Marnix)의 후안(Juan)과 필립(Philippe), 그리고 브레데로데(Brederode)의 백작을 포함하는 한 무리의 귀족들이 종교 정책의 변화를 요구하는 공개편지를 왕에게 보냈다. 그들은 지지자들과 토론하면서 겨울을 보냈고, 결국 4월에 이백 명의 귀족들이 파르마의 마가렛이 굴복하도록 위협하려고 브뤼셀로 말을 타고 갔다. 위기는 급박하게 느껴졌다. 그녀의 장관 중에 한 사람이 그녀에게 이 '거지들' (*ces gueux*, these beggars)을 두려워하지 말라고 말했지만, 마가렛은 어쨌든 두려워하는 자신을 발견했다. 마드리드에서 오는 새로운 지령을 미결로 처리하면서, 개신교도들에 대한 박해를 중지할 수 있다는 것에 일치하는 소위 '합의' (Compromise)에서 그녀는 명문화된 그들의 주요한 요구사항을 따랐다.

이 일치에 대한 잇따른 찬사에도 불구하고, 기근이 이제 평안의 위협을 제거하는 일을 방해했다. 식료품의 부족이 1564-1565년 겨울부터 증가되었고, 1566년 여름까지 그것은 위험한 지경에까지 이르렀다. 칼빈주의자들의 전도에 대한 대중적인 수용성은 병적흥분과 절망적인 기후 문제로 인하여 급격하게 확대되었다. 8월에는, 개혁교회 사역자들 가운데 보다 진지한 지도자들의 조언에도 불구하고, 성상파괴자의 폭동이 일어났다.

어쩔 수 없었기 때문에, 마가렛은 이런 무질서를 진압하기 위해서 군대를 일으켰고, 이 때문에 여러 명의 개신교 귀족들이 반란에 가담했다. 폭동이 시작되었다. 처음부터 투쟁과 관계있는 주제들은 타당한 종교적인 불일치보다 훨씬 더 범위가 넓었다. 그러나 개신교도들은 반란 세력의 바꿀 수 없는 중심이었고, 이어졌던 8년의 투쟁기간 동안 그런 식으로 남아 있었다. 필립은 이 인식을 공유했다. 그는 로마에 있는 그의 사절들에게 "나는 가톨릭 신앙과 교황청의 권위를 조금이라도 손상시키기보다는, 전생의 위험에 나 자신을 노출하기를 더 원했다"라고 말했다.

짧은 시작의 형세는 1567년 봄에 반란자들의 광범위한 패배로 끝났다. 그러나 고난의 유예는 짧았다. 뒤를 이었던 표면적인 평화는 (박해를 줄여달라는 그의 이전의 전적인 탄원에 대조되는 것으로서) 오렌지 공이 개신교 주장과 강력하게 협력하는 일을 포함하여, 모든 종류의 정치적, 종교적 군사행동을 겪게 되었다. 6월에 마가렛의 아들이요 필립이 가장 두려워했던 군사 지휘관 알바(Alva)의 공작이 프랑스와 제국의 국경 사이에 길이 굴곡이 심했던 소위 "스페인 도로"(Spanish Road, 1567-1620년에 사용되었던 군사적 보급과 무역 도로 – 역자주)를 따라 밀란(Milan)으로부터 9,000명의 군대를 이끌었다. 그렇게 함으로써, 그는 교황 피우스 5세(Pius V)가 필립에게 정복하기를 간청했던 이전의 칼빈의 근거지인 제네바를 지나쳤다. 그렇지만 필립은 교황청의 권위의 손상을 적어도 어느 정도 방임했고, 두려워하는 거주민들로 급조된 대상을 공격하는 일을 정중히 거부했다. 그 상징적인 가치에도 불구하고, 그것은 그로 하여금 당면한 일에서 돌이키도록 했다.

공작이 브뤼셀에 도착한 것이 모성애적인 정서를 보이면서 환영받았다고 말하는 것은 과장일 것이다. 마가렛은 이러한 군대의 과시와 그것이 의미했던 것을 두려워했다. 개신교의 도전에 대한 최초의 도발을 진압하고 나서, 새로운 외인 군대의 선두에서 오는 그녀의 아들의 도착은 거친 군사적 탄압의 전조일 수밖에 없었다.

그녀가 옳았다. 그것이 실행되었다. 다음 달 동안 특별한 재판소가 특별한 심리와 반란자들과 칼빈주의 목회자들을 처형하려고 세워졌다. 정권의 진행과정은 더욱 중앙집권적이었다. 알바는 새롭고 단호하며 중대한 트렌트 공의회에서 정한(즉 트렌트 공의회에서 나오는) 가톨릭주의가 지금까지는 우세했던 안이한 에라스무스적인 다양성으로 대치되어야만 하는지를 염려했다.

그의 과도함은 두 번째 반란의 폭발을 야기했으며, 그것은 보다 평화로운 방책이 사라지게 했다. 개신교도들이 신앙적인 이유로 가혹하다고 느꼈던 스페인의 법률은 그 복수심과 경제적인 이유들로 인하여 더 많은 국민들에게 전제 군주적인 것으로 이제 인식되었다.

그 극적사건의 두 번째 행동은 1572년의 만우절에 브릴(Brill)에서 시작되었다. 그 시작은 경사스러운 것이 아니었다. 그 작은 항구는, 1566년의 '거지' (gueux)에 대한 역설적인 언급에서, 스스로 "바다의 거지들"(Sea Beggars)로 부르는 도적들의 일단에 의하여 점령당했지만, 그들은 애석하게도 숫자에서 적었고, 평범한 도둑들과 종교재판관들의 분노로부터 도피한 자들의 조합이었다. 그들은 역시 칼빈주의자들이라고 스스로 주장했다.

알바는 그 상륙에 대하여 말할 때, "그것은 아무것도 아닙니다"(No es nada – It' s nothing)라고 유명한 말로 대답했다. 이 평가를 결함이 있는 것으로 기술하는 것은 전체적으로 정당하지 않을 것이다. 바다의 거지들이 잇따라 작은 연안 지역을 빼앗았을 때, 그 성가신 침략자들은 네덜란드의 반을 스페인 통치에 영원히 상실해야만 하는 원인일 수도 있는 군대의 복귀에 대한 발단을 제공하는 오점을 남겼다.

브릴을 취한 후 일주일이 지나서, 폭도들은 허울뿐인 수비대로부터 플러싱(Flushing)을 점령했다. 이 항구는 젤란트(Zeeland)의 관문이었고 스켈트(Scheldt)강의 입구를 내려다보는 위치였다. 한때, 폭도들은 영국과 위그노 모험가들이 잡다하게 섞인 모임과 재빨리 연합했다. 나소(Nassau)의 루이스는 새로운 상황에서 가능성들을 발견했고, 다음 달 프랑스 위그노 군대의 지도자가 그 나라의 남쪽에 있는 몬스(Mons)로 돌아가는 일을 통하여 새로운 앞날을 열었다. 바다 거지들에게 젤란트와 네덜란드를 가로지르는 작고 약한 도시들을 점령하는 여름을 보내도록 자유 재량권을 주면서, 알바는 그의 군대를 이 후자의 위협에 집중하였다.

그해 가을 스페인의 야만적 행위들(저트펜[Zetphen]은 약탈당했고, 나르덴[Naarden]은 불태워졌으며, 거주민들은 대량학살 되었다)은 지속적으로 저항했던 사람들에게 덜 관심을 끌었던 선택에 굴복하도록 만들었다. 그래서 그들은 그들의 저항을 강화시키고 있었다. 나머지 반란의 성격을 특징지을 수도 있는 방식이 나타나고 있었다. 그것은 한 번에 모든 하찮은 사람들을 짓밟는 일에서 스페인 코끼리의 무능력함, 공포정치로 통치하려는 시도의 역효과, 잔인한 외국의 통치자를 대항하여 그들의 개신교 동료 시민들을 도우려는 온건한 가톨릭(대부분 네덜란드 가톨릭은 온건하였다)의 자발성, 그리고 여러 사건들로 인하여 개신교수의가 반란의 숭심역할로 떠오르는 경향성이었다.

전투를 멀리했던 많은 사람들 – 아마도 대부분 – 은 스페인에 의하여 정복되었다. 그러나 언제나 그들의 적수들은 국경을 넘어 독일 개신교 공국으로 도망하거나 바다로 멀리 항해하기 위하여 재조직할 수가 있었다. 바다 거지들은 스스로 좀처럼 해안의 지배력을 잃지 않았고 군사 보급품들과 그들의 적수들의 증원 부대를 차단하는 이점을 갖고 있었다. 알바에게 있어서, 도움이 가능한 유일하게 확실했던 원천은 길고도, 더디고, 공격받기 쉬웠던 북부 이태리에서 시작하여 그 길이 위쪽으로 이리저리 구부러진 스페인 도로에서 왔다.

오래 끌었던 투쟁에서 가장 악명 높은 사건은 1576년 앤트워프에서 있었던 "스페인의 광기"(Spanish Fury)였다. 11일 동안 불온한 무급의 군대들이 상업에 종사하는 상당히 개신교화 된 무역과 부의 중심지에서 제멋대로 날뛰었다. 그것이 끝나갈 무렵, 도시의 시민들 가운데 7,000명이 사망했다. 그 결과는 놀랄 만한 것이었다. 7년 후, 프랑스 군대의 알렝송(D' Alencon) 백작이 "왕의 만수무강을 기원합니다"(Long live the mass!)라는 외침과 함께 같은 도시에 가톨릭사람들을 다시 모으려고 시도했을 때, 가톨릭과 개신교가 함께하는 시민들은 그들을 내쫓기 위하여 연합했다. 개신교주의 또는 적어도 그 신앙의 자유는 공동적인 대의의 핵심적인 요소가 되었다.

앤트워프 도시의 상업적 지배는 1576년의 파괴적인 강풍과 그 세기의 남은 자들의 지속적인 폭동을 이겨내지 못했다. 개신교도들처럼, 대부분 두려워했던 사람들이나 상인들과 인쇄업자들과 같이(종종 그들은 같은 사람들이었다) 대부분 손해를 보는 사람들은 반역자들의 손에서 더 안전하게 지낼 수 있었던 북쪽의 자치령으로 피했다. 암스테르담 도시는 급속히 성장했고, 새로운 도착자들의 다수가 도망쳤던 주요도시들보다 인구수에서 더 많은 변화가 있었음을 보여주었다. 1568-1601년 동안 암스테르담에서 신랑의 1/6은 남부 이주자들이었고, 그들 가운데 절반은 오직 앤트워프 출신뿐이었다. 도시의 외국환 은행 가운데 320명의 가장 많은 예금자들의 대부분은 역시 남부 출신이었다. 1575-1630년 동안, 레이던(Leiden)의 학교와 대학교의 알려진 교사들의 2/3와 동일한 시기의 연합주(United Provinces, 오늘날의 네덜란드 – 역자주)에서 활동적인 것으로 알려진 모든 출판업자들과 도서판매상들의 2/3 이상도 마찬가지였다. 공업과 인구가 관용적인 신앙의 분위기를 따라서 북쪽으로 옮겨졌을 때, 레이던의 직물무역은 실제적으로 1570년에 아무것도 없었으나 1620년대 매년 100,000필(pieces)로 성장했다. 재미있는 사실은 개신교 개혁주의가 처음에 가장 많이 진전을 이루었던 네덜란드의 남쪽 지역이 새로운 회심자들에 의하여 버려지고 또 스페인 사람들의 손에 의하여 결국 가톨릭으로 남겨졌던 반면에, 북쪽 지역은, 그곳이 반란의 중심지였기 때문에, 이러한 변화들에 의하여 가장 견고하게 개신교화 되었다.

"스페인의 광기"(Spanish Fury)
앤트워프 약탈

학구적인 신학자들에게는 그것이 괴로운 것이었지만, 교리의 발전은 개념을 따르는 실천보다는 적어도 규칙적으로(참으로 더욱 규칙적으로) 관습을 따르는 교회의 오랜 역사를 통한 습관이었다. 그리고 무력으로 가톨릭 정권에 저항했던 20년 이후에, 칼빈주의자들은 무장한 반란을 정당화하는 신학을 발전시켰다. 종교개혁자들은 이교도들을 대적하여 언제나 치명적인 무력의 사용을 인정했었다. 그러나 세속 당국자들이 스스로 개혁주의를 채택하도록 설득되어졌을 경우에는, 그와 같은 강압은 정권에 의해서만 사용되어졌다. 이 문제는 이교도들이 설득되지 않고 또 개신교도들을 박해하는 경우에 어떻게 해야 하는지에 관한 논쟁을 남겨놓았다. 그와 같은 상황에서, 칼빈은 통치자가 회심하는 시간까지 고난을 당하는 것은 경건한 사람들의 몫이라고 주로 강조했다. 바로 그때에 진노가 그들의 적수들을 압박하기 위하여 나타날 것이다.

그러나 1579년에 필립 두 플레시-모르네(Philippe du Plessis-Mornay)는 사실상 폭군인 사악한(즉 가톨릭) 통치자를 대적하는 반란을 정당화하기 위하여, 『폭군에 대한 권리주장』(*Vindiciae contra Tyrannos*, Protection against Tyrants)을 출판했다. 그것은 "이스라엘이 율법과 하나님의 교회를 뒤엎는 왕을 저항하는 일에서 합법적일 뿐만 아니라, 만일 그들이 그렇게 실행하지 않았다면, 그들은 동일한 죄악의 책임이 있으므로 동일한 형벌을 받아야만 한다"는 것이었다.[2] 두 플레시-모르네의 교회와 이스라엘의 융합은 소금도 우연한 것이 아니었다. 칼빈이 생각하기에, 모든 그리스도인의 왕국은 어떤 단계에서 하나님과 "언약"을 맺었다고 가정되었다. 보통 명시하지는 않았지만, 그것은 16세기에 존재했었던 왕국들과 아주 적은 혹은 전혀 연속성을 갖고 있지 않았던 왕국들에서 중세 초기에 있었던 첫 번째 기독교화의 요점이라고 추정되었다. 두 플레시-모르네는 모든 백성들과 왕국의 하급 공무원들은 집합적으로 그리고 개인적으로 "만일 하나님의 율법을 더럽혔거나 그 회복을 방해하는 어떤 왕을 대적하여 무력을 사용하지 않는 경우에, 하나님과 맺은 언약을 대적하는 죄를 중대하게 짓는 것이다"라고 논쟁하면서 더 나아갔다. 그러므로 우상숭배적이고 교황 절대주의적인 지배자를 대적하는 군사적인 반란은 허용할 수 있을 뿐만 아니라 긍정적인 의무가 되는 것이었다.

어쨌든 그 해까지, 반란자들이 지배하고 있었던 그러한 네덜란드 지역들은 연합주가 되는 위트레흐트 연합(the Union of Utrecht)에 서명하였고, 그 결과로 칼빈주의자들이 합법적으로 관할하는 구역이 되었다. 새로운 동맹이 표면적으로는 예배하는 일에서 개혁주의였기 때문에, 두 플레시-모르네의 이론과 더불어 혹은 무관하게, 가톨릭주의가 공식적으로 금지되었고 그것을 대적하는 폭력이 사용될 수 있었다. 그러나 사실상 가톨릭이 대부분의 인구를 구성하고 있었기 때문에, 이 악덕은 단지 경건한 열망에 지나지 않았다. 스페인의 지배를 대항하는 반란은 그들이 후원을 의지하고 있었던 그러한 온건한 가톨릭신도들을 박해할 수가 없었다. 네덜란드의 실용주의는 종교개혁 이전에만 아니라 그 이후에도 최고의 영향력을 행사하고 있었다. 에라스무스의 망령은 정말 너무 현실적인 것이라서 뿌리칠 수가 없었다.

결과적으로, 네덜란드는 유럽에서 가장 먼저 확실히 다원론자들의 사회가 되었다. 1570년에 한 스위스 관찰자는 네덜란드의 인구가 33%는 칼빈주의자들, 33%는 가톨릭, 그리고 33%는 재침례파라고 생각했다. 그렇지만 너무 균형 잡힌 것과는 달리, 이것은 재침례파의 세력을 너무 과장하여 말한 것이고 가톨릭의 세력을 적게 말한 것이다. 그러나 특별한 네덜란드의 상황이 다원주의를 만들었을 뿐만 아니라, 다른 곳에서 박해를 두려워했던 사람들의 마음을 끄는 자석과 같이 작용했다. 스페인이 자국 내의 견딜 수 없는 압제에서 피하기를 원했던 유대인들과 '콘베르소'(Conversos, 기독교로 개종한 유대

1648년에 네덜란드에서의 개신교주의

인-역자주)들에게 도움을 줄 준비가 되어 있었기 때문에, 스페인과의 연결은 잘 되었다. 그들은 특별히 암스테르담으로 왔다. 1622년 로테르담의 한 관찰자는 그 도시에 열 가지의 다른 종교들이 있었다고 했다. 그리고 아무것도 지지하지 않았던 어떤 사람들은 사실상 무신론에 상당하는 종교 다원주의를 반대하는 일반적인 비난을 옹호했다고 했다. 17세기 초반의 한 영국 작가는, 다원주의자의 정치에 반대하는 종교적인 주요한 근거를 주장하면서, 그의 글들에 비열한 악담을 몰래 집어넣으려고 시도했었다. 그것이 영국을 "암스테르담시으로"(Amsterdamnified) 방치하게 될 것이라고 그는 주장했다.

그러나 물론 신앙적인 비국교도들은 종종 지적이었고, 창조력이 있는 사람들이었다. 가장 중요한 삶의 양상이었던 이러한 일에 관하여 독자적인 결정을 내린 사람들은 유익하지만 덜 중요한 많은 일들에 관하여도 독자적인 결정을 내리려고 하였다. 그들은 또한 검소하고, 신중하며, 근면한, 그리고 정직하게 보이는 것 그 이상이었다. 자신의 영토에서 그와 같은 사람들을 추적해서 네덜란드로 (또는 이후에 신앙의 자유를 허락했던 다른 나라들로) 쫓아버렸던 그 지배자들은 경쟁적인 나라들에게 가장 유용하고 근면한 사람들을 선물했다는 것을 발견했다. 네덜란드의 분위기에서 상업이 번성했다. 세계에서 (그리고 어떤 언어로든지) 만들어진 모든 인쇄된 책들 다수가 17세기 동안 네덜란드에서 인쇄되었다. 네덜란드는 17세기 동안 무역, 해군력, 예술, 그리고 문화에서 위대한 시기에 들어섰다.

스페인과의 전쟁은 양측이 지쳐서, 12년간의 휴전협정에 동의했던 1609년까지 계속되었다. 그 전쟁은 다시금 무의미하게 1621-1648년까지 재개되었다. 그러나 주사위는 이미 던져졌다. 북부는 폭넓게 개신교도들이 있었고 부수적으로 다원주의자들이 있었다. 남부는 스페인의 지배와 견고한 가톨릭의 지배 아래에 남아있었다.[3]

프랑스

1570년까지 프랑스는 십년이 채 안 되는 기간에 세 번의 종교전쟁을 경험하였다. 타협에 이르기 전에 그 전쟁은 여섯 번이 더 있었다. 개신교회가 종교개혁 초기단계부터 프랑스에 있었지만, 1550년대에 칼빈주의자들이 도착하기까지는 상당히 무질서한 상태로 남아 있었다. 박해는 1530년대 동안 격렬하였다. 그것은 노용(Noyon) 태생으로 새로 회심한 파리의 학생이었던 칼빈으로 하여금 스위스로 피하도록 만들었고, 그곳에서 그는 화려하게 성공했다. 그렇지만, 프랑스로 되돌아가보면, 박해는 1545년 발덴시안(Waldensians, Vaudois)의 소름끼치는 대량학살과 그 이후의 지속적인 압력을 포함하여 계속되었다.

그러나 1555년 이후의 몇 년은 프랑스어를 말할 수 있는 제네바가 목사와 선교사를 양성하면서, 그곳에서 매우 급속한 칼빈주의 성장이 있었다. 그리고 그들 중의 다수는, 칼빈과 같이, 프랑스에서 스위스 이드(Eid)의 안전한 곳으로 처음부터 피했다. 그곳에서 한때 훈련을 받으면서 그들은 개혁주의 교리들을 교육받았고, 이후에 자신들의 본래 영토로 스위스화되어(Helveticized) 되돌아갔다. 이러한 칼빈주의자들에 대한 프랑스 용어인 위그노(Huguenots)는 '연맹' (Eidgenossen) 또는 "서약을 따르는 자들"을 발음하려는 매우 나쁜 프랑스어를 말하려고 한 데서 기원했다는 설은 가능성 있어 보인다.

1562년까지 프랑스 내부에 약 1,750개의 위그노 교회들이 있었다. 위그노의 절정기에 칼빈주의는 인구의 10% 정도의 충성을 얻었다. 이것은 구성에서 나머지 중산계층과 도회지 사람들과 함께 귀족계급의 절반을 압도적으로 포함하였다. 소작농 세력이 있는 지역은 세벤느(Cevennes)뿐이었고, 그곳에서 많은 사람들이 지방 도시들과 연결된 공장들에서 파트타임으로 일했다. 이것과는 별개로, 위그노들은 소작농들 가운데서 거의 전혀 지지를 얻지 못했는데, 도처에서 그들의 소박한 삶은 그들로 하여금 가톨릭이 주장했던 보다 마술적이고 주술적인 경향으로 기울어지게 만들었다. 소작농들이 명백하게 전체 인구의 거대한 대다수를 구성하고 있었기 때문에, 이것은 심각한 결함이었다.

이 사회적 불균형에 대한 설명은 주요한 목사들이 본국으로 수출하는 제네바의 다른 주요한 수출품목의 특징에 있다. 그것은 책들이었다. 프랑스 자체 내에서 운영되는 은밀한 인쇄업에 더하여, 제네바는 서른 네 개의 인쇄소를 갖고 있었고, 성경, 교리문답, 칼빈의 저작들, 그리고 다른 개신교 서적들을 제작하는 일에 전력을 다하였다. 모든 것이 프랑스를 개혁신학적인 신앙으로 변화시키고자 하는 목적이 있었는데, 그 모든 일은 문맹의 시골 주민들을 제쳐놓고 진행되었다. 참으로, 그것은 글을 읽고 쓸 줄 아는, 교육받은, 중산 계층의 영역으로 만들었던 칼빈주의의 지나친 학구성과 이론적인 교리에 관한 조직화에 의존하는 것이었다. 학업을 위하여 제네바에 와서, 이미 적법한 훈련을 받은 사람들의 규모는 눈에 띄는 특징보다 훨씬 더 많은 것이었다. 전가된 죄, 생득적 의, 집합적인 대표지위(모든 사람이 아담 안에 있고, 모든 신자들이 그리스도 안에 있다), 그리고 적법한 가설과 계약법과 유사한 다른 것들에 대한 칼빈주의의 강조는 법적인 사고방식을 갖고 있는 사람들에게 특별한 호소력을 갖고 있었다. 그러나 그것은 소작농들의 마음에서 어떤 접촉점도 발견할 수가 없었다. 아마도 발견할 수 있는 자가 없었다.

1559년 두 군주가 자신들의 폭력을, 서로에게가 아니라, 자신들의 영토 안에서 개신교 이단들에게 터트릴 것을 약속했던 카토 캄브레지(Cateau-Cambresis) 평화조약에서 프랑스 왕 헨리 2세(Henry II)는 독일 황제 찰스 5세와의 긴 한 판 전쟁을 끝마쳤다. 헨리는 뒤이어 열렸던 마상 창시합에서 우연히 자신의 창에 찔려 세상을 떠났고, 그의 세 아들들이 성년이 되기까지, 권력은 그의 미망인 캐서린 데 메디치(Catherine de' Medici)에게 넘어갔다. 병약한 자손인 장자 프란시스 2세(Francis II)는 스코틀랜드의 여왕 메리와 열다섯 살의 나이에 결혼했지만, 그는 2년이 지난 후에 사망했다. 그의 어린 동생이 열 살의 나이에 찰스 9세(Charles IX)가 되었고, 그의 어머니는 오래 끄는 섭정정치의 짐을 져야할 가능성에 직면했다.

이 짐을 분담하고 싶어 했던 파벌들이 캐서린 주변에서 권력을 얻기 위하여 싸웠다. 프란시스 1세(Francis I)의 조카딸이며 헨리 2세의 자녀 이후에 프랑스 왕좌의 다음 직계였던 진(Jeanne)은 프랑스와 스페인 사이의 작은 피레네 산맥 국가인 나바라(Navarre)의 여왕이었다. 그녀는 그녀의 남편 안토니 데 부르봉(Antonie de Bourbon)과 그의 영향력 있는 형제였던 콩데(Conde)의 황태자 루이스(Louis)처럼 강경한 개신교도였다. 소작농들 가운데에서 위그노가 갖고 있었던 약점에도 불구하고, 상위 귀족계층 가운데서 그 세력은 권력을 획득하는 일에서 잠재적으로 결정적인 요인이었다.

가톨릭 귀족들 역시 그렇게 생각했고, 이단을 억압하는 일을 정권의 우선사항이 되도록 결정했던 한 대항세력인 강경한 가톨릭 당파가 존재했다. 이 그룹은 기즈가(Guise family)에 의하여 선두에 서게 되었고, 거기에 속한 스코틀랜드의 메리 여왕이 그녀의 어머니 편에서 한 일원이 되었다. 그녀가 프란시스 2세와 결혼했다는 사실은 왕가에 대한 기즈가의 영향력을 분명히 보여준다.

그렇지만, 카토 캄브레지 평화조약은 우연이었음에도 불구하고, 개신교주의의 급속한 전파를 가속화했다. 군대를 해산하는 일은 그들이 전쟁의 포로로서 지냈던 기간에 독일 황태자들의 손에서 또는 적수들과 친목하면서 개혁 신학의 사상들을 얻었던 많은 남자들을 집으로 돌려보내는 일이 되었다.

프랑스 시민전쟁의 발발과 지속은 두 요소의 조합이었다. 하나는 종교적인 싸움으로, 개신교인들에 대한 빈번한 대량학살은 반란을 일으키게 했다. 다른 하나는 기즈가와 부르봉가 사이에 있었던 왕권에 대한 지배권 다툼이었는데, 그것은 마침내 왕권 자체의 다툼이 되었다.

콩데의 황태자 루이스가 당시에 (이 단계에서 주로 무저항주의를 조언했던) 목회자들로부터 주요한 위그노 귀족들에게로, 특별히 바로 자신에게로, 개신교의 지도력을 옮기려고 했던 사건이었던 바시(Vassy)에서 무장하지 않은 위그노들을 대학살했던 일로 인하여 촉진된 첫 번째 싸움은 1562년부터 1563년까지 벌어졌다. 그 싸움은 개신교 예배에 대한 한정된 신앙의 자유와 다양한 제한들과 더불어 불투명하게 끝났나. 젊은 왕을 잡으려는데 실패한 개신교의 시도는 1567년부터 1568년까지의 두 번째 전쟁을 유발시켰고, 그것은 전임자의 시도와 비슷한 결과로 끝났다. 몇 달 후에, 로렌(Lorraine) 추기경(기즈가의 일원이고 또 캐서린의 주요한 조언자)이 개신교 지도자들을 체포하려고 시도했던(그리고 실패했다) 때에 세 번째 전쟁이 발발했다. 이 전쟁은 더 오래 지속되었고 자르낙(Jarnac) 전투에서 콩데의 죽음이 목격되었다.

비록 위그노들이 모든 지역에서 영향력을 가지고 있었지만, 그들의 요새는 압도적으로 프랑스의 남쪽에 있었다. 세 번째 전쟁은 남부와 중부 지방으로 퍼져나간 싸움이었다. 개신교의 패배에도 불구하고, 평화는 이전의 충돌 이후보다도 그들에게 법 앞에서 어떤 동등한 입장을 보장하면서 조금 더 많이 관대한 것이 되었다.

그렇지만 이 단계에서, 프랑스에서 가톨릭 군대를 패배시켰던 위그노 전쟁은 실제적으로 사라져버렸다. 1560년대 동안, 칼빈주의로 회심하는 비율은 상당히 줄어들었다. 두려움과 적대의 분위기가 훨씬 더 전진할 수 있는 성장을 가로막았다. 이미 칼빈주의자들의 소망은 기스가의 세력에 대항하는 가톨릭 온건파 군대와의 연합에 기초를 두고 있었다. 비록 이것이 불가능했었고, 캐서린 데 매디치는 간헐적으로 기스가에 의한 지배로부터 피하려는 그녀의 자포자기에서 개신교인들에세 편의를 제공할 수 있었지만, 가톨릭의 강경노선자들은 새롭게 각성되어진 국가적 민감성들을 해치는 외국의 거주자들이 아니었고, 다수의 의견을 반영하는 원주민 사회의 빠뜨릴 수 없는 부분이었다. 프랑스의 상황은 근본적으로 네덜란드와 달랐다. 진퇴양난으로 위그노 배는 침몰할 수도 있었다.

1572년에 반종교개혁의 가장 유명한 사건들 가운데 하나가 일어났다. 그것은 성 바돌로매(St. Bartholomew' s Day) 대학살이었다. 여전히 다른 '전향' (Volte-face, about-face)을 실행하도록 설득되었던 캐서린과 이제 22살이었던 젊은 왕은 가톨릭신앙을 위하여 또 진전된 폭력으로부터 왕국을 구하고자 단번에 모든 위그노 지도자들을 죽일 수 있는 음모를 격려하였다. 하지만 실상은 그 어떤 목적도 이루어지지 않았다.

8월 23일, 주일 오전 4시에 사정을 잘 아는 파리의 가톨릭 교인들이 위그노 가정들에 침입해서 발견하는 모든 이들을 죽이기 시작했다. 다른 가톨릭 귀족들과 함께, 기스의 공작은 개신교 상급 귀족들 가운데 한 사람이었던 몽모랑시(Montmorency)의 해군제독의 집으로 잠자리에 있는 그를 찾아서 들어갔다. 공작은 머리에 권총을 쏴서 그를 죽였고, 그 후에 발가벗은 시신은 발코니에 내던져졌다.

쉴리(Sully)의 공작 막시밀리엥 드 베튄(Maximilien de Bethune)은 노인이 되어서 대학살 당시 열 세 살의 위그노였던 자신의 경험을 회고했다. 그가 부르고뉴(Bourgogne) 대학에 도착하려고 할 때, 그는 그곳의 학생이었는데, 군인들과 자객들에 의하여 몇 번이나 검문을 받았다. 그러나 그가 가톨릭 성무일도서를 가지고 있었기 때문에, 그 상황에서 그들을 속여서 빠져나갈 수가 있었다. 대학에 도착해서 뇌물을 써서 수위를 지났을 때, 그는 자신의 신분을 알고 있는 두 명의 신부에 의하여 자신의 도착이 먼저 파악된 것을 발견했고, 그들은 총장에게 간청했다. 그들은 "시칠리아의 저녁기도(Sicilian Vespers)에 관하여 이야기하고, 그 명령은 젖먹이인 아기들까지 모든 사람들을 죽이는 것이라고 말하면서, 나를 제거하려고 했다." 총장은 그들을 위압하여 젊은 드 베튄을 그 건물의 눈에 띄지 않는 장소의 작은 장에 삼일 동안 숨겨주었다.

그 유혈은 48시간 동안 지속되었다. 그것이 끝날 무렵, 파리에서만 적어도

3,000명이 죽임을 당했다. 비슷한 숫자가 그 다음 주간 동안에 지방에서 죽었다. 화요일에는 프랑스의 기독교 왕이었던 찰스 9세(Charles IX)가 살인과 관련된 공범여부를 정당화하기 위하여 의회에 출석했고, 선택의 여지가 없었기 때문에 2년 전에 이단들과 평화조약에 동의했었다고 주장했다. 이제 그는 그의 보다 제한 없는 성향의 증거가 도시의 거리 주변에 흩어져 있음을 암시했다. 개신교에 대한 제한적인 신앙의 자유는 뚜렷하게 후퇴하였다. 목요일에, 주요한 위그노 귀족들은 전율하면서 그들이 명령받은 대로 실행하였고, 그들의 군주와 미사에 함께 참석했다. 그들이 말했던 것처럼, 그들에게는 어떤 선택도 남아 있지 않았다.

아마도 이것은 그 세기의 가장 암울했던 사건들 가운데 하나였다. 성 바돌로매 대학살, 앤트워프의 스페인의 광기, 영국 개신교도들에 대한 메리의 박해, 종교재판소, 즉 개신교도들이 세기를 넘어서 애정을 기울여 이야기하고는 했던, 소위 가톨릭의 "어둠의 전설"(Black Legend)은 이 모든 것들의 혼합물이었다. 그것은 자신이 지배할 수 없는 사람들을 죽이는 일과 회유할 수 없는 사람들을 고문하는 일과 관계가 있었던, 박해하고, 교활하고, 살인하고, 또 완고했던 반종교개혁 가톨릭의 초상화였다. 그것이 적어도 3세기 동안 개신교 의식(consciousness)에서 견뎌냈던 모습이었고, 그것이 쇠퇴하기 시작했을 때, 피오 9세(Pius IX)가 어리석게도 되살아났다. 북아일랜드의 더 어두운 지역에서, 그것은 여전히 경험되었다.

혼란이 해소되고, 시신들을 매장하기 위하여 치워지고 있을 때, 많은 위그노들은 두려움으로 신앙을 바꾸었다. 다른 사람들은 그들이 숫자적으로 우세했던 남부로 피했고, 그곳에서 개신교주의의 지역적인 양상을 강화시켰다. 비록 라 로셸(La Rochelle)에서 리옹(Lyon)까지 "위그노의 초생달 모양 지역"(Huguenot crescent)으로 아직 국한되지 않았음에도 불구하고, 그 경계는 더 뚜렷하게 만들어졌다. 여전히 더 많은 사람들이 네덜란드, 영국, 그리고 제네바로 피했다. 그러나 그 성숙기는 새로운 용기를 가져왔고, 짧았던 4차 전쟁이 그때와 그 이후 오랫동안 개신교의 본거지였던 라 로셸 항구 주변에서 있었다. 대외 정책이 정부의 일정에 더 높은 수준의 조치를 강구했고, 또 평화가 일반적인 다협과 양보를 가져왔을 때인 나음 5월에 그 포위가 끝났지만,

위그노들에 의하여(위그노들에 대항한 것이 아니다) 행해진 난폭한 행동에 대한 가톨릭의 묘사,
리차드 베스테겐(Richard Vestegen)의 판화

이전의 전쟁 이후의 기간보다 훨씬 더 짧았다.

그 싸움은 끝난 것이 아니었다. 1574년 찰스 9세(Charles IX)가 죽었고, 그의 동생 헨리 3세(Henry III)가 뒤를 이어 왕위를 계승하였다. 개신교 귀족들은 독일에서 군사를 일으켰다. 나바라의 왕은 파리에서 피신했고, 새로운 군대를 모집하기 위하여 고국으로 돌아갔다. 그리고 대부분이 위그노들이었던 랑그도크(Languedoc) 지역의 가톨릭 귀족 몽모랑시가 그와 동맹했다. 헨리 3세의 동생 드 알렝송 공작(Duc d' Alencon)도 더 관용적인 정책을 추구할 수도 있는 대안적인 왕으로 자신을 제시하면서, 사실 그가 어떤 원칙에 의해서도 곤란을 겪지 않았지만, 그들과 교섭을 하기 시작했다. 1576년, 다른 곳에서 모집된 다양한 군대들과 연합하여, 20,000명의 군대가 독일로부터 침공했고, 헨리 3세는 개신교도들을 포함한 그의 다양한 적수들에게 크게 양보해야만 했다. 그 양보에 대단히 크게 놀라서 나바라의 개신교 단체의 세력을 빼앗기로 결심했던 기스가의 공작(헨리라고도 불려진)은 그 해 가톨릭 동맹(Catholic League) – 위그노의 증대하는 영향력에 저항하기로 결심했던 귀족들의 동맹 – 의 조직에 배후에서 선도적인 인물이었다.

마치 네 번째 전쟁의 조건이 개신교도들에게 너무 불리해서 개신교도들이 그들의 세력을 회복하자마자 그 이상의 전투를 불가피하게 만든 것처럼, 1576년 5월의 볼리(Beaulieu) 칙령은 가톨릭교도들에게 너무 비굴한 것이어서 그들로 하여금 그들이 선호하는 국면을 일변시킬 수 있는 복수의 새로운 기회를 위하여 분개하도록 만들었다. 다섯 번째와 여섯 번째 전쟁(1577년과

기스가의 헨리
프랑스 샤토 데 뷰리가드
[Chateau de Beauregard]의
삽화

1580년 각각)은 이것을 성취하려는 단순한 시도였고, 그것들은 제한적인 진보를 이루었다.

그러나 1584년 헨리의 동생이 사망했을 때, 왕좌의 상속 지위는 가장 가까운 친척인 개신교 지도자 나바라의 헨리에게 넘어갔다. 왕 자신이 자식이 없는 상태로 남아 있으려고 한 것을 고려하면, 추정되는 상속인으로서 나바라의 새로운 지위는 이론적인 것 그 이상이었다. 그것은 프랑스를 위한 개신교의 장래를 미리 알리는 것이었다.

기스가의 공작은 사건의 새로운 반전에 특별히 더 소름끼칠 정도의 충격을 받았다. 신속히 샤를마뉴(Charlemagne) 대제에게까지 소급되는 계보를 날조하면서, 이단이 왕좌에 앉는 불길한 전망을 피하기 위하여, 그는 자신의 지위를 대안적인 군주로서 무리하게 요구하기 시작했다. 만일 그가 왕좌에 입후보하지 못한다면, 많은 선임 실력자들은 그의 가톨릭 강경노선으로 되돌아갈 준비가 되어 있었다. 파리 인구의 다수도 역시 그랬다. 개신교주의에 관하여 절조가 없고 너무 유약한 왕을 매도하면서, 기스가의 공작과 가톨릭 동맹은 반란을 일으켰다. 1584-1589년 기간은 소위 세 헨리(three Henries) – 헨리 3세, 나바라의 헨리, 그리고 기스가의 헨리 – 의 전쟁을 목도했다. 그것은 그때까지 가장 많은 피를 흘렸던 충돌이었다.

스페인은 가톨릭 동맹에 돈을 쏟아 부었다. 개신교도들은 그들이 어떤 도움을 독일 공국들, 네덜란드, 그리고 영국으로부터 얻을 수 있는지를 찾았다. 1588년 성탄절에, 왕 헨리 3세는 블루아(Blois)의 자신의 방에서 있었던 모임에서 자문을 구하기 위하여 기스가의 공작을 불렀다. 그는 그곳에 나타날 정도로 어리석었고, 그가 들어오자마자 문들이 잠가졌고 그는 난도질당하였다. 기스가의 추기경이었던 그의 형제는 유사하게 신속히 죽임을 당했다. 인과응보처럼, 왕 자신은 수도자 암살범의 옷 속에 감추어진 칼에 의하여 다음해 6월에 죽었다. 가톨릭 동맹의 소첵자들은 여러 달 동안 단지 그와 같은 행동

헨리 4세
(프랑스 샤토 데 뷰리가드[Chateau de Beauregard]의 삽화)

을 강조했었다.

두 가톨릭 파벌이 자신들의 지도자들을 상호 제거하는 일이 나바라의 헨리와 위그노들에게 주도권을 넘겨주는 것일 수밖에 없었지만, 그것이 프랑스에서 개신교를 다수로 만들어 내지는 못했다. 참으로 그들의 숫자는 감소했고, 대량학살과 박해에 의하여, 간담이 서늘한 변절에 의하여, 추방에 의하여, 그리고 완전한 낙담에 의하여 무자비하게 약화되었다.

나바라 자신은, 그의 새로운 지위에서 합법적인 왕으로서 (문제가 되지 않는 것은 아니지만) 행복한 처지였음에도 불구하고, 개신교인들에게서 대중적인 인기가 없었던 것과 특별히 남부와 서부에서 원조가 위그노에게 압도적으로 집중되었던 것을 두려워할 수밖에 없었다. 만일 그가 프랑스 전역의 왕으로 받아들여지기를 원한다면, 어떤 일을 실행할 필요가 있었다.

가톨릭의 독점을 대신할 수 있는 신앙적인 독점을 만들려고 했던 행정직 개신교도들의 소망은 필연적으로 정권이나 정권을 붙잡을 수 있는 당파에 좌우되어 자신들의 선택을 바라봐야만 했다. 정치적 생존과 관련된 이 기본적인 사실은 16세기 개신교도들의 주장을 세속적인 정치적 이익들과 피보호자의 관계를 맺는 성격을 갖는 것으로 남겨놓았다. 그리고 이제 세속의 파트너였던 나바라의 헨리가 마침내 결정적인 순간에 신앙적인 충절을 바꾸는 것으로 권력이 보다 분명하게 목적한 바에 도달하리라는 결론을 내렸을 때, 이 관계는 위그노들의 경우에서 대단히 불리한 결과가 되었다.

1593년 7월, 나바라의 헨리는 자신이 가톨릭 신앙으로 개종되었다고 선포

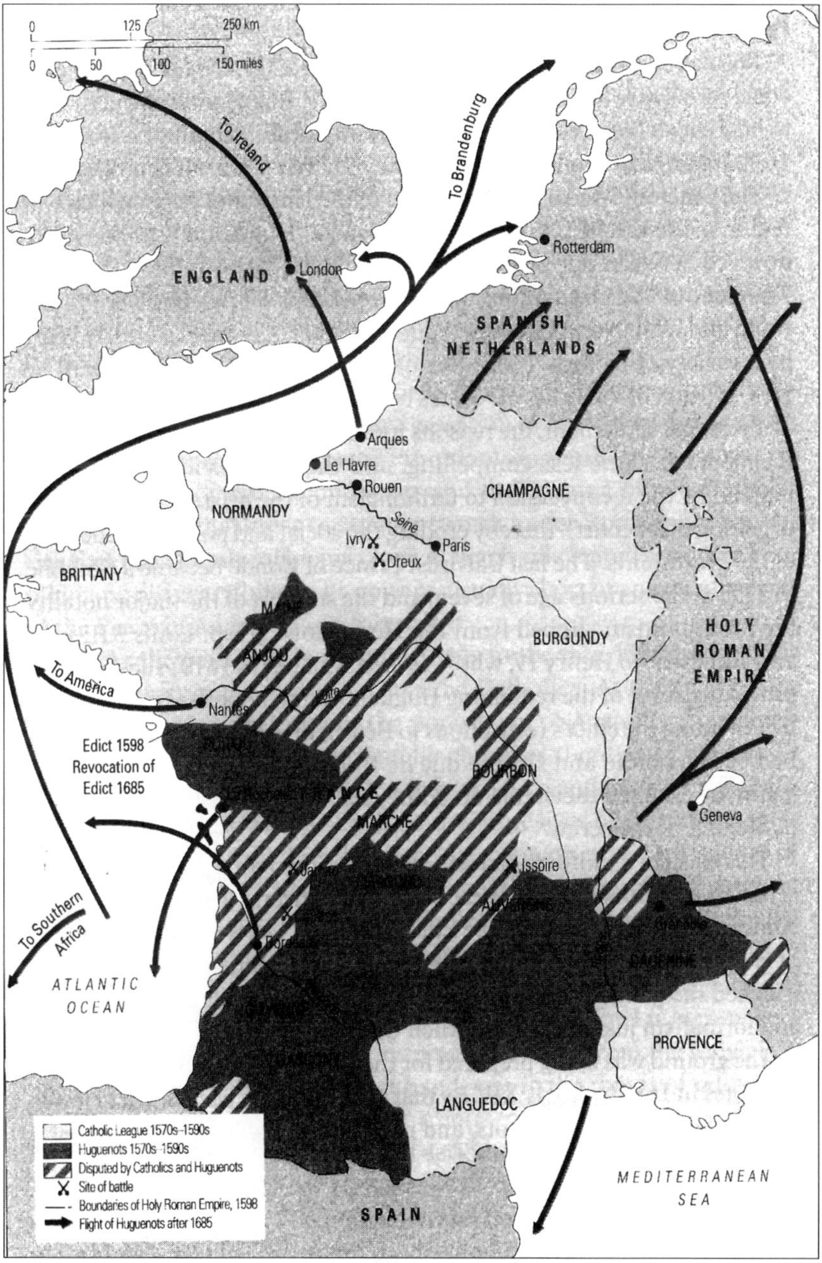

〈프랑스 개신교, 1560-1685〉

했다. 세평에 의하면 그는 "파리는 미사를 드릴 만한 가치가 있다"고 하였다. 새로운 왕 헨리 4세가 자신의 핵심 개신교 지지자들 가운데 많은 사람들을 소외시키지 않고서 – 비록 그들로서는 그 어느 곳으로도 갈 수가 없었지만 – 가톨릭 동맹(Catholic League)으로부터 온건한 가톨릭의 후원을 얻으려고 애쓰는 가운데 전쟁이 지속되었다. 가톨릭 동맹은 자체적으로 충분한 활력, 새로운 기스가 공작의 지속적인 지도력, 그리고 스페인으로부터 충분한 돈과 정치적인 후원을 갖고 있었다. 그러나 미래는 분명히 이전에는 개신교였으나 이제 가톨릭으로 개종했던 인물을 의지하고 있었다. 그는 유리한 조건으로 상속법을 가지고 있었고 헨리 3세의 죽음으로 인하여 후계자로서 명명되었다. 1598년 전쟁은 헨리 4세가 첫 번째 부르봉 왕이라는 기록을 남기고 사망하면서 종지부를 찍었다.

그해에 선포되었던 낭트 칙령으로, 위그노들은 대부분의 지역에서 규정되어진 장소들에서만 허가된 예배를 드리면서, 신앙의 자유에 관한 보증을 받았다. 이것은 파리를 포함하지 않았다. 이 제한은 위그노들이 정체되고(자신들의 현존하는 토대를 넘어서는 확장이 불가능했다), 지방에 한정된 상태로(수도에서 추방당한 것이었다) 남는다는 것을 확실히 하는 그들의 기나긴 불운을 의미했다.

규정들은 양측이 할 수 있는 것과 해서는 안 되는 것을 명확하게 설명했다. 가톨릭은 개종시킬 수 있었지만, 개신교도들은 할 수 없었다. 라로셸(La Rochelle), 몽토방(Mantauban), 그리고 몽펠리에(Montpellier), 그리고 900개의 성전들(교회들)을 포함하여, 위그노들은 100여개가 넘는 요새화된 마을들과 도시들을 차지하도록 허락되었다.

그 평화는 위그노 모임에 분열의 여지를 남겼고, 전쟁은 어느 정도 피할 수 있었다. 이 단계에서, 위그노 회원들은 백만 명과 백이십오만 명 사이로 줄어들었다(즉 인구의 6 내지 7%). 이 분포에서, 약 80%는 남부와 서부에 있었다. 회원들은 다양한 이유들로 인하여 다음 30년 동안 더 많이 줄어들었다. 정권에 의한 공적인 괴롭힘과 사실상 낭트 칙령의 지속적인 쇠퇴가 있었다. 정치적인 해결이 다가오면서, 위그노 귀족들이 위그노 신도로 남아 있으려는 이유들은 덜 강제적인 것이 되었고, 1598년 이후의 몇 십 년은 귀족 정치가들이 가톨릭주의로 재개종하는 것이 특색을 이루었다. 그리고 그것으로 인하여, 개신교도들의 사회적이고 정치적인 지도력이 침식당했다. 콩데의 마지막 칼빈주의 황태자는 일곱 살의 용이치 않은 나이였던 1559년에 가톨릭교도가 되었고, 개신교주의에 대한 주요한 귀족들의 후원은 위그노의 통제로부터 사라져버렸다. 루이 8세(Louis VIII, 헨리 4세의 아들이자 후계자이고, 그는 1610년에 암살당했다)는 칙령의 제한구역을 위그노들 심장지대인 베아른(Bearn)까지 확대하는 것으로, 남아 있는 위그노들 가운데 얼마의 사람들이 1621년의 가망 없는 반란을 일으키도록 야기하는 일에 성공했다. 용감하고 신실한 로한의 공작(Duc de Rohan)에 이끌려서, 그 반란은 불행하게도 – 피할 수 없는 결과로서 – 정권이 더욱 강제하는 일을 정당화하게 하는 구실이 되었다.

물론 이것이 보편적인 상황파악은 아니었다. 위그노로 개종하는 일이 금지되었음에도 불구하고, 낭트 칙령 이후의 몇 년 동안 님(Nimes)에서 450명이 칼빈주의로 회심했고, 그 기간에 이전에 수도사였던 많은 사람들이 위그노가 된 것을 볼 수 있었다. 그러나 일반적으로 잃은 것이 얻은 것보다 더 컸다. 프랑스에서 가톨릭 경건이 새롭게 회복되어지고 있던 바로 그 때에, 개신교의 경건은 무미건조한 형식주의로 기울어지고 있었다.

이런 상황은 루이 14세(Louis XIV)에 의하여 1685년 낭트 칙령의 공식적인 폐지를 준비하는 토대가 되었다. 그때까지 회원숫자는 50만 명의 위그노들보다 더 적게 줄었고, 그때에 박해는 본격적으로 시작되었다.[4)]

독일

1555년의 아우크스부르크 평화조약(The Peace of Augsburg)은 독일에서 종교 전쟁에 대한 불안한 결말을 가져왔다. 비록 평화가 유지되었으나, 그것은 시간이 지나면서 더욱더 무장한 휴전이라는 성격을 갖게 되었다. 지난 16세기 동안 프랑스에서 있었던 종교전쟁은 신성로마제국 내에서 평화를 유지하는 일에 도움을 주었다. 한편으로, 황제는 프랑스 왕들이 자국과 더 밀접한 관계에 있는 문제로 인하여 독일의 관심사들에 일시적으로 간섭할 수 없다고 재확인했고, 다른 한편으로, 독일 개신교 군주들은 프랑스를 비엔나의 내항세력으로 이용할 수 없다는 것을 알게 되었다. 그러나 독일 영내에서 황제의 권위 쇠퇴는, 의회와 왕실의 쇠퇴와 함께, 부딪히는 상반된 요구들과 권리들을 풀어나가는 어떤 평화적인 수단을 거의 남겨두지 않았다. 제국이 이전처럼 제 정신을 잃은 잡동사니와 같은 상황일 때, 그와 같은 투쟁은 매우 빈번하게 발생했고, 제국 내부에서의 종교적인 다툼을 야기했을 뿐만 아니라 그 다툼들을 더욱 악화시켰다.

물론 평화와 외교는 단순히 다른 수단에 의한 전쟁의 연속일 뿐이었고, 단순한 휴전이 남부 독일과 오스트리아에서 개신교도들에 의한 지속적인 개종을 멈출 수는 없었다. 또한 그 휴전은 이미 분파주의에 빠져버린 지역들을 로마 가톨릭교회로 되찾고자 하는 예수회의 선교와 변방에서의 새로운 가톨릭 학교들을 여는 일을 멈추게 할 수도 없었다. 양측은 다른 편에 의한 쇠퇴를 두려워했고, 그 기선을 제압하기 위하여 자신의 세력 안에서 – 대부분 아우크스부르크 평화조약의 실제적인 위반에는 미치지 않는 – 모든 일을 실행했다.

1560년대 중반에서 1580년대 중반까지의 기간 동안, 주도권은 개신교도들로부터 가톨릭교도들에게로 넘어갔다. 그 초기에는 아마도 오스트리아의 다수 인구가 개신교주의로 기울어졌고, 그곳과 남부 독일의 많은 가톨릭교회들은 성찬을 양측 모두에게 주면서 로마교황에게 그들의 내연의 처들을 아내로 전환하는 것으로 성직자가 가정생활을 영위하도록 허락해 달라고 재촉하고 있었다. 그러나 그와 같은 움직임에 저항해서 사건들의 명백한 흐름을 막아보려는 바바리아의 알버트(Alvert of Bavaria)와 밤베르크(Bamberg)와 파더보른(Paderborn)의 주교들과 같은 몇몇 지배자들의 완강한 결심과 통렬한 비판은 가톨릭 번영의 회복을 가져다주었다. 종교개혁의 초기 열정이 형식주의로 쇠퇴하고 새로운 엄격함이 이전의 것들을 대신하는 동안, 개신교의 사기(士氣)도 역시 쇠퇴하였다. 루터교회는 그들 사이에 분열이 있었고, 심지어 칼빈주의자들과 더욱 갈라섰다. 한편으로, 가톨릭교회는 트렌트 종교회의를 따라서 스스로 한창 개혁을 하는 중이었다.

1582년에 루터교회와 칼빈주의의 분열은 개신교회에 심각한 폐해를 주었는데, 그해에 쾰른(Cologne) 대주교가 가톨릭신앙에서 개혁주의 신앙으로 개종하기를 원했다. 스페인과 바바리아 군사들이 그를 내쫓고 확실히 개혁적이 아닌(그러나 가톨릭인) 바바리아의 공작 어니스트(Ernest)가 그를 대신하도록 보냈을 때, 루터파 여러 주들은 칼빈주의를 돕기보다는 방관하면서 지켜보았다.

예수회 학교와 잉골슈타트(Ingolstadt)의 예수회 대학은 반종교개혁 가톨릭주의에 관한 확실성을 젊은이들에게 고취하는 많은 일들을 실행했다. 예수회 대학의 설립은 파더보른 주교가 자신의 신민들에게 그 영토에서 로마가톨릭으로 재개종하거나 추방을 선택하도록 제안했던 그 세기를 마감하는 몇 년 동안에 첫 번째로 호소한 것 중에 하나다. 찰스 왕자는 1580년대 중반에 더 좋은 대학을 세우기에 이르렀다. 그는 압도적인 개신교 도시 그라츠(Graz)를 강제적으로 재가톨릭화하는 과정의 중요한 일부로서 그곳의 예수회 대학의 지위를 종합대학으로 격상시켰다.

프랑스의 일시적인 무기력 상태는 독일의 국내 어려움들에 외국이 간섭하는 문제를 종지부 찍었다. 스페인은 연합주(United Provinces)를 재정복하기로 결심했고, 병력을 지원하기 위하여 독일을 통과하는 스페인의 도로(Spanish Road)를 필요로 했다. 라인지역에서 적의가 있는 독일 공국들이 있음은 빈약한 보급로를 차단하는 위협이 되었다. 그런 까닭에, 독일의 이단자들을 단호하게 상대하기 위하여 스페인 왕은 비엔나의 그의 합스부르크 사촌들의 결심을 공고히 하는 일을 신뢰할 수 있었다. 동일한 이유들로, 네덜란드는 제국 내에서 평화로운 개종에 의해서 또는 군사적인 수단을 통하여 이루어진 가톨릭의 진척을 두려워하였다. 대부분의 유럽 권력자들은 합스부르크 황제와 스페인의 합스부르크 왕의 밀접한 협력을 두려워하였다. 하지만 프랑스는 이전에 항상 그랬던 것처럼, 합스부르크의 포위정책을 두려워하면서도, 대부분 그렇게 하게 했다. 어떤 적극적인 반-합스부르크(그래서 암암리에 독일 개신교를 편드는) 정책은 추기경 리슐리외(Richelieu)의 통치에서 재개되었다.

아울러 어떤 외국의 왕조들은 독일 내에 있는 영토들을 소유하고 있다는 이유로 그 제국의 군주들이었다. 그와 같은 것이 홀스타인(Holstein)의 공작이었던 덴마크 왕들의 상황이었고, 그들은 북부 독일에서 세속화된 주교직에 대한 권리를 소유했을 뿐만 아니라 발트 해안을 지배하려고 했었다.

마침내 평화적 해결이 로마가톨릭과 아우구스부르크(즉, 루터교) 신앙들만을 인정했지만, 독일에서 상당수의 2세대 개신교도는 칼빈주의자였다. 이 상황은 개혁 신앙을 받아들였던 그 주들을 법적인 중간지대에 속한 것으로 내버려두었다.

이러한 상황이 팔라틴의 경우에서보다 더 극도로 명백해진 곳은 없었지만, 그곳은 지형적인 중심성과 황태자 프레드릭 5세(Frederick V)가 개신교 연합의 지도자였다는 사실로 인하여 주요한 개신교 공국이 되었다. 그러나 그의 대외 정책은 독일의 개신교 운동에서 호전적이고 교활한 정치가요 전략가였던 크리스찬 폰 안할트(Christian von Anhalt)공에 의하여 간섭을 받았다.

안할트는 신앙고백적인 전쟁이란 조만간 피할 수 없는 것이라고 생각하고서, 전쟁이 일어났을 때 그 전쟁을 성공적으로 치루기 위하여 극한 정책을 실행하여 가능한 대로 가장 유리한 위치를 얻는 일에 정치적인 지혜가 있다고 분명히 확신했다. 이것을 목적으로, 그의 형식적인 영주들(또는 보다 실제적으로, 의뢰인들)인 팔라틴 선제후들의 유익을 위한 그의 외교적인 노력은 지칠 줄 몰랐다.

1605년, 가톨릭 교인이며 아이가 없었던 공작 요한 윌리엄(John William)이 사망했을 때, 안할트는 브란덴부르크의 선제후 요한 지기스문트(John Sigismund)를 위하여 네덜란드 군대가 클레브스 율리히(Cleves-Julich)를 점령하는 일에 재정을 지원하려고 브란덴부르크(Brandenburg)와 네덜란드와 조약을 체결했다. 안할트가 이 작은 조약에 참가하려고 프랑스의 헨리 4세를 초청한 일은 어렵지 않게 팔라틴 백작이 그의 군주의 분노로부터 반항적인 위그노 공작을 보호하게 되는 불편한 상황의 문제가 되었다.

1603년에 제임스 6세와 1세가 (스코틀랜드와 영국에서 각각) 개신교 동맹의 지도자가 되도록 설득하려는 시도가 정중히 거부되었다. 하지만 독일에서 안할트의 외교력은, 바바리아의 어떤 공격 위협에도 대항하면서 위쪽 팔라틴을 보호하기 위하여 뉘른베르크(Nuremberg)의 도시 팔라틴과 안스바흐(Ansbach)와 쿨룸바흐(Kulmbach, 두 후작은 안할트의 조카였다)의 후작 영지 사이에 조약이 맺어졌던 1607년에 많은 결실을 맺었다. 이것은 도나우베르트(Donauworth)의 강요된 재가톨릭화가 본래는 경쟁자였던 팔츠 선제후(Pfalz-Neuburg), 뷔르템베르크(Wurttemberg), 그리고 바덴-두를라흐(Baden-Durlach)의 루터교 동맹을 깜짝 놀라게 해서, 개신교 동맹(Protestant Union)과 두 동맹이 결합했던 그 다음 해에 확장되었다. 비록 그 설립이, 특별히 가톨릭 동맹과 견주는 것으로 고려되었던 이어진 몇 해 동안에 다소간 신뢰가 결여된 것을 보였을지라도, 바바리아의 지도력 아래에서 그 다음 해에 확립된 실체는 제국이 자체로 두 군대 세력으로 나뉘어졌다는 인상을 주는 일에 일조했다.

안할트의 분석은 대부분 자기성취의 예언이었다. 미래에 종교전쟁이 그치지 않을 것이라고 믿었던 사람들은 안할트가 그들의 지위를 보장하기 위하여 실행했던 것처럼 행동했고, 그렇게 함으로써 긴장상태는 그 이상으로 조장되었다. 헤세-카셀(Hesse-Kasse) 공국의 영주였던 모리스(Maurice)는 1615년 루이 13세에게 "나는 제국의 주들이 자신들뿐만 아니라 독일과 어떤 방법으로든 연결되어 있는 모든 나라들을 포함하는 치명적인 분쟁을 시작할지도 모른다는 것을 대단히 두려워합니다. 이 모든 것은 확실히 독일의 현재 상태에서 총체적인 붕괴와 피할 수 없는 변화를 낳을 것입니다"라고 적어 보냈다. 그가 1600년에 9,000명의 새로운 의용군을 창설했던 것을 보면, 그는 잠시 동안 이 견해를 분명히 주장했었다. 1601년에 그는 그 활용을 위한 지침을 제시하는 중간정도 크기의 책을 썼다. 1603년 칼빈주의로 개종한 이후에, 모리스는 헤세-마르부르크(Hesse-Marburg)의 인접한 주를 통치하는 가문이 사멸한 이후인 그 다음해에, 그들을 침략하는 일에 그의 군대를 사용했다. 독일의 여행객들은 지방의 군대들과 요새들과 방어시설의 건조물들이 범람하고 있다고 말했다.

비록 17세기의 첫 번째 20년 동안에 있었던 긴장들이 계속 이어지는 폭발의 원인이 되었음에도 불구하고, 불운의 대한 예언들이 전적으로 성취된 것은 아니었다. 황제와 바바리아와 독일의 교회 권위자들에 의하여 후원을 받은 반종교개혁을 찬성하는 압박들은 개신교도들이 다음과 같은 지역들에서 – 보헤미아, 티롤, 도나우뵈르트 – 자신을 방어해야만 하는 도전들이었다. 거기서 그들은 공격을 받았고 위협을 느꼈으며, 그래서 제국의 나머지 기간 동안 방어적인 자세를 취했다.

반종교개혁을 위한 황제의 전략들은 개신교 진영의 무질서로 인하여 쉬운 일이 되었다. 칼빈주의에 대한 루터교회의 불신은 깊었고, 개신교 동맹은 서로 교제하기에는 까다롭고 의미를 부여하기 어려운 결합인 것으로 증명되었다. 클레브스 율리히의 상속권에 관한 팔츠 선제후와 브란덴부르크 사이의 다툼의 가능성은 처음부터 당면한 것이었다. 그리고 1613년 팔츠 선제후의 공국 후계자인 볼프강 윌리엄(Wolfgang William)은 바바리아의 막시밀리안의 여동생인 안나 막달레나(Anna Magdalena)와 결혼하는 것으로 이러한 조처를 공고히 하면서, 가톨릭신앙으로 명민한 개종을 하였다. 같은 해 팔라틴의 프레드릭 5세(Frederick V)는 제임스 6세이자 1세의 딸인 엘리자베스와 결혼하는 것으로 동등한 외교적 성공을 달성했다.

16세기의 마지막 30년과 17세기의 처음 20년 동안, 독일은 불길한 불꽃을 기다리고 있는 일촉즉발의 상황에 더욱더 가까이 있었다. 이것은 가톨릭과 개신교 관찰자들이 동일하게 계속적으로 언급했던 한 특징이었다. 1914년 이전의 몇 십 년에 다시 나타났던 모든 특징들이 당면해 있었다. 즉 그것은 변화하는 동맹들, 치명적인 두려움들, 군대증강, 전쟁이 거의 위험지경에 달하면서 커다란 기도회를 가져왔던 일련의 지역적인 위기들과 하찮은 승리들로 특징지어졌다. 그러므로 그 결과 역시 동일하였다. 1618년 이후 몇 년에 걸쳐서 거대하고 종말론적인 유혈이 있었다.

중앙 유럽

중앙 유럽은 서부 기독교 세계의 분쟁지역(다소 커다란 지역일지라도)으로 보일 수 있었지만, 거기에서 로마가톨릭을 고수했던 지역들은 비잔티움(Byzantium)에 충성을 선호했던 이들과 인접하여 섞여 있었다. 16세기 후반까지 동방의 기독교 제국은 이미 먼 옛날의 기억이 되었다. 이제 문제가 되는 국경지역은 무슬림 세계와 함께 하는 지역들이었다. 그곳은 어느 것도 안정되게 여겨질 수 없는 그런 지역이었고, 만일 그곳이 완전히 양보되었다면, 그것은 기독교세계를 더 많이 쇠퇴시킬 뿐이었다. 명백하게 이러한 위협은 예를 들어 보헤미아에서보다 헝가리와 트란실바니아에서 더 크게 급박한 양상을 보였다. 그것은 그 누구도 그렇게 생각할 수 있었다.

보헤미아와 모라비아(Bohemia and Moravia)

보헤미아는 9세기 이후로 계속 기독교화 되었지만, 초기에는 독일에 의하여 분배받은 가톨릭교회에 대한 충성을 추구한 더 실제적인 방침에 신속하게 양보했던 비잔티움과 시간만 낭비하였다. 15세기 초에, 화체설(transubstantiation)을 부정하고, 성경의 중심성과 설교를 강조하고, 또 공로보다는 은혜에 의한 칭의를 가르치며, 주요한 유럽의 사건보다 한 세기 앞서서 프라하 교수 얀 후스(Jan Huss)는 종교 개혁을 시작했다. 이로 인한 혼란은 20년의 폭력을 이끌었고, 1430년 이후부터 그 결과는 소위 '이종배찬자' (utraquists)라고 불리는 가장 온건한 후스파의 만족스럽지 못한 신앙의 자유였다. 그들은 평신도에게도 '성찬의 두 종류' (sub utraque specie, in both kinds – 빵과 포도주)와 적어도 성경적인 설교에 관한 자유를 주어야 한다고 주장했었다.

보헤미아는 그 이후로 공적인, 제한된 종교적 다원주의와 더불어 지냈다. 그것은 대부분 독일어를 사용하는 가톨릭과 대부분 체코어를 사용하는 '이종배찬자-후스파' (Utraquist-Hussites)였다. 더 급진적이고 의견을 달리하는 집단들이 어렴풋한 존재로 계속 늘어나고 있었기 때문에, 그것은 실제로 더 넓은 다원주의를 수반하였다. 1520년대와 1530년대 동안, 보헤미아에서 많은 독일 설교자들이 루터주의로 돌아섰다. 즉 비텐베르크(Wittenberg)는 마침내 동일한 제국의 일부분이었던 영토 안에서 그 경계를 가까스로 넘어섰던 것이다. 이것은 '이종배찬' 을 주장하는 사람들에게 딜레마를 가져왔다. 유행하고 있는 개신교주의가 후스파에게 믿음을 제공했던, 힘겹게 획득한 신앙의 자유를 멈추게 할지도 모른다는 불안정한 결과는 말할 필요도 없었다. 그들은 매우 명백하게 자신들에게 속한 교리들과의 유사성을 보았지만, 그들의 이전 원수들과 동일한 편에 서게 되는 위험을 깨닫고 어떤 불쾌함을 경험했다. 그 사이에, 비합법적인 급진주의자들은 유포되는 가지각색의 재침례파의 영향력 아래에서 급격히 늘어났고 다양화되었다.

16세기 중반은 정권이 새로운 "이단들"에게 시도된 억압의 시대를 보여주고 있지만, 이것은 기이하게도 비효과적이었다. 예수회 대학의 설립, 프라하에 가톨릭 주교직 제정, 그리고 보헤미아 형제단의 일부가 폴란드로 피신한 일 이상으로 반종교개혁의 증진은 제한적이었다. 1562년에 보헤미아 왕위의 취임은 신앙의 자유 쪽으로 일을 처리했다. 막시밀리안 2세(Maximilian II, 1527-1576, 그는 1564년 황제의 직위를 계승했다)는 무례하면서도 더 전진하는 가톨릭의 행보를 더디게 했다. 후스파의 다양한 풍조들("구우트라키스트 파" [old Utraquists], 루터파의 영향을 받은 신우트라키스트[new Utraquists], 그리고 여전히 남아 있는 보헤미아 형제단)이 1575년에 그에게 단일화 된 보헤미아 신앙고백(Confessio Bohemica, 또는 체코 신앙고백 – 역자주)을 제시했을 때, 비록 그의 스페인 아내 마리아와 그의 넓은 범위의 친족들로부터 오는 압력 때문에 그 저작을 확신 있게 받아들이는 일을 미루었지만, 그는 자신이 그것을 관대히 다루고 받아들일 준비가 되어 있다고 공언했다.

이 상황은 막스밀리안 2세의 아들과 그의 계승자인 루돌프 2세(Rudolf II, 1576-1612년 기간의 황제)에게 이어졌다. 그의 아버지와 달리, 그는 개신교의 연민을 느낄 수가 없었지만, 그럼에도 불구하고 그는 한편으로 수가 많고 우세했던 신민들과 공존하려는 자신의 바람과, 한편으로, 자신의 어머니, 친척들, 그리고 조언자들에게 속한 반종교개혁의 열광자들 사이에서 괴로워했다.

첫 번째 고찰은 분명히 보다 신중한 것이었다. 어떤 평가에 따르면, 오직 보헤미아 인구의 10-15%만이 17세기 초반까지 가톨릭으로 남아 있었다. 높은 신분의 개신교도들은 1600년 이후 몇 년 동안 루돌프와 그의 형제 마디아스(Matthias) 사이의 경쟁 관계에서 강력한 협상 도구로서 이 세력을 이용하였다. 개신교주의가 보헤미아에서 합법적인 인정을 받게 되면서, 그들은 1609년의 소위 군주의 칙서(Letter of Majesty)로 보상을 받았다. 그러나 열정적인 가톨릭신앙에 남아 있었던 중요한 정치적 피임명자들이 칙서의 규정들을 반대하면서, 황제의 묵인 하에, 이론적으로는 허락되었던 많은 것들을 실제적으로는 방해할 수 있었다. 이것이 개신교도들 사이에서 더 비타협적인 사람들이 대결 정책을 지지하여 활용할 수 있었던 환경이었다. 1618년의 파국을 향한 길고도 더딘 비탈길로 상호불만이 계속 심화되고 있었다.

헝가리와 트란실바니아

이러한 국경지역들의 남동쪽에서, 헝가리는 1526년 모하치전투(the Battle

of Mohacs)에서 압도적인 터키의 승리로 인하여 분할되었다. 종교적인 상황은 세 개의 주요한 분파들 사이에서 조금씩 다르게 발전하였다.

헝가리 북부에서(실제상 슬로바키아와 오스만 제국의 흥망성쇠와 상관없이 남아 있었던 가장 서쪽의 헝가리와 크로아티아의 자취들), 20세기 초반까지 지속적으로 행해져 내려왔던 것처럼, 오스트리아의 지배는 이미 동쪽으로 확장하기 시작했다. 모든 지역들에서처럼, 합스부르크 왕가는 자연적으로 개신교의 성장을 여기에서 뒤집고자 열망했지만, 17세기 초반까지 재가톨릭화의 과정은 그들이 국경지역에 대한 조세를 터키에 지불해야만 하는 사실 때문에 방해를 받았다. 그리고 터키 사람들은 자신들의 주요한 경쟁상대가 선호하고 있었던 종교를 장려하는 일에 대하여, 시행하는 일은 고사하고, 어떤 가치도 인정할 수 없었다.

조금 더 동쪽에서, 비록 공식적으로는 터키 황세의 수하에 있었지만, 트란실바니아가 분리된 왕국으로 나타났다. 그들은 합스부르크 왕가의 영토에서 우세했던 다원주의보다도 더 원칙에 근거한 종교적 다원주의를 신봉했다. 1557년과 다시 1560년대 초에 높은 신분을 갖고 있는 사람들이 헤르만슈타트(Hermannstadt, Sibiu)의 루터교 신앙고백과 콜로츠바르(Koloszvár, Cluj)의 칼빈주의 신앙고백 모두를 위한 신앙의 자유를 선언했다.

개신교주의를 그 지역에(그 모든 지역의 독일 이름은 지벤버겐[Siebenburgen]인데, 일곱 개의 주요한 도시들이 독일어를 말하는 정착지를 오래 동안 갖고 있었다는 사실을 반영한다) 처음 가져왔던 사람들은 트란실바니아의 영국계 사람들이었고, 이 사람들은 자연히 루터교로 기울어졌다. 12세기 중반으로 돌아가 보면, 트란실바니아의 독일 사람들은 자신들의 성직자를 선출하는 권리를 허락받았기 때문에, 그것은 비교적 교회조직의 계급제도에서 오는 압박에 방해받지 않는 경향이 있었다. 또한 새로운 믿음은 이 기초에서 많은 헝가리어를 말하는 사람들을 포용하면서 전파되었다. 그러나 16세기 중반에 루터 교회들을 갈라놓은 논쟁 속에서, 더 큰 후원을 얻었던 분파는 필립파(또는 비밀 칼빈주의자, Crypto-Calvinist) 신도들이었다. 1550년대 동안, 많은 마자르(Magyar) 루터교 지도자들이 이러한 위치를 넘어서 명백한 칼빈주의 – 비록 그것이 언제나 멜랑히톤의 전통에서 흘러나온 르네상스 인문주의에 의하여 조절되어진 칼빈주의로

가스파르 카롤리 제2판 성경

남아있었지만 – 로 옮겼다.

이것은 헝가리의 칼빈주의가 서쪽의 상대편처럼 끊임없이 학구적인 것처럼 존재했음을 의미하지는 않았다. 교육의 비율은 더 낮았으며, 개혁교회 목사 가스파르 카롤리(Gaspar Karolyi)가 헝가리어로 된 첫 번째 완벽한 성경을 출판한 것은 1590년이었다.

남부와 중부 지역에서, 터키 사람들이 슬라보니아(Slavonia)와 박카(Backa)를 포함하는 남부 헝가리를 직접 지배했다. 또한 모든 곳에서 오스만의 통치를 따른다는 모든 일반적인 단서들을 조건으로 그들은 종교의 자유를 실행했다. 한 예로, 그들은 미할리 스타라이(Mihaly Sztarai)가 그의 칼빈주의적 복음주의를 바란자(Baranja)로부터 드라바(Drava) 강을 건너 슬라보니아에 확장하는 것을 허락했다. 주로 마자르 사람들의 도움뿐 아니라 약간의 슬라브족 동료들의 도움을 얻으면서, 그곳에서 그는 1575년에 사망할 때까지 120명의 모임을 설립하는 일에 성공했다. 가톨릭의 불관용이 합스부르크 왕가로 하여금 막 자유로워지려고 하는 사람들의 적의를 얻을 수가 있었기 때문에, 개신교 설교자들에게 자유를 주면서, 오스만 사람들은 가톨릭교회가 십자군이라는 명목 하에 무슬림의 지배로부터 헝가리를 "해방하려는" 오스트리아의 어떤 시도도 방해하였다. 다원주의는 비엔나 정치의 핵심강령을 손상시켰다.

이 점은 1590년대와 1600년 초기에 충분히 예시가 되었는데, 당시 황제 루돌프 2세의 군대들이 단지 그러한 십자군 운동을 증진하려는 목적으로 트란실바니아로 진격하여 짓밟았다. 합스부르크 왕가의 지배와 기독교 세계와의 재연합이 침략자들에게 같은 뜻으로 비춰졌을 때, 이슬람을 대적하는 전쟁과 개신교 이단을 대적하는 그 전쟁은 하나요 동일한 것으로 또한 비춰졌다. 제국 군대의 난폭한 행위는 피할 수 없는 반작용을 불러일으켰다. 오스만 제국이 1604년 이슈트반 보츠카이(Istvan Bocskai)에게 트란실바니아의 황태자의 지위를 제안했을 때, 그는 자신의 동포들 가운데서 폭넓은 지지를 발견할 수 있었다. 그는 또한 실제적으로 개혁주의 신앙고백을 지지하는 그 직무의 첫 번째 관리자였다. 그의 군사적 행동은 대단히 성공적이어서 개신교신도들이 트란실바니아에서뿐만 아니라 북부헝가리에서도 완전한 인정과 신앙의 자유를 얻었다. 전체적인 이야기는 다원주의가 그러한 불안전한 경계지역에서 불가피했다는 실제를 보여주었다.

만일 이미 자신들의 지배아래 있는 영토들을 재가톨릭화하려는 16세기 후반부의 합스부르크 왕가의 시도들이 그 이후에 그들이 소유했었던 열정의 일부를 갖고 있지 않았다 할지라도, 그것이 그들로 하여금 그 동안 시도했던 것을 멈추게 하지는 못했다. 이것은 헝가리의 크로아티아에서 가장 성공적이었다(또는 아마도 최소로 실패하였다). 1567-1578년까지, 자그레브(Zagreb)의 주교 유라이 드라스코비치(Juraj Draskovic)와 반(Ban)은 개신교주의로 개종하는 자들에게서 그들의 유산을 박탈하고 또 공적인 일을 하지 못하도록 금지하는 조처를 도입했다. 루터의 조력자였던 마티아스 플라치우스 일리리쿠스(Matthias Flacius Illyricus, Matija Vlacic, 1520-1575)의 경력은 화려한 것이었지만, 그는 고국에서는 거의 영향력을 주지 못하고, 독일에서만 거의 전적으로 지도력을 발휘했다.[5)]

루터의 교리문답과 성경을 그의 모국어로 번역하는 슬로베니아의 개혁자 프리모즈 트루바르(Primoz Trubar, 1508-1586)의 사역은 영향력이 있는 장기적인 중요성을 갖고 있었고, 오늘날까지도 그는 현대 슬로베니아어의 창시자 가운데 하나로 여겨지고 있다.[6)] 그러나 더 먼 남부의 방언들에 대하여 적합한 방식으로 그 위업을 재차 시도해서 글라골루(Glagolitic)와 키릴(Cyrillic) 문자로 그것들을 인쇄하려고 했던 그의 열망들은 수포로 돌아갔다. 그리고 신약성경의 번역들과 주요한 구약 책들의 일부 번역이 다른 사람들에 의하여 이루어졌을지라도, 전반적으로 주민들 가운데서 개신교주의의 미약함을 보충하는 일에는 충분하지 않았다.

그 세기의 마지막에 이르러, 터키와 인접한 국경 군부대의 지휘관이었던 군사령관 렌코빅(Lenkovic)은 그 지역에서 모든 개신교 사역자들을 몰아냈고, 자신의 관리직 구성원들 중에서 개신교를 추종하는 자들을 축출했다. 다음 세기의 초반부에, 의회(*sabor*, Parliament)는 헝가리의 크로아티아에서 모든 개신교도들을 추방하는 법안을 제출했는데, 바자르딘(Varazdin)의 모든 도시에 지방의회를 해산할 필요가 있다는 조항이 있었다. 그러나 근대 이전 국가들의 대부분의 정책들처럼, 그것은 결코 전적으로 효과적이지는 않았다. 개신교도들은 1658년 늦게까지도 카를로바츠(Karlovac) 지역에서 여전히 있었다.

적어도 17세기 초반까지, 합스부르크 왕가가 지배하는 영토들에서 억압하는 일과 관련된 상대적인 실패를 고려해 볼 때, 어떤 최근의 역사가들은 헝가리의 모든 세 지역들에서 사실상 종교적인 상황의 유사성을 강조했다. 그 사이에 – 그리고 참으로 17세기 후반까지도 – 헝가리 인구의 압도적인 다수는 개신교에 속한 각각의 다양성을 지지했다. 1600년대에 적어도 오천 개 정도의 교구들의 80%가 개신교회였고, 그 대부분은 개혁교회였다. 재가톨릭화는 1680년대와 1690년대 터키의 패배 이후에만 본격적으로 일어났다. 그 동안에, 그들이 터키의 위협 아래에서 살았다는 사실은 모든 지배자들이 그들의 신민들 가운데 더 탁월한 사람들을 적어도 관대하게 대우했음을 의미했다.

이것이 트란실바니아에서보다 더 많이 진술된 곳도 없었고, 그곳은 중요한 반-삼위일체론 운동이 널리 받아들여졌다. 아마도 그 상징적인 인물은 프란시스 데이비드(Francis David, 약 1510-1579)인데, 그는 1577년 마자르 루터교 대회, 1564년 개혁교회 대회, 그리고 1576년 유니테리언교도 대회에서 각각 감독자로 봉사했다. 1572년 황태자 이슈트반 바토리(Istvan Bathory, 1571-1586을 통치했다)는 가톨릭이었지만, 자신의 신앙에 더하여 네 개의 "인정받은" 종교로서 이러한 모든 신앙들을 인정하는 법령을 선포했다. 전적인 "신앙의 자유"는 유대인들, 아르메니아인들, 그리고 정교회까지도 허락되었다. 모든 곳에서, 종교의 가입을 결정하는 것은 지역의 결정이었다. 그 정도로, 신앙의 자유는 더 고상한 문명이나 자유주의에 관한 전조가 아니라, 단순히 사회적으로 그리고 정치적으로 분산되어진 국경 지역들에서 중앙정부의 무력함에 대한 전조였다. 그렇게 자주 종교적인 분열은 인종적이거나 언어적인 경향을 따르기가 쉬웠다. 루마니아 사람들이 헬라의 의식을 따랐던 반면, 독일 사람들은 주로 루터교에 머물렀고, 마자르 사람들은 칼빈주의자 또는 가톨릭 교인이었으며, 제클리(Szekelys) 지역은 대부분 유니테리언이었다.

폴란드

중앙정부의 무력함은 16세기의 대부분 동안 폴란드에서 우세했던 종교적 다원주의의 한 요인이기도 했다. 귀족계급(szlachta, nobility)은 수가 많았고(인구의 10%), 그들은 고도의 독자적인 자유를 누렸다. 게다가, 그들이 지배했던 농부들과는 달리, 그들은 슬라브족이 아니었고, 6세기에 대초원지대(steppes)로부터 동부 유럽을 휩쓸었던 전사들의 부족인 사르마티아인(Samartians)의 후손들이라는 감동적이고 위안을 주는 믿음을 즐겼다. 비록 폴란드의 남부 국경지역 너머의 지역들에 거주했던 그들이 사실상 주로 오스만 제국에서 모여 들었지만, 이 별난 사고의 영향 아래에서, 16세기와 17세기에는 사르마티아 풍의 옷을 채용하는 것을 발견할 수가 있었다.

그들의 의상과 유사 인종적인 특이성에도 불구하고, 폴란드의 귀족계급(szlachta)은 교권반대주의(anticlericalism)의 맹신적인 전통을 소중히 여겼다. 이것은 부분적으로 가까이에 있는 보헤미아로부터 후스파의 영향에 의한 것이었지만, 어떤 지역들에서 25%나 높이 올라갔던 교회의 토지소유에 대한 분노와 질투가 더 많은 원인이었다. 성직자들이 결혼하는 일이 허락되었던 동방 정교회 우크라이나 사람들, 루테니아인들(Ruthenes), 그리고 러시아 사람들과 근접해 있었기 때문에, 성직자의 독신생활에 대한 불만(독신은 개신교를 지지하는 성직자를 격려하는 일에 있어서, 어느 곳에서도 하찮은 고려의 대상이 아니었다)은 폴란드에서 더 한층 예민하게 되었다.

비록 루터주의가 북부와 서부 도시들의 주로 독일어를 말하는 인구들 가운데서 초기에 우세를 확고히 했지만, 1540년대 이후로, 폴란드의 상류계층들 가운데 더 강하게 침투했던 것은 칼빈주의였다. 칼빈주의는 여러 가지 이점들을 가지고 있었다. 먼저, 칼빈주의는 독일에서 유래한 영향력을 받지 않았다. 두 번째로, 칼빈주의는 정권의 형태에서 감탄할 정도로 귀족 정치가들이 선호하였넌, 엄격한 군수정지보다는, 귀족정치 체계를 선호하는 경향이 있었다. 마지막으로, 개혁주의 신앙은 장로들의 체제를 매개로 하는 회중 정치와 관련되어 있을 뿐만 아니라 예배의 적나라하고도 꾸밈없는－그러므로 어렵지 않은－형태를 주장하였다.7)

16세기 후반부에 이르러, 비록 의회(*sejm*, Parliament)와 상원에서 칼빈주의 대표자들이 이것보다 훨씬 상회했었지만, 아마도 귀족계급(szlachta)에서 열 명 중에 한 명은 개혁주의였다. 그러나 다른 새로운 운동들이 그 나라에서 나타나고 있었다. 메노파는 1550년대에 저지대 비슬라(Vistula)에 식민지를 설립했다. 더 중요한 것은, 아리우스파(Arianism)가 라코우(Rakow)에서 학문에서만이 아니라 40,000명의 추종자들과 200개의 교회에 달할 정도로 대단한 융성을 누렸다는 것이다. 헝가리에서처럼, 많은 아리우스주의자들은 구(舊) 칼빈주의자였다. 칼빈주의의 지적인 엄격함과 또 내재성에 관한 하나님의 초월성의 압도적인 강조가 아마도 그 변화를 자연스럽게 보도록 하는 일에 도움을 주었을 것이다다. 그들의 가장 위대한 지도자는 이탈리아 사람 파우스토 소치니(Fausto Sozzini, 1539-1604)였고, 그는 1579년부터 폴란드에서 살았으며 그의 삼촌 레일리오(Laelio)는 고대 이단사상을 재부흥하는 일에 선구자였다. 토착민들 가운데 선도자적인 인물은 마르신 체호비치(Marcin Czechowicz)와 시몬 부드니(Szymon Budny)를 포함하였고, 특히 시몬 부드니는 성경을 폴란드어로 번역하였고 또 유대인들과 협력관계를 만들기 위하여 많은 일을 했다.

유대인들은 폴란드 인구의 10% 정도를 구성하였다. 남부와 동부 지방의 많은 도시들과 마을들이 거의 완전히 유대인들이었던 반면에, 어느 규모의 소수 정착지는 회당이 없었다. 아리우스파(또는 일반적으로 이 시대에 이름이 붙여진 것처럼 소치니파－파우스토 소치니의 이름을 따서 명명했다)는 적어도 기독교의 믿음에 대하여 가장 커다란 하나의 장벽(유대인들에게－또는 참으로 무슬림에게도)을 단번에 철폐했다는 면에 있어서, 유대교와 어떤 유사성이 있었다. 명백히 타협된 단일신론은 삼위일체의 교리와 그리스도의 신성에 관하여 기술하였다. 결과적으로 많은 폴란드의 유대인들은 소치니파로 돌아섰지만, 많은 수의 소치니파와 칼빈주의자들이 반대편 방향으로 나아가서 유대교로 개종했다. 그러나 무슬림 경계지역과 직접적으로 인접했던 두 지역에서－폴란드, 헝가리 – 트란실바니아 – 삼위일체교리를 거부하는 이단들이 가장 번성했다는 것은 아마도 거의 우연의 일치는 아니다.

1569년 루블린 동맹(Union of Lublin)이 일어났다. 폴란드 왕과 리투아니아 대공국의 오랫동안 지체된 결혼은 약혼의 상태에서 그렇게 오랫동안 지냈기 때문에(왕권의 개인적인 연합, 즉 1386년부터 동일한 통치자를 공유하는 것) 그것이 어떤 험담의 원인을 제공할 수도 있었다. 어쨌든 공동의 통치자가 되어버린 단순한 상황은 상대편이 서로 협력하는 일에서 이제 불충분한 것이 되었다. 그의 두 아내들이 그에게 아들을 낳아주기 이전에 그의 어머니가 그들을 독살했기 때문에, 통치하는 왕인 지그문트 아우구스투스(Zygmunt Augustus)는 확실히 야기엘로(Jagiellonian) 왕조의 마지막이 될 운명이었다. 그 불행한 군주는 그의 세 번째 배우자에게 너무 반감을 품고 있어서 그녀의 침실에 가까이 나아갈 수가 없었다.

루블린 동맹에 의하여 기술된 입헌적인 규정은 모든 귀족계급에 의하여 어떤 미래의 군주에 대해서 선거하도록 규정하였고, 다양한 개신교 지도자들이 새로운 공화국 체재 아래에서 인정을 얻으려는 목적으로 연합전선을 형성하도록 자극하였다. 따라서 1570년 산도미에르츠 신앙고백(the Confession of Sandomiersz)이 다양한 삼위일체를 신봉하는 개신교도들 사이에서 – 체코 형제단, 루터교회, 그리고 개혁교회 – 화해를 성취했다. 비록 언어상으로 그것이 아주 단호하고("우리는 우리의 다양한 신앙과 교회의 차이점 때문에, 피를 흘리거나 또는 소유물을 몰수하거나, 호의를 거절하거나, 감옥에 가두거나, 추방하지 않을 것이다. 더구나 우리는 어떤 방법으로든 이것을 얻으려고 애쓰는 무엇이든지 그 재능이나 직무를 돕지도 않을 것이고 선동하지도 않을 것이다"), 또 특별한 권리에 대해서는 애매하였을지라도, 1573년의 바르샤바 연합은 그들에게 바라던 신앙의 자유를 가져다주었다.

그때조차도, 얼마 동안, 종교 문제들에서 폴란드의 인내는 소문난 것이었다. 가톨릭 선거인들은 정기적으로 의회(sejm)에서 개신교 의원들을 선출했다. 그리고 17세기의 한 칼빈주의 순교사학자가 자신의 동료신앙인들의 이야기를 저술하게 되었을 때, 그는 이전의 120년 동안 폴란드에서 단지 12명의 희생자들을 발견할 수 있었다. 게다가 그것은 이상한 분리주의사의 죽음을 실제적인 처형들로 포함한 것이었다. 만일 누군가 1580년에 칼빈주의자 마르신 크레차(Marcin Kreza)가 가톨릭 사제에게서 빵을 빼앗아서 그것에 침을 뱉고, 땅에서 짓밟고는 그것을 개에게 먹이로 주었을 때, 그가 단지 더 이상 죄짓지 말라는 왕의 비난과 경고를 받았을 뿐이라고 유의한다면, 그는 12명의 희생자들이 어떻게 죽임을 당하였는지 의아하게 여길 것이다.

쿠자비(Kujavia)의 주교 드로호조우스키(Drohojowski)는 관대하게도 가톨릭과 루터파 교인들이 자신의 주교관구에서 교구교회를 공유하도록 허락했다. 대부분의 교구민들이 그 신앙으로 그들의 충성을 바꾸었기 때문이다. 그리고 그는 그단스크(Gdansk) 지역의 성 요한 교회를 전부 루터교인들에게 주었다. 크라쿠프(Krakow)의 주교 안제이 제브르도프스키(Andrzej Zebrzydowski)는 더 많이 실용주의적이었는데, 그는 구신앙과 신신앙 사이에서 주저하고 있었던 교구민들에게 말했다. “당신들이 십일조를 계속 치르는 한, 나는 당신들이 염소를 섬기고 있는지 아닌지에 대하여 관심이 없습니다.”[8)]

많은 폴란드 사람들로 하여금 먼저 구교회를 거부하도록 이끌었던 것이 이러한 종류의 영성이었다. 운이 좋게도, 다른 가톨릭신도들은 더 강경한 요소들로 구성되었다. 그러나 소수는 그 강경함을 박해의 양식으로까지 확장시켰다. 추기경 스타니슬라프 호시우스(Stanislaw Hosius)는 가장 칭송을 받았는데, 그의 교리적인 작품인 『신앙고백』(*confessio*)은 반종교개혁에 대하여 여러 번 재판된 고전이었다. 그는 개신교주의로 조금씩 빠져 들어갔던 사람들을 교화시키고 또 장래의 세대를 좋은 가톨릭신도로 교육하려는 목적으로 예수회를 폴란드에 소개했다. 그러나 추기경 호시우스는 박해를 의지했던 일 때문에 재가톨릭화에서 영국 여왕 메리의 실패한 시도를 보았고, 그는 그 실패를 폴란드에 대한 두려운 경고로서 이해했다. 그는 권고했다. “폴란드는 절대로 영국과 같이 되지 맙시다.” 그리고 놀라운 일은, 당시 유럽에서 일어났던 대부분의 사건들로 보건데, 그 충고를 유념했다는 것이다.

1570년대 동안 폴란드에 아마도 천 개의 개신 교회들이 있었고, 그들 중의 반은 칼빈주의였다. 1590년대 초기까지, 모든 교구들의 1/6은 가톨릭 신앙을 포기했다. 리투아니아, 말로폴스카(Malopolska), 서부 갈리시아(Galicia), 그리고 볼리니아(Volhynia)는 개혁신앙을 추구하는 특별한 세력이 있는 지역들이었다. 비엘코폴스카(Wielkopolska)와 북부는 가장 커다란 루터교 세력으로 보였다. 그러나 이 모든 것에도 불구하고, 개신교주의는 농부들에게 거의 영향을 주지 못했고, 도시에서 제한적인 진출을 할 뿐이었다. 일단 귀족계급이 갖고 있었던 자치권의 전성기 세력이 약화되자, 종교개혁을 위한 사회적인 근거가 기초부터 무너지고는 했다.

이미, 폴란드에서 가장 커다란 개신교 세력이 존재했었던 바로 그 기간에, 가톨릭 세력이 재편성, 조직화, 교육화를 이루고 있었고, 그들의 기관들을 개혁하고 있었다. 그 사이에 개신교는 분열되었고(산도미에르츠 신앙고백[the Confession of Sandomiersz, Consuensus Sandomiriensis]에도 불구하고), 적절한 과정에서 소멸되고는 했다. 소치니안주의자들은 모든 사람들에게 이단적이라고 간주되었고, 또 그들이 가치를 지니고 있는 것이 아니라 어떤 부담과 장애거리로 보였기 때문에, 그들은 절대로 개신교를 유지하는 기초의 일부로 고려될 수 없었다. 17세기는 개신교의 흐름에 결정적인 반전을 경험해야만 했다.

스페인 대 영국

아라곤의 캐서린(Katherine of Aragon)은 훌리오 이글레시아스(Julio Iglesias)가 출현하기까지 영국에서 진실로 평판이 좋았던 마지막 스페인 사람이라는 것이 증명되었다. 그녀는 왕 헨리 8세가 앤 볼린(Ann Boleyn)과 결혼하기 위하여, 또 그렇게 하려고 로마교회로부터 영국교회를 분리하면서, 무시했던 스페인 아내였다. 그들의 딸 메리가 1553년 마침내 왕좌에 올랐을 때, 그녀는 종교개혁뿐만 아니라 스페인과의 불화도 전환하기로 결심했다. 절반이 스페인 사람인 그녀는 그 나라와 영국의 유대를 재단언하기 위하여 스페인의 왕 필립 2세와 결혼했다. 그것은 그녀의 반종교개혁 시도보다 더 많은 저항을 유발하였다.

국가 의식은 더 많이 경제적으로 발전된 북부와 서부 유럽 지역들에서 발생하고 있었고, 이미 남동부 영국에서는 매우 강했다. 스페인 왕과의 결혼은 이베리아 사람들이 지배하는 제국 내에 영국 왕권이 포함되는 기묘한 구상의 일부로 받아들여지면서 분개를 가져왔다. 그 결혼을 반대하였던 켄트(Kent) 주의 반란이 잇따라서 일어났다. 그리고 필립과 그의 수행원이 런던에서 몇 개월을 보낼 때, 수도에서 민족주의 정서는 너무 높아져서 스페인 사람들은 배척되었다. 그의 종복들 가운데 한 사람도 영국 신부를 구하는 일에 성공하지 못했고, 민중들로부터 그들의 사회적 고립은 매우 철저했다.

그러므로 엘리자베스가 1558년 11월 그녀의 누이의 죽음으로 왕좌에 올랐을 때, 재가톨릭화로부터 구원을 얻고자 하는 개신교의 당파적인 열정은 스페인 세력으로부터의 해방에서 더 폭넓게 느껴졌던 민족주의적인 구원과 뒤섞여 있었다. 새 여왕은 그녀의 즉위에서 외교적으로 또 군사적으로 매우 약했기 때문에, 필립이 그녀가 부부의 결합으로 그녀의 의붓자매를 대신하자고 정중히 제안했을 때, 그녀는 솔직히 거절하는 용기를 갖고 있지 않았다. 그 대신에 그녀는 추파를 던지고 그 문제를 충분히 고려하겠다고 약속하는 일과 대등한 외교를 제공했다.

실제로, 영국과 스페인 사이에 앞으로 있게 될 적의의 형태는 이미 확인되었다. 이어지는 몇 십 년 동안, 엘리자베스는 필립이 짓밟으려고 계획했던 모든 것들을 상징하게 되었다. 그것은 개신교 군주, 의심스러운 정통성, 아일랜드에서 가톨릭 가신들에 대한 억압, 그의 배들에 대한 해적의 공격에 대한 격려, 그리고 네덜란드에서 그를 대항하여 개신교 반란을 지원하는 일이었다. 거울에 비춰진 영상의 일종처럼, 스페인은 개신교 영국이 가장 혐오했고 또 두려워했던 모든 것을 의미했다. 스페인은 영국 내에서 그 손길이 교황주의 반역자들에 의한 모든 음모의 배후에서 발견되어지고, 해상에서 아일랜드 반란자들과 연합하며, 네덜란드 해협에서 동료 개신교인들을 짓밟겠다고 위협하면서, 영국을 침략하기 위한 도약판으로 그 나라를 이용하는 현저하게 박해를 일삼는 가톨릭 국가였다.

모든 상황들은 두 왕국 간에 싸움이 일어나도록 꾸며졌다. 그리고 종교는 그 모든 양상을 지지했거나, 어쨌든 합리화하였다. 분명히 영국 개신교도들의 여러 세대에서, 스페인은 그들의 신앙과 영국의 독립을 위협하는 가톨릭을 집약적으로 보여주는 것이었고, 그 연결은 초기의 민족주의와 개신교주의 사이의 연합을 세워나가는 일을 촉진하였다.

엘리자베스는 결혼하지 않았고 아이도 없었다. 왕좌를 잇는 그녀의 후계자는 그녀의 가장 가까운 친척이었으나, 한 때에 내어쫓겨났던 그녀의 첫 번째 사촌인 독실한 가톨릭신도인 스코틀랜드의 여왕 메리(1542-1587)였다. 영국에서 개신교의 우세는 여왕의 생명 때문에 위기일발이었다. 그것은 어떤 가톨릭신도들에게 그녀의 생명이 아주 작은 외적인 자극으로도 사라질 수 있다는 소망이 있게 하는(개신교인들은 두려워하게 하는) 모든 이유를 제공했던 상황이었다.

국경 북쪽의 대변동은 영국의 실제 통치자와 그녀의 추정상 후계자가 밀접한 관련이 있도록 하는 일에 영향을 미쳤다. 메리는 그녀의 두 번째 남편 단리(Darnley)의 살인에 관련되어 있는 것으로 보이는 그녀를 응보하기로 맹세했던 스코틀랜드의 개신교 영주들로부터 생명을 보존하기 위하여 도망쳤다. 그녀는 1568년 북쪽 영국으로 건너갔나. 짧은 시간 동안 자매의 격식을 차린 만남 이후에, 엘리자베스는 그녀의 후계자가 될 수 있는 그녀를 안전하게 보호하려는 목적으로 투옥하였다. 선례가 있었더라면, 아마도 그러한 행위가 불확실했겠지만, 다음 몇 년 동안에 다양한 음모들과 그녀의 고문관들이 지속적으로 재촉했음에도 불구하고, 엘리자베스는 동료 군주들을 처형하는 일에 신중함을 유지하였다.

스코틀랜드에서 제기된 메리의 비행을 이유로 그녀를 영국에서 재판하기 위하여 데려오려는 초기의 시도는 실패했고, 1569년 1월에 "아무것도 충분히 증명된 것이 없으므로, 영국의 여왕은 그녀의 누이에 대한 악한 평판이라고 생각해야만 한다"[9]라고 조사위원회는 결론을 내렸다. 그러나 그녀의 곤란은 단지 시작일 뿐이었다. 영국의 많은(또는, 어쨌든 철저하게 보수적인) 가톨릭 영주들은 메리를 노퍽의 공작과 결혼하게 하기 위해서 (스코틀랜드 영주 보스웰[Bothwell]과) 메리의 세 번째 결혼에 대한 무효 선언을 얻어내기 위하여 노력했다. 메리는 스페인 대사에게 그녀를 왕으로 만드는 일과 영국을 재가톨릭화하는 일을 스페인 왕이 도와달라고 간청했다.

1569년 겨울 중반, 노섬벌랜드(Northumberland)와 웨스트모어랜드(Westmorland)의 백작들의 지도 아래에서, 교황의 자금과 스페인의 원조에 대한 약속에 의하여 지원을 빋은 북부의 가톨릭신도들이 반란을 일으켰다. 하지만 그 지도부는 미약했고, 자금은 부족했으며, 스페인의 도움은 실현되지 않았다. 성탄절 이전에, 그 반란은 유혈보복과 함께 진압되었다.

교황 피우스 5세(Pius V)는, 이미 몰락한 것은 고사하고, 폭동이 일어났다는 사실도 모른 채, 엘리자베스를 폐위하고 출교하였으며, 또 그녀에 대한 충성과 순종의 서약으로부터 그녀의 가신들을 면제시킨다고 선언하면서, 1570년 2월 교서 '최고의 왕권' (Regnans in excelsis)을 선포했다. 스페인 대사관의 지도 신부는 은밀하게 그 복사본 하나를 런던으로 가져왔다.

봉기 이후에도, 노퍽(Norfolk)의 공작과 스코틀랜드의 여왕 메리가 결혼하려는 음모가 이어졌다. 이 일로 인하여, 자칭 신랑은 1572년 6월에 참수당했다. 음모들이 메리가 투옥된 다음 해 동안 계속 그녀를 둘러싸고 있었고, 그들과 그녀의 공모의 정도는 계속 논쟁이 되었다. 그러나 스페인은 영국 정권의 갑작스러운 어떤 변화에서 가장 유망한 선동자요 또 수익자로 남아 있었다.

첩보기관들은, 그 당시에도 지금처럼, 현존하는 정부의 이데올로기적인 입장을 강화시키기 위하여, 더 많은 일반적인 동인들(動因, motives)들을 소유했던 동료 음모자들과 자유롭게 어울리는 인물인 모든 방식의 이중 공작원들인 이상주의적인 영웅들, 즉 정부 공작원들(agents provocateurs)과 대중과 관련된 그릇된 정보를 공격수단들로 찾고자 원했던 다른 사람들을 필요로 하고 있었다. 분명히 엘리자베스의 추밀원(Privy Council, 즉 그녀의 정권)의 많은 사람들은 반-스페인 정책을 결정했고, 가톨릭의 상속자로 추정되는 그녀를 처형함으로써 영국 개신교의 미래를 확고하게 하기를 원했다.

1586년에 그들의 기회가 왔다. 엘리자베스를 대적하는 뒤얽힌 음모가 드러났던 것이다. 그것은 메리를 석방하려는 계획과 엘리자베스를 의미하는 "찬탈자를 해치우자"는 계획을 나타내는 서신왕래였다. 공모자들이 알지 못했던 것은 모든 편지가 엘리자베스의 장관인 월싱햄(Walsingham) 경 아래에서 추밀원 조직에 의하여 읽혀지고 복사되었다는 사실이었다. 그 증거가 충분히 비난받을 때, 그들은 급습하였다. 공모자들은 재판을 받고 – 한 사람만 제외하고 – 처형되었다. 메리는 "그녀가 왕을 대적하여 어떠한 해도 초래하거나 조장하지 않았다"고 항변했다.[10] 그때에 엘리자베스는 그러한 탄원을 믿었는지 아닌지는 모르지만, 그녀의 고문관들의 간청에도 불구하고, 자신의 사촌을 죽음에 처하려고 하지는 않았다. 1587년 2월, 엘리자베스가 유약한 상태에 있을 때, 그녀는 마침내 메리의 처형에 대한 증서에 굴복하여 사인했다. 그러고 나서 심경의 또 다른 변화 이후에, 그녀는 그것을 취소하려고 애썼다 – 그러나 너무 늦었다. 그녀의 대신들은 그녀가 마음을 바꿀 수 있다는 것을 그녀보다도 더 잘 알고 있었다. 그 때문에 그 문서는 신속히 메리가 투옥되어 있는 포더링게이(Fotheringay)로 보내졌고, 처형이 즉시 실행되었다. 스페인의 무적함대(Spanish Armada)가 다음 해에 출항했을 때, 엘리자베스를 대신하여 스페인이 가장 신뢰할 수 있는 대체인물은 이미 죽어 있었다.

영국과 스페인의 해군 전쟁은 오랫동안 진행되었다. 영국 편에서는, 이것이 상업적인 노선에 영향을 주는 것이었다. 스페인 사람들은 아메리카의 광대한 제국을 소유하고 있었고, 그곳에서 그들은 16세기 전체 기간 동안 유럽의 물가 폭등에 대한 비난을 받았을 정도로 금과 은을 채취하고 있었다. 스페인에 이 부(富)의 집중을 없애기로 결심하고, 런던에 있는 청교도 상인 협회로부터 투자를 받은 영국의 민간 무장선들은 기회가 있을 때마다 '플로타'(flota, 스페인의 금은괴 선단)를 공격했고, 때로는 그들의 약탈을 스페인의 식민지들까지 확대하였고 심지어 무적함대와 스페인 본토의 카디즈(Cadiz) 항구에까지 이르렀다. 자신의 아버지가 씀씀이가 헤픈 사람이었던 만큼 검소했던 엘리자베스는, 그녀가 얻은 것들을 나누는 일을 기뻐했다.

게다가, 스페인 정권에 대적하여 반란을 일으켰던 네덜란드 개신교도들로부터 이따금씩 도움이 주어졌다. 이것은 군사적으로 별 의미가 없었지만, 네덜란드의 반란은 영국 해협에 속한 해안가를 그들이 지배할 수 있었기 때문에, 스페인 군대에 대한 영국 해안의 거부는 네덜란드에 대한 바다의 접근과 관련하여 효과적인 거부를 의미했다. 이것은 네덜란드의 스페인 군대가 그들의 오랜 적수인 프랑스에 의하여 남쪽에 위치해 있었던 스페인 도로(Spanish Road)를 어쩔 수 없이 의지해야만 한다는 것이었다.

다소간 균형이 잡힌 관계에서, 스페인의 원조는 영국의 지배에 대항하는 가톨릭 아일랜드의 반란을 위한 도움을 주었다. 중세 후반 아일랜드의 정복에서, 영국의 군주들은 그들이 괴롭힐 수 있는 것보다 훨씬 더 많이 괴롭혔다. 그리니 엘리자베스의 조상들이 그렇게 행했음에도 불구하고, 진압되지 않은 가톨릭 아일랜드는 영국을 침략하기 위하여 많은 스페인 군대들을 모으는 자연스러운 정기 기착지가 될 수 있었기 때문에, 그녀는 진압을 미리 공언했었다. 먼스터(Munster)의 아일랜드 지역이 1579년에 반란을 일으켰을 때, 스페인과 이탈리아 군대가 교황주의자 반란군들을 돕기 위하여 다음 해에 스머윅(Smerwick)에 상륙했다. 영국이 그렇게 하려는 그들에게 형벌을 가했지만, 난파된 무적함대에서 살아남은 자들은 아일랜드 연안 정착지를 구했고, 또 받아들여졌다. 이런 많은 수의 스페인 생존자들은 1590년대 동안 영국을 대항하여 화기를 사용하여 아일랜드의 반란군들을 도왔다.

가톨릭 영토를 강탈당한 일과 함께 강요된 개신교와의 조화는 지속적인 저항에 대한 묘책이었으나, 1593년 많은 울스터(Ulster) 영주들이 반란을 일으켰으며, 1595년부터 휴 오닐(Hugh O' Neill)이 합세하여 이끌었다. 오닐은 자칭 교황일 뿐만 아니라 스페인 왕의 대리자로서 영국에서 그 특성이 묘사되었다. 1601년 늦게, 스페인 군대가 정말 킨세일(Kinsale)에 도착했지만, 그곳에서 그들은 곧바로 영국군에게 포위당했다. 그들을 구조하려는 아일랜드 동맹군의 시도는 큰 실패에 직면했고, 1603년 영국의 손에 그 전쟁을 내어주고 말았다. 그러나 각자의 상호 특성은 상대편에 의하여 강화되었다.

가톨릭에 속한 스페인과의 전투에서, 영국은 자기 능력 이상으로 유럽의 사건들을 돌아보려고 했고, 관심을 갖고 있었던 모든 사람들은 그것을 알고 있었다. 영국보다 더 많은 부와 인구를 가지고, 스페인은 16세기 후반부에 세력의 절정에 있었다. 그 이단적인 왕국은 스페인의 위대한 지위가 동등하게 위대한 책임들로 스스로를 방해했던 현실 때문에 영국의 대담무쌍함을 그냥 지나쳤고, 당장 그 모든 일들을 절대로 돌아볼 수가 없었다. 신세계에서 제국을 봉사하고 보존하는 일, 지중해에서 터키 사람들의 협박을 견제하는 일, 네덜란드 반란을 대항하는 전쟁 – 이 모든 것들은 성가신 영국보다 더 중요했다. 개신교 국가로서 영국의 장기적인 발전에서(정확히 스페인과 전투하는 기간이 영국의 가장 중대하고 또 결정적인 시기였는데) 스페인이 조리할 수 있는 너무 많은 다른 고기를 갖고 있었다는 사실 또한 중요한 것이었다.

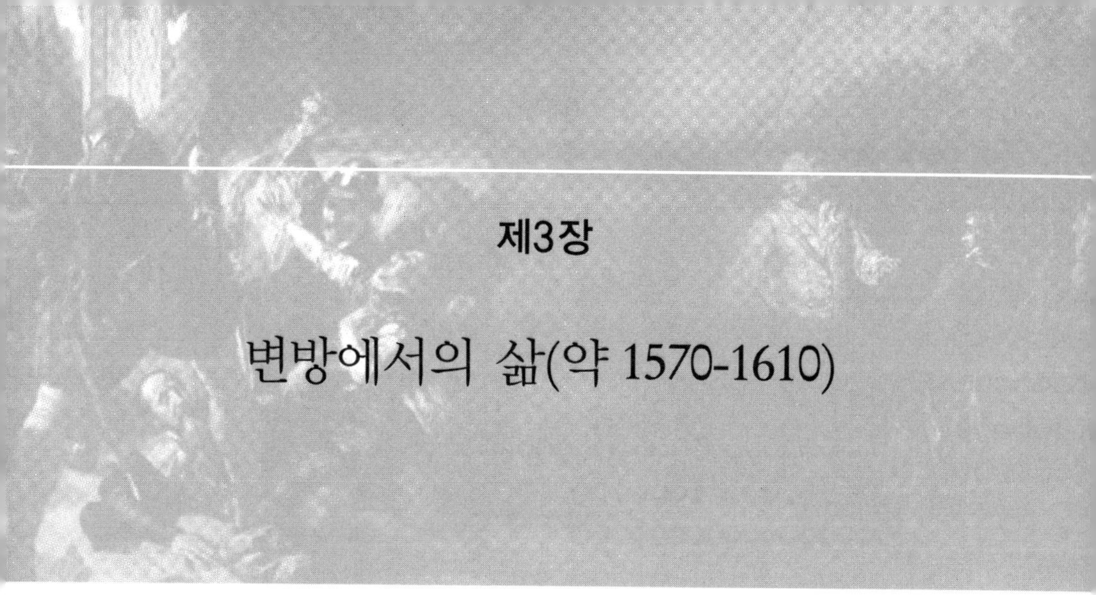

제3장

변방에서의 삶(약 1570-1610)

우리가 다루고 있는 시대 내내 기독교 세계의 경계들은 이미 멀리까지 미치고 있었고, 그것은 계속 늘어나고 있었다. 그러나 그 경계들은 혼합된 모습을 보여주었다. 16세기 후반부에 이르러 확장된, 다루기 곤란한, 무너지기 쉬운 이슬람 세계와의 국경에서 변화와 발전이 나타났다. 사하라 아래쪽의 아프리카, 아메리카, 그리고 아시아에서 그 지경들이 막 열리고 있었고, 거의 모든 지나간 시간처럼 – 극적이라기보다는 적당한 – 기독교의 확장이 나타났다. 그러나 중동과 서부 아시아의 고대 교회들은 스스로 장기적인 쇠락의 여정에 갇혀버렸다.

브레스트 동맹과 그 원인들

강력한 국가로서 러시아가 발흥하기 이전에, 그리고 13세기 동안 우랄 지방의 서쪽 지대에 대한 몽골의 침입 이전부터라도, 러시아의 중심지대는 오늘날 우리가 우크라이나(Ukraine)라고 부르는 키예프(Kiev)에 집중된 지역이었다. 비잔틴(Byzantines)의 종교를 받아들이기 위하여, 정교회가 황태자 볼로디미르(Volodymyr)의 결정으로 슬라브 민족에게 전파되었던 것이 바로 그곳이었다. 그와 같이 넓고 소박한 지역의 기독교화는 길고도 더딘 여정이었다. 그러나 이어지는 4세기 동안, 교회 슬라브어(Church Slavonic)로 알려진 언어로 거행된 정교회 성찬식은 점차적으로 주민들의 정신에 깊이 새겨지게 되었다.

그러나 중세 후반부까지 원래의 우크라이나 영토는 폴란드와 리투아니아의 지배 아래에 포함되어 있었고, 그 세력은 흑해까지 미쳤다. 루블린 동맹(The Union of Lublin)은 1569년에 폴란드와 리투아니아 국가를 연합하였고, 우크라이나를 그들 안에 포함하였다.

이 모든 것들이 종교적으로 문제가 된 것은 폴란드와 리투아니아가 로마 가톨릭이라는(여전히 지금도) 사실에 있었고, 그들의 지배자는 자연히 동일한 신앙고백을 공유할 수 있는 신하들을 원했다. 1594년 말에 키예프 대도시의 주교들은 로마교회와의 일치에 대한 반응을 살피기 시작했다. 만일 우크라이나 교회가 거대한 왕국에서 소수의 교회로 표류하기를 원하지 않는다면, 그것은 어딘가 외적인 권위에 정착하는 일이 필요했다. 그리고 폴란드-우크라이나 지배자들은 그들의 신하들이 모스크바에 신앙적인 충성을 맹세하는 것을 절대로 관용하지 않고 있었다.

로마 가톨릭교회에 관한 제안이, 부분적으로, 개신교의 침입을 막아내려는 바람으로부터 유래했다는 것은 가능성이 있고, 그것은 폴란드에서 좋은 성과를 나타내기 시작했다. 주교들은 "이단들이 주민들 사이에서 폭넓게 퍼지고, 그렇게 많은 사람들이 우리들의 정통 신앙을 포기했던 이 비참한 시대"를 몹시 슬퍼했다. 그들이 로마 가톨릭교회에 관하여 제안했던 것을 고려하면, 가톨릭주의는 그들이 언급했던 "이단들" 가운데 전혀 존재하지 않을 것 같았다. 1453년 터키에서 멀리 떨어진 비잔틴의 함락이 이어지면서, 더 이상 아무것도 그 총대주교로부터 기대할 수 없게 되었고, "그들이 이교도의 속박에 있을 때, 그들에게 있었던 우리의 소망은 시간과 더불어 약화되었고, 비록 그들이 바라는 것이 있었을지라도, 아무것도 할 수 없었다."

예수회가 1564년 폴란드에 그리고 5년이 지난 후에는 리투아니아에 도착했다. 대학들과 학원들을 설립하였고, 그것들 가운데 다수는 우크라이나 영토에 있었는데, 그들은 곧 분주해졌다. 이들은 단 하나의 참된 교회(One True Church)로 개신교회와 정교회 신자들의 후손을 개종하려는 목적이 있었다.[1] 한 세기 반 이전에 플로렌스(Florence) 회의에서 협의되었던, 결실이 없는 그

노선을 따라서, 그들의 출판 사업은 교회의 연합을 소리 높여 요구했다. 그들은 또한 태양에 대하여 적절하지 못한, 도를 넘어서는 풍조를 상쇄하려는 목적으로 그레고리 8세(Gregory XIII)가 도입했던 새로운 그레고리 달력(Gregorian calendar)을 모든 그리스도인들이 채택할 것을 요구했다.

이러한 권고들은 정교회 신자들에게는 사소한 것으로 여겨졌다. 하지만 그들이 예수회와의 만남에서 거의 빚진 것이 없었고, 또 율리우스력의 단점들이 전혀 문제가 없었음에도 불구하고, 그들은 자신들의 실제적인 영역에서 로마교회와의 일치를 구하려고 애썼다.

1580년대에, 콘스탄티노플 총대주교 예레미야 2세(Jeremiah II)는 폴란드 우크라이나 지역에서 상임 성직자를 지치게 하는 방법으로 정교회의 사무들에 간섭하기 시작했다. 1589년에 그는 폴란드 리투아니아의 교회 사무들이 자신의 관할권 아래 남아 있어야 한다고 주장하면서, 모스크바에서 교회의 자치권을 인정했다. 그는 이미 르비프(Lviv)주의 대주교 직할 수도원 형제단에게 광범위한 세력을 위임했고, 그것으로 그 도시의 주교 기드온 발라반(Gedeon Balaban)을 격노하게 만들었다. 주교 발라반은 "콘스탄티노플의 총대주교의 예속으로부터 우리의 주교들을 자유하게 하자"고 그에게 요청하면서[2] 르비프의 폴란드 로마가톨릭 대주교에게 이야기를 꺼냈다.

이 모든 긴장을 완화하기 위하여, 우크라이나의 종교적인 미래에(현재 시대에도 또한 그 정치적인 면에서) 결정적으로 영향을 미쳤던 방책이 떠올려진 것이 1596년이었다. 브레스트 동맹(Union of Brest)이 우크라이나 정교회를 로마 가톨릭교회와 하나로 묶었지만, 경건한 성찬의식을 남겨두는 그와 같은 방침으로, 교회 슬라브어와 의식들 그리고 의전들은 그 변화에서 거의 손상을 입지 않았다. 그 동의서는 "어떤 변화도 우리들의 교회에서 시도되어서는 안 된다. 그 모든 것이 오랫동안 거룩한 헬라 교부들의 전통에서 참된 것으로 남아 있기 때문이다"라고 기록하였다. 우크라이나 주교들은 "회합된 주교회의에서 우리의 믿음을 고백하고, 성 바울에게 속한 거룩한 로마 교회에, 즉 교황 클레멘트 8세(Clement VIII)와 그의 후계자들에게 우리의 순종을 선언하는 것"이 요청되었다. 그것은 결과적으로 우크라이나 가톨릭(또는 동방귀일가톨릭[Uniate] – 교황의 수위권을 인정하면서 그리스 정교회 고유의 의식과 관습을 지켰던 분파 – 역자주) 교회가 동부지역의 일들에 관하여 대부분 잘 모르고 사는 많은 서구 교회들이 로마 가톨릭교회를 쓸모없는 것으로 오랫동안 잘못 생각했던 일에 대하여 유연성을 보이는 일종의 반쯤 떨어져나간 일치였다. 그 일치는 가톨릭교회의 비타협적인 태도에 대한 편견이 전적으로 잘못되었다는 것이 아니라, 우리 모두를 – 적어도 살아남은 우리 모두를 – 실용주의자로 만드는 습관이 필요하다는 것이다.

이 일치는 가톨릭뿐만 아니라 정교회에서도 어떤 사람들에게 저항을 받았다. 황태자 오스트로츠키(Ostrozky)는 "저주받은 사람들"이라고 주교들을 대적하여, 그들은 "유대인들과 함께 그리스도의 배교자 가룟 유다가 행했던 것처럼, 이 지역의 경건한 그리스도인들을 끊어버리도록 은밀하게 그들과 협력하여 호응했다"고 비난했다. 이 사악한 감독제도의 자손들은 "늑대가 되었고, 거룩한 동방 교회의 하나의 참된 믿음을 부인했다... 그리고 서방교회로 넘어가버렸다."[3] 진리와 오류는 범위의 정도에 따라서 결정되었던 것처럼 보인다. 우리는 그와 같은 주장이 단지 조금 더 많은 논리적인 교묘한 술책과 더불어 지금까지도 여전히 옹호되고 있다는 사실에 놀라지 말아야 한다.

종파분리는 로마가톨릭과 화해하려고 했던 사람들과 "그 지역"을 주장했던 사람들 사이에서 급박한 양상을 보였다. 1620년에 새로운 정교회 대주교 교구가 무장한 코사크(Cossacks) 사람들의 지원으로 키예프에 설립되었다. 우크라이나는 이후로 계속 종교적으로 분리되었다.

17세기의 후반부에, 우크라이나는 폴란드와 새롭게 떠오르는 러시아로 분할되었고, 러시아 영토에서 이제 동방귀일 가톨릭교는 곧 그들이 새로운 통치자에게, 같은 이유로, 정치적으로 받아들여질 수 없다는 것을 깨달았다. 1685-1686년 키예프 정교회 대주교 교구는 콘스탄티노플의 관할구역에서 모스크바의 총대주교의 관할구역으로 옮겨졌다. 우크라이나 정교회는 완전히 러시아적인 특징과 통치형태로 만들어졌고, 동방귀일 가톨릭교회 자체는 18세기와 19세기 동안에 사라져버렸다.

그러나 서부 우크라이나에서 소외되었던 것은 정교회였던 반면에, 동방귀일 가톨릭은 폴란드의 지배 아래에서 계속적으로 번성했다. 이 상황은 18세기부터 그 지역이 오스트리아의 지배 아래로 들어오면서 지속되었다(그 때문에 지금도 여전히 가톨릭이다).

동방귀일 기독교는 가톨릭 국가에서 정교회의 소수파(에 속한 일부) 때문에 정치적인 흥정으로 나타났다. 그 이후로 그것은 정치적인 상품이 되었다. 우크라이나가 사무엘 헌팅톤(Samuel Huntington)의 "문화충돌"의 두 문화, 즉 동방과 서방 기독교 세계에 걸쳐 있었던 "쪼개진" 국가라는 것을 확실하게 했다.[4] 동방귀일 기독교의 존재는 적어도 세 가지의 신앙고백들(만일 누군가 유대교라는 중요한 무리를 포함한다면, 네 가지)이 공존하게 하는 상황을 또한 만들었다. 이것은 이후의 여러 운동들의 출원이 문화로의 부자연스러운 침투나 소실처럼 보이지 않게 하려는 것이었다. 비교적 많은 수의 사람들이 균열된 민족적, 신앙적 독자성과 혈통을 가지고 있었다. 그것은 우크라이나가 근래의 세기에 복음주의를 강조하는 자연스럽고 손쉬운 성장을 하도록 도와주었다.

지중해와 남동부 그리고 중부 유럽에서 이슬람과의 전투

브레스트 동맹을 둘러싸고 있는 일치 – 그리고 불일치 – 를 따르는 다양한 분파들은 다투고 있는 지역들에서 기독교 세계에 속한 자신들의 영역에 합당한 완전한 안전을 누리지 못했다. 70년 동안, 모하치(Mohacs) 전투 이후에, 폴란드는 그들의 야망이 명백히 기독교 세계를 무너뜨렸던 거대하고 호전적인 무슬림 제국과 국경을 접하고 있었다. 터키의 비대한 조직이 언제라도 북진하는 일을 시작할 수 있음을 생각하지 않을 수 없었다. 최대로 가능한 많은 수의 그리스도인들 사이에 일치의 절박함은 1596년의 연합으로 이끌었던 자신들의 다양한 문서에서 키예프 주교들의 언어로 담아냈던 개념이었다.

터키는 이미 몰다비아(Moldavia)를 점령했고, 곧바로 남부와 서부에서 드네스트르(Dniestr) 강의 동쪽인 흑해의 북부 연안을 따라 영토를 확장했다. 그들은 폴란드 영토에서 오스만 제국 지역으로 쳐들어가는 카자흐 병사들에게 자극을 받으면서, 때때로 콘스탄티노플에 접근하여 침입했다. 그들은 1620년 폴란드를 대항하는 100,000명이 넘는 군대를 배치시키기 위하여 칸이 지배하는 크림 지역(Crimean Khanate)에 속한 타타르 사람들과 연합하였다. 이 군대는 이아시(Iasi) 근처에 있는 체초라(Cecora)에서 폴란드 사람들을 패배시키고, 계속하여 북쪽으로 진군했다. 침략은 두려운 것이었지만, 가톨릭 왕국은 호친(Khotyn) 전투에서 40,000명의 정교회 타타르 병사들의 도움으로 구조를 받았고, 그곳에서 무슬림의 조류는 저지되었다.

이러한 일시적인 구조에도 불구하고, 대초원지대의 기독교인들은, 일반적으로 오스만 구매자들을 위하여 일하는 타타르 사람들로서, 방랑하는 무슬림 일단에 의한 탈취와 노예상태에 대한 지속적인 두려움 속에서 계속 생활했다. 남부 우크라이나의 엄청나게 비옥한 지역은 인구가 적은 상태로 있었고, 주거지의 경제적인 유익은 광대하여 지킬 수 없는 광야에서의 생활에 대한 두려움으로 압도되었다. 그 시기의 서사시는 자주 생포당한 사람들을 대한 비탄으로 구성된다.

거룩한 주일, 그것은 소리를 지르는 회색 독수리들이 아니었다.
그러나 쓰라린 노예 신분 때문에 비탄에 젖은 가련한 포로들...
오 주여, 모든 가련한 포로들을 풀어주소서.
쓰라린 터키의 노예 신분으로부터,
이교도의 속박으로부터!
그들로 하여금 잔잔한 물가에 이르게 하소서,
빛나는 별들,
즐거운 고국,
기독교인들,
기독교 도시들![5]

이 기간 동안, 우크라이나는 참으로 그 이름을 반영하는 곳이었다. 그 뜻은 경계지역이고, 이 경우에 '다르 알 이슬람' (dar al Islam, 오스만 제국과 크림 지역의 타타르인, 문자적으로는 이슬람을 받아들인 사람들-역자주)과 기독교세계(폴란드와 러시아) 사이에 경계를 의미했다.

이슬람과의 국경지대는, 헝가리를 지나서 아드리아 해의 서쪽 연안까지 내려가고, 우크라이나로부터 남쪽과 서쪽으로 확장되었다. 이것은 거의 모든 발칸 지역을 오스만의 지배에 남겨두는 것이었다. 라구산 공화국(Ragusan Republic,

Dubrovnik)은 군사적인 실력으로가 아니라 가상의 침입자들에게 주는 경제적인 유용성에 의하여 무슬림으로부터 불안정한 독립을 유지했다. 반면에, 베네치아 사람들은 오직 이스트리아(Istria) 반도, 크로아티아 섬들, 그리고 자다르(Zadar, Zara)에서 스플리트(Split, Spalato)까지 해안의 좁고 긴 땅을 소유할 뿐이었다. 그러나 달마티아(Dalmatian) 도시들은 전체적으로, 보스니아와 중부 발칸 지역에서 자신들의 자연적인 오지로부터 차단되어서, 경제적 쇠퇴의 시기로 접어들었다. 동부 지중해와 그 바다의 서부 연안 전체(동쪽과 서쪽 모두)는 무슬림의 수중에 있었다.

그때에 기독교 세계와 무슬림 세계 사이의 국경지방은 종종 작은 규모의 습격과 전투, 그리고 이따금씩 있었던 큰 전투들로 특색을 이루었다. 이것들이 아드리아 해와 대초원지대 사이의 경계 지대를 따르는 육지와 바다 모두에서 있었다. 서부 지중해에서, 바바리 연안의 해적선들이 남부유럽의 연안뿐만 아니라 영국과 아일랜드까지, 더구나 자주는 아니었지만 마데이라(Madeira)와 아이슬란드(Iceland)까지 지속적인 공격을 계속했다.

무슬림 해적들은 튀니스(Tunis), 알제(Algiers), 트리폴리(Tripoli)에 대부분 근거를 두고 있었고, 사실상 터키황제의 은총을 갖고 있었던 사략선(privateer)이었다. 배교자(Renegade) 기독교인들(Renegade라는 말은 원래 그들을 묘사하기 위하여 만들어졌다)은 사략선들을 설립하는 일에 협조했고, 기술을 그들에게 가르쳤다. 1610년대 초기 동안에 영국과 아일랜드 해역에서만 평균 58척의 배들과 갤리선들이 해마다 그들에 의하여 포획되었다(1670년 후반에도 그 숫자는 여전히 평균 한 해에 40척의 배나 2,000명의 사람들에 다가서고 있었다). 그리고 이것은 밤 동안에 공격당해서 포획되었던 연안 마을들의 거주자들은 고려하지 않은 것이다. 그 모두는 "바바리 연안"(Barbary Coast)으로 데려가져서 노예가 되었다.

1577년, 다양한 국적을 갖고 있었던 260명이 넘는 기독교인 노예들 중의 다수가 노역하고 있었던 대형선 가운데 한척의 노를 저어서, 알렉산드리아에서 극적으로 탈출하였다. 한 사람은 30년이 넘게 죄수로 있었다. 그들은 결국 나폴리(Naples)에 도착했고, "거기에서 30년이 넘게 죄수로 있었던 사람을 그의 집으로 가는 가장 가까운 길로 인도한 후에, 각기 따로 흩어졌다." 이 이야기에서 기독교인의 단결에 대한 언급은 인상적인 것이었다. 가는 길에, 그들은 정교회 수사들로부터 도움을 받았다. 탈주자 리더 가운데 한 사람이었던 영국 사람은 스페인 왕에게 보내는 추천서와 더불어 교황으로부터 그의 공적에 대하여 상을 받았고, 교황은 그가 개신교 영국으로 가는 여정을 도와주었다.[6)]

6년이 지난 후, 영국의 배인 '예수'(Jesus)의 선원들은 운이 좋아서 엘리자베스 1세 여왕과 터키 황제와의 외교적 중재로 인하여 트리폴리에서 속박으로부터 구조되었다. 그렇기는 하지만, 자신의 생명을 구하는 일에 도움이 되지 않는 시도였던 "터키 사람으로의 전향"(이슬람으로 개종하는 일)에도 불구하고, 그들 중의 한 사람은 이미 처형되었다. 반면에 다른 사람들은 갤리선 노예들처럼, 이탈리아와 스페인 사람들 곁에서 복역했다. 다른 경우에서, 1593년 모로코 연안에서 난파했던 배 '토비'(Toby)의 생존자들은, 강제된 힘든 노정, 그들의 모든 소유물의 상실, 거친 대우 때문에 두 명의 동료 생존자들이 죽은 일, 그리고 여러 달 동안의 노예상태를 견디어 낸 이후에, 결과적으로 사람마다 70파운드를 몸값으로 치루고 자유를 얻었다.[7)]

그러나 기독교인들이 언제나 희생자들은 아니었다. 기독교 몰타(Malta)섬에 기지를 두었던 사략선은 남쪽 해안의 무슬림들에게, 비록 더 작은 규모였을지라도, 비슷한 약탈 행위를 가했다.

가끔씩 그 습격은, 1571년 10월 고린도만의 레판토(Lepanto)의 그 경우와 같은, 심각한 해상 전투로 바뀌고는 했다. 이것은 여러 가지 방식으로 어떤 분수령의 표지가 되었다. 그것은 사람을 배치해서 노예들로 하여금 복잡한 행렬로 노를 젓게 했던 갤리선이 주요한 전투에서 사용되었던 마지막 시간이었다. 그것은 또한 마침내 터키가 무적이 아니라는 것을 증명하였다. 그렇지만 그것을 성취하기 위하여 신성 동맹(Holy League - 스페인, 베니스, 교황, 그리고 몰타의 기사들)의 연합 군대를 필요로 했다. 8마일 주변 바다를 덮은 배 파편조각과 시체와 더불어, 그 파괴는 섬뜩한 것이었다. 신성 동맹이 터키 사망자의 1/4 정도를 잃었던 반면에, 터키는 30,000명을 잃었다(물론 많은 사람들이 오스만의 배에 승선한 그리스도인 갤리선 노예들이었다). 이에 더하여, 약 15,000명의 그리스도인 포로들이 해방되었고, 약 5,000명의 터키 사람들이

150척의 배와 함께(50척이 더되는 배는 가라앉았다) 사로잡혔다.

육지에서 결정적인 승리는 먼 미래에 놓여있었다. 그 사이에, 작은 규모의 패배들이 계속하여 있었다. 1537년, 무슬림들은 스플리트의 항구 위에 우뚝 솟아 있는 불안정한 장소에 머물면서 후배지(hinterland)로부터 그 지역을 차단하고, 클리스(Klis) 요새를 점령했었다. (1596년 잠간의 쉼을 제외하고, 그 억압은 1648년까지 유지되었다.) 1540년대 내내, 무슬림의 조류는 서부 슬라보니아(Slavonia)를 지나서 계속하여 천천히 흘러갔다. 16세기 후반부 동안, 다른 지역이 무너진 이후에 북서부 보스니아의 한 지역이 무너졌고, 1592년 비하츠(Bihac)의 비참한 손해가 최고 정점에 달하면서 그 도시는 불태워졌으며, 살아남은 거주민들은 달아났다.

기독교의 저항은 대단히 많은 흥미로운 협정들을 양산했다. 합스부르크 황제는 기독교세계의 보루로서 일련의 요새들을 세웠고, 가장 중요한 곳은 1581년의 칼슈타트(Karlstadt, Karlovac)였다. 그러나 그는 어떤 종류의 그리스도인들이 그 방어를 감당하는가에 관하여 너무 많은 공을 들일 수가 없다는 것을 깨달았다. 모든 신청자 전부가 늪지로 초대되었다. 그곳은 위험한 변경지대로서, 그 제안을 받아들인 많은 사람들은 동방정교회를 지지했던 슬라브족과 왈라키아(Vlachs) 사람들이었다. 알려진 대로, 군사전선(Military Frontier, Vojna Krajina)의 초기 군대 지도자들은 개신교도들이었다. 그 중에서도 특히 카를로바츠(Karlovac)와 코프리브니차(Koprivnica)처럼 새로운 – 또는 회복된 – 국경 도시들의 거주자들 중의 다수가 그랬다. 지방의 선임 가톨릭 성직자들은 종교다원주의의 침입에 대하여 불안해하였다. 게다가, 군사전선에서 농부들은 크로아티아와 헝가리에 있는 농노였던 상대편과는 달리 자유로운 상태였다. 귀족들은 새로 온 사람들에 의하여 자리 잡은 자유의 불쾌한 모범을 불안해하였다. 그러나 황제는 이론적으로는 신앙과 세속의 평가 모두에 공감을 나타냈다. 하지만 재정적인 미약함과 군사적 암담함으로 인하여, 그는 원조와 이주민들을 얻을 수 곳이면 어디에서나 그것들을 취하는 일에 빠져 있었다.

자그레브(Zagreb) 주변과 슬로베니아(Slovenia)에서 끊임없는 전쟁과 함께 농부들을 괴롭혔던 동일한 재정적 위기는 시골의 상당부분을 무장막사로 바꾸었고, 세금을 올렸으며, 농업과 상업을 붕괴시켰고, 토지소유주들로 하여금 절약하면서 이자를 높이도록 만들었다. 많은 농노들은 1573년 폭동을 일으켰고, 자그레브의 주교 유라 드라스코비치(Juraj Draskovic)는 폭동을 진압하는 일에서 선도적인 역할을 함으로써 봉건제도의 방어자들로부터 사랑을 받았다. 그의 명령으로 체포된 농부 지도자 마티야 귀베츠(Matija Gubec)는 자그레브 대성당에서 농부들의 왕(rex rusticorum)으로 관이 씌워졌다 – 무쇠 막대기를 가지고![8]

그렇지만, 사실상 비하치의 상실은 그 변경에서 최후의 주요한 상실이었음이 증명되었다. 다음해 1593년, 시삭(Sisak)에서 터키의 모진 패배가 있었고, 평화가 결과적으로 1606년에 만들어졌을 때, 그것은 상호간 동등한 조약이었다. 그 조약으로 인하여, 기독교인들은 더 이상 터키 황제에게 조세를 지불할 필요가 없게 되었다.

아메리카의 기독교화

16세기까지, 아메리카의 기독교화는 대체로 유럽 사람들이 그 대륙으로 진출한 것과 동일선상에 있었다. 이 진출은 스페인, 프랑스, 네덜란드, 그리고 영국이 침입하는 일을 조심스러워했던 거대한 북부 지방에서보다, 카리브해(Caribbean)뿐만 아니라 남부와 중부에서 훨씬 대단했었고, 그곳에서 스페인과 포르투갈이 적극적이었다.

남부와 중부 내륙의 침입은 전혀 조심할 것이 없었다. 콜럼부스(Columbus)는 네 번의 항해에서 카리브 해의 섬들과 최초로 접촉하였고, 1498년과 1502년의 세 번째와 네 번째는 멕시코의 본토까지 나아갔다. 멕시코의 아즈텍(Aztec) 제국이 뉴스페인(New Spain)에 의하여 파괴되어 대체되고, 페루의 잉카(Inca) 제국이 귀금속들을 찾기 위하여 약탈당했던 것처럼, 이어지는 20년의 기간은 대참사의 발생을 예언하는 대학살을 증명했다. 그곳에 인디언들은[9] 침략자들의 세력과 만행을 저항할 만한 무기를 전혀 갖고 있지 않았다. 총들, 철로 만든 칼, 기계류, 말들도 없었다. 그들이 자신들의 군사적인 잠재력의 종말을 받아들이는 일을 깨닫기까지 이런 무기들은 그들에게 미지의 것이었다.

아메리카의 정복자들이 필사적으로 손쉬운 부를 찾고 있었기 때문에, 이베리아 군대의 맹공에서 살아남은 많은 사람들은 자주 엔코미엔다(encomiendas, 유럽의 군인 정착자들이 배정받은 소유지들)에서, 특별히 금, 은, 수은 광산에서 노예가 되었다. 대량학살과 노예에서 벗어났던 사람들은 대부분 그들이 전혀 저항력을 갖고 있지 않았던 질병으로 죽었다. 그것들은 16세기의 천연두(smallpox), 디프테리아(diphtheria), 그리고 낭충(measles)과 17세기에 아프리카에서 넘어온 말라리아(malaria)와 황열(yellow fever)이었고, 유럽 사람들이 수입했던 노예들과 함께 들어왔다. 다른 지역으로 옮겨간 – 아메리카에서 유럽으로 – 그 주요한 질병들이 매독(syphilis)이었다는 것은 원주민들이 자신들의 정복자들에 대해서 절대적으로 복종했음을 말해주는 것이다. 원주민 인구통계학의 규모에 대한 산정은 콜럼부스가 변화를 주었던 그 이후의 세기 동안에 쇠락했다. 90%의 수치는 최근에 의문시되었지만, 75% 내외로 추정되는 인구의 붕괴는 현존하는 증거가 있다고 해도 안전할 것이다.

생존자들이 그들의 정복자들에 대한 신뢰에서의 변화는 진심이 담긴 마음과 각성한 양심의 문제는 절대로 아닌 것으로 보였다. 그러나 정복의 방식 – 그리고 그들에게 속한 참가자들이 – 이 아무리 불쾌했다고 할지라도, 인디언의 신들이 그들의 기대를 어긋나게 했다는 사실은 그대로 남아 있었다. 남아있던 많은 사람들의 마음에 강력하게 감명을 준 것은 예수의 사랑보다도 바로 그것이었다. 게다가, 스페인 정복자들의 손에 의한 잔학한 대우는 한 세대 내에서 스페인이나 포르투갈 왕들의 세심히 배려하는 보살핌에 종종 굴복하였다. 그들에게서, 그들의 새로운 주민들은 보호하고 아껴야만 하는 자원들이었고, 그들은 교회신도들이 된 이들을 구원받아야만 하는 영혼들이라고 주장했다.

이 마지막 요지는 처음에 전혀 논쟁의 여지가 없었던 것은 아니었다. 정복자들은 멕시코에서 인간을 희생 제물로 드리는 일과 그곳뿐 아니라 브라질과 카리브 해의 어떤 섬들에서 있었던 식인풍습의 습관을 혐오스럽게 주목하였다. 그와 같은 일을 할 수 있는 사람들이 과연 참으로 정말 '인간적'(human)인지에 관하여 신학적인 질분이 야기되었다. (동일한 질문이 코르테스

[Cortes], 피사로[Pizzaro], 그리고 그들의 군사들에 관하여 제기되었을 수도 있다는 것은 너무 터무니없는 것이어서 어느 누구에게도 발생하지 않았다.) 당시에도 지금처럼, 어떤 사람들의 인간성을 부정하는 일에서 가장 주요한 요지는 그들을 다루는 일에서 그 거부자들을 마음대로 사용할 수 있거나 제거할 수 있는 단순한 대상들로 정당화하는 것이다. 나치(Nazis), 낙태지지자들(abortionists), 노예소유자들(slaveholders), 이 모두는 자신들의 희생자들의 총체적인 인간성을 부정하는 일에서 이전의 스페인 정복자들의 행로를 따랐다. 그리고 그들은 마치 변호하는 일이 어쨌든 논쟁을 초래하는 견해인 것처럼 만들어, 아주 당연한 것들을 변호하는 일에서 적수들이 좌절하게 만들었다.

1537년, 그 문제를 해결하기 위하여 교황의 교서를 취했다. '지극히 높으신 하나님' (Sublimis Deus) 교서에 따르면, 인디언들은 "우리의 봉사를 위하여 창조된 말을 못하는 짐승처럼 대우받아야만 한다"고 말하는 것은 "인류의 원수"인 마귀가 사주한 거짓말이다. 반대로, 그들은 "참으로 인간"이었고, "가톨릭교회의 신앙을 이해할 수 있을 뿐만 아니라, 우리의 정보에 따르면, 그들은 그것을 얻기 위하여 대단히 갈망하고 있다." 하나의 참된 교회를 증진하는 가톨릭교회의 관심은 이교도들에 대한 정복을 신성하게 할 뿐만 아니라, 정복이 성취되자마자 그들을 위한 보호자인 것처럼 봉사했다. 그러나 그처럼 도덕적으로 미덥지 않은 한계 내에서 교회문서는 선한 것이었다. 동일한 교황의 교서는, 비록 성공적이지 못했음에도 불구하고, 인디언들을 노예로 삼는 일과 그들의 소유물에 대한 절도를 금지하려고 시도했다.

1511년 이른 때에, 대부 안토니오 몬테시온(Antonio Montesions)은 한 설교에서 인디언들에게 내려졌던 "잔인하고 무서운 노예제도"와 "전례가 없는 살인과 황폐화와 더불어 그들의 막대한 다수를 소멸시켰던 혐오할 만한 전쟁들"을 우레와 같이 비난했다. 그러나 인디언들을 보호하려는 사회운동을 자신의 삶에서 주요한 목적으로 삼았던 사람은 도미니크회의 바돌로매 데라스 카사스(Bartolome de las Casas, 1474-1566)였다. 그는 자신이 무엇에 관하여 말하고 있는지를 알고 있었다. 그는 직접적으로 히스파니올라(하이티와 도미니카를 포함–역자주)와 다른 카리브 지역 섬들의 주민감소를 증언했다. 그는 이전에 스페인 정복자이면서 '식민지 토지 관리인' (엔코엔데로[encomendero])이었다. 스페인의 정복과 지배의 잔혹행위를 기술한 그의 저작들은 스페인 왕이 1542년에 유명한 새 법령들(Nwe Laws)을 반포하도록 설득하는 일에 중요한 것이었다. 이것들은 엔코멘데로의 세력을 손상시키고, 원주민들에게 더 나은 보호책을 제공하는 일을 하게 하는 징후였다.

애석하게도, 새 법령들을 강제하기에는 너무 어려운 상황이었고, 어쨌든 상당한 피해가 이미 자행되었다. 뜻하지 않게, 라스 카사스의 저작들은 개신교도들에게, 대단히 미약한 형태임에도 불구하고, 영어를 말하는 세계권에서 최근까지도 존속하였던 네덜란드, 스페인 무적함대의 음모, 종교재판소에 의한 스페인-가톨릭교회의 잔인한 행위들과 사악한 행동들의 목록인 "어둠의 전설"(Black Legend)이라는 그들의 공식화 작업에 공격수단을 제공하는 것이 되었다. (누구나 포르투갈과 스페인 사이의 대외적인 이미지에서 차이점만을 생각할 필요가 있다. 그래도 브라질에서 포르투갈의 행적과 체계들은 모든 중요한 면에서 비슷했고, 원주민들 가운데 사망률은 단지 큰 재해처럼 존재했었다. 그렇지만, 포르투갈 사람들은 자신들을 비난하는 라스 카사스를 갖고 있지 않았다.)

라스 카사스가 주장했던 것처럼, 인디언들은 무력을 사용하지 않고 기독교 신앙으로 평화롭게 개종해야만 했다. 전체적으로, 반종교개혁은 이전의 합스부르크 유럽에서 대단히 기념되어졌던 정도는 아니었다 – 그것은 좋은 이상이었다. 필연적으로, 아메리카에서 개종의 과정은 설득과 강압이 뒤섞인 결과를 수반하였다. 그러나 모든 이점들이 새신자들에게 있었다. 성직자는 그들의 숫자를 충분히 쉽게 늘릴 수가 있었다. 그들은 그곳에 출석하는 교양과 명성을 가지고 있었다. 그들은 협박을 받았을 경우에 보호받기 위하여 세속적인 무력을 의지할 수 있었다. 조건부로 성직자들과 수사들이 그들에게 제공했던 – 그들이 얻을 수 있었던 모든 도움을 필요로 하면서, 이교도들은 겁을 먹고 있었고 또 숫자적인 면에서는 쇠퇴해 가고 있었던 복종하는 주민들이었다.

1559년까지, 멕시코에서만 800명의 수사들이 있었다. 초기 중세시대에 이교도 유럽 사람들을 대상으로 하는 기독교화처럼, 그들은 그들의 노력을 추장들에게 집중했고, 그렇게 해서 남이 하는 대로 하는 추장들의 아랫사람들에게 영향력을 행사할 수 있었다. 다시 그 이전의 기독교화처럼, 옛 신앙에서 가능한 대로 편하게 새 신앙으로 옮겨갈 수 있도록 옛 이교도 사당들 부지위에 교회들이 빈번히 설립되었다. 그리고 중세의 유럽과 마찬가지로 그 결과들은 많은 면에서 유사했다. 즉 혼합주의가 만연했다. 이교도적인 행위가 새로운 위장 속에서 지속되었고, 기독교 정결주의자들은 치를 떤 반면에 실용주의자들은 이런 혼합된 행위를 수용했다. 브라질에서 일부다처제와 옷을 입지 않는 행위는 특별히 떼어버리기가 어려운 관습들이었다.

다수의 선교사들은 뛰어난 언어학자들이었고, 인디언들을 토착어로 가르치려고 노력하였다. 이 언어들 가운데는 나와틀어(Nahuatl, 멕시코의 주요한 아즈텍 언어), 케추아어(Quechua), 아이마라어(Aymara, 페루), 그리고 투피어(Tupi, 브라질)가 있었다. 선교사들은 개종자들이 정복자들의 언어를 배워야만 한다는 세속 당국자들의 요청에도 불구하고 이 일을 실행했다. 수사들에 의하여 인디언들을 위한 새로운 마을들을 세우는 일과 함께, 이 불순종은 유럽 사람들과의 너무 많은 접촉에서 초심자들을 보호하려는 선교사들의 요구에서 일어났다. 수사들은 – 그들이 알고 있어야만 하는 – 부도덕한 영향을 그들이 준다고 믿고 있었다.

그럴지라도, 개종의 과정은 고르지 못했다. 개종은 페루에서보다 멕시코에서 더 빨리 진행되었다. 두 거대한 토착 제국의 파괴에서, 아즈텍의 진행 과정은 더 즉각적이고 완전하였다. 수도 테노치티틀란(Tenochtitlan)은 파괴되었고, 멕시코시티로 바뀌었다. 정치적이고 종교적인 유적은 초기에 뿌리째 뽑혀버렸고, 기독교화는 정치적인 정복과 더불어 신속하게 진행되었다. 그 세기의 마지막에 이르러, 하나의 가톨릭 대학과 두 개의 신학교가 설립되었다.

이에 비하여 페루에서는 가톨릭화가 정복자들 가운데 있었던 더 열등한 자질의 선교사들과 토착민들의 저항에 의한 시민전쟁으로 인하여 속도가 늦어졌다. 스페인 사람들은 리마(Lima)의 해안에 새로운 수도를 세우기로 선택했는데, 그것은 옛 수도인 쿠스코(Cuzco)에서 존속되는 잉카의 전통을, 특별히 그 종교를, 무심코 허락하는 결정이었다. 게다가, 처형된 잉카 황제 아타후알파(Atahualpa)의 의붓 형제들 가운데 하나였던 만코(Manco)는 스페인 지배의 구조에서 자신을 선임하려는 초기의 시도를 피하고, 대신에 마추픽추(Machu Picchu)의 신성한 유적을 포함하여, 빌카밤바(Vilcabamba)의 산맥 지역을 중심으로 하는 새로운 잉카 국가를 세웠다. 1560년대 안데스(Andes) 산맥 지역에서의 이교도 부활 운동은 옛 신들이 가톨릭 신앙으로 돌아선 일에 대한 형벌로서 유행하는 질병들을 보냈다는 주장함으로써 근거를 삼았다. 만코와 그의 후계자들은 스페인 사람들의 소행이 그들에게는 하나님의 아들들이 아닌 마귀의 아들들로서 보였다고 주장했다. 라틴 아메리카의 교회 역사에 대한 최근의 한 해석자는 이것을 "사랑과 대비되는 기독교인들의 잔인한 행실이라는 기독교 가르침의 명백한 아이러니"[10]라고 일컬었다.

1572년 새로운 총독 프란치스코 데 톨레도(Francisco de Toledo)가 남은 잉카 제국을 급속히 점령한 이후에, 교회의 청원을 반대하다가 사로잡힌 잉카 지도자 투팍 아마루(Tupac Amaru)를 공포에 사로잡힌 군중들이 지켜보는 쿠스코 중앙 광장에서 참수했을 때에도, 이러한 이분법이 나타났다. 그 반란이 진압되었음에도 불구하고, 그것을 밑에서 받치고 있었던 인식들은 그렇게 쉽사리 사라지지 않았다.

투팍 아마루를 사로잡았던 톨레도의 병사 지휘자는 성인(聖人)이 된 예수회 설립자의 조카, 마틴 가르시아 데 로욜라(Martin Garcia de Loyloa)였다. 사형집행 6년이 지난 후인 1578년에 로욜라는 죽은 잉카 지도자의 조카딸과 결혼하였다. 이름이베아트리스 누스타(Beatriz Nusta)인 그녀는 기독교화의 가치가 정복자들에 대한 문화적 동화를 포함한다는 것을 충분히 분명하도록 전달해준다. 그것은 반종교개혁의 영성과 잉카 귀족사회의 결혼을 상징하는 것으로 보였기 때문에, 그처럼 두드러지게 연결된 두 사람의 결혼식은 합당한 화려함으로 거행되었다. 그럼에도 불구하고, 이교도들은 완전히 정복되지 않았다. 1598년 로욜라는 인디언들에게 사로잡혔고, 투팍 아마루가 그랬던 것처럼 참수 당했고, 그의 머리는 창에 매달려 전시되었다.[11]

예수회는 브라질에 1549년에, 페루는 1568년에, 그리고 멕시코는 1572년에 도달했다. 유럽에서와 같이, 그들은 선발된 사람들에게 도시에서 최고의 교육을 제공했다. 유럽과는 달리, 그들은 브라질에서 개종자들로 추정되는 사람들을 위한 새로운 마을들을 설립하였고, 반항자들을 설득하기 위하여 군대의 세속적인 강제력을 요청하였고, 진압된 인디언들이 그들과 더불어 거주하면서 농업, 공예, 그리고 음악에서 유럽식의 방식을 따르도록 강제했다. 1600년까지 바이아(Baia) 지역의 거의 모든 인디인들은 이런 식으로 예수회의 보호 아래에 살고 있었다. 17세기의 여명이 밝아오는 몇 십 년 동안, 예수회 수사들은 파라과이(Paraguay)로 그들의 주의를 기울였고, 그곳에서 그들은 1707년까지 100,000명의 과라니(Grarani) 인디언들을 포함했던 30개의 선교 마을을 설립했다.

이 방법들은 근대 이후의 서구인의 관점으로 볼 때, 대단히 가부장적이고, 규범적이며, 문화적으로는 제국주의적인 것으로 보인다. 결과적으로는 그랬었다. 그럼에도 불구하고, 예수회와 도미니크회는 식민지 개척자들이 그들에 대하여 염두에 두고 있었던 대단히 야만적인 착취에 대항하는 인디언들의 최고(참으로, 그들의 유일한)의 변호자였다. 선교 마을들에 사는 인디언들은 (비록 수입된 방식들을 사용하였을지라도) 스스로 일을 했다. 개척자들은 강제된 일에 그들을 사용하려고 하였다. 노예상인들이 상파울루(Sao Paulo)에서 인디언들을 잡아가기 위하여 내륙으로 이동했을 때, 예수회는 자신들의 동포를 대적하여 그들의 의도된 희생자들을 무장시키는 일을 주저하지 않았다. 이 사건 그리고 관련되어 있는 불화는 1661년 브라질과 파라과이의 어떤 분교구들로부터 예수회를 제명하도록 이끌었다. 1980년대의 영화 '미션' (The Mission)에서 그처럼 놀라운 영향력으로 묘사된 장기간의 활동이 이미 준비되어 있었다.

프란체스코 수도회, 도미니크회, 그리고 예수회는 신세계에서 교회를 위하여 인상적인 유익을 얻어냈다. 부분적으로 이러한 이유와 부분적으로 교구와 교구주교 구조가 (유럽에서와 같이, 희미하고 먼 과거로부터 물려받았다기보다는) 단지 그들 주변에서 만들어지고 있었던 과정이었다. 그래서 한편으로는 다양한 수도회들과 다른 한편으로는 재속 성직자들 사이의 관계들이 때때로 상호 질투, 또한 재속신부들은 능력과 영적인 위임이 덜한 사람들이라는 확신에 의하여(대체로, 적어도, 아마 사실이었다) 긴장되었다. 때때로 그 긴장은 실제적인 폭동으로 변질될 수도 있었다. 1559년 재속 성직자가 멕시코의 푸에블라(Puebla)에서 도미니크회 수도회를 공격해서, 건물들을 무차별 파괴했고, 모든 가치 있는 것들을 가져갔고, 추가로 수도원 부원장의 이를 부러뜨렸다. 톨루카(Toluca)에서는 프란치스코 수사회의 일단이 600명의 인디언들을 무장시켰고, 그들을 성직자와 수사들이 다투었던 한 교회를 공격하는 일에 데려갔

다. 그 건물은 파괴되었다.12)

스페인은 그들의 활동을 남부와 중앙아메리카에 제한하지 않았다. 플로리다와 멕시코에서, 그들은 북쪽으로 그 이후에는 미국이 되는 영토의 중부와 남서부로 밀고 나아갔다. 그들이 이 지역으로 침투하는 일은 선교사 사제들에 의하여 인도함을 받았고, 그들 중의 두 사람은 1542년 후에 캔자스(Kansas)가 되는 지역에서 죽었다. 1630년까지 아마도 35,000명의 기독교인 인디언들이 뉴멕시코의 선교국 주변에서 살고 있었다.

북아메리카 대륙의 영국, 프랑스, 그리고 네덜란드 이주민들은 그때까지 다행스럽게도 할리우드(Hollywood)나 라스베가스(Las Vegas)에 관하여 알지 못했다. 그럼에도 불구하고 그들은 그 세기의 전환기에 세인트 로렌스(St. Lawrence, 프랑스)와 허드슨(Hudson, 네덜란드) 강으로 전진하고 있었다. 영국은 1580년대 동안 버지니아(Virginia, 엘리자베스 1세의 이름을 따서 이름을 지었다)에 새로운 식민지를 세워서, 플로리다와 카리브 연안에서 자신들의 정착지로 가거나 나오는 스페인 함대들을 약탈하는 일정치 않은 시도들을 하였다. 1607년까지 그들은 제임스타운(Jamestown)에 항구적인 정착지를 획득하였다.

초기의 버지니아가 이후 뉴잉글랜드의 청교도 정착지들보다는 영감에 있어서 덜 "경건"했다는 평판을 얻었을지라도, 그 구별은 절대적이라기보다는 상대적이었다. 버지니아 식민지는 런던의 무역회사에 속한 산물이었고, 다른 모든 회사들과 같이 이익을 산출하기 위하여 존재했다. 그러나 이것은 신앙적인 관심사들이 중요하지 않다는 것을 의미하지는 않았다. 참으로, 왕실의 허가장(royal charter)은 그 목적 중에 하나로 기독교 신앙을 전파하는 일을 포함하고 있었다. 식민지 개척자들이 도착했을 때, 그들이 첫 번째로 실행한 일은 그들의 안전한 도착을 감사드리기 위하여 그들의 목사인 로버트 훈트(Rev. Robert Hunt)가 인도하는 성찬식을 갖는 것이었다. 식민지의 합법적 규약은 일반적인 도덕적 잘못뿐만 아니라, 주일을 범하는 일에서도, 심지어 사치한 옷에 대해서도 – 청교도 영향의 분명한 표지였던 마지막 구속 – 엄격한 벌칙들을 규정했다.

행운의 존 롤페(John Rolfe)가 그의 신부로 받아들였던 포카혼타스(Pocahontas)는 기독교로 개종한 가장 주목할 만한 인디언이었다. 알렉산더 휘태커(Rev. Alexander Whitaker) 목사는 토착민들 가운데 복음적인 사역을 식민지 이주민들의 영혼을 향한 돌봄만큼이나 그의 사역의 중요한 한 부분으로 적어도 간주했다.

아프리카의 포르투갈 사람들

15세기 이래로 유럽 사람들이 골몰했던 지구탐험의 물결은 포르투갈 사람들에 의하여 시작되었다. 인도를 향하는 그들의 첫 번째 조치는 아프리카의 서쪽 연안 아래쪽으로 내려가서 그 다음 동부 해안 쪽으로 올라가는 것이었다. 1497년에 이르러, 바스코 다 가마(Vasco da Gama)는 인도의 고아(Goa)로 가는 노정에 희망봉(cape of good hope)을 돌아서갔다. 그러나 단순히 지리학적인 호기심보다 더 많은 문제들이 있었다. 노예무역과 가톨릭의 복음전파가 탐험가들을 뒤따랐던 것이다.

콩고 강 어귀는 1470년대만큼이나 일찍 다다르게 되었다. 1491년 여러 명의 주요한 콩고부족 지도자들이 기독교로 개종했고, 그 왕 은징가 은쿠부(Nzinga Nkuvu)는 모든 우상들의 파괴를 명령했다. 그의 아들 음벰바 은징가(Mvemba Nzinga)가 세례명 아폰소(Afonso)로 세례 받을 때, 그는 세례명으로 호앙(Joao)을 받았다.

음벰바 은징가는 소년들과 소녀들을 위한 학교들을 계속하여 설립했다. 1509년에 그는 자신의 아들인 헨리(Henry)를 포르투갈로 보냈고, 거기에서 그 아들은 라틴어와 포르투갈어를 배웠고, 부감독 주교로 성직에 임명되었다. 1543년 음벰바의 죽음에 이르러서, 약 이백만 명 정도 또는 그의 왕국의 반 정도가 세례를 받았다. 그러나 긴장이 고조되었다. 콩고부족의 교회는 자신의 총대주교를 허락받지 못했고, 대신에 1534년 서부 아프리카 연안에서 떨어진 한 노예무역의 섬인 상투메(Sao Tome)의 주교 밑에 놓이게 되었다. 그 나라의 기독교화의 원천을 더 악하게 만든 것은 포르투갈 사람들이 지속적인 노예무역과 더불어 음벰바의 영토에 속한 지역의 인구를 감소시키고 있는 것이었다. 게다가, 포르투갈 사람들이 이것을 실행하는 자유는 교황의 권위에 의하여 지지를 받고 있었고, 아프리카는 이렇게 교황에 의하여 포르투갈의 지

배로 배당되었다.13)

아마 콩고부족에게는 다행히도, 시간이 지나면서 로마 가톨릭교회는 자신에게 속한 세계의 구분을 스페인 사람과 포르투갈 사람의 진력나는 영역으로 이해하기 시작했다. 이것은 원칙적으로 스페인의 왕 필립 2세에게 모든 새롭게 발견된 영토들을 위임하는 것으로서, 포르투갈이 스페인 왕국으로 흡수되었던 1580년 이후에 특별히 그렇게 되었다. 로마교황은 그 상황으로부터 건설적인 방식들을 찾기 시작했고, 1596년 콩고부족의 수도를 주교지위를 갖는 산살바도르(Sao Salvador)라고 명명하였다. 콩고부족은 유럽의 기독교 왕국들과 더불어 어느 정도 동등한 발걸음을 걸어가는 일에서 기독교 왕국을 향하여 진보하는 것으로 보였다.

그러나 유럽 사람들의 끔찍한 행위는 지속적으로 방해가 되었다. 1604년 로마교황에게 보낸 콩고부족의 사절이 네덜란드 해적에게 사로잡혔고, 이로 인해 4년이 지나서야 바티칸에 도착했지만, 건강이 너무 쇠약해져서 교황을 만나기로 한 몇 시간 전에 죽고 말았다. 그 세기의 중간에, 노예 상인들의 행동에 대한 콩고부족의 분노는 포르투갈 군대를 자극하여 남쪽에 위치한 식민지였던 앙골라(Angola)에서부터 침입하도록 하였다. 이 군대는 콩고부족을 무너뜨리고, 그들의 왕과 그의 친족(최초의 흑인 캐퓨친 수도회 수사)을 참수했고, 대성당과 여덟 교회들과 함께 그 수도를 파괴하였다.

그 누구도 개종시키는 방법이 불가능했다. 그렇지만 신기하게도 개종은 지속되었다. 콩고는 포르투갈 사람들과의 첫 번째 접촉으로부터 18세기까지의 기간 동안, 기독교를 지지하는 수준에서 거친 동요가 있었다. 그렇지만, 이러한 많은 동요는 아프리카 사람들에 의한 불충보다는 유럽 사람의 선교 노력과 또 특별한 근거가 아닌 다른 것에 의거하여 토착 성직자를 허가하려는 그들의 지나치게 억지적인 변덕으로 야기되었다.

캐퓨친 수사들은 비참한 전쟁과 산살바도르 파괴의 한 세대 이후에 백만 명의 1/3 이상에게 세례를 베푸는 일에 성공하였다. 그렇지만 그 가르침은 지속적으로 해석자들을 통하여 조정되어야할 필요가 있었는데, 그들은 귀족 가문에 속한 상위계층 사람들이었고, 선교사들은 종종 지방 언어에 능숙했다. 그리고 그 주어진 가르침은 최소한의 것이었다. 일반적으로, 수사들은 토착민들에게 마리아의 성상을 숭배하는 것과 십자가 표지와 삼위일체의 위격에 대한 이름들을 가르치는 일로 만족하였다.

놀랍지 않게 전통적인 신념들이 기독교적인 허식 하에서 지속되었다. 기독교인의 개념을 설명할 때, 그것은 일반적으로 이전에 있었던 술어들과 밀접하게 연관되었다. 이론적으로, 그것은 경탄할 만한 것으로 생각할 수 있었다. 하지만 충분한 가르침이 없었다는 면에서, 종종 단순한 혼합주의(syncretism)로 이끌릴 수 있었던 수순이었다.

더 멀리 북쪽에서, 포르투갈 사람들은 16세기를 통하여 베냉(Benin)에 가톨릭신앙을 가져오는 일을 부드럽게 진행했는데, 오바(Oba)라고 불렸던 그 나라의 왕은 의례 외국인들을 피하고는 했다. 포르투갈 사람들이 노예무역 사업을 계속하는 동안에, 그 군주의 종교적인 구애는 – 결코 마지막 결혼에 도달하지 못하는 구혼이었는데 – 그 지역에서 삶에 대한 고착된 양상을 만들어버렸다.

스페인의 캐퓨친 수사들은 그들이 갈 수 있는 모든 곳에서 신앙적인 교육을 제공했다. 그런데 그들이 알지 못하는 가운데, 오바는 자신에 관한 역겨운 비밀을 갖고 있었다. 1665년 선교사들 가운데 몇 사람이 토착종교 의식을 엿보기 위하여 왕궁에 있는 군중 속에서 사람 눈에 안 띄도록 했을 때, 그들은 그것을 발견했다. 혐오감을 느꼈던 선교사들이 다섯 명의 남자들에 대한 의식적인 참수를 막 목격하고 있다는 것을 깨달았을 때, 이 선교사들은 토착민들이 "파멸의 상태"에 있고 "그들이 섬겼던 마귀가 그들을 속이고 있다"고 큰 소리로 항의하여 말하는 것으로 그들이 참석하고 있음을 드러냈다. 일련의 행사들로부터 극단적으로 쫓겨났지만, 그 용감한 캐퓨친 수사들은 다행히 살아서 추방당했다.[14]

아무리 사람을 희생제물로 바치는 의식이 혐오스럽다고 할지라도 또는 캐퓨친 수사들이 그것에 대항하여 항의할 정도로 아무리 용기가 있을지라도, 대부분 다른 면에서 지속적으로 그들의 노고를 좌절에 이르게 하거나 그들이 "발견할" 정도로 불행했던 모든 사람들을 억압했던 일은 다른 사람들과 함께 일했던 또는 그들보다 열등한 존재로서만 비-유럽인들을 대우했던 포르투갈 사람들의 무능력이 원인이었다. 1540년대에 그들은 절망적인 에디오피아 기독교인들이 아마드 그랜(Ahmad Gran)에 의하여 지휘를 받아, 그 나라의 이슬람화에 전심을 다했던 터키 군대들을 패배시키도록 도와주었다. 그렇지만, 이 도움이 그들에게 그곳의 콥트(Coptic) 교회를 가톨릭화하도록 자격을 주었다는 유럽 사람들의 가정(assumption)은 쓰라린 투쟁과 최종적인 거절에 이르게 했다. 포르투갈에서 보내진 가톨릭 주교들은 그 왕국에서, 두 가지 경우들에서, 신속한 추방에 이르게 했던 교만함으로 행동했다. 세 번째 사절로 1603년 도착했던 스페인 예수회 수사 페로 파에스(Pero Paez)는 반대로 많은 사람들의 존경을 획득하면서 그리고 몇 년이 지난 후에, 결과적으로 왕 수시뇨스(Susinyos)로 하여금 그리스도 단성론(Monophysite) 교리가 잘못된 것이었다고 설득하면서, 더 신중하고 또 삼가면서 처신했다. 파에스가 사망한 그 해인 1622년에 에디오피아 왕은 로마 가톨릭교회를 신봉하기로 공언했다.

그러나 그 왕은 파에스의 후계자인 아폰소 멘데즈(Afonso Mendez)가 자리를 차지하고, "이교도" 콥트 주민들이 재세례를 받아야만 하며, 성직자는 재임명을 받아야만 하고, 또 독특한 에디오피아 의식들과 축제들이 폐지되어야만 한다고 주장했을 때, 자신의 마음을 바꾸었다. 이로 인해 간단한 시민전쟁이 벌어졌지만, 그 결과는 의심스러운 것이 아니었다. 1632년 왕 수시뇨스는 그의 백성들에게 선포할 수 있었다. "우리는 너희 선조들의 신앙을 너희에게 되돌려준다. 이전의 성직자는 교회로 되돌아갈 수 있으며, 그들의 전례문을 말할 수 있다." 예수회는 그 왕국에서 추방당했다.[15]

동부 아프리카의 말린디(Malindi) 지역 사람들과 친밀한 교제를 확립한 이후에, 포르투갈 사람들은 1593년 "폴트지저스"(Fort Jesus) 요새를 세웠고, 4년이 지난 후에는 몸바사(Mombasa) 근처에 수도원을 세웠다. 그 식민지는 곧 4,000명의 기독교인을 자랑하게 되었다. 1597년에 그 지역 왕의 일곱 살 아들이 포르투갈의 고아(Goa)로 인도양을 건너 받아들여졌다. 그는 거기에서 세례를 받고, 그의 이름을 이슬람 신자 유스프 이븐 하산(Yusuf ibn Hasan)에서 기독교인 돔 제로니모 칭굴리아(Dom Jeronimo Chingulia)로 바꾸었고, 이후에 포르투갈 아내를 취했다. 그러나 1631년에 그의 집으로 돌아온 지 5년이 지난 후, 그는 그의 유럽 대군주들의 거만한 방식에 대항하여 반란을 이끌었고, 그 사령관을 칼로 찔렀으며, 이슬람으로 개종했다.[16] 이어진 폭동에서 다른 400명은 메카(Mecca)에 노예로 보내졌지만, 250명의 지방 기독교인들을, 포르투갈과 아프리카 사람들 모두와 함께, 순교에 이르게 했다. 아라비아 해를 가로질러서 온 오만 사람들은 자신들의 동료 무슬림들이 장래의 포르투갈의 공격을 피하는 일을 방어해 주기 위하여 왔다.

아시아에서의 예수회 선교

자체적으로 다시 활기를 북돋우기 위하여 로마 가톨릭교회의 노력에 의하여 만들어진 새로운 방책이나 기관들 가운데에서 – 우리가 집합적으로 반종교개혁(Counter-Reformation)이라고 언급하는 노력들 – 예수회(Society of Jesus)는 단연코 가장 성공적이었다. 그리고 그때뿐만 아니라 이후로 계속, 바로 그 예수회에 의하여 실행되었던 교회의 생명력을 추구하는 많고 다양한 모든 공헌 중에서 대중적인 상상을 가장 많이 사로잡았던 것은 아시아에 대한 외국인 선교였다. 그것은 가장 깊은 표지를 남긴 선교 사역이었다. 세계에서 가장 큰 대륙으로 유럽의 침투는 예수회 없이 매우 달랐을 것이고, 훨씬 덜 효과적이었을 가능성이 있다. 아시아 기독교의 역사는 예수회의 공헌이 없이는 거의 인지할 수 없었을 것이다. 기독교를 어떤 지역들에 소개했고, 얼마간의 부재 후에 그것을 다른 지역들에서 다시 소개했으며, 그리고 그것이 이미 존재했던 곳에서 기독교의 현존을 강화시켰던 사람들이 예수회 사람들이었기 때문이다.

인도

초기의 선교사들 가운데, 프란시스 사비에르(Francis Xavier, 1506-1552)는 만장일치로 가장 위대하다고 간주되어진다. 인도에서 그의 사역은 오랫동안 존재했었던 도마 기독교인들(Thomas Christians)이 포르투갈과 곤란을 겪고 있었던 고아(Goa)에서 1542년에 시작되었다. 그러나 그는 힌두교도들과 무슬림 이웃들로부터 포르투갈의 군사적인 보호를 얻기 위하여 1537년 집단으로 기독교 신앙을 고백하고 또 세례를 받아들였던, 약 20,000명의 집단인 파라바족(Paravas) 가운데에서 사역하기 위하여 코모린 곶(Cape Comorin)에서 1544-1545년 동안 순회하였다. 포르투갈 사람들은 바라바족의 진주어장 전체를 그들에게 건네주는 감독권 때문에 기꺼이 호의를 보일 수밖에 없었다. 사비에르와 그의 동료들은 명목상의 충성을 적어도 소량의 인식으로 전향시키는 더 힘겨운 사역에 종사했다.

1606년부터 예수회 수사 로베르토 데 노빌리(Roberto de Nobili)가 마두라이(Madurai)에서 그의 특별한 사역을 시작했다. 그는 그곳에서 그 지역의 고급문화에 대한 그의 학식을 스스로 기독교인 브라만(Brahman)이 되었다고 할 정도까지 확장하였다. 그 다음 3년이나 4년 동안, 그는 60명의 고위 카스트 힌두 사람들을 개종시켜서 세례를 베푸는 일에 성공했다. 그는 더 나아가서 인도식 이름을 채용했고, 그가 외국인(farangi)이라는 것을 부인했다. 그 말(farangi)은 포괄적으로 "외국인"을 지칭하는 경멸적인 용어인데, 유럽 사람들의 행실 때문에, "야만인"(barbarian)과 동등한 말이 되었다. 노빌리는 1656년에 그가 죽기 전 50년 동안 중요한 기독교인-인도인(Christian-Indian) 논문과 문학 전집을 만들었다. 그것은 다른 예수회 수사 콘스탄조 주세페 베치(Constanzo Giuseppe Beschi, 1680-1747)에 의하여 존속되었고, 오히려, 훨씬 더 큰 범위에서 받아들여졌던 유산이었다. 그는 지역문화의 환경 속에서 노빌리의 거대한 학문의 전통을 지속했고, 더 나아가서 브라만의 생활 특성을 화려한 방식으로 추가했다. 이 마지막 일은 지역 귀족(Nawab, 무굴 제국 지방 관리)이 그를 선임 관리 대신으로 임명하고 그에게 선물들과 수입을 주었을 때, 보다 수월하게 되었다.

이것 이외에, 몇몇 선교사들이, 대부분은 그 중에서도 특히 아크바(Akbar, 1556-1605)의 통치 동안, 북인도의 무굴 법정과 접촉하였다. 무슬림 군주는 예수회의 신학적인 주장에 정중한 관심을 보였지만, 그는 망원경과 화기를 제공하는 유럽의 기술에 관한 정보를 얻는 일에 더 많은 관심이 있었다. 프란시스의 조카 아들이었던 제롬 사비에르(Jerome Xavier)는 피상적인 토론보다 더 많은 것으로 군주를 이끌어 들인 유일한 기독교인이었다. 그는 대화에 사용하기 위해서 법정적인 용어를 충분히 습득한 단순하고 끈질긴 기술로 이 업적을 이루었다. 그렇기는 하지만, 무굴 제국에서 기독교인의 영향력은 난순히 외교적인 차원에 머물렀다. 바로 거기까지만 진척이 이루어졌다.

일본

1543년 포르투갈 상인들이 처음으로 일본과 접촉했다. 다음해, 그들 상선 가운데 하나가 살인죄의 체포에서 도망치는 한 지방 남자를 데리고 출항했다. 야지로(YaJiro)라는 그 탈주자는 기독교로 개종하였고, 바울이란 이름으로 세례명을 받았다. 결국 1549년에 프란시스 사비에르와 그의 예수회 동료들은 사쓰마(Satsuma, 일본 서부)에 도착했고, 그들은 본토 기독교인 통역자와 안내인과 동행했다.

사비에르는 1551년까지만 그 나라에 남았었지만, 그의 동료 예수회 수사들은 주목할 만한 성공과 더불어, 그들의 수고의 많은 부분을 지역 엘리트들에게로 향하면서, 그들의 사역을 지속하였다. 일본 사람들과 접촉하는 것은 유럽 사람들을 맥 빠지게 하는 것으로 보였다. 이 사람들은 타고난 인종차별주의자인 유럽인들조차 전혀 열등한 것으로 간주할 수 없었던 사람들이었다. 자신들의 지성을 표현하는 일에서 일본 사람들의 총명과 과묵은 선교사들의 일지와 편지에 계속적으로 언급되고 있다. 치명적인 폭력과 동성애 편애에 대한 그들의 소심하고도 상습적인 의존 역시 동일한 방식으로 언급되었다. 유럽 사람들은 요리와 위생 문제에서 일본 사람들의 청결함이 유쾌하지 않고 냄새나는 짐승들처럼 그들의 주인들에게 보이는 그들의 습관과는 매우 강하게 대조되는 것을 정확히 깨달았다. 어떤 사람들은 그들 자신들을 고치려는 시도를 했다.

언제나처럼 예수회 수사들은 적용하는 일에 가장 빠른 사람들이었다. 1569년부터 그들은 장군(shogun) 또는 최고의 군사 지배자였던 오다 노부나가(Oda Nobunaga, 1534-1569)와 깊은 우정을 맺는 일에 성공했다. 선교사들의 첫 20년 활동은 그 이후의 일본의 시대적인 불안정과 시민전쟁의 국면과 일치했고, 그것은 근원적인 신도(Shinto) 종교에 상당부분 불교의 새로운 잠식과 지역의 자치권과 중앙집권화된 통치사이의 일반적인 다툼이 뒤엉킨 것이었다. 많은 불교신도 집단들이 노부나가의 집권을 반대했기 때문에, “신도와 불교의 신들과 모든 다른 우상숭배와 미신들을 무시하면서", 그는 외국의 새로 온 사람들의 신념과 가르침에 귀를 기울이기가 쉬웠다. 그러나 그 자신은 예수회 수사 루이스 프로이스(Louis Frois)가 최초의 만남 이후에 기록했던 것처럼, "공개적으로 우주의 창조자와 같은 것들이나, 영혼의 불멸성, 그리고 죽음 이후의 삶은 없다고 선언했다."[17]

그와 같은 신학적인 미묘한 차이들에 대하여 서로를 이해하는 일이 실패했음에도 불구하고, 그 관계는 좋은 출발로 시작했고, 노부나가는 그 '신부' (padre)에게 박해와 군대를 지원하는 일로부터 면제를 허가하는 증서를 지급했다. 설교하는 자유는 명백하게 언급되지 않았지만, 확실히 함축되어 있었다.

곧바로 불교 열심당원들이 프로이스를 대적하여 사형을 언도하도록, 그리고 기독교의 설교를 금지하도록 군주 오기마치 텐노(Ogimachi Tenno)를 설득했기 때문에, 분명하게 프로이스와 그의 예수회 동료들은 그들이 얻을 수 있는 모든 면제들을 필요로 했다. 예수회로서는 운이 좋게도, 군주는 표면적인 군주로서 자신을 확고하게 그 자리에 두었던 장군(shogun)보다 훨씬 덜 강력했다.

이어지는 해들은 일본에서 기독교인들에게 좋은 시간들이었다. 예수회의 인도와 장군들의 보호 아래에서, 기독교인들의 숫자는 성장했다. 노부나가의 후계자, 토요토미 히데요시(1539-1606)는 그의 임기 초반부 동안, 교회를 건축하도록 오사카(Osaka)의 땅을 주면서, 기독교인들에 관하여 친절한 관점을 동등하게 갖고 있었다.

회심자들의 숫자는 초반부 몇 십 년 동안 다양하게 산정되어진다. 분명히 그들은 사비에르의 첫 번째 도착 2년 안에 수백 명에 달했다. 예수회 선교사들 가운데 한 사람인 가스파르 빌렐라(Gaspar Vilela, 1525-1572)는 1571년까지 30,000명의 일본인 기독교인들이 있었다고 생각했다. 알렉산더 발리그나노(Alexander Valignano, 1539-1606)는 1583년까지 150,000명으로 추정했다. 1570년대에 이 두 가지 산정이 의미했던 기독교인 세력의 폭발적인 성장을 증명하는 것이 가능하지만, 전자의 산정은 조금 회의적이고 후자는 너무 긍정적이다. 세기의 변화는, 첫 번째로 두 명의 일본인 예수회 수사를 성직자로 안수하는 일과 더불어, 그 이상의 진전을 보였다. 신교사역을 지적인 측면에 영향을 미치는 운동이라는 관점에서 계속적으로 불리한 처지에 남겨 두면서, 지방의 언어가 너무 복잡해서 어떤 외국인도 교육받은 토착민의 수준으로 그것을 정복할 수 없었다는 솔직한 근거 위에서 그것은 발리그나노가 필요하다고 오랫동안 재촉했던 발전이었다. 17세기 초반까지, 기독교인의 숫자는 300,000명까지 성장했거나, 인구의 1%보다 조금 더 되었다.

그러나 문제가 나타나고 있었다. 예수회 수사들은 기독교 믿음의 배타적인 전달자로서 그들의 신분에서 이익을 얻었지만, 1596년 스페인의 프란체스코회 수도사들의 도착은 경쟁과 투쟁의 상황을 만들어버렸다. 예수회가 세력가들에 대한 선교와 (1579년 문화적인 문제들에 대한 최초의 예수회 정책의 반전을 뒤따르면서) 일본 사람들의 관습, 옷, 그리고 관례에 대한 적응의 미덕을 강조했기 때문에, 프란체스코 수사들은 이와 반대로 했다. 프란체스코 복음주의는 가난한 사람들에게 초점을 맞추었고, 일본의 문화적 표준에 이의를 제기했다.

부분적으로 그들 자신의 동향 때문에 또 부분적으로는 결판이 날 때까지 그들 나라에서 싸우고 있는 유럽 사람들의 다툼을 보면서, 장군들은 놀랐다. 1587년 일찍, 히데요시는 반기독교 칙령을 선포하는 것으로 그의 초기 정책을 뒤집는 표지들을 제시하였다. 그러나 실제적인 이행을 위한 것만큼이나 국내문제를 소진시키기 위하여 그리고 분노한 불교신도들을 달래기 위하여 계획된 것으로서 이것들은 강제력이 크게 없었고 범위가 제한적이었다. 기독교인의 성장은 히데요시의 쇼군정치의 마지막 일부와, 1598년 그의 죽음 이후, 그의 후계자 도쿠가와 이에야스(Tokugawa Ieyasu, 1543-1616)의 초기 동안 계속되었다. 불행하게도, 이에야스의 즉위는 기독교인 귀족의 한 사람인 고니시 유키나가(Konishi Yukinaga)가 주도적인 참여자였던 반역에 의하여 손상되었다. 예수회 수사들이 고니시를 응원했다는 프란체스코 수사들의 고소로 인하여 기독교인의 평판이 도움을 얻지 못했다. 이에야스가 외국인들을 믿어보기로 결심했던 일이 잠깐 동안은 거의 문제가 되지 않았다. 내부 기독교인 경쟁자들이 다시 부상했다. 그 세기의 초반 동안, 네덜란드와 영국의 상인들 – 포르투갈과 스페인 사람들이 이단으로 비난했던 개신교인들 – 이 일본에 도착한 일은 내부의 기독교인 경쟁자들이 더욱 나쁘게 보이도록 하였다. 그들의 신앙에 자유를 주는 대가로 만들어지는 유럽 사람들과의 무역과 정치적 관계에서 얻는 이익이 그와 같은 불성실한 행위가 일본을 억지로 끌어 들일 수도 있는 경쟁과 불안정에서 얻는 이익보다 더 가치가 있다는 것이 일본 지배자들에게 명백하게 되었다.

아마도 기독교를 지지했던 행운의 임박한 취소에서 가장 중요한 요소는 일본 내부의 변화하는 상황이었다. 선교의 초기 동안, 기독교인들의 믿음은 노부나가와 같은 유력한 군사 지도자를 훼방했던 다양한 불교 분파들을 대적하는 능숙한 협력자처럼 보였다. 그러나 히데요시 아래에 나라가 뭉치면서, 외국 종교의 증진하는 유용성은 덜 흥미를 주는 것으로 보였다. 프란체스코와 도미니크 수사들의 도착은 가난한 자들과 외국의 방식을 강조하는 그들의 호소로 인해서 기독교를 위험한 것으로 보도록 만들었다.

1606년에 법령들이 기독교를 불법적인 것으로 선언한다고 선포했다. 1613년 박해가 본격적으로 시작되었고, 그때 순교자의 무리가 아리마(Arima)에서 불태워졌다. 이년 후에, 한 포르투갈 신부가 나가사키(Nagasaki)에서 취한 인구조사는 처형이 시작된 이후에 20,000명까지 떨어졌던 지역 인구를 보여주고 있다고 보고했다. 그러나 그것은 거의 분명히 기독교인의 상호 이주로 나타난 결과였다. 많은 지역 기독교인들이 이 사건의 영향으로 일본의 다른 지역으로 이주한 것으로 보인다. 그 일로 인하여 나라의 남서부 중추지대에서 외국인과의 접촉이 북부와 동부로 확장되었다. 첫 번째 세기의 30년대 중반에 예루살렘 교회의 분산과 마찬가지로, 새로운 지역들이 박해의 결과로 복음화가 되었다.

그러나 이것이 살인을 멈추게 하지는 못했다. 최소한도로 434명의 기독교인이 1614-1622년의 기간 동안 사망한 것으로 기록되었다. 도쿠가와 이에야스의 후계자인 도쿠가와 히데타다(Tokugawa Hidetada, 1579-1632)는 그의 아들 도쿠가와 이에미쓰(Tokugawa Iemitsu, 1603-1651)가 기독교인들을 괴롭히는 일을 고안했던 잔인함에서 실로 기쁨을 누렸던 가학성 변태성욕자(sadist)였는데, 그는 박해를 더 많이 저질렀다.

강제적인 억압이 진행되었을 때, 예수회에 속한 사무라이(samurai)와 다이묘(daimyo, noble) 회심자들은 그들의 새로운 믿음 위에 프란체스코회와 도미니크회 수사들에 의하여 회심했던 농부들과 겸손한 장인들이 했던 것보다 덜 강건하게 서 있었다. 귀족계급에게는, 그들의 주인에 대한 봉건적인 충성의 요구가 하늘나라의 소망보다 훨씬 더 높이 세워졌다. 참으로, 이것이 그러하다는 인식이 일본에서 봉건적인 질서의 요지였다. 이런 인식을 부인하고 또 충성하는 사람들조차 압도했던 일련의 종교적 요구들을 주장하는 것 때문에, 기독교는 파괴적인 종교로 알려지게 되었다. 그것은 청결치 못하고 말 많은 유럽 사람들에 대해서 정확히 예상할 수 있었던 것이었다.

그러나 이런 파괴성 때문에 일본의 일반 서민들 가운데 아주 많은 기독교인들의 불굴의 신앙은 더욱 더 진저리나는 것이었다. 그들 중의 다수는 순교자들이 최고로 필요로 하는 시간에 그들을 격려하고, 불길로부터 외치는 기도와 간구에 그들의 목소리를 더하기 위하여 초기의 처형에 참석했다. 수많은 죽음이 화형보다는 십자가에 못 박히는 것이었다. 관리들이 그 소름끼치는 죽음이 신자들의 기세를 꺾기보다는 도리어 용기를 북돋우어주는 것을 깨닫게 되었을 때, 희생자들이 간증하는 기회들을 생략하는 조치들이 취해졌다. 작은 조각이 입안에 놓여졌다. 머리는 뒤로 고정되어서 그들은 위쪽으로만 바라볼 수 있었다.

1637-1638년 겨울에 시마바라(Shimabara)와 아마쿠사(Amakusa)에서 기독교인들의 주요한 주역이었던 농부들의 반란이 있었다. 많은, 아마도 그들 중에 대부분이 외견상 기독교 신앙을 이미 취소했지만, 내적으로는 그것을 계속 붙잡고 있었다. 수동적으로 고난당하기보다 반역함으로써, 그들은 순교자들의 면류관에 적합한 필요사항들에 대한 선교사 지도자들의 경고를 무시했다. 그래서 그 반란은 절망의 관점에서 이해되어야만 한다. 참으로, 필요한 돈이 손에 넣어질 때까지 지방 귀족들의 세금 징수 방법들이 농부들의 아내들과 딸들을 몰수하고 또 고문하는 일로 확대되었기 때문에, 그 동기들이 전적으로 신앙적인 것은 아니었다. 그 반란에 불을 지핀 것은 이러한 종류의 분쟁이었다. 그러나 일단 그것이 진행이 되자, 재빨리 신앙적인 성격을 띠게 되었다.

폭도들은 하라(Hara) 성을 빼앗았지만, 거기에서 그들은 즉시로 대단히 많은 사무라이와 직업군인들의 세력에 포위되었다. 그렇지만 그들은, 심각한 사상을 입히면서, 그 세력들을 여러 번이나 격퇴시켰다. 일본의 주요한 유럽 무역상대자로 포르투갈을 대신하였던 네덜란드는 바다에서 그들의 동료 기독교인들을 포격하도록 정중하게 선박 데 라이프(De Ryp)호를 보내주었다. 그러나 그것 역시 미미한 효과에 불과했다.

방어하는 사람들의 굶주림과 그들의 무기의 소모가 결과적으로 초기의 공격들이 달성하지 못했던 일을 해냈다. 4월에 쇠약해진 방어자들이 결국 도처로 도망하게 되었다. 여인들과 아이들을 포함한 모두가 대량 학살당했다. 비록 그들이 10,000명의 자만했던 적수들을 붙잡았지만, 그 반란에서 37,000명의 기독교인들이 죽었던 것으로 산정되고 있다. 네덜란드의 개입은 군사적으로 비효과적이었지만, 그는 자신의 상업상에 관한 보상을 받았다. 1639년부터, 포르투갈과 일본과의 무역은 제한적으로 멈추게 되었다. 그렇다면 그런 소득과 비교되는 기독교인들의 결속의 문제에서 무엇이 미약한 약점이었는가?

일본은 외부 세계로부터 단절된 2세기 동안의 기간으로 자진해서 들어가고 있었다. 그러나 당국은 외국 종교가 확산되고 나라를 유럽 사람들의 지배에 허용하는 길을 닦는 것은 아닌지 계속적으로 두려워했다. 그러므로 의심스러운 주민들은 기독교 신앙의 거부를 증명하기 위하여 종종 그리스도와 성모의 그림들을 짓밟도록 요구되었다. 1857년까지 그와 같이 기괴한 의식들이 지속적으로 강요되었다는 것은 기독교인의 신념이 없어졌다고 확신하는 일에서 당국자들이 실패했다는 풍부한 증거이다. 적어도 그것과 관련하여, 그들은 옳았다. 약 60,000명의 은밀한 기독교인들이, 그들의 신앙과 실천을 세대를 거쳐 전수했는데, 이후에 현실적으로 나타나면서 페리 제독(Commodore Perry)의 시대에 사람들을 놀라게 했다.

중국

중국에서의 예수회 선교가 지칠 줄 모르고 여러 곳에서 활동했던 프란시스 사비에르에 의하여 시작되지 않았던 것은, 그가 바다 앞쪽에 위치한 한 섬에 머물면서, 1552년 그 소박한 개척자가 사망할 때까지만 방해를 받았던 상황에 있었다. 포르투갈 사람들은 1514년에 일찍 도착했지만, 그들의 행실에 의하여 곧바로 토착민들을 불행하게도 적으로 만들어 버렸고, 그것은 "야만인과 같은 그들의 상태가 더 명확하게 확증될 뿐이었던 것이었다."[18] 1520년대에 그들이 그 나라에서 쫓겨난 후에, 유럽 사람들을 포용하는 불쾌한 필연성보다 금전적인 이익이 조금은 더 중요하다는 더 깊은 숙고가 중국 당국을 설득했을 때, 그들은 그 다음 10년에 마지못해서 다시 받아들여졌다. 1557년부터, 포르투갈이 칸톤(Canton, Guangzhou)과 가까운 무인도 섬 마카오(Macao)의 사용을 증여받았을 때, 이 곤란한 순환은 마침내 해결되었다. 그곳은 쉽사리 언제라도 중국이 다시 차지할 수 있었고, 거기서 불쾌하게 여겨졌던 외국인들은 간헐적으로 위험을 무릅써야만 본토에 가는 것이 허락되었다.

그것은 행운이 깃든 출발도 아니었고, 또 유럽 사람들의 종교를 인정하는 가장 커다란 추천도 아니었다. 마태오 리치(Matteo Ricci, 1552-1610)와 미셸 루지에리(Michele Ruggieri, 1543-1607)가 칸톤에 가까운 자오칭(Zhaoqing)에 도착하던 때인 1583년까지 예수회 수사들은 결국 그 나라에 입국허가를 받는 일에 성공하지 못했다. 알렉산드로 발리그나노(Alessandro Valignano)의 안내로 자신들의 수도회의 선교적 요지에서 기본이 되었던 원칙들을 습득하면서, 그 두 이탈리아 사람들은 마카오에서 그 이전 해들을 보냈다. 이들은 최고의 문화적 순응을 지시했고, 학식 있는 사람들에게 영향력을 획득하고 최종적으로 군주의 승인을 목적으로 하는 고유한 학문과의 깊이 있는 상호작용이 가장 중요한 우선순위였다. 따라서 루지에리와 리치는 통역자들을 의지하는 일을 단념하고 중국어를 배우도록 지시를 받았다.

두 사람은 그 다음 해를 난징(Nanjing)과 난창(Nanchang)을 포함하여 중부 중국에서 다른 사역들을 확립하는 일에 보냈다. 유교학자의 옷과 머리모양을 받아들이면서, 그들은 스스로 그들의 사회 안으로 환심을 사면서 들어갔고, 또 은밀하고 적절한 선-복음주의(pre-evangelism)에 종사했다. 그것은 신뢰를 얻고 서양인들은 모두 야만인이라는 중국 사람들의 편견을 제거할 뿐만 아니라, 가톨릭 신앙에 귀를 기울이도록 설득하는 목적을 추구하는 것이었다. 기독교화의 훨씬 더 큰 장애물은 1590년대 중반에 일본이 한국을 침략하고, 그것을 통하여 중국과 전쟁을 벌이게 되었을 때 자체적으로 나타났다. 일본 군대는 기독교인 군사령관 고니시 유키나가와 15,000명이 넘는 기독교인 군사

들을 포함하고 있었다.[19)]

마테오 리치
엠마뉴엘 페레이라의 삽화, 1610년

루지에리가 1590년대에 유럽으로 돌아왔으나, 리치는 그의 생애의 마지막을 중국에서 보냈는데, 1601년부터 베이징(Beijing)에서 보냈고, 그곳에서 그는 1608년까지 "이천 명이 더 되는 기독교인들"이 있었다고 주장할 수 있었다. 같은 해에 그의 가장 중요한 개종자들 가운데 한 사람인 쉬 꽝치(Xu Guangqi)와 이탈리아 예수회 수사 라자로 카타네요(Lazzaro Cattaneo)는 쉬의 고향인 도시 상하이에 이백 명이 넘는 기독교인 모임을 세웠다. 그 숫자는 17세기 중반까지 18,000명에서 20,000명 사이로 배가 되었다.[20)] 베이징으로 돌아가서, 리치는 1610년에 그가 죽을 때까지 자신의 분명한 신앙적인 가르침들에 대하여 정중한 청중들을 얻기 위하여 천문학, 지질학 그리고 수학을 계속적으로 사용했다.

그러나 그 청중은 밍(Ming) 군주를 절대로 포함시키지 않았다. 외국인으로서 황제의 궁중에서 평안히 지내는 것이 상당한 승리였기 때문이다. 그러나 여러 중요한 학자-관리들은 선뜻 참여하여 기독교인이 되었다. 그 여러 해 동안 리치는 사후에 명성을 획득한 책이요, 1692년에 만주(Manchu)의 군주 강희(K' ang Hsi)가 그 책을 읽은 후에 기독교인을 위하여 공식적인 신앙의 자유 칙령을 선포했던, 하나님의 참된 지식에 관하여 쓴 그의 『천주실의』(*T' ien Chu Shih-i*)를 출판했다.[21)]

그의 책에서, 리치는 중국의 사상에 기독교인의 내용을 주입하려고 노력했다. 그것은 조상 숭배의 소란스러운 주제에 이르렀을 때 더 많은 논쟁의 대상이 되는 방법론이었다. 이것이 우상숭배의 실천으로부터 얼마나 멀리 떨어져 있었는가? "너의 부모를 공경하라"는 성경적인 권고와 얼마나 양립할 수 있었는가? 언제든지, 예수회 수사들은 관대한 관점으로 기울어지는 경향이 있었다.

1615년 기독교인 선교사들과 그들의 개종자들에 대한 지역적인 박해가 한 차례 있었지만, 리치 사후의 몇 십 년 동안 중국에서의 선교사역은 계속적으로 부드럽게 진행되었다. 그들이 자신들의 외래 종교로 그들을 맹렬히 공격했던 순간에도, 과학적이고 기술적인 주제들의 지식으로 그처럼 그들의 중국 주인들의 흥미를 이끌어낼 수 있었던 한 마음을 가진 그리고 유사하게 총명한 가톨릭의 예수회 옹호자들에 의하여 그는 계승되었다. 그와 같은 사람이 라인지방의 예수회 수사, 요한 아담 샬(Johhan Adam Schall, 1592-1666)이었고, 그는 1620년대 초기에 중국에 왔다. 다른 사람들은 두 명의 친구들과 갈릴레오(Galileo)와 케플러(Kepler)의 동료들을 포함하였다.[22] 1625년 시안퓨(Sigan-Fu) 기념비(AD 781년 세워졌고, 635년에 중국에 도착한 선교사들을 기록하고 있다 – 역자주)와 1638년 푸젠(Fukien)에서 돌을 깎아 만든 십자가의 발견은 예수회 수사들이 기독교가 중국에 대하여 전적으로 외국인의 어떤 것이라는 주장을 논박하도록 인정해주는 것이었다. 그 유물들은 네스토리우스 기독교(물론 예수회 수사들이 인도에서 이단에 속한 것이라고 폐지하기 위하여 그렇게 열심히 노력했던 것과 동일한 잡다한 것들)가 많은 세기 동안 현존하고 있었다는 것을 보여주었다.

다른 경우에서와 마찬가지로, 예수회 수사들은 믿음이 전례식문과 성경을 전통적인 중국풍으로 번역하는 것과 중국 성직자를 임명하는 것으로 현지화되어야 한다는 열심을 냈다. 약간의 어려움이 있었지만, 번역은 일찍 처리되었다. 추기경 로버트 벨라민(Robert Bellamine)은 이탈리아로 되돌아와서 교회가 라틴어를 선호하는 것에서 필요한 수정을 주장했다. 그러나 1656년이 되어서야 비로소 중국의 도미니크 수사인 그레고리 로페즈(Gregory Lopez)가 신부로 임명되었다. 중국 예수회 수사는 8년이 지나서야 선례를 따랐다. 하지만 예수회 수사들은 1688년까지, 세 명의 중국인들이 임명되기 전에 거의 다른 세대를 기다려야만 했다. 그 사이에, 로페즈는 1673년 주교로 임명되었다.

그 세기 중반 동안, 일련의 혼란이 선교 전반에 걸쳐 발생했다. 한편으로는 중국의 편에서, 다른 한편으로는 선교사들의 편에서 그러했다. 이러한 혼란의 첫 번째는 중국 내부 자체의 대변동에서 유래했다. 1644년 동안 밍

(Ming) 군주는 심각한 위협 – 그리고 결국 치명적인 것으로 판명되었지만 – 을 받고 있었다. 반역자들은 주 유지안(Zhu Yiujian) 황제가 자살하도록 자극하면서, 베이징을 점령했다. 그의 정권의 일원들이 자포자기하여 만리장성 너머의 유목민 전사들인 만주 사람들에게 그 도시에서 반역자들을 물리쳐줄 것을 구했다. 그들은 그렇게 했지만, 그 부요한 땅을 원 소유자들에게 남겨주려는 마음이 내키지 않았고, 그래서 중국 전체를 정복해서 1911년까지 지속했던 한 왕조를 건설하려는 결론을 내렸다.

만주 사람들의 허술한 지배는 그들이 모든 가능한 초석들을 방치하도록 내버려두는 경향성이 있었고, 선교사들에게는 운이 좋은 것이었다. 그것은 밍 궁전에서 달아났던(그러고 나서 추방되었던) 사람들과 함께 그들 가운데 얼마가 남아있다는 사실을 너그럽게 보아 주는 정중함을 포함하였다. 따라서 요한 샬은 왕의 천문학자로 계속 고용되었다. 1660년대 중반, 유교 사상가 양광선(Yang Guangxian)은 법정을 일시적으로 지배하였고, 모진 반기독교 정책을 촉구하였다. 그 일은 다섯 명의 중국인 기독교인 천문학자들의 처형과 교회의 일시적인 폐쇄를 이끌었다. 그러나 그 십년의 마지막에 그 격분 – 이와 함께 양의 걸출했던 시기 – 은 지나갔다.

17세기 후반부 내내, 예수회 수사들은 만주 왕조에 호의를 가지고 있었고, 대부분 특별히 황제 강 희(1662-1722)를 선호하였다. 그래서 이 황제는 기독교인들의 신앙을 받아들여서 그리스도를 찬양하는 다음과 같은 시구를 만들었다.

십자가에서 이루신 그분의 사역으로,
그분의 피가 그 자체로 작은 시내를 이루었네.
은혜는 서쪽 하늘에서 기나긴 인내로 흘러내렸네.
최고 법정에서의 고난들,
한밤중의 길었던 발걸음들,
닭이 두 번 울기 전에 세 번이나 친구에 의해서 부인 당했던,
두 강도처럼 동일한 높이에 달린 육 피트의 키를 가진 사람.
그것은 모든 세상과 모든 지위를 뒤흔드는 고통이로다.

그의 가상칠언은 모든 영혼들을 울게 하도다.[23)]

선교의 원활한 흐름에 대하여 이전에 언급했던 혼란의 두 번째는 궁극적으로 중국의 정치적인 대변동보다 더 심각한 것이었다. 그것은 1630년대 프란체스코회와 도미니크회 수사들이 중국에 소개되면서부터 발생했고, 그것은 결과적으로 선교회 내부의 경쟁을 초래하였다. 새로운 도착자들은 예수회 수사들이 중국 문화를 고려하는 것에서 거의 무관심했고, 그들의 요령에 대해서는 더욱 그러했다. 그들에게 있어서, 기독교화의 과정들과 유럽화는 하나였고 또 같은 것이었다. 새로운 도착자들이 믿음을 보급시키려는 매우 어리석은 시도로 중국을 어지럽힐 것이라는 예수회의 경고는 이를테면 자신들의 수도회를 위한 방어적인 질투처럼 새로 온 사람들에게 의심스럽게 보였다. 프란체스코회와 도미니크회는 이미 성취된 것들에 대한 질투처럼 보였던 예수회 수사들의 추정된 혼합주의에 대하여 이의를 제기했다.

예수회 수사들처럼 엘리트 문화와 매우 친밀한 것보다는 일반 평민들과 어울리는 것이 언급되어져야만 한다는 더 새로운 선교방법을 선호하여, 프란체스코회와 도미니크회는 자신들에게 속한 사소한 정교한 방식으로 중국의 종교 관습들과 대립하게 되었다. 그 정황에서 조상숭배는 단순한 존중이나 "존경" 정도로 보이지 않고, 보다 "경배"로 더 보였다.

이 현상은 종교적인 사건들 가운데 흔한 것이었다. 성화(聖畵)의 중요성에 대한 동방정교회 신학자들의 정교한 해설은 화상은 존경이고, 그것이 대변하는 것에 대한 예배이며, 물질적인 세계에 대한 성육신의 성화(聖化)시키는 효과가 있는데, 이는 종교적인 예술을 가능하게 만든다는 것이다. 그리고 그 해설은 성상파괴주의(iconoclasm)가 맹목적인 이단적 이원론이라는 그들의 모호한 주장으로 연결된다. 모든 그와 같은 논쟁들은 일선에서는 덜 설득적인 것으로 보였고, 실제적인 관습은 오랫동안 개신교 비방자들이 취했던 것(우상숭배)과 같이 나타났다. 이런 것들이 중국 사람들과 그들의 조상숭배와 함께 존재했다.

조상 숭배가 그 모든 것은 아니었다. 많은 중국 마을들에서 신앙은 본질적으로 다신교적이었다. 점보는 일이 널리 보급되었다. 무지한 사람들 가운데에서 사역하는 동안, 프란체스코회와 도미니크회 수사들이 대항했던 보다 굳어진 관습들 가운데 하나가 풍수(風水, feng shui)였다. 의지가 박약한 유럽인들이 자신들의 특별한 주장을 복합적으로 생각할 날이 있을 것이라고 선교사들이 예견하지 않았던 것은 그들의 마음의 평화를 위해서 오히려 좋은 것이었다.

허락할 수 있는 조정의 수위에 관하여 가톨릭 수도회 사이의 논쟁은 계속 잡음이 났다. 1639년, 푸젠의 교황 대리자 찰스 메그로(Charles Maigrot)는 조상 숭배의 조정도 불허하였다. 예수회 수사들은 교황이 아니라 자연스럽게 자신들의 입장을 지지했던 중국 황제에게 머리를 조아리는 전략적인 실수를 범했고, 그것으로 인해 예수회의 적수들과 로마의 유럽 중심적인 관리들에게 주도권을 넘겨주었다.

예수회가 한 세기 동안 발전시켰고 또 분명히 규정했었던 토착 문화의 적응이 불법이라고 교황 글레멘트 11세(Clement XI)가 선언했기에, 하나님에 대한 천(天, *T'ien*)의 용어 사용은 기독교의 인격적인(또는 삼위) 하나님과 비교하여, 그 내용이 비인격적인 것을 근거로 하기에 받아들일 수 없었다. 이것은 중국인의 사상에 보다 가까이 접근하는 용어의 내용을 뒤섞으려는 리치의 시도뿐만 아니라 그의 유명한 변증적 사역을 꺾어버렸다. 소위 전례 논쟁(Rites Controversy, 중국의 조상 예식에 대한 허용정도 또는 그것과 관련된 다른 것들에 집중된 논쟁)은 1742년까지 수십 년 동안 격렬한 열기로 해결이 날 때까지 다투었고, 교황 베네딕트 14세(Benedict XIV)는 결정적으로 예수회와 그 적응에 불리한 판결을 내렸다.

그러나 그때까지, 그들의 내적인 분쟁과 정통주의에 대한 유럽 사람들의 해석으로 제기된 중국의 가치에 대한 위협을 정확히 인식하면서, 군주 강 희는 그의 초기 기독교인들에 대한 친절한 견해를 번복하였다. 1721년 그는 긴 통치기간 동안 장려하기 위하여 그렇게 힘썼던 그 종교를 금지하였다. 다음 해 그는 죽었고, 그의 후계자는 1723년 기독교인들에 대한 실제적인 박해를 시작했으며, 그 박해는 1736년부터 황제 건륭(Qianlong) 치하에서 본격화되었다.

다른 박해들과는 달리, 이것은 수도에서보다 지방에서 더 많은 영향이 있었다. 베이징 예수회 수사들은 황제에게 너무 유용한 사람들이라서 그 적용이 면제되었다. 그들의 조언과 기술적인 전문적 기술은 여전히 요청되고 있었다. 그래서 다른 곳의 교회들은 문을 닫았지만, 도시 안에 네 개의 교회들은 역할을 다하도록 허락되었다. 전해지는 바에 의하면, 1743년까지 40,000명의 가톨릭 신자들이 그 도시 안에 있었고, 수천 명이 해마다 세례를 받았다. 그러나 4년이 지난 후에 몇 명의 외국인 신부들을 포함하여 아주 많은 기독교인들이 푸젠 성에서 처형되었다. 1760년을 시작으로, 네덜란드 예수회 수사 난징의 주교였던 라임베크호벤(Laimbeckhoven)은 1787년에 사망할 때까지 사반세기를 숨어서 지냈다.

그때까지 그가 속해 있던 수도회는 베이징에 있는 황제가 아니라 로마에 있는 교황에 의하여 억압당했다. 수도에서의 문화적인 사역은 나사로 수도회의 후원 아래에서 지속되었다. 1756년 4,000명의 지지자들에서 1792년 25,000명으로 늘어나고, 심지어 신학교를 운영하면서 18세기 후반동안 번창했던 남서부 먼 세촨(Sechuan) 지방에 있었던 교회는 다 태워 버려지기 전까지 50년 동안 산골 깊은 곳에 숨겨져 있었다.[24] 그러나 중국을 기독교화 하려는 더 넓은 계획은 지연되었다. 그것은 19세기 동안 개신교 선교사 운동 그리고 보다 공격적인 유럽의 식민 권력자들이라는 두 가지 충격을 받으면서 더 멀리 진척된 운동을 기다려야 했다.

필리핀

비록 20세기 후반 동안 중국에서 있었던 발전이 기독교의 보편화된 움직임이 발생할지도 모른다는 소망을 불러일으켰지만, 우리가 지금까지 숙고했던 아시아의 그 어떤 나라도 그런 움직임을 만들어내지 못했다. 그러나 필리핀은 일찌감치 성공을 입증했다. 1521년에 마젤란(Magellan)의 여행으로 첫 번째 접촉이 있었고, 스페인의 왕 필립 2세가 정복과 기독교화에 대한 활발하고 진취적인 정책을 결정했던 것은 1570년이 되어서였다. 그러나 선교는 매우 순조로워서 1581년에 도밍고 데 살라자르(Domingo de Salazar)가 마닐라(Manila)의 첫 번째 주교로 임명되었다. 도미니크회, 프란체스코회, 그리고 어거스틴 수도회 수사들 모두가 초기 단계에서 관련되어 있었다.

필리핀의 상황과 그 주변 지역들의 상황들 사이에 있었던 주요한 차이점은, 종종 그랬던 것처럼, 선교사들(포르투갈보다는 스페인)보다는 파견되었던 사람들 가운데에서 탐구되어져야만 한다. 일본, 인도, 그리고 중국에서 기독교인들은 유서 깊은, 오랫동안 인정받은, 그리고 대단히 세련된 문화들과 그 문화들을 형성했던 그리고 그것에 의하여 그들이 소중히 여겼던 만만찮은 종교들에 직면해 있는 자신들을 깨달았다. 대조해보면, 필리핀 사람들은 대부분 유럽 사람들이 도착하기 이전에 정령숭배자들이었다. 주요한 예외는 민다나오(Mindanao) 서부 섬에 있었고, 그곳은 이미 부분적으로 무슬림이 되어 있었다. (뉴스 기사들이 일정하게 우리를 상기시켜 주는 것처럼, 민다나오는 지금도 그렇게 남아 있다.)

주요한 일신교들 주로 기독교와 이슬람은 최근의 세기들에서 정령신앙(animism)을 빨리 처리할 수가 있었다. 그들은 그 지지자들을 회심시키고 또 한때는 그것에 집착했던 사람들의 문화를 바꾸는 일에 성공했다. 그러나 그들이 서로 만났을 때 – 또는 그 문제에서 이면에 교육, 학문, 고상한 문화, 철학 그리고 정교한 논법을 가진 다른 주요한 종교 가운데 하나와 만났을 때 – 그때에 그 진전은 더 곤란했다.

필리핀 사람들은, 비록 그들의 일반적인 주저함 – 전통들, 오래 실행한 의식들과 축제들, 또는 일부다처제의 집착 – 은 극복되어야 할 필요가 있었지만, 가톨릭화를 시도하는 스페인 사람들에게 충분히 긍정적으로 응답했다. 종종 그럴 때마다, 선교사들은 인내와 유연성을 보여주었다. 16세기로 되돌아가서, 전형적인 영국 사람들의 개종에 관한 교황 그레고리 1세(Gregory I)의 충고는, 그것이 중세 동안 내내 존재했던 것처럼, 계속적으로 상기되었다.

> 그 나라의 우상의 신전들은 절대로 파괴해서는 안 되지만, ...그것들 안에 있는 우상들은 파괴해야만 한다. 이 동일한 신전들이 우상숭배로부터 참된 하나님께 예배하는 것으로 변화되도록 하자. 사람들이 이 신전들이 파괴되지 않고 있는 것을 볼 지라도, 그들은 그들의 마음으로부터 잘못된 것을 버릴 수 있을 것이다. 그리고 참된 하나님을 알고 경배하면서, 그들은 습관이 들었던 그 장소를 친밀성을 가지고 수단으로 사용할 것이다.[25)]

많은 예전적인 달력을 이런 형태로 설명할 수 있다. 그것은 나타나는 반대를 최소화하고, 반대가 없는 곳에서는 순조롭게 유지되게 하는 계산된 정책이었다.

필리핀은 후자의 범주에 속한 경우였다. 아메리카에서는, 성직자와 수도사들이 남은 사람들을 위한 운동을 계속했고, 막대한 피해를 주었을 경우에는 원주민들만 학대했다. 그래서 남은 사람들에 대한 이베리아 정복자들의 지배력은 안전했다. 필리핀에서는, 복음화의 과정이 거의 저항에 부딪히지 않았기 때문에 선교사들은 이른 초기에 그들의 동향인과 또 같은 신자들이 정당화되지 않은 정치적, 군사적 착취를 멈추도록 촉구하는 일에 충분한 자신감을 느꼈다. 주교로서 살라자르의 첫 번째 실행들 가운데 하나는 성직자 대회를 소집하는 것이었고, 그것은 먼저 기독교 선교를 소개했던 스페인 왕이 섬들 전체에서 단지 "준-황제 권위"(quasi-imperial authority)에 지나지 않는다는 생각이었다. 그러나 "만일 복음이 매우 잘 통치되고 있는 곳들에 전파되어져서, 신앙을 세우기 위하여 원주민들에게서 그들의 자기통제를 빼앗을 필요가 없다면", 만일 주민들이 광범위하게 기독교화의 과정을 환영한다면 그리고 그 길에 놓인 어떤 장애물도 없다면, "그때에 그들은 그들의 토지나 자치권을 빼앗기지 않아도 된다."[26] 그 강력한 의미는 필리핀에서 그런 필요조건들이 잘 맞아떨어졌다는 것이거나 거의 그랬다는 것이다. 따라서 왕 필립 2세는 최소한의 병력으로 선교를 보호하는 일로 스스로를 제한했다.

가톨릭교회는 지속적으로 부드럽게 접근하고 촉구했으며 또 원주민 지배자들의 권리들을 강조했다. 1594년 주교 살라자르의 사망 이후에, 필립은 스페인 사람들의 협박으로 이교도 족장들로부터 부당하게 거두어들였던 과도한 세를 돌려주고, 정복된 필리핀 사람들에게 자발적으로 스페인의 왕을 그들의 군주로 받아들이는 것이 어떤지를 요청하도록 권유를 받았다. 그가 네덜란드에서 개척했던 것은 기교가 아니었다. 아마도 만일 그가 그 기교를 소유했었다면, 그것이 영향을 미쳤기 때문에, 더 많은 피를 아꼈을 것이다. (한편으로, 필리핀 수령들이 그들이 결정하는 대로 결정했다는 사실이 그들을 구했다고 해도 좋을 것이다. 그리고 그 후손들을 거절로 인한 사건에서 일어날 수도 있었던 섬뜩한 광경으로부터 구했다고 해도 좋을 것이다.)

동양의 교회들

우리는 이제까지 이 장에서 교회들 외에 – 이제까지 이것들은 유럽 사람에게 속한 것이었고, 또는 유럽 사람들에 의하여 도입된 것들이었지만 – 많은 수의 중요한 비-유럽 사람들의 토착 교회들 역시 존재했다는 사실에 주의를 기울였다. 이제 우리는 그들의 운명에 눈길을 돌려야만 한다. 이것들은 일반적으로 비-칼케돈적(non-Chalcedonian)이었다. 즉, 그들은 451년의 칼케돈 회의의 기독론적인 정의에 동의하지 않았다. 그러나 실제로 16세기까지는 분명히 그와 같은 신학적 특이성들은 미미한 것으로 간주되었다. 대신에, 다양한 비-칼케돈 교회들의 독특한 성격들이 중요한 문화적 그리고 도덕적 전통으로 간직되었다.

인도의 도마 기독교

서부 인도에서의 도마 기독교와 포르투갈 사이에 있었던 숙고할 만한 일치와 상호작용은, 우리가 그들의 경우를 다른 예수회 선교들에 비추어 즉시 숙고해야만 하는 일을 적절하게 해준다. 그리고 그 경우는 다른 동방 교회들과 관련한 우리의 개관에 대한 출발점으로서 역시 숙고되어야만 한다. 우리는 1장에서, 15세기와 16세기의 전환기에서, 유럽 사람들과 인도 기독교인들 사이의 만남이 양측 모두를 무시할 수 없는 증대하는 당혹함으로 이끌었다는 것을 주목했다. 적어도 처음에는 각자가 서로를 필요로 했다. 토착 인도 교회들은 그들의 수많은 적수들에 대항하는 보호 – 유럽 사람들의 무기들이 잘 제공할 수 있었던 보호 – 를 구했다. 반대로, 포르투갈 사람들은 그들이 무역하기를 원했던 복잡하고 세련된 사회에서 우호적인 원주민들의 토대가 필요했다. 그러나 기독교의 두 형태 사이에서 우호가 깊어졌을 때, 유럽 사람들이 그들 자신의 서구 가톨릭적인 기준들로부터 어떤 일탈도 허용할 수 없다는 것이 분명하게 되었다.

인도 기독교인들은 그들의 포르투갈 지배자들에 의하여 로마가톨릭의 교리에, 특별히 기독론과 "하나님의 어머니"(네스토리우스주의자들이 "그리스도의 어머니"를 선호한 것보다는)와 같이 마리아 숭배에 관하여, 순응하도록 요청되었다. 화상숭배는 그것을 요구하는 가톨릭교회와 그것을 힌두교의 우상숭배처럼 의심했던 네스토리우스주의자들 사이에서 역시 논쟁의 주제였다. 1542년 프란시스 사비에르의 도착은 인도의 처음 예수회 선교 당시처럼 유럽 측을 강화하는 일에 이바지했다. 포르투갈 사람들에 의하여 줄줄이 쫓겨나서 유럽으로 강제로 보내지면서, 인도 수도 대주교의 임명, 파면, 그리고 복직이 1550년대와 1560년대 동안 잇따라 대거 발생했다. 거기에서 그들은 서방 교회의 의식들과 사상으로 심문을 받아야 했고 또 "세뇌되었다." 그러나 매번, 복직한 고위성직자는 그가 마음대로 할 수 있는 자유를 느끼자마자 다시 원상태로 되돌아가고는 했다.

마침내 1575년에 포르투갈은 포르투갈 왕이 모든 미래의 대도시 주교들을 임명할 것이라고 결의했다. 그래서 대도시 주교였던 마르 아브라함(Mar Abraham)은 직접적으로 로마의 교황과 중재했다. 그러나 한술 더해서, 그는 시리아의 독립자치교회 총대주교에게 인도 기독교인들이 그의 총대주교 직위를 막 빼앗기려 하고 있다고 경고를 보냈다. 이것이 그의 마음을 움직이는 일에 실패할 경우에, 아브라함은 이것이 당연히 그들의 수입과 관련된 손실을 수반할 것이라고 언급하였다. 그러나 포르투갈 사람들이 사제들과 군인들 모두를 현장에서 소유하고 있었던 반면에, 시리아의 대주교는 무슬림 지배하에서 쇠퇴하는 무리 전반에 걸쳐 의장직을 맡았기 때문에, 이 형편조차도 아무도 도움을 제공할 수 없는 곳에서는 무용지물이었다.

마르 아브라함이 1590년 바이피코타이(Vaipikkottai)의 예수회 신학교(3년 전에 세워진 신학교)를 졸업하는 학생들에게 성직을 거부하자, 언짢은 관계들이 치명적인 위기로 급속히 발전했다. 원주민들과 로마 가톨릭교회들은 분열에 휘말렸다. 로마의 교황 클레멘트 8세는 포르투갈의 주요한 근거였던 고아(Goa)의 가톨릭 대주교에게 마르 아브라함을 체포하라는 명령을 내렸다. 그러나 대중적인 분노에 대한 두려움이 1597년에 그가 자연사할 때까지 그를 자유롭게 지내도록 도움을 주었다. 그때에 대주교 메네제스(Menezes)가 로마 교황청에 순종하려고 노력하기는 했지만(그가 못살게 굴던 토마스 기독교인들을 반대하는 주요한 비난이 되었던 그와 같은 복종의 부족이 그에게도 있었다), 서부 아시아에서 인도를 향하여 가는 도중에 호르무즈(Hormuz)를 통과했었던 어떤 성직자라도 억류하는 일을 통하여, 그는 연속성을 확실하게 하려는 죽어가는 수도 대주교의 시도를 쳐부수려고 했었다. 그때에 그는 마르 아바르함의 임명을 받았지만, 아직 성별되지 않은 가톨릭 수석부제인 십자가의 조지(George of the Cross)에게 억지로 순응하라고 했다.

격렬한 보복에 대한 원주민의 협박에도 불구하고, 네스토리우스의 장서들은 원주민의 이단사상을 말살하려는 가톨릭의 운동으로 파괴되었다. 1599년 디암페르(Diamper) 대회는 유럽 사람들의 지배권에 관한 일을 종결짓고 공식화했다. 지역 교회들은 로마가톨릭 노선을 따라서 재조직되어야만 했고, 바빌론의 네스토리우스 총대주교는 파문당했으며, 사도 도마의 유산은 베드로의 유산보다 열등한 것으로 선언되었고, 그래서 로마의 주교의 권위는 구속력이 있게 되었다.

그러나 가톨릭의 승리는 완전한 것이 아니었다. 다음 55년에 걸쳐서, 십자가의 조지와 그의 후계자들은 외적으로는 포르투갈 사람들과 그들의 토착 후원자들에게 저항할 수 없었지만, 내적으로는 그들에게 강제된 외래의 신념들과 관습들에 반대했던 일반 기독교인들의 참된 충성을 계속 유지하였다. 그리고 그들은 그림자(재야 성격의 사람들로 구성되었다는 의미 – 역자주) 교회를 계속 지지했다. 메네제스가 디암페르 대회에 뒤이어 로마로 의기양양하여 돌아갔지만, 로마교회에서 임명된 그의 후계자들은 순종을 얻을 수가 없었다. 세대 전반에 걸쳐서, 외국의 지배자들은 위선, 회피, 더 강한 파괴라는 제2의 천성을 갖게 되었다.

마침내, 1653년 도마 기독교인들은 용기를 갖고 바빌론과 로마 모두로부터 독립하는 자신들의 교구를 봉헌하기로 했고, 그들의 교회를 재조직했다. 그 운동이 그처럼 압도적인 후원을 얻었던 반면, 외국의 정통주의를 그들에게 부과하려는 실패한 시도는 그렇게 신뢰할 수 없는 입장이었다. 그래서 포르투갈 사람들은 거의 일을 할 수가 없었고, 다만 그것을 '기정사실'(fait accompli)로 받아들일 뿐이었다. 파람빌 투미(Parambil Tumi)가 총대주교 마르 도마 1세(Mar Thoma I)로 임명되었다. 그의 후원자들은 오직 사백 명만이 그의 가톨릭 적수인 대주교 가르시아(Garcia)에게 여전히 충성하고 있다고 주장했다. 만일 진리에 대하여 이치에 맞는 접근이 없었다면, 그것은 거의 도움이 되지 않는 주장이었다.

포르투갈이 지배하는 일에서 인도 기독교인들에게 불안정한 문제가 남아 있었다. 그러나 1633년 네덜란드 사람들이 도착해서 자신들을 위하여 코친(Cochin)과 말라바르(Malabar)에 대한 지배를 애써서 얻었을 때, 이 문제마저 이후의 10년 동안 필요 없게 되었다. 힌두교 사람이나 네스토리우스 신도들보다 개신교들의 도래를 더 두려워하면서, 로마가톨릭의 주교는 신속히 인도의 후계자(재미있는 역설로, 그는 마르 도마 1세의 조카였다)를 성직에 임명하고 본향으로 떠났다.

그러나 인도 측에서 손실은 숙고할 만한 것이었다. 이미 유럽의 중재가 시작되기 전부터 내적인 분쟁으로 무시할 수 없는 긴장상태에 있었던, 지역 기독교인들의 연합은 이제 더 많이 분열되었다. 시리아와 바빌론의 연결은 깨져버렸다. 아마도 가장 최악의 것은 디암페르 대회 바로 직전뿐만 아니라 그 여파로 실질적으로 모든 도마 기독교인들의 문학과 기록들이 조직적으로 파괴되었다는 것이다. 인도 교회들은 그들의 역사를 강탈당했다.[27]

오스만 중동의 기독교인들

인도와는 별개로, 16세기와 17세기의 콥트교회, 시리아 정교회, 그리고 아르메니아(Armenian) 기독교인들은 대부분 그들의 번영에 좀처럼 유리하지 않았고, 또 종종 잔인하게 변덕스러운 환경이었던 무슬림 지배 하에서 살았다. 그러나 기독교인 권력자들가 행사했던 외교적인 수단은 때때로 무슬림 지배 하에서 기독교인들이 이권을 획득할 수 있게 했다. 1597년 프랑스의 오스만 군주와의 중재는 그로 하여금 팔레스타인의 수도사들을 투옥하고 성묘교회(the church of Holy Sepulchre)를 사원으로 바꾼 이전의 결심들을 취소하도록 납득시켰다.

프랑스 대부분의 왕들 그리고 말살정책으로 기독교 세계를 위협했던 무슬림 제국 사이의 각별한 관계는 스페인과 신성로마제국 양쪽을 지배하는 합스부르크가에 대한 그들의 공유하는 적의에 견고한 기초를 두고 세워졌다. 이 때문에, 프랑스는 다른 유럽 권력자들이 감히 부딪히거나 도전하려고 하지 않았던 오스만을 스스럼없이 대할 수가 있었다. 그러므로 1596년 헨리 6세(Henri IV)는 그 군주로부터 성지를 순례하는 서구인들을 오스만 관리들의 학대로부터 또는 이슬람으로 강압적인 개종을 요구받는 일로부터 보호받는 보증을 얻었다.

로마 교황의 지위는 자신의 목적을 진척시키기 위하여 파리와 이스탄불 사이에서 동일한 특권의 관계를 활용하는 일 이상으로 존재하지 않았다. 프랑스 예수회, 캐퓨친 수도회(Capuchins), 카르멜 수도회(Carmelites), 그리고 도미니크 수도회 수사들은 그 군주의 기독교 가신들이 충성을 그들이 속한 교회에서 로마교회로 바꾸도록 설득하기 위하여 1620년대와 1630년대 동안 오스만 영토에 모두 급파되었다. 그것은 문화적이고 또 가능한 대로 예전적인 관습들, 그리고 혼란을 주지 않는 민감함을 남겨두면서, 교회적인 충성을 야기할 수 있도록 동방귀일 교회(Uniate churches)를 세워나가는 일로 가장 급속히 성취될 수 있었던 조처였다.

그러나 서방 사람들은 스스로 무리하고 있었다. 포르테(Porte, 오스만 정권)는 어떤 일이 벌어지는가를 예의주시하면서, 선교가 진행되는 것을 허락했고 또 선교가 성공의 방향을 가진 것으로 나타날 때만 움직였다. 로마의 신앙적인 정체성에 반대하여 자신들의 정체성에 초점을 맞추는 군주의 기독교 가신들은 그의 마음에 매우 잘 일치하였다.

그렇지만 오스만 제국의 세력이 쇠약해지기 시작한 것과 함께, 이교도 권력자들의 유혹에 저항하는 능력도 역시 쇠약해졌다. 기독교인 '라야'(*reaya*, 무슬림 군주의 지배 아래에서 믿지 않는 가신들의 일단, 즉 오스만 제국에서 기독교를 믿는 터키인 – 역자주)에게 있어서, 가톨릭교회의 선교는 정치적인 보호와 자연스럽게 서방의 권력자들과의 교제를 수반했던 영예를 누리는 것이었다. 17세기 후반과 18세기 동안, 동방의 고대 교회들에 속한 거의 모든 사람들이 로마교회의 분열로 손실을 입을 때까지 로마교회에 몸담고 있었지만, 자신들의 역사적인 의식들을 지속적으로 실행하였던 귀일교회들이 급격히 늘었다. 각자가 서서히 쇠약해지는 무리들을 책임지고 인도했던 안디옥과 예루살렘의 여러 주교들과 더불어, 그들의 여러 총대주교가 시리아와 근동 지역에서 – 그리스, 아르메니아, 그리고 야곱파 – 경쟁 주교들의 혼돈 상태를 더했다. 서방에 대하여 열린 경로를 유지하려는 일부 그레고리파의 소망을 반영하면서, 한 작은 그레고리(Gregorian) 가톨릭교회가 다른 귀일교회들처럼 동일한 시기 동안에 나타났다.

페르시아 제국의 아르메니아 교인들

1604년, 조금 덜 일상적이면서도 더 많이 치명적일지도 모르는 전쟁 – 계절이 지나는 것처럼 불가피한 사건으로서 – 이 페르시아와 그들의 서쪽에 있는 제국 사이에 어렴풋이 일어났다. 그리스도 이전과 이후의 세기들에서, 그 지역은 페르시아의 원수였던 이교도들 – 그 이후에 기독교인이 되었지만 – 인 로마 사람들이 있었다. 중세 동안 그곳은 비잔틴 정교회였지만, 이제는 무슬림 오스만 터키 사람들이 있었다. 그러나 카프카스 산맥(Caucusus Mountains) 남쪽으로부터 이어지면서, 아나톨리아(Anatolia) 동쪽으로, 시리아를 거쳐서, 요단 강 동쪽 사막으로 점차 사라져가는 경계지역이었던 경쟁하는 영토문제는 언제나 그랬던 것처럼 동일한 문제를 남겨두었다. 그곳은 의견을 달리하는 사람들이 도망칠 수 있고 또 소수 인종들이 피난처를 찾을 수 있었던 경쟁하는 국경이 되었으며, 다양한 집단들이 제국을 진흥하고 쇠퇴하는 과정에서 뒤에 남겨졌던 곳이었다. 그래서 카프카스 지방의 "인류 동물원"(anthropological zoo)으로부터 레바논의 문화 혼전(混戰)에 이르는 곳까지 다음 투쟁의 한 때에 또는 동방과 서방에서 지체 높은 사람들에 의하여 권력의 문제로 고통당할 수 있었던 어느 누구나 언어, 종교, 그리고 문화의 풍부한 다양성을 만들어냈다.

1604년의 전투에서, 그것은 아르메니아 사람들이 – 매우 자주 그랬던 것처럼 – 어려움을 겪는 전환점이 되었다. 기독교 아르메니아는 그 이전의 세기부터 두 거대한 무슬림 세력 사이에 있었던 전쟁에서 황폐화되었다. 그리고 1555년부터 그들 사이에 분열이 있었다. 그러나 페르시아 제국으로 할당되어진 지역이 이제 보다 크고 우세한 오스만 군대로부터 공격을 받게 되었고, 그들은 1578년부터 그루지야(Georgia)와 아제르바이잔(Azerbaijan)을 서서히 침략하고 있었다. 페르시아 왕 아바스 1세(Abbas I, 1587-1629)는 침략하는 군사들에게 먹을 것을 전혀 남겨두지 않는 초토화 정책을 결심했다. 예레반(Yerevan) 도시, 아라랏 산(Mount Ararat, 그곳이 내려다보이는), 무역도시 줄파(Julfa), 그리고 모든 주변 지역들에 속한 기독교인 아르메니아 주민들은 페르시아 군사들에 의하여 모두 격퇴되었다. 모든 집들, 곡물들, 그리고 식료품 창고는 불태워졌다.

60,000세대 정도의 인구가 예로부터 아르메니아 교회 신앙의 중심지였던 에치미아진(Echmiadzin) 평원 쪽으로 안내되었다. 그 이름은 "독생자께서 강림하셨다"(The Only-begotten has descended)는 뜻이고, 그곳은 총주교의 자리였다. 그곳으로부터, 두려움에 가득 찬 기독교인들이 어랙시즈(Araxes) 강을 향하여 내달렸다. 그 착상은 그들을 전진하고 있는 터키 사람들로부터 빠져나가게 하려는 것이었고, 그들에게 자신들이 지금까지 황제에게 그랬던 것처럼 쓸모 있고 유용한 가신들로 증명하려는 것이었다. 이용할 수 있는 배들이 너무 적었고 또 적수들의 도착이 급박해지면서, 당황한 병사들은 아르메니아 사람들을 그들이 수영할 수 있는지에 관하여는 관심 없이 강으로 몰아넣었다. 그 결과는 소름끼치는 대학살이었다. 강행군을 주저하거나 강기슭에서 주저했던 사람들은 매질을 당했고, 수족을 절단 당했으며, 또는 죽임을 당했다. 두 사람은, 그 중에 한 사람은 총주교 아라켈의 형제였는데, 참수 당했고, 그들의 머리는 막대기에 달렸다.[28)]

군인들에 의한 강간과 살인이 공포의 와중에서 급격히 늘어났다. 급류를 뚫고 나오는 일에 성공했던 아르메니아 사람들은 그들의 페르시아 영주들이 그 뒤쫓는 터키 사람들이 안전한 거리에 있다고 판단할 때까지 자신들의 강행군이 먼 강둑에서 계속 되어야 하는 것을 깨달았다. 다른 페르시아 군대들은 위협받는 지역들에서 이후 여러 달 동안 그리스인들을 강제로 추방하는 일을 계속했고, 그 과정에서 수천 명을 죽였다.

그러나 아르메니아 사람들의 지속성은 전설적이다. 결국 페르시아의 수도 이스파한(Isfahan)에 도착한 생존자들은 도시 바깥쪽의 땅을 허락받았고, 그들은 자신들의 기독교 역사와 유산의 장면들을 프레스코 화법으로 묘사하여 장시한 대성당과 다른 교회들을 완벽하게 갖춘 새 도시(New Julfa)를 건설하였다. 1660년대와 1670년대, 방탕한 샨 술레이만(Shan Suleiman)의 통치 아래에서 모든 종류의 종교적 소수파들이 군주의 변덕 때문에 고생했던 어려운 시간이 있었다. 아르메니아 사람들이 큰 타격을 주는 재정적인 부당한 요구에 복종해야 했던 반면에, 수천의 유대인들은 죽임을 당했다. 불안정한 상황들이 산적들을 고무시켰고, 그들은 여행을 불안전하게 함으로써 교역에 손실을 주었다.

17세기 중반처럼 매우 이른 시기에도, 줄파의 아르메니아 사람들은 베트남, 자바, 그리고 필리핀에 무역의 연결지점들을 세웠다. 몇 십 년이 지난 후, 그들은 티베트에서 활동했고, 때를 맞춰 1707년 그곳에 도착해서 그들을 위하여 통역자로 활동했던 가톨릭 캐퓨친 선교사들을 영접했다. 17세기 말까지, 새로운 줄파가 번성했고, 많은 수의 부유한 주택들과 풍부한 상인들을 자랑했다. 다수의 더 정숙한 주거지들조차도 그들의 질서와 청결함으로 구별되었다.

티베트(Tibet)는 가톨릭 선교사들이 그들을 기다리고 있던 아르메니아 사람들을 발견했던 유일한 장소는 아니었다. 이들은 2세기 전에 서부 인도의 해안들에서 포르투갈 사람들을 기다리고 있었다. 이탈리아 신부 선교사 니콜로 란칠로토(Niccolo Lancilloto)가 1548년 코친(Cochin)에 도착했을 때, 그는 40년 동안 "성 도마의 기독교에 관한 우리 신앙의 원칙들을 가르치고 있었던" 한 아르메니아 주교를 발견했다. 아르메니아 기독교 상인들은 스스로 모글(Moghul)의 수도 아그라(Agra)에서 자리를 잡았다. 숫자적으로는 매우 작았지만, 17세기 초반부터 그들은 무슬림 군주들의 신뢰를 얻어내는 재주를 계발하였다. 많은 수의 아르메니아 여인들은 왕실의 아내들이 되었거나 인도에서 능력 있는 관리들과 영향력 있는 유럽의 사절들과 결혼하였다. 1666년까지 아르메니아 기독교인들은 마드라스(Madras)에 정착하였지만, 그들은 1712년까지 그곳에 교회를 세우는 일에는 성공하지 못했다. 60년이 지난 후에 한 아르메니아 출판사가 도시에 세워졌고, 그 다음 해에 윤리 신학에 관한 한 권의 책이 출판되었다.

그 용맹스러운 아르메니아 기독교인들은 아그라에 정착하기 시작했던 거의 동시간대에 미얀마(Burma)에 침투했다. 랑군(Rangoon) 근처의 시리암(Syriam)에 있는 그들의 교회는 침략군에 의하여 공격받아서 불태워졌다. 그러나 이것은 단지 그 나라에 행사했던 거대한 상업적 능력과 그들이 왕에 대하여 가지고 있었던 필연적인 영향력을 약화시켰을 뿐이었다.

기적과도 같이 각 시대에서 그들의 집합적이고 신앙적인 삶을 새롭게 하면서, 상업에서 아르메니아 사람들의 능력들과 한 지역에서 다른 지역으로 이주하는 일과 관련된 그들의 필연적인 재능들은 유대인들의 능력들과 밀접하게 유사한 특성들이며 또 역사적인 경험들이다.

수단의 마지막 남은 자들

수단의 콥트 교도들은 그들에게 밀려온 가공할 만한 모진 격동을 뚫고 나아갈 수가 없었다. 이 책에서 다루는 시대의 초반까지, 그들은 이미 무슬림의 침입의 압박 아래에서 거의 소멸되었다.

수단은 한 때, 나일강 위쪽을 따라서, 여러 기독교 왕국과 더불어 번성하는 기독교 문명을 갖고 있었다. 가장 현저했던 것은 누바(Nuba)와 알바(Alwa)의 문명들이었다. 어떤 본질적인 논쟁이 이 지역에서 이루어진 사도행전 8장 26-39절의 "에디오피아 내시"로 인하여 만들어질 수도 있다. 그리고 많은 수의 주민들이 6세기 중엽 동안 기독교인이 되었음은 분명하다. 알바왕국은 13세기 말 무슬림 침입자들에게 무너졌고, 누바는 약 백년이 지난 후 동일한 운명으로 어려움을 겪었다. 그러나 기독교의 영향력은 그 이후로도 계속 지속되었다.

참으로, 그것은 이슬람이 단순히 기독교를 대신했다기보다는, 무슬림의 침입이 누비아(Nubian) 기독교인들을 외국의 성직자나 주교들에 대한 그들의 전통적인 협조로부터 차단해서 교회들을 억압하는 효과를 가져왔던 것으로 보인다. 이것은 1520년대 에디오피아를 여행했던 포르투갈 사람 프란시스코 알바레즈(Francisco Alvarez)의 기록과 일치한다. 그가 그곳에 머무는 동안, 6명의 누비아 사람들의 무리가 성직자들과 수사들을 그들에게 돌려 보내달라고 부탁하면서 에디오피아 왕을 방문했다고 기록했다. 콘스탄티노플에서 주교를 그들에게 공급하는 일이 오래 전부터 고갈되었고, 그래서 자신들의 기독교가 퇴보했기 때문이었다. 알바레즈의 여행 동료 가운데 하나였던 시리아 사람 요한은 이 일의 진술에 대한 보강적인 증거를 발견했다. 비록 모든 교회들이 오래되었고 버려졌지만, 누바에는 십자가 고난상과 벽화들로 가득 찬 교회가 150개가 있었다.

그러나 어떤 도움도 오지 않았다. 200년이 지난 후, 1734년, 이집트 북부의 프란체스코 수도회의 한 회원인 일데폰소 팔데르모(Ildefonso of Palermo)는 마지막 남은 성직자의 봉사에 의해서 종교적인 의식을 오래된 교회에서 자신의 아이들에게 세례 주는 일로 축소했던 변경 지역의 기독교인들에 관한 소식들을 접했다. 8년이 지난 1742년, 아무 수도사도 없었고 또 여러 세대를 통하여 전해졌던 무슬림의 손에 순교했던 지역 기독교인들에 관한 이야기들도 사라졌지만, 동일한 선교회의 다른 회원들은 여전히 사람들에게 사용되어졌던 수도원을 포함하여 멀리 떨어진 마을들에서 흔적뿐인 기독교의 단편적인 증거들을 만났다. 모든 활동적인 기독교인의 삶이 소멸된 곳에서도, 사람들의 풍습은 곡식 창고와 그들을, 특별히 신생아들을 보호하는 용도로 십자가의 표시 사용을 계속적으로 생각하고 있었다. 그럼에도 불구하고, 대부분 식민 시대 동안에 서방의 선교사들에 의하여 다시 소개되기를 기다리면서, 수단의 기독교는 소멸되었다.[29]

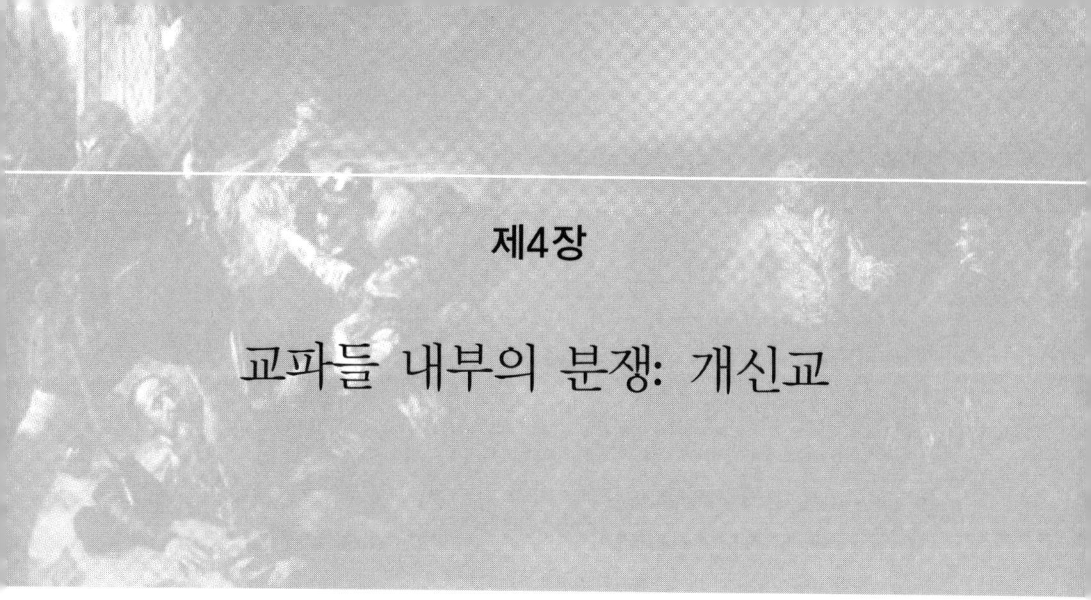

제4장

교파들 내부의 분쟁: 개신교

기독교계의 분열은 교파들 사이에서뿐만 아니라, 그들 내부에도 있었다. 물론 항상 이런 방식이었지만, 종교개혁과 반-종교개혁의 다툼은 내부의 언쟁들을 격렬하게 하는 일에 영향을 미쳤다. 이것은 일의 성패가 달려 있던 문제가, 예를 들면, 루터교회(또는 영국성공회 또는 로마 가톨릭교회)의 정의에 관한 것이었고, 그래서 경쟁적인 교회조직체에 대항하여 옹호되었던 일의 정의가 역시 중요한 문제가 되었기 때문이다. 멜란히톤(Melanchthon)이 실행하기를 원했던 방식으로 루터의 유산을 정의하는 것은 가톨릭이나 칼빈주의와 비교하여 일련의 표지(表紙)를 세우는 것이었다. 멜란히톤의 적수였던 맛디아 플라시우스 일리리쿠스(Matthias Flacius Illyricus, Matija Vlacic)가 원했던 방식으로 그것을 정의하는 것은 매우 사소한 차이가 나는 입장에 관하여 그 경쟁자들과 격렬한 상태로 다투는 것이었다.

독일의 루터교회와 일치신조

본서가 다루고 있는 시대의 시작은 루터파 교회들이 우리가 방금 제기했었던 노선들을 따라 절망적으로 분열되었다는 것을 보여주었다. 확신하건대, 멜란히톤 자신은 1560년에 사망했다. 그러나 그의 분파였던 필립파(Philippist)는 계속 살아남았다. 명백히, 이 분파는 루터의 신학적 유산을 유연성 있게 해석하는 것에 찬성했다. 그들의 적수인 참-루터파(Gnesio-Lutherans, 또는 엄격한 루터파[Strict Lutherans])는 정반대의 자세를 취했다.

그 다툼은, 개신교 독일 제후들의 동맹이었던 슈말칼덴 동맹(Schmalkadic League)의 군대들이 뮐베르크(Muhlberg)의 전투에서 신성로마제국의 황제 찰스 5세(Charles V)에 의하여 참패했었던 1547년에 시작되었다. 몇 년 동안, 루터교회의 상황이 가톨릭으로 되돌아가야만 하는 것처럼 보였다. 비텐베르크(Wittenberg)조차도 의기양양한 황제 군대에 의하여 점령당했었다. 지금까지의 개신교국가들에게 강요되어졌던 종교적인 해결책은 "잠정협정"(the Interim, 가까운 시일 안에 있을 최종적인 협정을 암시함)이라고 불러졌지만, 그것은 상당히 가혹한 것이었다. 그들에게 남겨진 유일한 개신교는 성직자들이 결혼하고, 평신도들이 빵과 포도주의 성만찬을 받을 수 있다는 허가뿐이었다. (로마교회는, 이것은 기억되어야 할 터인데, 강화된 독신생활에 대하여 그들만이 성찬배[chalice]에 대한 권한을 확보하는 것으로 로마교회에 속한 성직자들에게 보상하는 습관이 있었다.)

루터교회 유산과 관련된 최악의 순간에, 로마 가톨릭교회의 성찬식과 칠성례, 그리고 많은 다른 가톨릭의 형태와 의식에 대한 견해의 복귀를 인정하면서, 멜란히톤은 적그리스도의 군대들을 다루는 것이 가능하다는 생각을 했다. 만일 복음 자체가 자유롭게 남겨질 수 있다면, 여기에서 멜란히톤은 아마도 정확히 많은 면에서 아디아포라(adiaphora, 중요하지 않은 또는 부차적으로 중요한 것)를 고려하면서 루터를 반영하고 있었다. 그렇기는 하지만, 루터가 그 양보들의 범위를 승인했을 것인가의 문제는 의문의 여지가 있다. 어쨌든 멜란히톤은 일반적인 루터교도들과 맛디아 플라시우스 일리리쿠스(Matthias Flacius Illyricus)의 인도를 받았던 비타협적인 분파의 출현 사이에서 대중성을 크게 상실하는 것으로 그의 융통성에 대한 보답을 받았다. 플라시우스는 비텐베르크(Wittenberg)에서 제나(Jena)로 떠났는데, 그곳은 개신교의 지배 아래에 남아있던 지역이었다.

플라시우스는 모든 타협을 거부했고, 잠정협정에 대한 대중적인 저항을 격려했다. 그는 1555년 정치적이고 군사적인 형세가 다시 돌아왔을 때, 이전에 루터교회 유산을 유지했었던 그와 같은 지역들에서 전반적인 루터교회의 회복을 도출하는 개신교의 대가로 인정받는 보상을 받았다.

아우구스부르크 평화조약(The Peace of Augsburg)은 루터교회와 가톨릭 사이에 있었던 63년 동안의 다툼을 해결했지만, 루터교회 안에서는 그와 같은 일을 전혀 이행하지 못했다. 이제 문제는 이것이다. 성숙한(full-blown) 루터교회가 의미하는 것은 무엇인가? 필립파는 그들의 권리를 위하여 그들의 우파였던 가톨릭과 자발적으로 단순히 타협했었다. 그들은 또한 그들의 좌파였던 칼빈주의자들과의 관계를 개선하는 것도 원했다. 이 후자는 성만찬을 받는 사람들이 그리스도의 몸을 "빵 안에서"(in the bread) 받아들인다는 루터의 주장과 개혁적인 칼빈파 사이의 구별을 흐리게 하는 것을 의미했는데, 그들은 그와 같은 육적인 주장을 버리고 그리스도의 몸은 "빵과 함께"(with the bread) 받아들이는 것이라고 가르쳤다. 참-루터교파는, 예상대로, 이 양자 모두와 이런 타협도 허용하지 않았다. 그들에게 있어서, 루터의 성만찬 교리는 신성불가침의 것이었다. 만일 루터가 선택하기를 강요받았다면, 그는 차라리 "츠빙글리(Zwingli)와 함께 순수한 포도주를 마시기보다는 교황과 함께 순수한 피를 마시겠다"[1])는 유명한 반박을 했다. 플라시우스는 칼빈주의를 이교도들보다 조금 더 나은 것으로 바라보면서 지속적으로 동일한 자세를 취했다. 그는 필립파를 비밀 칼빈주의자들(Crypto-Calvinists)이라고 생각했다.

이 마지막 별칭은 상당히 뜻밖의 역설을 가져온다. 물론 그것은 성례전 신학의 논쟁에서 개혁주의를 어중간하게 순응하는 멜란히톤 분파의 자발성을 언급하는 것이다. 그러나 예정론과 자유의지에 관한 교리에서는 (루터와 칼빈이 그랬던 것처럼) 하나가 되었던 참-루터파와 개혁파였다. 필립파는 자유의지에 대한 신념으로 기울어지는 경향이 있었다.

독일의 루터주의는 여러 세대동안 이와 같은 논쟁과 더불어 지속적으로 자체 분열되었다. 1577년, 작센(Saxony)의 선제후 아우구스투스의 후원 아래 있었던 야곱 안드레아(Jakob Andreae, 1528-1590)가 신조일치를 작성했을 때, 불화를 화해시키기 위하여 어떤 시도가 마련되었다. 이 문서의 단순한 특징은 중요한 참-루터파의 관점들 가운데 하나(공재설[consubstantiation]의 교리, 그리스도의 몸이 빵 안에 존재함)를 유지하고 또 중요한 필립파의 논쟁 가운데 하나(사람들은 자유의지를 가지고 있나는 것)를 유지하면서, 양 진영을 무승부로 선언하는 것이었다. 그러나 일반적으로 첫 번째 논쟁은 후자보다 더 중요한 것으로 루터교회에 인식되었고, 그래서 신조는 필립파에 의하여 폭넓게 거부되었다. 덴마크 왕은 보란 듯이 그의 사본을 불속에 던져버렸다.

어쨌든 많은 필립파들은 서서히 그들이 비밀 칼빈주의자들이었다는 비난을 받아들이면서 개혁주의 진영으로 흘러들어갔다. 물론 이것은 아우구스부르크 평화조약에 따라서 그들에게서 어떤 법적 지위도 박탈하는 것이었다. 그러나 가톨릭, 루터파, 그리고 개혁주의는 동일하게 그 조약의 규정들을 사용하여 모든 종류의 공정하지 못한 책략들을 꾸몄다. 그러므로 독일에서의 개혁주의 영향력은, 그 위법에도 불구하고, 16세기 후반부 동안 지속적으로 성장할 수 있었다. 1580-1605년의 기간 동안, 팔라틴(Palatinate), 브레멘(Bremen), 안할트(Anhalt), 그리고 헤세(Hesse)의 대부분 지역들이 이와 같은 경향으로 나아갔고, 1563년의 개혁주의적인 하이델베르크 신조(Heidelberg Catechism)에 서명했다.

만일 신조일치가 루터교회의 거대한 연합에 적어도 어떤 기준을 제시하는 일에 도움을 주었다면, 성찬 교리에 관한 완고한 자세는 다른 개신교파들과의 차이점들을 한층 악화시키는 일을 거들었다. 루터파는 스칸디나비아 반도의 왕국들과 독일 공국들의 종교로서 단순히 개신교파의 한 보수적인 형태가 되었다. 루터파는 성찬식에서 그와 같은 완고한(high) 관점을 주장하는 개신교 조직체일 뿐이었고, 1577년 이후에 그것은 오직 명료하게 예정론의 자세를 주장하지 않는 개신교 국가교회일 뿐이었다. 그러므로 그 유별난 특징 때문에, 루터파는 스스로 편협하게 되었다. 이것이 루터파 교회들을 지지하는 세속정부에게 그들이 확고하게 복종하는 일로 인하여 강화되었던 경향성이었다. 이러한 측면에서 루터파는 동방교회를 닮아가고 있었다. 그들은 대체로 민족적이고, 어떤 특정 계급에 충성하는 대중적인 것을 고수하는 것에 만족했으며, 그러면서 로마가톨릭과 칼빈주의, 그리고 이후에 복음주의에 존재했던 추진력을 일반화하는 일과는 거리가 멀었다.

그러나 이것은 루터파가 잠시 확장하는 일에 실패했다고 말하는 것은 아니다. 프로이센(Prussia)은 통합되었고, 몇 개의 더 작은 국가들이 그 세기의 마지막 20년 동안 일치 신조에 서명했다. 1618년 30년 전쟁의 시작 때까지,

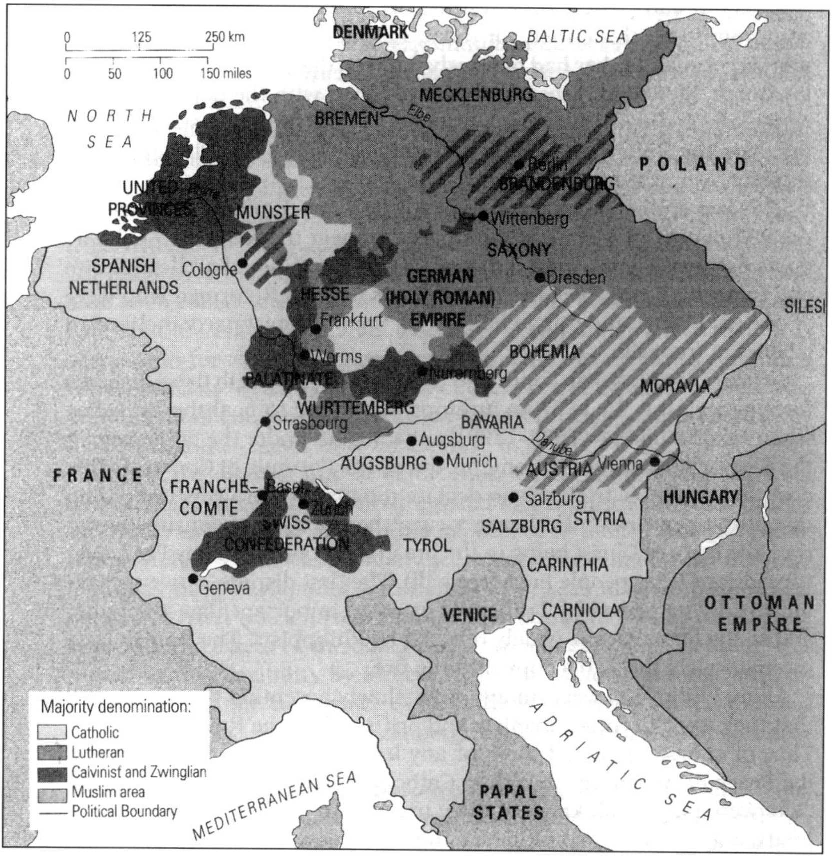

1618년의 독일 개신교

개신교가 완전히 파괴되었던 남부독일과 오스트리아에서 조용히 그리고 위태로운 방식으로 성장은 지속되었다. 그러나 원래의 역동성(dynamism)은 사라져버렸다.

영국 교회(1570-1625)

1588년 엘리자베스의 영국왕위 즉위는 영국의 종교적 과거와 깨끗한 단절을 원했던 단호한 개신교도들에게는 위대한 해방이면서 또 넌처한 일이있다.

그것은 그녀의 사망한 이복동생 메리(Mary)를 그녀가 대신하는 것이었기 때문에 위대한 해방이었다. 메리는 단호하게 박해했지만, 결과적으로 20년 동안 분열되었던 영국성공회를 로마교회와 재결합하려는 무익한 시도로 5년의 통치기간을 보냈었다. 한편 엘리자베스가 세운 새롭게 다시 분리된 영국성공회가 많은 관찰자들의 눈에는 거의 개신교가 아니었기 때문에, 그것은 난처한 일이었다. "우리는 지금까지도 영국에서 하나님의 말씀의 규정에 의거하여 올바로 개혁된 교회를 소유하는 일에서 멀리 떨어져 있다. 그 정도로 그 일에 속한 눈에 띄는 형세가 아직까지 이루어지지 않고 있다." – 1572년의 한 청교도는 『의회에 보내는 첫 번째 권고』(*The First Admonition to the Parliament*)라는 소논문에서 그와 같이 자신의 의견을 말했다. 그 저자에 따르면, 엘리자베스가 선호했던 예식, 교회정치의 형식, 그리고 사역자들이 착용해야 할 필요가 있다는 성직자들의 의복들은 "반-기독교적이고 악마적인 교황의 상점으로부터 얻어온 것들이다."[2)]

이 과도한 격노의 근원은 무엇이었을까? 그 의견을 확립하는 데에 10년이 걸렸으나, 그때까지도, 단지 한 급진소수파만이 그것을 공유하고 있었다. 1559년의 통일령(The Act of Uniformity)은 새로운 공동기도서를 확립했고 1552년의 전임자의 것을 긴밀하게 모델로 삼았지만(그것은 소년 왕 에드워드 6세의 짧은 재위기간 동안에 제작되었다), 보수적인 성향으로 수정되었다. 성찬식에서 사용되는 언어는, "실제적인 임재"와 기념설의 교리 모두를 위한 공간을 허락하는 고의적으로 모호한 언어를 사용하는 것이었다. 견실한 개신교도들에게 무엇보다도 최악이었던 것은, 전통주의자들(traditionalists)이 "사제"처럼 보이는 것과 성찬식이 가견적으로 가톨릭의 미사와 닮게 하는 것이 가능하도록, 성직자들이 백의(surplice, 白衣)와 성직자 예복(clerical vestments)을 착용하도록 규정했다는 것이다. 의미심장하게도, 엘리자베스는 그녀의 켄터베리(Canterbury) 대주교로서 이전의 통치 기간에 유배지에서 살지 않았고, 그래서 제네바(Geneva), 취리히(Zurich), 프랑크푸르트(Frankfurt), 슈트라스부르크(Strasbourg) 그리고 엠덴(Emden)에 속한 유럽 개혁주의의 온상의 유혹에 노출되지 않았던 소수의 중요한 개신교도들 가운데 한 사람을 선택했다.

엄밀하게 실용적인 관점으로 보면, 엘리자베스의 통치 초기에, 그녀는 상

엘리자베스 1세

황을 정확하게 판단했다. 그녀의 국민들은 끊임없는 종교적 변화에 지쳐 있었고, 구 종교와 신종교 사이의 타협을 억지로라도 수용하려고 하였다. 농부들이었던 그녀의 국민들 중 거의 대다수는 다른 모든 곳의 농부들처럼 전통 그 자체를 위하여 전통에 매여 있었다. 그러므로 교회 예배에 대한 명백히 눈에 보이는 경험적인 양상(aspect)이 그 이전의 4반세기 동안의 당황할 만했던 환경 아래에서 가능했던 것처럼 충분히 분별 가능한 연속성을 전달하는 것이 중요했다. 그 4반세기 동안, 교회의 정책은 지속적으로 툭하면 바뀌었다. 그 신학적인 결함이 무엇이든지간에, 1559년의 예전은 이것을 성취했다. 그러나 개신교 지식인들은 엘리자베스의 선임 교회 관리인으로 유일하게 이용할 수 있는 자원들이었다. 그래서 이 사람들은 그녀가 어느 정도 이해했지만, 공유할 수 없는 원칙들 때문에 매우 부담을 느꼈다. 그러므로 이 사람들에 대한 화해의 일부로서 영국성공회의 공적인 신학이 개혁주의 신학 노선을 따르는, 적당하면서도 그러나 명확하게, 표제를 달았다. 신학은 오직 소수만이 그것을 가지고 근심하는 불가사의한 작업이라는 평온한 확신 때문에, 그것은 엘리자베스로서는 하등의 지장이 없었던 양 보였다.

그렇지만, 다루기 힘든 지식인들은 역시 다루기 곤란했다. 1560년대부터, 그들 중의 다수가 그렇게 되는 길을 선택했다. 청교도 운동은 특별한 불만을 삶에서 내뿜었고, 그 불꽃은 곧 퍼져나갔다. 그것은 "교황의 누더기 옷"으로부터 영국성공회를 정결하게 하는(purify, 그러므로 청교도란 이름) 강렬한 추진력이 되었다. 그 "누더기 옷"은 성직자들이 입었던 문자 그대로의 의복을 언급한 것이었다. 항의(protests)는 백의를 사용하는 문제에서 시작했다. 일부 사역자들이 그것을 착용하기를 거부했을 때, 그들은 주교들에 의하여 징벌을 받거나 심지어 그들의 생활터전에서 추방당하는 자신들을 발견했다. 그 주교들 중의 일부는 자신들의 직무가 징계하도록 규정된 사람들을 불쌍히 여겼기 때문에, 난처한 고통을 겪었다.

그러나 감독제도의 거북함은 좀처럼 도덕적으로 인상적인 나타남이 없다는 것이었고, 1570년대 초기까지 더 많은 급진적인 청교도들은 개별적인 주교들에서 교회 정치 제도 쪽으로 그들의 공격 대상을 바꾸었다. 이전에 캠브리지 신학교의 레디 마가레트 교수(Lady Margaret Professor of Divinity at Cambridge)였던 토마스 카트라이트(Thomas Cartwright)는 초대교회가 각 회중별로 복수의 장로들을 가지고 있었고, '장로' (presbuteros)와 '감독자' (episkopos) 사이의 구별은 이후에 발전한 결과였다는 사실을 지적하기 위하여 사도행전을 연속적으로 강연했다.[3)]

학문에 대한 이러한 기여의 보답으로서 카드라이트에게 주어진 보상은 그의 직업을 상실하는 것이었다. 그러나 다른 사람들이 계속해서 그의 본을 따랐다. 1572년, "장로회주의" (presbyterians)는 영국성공회 내에 잘 조직된 하나의 세력이었다.[4)] 중요한 조직책 두 사람은 토마스 윌콕스(Thomas Wilcox)와 존 필드(John Field)였고, 그들 가운데 한 사람은 그 이전 해에 8년 동안 설교하는 사역을 금지 당했던 27살의 성직권 지지운동가였다. 의회에 보내는 첫 번째 권고(The First Admonition to the Parliament)로서 알려진 의회의 회원들에게 보내는 청원을 편성했던 사람들이 바로 이들이었다.

군주로서 엘리자베스 자신은 교회 직무를 지시할 수 있는 권리를 주장했다. 그러나 적당한 시세 상승률을 겸비하면서 대부분의 과세를 위하여 의회의 승낙을 요청하는 전통은 의회의 회원들에게 왕의 정책과 관련하여 – 종교를 포함하여 – 많은 견해들을 능가하는 더 많은 권력을 주었다. 1530년대로 돌아가서, 헨리 8세(Henry VIII)는 그의 아내와 이혼(divorce)하는 일과 그 일에 동반하는 로마가톨릭으로부터 교회조직의 분리(divorce)를 합법화하기 위하여 의회에 모인 정치적 계급들의 협력을 필요로 하였다. 그리고 엘리자베스의 1559년 통일령(Act of Uniformity) 역시 상원과 하원 모두 – 물론 그들의 최종적인 동의를 포함하여 – 의 무시할 수 없는 참여를 필요로 하였다. 그러므로 종교적 변화를 야기하도록 의회 회원들에게 압력을 가하는 것은 전반적으로 1572년의 장로회주의자들에게는 비현실적인 계획으로 보이지는 않았다.

만일 문자적인 유물로서 평가되어진다면, 그 청원의 결과는 실제적인 성취보다도 더 인상적인 것이다 – 그러나 전자는 경시해서는 안 된다. 독설이 많고 또 어법의 표현법에서 독창적인데, 셰익스피어(Shakespeare)의 언어는 분명히 그 운율과 리듬에서 예시되고 있다.

> 이 책(공동기도서)은 로마교황의 똥 더미에서 골라 가져온 불완전한 책입니다... 혐오할 만한 모든 것으로 채워진 큰 책... 그들의 모든 예배 순서에서, 사도의 방식을 따르는 교회가 전혀 없고 혼돈만이 있습니다. 그들은 테니스공처럼 대부분의 장소에서 시편을 이리저리 던집니다... 그와 같은 사람들은 [비성경적인 고위관리들과 무가치한 성직자들] 주 예수를 구하지 않고, 그들 자신의 배만 구합니다. 그들은 비 없는 구름이고, 열매 없는 나무들이요, 죽은 뼈들로 가득 찬 회칠한 무덤입니다.

대주교의 법정은, 그곳에서 수많은 청교도 운동가들을 징벌하고 그들의 삶의 터전에서 그들을 내쫓는 수단이었는데, "더러운 요동치는 진흙땅이요, 전체 왕국을 더럽히는 모든 혐오할 만한 것들의 유독한 웅덩이"였다. 그리고 그 하급에 속하는 대등한 기관인 종교법정은 "이전의 거대한 진흙탕 물에서 흘러나오는 악취를 풍기는 소규모의 개천에 불과"했다.

만일 청원자들이 이러한 방식으로 넌지시 떠보는 일들을 그만두고 분명하게 그들의 속마음을 열어놓고 말했더라면 어떤 일이 일어났을 것인가? 우리는 추측만 할뿐이다. 마침 그들이 시끄러운 언쟁으로 돌아가기 전에, 그들은 그녀의 보호 아래 일 년 동안 기다리는 일이 허락되었다.

청교도 운동 – 장로교주의를 포함하여 – 은 1570대와 1580년에 최고조에 있었다. 그것은 엘리자베스 시대의 영국성공회에 속한 예배와 정치 형태에 대하여 철저한 변화를 기하도록 위협하는 것으로 보였다. 그러나 그 폭풍우는 약해졌고, 그 위기는 잠시 동안 사라졌다.

공적인 의견은 진정으로 청교도적인 방향으로 서서히 움직여 나가는 것이었지만, 그들은 그것보다 너무 앞으로 멀리 나아갔고 너무 소수였기 때문에 (유창하고 잘 조직되었을지라도) 그들이 원했던 결정적인 변화들을 일으킬 수 없음을 보여주었다.

그들은 또한 그들 사이에서 분열했다. 그들 가운데 중도파는 백의 착용의 폐지와 그들이 가장 모욕적인 것으로 느꼈던 의식상의 그와 같은 모습들을 수정하는 일 정도를 원했다. 그러나 어떤 큰 분파는 감독제도(episcopacy)를 폐지하고 장로회 제도에 의한 (즉 성직자 위원회와 더불어 성직 고위 공직자 계급 제도를 밀어내고, 지역 교구 장로회나 또는 지역 정부단체를 통하여 목사와 평신도 장로들로 구성된 장로법원에서 시작하여－종교법원[classis]－지역적이고 전국적인 대회에 이르는) 대체(replacement)를 원했다. 가장 급진적인 과격파 그룹은 독립교회제도(Independency)－즉 느슨한 전국 조직 내에서 각 교구가 자치적으로 관리하는 형태－를 원했다.

많은 사람들은－아마도 대다수－"징계"(discipline)를 원했다. 1577년의 청원에 따르면, 이것은 참된 교회의 세 가지 "외적 표지들"(outward marks) 가운데 하나였다(나머지 두 가지－"순수하게 말씀을 전하는 것"과 "신실하게 성찬식을 집행하는 것"－는 모든 종류의 개혁주의 개신교도들 사이에서 논쟁하지 않았지만, 세 번째는 더 큰 논쟁거리가 되었다). '징계'는 사역자들로 하여금 그들의 교구에서, 도덕적이거나 영적인 범죄자들(후자는 숨어있는 가톨릭 옹호자들로 의심되는 사람들을 포함하고는 했다)을 순응시키거나 바로잡는 강력한 강제력을 가지고 그들을 출교하는 종교적인 경찰관처럼 행동하도록 권력을 주었다. 그것은 절대적으로 "신자들의 교회"를 위하거나, 그와 같은 어떤 것을 위한 소명은 '아니었다.' 청교도 칼빈주의는 그들에게 그들이 어떤 경우에도 어느 누가 참된 신자이고 아닌지를 분별할 수 없다고 말했다. 그 보다 그것은 성경적인 가르침의 도덕적이고 영적인 요구에 대하여 전 주민들의 외적인 순종을 위한 요구였다.

이것은 청교도의 대중성에 있어서 아킬레스 건(Achilles' heel)이었다. 다수의 운동들처럼, 그것이 정치적이든, 사회적이든, 혹은 종교적이든, 그 커다란 매력은 대조(antithesis)에서부터－즉 그 현상에 있는 단점들을 비난하는 능력－나타났다. (종교개혁의 여명에 루터에 관하여 종종 말했던 것처럼, 그는 의인은 믿음으로 말미암아 살 것이라고 독일 사람들을 설득하는 것보다 교황이 적그리스도라고 그들을 확신시키는 것이 더 쉬운 일이라고 느꼈다.) 청교도들은 그들이 이전의 지배구조 아래에서(개신교와 가톨릭 모두) 섬겼던 옛 성직자들의 정말 사실이었던 교육의 결핍을 비판하는 동안에, 그들이 목회지역에 비거주하는 악을 지적하는 동안에, 그들이 많은 의식적인 모습들을 "로마교황제도"로서 겨냥하고 있는 동안에, 그리고 그들이 대체로 어떤 구실로 주교들을 괴롭히는 동안에 대중의 도움을 얻었다. 그러나 그들이 이웃들의 생활을 지시하는 권리를 남용하려고 시도했을 때, 그들의 대중성은 그들을 약화시켰고, 대중들의 생각에 그들은 그들의 비방자들이 계속하여 그들을 조롱했던 그런 존재, 즉 독선적인 남의 흥을 깨는 사람이 되어버렸다. 엘리자베스 여왕이 확립해놓은 타협에 대하여 목소리를 높이는 옹호자들은 비밀 가톨릭교도들, 전통주의자들, 선술집 신성모독자들, 그리고 종교적으로 무관심한 사람들이었는데, 그들 모두는 청교도들의 독선적인 행렬에 비를 퍼붓기 위하여 언제라도 연합할 수 있었다.

이것이 모두는 아니었다. 청교도들은 그들의 열망에 대하여 화해가 불가능한 국왕의 반대라는 암초 위에서 지속적으로 실패를 거듭했다. 엘리자베스의 교회 화해는 모호한 구렁이자 정치적인 실용주의였을 것이다. 그러나 그녀의 개인적인 개신교정책은 자신의 소극적 방침(minimalism)을 따르는 상당히 원칙에 근거한 것이었다. 그녀는 교황제도를 거절했지만, 그녀의 개인예배당에 있는 장식용의 십자가이든지 또는 독신 성직자들을 옹호하는 일에서 교황제도의 장신구들을 동경했다(엘리자베스가 그들에게 명백한 인가를 주는 일에서 주저하는 동안, 성직자의 결혼에 대한 법적인 상태는 그녀의 생애 동안 의심스러운 것으로 남아 있었다). 무엇보다도, 그녀는 청교도 설교가 대중 토론에서 평민들에게 폭넓게 영향을 미치는 것과 장로교제도의 원칙들이 교회의 성직자 계급제도의 토대를 무너뜨리는 것을 알 수 있었다. 이 양자 모두는 안정된 군주정치에 해가 되는 것이었다.

그러므로 1570년대와 1580년대 동안 청교도의 절정의 시기는 엘리자베스 여왕의 현실적인 편애보다는 오히려 그녀의 정치적인 필요의 탓으로 돌려야 할 여러 가지 이유들 때문에 그녀에 의하여 관대히 다루어진 것이었다. 영국은 이 시기에 가톨릭의 스페인과 전쟁 중에 있었고(혹은 준전시 상태였고), 청교도들은 그녀에게 최고의 민족주의자들이면서 가장 용맹스러운 반가톨릭주의자들이었다. 영국 편에서 보면, 전쟁의 많은 부분들이 개인적인 사업의 원칙에까지 영향을 미치고 있었다. 스페인의 선박들에 대하여, 특별히 신세계로부터 금은괴를 싣고 돌아가고 있었던 함대들에 대하여 영국의 노련한 선원들이 행했던 유명한 공격들 중의 다수는 런던에 있는 청교도 상인 투자자 모임에 의하여 자금이 조달되었다. 엘리자베스 자신이 그들의 도움을 그렇게 절실하게 필요로 했었던 후원자들을 너무 심하게 밀어붙일 수는 없었다. 그래서 그녀는 그들의 비위를 맞추면서 그들의 종교적인 변화에 대한 요구를 단지 견제할 뿐이었다.

그러나 1558년 이후에, 그 위험이 정점에 이르렀고, 엘리자베스는 보다 자유롭게 행동할 수 있었다. 그 해에 있었던 영국에 대한 스페인의 무적함대의 미수에 그친 침공은 전체적으로 스페인의 위협을 거의 일소한 것은 아니었지만, 그것은 최고의 성과를 거두었다. 이후부터 군사적인 위기는 점차로 약해졌다. 이와 함께, 엘리자베스가 청교도들의 도움을 필요로 하는 위급한 일도 줄어들었다. 그녀는 그때부터 덜 유화적이 될 수 있었다. 필드(Field)가 그 해에 사망했고, 곧 이어서 청교도들을 너무 가혹한 핍박으로부터 보호해주었던 추밀원(the Privy Council, 실제적으로 국가의 통치기관)의 몇몇 지지자들도 사망했다.

1588-1589년 사이에 자칭 "마틴 마프를리트"(Martin Marprelate)라고 하는 사람이 출판했던 말투가 험한 반-감독제도의 소책자들은, 그것들의 언어가 많은 사람들에게 합법적인 공적 논쟁의 범위를 넘어서는 것으로 인식되었기 때문에, 장로제를 주장하기 위하여 자기 무덤을 파는 일이 되어버렸다. 주교들은 전반적으로 청교도들에게 단호한 조치를 취하기 위하여 그들이 필요로 했던 사과(excuse)를 받아냈다.

엘리자베스 여왕의 지배 30년을 통틀어, 그 왕조는 주교자리에 대한 여왕의 첫 임명이 보다 오래 유지되도록 하는 일에 성공했다. 그리고 그 새로운 유형은 참으로 더욱 전통적이었고, 청교도들을 공격하는 일에서는 덜 완곡하게 말했고 덜 난처한 것이었으며, 그들을 친밀한 형제나 동행자들로 보려는 경향성이 덜 했다. 이와 같은 2세대의 비전은 리처드 후커(Richard Hooker)에 의하여 그의 '교회정치조직법'(Laws of Ecclesiastical Polity)에 요약되었다. 그것은 편협한 성경주의를 피했고, 영국의 종교적 화해를 1559년의 정치-종교적인 긴급사태에서 유래한 날조로, 즉 하나의 타협안이라기보다는, 성경, 이성, 성직계급제도, 그리고 전통의 혼합된 긍정적인 어떤 것으로 보았다. 과거로 소급하여 합리화된 법은 (모든 종교 기관들의 신실한 동반자로서) 효력을 발생하기 시작했다. 상대적으로 안정된 – 또는 어쨌든 확실한 존재양식과 지속성의 – 한 세대가 지난 후에야, 영국성공회는 성숙해졌다.

영국 개신교의 더 진보하는 긍정적 비전은 후커의 것보다 훨씬 큰 충격을 주는 운명이었던 한 권의 책으로 촉진되었다. 이것은 존 폭스(John Foxe)의 『기독교회에 나타난 행적들과 기념비들』(*Acts and Monuments of the Christian Church*)이라는 책이었는데, 그 책은 일반적으로 그리고 자극적으로 『순교자 열전』(*Book of Martyrs*)이라고 알려져 있었다. 외면적으로 기독교 역사 전반에 걸친 모든 순교(martyrdom)를 망라하면서, 그 주요한 주제는 최근의 영국 순교자들, 특별히 가톨릭 여왕 메리의 통치 기간(1553-1558)에 그들의 믿음을 위하여 심문받고 사형을 집행당했던 개신교도들이었다. 그러한 측면에서, 그 책은 철저한 반-가톨릭주의와 함께 영국 국가주의(nationalism)를 전달하였다.

폭스 자신은 온건한 청교도였고, 2,312쪽에 달하는 그의 거대한 연구의 재판이 1570년에 출판되었다. 더 나아가서, 1576년과 1583년에 더욱 확장된 판이 세상에 나왔다. 그 이상의 확장판을 만드는 것은 1587년에 그가 죽음으로 나오지 못했다. 서지학의 블랙 홀(bibliographic black holes – 블랙홀이란, 그 영향력이나 정도가 너무 심해서, 주변의 모든 것들을 무력화시킨다는 의미 – 역자주)을 만들고, 또 인류의 어휘적 전통(lexical heritage of the universe)과 관계있는 일로 끌어들이는 어떤 영향력을 인지하지 못함으로써, 분명히 이러한 저작들은 그 자체의 심각성으로 인하여 붕괴의 위험을 무릅썼다.

사실 그대로, 폭스의 책에 담겨져 있는 유산은 묵시록처럼 아주 흥미롭고 또 공정한 것이다. 그에 따르면, 엘리자베스 여왕은 새로운 드보라(Deborah, 사사기의 여선지자)였고, 그녀는 교황청의 적그리스도에 대항하여 하나님의 백성(또는 영국-거의 차이가 없었다)을 십자군으로 이끌어야만 했었다. 물론 엘리자베스는 너무 현실적이어서 그런 류의 어떤 일을 실행하기에는 너무 거리가 멀었다. 그러나 그 생각은 폭스와 그의 여왕이 모두 죽고 나서 오랜 후에 흥미로운 영향들을 미쳤다.[5]

존 폭스의 기독교에 나타난 사도행전과 기념비들의 한 삽화 (1563, p.1102)

폭스의 책은, 현재 분량으로 다루어진 대부분의 기간에, 영국에서 성경을 제외하고 다른 어떤 저작보다도 폭넓게 읽혀지고 있었다. 그것은 로마 교회를 격렬한 종교적 박해, 이질적인 영향, 그리고 포악한 통치에 불가분하게 매여 있는 것으로 가르치면서, 영국인들의 사고방식에 악의적인 반-가톨릭주의를 전하는 중요한 대리인이었다. 폭스의 함축적인 묵시사상과 마찬가지로, 이러한 사상들은 앞에 놓여 있는 세기의 결과들로 채워져야만 했었다.

엘리자베스 1세 여왕이 1603년에 사망하기까지, 영국성공회는 상당부분 연합이 이루어지지 않고 있었으나, 이전보다는 – 또는 1620년대 이후보다도 – 훨씬 안정되었다. 그녀의 통치기간 내내, 국가의 진취적이고 견고한 개신교화(Protestantization)가 가능하게 되었다. 청교도 운동은 지속적으로 지지를 받았으나, 그 운동은 대부분 중도적이었으며 정치적으로 활동하지 않았다. 그것은 더 이상 성직계급제도를 급박하게 위협하는 것으로 보이지 않았다.

이러한 현실은 엘리자베스의 후계자였던 스코틀랜드 제임스 6세(James VI)의 즉위로 뒷받침되었는데, 그는 영국의 제임스 1세(James I)처럼, 에든버러(Edinburgh)에서 남쪽으로 옮겨서 그의 새 수도에 거주했다. 청교도 조직가들은 그들의 새로운 왕에게 "이 땅에 복음의 사역자들" – 물론 그 말로 그들은 청교도 조합을 의미했었다 – 이 갖고 있는 "특별한 슬픔"을 알릴 수 있는 기회를 잡았다. 천인의 청원서(Millenary Petition)는 요청들에서(requests, "요구들" [demands]

은 너무 격렬한 용어였다) 어조를 매우 온건하게 했고, 어투에서 분명하게 자제를 기대하는 표현을 사용했기 때문에, 그들 중의 어느 누구에게 동의하는 일로 인하여 형벌을 가하는 놀랄 만한 일은 대체적으로 가혹한 것이었다. 제임스 왕이 그 다음해에 그 청원을 논의하고 그의 신학적인 이론을 발표하기 위하여 소집했던 램버스회의(Lambeth Conference)는, 그 회의에서 성경의 새로운 영어번역을 출판하도록 결정했음에도 불구하고, 모든 청원을 거부했다.

1611년 성경을 출간했고, 그 성경은 킹 제임스(또는 흠정역[Authorized])역으로 알려졌다. 주교성경(Bishop Bible, 엘리자베스의 권한으로 그때까지 승인되었었다)과 대중적이었던 제네바 성경(Geneva Bible, 청교도들로부터 사랑을 받았다)에 대하여 우선 경쟁하면서, 영어권 독자들에게 가장 중요한 일은 그저 점진적으로 이루어질 뿐이었다. 점진적으로 이러한 것들을 밀어내고 대신했던 새로운 판은 1530년대의 틴들(Tyndale) 번역으로부터 매우 많은 분량을 차용했다. 그 말과 구절의 표현들이 다음 세기들과 심지어 오늘날에도 셀 수 없는 방식으로 구두영어를 구체화했던 것이 제임스 1세의 세속화된 후손들의 언어양식에 깊이 파묻혀 있다. 그 영향력이 부분적으로는 번역 자체의 공로로, 또는 17세기의 깊은 성경중심적인 신앙에서 발견되는 것은 그 때문이다. 영어성경이 모든 일반적인 대화에서 부지불식간의 (그러나 말이 없는 것은 아닌) 협력자가 되기까지, 두 가지 현상의 조화는 수많은 성경적 또는 유사-성경적 구절들의 표현들에서 경건한 그리고 경건하지 못한 화자들의 무분별한 의뢰가 있게 하였다.

제임스 1세의 통치가 정치적인 사건으로 충분히 의미심장한 것이었음에도 불구하고, 그것은 다른 중요한 종교적인 발전들에 거의 도움을 주지 못했다. 비록 그것이 1625년 이후에 매우 많은 어려움의 원인이 되었던 한 운동에 첫 번째 자극을 주었겠지만 말이다. 이후에, 청교도 관심사들 가운데 그 무엇도 교리적인 문제를 건드리지 않았다는 것은 주목해야만 한다. 1620년대에 이르기까지, 청교도주의는 거의 배타적으로 의식들과 교회정치에 관여하였다. 이러한 상황의 원인은 주교들과 그들의 청교도 비판이 교리적인 주제에서 일치하였기 때문이었다. 모두가 영국 성공회의 신조에 속한 개혁신학을 지지하고 있었다. 캠브리지의 외국인 교사였던 피디 비로(Peter Baro)가 길빈주의 교리를 반대하는 1590년대의 무모한 행위를 했을 때, 청교도들은 즉각적으로 그리고 성공적으로 그를 침묵시키는 일에 주교들의 협력을 얻었다. 그러나 평온한 이 짧은 기간은 막 변화하고 있었다. 그 과정에서 청교도들 스스로가 의식들과 교회정치의 형태를 비판하는 일에서 개혁파의 정통성에 관한 투사로 바뀌었다.

개혁파 교리들과 전통적인 개신교 예식에 반대하는 고교회 회원자격의 새로운 형태에 대한 첫 번째 초기단계를 발견하는 것은 17세기 초반부였다. 그 초기의 지지자들은 제임스의 통치 기간 동안에는 아주 적었고(어떤 사람들은 고위직에 있었지만), 그들은 고난이 미치지 않는 곳에 머무르기 위하여 지혜롭게 자중하였다. 그들 가운데 가장 고상하고, 학식이 많고 또 덕망 높은 지지자는 치처스터(Chichester)의 주교였던 랜설럿 앤드루스(Lancelot Andrewes)였다. 우리가 다음 장에서 주목하는 것이 당연하겠지만, 가까운 미래는 고교회 분파에 속한 것이었다. 유일한 문제는 그 극단적인 소란으로 보건데 그 미래가 과연 소유할 만한 가치가 있었는가 하는 것이었다.[6)]

1619년까지의 네덜란드 개혁 교회

1609년 10월 9일 정오쯤에, 그 해의 가장 최고의 기간에(더 정확하게 말하자면, 가장 악한 기간에) 그로 하여금 역병에 걸리게 했고, 그를 그의 집에 가둬 놓았으며, 그 마지막 달에는 그의 왼쪽 눈의 시력을 앗아갔던 고열에 굴복하여 라이덴 대학교(University of Leiden)의 신학 교수가 49세에 사망했다. 이 야곱 헤르만춘(Jakob Hermandszoon)은 1560년 10월 10일에 남네덜란드의 작은 도시였던 우데워터(Oudewater)에서 태어났다. 그의 아버지는 칼장수였고, 이후 몇 년 만에 사망했다. 마부르크(Marburg)에서 학생이었을 때, 십대의 야곱은 어머니, 누이동생, 그리고 두 남동생이 그의 고향을 파괴하던 스페인 군대에 의해서 죽임을 당했다는 소식을 받았다. 진실로, 그는 가톨릭교회의 신앙과 그 주요한 옹호자들에게 동의할 만한 이유를 전혀 갖고 있지 않았다.

그의 죽음의 시간이 가까이 왔을 때, 야곱 헤르만춘의 이름(라틴어로 바꾸어

아르미니우스
장-쟈크 부아사르(Jean-Jacques Boissard의 삽화, 동판 장서, 하이델베르그, 1669>

쓰면, 아르미니우스[Arminius])은 초기의 네덜란드 공화국이 신학적으로 고무된 정치적 투쟁으로 과열되던 무렵의 한 신학적인 분파와 이미 동의어였다. 2장에서 살펴본 것처럼, 네덜란드 개혁주의는 네덜란드에서와 같이 적어도 유럽의 좀 더 도시화되고 경제적으로 개발되었던 지역들에서 국민의식이 무엇인가를 의미하기 시작했을 때, 한번에 "국제적인" 대의의 투사로서 비춰지는 복된 위치에 있었다. 스페인에서처럼, 보다 거대하고 또 점차적으로 위협적인 원수를 대항하는 전쟁의 압력이 네덜란드의 개신교도들을 하나로 묶어준다고 기대할 수도 있었다. 비록 야곱 아르미니우스의 이름이 지속적으로 자유의지를 신봉하는 모든 신학들을 기술하는 것으로 인용되었을지라도, 칼빈의 이름이 모든 종류의 예정론(Predestinarianism)을 기술하기 위해서 불러지는 것처럼, 서로의 사용에서 정당성은 거의 없다.

젊은 아르미니우스는 제네바에서 베자의 지도를 받으면서 공부했었다. 그곳에서 그는 칼빈 자신이 항상 주장한 것이 아니라 그의 후계자들이 그렇게 주장했었던 절대주권, 예정, 그리고 유기에 대해서뿐만 아니라 이러한 교리들에서 파생된 더 멀리 나아간 문제들에 대한 일반적인 칼빈주의자의 모든 것에 심취해 있었다. 참으로, 그 젊은 네덜란드 사람은 그곳에서 학생으로서 그의 방에서 라무스(Ramus, "개혁주의 스콜라철학[Reformed Scholasticism]의 선구자)의 사상들에 관하여 비공식적으로 강의하는 일 때문에 문제를 일으키기도 했다.

제네바를 떠나, 아르미니우스는 장인조합(Merchant Guild)에 의하여 1587년 암스테르담으로 다시 부름을 받기 전에 7개월 동안 이태리를 여행했다. 이 단체는 그의 뛰어난 능력을 인정했고, 그의 교육을 위하여 돈을 지불하기로 동의했었다. 이제 그들은 그가 충분한 여가의 시간을 가졌다고 느꼈다. 그 다음 해에, 그는 네덜란드 개혁 교회의 사역자로 임명받았다.[7)]

아르미니우스는 말라기서와 로마서를 가르치는 것으로 그의 사역을 시작했다. 그러나 그의 새로운 동료들은 곧 그에게 긴급한 업무를 주었다. 그는 개혁 교회의 예정론 정통교리에 도전하는 글을 썼던, 평신도 쿠른헤르트(Dirck Coornhert, 1572년부터 전국 국회[Estates-General]에서 오렌지왕가 윌리엄 왕자[Prince William of Orange]의 비서)를 논박하는 글을 쓰라고 요청받았던 것이다. 그는 또한 이교도들을 대상으로 죽음의 형벌에 반대하는 의견을 이야기했고, 또 "나는 그리스도를 자신들의 초석으로 붙들고 있는 모든 경건한 사람들 – 그들이 성직자들, 수사들, [재]침례교도들, 개혁주의, 또는 루터파인지 관계없이 – 을 형제라고 주장합니다"라고 선언했다. 그는 개혁주의자들의 도덕관념에서도 동일하게 반감을 느꼈기 때문에, 벨직 신앙고백(Belgic Confession)에서 그들의 칼빈주의를 완화하는 변화를 또한 원했다.

이전에 베자의 학생으로서, 또 촉망받는 젊은 학자로서, 아르미니우스가 그의 입장에 자유의지론(free-willer)을 더하는 것은 자연스러운 선택이었다. 16세기 출판의 대부분은 비참하리만큼, 특별히 신학적인 저술들에서, 다른 사람들의 책이나 소논문 – 보통 그들의 차례가 된 답장으로 응대한 논박 – 에 대한 직접적인 반발로서 쓰였다. 이러한 출판은 "...에 대한 대답", "...가 만든 어떤 비방하는 대답에 대한 응답", "비겁한 응답에 대한 더 진전된 논박", "혐오할 만한 비방"(Calumnius Execrabilis)과 같은 제목들을 갖고 있었다. 저자가 따분해지고 대중의 학적인 논쟁이 흐지부지될 때까지 그것이 계속되었다.

물론 그와 같은 활동들에서 한 유감스러운 요구(어떤 현대 도서 비평가들이 성공적으로 자신을 얽매이지 않게 했던 것이지만)는 한 사람이 그가 공격하려고 하는 저술들을 읽는 것이었다. 그리고 이 특별한 저술 연구계획의 과정 동안에, 아르미니우스는 그의 의도된 적수가 옳다고 생각될 수도 있다는 불안한 발견을 하였다. 그것이 그의 남은 생애를 형성했던 순간이었고, 세계 도처에 있는 교회 조직체들이 아직도 분명하게 그 일로부터 회복되지 않았다. 그의 적수들의 논쟁들은 강했다 – 하지만 쿠른헤르트는 이전에 정정당당하게 이 문제에서 행동했었고, 델프트(Delft)의 목회자들인 아놀드 코르네리츠(Arnold Cornelisz)와 레이니어 돈테클락(Reinier Donteclock)은 이전의 10년 동안 있었던 그의 논쟁에서 잠시 후에 타락전예정설(supralapsarianism)에 대한 그들의 신념을 포기했다.

이 무미건조한 다음절어(polysyllable)는, 그 용어가 아르미니우스와의 논쟁에서도 핵심이었는데, 하나님께서 각 개인이 구원을 받을 것인지 그리고 저주를 받을 것인지를 개별적으로 선택하셨을 뿐만 아니라 에덴동산에서 인류의 타락 이전에(참으로 창조의 역사 이전에) 이것을 결정하셨다는 개념이었다. 그래서 그가 타락 자체가 일어나도록 예정하셨다는 것이다. (하나님의 예정과 결정론적인 전 인류를 포함하는 타락전예정설 또는 타락후예정설의 대안은, 창세기 3장에까지 참된 인간의 자유 의지를 참작하는 것이다.) 우파(가톨릭)나 좌파(재침례파와 급진주의자) 모두에게 속한 자유의지론자들은 자유의지의 부정은 그것이 하나님을 죄의 최종적인 창조자로 만들기 때문에 불경한 것이라고 오랫동안 주장했다. 그 비난에 대한 칼빈주의자의 반박은 본질적이라기보다는 수사학적인 것이었다. 타락전예정설은 이전보다 더 어려운 반박을 얼마든지 만들어 내는 경향이 있었다.

쿠른헤르트는 분주한 사람이었지만, 에라스무스의 신약성경 본문을 네덜란드어로 번역하는 일도 착수했었다. 16세기 초반 내내, 네덜란드의 종교적 분열을 이용하는 일과 프랑스에서 일어났던 날카로운 양극화를 초래하는 일로부터 스페인을 충분히 보호해주었던 에라스무스파(Erasmian)의 지성이 존재했다. 네덜란드 가톨릭은 이러한 인문학적인 에라스무스파의 중용을 트렌트 종교회의(the Council of Trent) 이후에도 유지했으나, 동일한 전망에서 칼빈주의의 성장이 그 속도가 느려지고 또 쿠른헤르트와 같은 반대에 의하여 경감되어질 것이라고 확언했다. 개혁교회의 공적인 지위에도 불구하고, 그 회중들은 17세기 초반에조차도 네덜란드 북부 연합주(United Provinces)의 겨우 1/3 정도로 간주되었다.

훌륭한 베자의 신학에 대한 아르미니우스의 변호는 결코 나타나지 않았다. 그리고 그는 처음에는 타락후예정설(infralapsarian)의 관점으로, 그리고 1590년대에는 개별적인 예정 모두를 거절하는 쪽으로 움직였다. 한 번에 그와 같은 변화를 주장하는 것은 아르미니우스가 분발할 수 있는 것보다 더 많은 용기를 필요로 했다. 그러나 그 변화는 그의 로마서 주석을 통하여 나타났고,

그의 청중들 가운데 신학적으로 더 분별력이 많았던 사람들은 그의 정통성을 의심하기 시작했다. 그 다음 해에, 그는 그 서신의 7장 주석에서 바울이 그곳에서 죄와 투쟁하는 거듭나지 않은 사람의 (가설적으로 혹은 가정된) 인격을 말하고 있다고 제안함으로써 어려움을 자초했다. 아르미니우스는 벨직 신앙고백과 하이델베르크 신앙고백과 더불어, 에라스무스와 교회 교부들에게 호소하는 아르미니우스를 특별히 반대했던 플란키우스(Plancius)에 대항하여, 그 도시의 목회자들 앞에서 스스로를 변호해야만 했다. 플란키우스는 아르미니우스의 가르침이 펠라기우스주의(Pelagianism, 자신의 노력으로 구원받을 수 있다는 사상)와 소시니안주의(Socinianism, 그리스도의 신성을 축소하거나 부정함)와 관계있는 것이라고 고소했다. 후자의 고소에서, 아르미니우스는 참으로 그리스도에 관하여 '아우토테오스' (autotheos, 자신 안에서 그리고 스스로 하나님이신 바로 그 분)라는 용어의 사용을 거부하였고, 성자종속설(subordinationism, 성자가 성부보다 열등하다는 관점)로 기울어지는 경향성이 있었다.

플란키우스의 고소는 대부분 단순한 중상이었지만, 그 말다툼은 점점 더 끓어올랐고, 1592년 초에 아르미니우스는 장로회와 함께 하는 시의회 모임에서 그 문제를 해결하자고 제안했다. 당시에 목사였고 또한 아르미니우스의 처삼촌이었던 쿠흘린(Kuchlin)은 시의회가 그와 같은 교회 일들에 영향력을 끼쳐서는 안 된다고 답변했다. (그 엄격한 개혁주의 관점은 행정관의 의무가 교회를 유지하고 대중들이 그것에 충실하도록 강제해야만 하는 것이었고, 그 일들을 간섭하는 것은 아니었다.) 이 문제에 관한 분열은 다가오는 문제들의 표지였다. 칼빈주의자와 아르미니우스주의자는 신정주의자(theocrat, 교회가 국가를 지배하기를 원하는)와 에라스투스주의자(Erastians, 국가가 교회를 지배하기를 원하는)로 서로에게 보였다.

마침내, 1593년 5월, 아르미니우스는 그를 대항하여 분명한 죄명으로 고발되어야만 한다고 주장했다. 플란키우스는 판단이 적절한 말들을 사용하여, 비록 만족할 만큼은 아닐지라도 아르미니우스가 충분히 대답할 수 있었던 여러 가지로 고발을 했다. 공정하게 말하면, 그의 대적들은 이 점에 대해서 분노할 만한 실제적인 이유들을 갖고 있었다. 많은 사람들을 격노하게 했던 것들 가운데 하나는 아르미니우스의 연구방법이 솔직하지 않은 것이었다. 어떤 허점을 발견하기 위하여 그의 저작들을 자세히 살펴보는 것, 곧바로 자유의지에 대한 언급을 논쟁하거나 개별적 예정론에 관한 모호한 공격을 입증하려는 것은 헛되이 살피는 것이 된다. 모든 것이 불명료한 언어, 중용을 추구하는 권고들, 예정론의 외벽만을 공격하는 것 안에 감추어졌고, 넌지시 암시하는 것 외에는 거의 문제의 핵심에 다가가지 못했다. 그의 저작들은, 틀림없이 누구나 그것들을 찾기 위하여 그처럼 거대한 다변을 힘들여 연구해야만 하면서도 그것들을 찾아낼 수 있다는 사실을 전적으로 확신할 수 없었다. 그래서 그의 중요한 주장들에 동의하는 경향이 있었던 그와 같은 독자들조차도 좌절하게 거의 의도되어진 것처럼 보였다. 결과적으로, 아르미니우스는 공적으로 말해서는 안 되는 내용들을 사적으로 말하는, 즉 모든 사람들이 그의 참된 사상들이라고 알려진 것들을 교묘하게 회피하는 언어의 형태로 의중을 털어놓는 궤변적인 사기죄(Jesuitical deception)로 고소되었다.

유사하게, 아르미니우스의 칼빈주의에 대한 공격은 "천 가지의 자격조건들을 요구하는 것으로 영향력을 약화시키는" 은밀한 공격이었다. 그의 주요한 목적은 칼빈 자신이 그것들을 과연 가르쳤는지에 대한 것이었는데, 그것은 (종종 격앙된) 논쟁의 문제로 남아있는 두 가지 교리에 관한 것이었다. 그것은 타락전예정설과 제한속죄(limited atonement)였다.

전자는 우리가 이미 설명했다. 후자는, 어쨌든 신약성경에서, 그리스도께서 인류 전체를 위하여 돌아가신 것이 아니고 예정된 선택받은 사람들만을 위하여 돌아가셨다는 사상이다. 그러므로 속죄는 그 목적과 효과(물론 칼빈주의 신학에서 언제나 일치하는 신적인 목적과 효과)에 있어서 이러한 사람들에게 제한적이다. 이 논리(혹 그 불안정한 전제를 받아들인다 하더라도, 이것은 명확히 논리적이다)는 이 세상이 있기 전부터(또는 창세기 3장부터라는 견해를 따를 수도 있고) 하나님께서 예정하셨던바 저주하신 자들의 죄를 위해서 그리스도께서 돌아가실 수는 없었다는 내용이다. 그렇다면 그리스도께서 그들을 위하여 헛되이 죽으셨을 것이기 때문이다. 반드시 기억해두어야만 하는 것인데, 칼빈주의의 세계는 그 안에서 하나님의 뜻이 언제나 이루어지는 곳이다. 참으로, 그곳에는 오직 하나의 실제적인 행위자가 있는 곳이다. 그러므로 만일 그리스도께서 어떤 사람을 위하여 돌아가셨다면, 그 또는 그녀는 반드시 구원을 받아야만 한다는 가르침이 제기된다. 그러나 사실 모두가 구원받는 것은 아니다. 그리스도께서 고의적으로 모든 사람을 위하여 돌아가실 수는 없고, 예정된 그들만을 위하여 돌아가셨다는 결과가 뒤따라 나타난다.

칼빈이 이러한 입장들을 주장했는지 아닌지의 문제 – 때로 피가 엎질러진 많은 잉크와 뒤섞일 수 있는가의 질문 – 는 뒤로 하고, 두 가지 문제는 매우 명백하다.[8] 첫째로, 그의 후계자들은 그렇게 했다. 칼빈의 사후에 제네바에서 베자와 다수의 개혁자들, 그리고 청교도 저자들은 이러한 사상들을 가르쳤다. 둘째로, 그것들은 스스로 근거로 삼고 있었던 전제들로부터, 즉 모든 현상들의 첫 번째 원인이 되시는 하나님에 대한 난해하고 철학적인 관점과 또 성경의 많은 부분들을 의인화(擬人化, anthropomorphism)해서 읽어야만 하는 경향성으로부터 매우 논리적으로 신봉된다. 분명히, 하나님에 관하여 말하기를, "너희는 장신구를 떼어 내라 그리하면 내가 너희에게 어떻게 행할 것인지 정하겠노라"(출 33:5), 또는 그분의 마음을 변화시키는 말씀(출 32:14; 욘 3:9-4:2), 또는 그분의 "인내"에 관한 언급 – 그리고 그 외에도 많다 – 은 칼빈주의자들의 판단에서는 문자 그대로 어떤 것을 의미할 수는 없다. 그래서 그것은 사람들의 대화의 방식을 따르는 단순한 "적응"(accommodation)이 될 뿐이다.

(아무리 빈틈없는 형태일지라도) 개혁자들의 예정 교리를 대항하는 관점들과 구성들로 전환함으로써, 아르미니우스는 네덜란드 개혁교회를 혼란에 빠지게 하였다. 그는 후원자가 있었기 때문이다. 라이덴 대학교(University of Leiden)의 신학교수들 가운데 한 사람이었던 트렐카티우스(Trelcatius)가 1602년에 역병으로 사망했을 때, 그 대학의 평신도 평의원들과 아르미니우스의 친구 위텐보가에르트(Wtenbogaert)는 아르미니우스의 입장에 속한 제안을 확고히 했다. 아르미니우스는 처음에 받아들이기를 주저했지만, 고-칼빈주의자들(High Calvinists)이 교수로서 그의 순전한 가능성에 대하여 소란을 일으켰기 때문에, 그는 마침내 교수 임용을 거부하는 것이 이단사상을 받아들이는 것과 동등한 것일 수도 있다고 최종적으로 결론을 내렸다.

즉각적으로, 아르미니우스는 그의 가장 신랄한 적수와 한 우리 안에 갇혀 있는 자신을 깨달았다. 프란시스 고마루스(Francis Gomarus)는 정교수였고, 실패했지만 그의 임명을 막고자 노력했다. 불화는 아르미니우스가 구약을 강의하는 과정에서 신약-그것은 선임자의 특권 때문에 고마루스의 가르침의 분야였다-을 언급했었는지에 관한 고마루스의 불평과 더불어 급속히 발전했다.

학생들이 그들의 마음에 아르미니우스의 사상에 속한 인상을 가지고 그 대학을 졸업하면서, 그때부터 교회 안에서 이러한 사상들이 회중들에게 전해졌고, 그러므로 칼빈주의 정통파의 근심은 커져만 갔다. 따라서 1607년에 한 모임이 국가적인 대회를 준비하기 위하여 소집되었다. 많은 사람들은 벨직 신앙고백과 하이델베르크 신조의 정확한 신학적인 지위 그리고 그것들과 성경과의 관계를 논의할 수 있는 기회를 원했다. 보게르만(Bogerman)은 한 걸음 더 나아가 성경 자체가 신조들을 따라서 해석되어져만 한다고 주장했던 반면에, 고마루스는 신조들은 2차적인 기준이라고 주장했다. 아르미니우스가 이후에 위텐보가에르트(Wtenbogaert)에게 "그들이 이 두 가지 인간의 작품들을 정경화하기로 결정되었다는 것을, 어떻게 사람이 보다 분명하게 언급할 수 있는가?" 하고 쓴 것과 마찬가지였다. 만일 이 방침이 지속적으로 추구되어졌다면, 종교개혁 그 자체는 불가능했을 것이다. 아르미니우스와 그의 친구들은 그 문서들을 믿음의 규칙으로서가 아닌, 그들이 가르치지 말아야 하는 것들을 대항하는 의견의 일치를 본 정칙으로 받아들이는 그들의 준비를 선포했다.

그 다음 해에, 아르미니우스는 새로운 고소들에 대항하여 자신을 방어해야 하는 지속적인 요구에 지쳐 있었다. 그가 자신의 탓으로 돌려진 견해들을 주장하지 않았기 때문에, 논문들은 그가 중상모략한다고 간주했던 그의 가르침을 명백히 설명하는 의도를 가지고 회람되어졌다. 그러므로 4월에, 그와 위텐보가에르트는 네덜란드 정부에, 국가적인 대회가 열릴 수 있도록 청원하는 한 청원서를 제출했다. 시의회는 고마루스와 아르미니우스의 분쟁을 해결하기 위하여 그들을 헤이그(Hague)로 소환했다. 언제나처럼, 고마루스는 그와 같은 문제들에 대한 의회의 권한을 부정하면서, 그의 사건을 변호하는 일을 거부하는 것으로 시작했다. 의회는 이러한 요구를 그들이 인내해야만 하는 의무로 받아들이면서, 그것들의 시비를 결정하기 위해서가 아니라 단순히 그 차이점들이 무엇인지 알기 원하는 요구를 하는 것이라고 매우 정확하게 답변했다.

몇 년 동안이나 격앙된 논쟁들이 사납게 휘몰아쳤음에도 불구하고, 행정관들은 혼돈의 상태를 잘 유지하고 있었다. 아르미니우스가 지속적으로 평화, 신중함, 그리고 정통을 위한 바램을 표명했던 배후에서, 칼빈주의자들은 그의 모호한 언급들과 변화하는 견해들이 지역적으로 우세한 정통주의와 화해가 불가능한 그의 차이점들을 방어하는 일에 사용되고 있다는 매우 정당한 주장을 해야만 했다. 1609년 7월, 아르미니우스가 죽기 3개월 전, 그는 베자를 만족하게 할 수도 있는 말로, "사람이 때에 맞춰 혹시 부르심을 받는다고 하는 것은, 영원으로부터 부름을 받기로 예정되었다는 것이다. 그리고 그것은 그가 예정을 받았다는 그 상태, 시간, 장소, 그리고 그 양식으로(in), 또한 어떤 효과와 더불어(with) 부름을 받기로 예정되었다는 것이다"라고 주장했다. 성령께서 어떤 방식으로 회심에 영향력을 행사하시는 것인지 말할 수 없다고 그가 덧붙여 말했기 때문에, 추측하건대, 그는 자유의지를 허용하는 어떤 의미에서 자신의 말들을 설명했던 것이다.

아르미니우스가 사망한 그 해에, 그와 고마루스가 예정론의 주제에 관하여 서로 맞섰던 1604년의 논문들의 번역은 서로 대항하는 양측 사이에서 길고도 신랄한 소책자 전쟁을 시작하게 했다. 연합주(United Provinces)는 스페인과의 12년 휴전이 체결된 것이 1609년 같은 해였기 때문에 처음에 이 논쟁이 충분한 공적인 투쟁이 되도록 허락할 만큼 여유가 없었다. 그 휴전은 정치적인 의견 차이들을 허용했고, 한낮의 햇빛처럼 드러나는, 전시동안에 있었던 생존을 위한 싸움을 가려주었다.

중요한 분열은 지난 전쟁에서 성공적인 군대 지도자였던 나소의 모리스(Maurice of Nassau)와 평화를 가져오기 위하여 노력했던 올덴바르너벨트(Oldenbarneveldt the Advocate) 사이에 있었다. 아르미니우스주의자들은, 어떤 강한 신학적 확신들에 대한 분명한 결핍 때문에 아르미니우스 분파의 자유로운 경향성들로 기울었던 올덴바르너벨트와 자연스러운 동맹으로 – 그의 말년에 이르기까지 – 이끌려갔다. 반면에 강경노선의 칼빈주의자들은 호전파(war party)의 중심축을 형성했고, 그들 중의 다수는 남네덜란드 사람들이었다. 그들은 원래 엔트워프(Antwerp)에 있는 그들의 본토 지역과 그 환경에서 해방되지 않은 상태였고, 그들의 믿음은 가톨릭의 폭정과 관련된 스페인의 전형

(全形)에 대항하는 어떤 휴전에도 비우호적이었다.

위텐보가에르트는 만일 평화의 도래가 (아무리 일시적일지라도) 국내에서 나타나는 정치적인 의견 차이들을 허용한다면, 새로운 상황들이 신학적인 의견 차이들을 위한 여지를 또한 허용하리라고 생각했다. 1609년 여름에 그는 루터와 칼빈의 예정론에 대한 가르침이 단지 사람들이 공로로 구원을 받을 수 있거나 자신들의 능력으로 하나님의 은혜에 도달할 수 있다는 사상을 제거하려는 그들의 바램으로부터 유래되어졌다고 주장했다. 그는 이제 그와 같은 개념들이 일소되었다는 것은 분리주의나 이단이 되지 않을 수 있는 예정론의 주제에서 개신교 사이의 의견 차이를 위한 여지가 있는 것이라고 주장했다.

위텐보가에르트는 네덜란드 국회에 그들의 지위에 관한 변호를 입안하려는 목적으로, 아르미니우스주의 지지자들의 모임을 고우다(Gouda)에 은밀하게 소집했다. 그들의 두 가지 이의신청은, 조금도 과장하지 않고, 다소간 서로간의 긴장 관계에서 나타났다. 한편으로, 그들은 자신들이 종교적인 새로운 혁신을 바라는 것이 아니고 고마루스주의자들의 칼빈주의 형태가 혁신적인 것을 불평할 뿐이라고 주장했다. 다른 한편으로, 그들은 교리문답과 신앙고백의 개정을 위한 (즉 변화를 위하여) 국회의 지시가 실행되어져야만 한다고 주장했다.

1610년 1월 14일, 위트레흐트(Utrecht)에서 온 세 명의 다른 사람들 때문에 다소 늦게 모여진 43명의 설교자들이 모임이 있었고, 그들은 아르미니우스의 제안들을 다섯 가지 요점들로 요약한 유명한 항의서(Remonstrance)를 출판했다. 이것들은 선택이 "그리스도 안에"(in Christ) 존재함(그래서 그 필연적인 결과로서 개별적인 것은 아니었다): 우주적인 속죄, 인류의 잃어버려진 상태와 중생의 필요성: 선행적이고 협력하는 은혜 모두의 필요성, 구원의 상태에 관한 (불가항력적인 것은 아닌) 견인에 대한 필요성을 가르쳤다.

이 마지막 항목에서, "우리가 우리의 마음으로 충분한 확신을 가지고 그것을 가르칠 수 있다고 하기 이전에, 이것은 반드시 성경의 보다 정확한 탐구에 종속되어야만 한다"고 주장하면서, 항의서는 솔직하게 모호한 것이 되었다. 그러나 교회에서 아르미니우스 설교자들은 외향적이었고 또 솔직하게 은혜로부터 타락할 수 있는 가능성을 설교했다.

항의서 그 자체는 서명으로 승인되지 않았지만, 에피스코피우스(Episcopius)와 그로티우스(Grotius)의 저작들에 나타났던 것으로 일반적으로 제기된다. 에피스코피우스는 아르미니우스의 가장 유능한 학생들 중의 하나였던 시몬 비스콥(Simon Bischop, 1583-1643)의 이름으로 추정되었는데, 그는 당시에 그 분파의 인도자로서 알려졌다. 그로티우스는 15세의 나이에 박사 학위를 수여받은 훌륭한 법률가였던 그루트의 휘그(Huig de Groot, 1583-1645)에 의하여 취해진 이름이었다. 그들의 적수들이 보기에, 그들보다 조금 못한 지도자는 콘라드 보르스티우스(Konrad Vorstius, 1569-1622)였다. 그는 레이던(Leiden)에서 아르미니우스의 후계자로 임명되었다. 1610년에 그의 하나님에 관한 연구방법(Tractatus de Deo)은 이성주의 때문에 폭넓게 공격을 받았고, 영국의 제임스 1세는 그 저자가 불꽃을 함께 공유할 수 없다는 것만을 후회하면서 그 책의 사본들을 불태우라고 명령했다.

자연신학의 영역이 뒤따라 일어났던 여러 해 동안에 그 논쟁은 확산되었다. 많은 수고가 바울이 하나님께서 그의 창조를 통하여 인식되어지고 경배를 받으실 수 있다고 가르친다는 로마서 1장의 구절을 분석하는 일에 사용되었다. 칼빈주의자들은 이것이 자연세계에 속한 존재들로부터 하나님의 존재를 단순히 이지적인 연역적 추론으로 언급한 것이라고 주장했다. 그 연역적 추론의 유일한 목적은 각 사람을 하나님 앞에서 변명하지 못하게 하려는 것이었다. 아르미니우스 신학자들은 그와 같은 지식이 그 자체로서 은혜의 통로이고, 사람들은 그것에 의하여 생활의 보다 도덕적인 양식에 도달해서 그들이 구세주를 필요로 하는 것을 이해하고 그리스도의 말씀사역을 미리 준비할 수 있다고 반박했다.

아르미니우스주의자는 부분적으로 그 지지자들을 고위 정치 계급과 연합주(United Provinces)의 성공한 시민들 가운데서 얻었다. 마치 교회와 스페인을 향한 대양 정책(무역에 유익한) 전체에서 세속적 정치의 지배에 대한 에라스투스주의자들(국가만능론자들)의 관점이 그랬던 것처럼, 보다 자유적인 신학은 그들을 위하여 호소했다. 칼빈주의자들의 신조들이 종종 나타냈던 그 매력 없는 표현형식에도 불구하고, 그들은 보다 많은 대중적인 지지를 얻었다. 지속되는 신학적인 논쟁은 이 정치적인 분열에서 도저히 풀 수 없는 뒤얽힌

올덴바르너벨트(Oldenbarneveldt)의 처형. 국립 도서관(Koninklijke Bibliothek), 네덜란드〉

것이 되었다. 올덴바르너벨트와 그의 분파는 비애국적으로 그려졌다. 1618년 후반, 도르트 회의(Synod of Dort)가 결과적으로 소집되었을 때, 아르미니우스의 신조들에 유죄를 판결하는 일은 이미 분명했다.

아르미니우스주의자들이 가장 강했던 네덜란드의 위트레흐트는 가능하다고 생각되는 결과를 예상하면서, 이제 대회의 소집에 대하여 스스로 입장을 번복하였고 또 그들이 할 수 있는 동안 그것을 반대하여 계속 저항했다. 1618년 이른 초기에, 올덴바르너벨트는 어리석게도 위트레흐트에 있는 지역 시민군의 지배권을 장악하려고 시도했다. 그러나 그 시도는 초기에 나소의 모리스(Maurice of Nassau)에 의하여 좌절되었다. 올덴바르너벨트는 그 다음 해에 처형되었고, 대회에 가장 강력한 때맞춘 정세를 준 것은 이 조치였다. 국가의 미래, 국가적인 안정, 그리고 네덜란드 개혁교회의 일치가 모두 위태로운 상황이었다.

비록 스위스, 영국, 스코틀랜드, 헷세, 그리고 팔라틴에서 온 대표자들의 참석이 고마루스주의자의 교리에 속한 강경한 노선이 대회에서 채택되지 않을 것을 보장했지만, 그것은 또한 아르미니우스주의가 거부되는 것을 보장했다. 이 거부는 부분적으로 아르미니우스파의 잠재적인 자유주의를 올바로 간파한 결과였고, 부분적으로는 그 시대에 속한 정치에서 그들의(지는 쪽) 분규의 결과였다.

고마루스주의자들은 항의서가 출판된 후 곧바로 도르트 회의가 광범위하게 지지했던 반-항의서(Counter-Remonstrance)로 아르미니우스주의자들에게 응수했다. 그래서 아르미니우스주의의 다섯 가지 요점들은, "TULIP"이라는 두문자어(acronym) 영어로 기억되고 있는, 칼빈주의의 다섯 가지 요점들로(보다 더 유명한) 대답되었다. 요약하면, 전적인 타락(Total depravity), 무조건적인 선택(Unconditional election), 제한 속죄(Limited atonement), 거부할 수 없는 은총(Irresistible grace), 성도의 견인(Perseverance of the Saints)이다.

인간의 삶과 존재의 모든 양상이 죄에 의하여 오염되었다는 것을 부정하는 어떤 신학이라도, 추측상, 이단의 심각한 위험에 처할 것이다. 그렇지만 칼빈주의자들이 '전적인 타락' 교리에서 의미했던 것은 전체적으로 보다 침울한 것이었다. 모든 사람들이, 그들의 본성에서, 너무 부패되어서 그가 혹은 그녀가 중생을 바라거나 믿는 일을 선택하는 일조차 불가능하다는 것이다. 만일 누군가 실제로 믿는다면, 그렇다면, 그때에 그 믿음은 그 자체로 그 사람에게 주어진 하나님의 은사임이 분명하다.

'무조건적인 선택' 은 하나님께서 어떤 조건도 없는 – 믿음조차도 아닌 – 기반 위에서 구원할 어떤 개인들을 선택하셨다는 개념이다. 만일 한 사람이 믿음을 소유하고 있다면, 그때에 그것은 그 또는 그녀의 선택에 대한 원인이 아니고, 그것은 단지 그것의 '표지' (sign)일 뿐이다. 하나님으로 하여금 저 사람보다 이 사람에게 그것을 주도록 원인을 제공하는 조건은 아무것도 없다. 칼빈이 한 번 말했던 것처럼, 만일 하나님께서 당신을 선택하셨다면, 그것은 당신의 멋있는 파란 눈 때문은 아니다. 그러나 만일 그것들 때문이 아니라면, 그렇다면 확실하게 무엇을 위해서일까? 누군가 정당하게 우리는 하나님께서 왜 저 사람보다 이 사람을 선택하시는지 알 수 없다고 말할 수 있지만(즉 그것은 하나의 신비이다), 그것이 "아무 조건"(no condition)도 – 전혀 우리에게 알려지지 않은 조건 – 없는 것은 아니다. 그렇지만, 말하자면, 문자적으로 조건이 전혀 없다는 것은 거의 무의미하다. 사실상, 구원은 일정하지 않은 것이고, 또 하나님의 개별적 특성은 (세 개의 개별적 특성은 고사하고) 손상되어진다.

'제한적 속죄' 는 재미있는 역사를 가지고 있다. 칼빈주의자와 청교도의 사고방식에서 회심의 과정 속에 있는 사람은 단순히 그리스도께서 죄를 대신하여 돌아가신 구세주였다는 것이 아니라, 그 또는 그녀가 그리스도께서 위하여 돌아가신 그 무리들 가운데 존재하고 있다는 확신을 얻지 않으면 안 되었다. 이 후자의 조항에 속한 확신은, 명백히, 전자에 의해서보다는 더 확실하게 나타나는 것이어야만 했다. 어떤 사람들은 그러한 방식으로 전혀 나타나지 않았다. 많은 사람들은 절망하여, 그들의 죄들을 회개하고 복음의 본질적인 모든 신조들을 믿으면서 죽었다. 그러나 그럼에도 불구하고 그들은 자신들이 개인적으로 저주받기로 예정된 사람들 가운데 있다고 확신했다. 칼빈주의 목회자들은, 교구민들이 어쨌든 확신을 얻도록 돕기 위한 그들의 시도에서, 그들 자신의 신조에 속한 피할 수 없는 결과였던 이것을 회피하기 위하여 모든 논리적 훈련의 방식을 되짚어야만 했다. 절망적인 사람들은 소수였고, 대부분, 사람들은 고칠 수 없을 정도로 긍정적이었다. 그리고 대부분의 사람들은, 몇 달이나 혹 몇 년이 지난 후, 그들이 결국 그리스도께서 위하여 돌아가신 소수 가운데 있다고 그들 스스로를 그럭저럭 설득하였다. 그 경험은 개혁자들의 전통에서 회심을 무엇인가 길고도 지루한 일 – "순간적인 회심"(instant conversions)을 어쨌든 필연적으로 위조인 것처럼 의심하는 – 로 만들었다.

'거부할 수 없는 은총' 은 단순히 앞에 있는 신조들에 속한 당연한 결론이었다. 만일 하나님께서 한 사람을 구원하시기로 작정하신다면, 그 때에 그 또는 그녀는 저항할 수 없고 다만 구원이 되도록 설득되어진다.

다섯 가지 요점들 가운데 마지막인 '성도의 견인'은 한 때 은혜의 상태에 있는 한 사람은 절대로 결과적으로 잃어버려질 수 없다는 개념이다. 만일 하나님께서 특정한 사람들을 구원하시기로 예정하셨다면, 그들은 구원받지 않을 수가 없다. 그렇다면, 명백하게 타락하는 그 사람들은 어떻게 되는 것인가? 그와 같은 경우들은 우리가 우리 자신의 판단의 증거를 신뢰할 수 없고, 그래서 먼저 그들이 (과거에) 참되게 회심한 것이 절대로 아니었다는 것을 보여준다. 그 다음으로 그것은 그 누구도 다른 누구의 구원받음에 관하여, 다만 그 또는 그녀 자신을 제외하고, 알 수 없다는 것을 보여준다. 한 그리스도인이 확신할 수 있는 참된 신자들의 숫자는 정확히 하나이다. 그러므로 신자들의 교회들(Believers' churches)은 불가능하고, 교회는 필연적으로 구원받은 사람들과 구원받지 못한 사람들의 집합체가 된다. 교회들은 회원의 자격으로 구원받음을 요구할 수 없다. 그들은 단지 복종과 외적인 순종만을 요구할 수 있을 뿐이다.

이 마지막 조항에 따라서, 에피스코피우스(Episcopius), 볼스티우스(Vorstius), 그리고 다른 사람들이 네덜란드에서 추방을 당하였다. 1621년 그로티우스는 가까스로 파리로 피했지만, 그는 1618년에 무기형으로 투옥되었다. (물론 프랑스 당국은 그들에게 속한 개신교도들에게 주어졌던 신앙의 자유를 최소한으로 줄이는 과정에 있었지만, 전반적으로 그들은 네덜란드 정부와 칼빈주의에 대하여 그와 같이 스스로 문제를 일으키는 사람들의 경우에는 특별히 용납할 준비가 되어 있었다.)

그러나 1625년, 나소의 모리스의 죽음에 뒤이어서, 아르미니우스주의자들은 네덜란드에서 종교의 자유에 대한 지위를 허락받았고, 1630년 암스테르담에 한 교회를 그리고 4년 후에는 신학교를 건축하였다. 그들은 한 교파로서는 전혀 크게 성장하지 못했다. 그들이 소시니안들(Socinians)과 같은 유사성을 갖기 시작할 때까지, 에피스코피우스는 그리스도를 도덕적인 모범으로, 그리고 삼위일체를 상징적으로 강조하면서, 전반적으로 보다 더 이성주의적인 방향으로 그들을 인도했으며, 그것으로 한 세대 이전에 있었던 그들의 대적들의 비난을 변호하였다.

'아르미니우스주의' (Arminianism)는 자유의지를 단언하는 것과 동의어로 남아 있다. 그러므로 아르미니우스가 어떤 것이라도 단언하는 것에 대하여 신중했다는 것은 흥미로운 일이다. 우리가 보았던 것처럼, 그의 자유의지에 관한 의견은 본성을 자유화하는 일과 귀에 거슬리는 엄격한 칼빈주의의 대한 비관론을 경시하려는 바램에서부터 유래했다. 그것은 재침례파들의 복음주의적인 자유의지와 거의 공유하는 것이 없으며, 많은 가톨릭교와 개신교 고교회파의 반펠라기안주의(semi-pelagian)와도 그렇다. (하지만 이것들 가운데 개신교 고교회파는, 영국에서는 적어도, 보통 "아르미니우스주의"라고 불려졌다.) 결과적으로 아르미니우스는, 칼빈과 다른 신학자들처럼, 하나님과 함께 이것을 많이 공유하고 있다; 그것은 그의 이름이 진지한 목적을 자극시키기 보다는 대부분 더 자주 함부로 경솔하게 인용되고 있다는 것이다.

제5장

교파들 내부의 분쟁:
가톨릭과 동방정교회

논쟁과 끊임없는 분열의 경향성이 개신교의 피할 수 없는 죄라고 가톨릭과 동방정교회에 의하여 – 그때에도 그랬던 것처럼 – 지금도 계속 주장되고 있다. 1517년으로 되돌아가서, 그들은 바로 그 기원이 종파분리론자였던 신앙의 한 형태에서 우리가 도대체 무엇을 배울 수 있는가를 질문한다. 물론 이러한 주장의 노선은 가톨릭과 동방정교회가 서로 간에 오랫동안 분열되어 있었다는 사실을 간과한 것이었다. 그것은 또한 동방에서 있었던 다양한 분열에서 사람들의 시선을 회피하는 것이었다. 그리스도 단성론자(monophysite), 네스토리우스주의(Nestorian), 그리고 다른 교파들 그 모두가, 가톨릭이나 동방정교회처럼 사도들로부터 직접적인, 지속적인 연속성을 갖고 있는 "하나의 참된 교회"(one true church)라고 주장했었다. 더 중요한 것은, 로마가톨릭과 동방정교회 모두의 성찬식이 우리 시대 내내 내부적인 분쟁으로 둘러싸여 있었으므로, 우리가 지금 주의를 돌려야만 하는 것은 그와 같은 투쟁들이다.

로마 가톨릭교회

16세기와 그 이후의 거의 대부분의 시간동안, 종교개혁이 서로 저주하고 파문하는 분파들의 제어할 수 없는 분출을 선도했다는 것이 가톨릭이 지속적으로 반복하는 상투어였다. 다른 한편으로, 가톨릭 전체에 걸쳐 있었던 다른 의견이나 또는 충성의 차이점들은, 지금처럼 그때도, 제도적으로 로마 가톨릭 교회 내에서 경쟁적인 집단들(bodies)로 포용하였다. 이와 같은 더 뛰어난 경향이 개신교보다 더 많이 가톨릭교회에 도덕적이거나 영적인 유익을 과연 주는 것인지의 여부는 논란의 여지가 있을 것이다. 그러나 그것이 로마 가톨릭 교회가 16세기 후반부와 17세기 초반부 시기 동안 보여준 악감정과 신랄함의 죄를 면하도록 인정하는 것은 아니었다.

긍정적인 면에서, 반종교개혁(Counter-Reformation)의 자극은 필요한 자질을 갖춘 새 분파들을 많이 만들었다. 교회의 생명력을 새롭게 하는 추진력은 세속적인 성직자들, 수도사들, 평신도들 사이에서 똑같이 새로운 경건의 급격한 증가를 촉진했다. 캐퓨친수도회(Capuchins), 예수회(Jesuits), 테아티노수도회(Theatines), 우르술라수녀회(Ursulines), 신애기도회(the Oratory of Divine Love) 등 이 모든 개혁과 갱생의 도구들이 트렌트 종교회의(the Council of Trent) 이전의 몇 년 동안에 즉각적으로 설립되었다. 그 종교회의 다음의 몇 년 동안 점점 증가하고 전진하는 그들의 활동을 볼 수 있었다.

갱신 운동들

어떤 경우들에서, 새로운 운동들은 방종하고 부패했던 이전의 질서들로부터 도피하거나 그것들을 새롭게 하는 시도들을 의미하였다. 그와 같은 경우가 카르멜파(Carmelite)의 수녀인 아빌라의 테레사(1515-1582, Teresa of Avila)의 경우였는데, 그녀는 1550년대 중반부터 환상을 보는 신비주의자가 되었다. "신앙인들이 그들이 행해야 하는 것처럼 살고 있을 때, 교회가 현 상황에서 존재하는 것은 놀라운 일이 아니다"라는 그녀 자신의 언급을 따라 행동하면서, 그녀는 1562년에 아빌라에서 카르멜파의 초기 규칙을 준수한다는 새로운 언약을 세웠다. 1560년대 후반까지, 그녀는 수녀들과 탁발수사들을 위하여 다른 수도원들을 세우는 일에 착수했다. 전체 가톨릭교회 내부에서의 갱신을 위한 전투의 축소판으로서, 그녀의 수도회와 맨발의 (또는 신발을 신지 않은) 카르멜파는 신발과 게으름을 그대로 두기를 선호했던 비개혁적인 자들과 무시할 수 없는 투쟁을 겪어야 했다. 디킨스 교수는 이 비개혁적인 자들을 "신성함으로 인정받은 열광의 특별한 입장을 갖고 있는 여성들을 험담하는 우아한 쉼터"와 같은 것으로 유쾌하게 묘사했다.[1]

그 투쟁에서 테레사의 주요한 지원자였던, 그녀의 동료 신비주의자인 십자가의 요한(1542-1591)은 1577년 그의 적수들에 의하여 체포되었고, 톨레도(Toledo)의 카스티야(Castilian) 도성에 감금되었다. 9개월 동안의 잔인한 학대 후에 그는 탈출했고, 신발을 신은(shod) 그리고 신발을 신지 않은(unshod) 카르멜파 사이의 결별은 1579-1580년에 일어났다. 그러나 요한의 고난은 완전히 끝난 것이 아니었다. 그의 생애 마지막 해에, 그는 자신이 설립을 도왔던 교단에 속한 주교대리(Vicar General)의 진노를 초래했고, 안달루시아(Andalusia)로 추방되었다. 거기에서, 그는 다시 거친 대우를 받았고, 병으로 사망했다.

테레사의 『완전의 길』(*Way of Perfection*)과 『내면의 성』(*The Interior Castle*)은, 요한의 『영적인 찬송』(*Spiritual Canticle*)에서처럼, 큰 영향을 미치는 영적인 안내서로 남아 있다. 그의 『영혼의 깊은 밤』(*Dark Night of the Sou*l) 역시 세상 끝까지 영향을 주고 있다.

테레사와 요한이 모두 중요한 문학적 유산들을 남긴 것이었다면, 만일 스페인의 종교재판이 그 저자들과 더불어 그것들을 다소간 뒤져보는 시도를 하지 않았을 경우에, 그 종교재판은 충분히 그 기능을 다하지 못한 것이었다. 테레사 자신은 그녀의 스승처럼 1575년에 이러한 방식의 작은 충돌을 빚었다. 그녀의 스승인 도미니크회 도밍고 바네즈(Domingo Banez)는 신중하게 그녀의 『생애』(Life)를 – 1562년까지의 기간을 망라한 자서전 – 종교재판관들에게 전해주었다. 감사하게도, 그들은 그 저자를 평온하게 내버려두었지만, 그녀의 사망 후 4년이 될 때까지 그 책이 출판되는 일을 저지했다.

동료 신비주의자들인 루이스 데 그라나다(Luis de Granada, 1504-1588)와 루이스 데 레온(Luis de Leon, ca.1528-1591)은 매우 가혹한 대우를 받았다. 처벌의 경감을 위해, 종교재판관들의 보고서가 건강이 좋지 않았던 후자에게 "적당한 분량의 고통"만 가해질 것을 추천하는 일이 언급되어야만 했다. 그와 같은 "완화"이 4년이 지난 후의 1576년 그의 석방에서, 루이스 데 레온은 살라망카 대학(University of Salamanca)으로 의기양양하게 돌아왔고, 이후에 그곳에서 교수로 지내면서 줄곧 그로 하여금 인간성에 대한 유쾌한 감사를 얻게 했던 말들("내가 어제 말했던 것처럼...")로 그의 교수과정을 다시 시작했었다. 2)

종교재판소

스페인이 대부분의 16세기 후반부와 17세기 전반부의 신비주의(mysticism)의 발상지였다면, 그것은 또한 종교재판소의 발상지였다. 이 종교재판소는 하나님을 무아경속에 체험하는 일과 이단 사이에서 예리한 노선을 파악하였다. 그 경고는 특히 여성들에게 적용되었는데, 그들의 신비적 체험들은 일반적으로 "그 시대의 계몽된 사람들(Alumbrados, enlightened ones)의 발견이었고, 그들은 딸들을 그들의 아버지로부터, 그리고 아내들을 그들의 남편으로부터, 그들에 대한 섬김과 순종으로부터 분리시켰다."3) 분명히 어떤 여성 신비주의자들은 그들의 신탁의 유포를 통하여 사회적인 영향력이 있는 특별한 신분을 얻었다. 수도회 안에 살았던 수녀들은 자신들이 속한 기관들로 인하여 어떤 사회적 신분에 포함될 수가 있었지만, 무아지경의 신탁으로 나아갔던 '복자들' (beatas, 자신의 집에서 홀로, 헌신된 삶을 사는 여성들)은 사회질서를 뒤엎을 우려가 있는 것으로 보였다. 그와 같은 여성들이 삶 속에서 그들에게 적당히 합당한 영역에 도피하는 이러한 경향성의 가장 놀라운 사례 중에 하나는 카탈리나 데 예수(Catalina de Jesus)였는데, 그녀는 세빌랴(Seville)에서 17세기 초반에 설교했고, 예언했으며, 저술했다. 그녀는 1627년 그녀의 성공을 멈추게 했던 종교재판 이전에 거의 칠백 명 정도의 헌신된 추종자들을 얻었다. 그녀는 병원에서 6년 동안 지내야만 하는 선고를 받았다.

물론 종교재판소는 도미니크회에 의하여 조직되었다. 그들은 예수회의 도래 이전에 가톨릭교회의 주요한 단 하나의 학구적인 훈육 분파였다. 종교재판관들의 영향력 있는 가설 – 하나님에 대한 대화는 지력을 요하는 유희였고, 교회는 사회를 통제하는 수단이었는데, 그 양자의 경계를 깨트리려고 위협하는 하나님을 실제로 경험했다는 주장들이 그 수단이었다는 것 – 은 너무나 자주 현대 역사가들에 의하여 공유되는 것이다. 이것들 가운데 하나는 이 시대에서 대부분의 그와 같은 황홀경의 체험이 수녀들 사이의 성적인 억제의 결과였거나 교회적인 가부장제를 거부하는 비수녀원적인 복자들(beatas)에 의한 시도였다는 제안이 최근에 발표되었다.[4] 왜 16세기 후반과 17세기 초반의 스페인은 이와 같은 승화된 성욕의 축제와 성적 반란에서 – 수도원들과 수도회들이 천년이 넘도록 독신주의였고(적어도 의도에서는), 모든 세계가 1970년대까지도 가부장제였다 – 주인역할을 했는가의 질문은 이전의 그와 같은 설명들을 따르면 불가사의한 것으로 남아 있다. 우리는 대안적인 가능성, 즉 하나님과의 만남에 속한 것을 적어도 진지하게 받아들여져야만 한다고 주장할 수는 있을 것이다.

은혜와 인간의 주도권

16세기 후반과 17세기 초반 동안에 은혜와 인간의 주도권에 관한 로마 가톨릭교회를 둘러싼 더 중요한 논쟁들 가운데 하나는 네덜란드 개혁 교회 안에서 칼빈주의와 아르미니우스주의 사이의 논쟁을 반영했다. 가톨릭교회 안에서, 가장 주요한 역할은 도미니크회와 예수회였다. 그들 모두는 교회 안에서 지식인들의 충성을 얻으려고 노력했던 주로 가르치는 교단들이었다. 그들의 박식하고 지속적인 충성을 확실하게 하기 위하여 이미 믿은 신자들에게, 새로운 세대가 이단에 속한 이질적인 양상들로부터 그들 자신과 그들의 조국을 구원하도록 개신교와 가톨릭 사이에 있는 국경지방의 거주자들에게, 그리고 아프리카나 아시아 그리고 아메리카의 새롭게 정복한 땅에서 기독교가 미치지 않는 곳에 사는 이교도들에게 예수회는 믿음을 가르치는 일에 헌신했다. 만일 예수회가 믿음을 전파하는 것으로 그들의 사역을 인식했다면, 도미니크회는 그들의 사역을 믿음을 정의하는 일로 인식했다. 그리고 필연적으로, 그들 각자는 서로의 권리를 침해하여 분노하였다. 도미니크회는 두 교단에서 더 오래된 선임자의 특권을 주장했다. 1540년에야 설립되었던 예수회는 신참에 불과했다.

물론 도미니크회가 교리를 언급하는 요지는, 자신의 지위가 트렌트 종교회의에서 공동(共同)의 박사(Doctor Communis)로 재확인되었던 토마스 아퀴나스(Thomas Aquinas)였다. 그러므로 일종의 정치적인 중요한 법규로서, 예수회가 토마스주의로부터 거리를 두고 (명백하게 수용이 가능한 가톨릭의 한정 조건들 안에서이지만) 그들의 구별되는 교리적 강조점들을 규정하는 일은 필요했다.

그렇다면, 아퀴나스의 신학을 가르치면서 그의 교수 인생을 보냈던 한 예수회 학자의 저술로서, 미해결된 악감정을 자극하는 일로 인하여 20년 동안 두 교단 사이에 있었던 논쟁과 관련된 감추어진 불평들에 종지부를 찍었다는 그 책은 일부 아이러니한 문제가 있다. 스페인 사람이었던 루이스 데 몰리나(Luis de Molina, 1535-1600)는 포르투갈의 코임브라(Coimbra)와 에보라(Evora)에서 공부했고 또 그곳에서 가르쳤다. 이해할 수 있도록 단순히 『콘코디아』(Concordia)로 알려진, 그의 『은혜의 선물, 하나님의 예지, 섭리, 예정과 유기와 조화를 이루는 자유의지와의 화해』(*Liberi arbitrii cum gratiae donis, divina praescientia, providentia, praedestinatione et reprobatione condordi*, A Reconciliation of Free Choice with the Gifts of Grace, Divine Foreknowledge, Providence, Predestination and Reprobation)는, 그 출현을 방해하는 그의 적수들에 의한 시도들이 실패한 후에, 1588년에 리스본(Lisbon)에서 출판되었다.

『콘코디아』의 본문은 그 제목처럼 부담스러운 것이었다. 그러나 요약하면, 몰리나(Molina)는 우리의 행동들이 우리 자신의 힘으로 자유롭게 선택되어지는 매순간의 감각은, 사실상, 실수하지 않는다고 가르쳤다. 물론 그는 그 문제를 표현하는 일에서 보다 다루기 어려운 방식을 갖고 있었다. "행할 수도 있고 또 행하지 않을 수도 있는, 또는 어떤 반대되는 일을 실행할 수 있는 그와 같은 방식으로 어떤 일을 행할 수 있는 그 행위자는 단정되었던 행동의 모든 선행조건들을 가지고 자유하다고 일컬어진다."5) 그렇다. 하나님께서는 모든 가능성들과 우리의 타고난 경향성을 미리 알고 계시지만, 그는 절대로 우리가 무엇을 결정할 것인지를 실제로 결정하시지는 않는다.

도미니크회의 최고의 학자였던 도밍고 바네즈는 몰리나의 입장이 본질적으로 펠라기우스주의이고, 아퀴나스의 가르침에 위배되는 것이라고 반격했다. 이 논쟁에 속한 한 재판의 진행이 이미 루바인 대학(University of Louvain)에서 있었고, 거기에서 예수회 소속인 레오나드 레시우스(Leonard Lessius)는 인간의 자유 의지를 강조한 일로 인하여 하나님의 은혜를 축소시켰다는 명목으로 마이클 바이우스(Michael Baius)의 제자들에 의하여 고소되었던 곳이었다. 바이우스 역시 동일한 주제로 위대한 추기경이요 예수회 학자였던 로버트 벨라민(Robert Bellarmine, 1542-1621)과 충돌했었고, 그는 의지의 자유가 토마스 아퀴나스의 가르침과 일치할 수 있는 것인지를 논했다.

그러나 예수회가 그런 위험한 일을 할 때 혼자는 아니었다. 그들의 적수들은 루터파 신조와 칼빈주의에 너무 많은 근거를 두지 않아야만 하는 그와 같은 방식으로 그들 자신의 입장을 정의할 수 있어야만 했었다. 그들은 어거스틴을 되풀이하면서 확대하여 말하고 있었던 개신교 이단들에게 한 치의 양보하는 일도 없이, 자신들에게 속한 기독교의 위대한 신학자 히포의 어거스틴(354-430)을 필요로 했다. 그것은 민감한 균형을 맞추는 일이었다. 바네즈는 "신적인 도우심의 효과가 성령으로부터 임할 때, 그것은 자유를 파괴하지 않고, 다만 그것을 안전하게 한다"고 주장했다. 반면에 예수회는 그들이 펠리기우스주의로 빠져들고 있지 않다는 것을 증명해야만 했다. 그들의 위로는 그들이 비텐베르크(Wittenberg)와 제제바로부터 최대한의 거리를 둔다는 의기양양한 근거와 트렌트 공의회의 결정이 의도하는 것들에 대하여 최고의 충성을 다하는 고상한 근거를 주장할 수 있다는 것이었다.

스페인에서의 논쟁은 필립 2세(King Philip II)에게는 지루한 것이었고, 교황은 그 문제를 해결하도록 호소했다. 교황 클레멘트 8세(Clement VIII)가 그 주요한 인물들 중의 누구에게도 불쾌감을 주어서는 안 되는 논쟁을 판결하도록 요청받았을 때, 그는 그 모든 지도자들이 실행하는 일을 해냈다. 그는 1594년에 공적인 논쟁을 그만두도록 양쪽에 요청하기 시작했고, 1597년에 한 위원회를 계속하여 설립했다. 은혜에 관한 가톨릭교회 위원회는 다음의 10년에 걸쳐서 132회나 회합을 가졌다. (그것으로 그 첫 번째 목적, 즉 입안자보다 더 오래 지속되는 목적을 이루었다.) 그 마지막에서 모든 클레멘트의 후계자 교황 폴 5세(Paul V)는 양측이 그들의 의견을 방어할 수 있고 또 각자가 다른 쪽을 이교처럼 비난하는 일을 삼가도록 단순히 요청할 수 있다고 어설프게 판결했다. 사태가 참으로 몰리니스트들(Molinists)에게는 잠시 동안 암담하게 보였지만, 추기경 로버트 벨라민과 자크(Jacques du Perron)의 중재는 교황으로 하여금 예수회가 교황청(Holy Sec)에게 매우 크게 유익하다는 것을 상기시켜 주었고, 유죄판결의 어떤 위험에서도 그들을 보호하도록 이바지했다.

선도적인 가톨릭의 형태가 이편이나 저편의 지지자들과 동일시되는 위험을 모면하기까지 그 논쟁은 예수회와 도미니크회 사이에서뿐 아니라, 17세기의 처음 전반부 대부분 시간 동안 계속되었다. 이것은 다른 어떤 곳보다도 프랑스에서 더 실제였고, 그곳에서 피에르(Pierre de Berulle)와 오라토리오회 수도사들은 어거스틴의 은혜의 교리에 속한 지지자들을 편들었으나, 그들의 적수들은 프란시스 드 살(Francis de Sales)과 추기경 리슐리외를 포함하고 있었다. 가장 위대한 반종교개혁에 속한 성자 중의 한 사람이요 헌신적인 저술가였던 드 살(1576-1622)은 자신이 저주를 받도록 예정되었다고 확신했던 두려운 6주간의 호된 시련을 겪기도 했었다. 그는 사제로서 그의 사역의 첫 10년 동안 적어도 샤블레(Chablais)에 사는 8,000명의 칼빈주의 거주자들을 가톨릭교로 개종시킴으로써 그와 같은 생각들에 앙갚음했다.

얀센주의

그러나 도미니크회와 오라토리오회(Oratorians)만이 인간의 주도권을 지배하는 은혜의 수위성을 강조했던 가톨릭 지지자들이 아니었다. 플랑드르(Flemish) 신학자요 이프르(Ypres)의 주교였던 코르넬리우스 얀센(Cornelius Jansen, 1585-1638)은 역사적인 정통주의로부터 예수회가 이탈한 것으로 그가 인식했던 것들 때문에 그들을 반대하여 이의를 제기했다. 그가 최상으로 인식했던 이 정통주의는 어거스틴의 저작들에서 표현되어졌다. 얀센의 가장 유명한 책, 『어거스틴』(Augustinus)은 1640년까지도 출판되지 않았다. 그리고 그의 가르침들과 관련된 수많은 논쟁의 결과로, 그가 사망한 후 2년이 지나서야, 사후에 출판되었다.

얀센은 원죄, 인간의 부패, 그리고 하나님의 예정이라는 어거스틴의 교리를 따르면서 회심의 필요성을 강조했다. 얀세주의자들의 대적들은 그 새로운 운동이 교황에게 충성하였고 개신교주의와 그 관련된 믿음에 의한 칭의 교리를 큰 소리로 거부했음에도 불구하고, 그들을 칼빈주의자로 호칭하면서 교황의 유죄판결을 확실하게 하는 기회를 재빠르게 발견하였다. 얀센주의는 성찬식(Mass)이 오로지 드물게 시행되어져야만 하고 또 가장 양심적인 자기점검과 고백으로 참석해야만 하는 것을 가르쳤다.

코르넬리우스 얀센
(포트 로얄(Port-Royal)의 국립도서관에 있는 삽화)

그 운동은 특별히 프랑스에서 강했다. 얀센의 책 『마르스 갈리쿠스』(*Mars Gallicus*)가 추기경 리슐리외(Richelieu)를 격노케 했을 때인 1635년, 그는 이미 강력한 적수들을 그곳에 만들었기 때문에 이것은 어쩌면 불행한 일이었다. 그 저작은 프랑스의 가톨릭 왕 루이 13세(Louis XIII)가 30년 전쟁동안 개신교 측과 한 편이 되어 싸우는 어떤 직무도 감당하지 않았다는 것과 또 이런 양상으로 그 믿음을 배반했던 병사들이 그들의 영혼을 위태롭게 하고 있다는 것을 논했다. 그것은 민감한 사안이었다. 1610년으로 되돌아가, 라벨락(Ravaillac)이라는 어떤 사람이 동료 가톨릭교도들과 싸웠던 이전의 군주의 의도에 대하여 헨리 4세(Henry IV)를 칼로 찔러 죽이는 일을 통하여 그와 동일한 정당함을 주장하였다.

그와 같은 난처한 일들에도 불구하고, 얀센주의는 포트 로얄(Port Royal) 수도원에서 강력한 기반을 확실하게 하였다. 그곳의 영적인 지도자는 생 시랑(Saint Cyran)의 대수도원장이었고, 대수녀원장은 영향력 있는 변호사 가문의 한 일원이었던 앙젤리크 아르노(Angelique Arnauld)였다. 그 수도회는 많은 학교들을 또한 운영했다. 그들에게 속한 유명한 학생들 중에 장 라신느(Jean Racine, 1639-1699)가 있었는데, 비록 극작가로서 그의 장래의 경력이 그를 많은 여배우들과 간통하도록 만들었지만, 이후에 그는 그의 젊은 날의 얀센주의와 신통치 않은 화해를 했다.

1646년부터, 보다 더 충성스러운 제자는 수학자였던 블레이즈 파스칼(Blaise Pascal, 1623-1662)이었다. 파스칼은 그의 식구들 가운데 몇 사람들로부터 그 운동에 대한 지지를 얻었는데, 특별히 그의 여동생 재컬린(Jaqueline)과 이후에 많은 그의 친구들이 얀센주의자였다. 파스칼은 그의 짧았지만 빛나는 생애 전체에서 아픈 몸으로 고생했고, 1650년부터 건강을 회복하는 시간에는 경건생활에서 쇠약해진 열심의 단계로 이끌렸던 것으로 보인다. 그러나 1654년 11월 23일 밤에 있었던 그의 두 번째 회심 체험은 영속적으로 그를 새롭게 했다. 그는 신적인 임재의 압도하는 느낌을 소유했고, 그 일이 일어난 그대로 난필로 숨김없이 분명한 짧은 글로 기록하였다. "저녁 10시 30분부터 밤 12시 30분까지. 불(Fire). 아브라함의 하나님, 이삭의 하나님, 야곱의 하나님. 철학자들과 지식인들의 하나님이 아니다. 확신. 확신. 느낌. 기쁨. 평화.... 기쁨, 기쁨, 기쁨, 기쁨의 눈물."6) 그의 남은 생애 동안, 파스칼은 그가 소유했던 모든 외투의 안감 안에 이 경험한 메모를 간직했다. 그는 또한 금욕주의적인 삶을 살았고, 못이 있는 허리띠를 착용하여 그의 양심이 그의 교만을 나무랄 때마다 몸을 못으로 찌르고는 했다. 파스칼은 기독교의 변증(apologetics)에 대한 거대한 작업을 계획했었지만, 그것은 결국 완성되지 못했다. 준비된 단편들은 39살의 나이에 그가 사망한 후에 수집된 것으로서, 매우 경이적이고 명석한 것이었다. 그것은 지금도 『팡세』(*Pensees*)라는 이름으로 당연히 유명하다.

파스칼과 얀센주의자들에 따르면, 예수회의 공리주의(utilitarianism)는 성찬예식을 조롱거리로 만들어버렸다. 그들은 성직자들이 교회에 유용할 수 있는 사람들이 소외되지 않도록 하기 위하여 신앙을 고백하는 참회자들의 훈련을 완화해야 한다고 주장했다. 그것은 또한 인간성의 도덕적 기질에 대하여 과도하게 긍정적인 것이었고, 또 인간의 연약함에 대한 실제와 맞서는 일에 실패한 것이었다. 얀센주의자들은 반대로 파스칼과 같이 원죄의 전반적인 실제성을 강조했고, 그것과 대항하기 위하여 도덕적인 엄격함을 채택하였다. 그것이 관대하게 다룰 문제라기보다는 더 많이 실용적인 문제였기 때문에, 추기경 리슐리외는 이 문제에 관하여 관대한 관점으로 기울어졌다. (어쨌든 우리는 "나에게 가장 정직한 사람이 쓴 여섯 가지 방침을 주시오. 그러면 나는 그를 교수형에 처하는 어떤 이유를 발견할 것이다"는 불후(不朽)한 말을 그 장본인을 다루고 있다.) 어느 누구도 하나님의 심판의 두려움으로 인하여 그들의 죄들을 고백하면서 참회할 것이다. 그것으로 충분했다. 오직 소수만이 얀센주의자들이 요구했던, 자기보존(self-preservation)의 사랑에서보다는 하나님을 사랑하는 것에서 흘러나오는, 참된 통회를 경험했다. 그러나 생-시랑(Saint-Cyran)과 다른 얀센주의

블레이즈 파스칼

자들에게는 이것이 전체적인 요점이었다. 그것은 오직 하나님께서만이 그와 같은 회심을 허락하실 수 있고, 그는 그것을 오직 선택되어진 소수에게만 허락하셨다.

만일 얀센주의자들이 개신교교리에 대하여 그들이 비난하는 일에서 그렇게 큰 소리로 외쳤다면, 그것은 아마도 그들이 스스로 그것을 바짝 뒤쫓았기 때문이었다. 그리고 그들의 적수들은 누구에게나 본질적이었던 문제에서(즉 죄의 고백과 용서) 신자와 하나님 사이의 그와 같은 직접적인 접촉에 초점을 맞추는 것이 교회에 속한 제도적인 능력을 기초부터 허무는 것이라는 사실을 정확히 인식했다. 마찬가지로, 『영성체를 자주 행하는 문제에 대하여』(*De la Frequente communion*, 1643)라고 제목을 붙인 앙젤리크(Angelique) 수녀의 오빠였던 앙투안 아르노(Antoine Arnauld)가 쓴 저작은 '사효적 효력'(事效的效力, ex opere operato)의 원칙 – 그에 따른 사제들의 중재하는 역할까지 – 을 기초부터 허무는 것이라고 할 수 있을 정도로 성찬식을 받는 사람들의 성향의 중요성을 강조하는 경향이 있었다. 만일 얀센주의자들이 이것을 인식할 수 없었을지라도, 그들의 적수들은 인식할 수 있었고 아르노의 책은 예수회와 도미니크회 사이에서 만장일치의 진기한 구경거리가 되었다. 아르노 자신은 1656년 소르본대학에서 그의 대학 학위를 박탈당했다. 이 박탈을 막기 위한 불운한 시도에서, 파스칼은 예수회의 소문난 방종과 그들의 사회적인 위치를 악하게 손상시킨 것에 대하여 그들을 몹시 꾸짖는, 그의 재치 있고 훌륭한 『프로방시알 편지들』(*Provincial Letters*)을 썼다. 파스칼의 저작은 그 이전의 얀센이 쓴 『어거스틴』과 같이 교황이 정한 금서 목록에 올랐다. 아르노는 12년 동안을 숨어서 지내야만 했었다.

1653년 교황 이노센트 10세(Innocent X)는 (분명히 그가 생각했던 대로) 『어거스틴』에 대한 다섯 가지 중요한 항목을 비난했다. 그러나 얀센주의자들은 그것들이, 즉 오직 예수회에 의해서만 묘사될 수 있는 도덕적으로 괴변적인 논쟁이 그들의 스승이 의미했던 정확한 해석이라는 것을 부정하였다. 그러면서 그들은 비난을 받은 항목들이 이단적이라는 것에 동의하는 것으로 그 심판을 교묘히 비켜나갔다. 얀센주의자들의 부정이 1656년 이노센트 10세의 후계자인 알렉산더 7세(Alexander VII)에 의하여 그 자체가 비난되었음에도 불구하고, 그 후에 매우 많은 논쟁들이 과연 그 비난이 정확히 얀센의 가르침을 주장한 것인지 아닌지에 관한 문제에 집중되었다.

그러나 논쟁은 얀센의 원래적인 신학적 관심들보다 – 또는 그의 예수회의 음모에 대한 반대조차도 – 그것이 프랑스에서 어느 정도 정치와 그리고 군주제도와 교황제도 사이의 그 복잡한 관계를 혼란하게 했던 것처럼 더 커져갔다. 얀센주의자들은 교황권제한주의(Gallicanism)를 선호하는 경향이 있었다. 그리고 프랑스에서 왕이 수위권을 가져야만 한다는 오래된 사상은 교회를 지배하는 일에 대해서 말한다. 교황에게 개인적인 충성을 당연히 맹약했었던 각각의 예수회원들은 교회조직의 중앙집권주의(Centralism)에 찬성하였다. 신학적인 입장들을 달리 하면서, 도덕적인 그리고 목회적인 문제들(특별히 성찬식을 행하는 빈도수에서) 전반에 걸친 대립과 정치적인 충성의 문제로 충돌하면서, 얀센주의자들과 예수회 사이의 전투는 화해가 불가능하게 되었다.

만일 30년 전쟁에 대한 작은 문제들에서 얀센의 원칙적인 자세가 현실적인 정책(Realpolitik)과 관계있는 세속적인 일반업자들을 자극하는 것이었다면, 이후에 특별히 예수회와 싸우는 중에 있었던 얀센주의자들의 교황권제한주의(Gallicanism) 지지는 프랑스 정부에게 총애를 받았어야 했다. 그렇지만, 1660년에 루이 14세(Louis XIV)는 교황과 예수회와 힘을 합치기로 했고, 그래서 그 기세가 1688년 줄어들었지만, 한 세대 이후에 그 행렬은 총력을 다해서 다시 폭발적으로 나타났다. 파스키에 케스넬(Pasquier Quesnel)은 얀센주의 각주로 가득 찬 프랑스 신약 성경을 출판했는데, 그것은 교황 클레멘트 11세(Clement XI)에 의하여 정죄되었다. 1705년과 1713년의 교황 서한의 중심점은 얀센주의자들을 반대하여 지시되어졌지만, 나이 많은 루이 14세는 포트 로얄(Port Royal)의 얀센주의 수녀단과 가까웠다. 어쨌든 얀센주의자들은 그들을 억누르는 모든 조처들을 헤쳐 나왔다. 네덜란드에서 그들의 지지자들 중 일부가 로마에 복종하는 것을 거부하는 데까지 나아갔고, 지금까지 존속하고 있는 경쟁적인 교회인 고(古)가톨릭교회를 세웠다.

개신교 영국의 가톨릭교회

비록 가톨릭 내부의 경쟁들이 여전히 유럽의 로마교도들의 지역들에 영향을 미쳤다고 할지라도, 이것은 그들의 개신교 적수들에 의하여 핍박을 받아야만 했던 소수의 가톨릭 공동체들이 그들의 영향을 받지 않았다는 것을 의미하지 않았다. 영국 가톨릭은 소수의 신분이 안고 있는 어려움, 옛 믿음을 위하여 그들의 왕국을 교정하려는 로마의 노력, 그리고 그들에게 강제된 이 경험이 심각한 내부의 긴장들을 일으키는 특별한 정치 역학을 인식했다.

1558년 엘리자베스 1세 여왕이 즉위했을 때, 영국 가톨릭은 다소간 난처하게 된 자신들을 발견했다. 비록 그 발전이 분명히 불길한 것이었지만, 통치 초반에 그녀가 안고 있었던 극단적인 정치적 약점을 잊지 않았던 젊은 여왕은 앞날의 종교적 정책에 관한 그녀의 의지에 따라 혼란이 싹틀 수 있는 일에서 현명하고 정치적이었다. 결과적으로, 그녀가 실제로는 가톨릭일 것이라는 확신이 여전히 가능했다. 더구나 종교적인 화해가 그 다음 해에 분명해졌을 때에도, 헌신적인 교황주의자들은 통치정책이나 통치양식 그 자체에서 지속적으로 변화를 갈망하였지만, 모든 종류의 보수주의자들은 그 중용으로부터 격려를 얻을 수가 있었다. 결국, 그 모두는 이전의 4반세기 동안 심하게 오르내렸다. 그리고 가장 최근의 젊은 군주는, 그녀의 사촌이나 사실상의 후계자였던 스코틀랜드의 메리 여왕(Mary Queen)이 로마 가톨릭교회를 지지했던 반면에, 미혼으로 남아있었다. 엘리자베스가 확고한 개신교도였다고 할지라도, 하나의 참된 교회의 회복은 혹독한 추위보다 더 나아질 것이 없는 형편이었다.

새로운 통치의 초기 몇 년 동안, 실제적인 폭력보다는 아직 덜 한 것이었지만, 로마 가톨릭교회의 저항과 관련된 어떤 즉각적인 급증(upsurge)을 막았던 이와 같은 것들은 고려할 만한 사항들이었다. 어쨌든 전통적이고, 트렌트 종교회의 이전의 가톨릭주의에 의하여 자라난 사고방식은 그 지지자들을 새로운 환경들에 반응하는 일에서 준비가 부실한 상태로 남겨두었다. 로마교회로부터의 분열은 부자연스럽고, 자기모순이었으며, 그리고 스스로 파멸에 이르는 운명이 되는 것이었다. 하나님께서 그 분파를 주셨기 때문에, 가톨릭교회에 속한 전통적인 분파는 만유에 속한 바로 그 질서의 한 부분이었다. 그러므로 이 질서를 위배하는 것이라면, 어떤 분열도 결과적으로 성공할 수 없었다. 누구든지 오직 자신의 때를 기다리는 것만이 필요했다.

많은 시골 교구 관리들은 새로운 조정들이 단지 임시적일 것이라는 신념을 견지하면서 행동했다. 더 대담했던 그들의 청교도 상대편들처럼, 보수적인 경향성을 갖고 있는 교구 성직자들은 엘리자베스의 기도서 의식 – 비록 이 경우에 있어서 그것이 성찬식(Mass)의 형태를 가능한 대로 밀접하게 고수하기 위해서였지만 – 에 적절하게 내용을 더하거나 빼버렸다. 어떤 사람들은 화상, 성수(holy water), 그리고 십자가의 표지들을 유지했다. 다른 사람들은 대중 속에서 새로운 공적 예배를 제공했고, 사적으로는 이전의 것들을 제공했다. 1560년대 동안 어느 시점에서, 모든 교구들 가운데 약 15% 정도가 그들의 교회에서 화상을 제거하는 일에 실패하면서 어려움에 빠졌다. 또 다른 사람들은 예수상과 다른 장신구들이 헛간에 감추어져 있는 것이나 얕은 구덩이에 묻혀 있는 것이 발견되어졌을 때, 보다 심각하게 은밀한 교황주의자들의 소굴로 의심을 받았다. 리펀(Ripon) 교회의 그 위대한 사역자는 1567년에 이 노선들을 따라서 성가신 고난을 겪었고, 가톨릭의 장신구들이 발견되어졌을 때는, 그 건물들 가까이에서 벌거벗은 채로 있어야만 했다. 그러나 그와 같은 경우들은 단순히 재정적인 분별력을 가지고 신앙적인 보수주의의 오점을 지적하는 것이었다. 이전의 30년은 교구들이 반복적으로 교회설비들을 버리거나 바꾸는 일에 정말 많은 비용을 들였다. 현재의 상태가 동일한 무상함을 증거하는 것이 아닐 것이라고 그 누가 장담할 수 있겠는가?

그러나 많은 수의 가톨릭교도들은 1560년대 동안 그와 같은 불규칙한 변화들과 의심들을 뛰어넘어 활동하면서 실제적인 국교거부자로 떠돌고 있었다. 엄격하게 말해서, 이 용어는 어떤 교구 교회를 결여하고 있다는 것, 그래서 벌금을 내야만 하는 위법행위와 관계가 있었다. 실제로, 그것은 엘리자베스 시대의 개신교회에 대한 원칙주의적인 가톨릭교회의 반대와 그 교회에 참여하지 않겠다는 결과적인 결정과 동일시되었다.

1570년, 주교 칼라일(Carlisle)은 "사방팔방에서 사람들이 신앙을 배반하고, 교황제도에 대하여 반란을 일으키며, 교회에 가는 것을 거부하고 있다. 악한 교구 성직자들은 그들을 로마교회와 화해시켜서 그들로 하여금 이곳[영국교회]을 배반하도록 부추긴다. 게다가 그 일이 공공연히 그리고 저지되지 않고 있다"고 탄식했다. 그 이전 해의 치체스터(Chichester) 주교관구 탐방 보고서는, "설교자가 와서 교황제도의 신조에 대항하여 어떤 것이라도 말하면, 청중들은 참지 않고 그들을 교회 밖으로 쫓아냈을 것이다"라고 기록하였다.

우리가 가톨릭의 부흥에 대한 두려움을 계속 호소하면서, 그들의 개신교화 사역을 위하여 최고의 공적인 후원과 영향력을 유지하려는 초기 엘리자베스 주교들의 자연적인 바람을 고려할지라도, 신앙의 변화에 대한 국부적인 저항의 규모는 여전히 인상적인 것으로 보인다. 그리고 만일 양을 정하는 것(quantification)이 불가능하더라도, 우리는 그래도 보수적인 저항이 어디에서나 결여되고 있지 않았다고 기록할 수 있다. 가장 강력했던 가톨릭에 대한 충성이 북쪽, 남쪽의 중부지방, 웨일즈(Wales), 그리고 콘월(Cornwall)에서 있었다.

노퍽(Norfolk)의 공작이 스코틀랜드의 메리 여왕과 결혼하려는 계획의 난처한 발표에 대하여 공황 상태에 빠진 반응으로 시작되었던 북쪽의 봉기는 언제나 그 결혼 자체에 음모가 내재되어 있었던 전적인 가톨릭의 성격을 곧 취하게 되었다. 어떤 가톨릭 역사학자들은 그것이 단순히 부패한 귀족정치의 봉건제도와 관련된 과장되고 때늦은 사례로 인정해야 한다고 주장한다. 그 제도에서, 귀족들은 언제나 그들의 이웃들과 중앙정부에 대하여 전쟁을 일으켰었다. 그러나 그것은 반만 진리이다. 일반적으로 인정되는 것은, 북쪽의 봉기가 부분적으로 귀족정치의 파벌싸움과 노섬벌랜드(Northumberland)와 웨스트몰랜드(Westmorland)의 백작 측에서 일했던 벼락출세한 윌리엄 세실(William Cecil, 엘리자베스 시대의 수상이면서 노샘프턴셔[Northamptonshire]의 한 지주의 아들이었다)에 대한 반대의 결과로서 일어났다는 것이다. 그 수준에서, 신앙적인 전통주의는 개신교주의가 중앙정부의 확장과 관련되어 있는 종교적인 권력이라는 (정확한) 인식에 대한 하나의 반응이었다. 그러나 그 봉기는 북쪽을 지나서 폭넓은 지지를 얻었고, 백작의 보유물인 것처럼 결코 한정되지 않았다. 제단들은 다시 세워졌고, 더럼 대성당(Durham Cathedral)에서는

1650년경, 로마 가톨릭교회의 회복

다시 미사곡들을 찬송했다. 그러나 그 반항은 군대를 전략 배치하는 여왕의 능력을 당할 자가 없다는 것을 증명했고, 신속하게 수백 명의 추종자들을 처형함으로써 폭동은 진압되었다.

여기에서부터, 남은 사람들의 가톨릭교 신앙이 분파주의로 물러났고, 영국에서 방해가 안 되는 변두리 지역의 지방 대지주들에 의하여 신중하게 실행되어졌다. 그것은 진기한 경험이었다. 가톨릭의 상류계층의 가문들은 소작인들의 승낙 또는 침묵을 얻기 위하여 그들에게 지속적으로 친절한 지주가 되는 것이 필요했다. 그렇게, 그들은 단순히 국교를 신봉하는 상징적인 태도만으로 살아남을 수 있었다. 어떤 대조가 가문과 지역에 충성하는 결속과, 한편으로, 가문의 지도자들과 여왕을 묶는 결속 사이에 발견되었다.

분명히 1569년 이후에 그리고 이전의 많은 기간 동안, 대부분의 가톨릭신자들은 교황과 여왕이 화해하기만을, 그리고 적어도 그들이 할 수 있는 최대한 그들의 신앙적인 성실과 그들의 정치적 충성심을 조화할 수 있도록 영국의 가톨릭을 내버려두기를 원했다. 이 문제에서, 로마교황만이 아니라 군주도 그들에게 호의를 보이려고 하지 않았다. 1570년 4월, 교황 피오 5세(Pius V)는 엘리자베스를 파문하고, 영국의 가톨릭 교도들이 그녀에게 충성하는 맹세에서 그녀의 신민의 책임을 해제했다. 그는 "우리는 영국 가톨릭이 교회의 지시와 명령과 법에 감히 순종하지 않고 있다는 것을 고발하고 지적한다. 우리는 달리 행동하는 사람들을 파문의 선고에 포함시킨다"라고 선언했다.[7] 반대쪽에서, 그 다음 해의 국회 법령들은 여왕을 이단이라고 부르거나 또는 교황의 문서를 영국으로 가져오는 것을 중대한 반역죄로 정했다. 더 나간 법령은 누구든지 로마교회와 화해하거나 화해되는 일은 반역죄라고 정했다. 국교기피자 벌금형은 특히 북쪽에서 비록 그 벌금이 종종 전반적으로 강화되었다는 것이 언급되어야 한다고 하더라도, 그들에게 복종하는 사람들을 파괴하도록 고안된 수준으로 올려졌다.

이렇게 대단히 어려운 상황에서, 가톨릭 상류계층이 원했던 것은 정부가 어떤 영역에 간섭하는 것을 삼가는 것이었다. 즉 그것은 신앙의 영역인데, 토마스 모어(Thomas More)를 계승하는 사람들이 보는 바로는, 그것은 합당하게 정부의 영역에 속한 것이 아니었다. "어떤 군주가 어떤 법에 의해서도 그를 대신할 수 있다고 믿을 수 없다... 우리의 구세주의 말씀과 조화를 이루는 영적인 탁월함... 그것은 오직 성 베드로와 그의 후계자들에게만 있다."[8)]

가톨릭 상류계층은 다른 의미에서도 모어의 계승자들이 되어가고 있었다. 즉 경건한 사람들과 교육받은 가정들의 개념이 부득이하게 근거를 얻고 있었다. 성직자들은 장원(manor) 안에서 은밀하게 살았거나 외적으로 교사나 집사로서 고용되었다. 중앙정부에 의하여 실행이 되었던 평신도가 신앙을 통제하는 일에 대한 타당성을 부정하는 그 때, 성직자들의 관리인들은 그들 자신의 집에서 평신도의 통제를 성취해 나가고 있었다. 의존적인 도움을 받으면서, 가신(家臣) 성직자들은 그들을 부적당한 설교들과 교회의 감독들 모두로부터 해방하였다. 1581년 스스로 국교기피의 고소를 반대하여 방어했던 보경(Lord Vaux)은 "그의 가정이 홀로 교구라는 것을 선포하였다." 이런 종류의 요구를 감당하는 능력은 상류계층에게 어떤 보호를 제공하는 것이었다. 그리고 기이하게도, 그것은 식솔들에게 신앙적인 교육을 조화시키려고 했던 그들의 청교도 상대자들 가운데 있었던 동일한 경향성과 유사한 것들을 가져왔다. 참으로, 1598년 조지 블랙웰(George Blackwell)이 수석사제로 임명되었을 때 – 제도적인 지배와 강경한 노선의 예수회 영향력이 암시된 한 불길한 조정 – 많은 가톨릭 평신도들과 심지어 교구 성직자들도 항의하면서 로마가톨릭에 도움을 요청했다.

그러나 1570년대의 이른 초기에, 엘리자베스의 충성스러운 신민이 되려는 은밀한 생존주의(survivalism)는 그것이 나타나려고 했던 그 순간에 보다 단호한 반종교개혁운동의 난폭한 새로운 유형에 의하여 훼방을 받았다. 이 후자는 프랑스의 드웨(Douai, 1568년에 설립되었다), 로마(1575-1578), 그리고 스페인의 바야돌리드(Valladolid, 1589)의 국외 영어 대학들에서 훈련받았던 신학교 성직자들(seminary priests)에게서 그 근원을 찾았다. 모든 이러한 대학들은 국외로 추방된, 1587년 추기경으로 승진되었고 그의 일생의 사역이 그의 동포들의 재개종(reconversion)이었던, 윌리엄 알렌(William Allen, 1532-1594)에 의하여 설립되었다. 드웨 성경이 만들어진 것 역시 알렌의 영감을 받고 있었다. 그 성경은 원어로부터라기보다는 라틴 벌게이트에서 영어로 번역된 1582년의 신약성경과 1609년의 구약성경으로서, 개신교 번역들에 대한 대항세력으로서 사용하려는 목적이 있었다.

1574년과 1580년 사이에, 대부분 매우 기본적인 협조와 도움이 없었음에도 불구하고, 약 100명의 신학교 성직자들이 영국으로 몰래 들어왔다. 모두 합하여 438명이 16세기 후반부와 17세기 초반부에 드웨로부터 보내졌고, 그들 중에 98명은 처형되었다. 그들 이전에 활동했던 메리 여왕의 성직자들보다 더 잘 훈련된 그들은 단호한 저항, 원칙에 근거한 교구 교회의 불참, 그리고 이웃들을 가톨릭으로 재개종하는 실질적인 시도들을 조언했다.

루바인의 신학교수가 되었던 다른 국외추방자 니콜라스 샌더(Nicholas Sander, 1530-1581)는 영국 가톨릭교회를 위한 단 하나의 소망은 외국의 침공이라는 의견을 말했던 수많은 저작들을 쓴 일에서 악한 평판을 얻었다. 하나의 참되고 우주적인 교회에 대한 충성이 근시안적인 편협주의(provincialism)로부터의 효과적인 구제가 전혀 아니라는 설득력 있는 논증에 있어서, 그는 알바(Alva)의 공작에게 "기독교의 상태는 영국의 강인한 공격력에 의존하고 있다"고 썼다.[9] 그러나 그는 개신교 영국의 지배에 대항하는 아일랜드 반역자들을 지원하려고 결심했던 그의 확신의 모범을 보이기 위하여 1579년 아일랜드에서 가톨릭과 스페인 군대에 합류했다.

샌더는 영국 가톨릭에 소속된 새롭고, 덜 자기만족에 빠지는 유형의 지도자였다. 그에게 있어서, 영국성공회의 분파주의는 참된 믿음에 대한 참을 수 없는 모욕이라기보다는 덜 부자연스러운 변칙적인 것이었다. 그것은 홀로 쇠퇴하도록 운명 지어져 있지 않았고, 단호한 실행에 의하여 파괴되는 일을 필요로 했다.

마치 이 모든 것들이 상당히 무기력화하지 않은 것처럼, 1580년부터 영국에서 예수회의 사역이 나타나면서 신학교 성직자들이 보충되었다. 그 지도자는 로버트 파슨즈(Robert Parsons, 1546-1610)였는데, 그는 가능한 모든 방법을 총동원하여 여왕을 제거하라는 위임을 분명히 받았다. 예수회의 출현을 경계하면서 당국자들은 그들을 체포하기 위하여 모든 노력을 다했고, 그를 찾으려고 몹시 열중하는 상태에서 파슨즈는 그 다음 해에 영국 해협을 가로질러 되돌아갔다.

파슨즈의 조력자였던 에드먼드 캄피온(Edmund Campion, 1540-1581)은 운이 없었는데, 그는 일반적으로 그의 인도자보다 더 나은 사람이라고 생각되어진다(참으로 모든 확신에서, 역사가들은 파슨즈가 사로잡혔던 그 사람이 아니고, 도망했던 캄피온이라는 것을 애석해 했다). 그가 정치에 관하여는 덜 고민했으며, 그가 만났던 개인들의 영적인 복지에 더 많은 관심이 있었다는 것은 분명하다. 그가 다른 신학교 성직자들과 한 평신도와 함께 서서 고소당했던 캄피온의 재판에서, 그는 "만일 우리의 신앙이 우리를 반역자로 만들었다면, 우리는 저주받을 만한 가치가 있습니다. 그러나 만약 그렇지 않다면 우리는 이전처럼 지금도 여왕의 선한 신하들로서 살고 있는 것이고, 또 그렇게 살아왔습니다." 이 연설로부터, 캄피온은 그가 (그리고 그의 신분이) 그토록 두려워했었던 것들을 위하여 웅변과 증명을 논증하기 시작했다.

> 우리를 저주하는 일에 있어서, 당신들은 당신들의 모든 조상들 – 모든 이전의 성직자들, 주교들, 그리고 왕들 – 을 저주하는 것입니다. 그 모든 사람들이 한때는 영국, 성자들의 섬, 그리고 가장 헌신된 로마교황청의 자녀의 영광이었습니다. 아무리 당신들이 그것을 반역죄라는 가증한 이름으로 부를지라도, 그들이 획일적으로 가르치지 않았던 것을 왜 우리가 가르쳤겠습니까? 영국에서뿐만 아니라 온 세상에서, 그들의 타락한 자손들에 의하여 이러한 진실과 일치하여 저주받는 것은 우리들에게 기쁨이요 영광입니다.[10)]

물론 사회와 그 정부가 이전의 것을 대신하는 새로운 믿음이나 관념을 채용하여 승인할 때, 문화적이고 관념적인 이양에 대하여 때때로 보수주의자들의 저항이 나타난다. 그때에 이전의 사상들을 대변하는 사람은 대중들을 위협하는 그와 같은 변화를 이용하여 무의미(meaninglessness)와 정처 없이 헤매도록 내던져진 느낌에 대하여 참된 능력과 설득력으로 호소할 수 있었다. 일단 그 새로운 믿음이 장년층의 명예를 얻기 시작해서 "적격한 것"으로 그럴듯하게 생각될 수 있다면, 그들의 영향력을 상실하기 시작하는 회고적인 논쟁을 한다. 그리고 영국의 로마가톨릭과의 – 그리고 그 신앙적인 과거에 대한 일반적 가톨릭 신앙에서는 더 많은 – 연합이 현존하는 기억의 범위 내에서 그래도 호의적이었다고 하더라도, 그 취지(趣旨)는 1581년까지 이르지 못했다.

캄피온은 그를 체포한 사람들에게 지독하게 고문을 당했고, 그들은 그의 사상이나 논증에 관해서가 아니라, 음모와 암살과 침략에 대하여 정보를 원했다. 그러나 그는 이러한 문제들에 대하여 협조하지 않았고, 그 문제들과 관련하여 아무것도 알지 못했던 것으로 보인다. 1581년 11월, 그와 그의 동료들은 교수형에 처해져서, 물에 빠뜨렸다가 사지를 찢는 형벌–반역죄에 대한 벌로서–을 선고받았다. 이백 명 또는 그 정도의 로마 가톨릭 교도들, 그들 성직자의 2/3가 엘리자베스의 통치 기간에 이단 때문이 아니라(가톨릭신조는 공적으로 이단적인 것으로 고려되지 않았기 때문에) 반역자라는 이유로 고난을 당하고 죽임을 당했다. 왜냐하면 정부가 그들을 엘리자베스 여왕의 통치하는 권리를 거부했던 외국의 권력자에게 충성을 하는 것으로 판단했기 때문이었다. 이런 방식으로, 가톨릭교도들이 그들의 신앙 때문이 아니라 반역죄 때문에 고난을 받았다고 논쟁하는 것은 가능했다. 그것은 16세기에서조차도 거의 설득력을 찾을 수 없었던 정교한 구별이었다.

캄피온과 그의 동료들의 영웅적 행위에도 불구하고, 신학교 출신의 새로운 유형은 많은 영국 가톨릭교도들을 불편하게 만들었다. 프랜시스 드로크몰턴(Francis Throckmorton, 1583), 토마스 페리(Dr. Thomas Parry, 1585), 그리고 앤소니 바빙턴(Anthony Babington, 1586)이라는 사람들 주변에 집중된 스페인의 침략에 협력하는 것이나 엘리자베스를 살해하려는 음모의 연속이 1580년대 중반 동안 정부에 의하여 발견되었다. 대다수의 영국가톨릭 평신도들은 그들 중의 어느 누구와도 연관되는 것을 원하지 않았고, 그 문제에 대하여 우려될 정도로 모호하게 보였던 새 성직자들을 의심했다.

특별히 예수회는 그들이 도와주어야만 한다고 요청했던 대부분의 그 지원자들을 그들이 멀리하고 있는 것을 발견했다. 파슨즈가 1594년에 영국의 권좌를 계승하는 가장 강력한 권리요청은 스페인 공주의 것이라고 논쟁하는 책을 출판했을 때, 영국의 가톨릭교도들은 두려워했고 매우 당황했다. 캄피온이 처형당했던 같은 해에 토마스 트레샴(Sir Thomas Tresham)이 엘리자베스 여왕과 그녀의 합법적인 계승자들에게(여왕은 이미 48세였고 그 계승권의 이슈는 개신교도들의 마음을 괴롭히고 있었다) 충성하는 선언서를 가톨릭 평신도의 이름으로 작성한 것으로 보인다. 1588년, 스페인의 무적함대(Armada)가 출정한 그 해에 그들은 국교기피자들을 이끌면서 떠들썩하게 그리고 과시하는 듯이 스페인 사람들과 싸우려는 그들의 바람을 나타냈다. 그리고 1604년 제임스 4세가 그의 새로운 수도에 도착했을 때, 청교도들의 천인 청원서(Millenary Petition)만이 제임스 4세와 1세를 괴롭힌 신앙적 원외활동이 아니었다. 그 변증적인 청원서는 충성을 맹세했고, 가톨릭 상류계층이 성직자들에게 충성을 요구할 것이라고 약속했다. "그들이 우리의 교단으로 받아들여지기에 앞서서, 다른 방법으로는 우리의 도움을 얻지 못할 것이다."[11] 그것은 인상적인 주장이었다. 새 성직자에 관한(결국, 파슨즈의 유형에 속할 수 있는) 그 자신의 두려움을 가라앉히는 노력을 계속하면서, 가톨릭 고위직분자는 왕권에 대한 그들의 명백한 충성의 증거를 제공하고는 했었다. 문제가 해결되었는가? 화약음모사건(Gunpowder Plot, 1605)이 목전에서 꾸며졌다는 것은 애석한 일이었다. 그 사건은 왕이 출석했을 때 한 번에 국회의사당을 폭발시키려고 했던 가톨릭 열심당원들에 의한 실패한 음모였다.

러시아 정교회

16세기와 17세기 동안, 러시아 정교회 역시 내적인 분쟁의 고통을 피할 수는 없었다. 어떤 경우에, 그 분쟁은 "내부적인 것"(internal)으로 남아 있었다. 그것은 억압을 받아서 그 이후에 덧없는 생존을 유지하는 실패한 분파를 만들기도 했다. 다른 경우에는, 논쟁이 폭력적인 결과들을 동반하는 분리로 이끌고 갔다.

소유자들(Possessors)과 비소유자들(Non-Possessors)

16세기 초반, 소유자들과 비소유자들 사이에 논쟁이 있었다. 후자는 성 닐(St. Nil of Sorsk)의 추종자들이었는데, 그는 수도원들이 노예나 거대한 자산들을 소유해서는 안 되고, 수도사들은 그들 자신의 노동으로 스스로를 부양해야만 한다고 가르쳤다. 전자는 성 볼로츠크의 조셉(Joseph of Volotsk, 1440-1515)을 지원했는데, 그는 이것이 기도와 가난한 자들을 돌보는 일과 영적인 지도를 하는 일에 집중하기 위하여 수도사들을 자유롭게 남겨두는 것이라는 근거로 반대쪽을 찬성했다. 수도원들이 러시아의 모든 경작지의 1/4을 소유하고 있었기 때문에, 많은 일들이 문제가 되었다.

그러나 이 단순한 논쟁 이면에는 보다 깊은 분열이 놓여 있었다. 비소유자들은 그리스도인의 믿음에 대한 원시교회의 비전을 주장했고, 그것은 소유물에 얽매이지 않는, 하나님과의 개인적인 관계에 궁극적인 초점을 맞추었다. 교회는 국가에 종속되어서는 안 되고, 세속적인 권세가 이단을 응징하는 일에 사용되어서도 안 된다. 묵상, 금식, 자선, 그리고 기도는 정교한 예배보다 더 중요한 것들이었다.

그러나 성 조셉과 소유자들(Possessors)은 기독교가 하나님과 더불어 모든 사회와 맺고 있는 관계에 관한 것이라고 생각했다. 교회에 속하여 결합된 삶이 중요한 문제가 되었다. 그들에 따르면, 모든 그리스도인 가정은 가정에서 화상이 걸린 한 쪽 구석에서 매일 예배를 인도하는 절대적인 권위의 아버지와 함께 수도원을 모방해야만 했다. 구약은 하나님의 율법을 허무는 사람들을 세속정부가 징벌하는 일에 대하여 충분한 정당성을 증명하는 것이었다. 예전적인(Liturgical) 예배는 최고로 중요한 것이었고, 그 정확한 수행은 의식적 성화(ritual sanctification)를 모든 사람들에게 가져다주었다.

이 책을 읽는 어떤 독자도 어느 쪽의 논쟁들이 러시아 황제들에게 그 자체로 더 추천되었는지에 대하여 의심을 갖고 있지 않을 정도로, 전적으로 견유주의(cynicism, 쌀쌀한 시선이나 비웃음으로 대하는 태도－역자주)에서 자유로울 것 같지는 않다. 예측의 계기는 영국의 헨리 8세의 경우와 같은 놀랄 만한 유사한 일들을 떠맡았던 혼인의 어려움이었고, 그것은 거의 같은 시간에 일어났다. 1525년 바실 3세(1505-1533년을 통치하였다)는 그의 아내로부터 남자 상속자를 얻지 못했기 때문에 이혼하기를 원했다. 비소유자들은, 그들의 일상적인 고상함에 정직하여, 이 이슈에 관한 엄격한 신약성경의 노선을 취했다. 그러나 소유자들은 바실을 지원했다. 국가의 안정에 대한 숙고는 아이가 없는 아내의 권리보다 중요했다. 비소유자들은 자신들이 박해받고 있다는 것을 알게 되었다.

바실의 두 번째 결혼에서 얻은 자손은 이반 4세(Ivan IV, 1533-1584년 동안 통치했다)였는데, 그는 소수의 한계를 면하는 일에서 잘 처신했다. 그는 세살 때 아버지를 잃었고, 여덟 살 때 어머니를 잃었다. 아마도 후자는 독살이었을 것이다. 그는 16살의 나이에 정부를 개인적으로 통치하는 일을 떠맡았다.[12] 1551년, 이반 4세는 성직자들의 회의를 소집했는데, 그는 그들에게 100항 '조례집' (Stoglav, Hundred Chapters)을 선물했다. 그는 수염(beards)과 십자가를 긋는 적당한 방식 같은 중요한 문제들에서 "로마 가톨릭교회의 이단사설"에 대한 어떤 흐름도 정지시켰을 뿐만 아니라 또 개혁을 주장하면서 수도승들과 사제들의 행실에 관한 규정들을 강화하였다.

구교도파들의 출현

소유자들과 비소유자들 사이의 다툼과 이전에 기록된 우크라이나(Ukraine, 3장을 보라)에서의 분열만이 17세기 동안 동슬라브 지역에 있었던 정교회를 괴롭히는 위기가 아니었다. 1584년(폭군[Terrible] 이반의 죽음)에서 1613년(미하일 로마노프[Mikhail Romanov]가 러시아 황제로 선출됨)까지의 "문제의 기간" (Time of Troubles) 동안에, 러시아에서 있었던 정치의 대변동의 기간은 교회의 권세를 대단히 향상시켰다. 그러나 1630년대부터 그 이후의 기간에는 교회 안에 있는 권력남용에 관하여 항의하는 더 증대하는 목소리들을 확인할 수가 있다. 게다가, 정교회는 반종교개혁의 로마가톨릭교의 인기가 올라가는 확신으로 인하여, 특별히 폴란드에 반영되어서 로마 합동동방가톨릭교(Uniatism)로 변절하는 정교회의 수많은 사람들을 설득하는 일에 그들이 성공했을 때, 위협을 받고 있는 것으로 보였다. 새로운 가톨릭교는 러시아 정교회가 거칠고, 경솔하게 믿고, 그리고 세련되지 않게 보이도록 하였다.

러시아에서 개혁운동에 대하여 일어날 수 있는 반응들은 두 가지였다. 사람들이 가톨릭으로부터 지적인 고상한 입장들을 가져오는 현대화된 시도를 하거나 또는 사람들이 도덕적인 개선과 폐습의 근절을 강조하는 것이었다. 불행하게도, 러시아에서 있었던 개혁주의자의 운동들은 이것들을 서로 보충하는 위치에서 인정하기를 거부했다. 현대주의자들은 그들의 타락에 집착했고, 도덕적인 순수주의자들은 의식상의 축소를 목표로 하였다.

후자의 운동, 즉 경건파의 열심당원들(the Zealots of Piety, 과장된 이름들은 소련공화국[Soviets]에서 발생하지 않았다)은 그들의 영향력이 곧바로 충분히 전파되었지만, 주로 볼가(Volga) 지역에서 성직자들로 구성되었다. 수석사제 아바쿰(Avvakum)은 그들 중에서 가장 열정적인 설교자들 가운데 한 사람이었다. 그들의 가장 주요한 공격 대상은 기독교가, 특별히 광대한 국토의 보다 많은 광범위한 시골 지역들에서, 그 아래 있는 이교주의(paganism)와 하위-기독교(sub-Christianity)의 도덕성 위에 걸쳐진 베니어합판처럼 쓸모가 없어졌다는 거북한 실제였다. 그러나 열심당원들은 또한 러시아 자체 내에서와 그 주변에서, 날카롭게 주교들과 수석사제를 포함하는 성직자들의 부끄러운 행동을 종종 비판했다. 그들은 전 주민들에게 철저하고 강화된 깊은 믿음을 주장했다. 그것은 종종 금식, 참회 그리고 교제와 성일에 술파는 일을 금하는 것이었다. 그들의 최고 약점은 아마도 그들의 근원적인 반지성주의(anti-intellectualism)였다. 그들이 특별히 성직자들을 위하여 개선된 교육을 옹호했지만, 그들은 유행하고 있었던 르네상스의 견해를 반영한 형태들을 극단적으로 거북하게 여겼다. 그들은 그것들이 전통적인 러시아 사고방식과는 매우 동떨어진 것이었고, 아바쿰은 서방교회적인 것을 "교활"(Khitrost, cunning)과 동일한 것으로 간주했다.

정교회 내에 있었던 충돌은 총대주교 니콘(Nikon, 원래는 열심당원이었지만, 그의 신분상승은 결정적으로 그를 현대주의자가 되도록 강요했다)이 고전적인 헬라의 관습과 비슷하게 이전의 예식을 개정했던 1650년대에 심각하게 시작되었다. 그는 또한 러시아 사람들이 두 손가락을 사용하여 십자가를 긋는 그들의 오랜 습관을 포기하고, "오른손의 세 개의 첫 번째 손가락들을 가지고 그렇게 하도록 강요했다. 이러한 동방 교회 전통을 따라서 십자가 표시를 하지 않는 어떤 정교회 신자도 이단이며, 아르메니아교회를 모방하는 자이다. 그는 저주를 받을 것이다."

러시아의 현존하는 세대에 속한 선조들이나 조상들이 이러한 치명적인 의식의 결핍 때문에 저주를 과연 받았는지에 관하여 그는 설명하지 않았다. 신앙적인 의식의 세세한 부분들을 숭상하도록 가르침을 받아왔고, 그것들이 정확한 방식으로 수행되어야만 효과가 있다고 믿는 가르침을 받아왔던 주민들의 영토에서, 강제적인 변화들은 지혜롭지 못한 조치들이었다. 그러나 니콘

모스코의 니콘 교황

은 다소간 '아드 폰테스' (*ad fontes*, to the fountains, 누구나 원래적인 근원들과 가장 초기의 가능한 문서들로 돌아가야만 한다는 사상)의 르네상스 원칙에 의하여, 그리고 더욱 더 헬라의 전례(典禮)적 실행과 더 큰 조화를 필요로 하는 목적이 있었던 그의 군주의 대망을 정교회 세계의 통솔력으로까지 진전시키려는 열망에 의하여 자극을 받았다.

러시아 황제와 마주하는 그의 거만한 권세와 관련시키는 연고 없는 이유들 때문에, 총대주교 니콘은 1650년대 말미에 열병으로 쓰러졌고 1658년 극적인 공개 사표를 썼다. 그러나 니콘의 개혁들은 그의 계승자와 황제 알렉세이(Alexei)에 의하여 유지되었다.

많은 평범한 사람들은 두려워했다. 그들에게 있어서 종교는 사상의 문제가 아니라 형식의 문제였고, 신학이 아닌 주술(magic)의 문제였다. 그들은 설교에 무지했고, 대부분의 성직자들이 문맹이었다. 모든 것들이 그들의 선조들이 전해준 정확한 예식에 대한 충실함을 유지하는 일에 의존했다. 그것들을 포기하는 것은 적그리스도의 범주에 들어가는 것이었다.

총대주교 아바쿰은 구교도파(Old Believers, 또는 보다 정확하게, 구의식주의자 [Old Ritualists]) 가운데 초기의 지도자가 되었다. "만일 우리가 종파분리론자라면, 거룩한 교부들, 황제들 그리고 족장들 역시 분파주의였다" 라고 영국에 있었던 캄피온과 같은 동일한 논리를 사용하면서, 그들은 논쟁했다. 그 개혁들은 "이질적인 로마교회의 혐오스러운 것을 소개하는 것" 이었다. 아바쿰은 1667년에 투옥되었고, 지하 감옥에서 그 후의 15년 기간 동안의 12년을 보냈고, 결국 1682년 화형에 처해졌다.

그의 입장에 대한 외인공포증적(Xenophobic) 방어는 에세네파(Essenes), 영국의 청교도들, 그리고 20세기 중반의 미국 근본주의자들의 행위와 뚜렷한 유사성들을 갖고 있다. 그는 그의 사랑을 공언했던 바로 그 나라를 배교자로서 거부한다. 그것 그리고 그것만이 순수함과 경건함의 가능성을 소유하는 것이다. 그렇지만, 그것이 실제로는 전혀 존재하지 않았던 이상화된 신화적인 과거로 돌아가지 않는다면, 그리고 돌아가기까지, 그것은 불행하게도 오염된다. 그 동안에, 의로운 남은 자의 자세가 채택된다. 즉 그것은 그 집단이 사랑하는 일과 참회를 요청하는 일을 거부하는 것으로 자신의 특성을 나타내는 것이다. 아바쿰의 경우, 가톨릭에 속한 폴란드 사람들은 기독교인들의 대적들이었다. 헬라의 주교들은 "터키의 모하메드의 폭력의 지배를 받는 다양한 혼합"인 정교를 소개하기보다는, 지금 "배우기 위하여 우리에게 와야만 한다." 러시아 교회는 "마귀와 함께 하는 탐욕스러운 니콘이 세 손가락으로 십자가를 긋도록 강제하는 전통을 소개시키기" 이전에는 "순수하고 완벽하였다."

한 최근의 역사학자는 구교도파들을 옹호하는 일이 니콘의 의전적인 개혁에 대한 거부로부터 부분적으로만 일어난 것이고, 그것들에 집중된 것은 이후의 18세기 구교도파의 합리화라고 주장했다. 즉, 그 운동이 원래 사회적인 불평이 넓은 범위로 존재했던 것에 의하여 적어도 그만큼 자극을 받았다는 것이다. 그러나 이후 17세기의 10년 동안은 집단 자살, 종종 전체 회중들이 나무로 만든 그들의 교회를 불타오르게 하는 일을 보여주고 있다. 그것은 더 많은 세속적인 불만에 대해서가 아니라, 일종의 신앙적인 열정에 대한 응답이었다.

구교도파들이 보았던 것처럼, 제3의 (그리고 최종적인) 로마의 배교는 아마도 유일한 세상의 종말을 미리 알리는 전조가 될 수 있었다. (16세기부터 그 이후로, 모스크바는 제3의 로마로 널리 믿어졌다. 첫 번째는 정치적으로 야만인들에게 그리고 영적으로 중세 초기의 배교에서 무너졌고, 비잔티움[Byzantium]의 두 번째는 1453년 터키에게 무너졌다. 기독교 세계의 중심이 되어야 하는 사명은 이제 러시아와 그 지도자들에게 나타났다.) 세상의 종말은 1666년에 예언되었으나, 가시화된 실패가 그 운동을 제지하지 못했다. 1684년, 반항적인 병사들이 구교도파의 믿음을 그들 자신의 대의의 한 부분으로 채용하고 나서, 황후 소피아(Sophia)

는 박해를 위한 포괄적인 계획을 도입했다. "이단이나 종파분리론자(schismatics)로 보이는 모든 사람들은... 바로 그와 같은 사람들은 고문으로 시달림을 받으면서 엄하게 문초를 받아야만 한다." "개선되지 않거나 거룩한 교회를 받아들이지 않는" 모든 사람들은 불에 타 죽어야만 했다. 그러나 구교도파 신도들은 요동하지 않았다. 참으로, 그들은 기뻐했다. 수천 명의 신도들이 순교의 고난을 기꺼이 받아들이기 위하여 화형대로 힘차게 돌진했다. 다른 사람들은 박해자들이 미칠 수 없는 지역으로, 북쪽의 북극지방(Arctic)이나 시베리아(Siberia)로 달아났다.

18세기 초반, 피터 대제(Peter the Great)는 최종적으로 구교도파들에게 죽음의 형벌을 두 배의 세금과 다른 성가신 일들을 부과하여 대치하면서 제한적인 신앙의 자유를 허락했다. 그의 실용적인 동기들은 구교도파들이 극도로 혐오스러워했던 세속주의와 이성주의를 연상케 하였다. 모스크바에서 피터스버그(St. Petersburg)로의 수도 이전은 "제3의 로마"를 반대하는 신성모독이었다. 그의 궁전의 현대화와 그의 '귀족들' (boyars, Russian aristocrats)이 턱수염을 기르는 일을 포기하도록 강제하는 것은 구교도파들이 의심하는 반종교적이고, 러시아적이 아닌, 그리고 서방교회에 속한 것으로 간주했던 기준들이었다. 피터는 구교도파들이 새로운 모든 것들을 종교 또는 정치에서 반대한다는 것을 잘 알고 있었고, 그와 같은 것들이 언제나 러시아를 현대화하려는 그의 계획을 방해하려고 시도하고는 했다.

우크라이나에서 분리되고, 러시아에서 종파분리의 고통을 경험하면서, 서방교회의 침입을 두려워하고, 정교회 세계의 지도력을 갈구하면서, 러시아 정교회는 스스로 상처입고 불편한 모습으로 현대의 시기로 들어갔지만, 여전히 지상 사명을 확신하였다. 그 역설은 러시아 자신에 대한 암시였다.

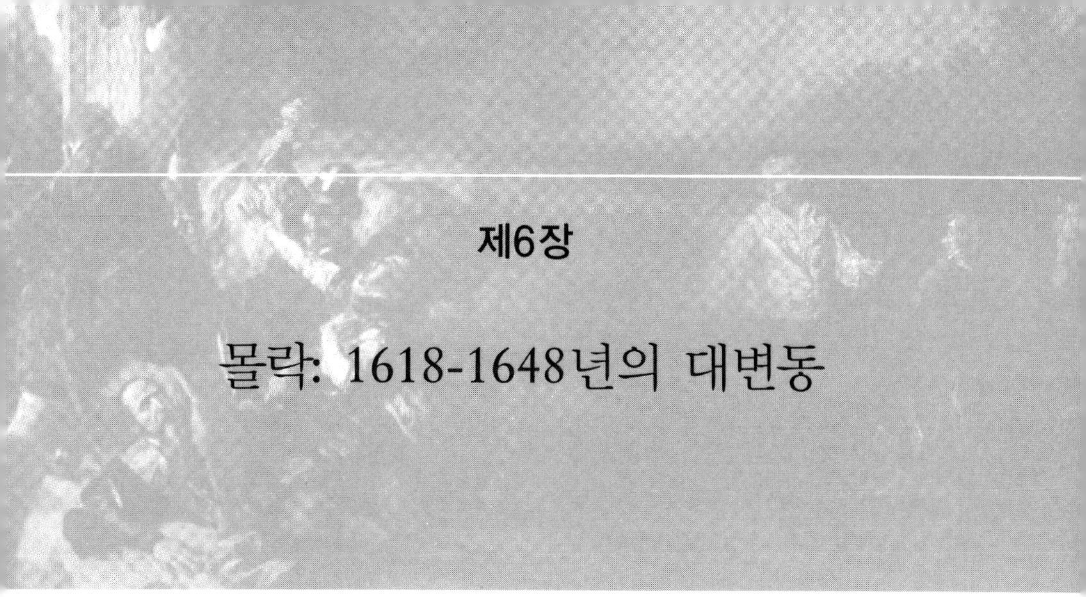

제6장

몰락: 1618-1648년의 대변동

우리가 이전의 장들에서 기술했던 대부분이 감당할 수 없는 긴장들은 17세기 동안 광란의 난폭함으로 폭발하였다. 이러한 긴장들은 상당 부분 정치적, 경제적, 그리고 사회적인 대변동이 원인이었다. 그럼에도 불구하고 종교는 규정된 문화와 도덕의 양상을 그들에게 주었다. 북서부와 중부 유럽의 대부분은 몇 십 년 동안 참았던 결과들과 더불어, 전쟁이 계속하여 발생하여 큰 소동이 일어났다. 그것은, 다음의 사건들에서, 비극을 자세히 열거해야만 하고 또 그것이 이루어졌던 과정을 어떻게 그리고 왜 취했는지를 검토해야 하는 우리의 한탄스러운 작업의 중요한 부분이다.

30년 전쟁

“냉전”(cold war)은 1618년 이전의 수십 년 동안 신성로마제국(Holy Roman Empire)에서 만들어지고 있었다. 그 주역들은 1608년과 1609년에 각각 개신교동맹(Protestant Union)과 가톨릭동맹(Catholic League)으로 동맹을 형식화했던, 서로 적대적인 그리고 의심 많은 신앙고백의 두 진영이었다. 그러나 개신교동맹은 주요한 루터교 공국(principality)인 작센(Saxony)주가 그 동맹과 연합하는 것을 거부하였던 것에서 오는 불이익 때문에 어려움을 겪었다.

제국 그 자체는 작은 공국들, 공자령들(dukedoms), 도시국가들, 그리고 영주주교(prince-bishop)들에 의하여 지배받는 교회의 지역들이 불안정하게 모인 누비이불처럼 구성되어 있었다. 그 모두는 비엔나(Vienna)에 있는 보다 덜 강력한 제후에게 항상 일반적인 충성을 유지하고 있었다. 이 작은 관할구역들에 속해 있는 매우 많은 것들이 영토의 확장을 목표로 했던 장기간의 전략 – 또는 단기간의 적절한 성공들 – 을 혼란스럽게 했기 때문에, 정치적 상태가 종종 흥미로웠다. 그러나 상대편에 의한 궁극적인 승리에 대한 전망에서 신앙고백의 경쟁과 상호간의 두려움과 관련된 배경이 관심사를 강박적이게 만들었다. 17세기의 처음 몇 십 년 동안, 독일에서는 여행자들이 성들에 대한 무기 증강과 확장에 관하여 언급하였다.

그러나 20세기 후반부에 사람들이 발견했던 것처럼, 양측이 심각한 분쟁의 대사건에서 완전히 무너질 수 있다는 침착한 확신에 당면할 때, 전쟁억제력이 최고로 작용한다. 그런데 1618년 중부유럽에서는 그와 같은 확신이 전혀 없었고, 병력증강은 보다 흔히 있는 결과로 이끌었다. 그것은 전쟁이었다.

그 계기는 보헤미아(Bohemia)에서였다. 종교개혁 이전에 후스파들(Hussites)의 시절로 되돌아가는 환경 아래에서, 가톨릭교회는 보헤미아에 있는 이백만 명의 거주자들(참으로 그것은 분명히 소수의 무리였다)의 종교적인 충성에 대한 독점권을 갖고 있지 않았고, 개신교도들은 1609년 마지못해하는 황제 루돌프 2세(Rudolf II)로부터 애써서 손에 넣은, 왕의 칙서(Letter of Majesty)의 협약들의 보호를 받아 종교의 자유를 얻으리라고 추측했다. 그러나 이론적인 종교의 자유는 실제적인 실행과 계속적으로 충돌했다.

그 상황은 1617년 스티리아(Styria)의 퍼디낸드 대공(Archduke of Ferdinand)이 황제로서 루돌프(Rudolf)의 후계자 마티아스(Matthias)에 의하여 지명된 왕이라 칭해졌을 때 더 악화되는 징후를 보였다. 퍼디낸드는 열정적이었고 또 개인적으로는 그의 가톨릭신앙에 헌신된 인물로 유명했다. 보헤미아의 실력자들은 그의 지배가, 그들의 자유를 구속하고, 아직은 확장되고 있는 개신교를 괴롭히는 법안들을 중앙집권화하면서 새로운 한계를 만드는 것을 정확히 두려워했다. 잠깐 동안, 보헤미아의 귀족계급은 다른 대안이 되는 민족 지도자나 용납할 수 있는 외국인 지원자가 부재한 상황에서 무기력하게 퍼디낸드를 받아들이는 일 외에 거의 다른 대안이 없었다. 더욱 불길하게도, 보헤미아의 새 왕은 합스부르크(Hapsburg) 왕가를 지도하는 일에서는 관례에 의하여, 그리고 황제 선거후들에 속한 가톨릭 다수 중에서 평신도였던 유일한 한 사람이었음으로, 분명히 미래의 황제였다.

스티리아에서 퍼디낸드는 루터파 귀족들이 그들의 고집으로 고립되면서 점점 유순하여 다루기 쉬워진 결과를 가지고, 백성들이 복종과 추방 중에서 하나를 선택하도록 하여 개신교를 압박하는 일에 성공했다. 이것은 그에게 우세한 가톨릭교회와 군주제의 권력 사이에 연결고리가 있다는 것을 확신하도록 도와주었다. 동시적인 사건의 개관 – 보헤미아, 독일, 프랑스, 스페인과 네덜란드의 충돌 – 은 그가 이 관점을 확인하도록 도와주었을 것이다.

보헤미아 개신교에 대한 전망은 그 자체만큼이나 불길했기 때문에, 개신교 옹호자들의 위원회에서 온 귀족들은 왕의 칙서의 조항들에 대한 경멸을 증명하려고 황제의 요청을 위반하여 1618년 5월 21일에 모였다. 이틀이 지난 후, 이 몇몇 사람들이 유명한 프라하 "인간투척사건"(Defenestration of Prague)을 재실행하는 것으로 그들의 조상들을 추종하기로 결심했다. 1418년의 원래의 사건에서, 후스파 지도자들은 어떤 운이 나쁜 왕의 관리들을 성에 있는 아주 높은 곳의 큰 창문을 통하여 몰아냈고, 그들은 아래 있는 관석도로 위에 충돌해서 죽었다. 200주년을 기념하여 시도된 이 기이한 사람들의 관습의 재현은 개신교도들이, 부적당한 순간에 부적당한 사무실에서 자신이 발견되었던 한 불운한 비서까지 더하여, 두 지도자격인 가톨릭 귀족들을 붙잡도록 하였다. 세 명의 희생자들과 수백만의 유리 조각들이 공중에 매달려 있을 때까지는 모든 것이 완벽하게 이루어졌다. 그 전반적인 위업의 결정적인 아주 짧은 순간의 때에, 그 가해자들이 사전준비를 하지 못했다는 것이 명백해졌다. 200년 동안 분쟁을 겪으면서, 그 유명한 창문 아래에는 매우 크고 또 갈색을 띤 거름더미들이 자라 있었기 때문이었다. 이제 이 운이 없는 것들에 – 또는 어쩌면 행운일 수 있는 것들에 – 떨어지면서, 나중에 드러난 것은 그들의 옷과 위풍에 돌이킬 수 없는 피해를 주었을 뿐, 다른 점에서는 해를 입지 않았다는 것이었다. 첫 번째는 비극으로 그리고 두 번째는 익살극으로, 역사는 그 자체로 반복되어진다는 막스의 금언(Marx' s dictum)은 절대로 더 나은 예증이 아니었다.

만일 그 폭동이 이 수준에 머물러 있었다면, (비록 불쾌한 냄새가 있기는 하지만) 그것은 좋았을 것이다. 치명적인 기체인 메탄이 훨씬 더 많은 죽음을 가져오는 결과로 막 폭발하려고 하였다. 그 사건은 반역의 신호였다. 보헤미아의 통치자들은 과도정부를 선택했고, 투룬(Thrun) 백작 아래에 있는 불안정한 군대를 일으켰다. 16,000명의 남자들을 일으킨 것은 그들을 훈련시키고, 먹이고, 급여를 주고, 그리고 그들을 무장하는 것과 동일한 것이 아니었다. 이러한 결점들을 파악하고서, 합스부르크의 선한 정적이었던 사보이 공작은 보헤미아 사람들에게 만스펠트(Mansfeld) 출신의 백작 에른스트(Ernst)의 지휘 아래 있는 용병 군대의 도움을 제공했다. 그의 공국 재무관처럼, 만스펠트의 군대는 가톨릭이었고, 그들은 9월에 개신교도들을 위하여 가톨릭 도시 필젠(Pilsen)을 점령하려고 전진했다. 스페인의 필립 3세(Philip III)는 가문이 일치단결해서 플랑드르(Flanders)에서 그의 합스부르크 친족인 퍼디낸드를 돕기 위하여 군대를 보냈다. 그 다음해 봄, 개신교 반역자들은 실레지아(Silesia)와 루사티아(Lusatia), 모라비아(Moravia), 그리고 위아래 모두의 오스트리아에서 (퍼디낸드 자신은 이미 정신적인 오스트리아 사람이라고 주장했었다) 온 군대들로 하나가 되었다.

처음에는 그 반란이 잘 진행되었다. 1619년 6월에 이르러, 투룬의 군대는 비엔나의 바깥쪽에 진치고 있었고, 그 도시는 퍼디낸드의 형제인 레오폴드(Leopold)의 지휘를 받는 작은 기마병들의 도착에 의해서만 지켜졌다. 그러나 같은 달 만스펠트의 군대는 자블라트(Sablat)에서 완전히 패배하였고, 그 반역에 속한 첫 번째 군대는 기진맥진해졌다. 보헤미아 군대의 처지는 단호한 군주제 지지자들과 가톨릭의 역습에 직면하여 공격을 받기 쉬운 것으로 보이기 시작했다. 그해 8월에, 자포자기하여 통치자들은 퍼디낸드를 면직시킬 것을 밝혔고, 가능한 대안이 되는 피임명자들에 관하여 사방으로 주요한 암시들을 주면서, 사보이의 가톨릭 공작보다는 트란실바니아(Transylvania)의 개신교 대공 베틀렌 가보르(Bethlen Gabor)를 지지하면서, 결국 팔라틴(Palatine)의 영주 대신에 보헤미안의 왕관을 프레드리히 5세(Frederick V)에게 제안했다. 이것은 프레드리히의 수용에 의해서만 조화되는, 위험스럽고 어리석은 일 중의 하나였다.

프레드리히는 평범한 개신교 군주가 아니었다. 예를 들면, 그는 루터교인이 아니고 칼빈주의자였다. 칼빈주의는 1555년 아우크스부르크(Augsburg) 평화조약의 조항들에 따르면 어떤 법적인 허가도 얻지 못했다. 두 번째로, 그는 제국 내에 있는 개신교를 방어하는 군사동맹이었던 개신교 동맹의 지도자였다. 세 번째로, 그는 영주였고, 왕의 호칭을 받아들이는 것이 그에게 두 번째 선거후의 지위를 수여할 수 있었다. 제안된 왕권을 받아들임으로써, 그가 제국 전체와 어느 정도 복잡하고 종교적인 균형까지도 결정적으로 뒤집어엎을 수 있었기 때문에, 모든 것 중에서 가장 중대하고 광범위한 요소가 이것이었다.

합스부르크 영역 안에 일곱 명의 선거후들이 있었다. 그들의 선거후 지위는 이전에 재직했던 왕이 사망했을 때 또는 은퇴했을 때마다(찰스 5세[Charles V]의 경우처럼) 새로운 황제를 선출하는 권한을 그들에게 수여하였다. 그들이 필요할 때마다 다음 합스부르크 가문을 언제나 선택했다는 사실은 중요한 것이 아니었다. 즉 원칙은 그 상황이었다. 어쨌든 계승이 전적으로 투명하지 않은 상황이 있을 수가 있었다. 그런 경우에, 선거후들이 중재하고는 했다. 종교개혁 이후에, 선거후단은 세 명의 개신교 선거후들(작센, 팔라틴, 브란덴브루크)과 네 명의 가톨릭 선거후들(트라이어, 쾰른, 마인즈, 보헤미아의 왕)로 구성되었다.

수학적인 어떤 고난도의 연습도 프레드리히가 두 번째 선거후의 지위를 받아들이는 일의 잠재적인 결과를 예견할 필요가 없었다. 그것과 일치하게, 개신교는 네 표를 확보하였고, 그러므로 다수를 점하게 되었다. 제국의 종교적인 미래가 위태로워진 것으로 보였다. 단번에, 가톨릭 세계는 그들의 면전에서 휘청거렸다. 퍼디난드가 이틀 뒤에 성공적으로 황제로 선출되었다는 사실(이전 3월 마티아스의 사망에 이어서)은 예상에 어긋난 것이었다. 원칙은 그 상황이었다. 제국은 전쟁의 소용돌이 속에 갑자기 빨려 들어갔다.

프레드리히는 보헤미아의 동질적인 신앙인들을 위하여 신실한 관심을 갖고 있었다. 그는 개신교 동맹의 지도자로서 그들이 궁극적으로 취할 수 있는 것보다 더 많이 그들을 위한 군사적인 도움을 얻도록 노력하기 위하여 그의 지위를 사용했다. 그것은 단순히 스페인의 군대가 퍼디낸드를 위하여 싸우려고 독일을 가로지르지 못하도록 하는 결정이있다. 그러나 펼쳐진 늪 안으로 더 깊이 막 빨려 들어가는 것을 지각하면서, 그는 깊은 곳에 빠져 있는 자신을 느꼈다. 그는 그의 조언자인 안할트(Anhalt)에게 큰 소리로 "나의 하나님! 그들이 나를 선출한다면, 내가 무엇을 해야만 하겠는가?"라고 부르짖었다. 그리고 이것에 대해서, 그의 너무나 사악한 조언자는 어떤 분명한 응답도 주지 않았다. 안할트는 오랫동안 음모를 꾸몄음에도 불구하고 그와 같은 결과를 기대하기는 어려웠다. 그러나 이제 그 순간이 도래했던 것이다. 그들의 군대는 너무 약해서 그 수용을 실행할 수가 없었고, 그들의 동료 개신교인들 역시 애매한 태도를 보였고, 팔라틴 사람들은 너무 약했다. 프레드리히가 실용성을 무시하고 그 제안을 받아들였을 때, 그리고 그해 11월에 의기양양하여 프라하(Prague)에 들어갔을 때, 친구와 원수 모두 그 결과를 예견할 수 있었다.

처음 십년간의 싸움은 개신교 패배들의 목록이었다. 황제의 군대에 맹렬히 공격당한 후, 개신교도들은 효과적인 저항을 준비할 수 없었고, 백산(白山, White Mountain) 전투에서 결정적으로 대패했다. 프레드리히는 1620년 초기에 그 나라에서 추방되었고, 그가 그 자리에서 줄곧 간신히 견디었기 때문에, 그래서 "겨울 왕"(the Winter King)이라는 칭호를 얻었다.

퍼디낸드는, 최대의 효과를 위하여 보헤미아에서 그의 군사적 우세의 기회를 활용하려고 결심하면서, 그곳에서 완벽할 수 있었던 그의 승리와 끝낼 수 있었던 전투를 기다리지 못했다. 하지만 바바리아(Bavaria)의 가톨릭교도 막시밀리안(Maximilian)이 팔라틴을 침공하는 일을 돕는다는 조건으로, 그는 프레드리히의 원래의 선거후직을 그에게 제안했다. 그 제안은 받아들여졌다. 개신교도 작센의 존 조지(John George)는 루터교인으로서 보헤미아에서 칼빈주의 왕이라는 생각을 달가워하지 않았기 때문에 이 계획에 그의 원조를 제공하였다.

그러나 보헤미아에서 도망친 가톨릭 황제도 거의 나은 것이 없다는 것이 증명되었다. 만일 존 조지가 "개혁교회 측과 순수한 잔"을 나누는 것보다 "교황과 순수한 피를 마시는 것"을 더 선호한다는 루터의 유명한 가르침에 대하여 너무 양심적인 관심을 보였다면, 이것은 불행한 것이었다. 가톨릭 군대들에 의하여 이루어진 황폐로 인하여 보헤미아 각처에서 유혈이 분명했기 때문이다. 그 전투는 정말로 잔혹하였고, 아주 오랜 기간을 참아내야 하는 투쟁의 양상을 보였다. 두려운 대량학살이 "잘못된" 신앙고백자들에게 속한 시민들에게 상주하지 않는 병사 무리들에 의하여 가해졌다. 『후터파 연대기』(*Hutterite Chronicle*)는 한 분파, 황제의 군대에 의하여 황폐화될 정도로 파멸당했던 불행한 평화주의자 재침례교도들의 공동체들에게 임했던 섬뜩할 정도의 고난들을 기록하고 있다. 여인들뿐만 아니라 소년들과 소녀들이 잔인한 성폭행을 당해야만 했다. 정착지의 남자들을 벌겋게 달은 인두로 태워 죽였고, 그들의 발은 발톱이 불에 타버릴 때까지 불 속에 있었고, 화약을 상처들 안에 넣고서 불을 붙였고, 눈들을 도려내었다. 연대기 저자가 논평하는 것처럼, "그와 같은 일들을 최고의 기독교인이라고 스스로 믿고 있었던 황제의 군대들이 공개적으로 실행하였다."

보헤미아는 1620년대의 첫 번째 중반 동안에 강제적으로 다시 가톨릭교(re-Catholicize)가 되었다. 100,000명이 넘는 개신교도들은 추방되었고, 프라하의 이전 대학교는 예수회에게로 넘어갔다. 도움을 주려고 했던 개신교 국가들은 전반적으로 그렇게 하는 일에 실패했다. 충돌의 초기 단계에서 작센이 간섭하지 않은 이유들은 이미 언급되었다. 네덜란드는 1609년에 시작된 스페인과의 계속적인 전쟁에서 12년 동안 정전이 이루어졌기 때문에 관여하는 쪽으로 기울어졌고, 재개되는 공격 – 예정대로 발생했던 사건 – 을 자체적으로 방어하기 위하여 분주하게 준비했다.

개신교 영국은 원조할 수 있는 무엇인가를 하고자 기대할 수도 있었을 것이다. 엘리자베스 1세의 통치 후반부터, 선도하는 개신교 권력의 지위를 고려하면서(개혁주의를 받아들였던 그 어떤 국가도 그렇게 크지 않았다) 영국은 서서히 순항하고 있었다. 더구나, 프레드리히 5세의 아내는 영국의 제임스 1세(James I)의 공주인 엘리자베스였다. 그녀는 (그리고 그녀의 남편의 평판 때문에) 영국의 정치 계급들 사이에서 좋은 인기를 얻고 있었고, 제임스는 의회에서 최대한 서둘러서 그의 딸과 사위 – 그리고 유럽의 개신교가 가장 크게 도움을 필요로 하는 그 시간에, 그 개신교에 속해 있는 사람들 – 를 구하라는 요구에 직면하였다. 이러한 것들이 1625년에 그의 아버지를 계승한 이후의 몇 년 동안, 제임스의 아들인 찰스 1세(Charles I, 엘리자베스 여왕의 남동생)를 괴롭히는 요구들이었다. 이 진심에서 우러나오는 연민과 개신교의 결속에 속한 그 어떤 것도 그 좋은 정서들이 군사적인 효과로 변화되는 일에 필요했던 세금보조와 같은 것들을 위하여 투표하려는 자원함으로까지 미치지는 못했다.

재정적인 압박들이 제임스와 찰스가 그들의 의회에서 그토록 급하게 제의되었던 개신교 백기사(white knight)의 임무를 거부했던 유일한 이유는 아니었다. 제임스는 보헤미아의 시시한 말다툼을 유럽의 대학살로 확대되도록 조장한 일에 대하여 그의 무모한 사위에게 격노했다. 게다가, 그 자신의 개인적인 야망은 기독교의 중재인이요 평화조정자의 한 역할을 감당하는 일을 포함하고 있었지만, 그가 그 싸움에서 한 분파가 됨으로 말미암아 거의 진척시킬 수 없게 되었던 계획들이었다. 어쨌든 1620년을 전후해서 그는 그의 아들인 상속자를 스페인의 공주(Spanish Infanta)에게 장가보내려고 – 합스부르크가에 대항하여 전투를 시작하려는 일과 거의 조화를 이룰 수 없는 포부 – 여전히 시도하고 있었다. 이 결혼은 결코 현실화되지 않았고, 당사자 찰스는 그의 아버지가 전쟁에 연루되었던 것보다는 일반적으로 그에게 모순된 것이었던 개신교 국제협조주의(internationalism)와 반가톨릭주의의 모든 정신적 경향성에 훨씬 덜 기울어졌다.

독일 개신교 제후들은 그때 홀로 싸우기 위하여 떠났다. 1623년까지, 프레드릭은 팔라틴에 있는 그 이전의 선거후 영토에서 추방당했다. 1620년대 처음 중반 동안, 스페인과 합스부르크가의 군대들이 발트해까지 개신교 독일의 많은 부분들을 완전히 침입했다.

방탕했던 왕 크리스챤 4세(Christian IV)가 스스로 실행에 옮기도록 자극했던 그의 개신교 양심을 받아들인 것은 이 시기였다. 덴마크의 지배자로서, 그는 비엔나로부터 지배력을 중앙집권화 시키면서, 강한 군주의 지배를 받는 지역들보다는 작고 비교적 약한 독일 공국들과 인접한 그의 남쪽 국경지방들을 두드러지게 선호하는 특징이 있었다. 그는 또한 예수회 선교사들에 관하여 잠시 걱정했는데, 그들이 남쪽으로부터 그의 영토 안으로 침투했다. 북쪽 독일에서 가톨릭교회의 소유권으로 회복되었다고 그가 주장했던 이전의 교회 영토에 대한 가능성은 자신조차도 거의 동의하기가 어려웠다. 1625년 그가 전투에 임했을 때, 1629년까지, 그는 개신교 운동의 대들보였다. 그것이 충분한 것은 아니었다. 자금이 부족해지고 화력이 약해지자, 특별히 퍼디낸드의 선발된 장군인 발렌슈타인(Wallenstein)의 지휘를 받는 황제의 군대들의 빛나는 통솔력과 맞부딪혔을 때, 그는 곧 지리멸렬의 상태가 되었다. 발렌슈타인의 군대는 부분적으로 네덜란드 칼빈주의교도 은행가였던 드 위트(De Witt)로부터 재정적인 조달을 받고 있었다. 그러나 그때에는 누구도 하나님과 재물을 함께 섬길 수 없었고, 은행가들조차도 그들의 우선권을 선택해야만 했었다.

1629년까지 퍼디낸드는 그의 임기 동안에 다소간 평화를 제공할 수 있는 지위에 있었다. 같은 해에 1552년부터 정부소유로 옮겨졌던 교회의 모든 소유지들을 회복시켜주는 복권칙령(Edict of Restitution)은 가톨릭 지도자들이 개신교도들을 추방하는 것을 승인했고, 특별히 제국 전체에서 어느 곳이든지 칼빈주의의 허가를 배제했으며, 로마 가톨릭교회를 위한 다섯 개의 주교직과 서른 개의 도시들, 거의 백여 개의 수도회들과 그리고 셀 수 없는 개별적인 지역교회들이 회복되었다. 그리고 특별한 지역들에는 황제의 군대들을 요청함으로써 이러한 규칙들을 강화할 수 있는 황제의 감독관들을 지명했다. 그것은 반종교개혁의 주요한 논점이었다.

그런데 그것은 너무 많았다. 가톨릭 왕들조차도 중앙정부(16세기와 17세기의 모든 다양한 다툼들을 항구적으로 제한하려는) 권력의 이 거대한 확장에 아연실색할 정도였다. 팔라틴을 그 합법적인 왕으로부터 빼앗아서 다른 이에게 넘겨주는 것은, 그 상황에서, 그것과 관련한 어떤 정의를 갖고 있어야만 했다. 하지만 그 일은 왕들이 그들의 지위가 황제의 특별한 호의라고 주장했던 생각을 강조했다. 그리고 그것은 위험한 선례가 되었다. 심지어 개신교인으로서, 어떤 왕은 이러한 일의 영향을 받아서 프레드리히의 어리석은 실행들을 인정할 필요가 없었다.

정권 밖에 있는 너무나 많은 권력자들 역시, 제국의 약함에 기득권적인 관심을 갖고 있었다. 프랑스의 프란시스 1세(Francis I)가 독일에서 더 이전 세기에 개신교 분파주의를 끝장내려고 했던 운동들을 반대하는 원인이 되었고, 그것 때문에 독일 황제가 외국에 더 많은 조치를 취하는 일에 자유를 주었던 논리는 계속적으로 유효한 것이었다. 다른 통치자들은, 개신교나 가톨릭에 동

구스타프 아돌프. 독일 학교의 삽화

일하게, 절대 지배권을 가지고 있었던 장래성 있는 대단히 중요한 사람이 마침내 신앙적으로 또 행정적으로 결합해서 그것으로 이웃나라들을 짓누르는 지위에 있을 수도 있다는 사실에 무기력하게 되었다.

복권칙령은 일반적으로 강조되어질 수 없었다. 1630년 7월, 스웨덴의 군대들이 페네뮨데(Peenemunde)의 포메라니아(Pomerania)에 상륙했고, 그 전투는 새로운 국면에 들어갔다. 그것은 유럽 무대에서 위대한 통치의 지위에 어울리는 스웨덴 세기의 시작이었다. 남쪽에서 그와 맞서고 있는 해안가의 지나치게 강한 제국의 기대와 마주했을 때, 스웨덴의 왕 구스타프 아돌프(Gustavus Adolphus)는 황제의 권력을 저지하는 도전을 계속하기로 결심했다. 그는 경건한 루터교신자이며 뛰어난 군사 지도자였다. 북독일 개신교 제후들의 군사력을 새로운 동맹으로(이때는 작센이 함께 포함되었다) 모양새를 갖추면서, 그는 전쟁을 새롭게 하였다.

그 싸움은 전투했던 10년보다 더 많은 기간 동안 그 누구도 덜 야만적이 되도록 하지는 못했다. 1626년으로 거슬러 올라가, 발렌슈타인은 황제에게 “어느 면으로도 이것이 종교전쟁은 아니라고 마그데부르크(Magdeburg)시를 확증할 만큼 너그러워야 한다고 요청했다. 충성스럽고 헌신된 도시로서, 그들의 신앙적이요 현세적인 평화는 조금도 해를 받지 않도록 할 것이기 때문이었다.”[1] 그러나 5년이 지난 후, 그 시민들의 특권은 훨씬 더 큰 피해를 보았다. 왜냐하면 그들 중의 다수는 황제에게 속한 군대의 손에 죽었기 때문이다. 1631년 틸리(Tilly)의 지휘아래 황제의 군대는 마그데부르크를 이 끝에서 저 끝까지 불을 놓으면서 점령하고 약탈했다.

마그데부르크의 점령은, 비록 그것이 전쟁의 전체 사상자 수에서는 그 중요성을 잃어버릴 수도 있지만, 아마도 가장 악한 사건이었던 잔학 행위였다. 그렇지만 개신교 도시들 안에 있었던 수백 명의 사람들이 황제 편에 가담하였다. 그들이 확신했던 막 일어나려고 하는 일반적인 대량학살로부터 자신들이 구원을 받을 것이라고 생각하면서, 그들은 뛰어드는 것처럼 황제의 군대를 맞이하기 위하여 달렸다. 그러나 그들은 단지 대량학살을 당하는 첫 번째 사람들이 되었을 뿐이었다. 교회로 달아난 시민들은, 성 요한의 교회를 포함하여, 그 교회들 안에서 대량학살 당했다. 성 요한의 교회는 잠겼고, 여성들로 빽빽이 들어찼음에도 불구하고, 그 후에 불태워졌다. 성직자들은 그들의 서재에서 그들의 책과 함께 불태워졌다. 그들의 아내와 딸들은, 특별히 다루려고 선발되었는데, 성폭행당하고 야만적으로 대하기 전에 야영장에서 말들 뒤에 질질 끌려갔다. 스웨덴 의회(Riksrad, Swedish Parliament)에 제출한 스웨덴 사람들의 기록은 크로아티아(Croat)와 왈론(Walloon) 군대들이 그들의 창들 위에 작은 아이들을 처박고, 빙빙 흔들어 돌렸다. 그리고 그들을 불 가운데에 던졌다. 통틀어서, 30,000 시민의 2/3가 죽었다.

개신교도들이 복수하는 일은 오래 걸리지 않았다. 4개월 후에 브라이텐펠트(Breitenfeld)에서 주요한 가톨릭 군대를 구스타프 아돌프가 완전히 파괴한 데 이어, 그의 군대들은 라인지방(Rhineland)과 그 후에 바라비아(Bavaria)로 이동했는데, 거기에서 그들은 그 지방을 황폐화시켰고, 농민들을 대량학살했다. 폰 그림멜스하우젠(Von Grimmelshausen)은 병사들이 행한 농민들의 소유물에 대한 무자비한 파괴에 관하여 기록했다. 한 정착지에서는, 한 농장노동자가 땅에 던져졌고, 나무 한 조각을 그의 입에 강제로 고정시켰고, 밀크통에 가득 찬 배설물이 그에게 흘러들어가게 했다. 다른 사람은 산채로 빵 굽는 오븐에 던져졌다. 세 번째 사람은 밧줄로 그의 머리 주변을 묶고 너무 단단하게 비틀어서 피가 그의 입, 코, 그리고 귀에서 많이 흘러나왔다.

물론 농부들은 다소간 무력한 희생자들이었지만, 그들은 할 수 있는 대로 길을 잃고 흩어진 병사들에게 복수를 했다. 동일한 저자는 끔찍하게 발각되기 이전에, 어떤 반무장(semi-armed) 상태의 농부들을 위협했었던 한 군대의 일부분이었던 사람들을 기록했다. 아직 살아있는 한 병사를 담고 있는 한 나무통이 불완전하게 땅에 매장되었다. 그의 코와 귀는 잘려졌다. 그와 다섯 명의 동료들이 한 무리의 농부들에게 사로잡혔었다. 강제로 이 여섯 사람을 일렬로 가까이 서게 하고, 여섯 번째 사람에게는 미치지 못한 즉 다섯 명만을 관통한 총 한 발이 발사되었다. 그때에 그 생존자는 수족을 절단 당했고, 죽은 동료들의 엉덩이를 강제로 핥게 했으며, 산채로 땅에 묻혔다.[2)]

그와 같은 사건들이 기독교 교회의 역사에서 어쨌든 어떤 위치를 차지한다는 것은, 모든 사람들에 대한 법적인 소유권을 교회가 소유했고 또 그것을 요청했던 정치화된 기독교 세계와 관계있는 단순한 참여자들에 대한 저주가 아니라, 전반적인 현상에 대한 저주이다. 30년 전쟁(The Thirty Years' War, 십자군이나 종교재판소와 같이)은 이러한 생각의 우연한 결과가 아니었고, 정신이상도 아니었고, 다만 그것의 필연적인 결과였다.

1632년 11월, 구스타프 아돌프가 사망했음에도 불구하고, 스웨덴 사람들은 루첸(Lutzen) 전투에서 간신히 승리했다. 그때로부터, 스웨덴의 군사력은 쇠약해지기 시작했다.

1630년대 동안 이 전쟁의 참된 성격 – 모든 그와 같은 전쟁들과 그 전쟁들을 수행했던 부대들에게서 나타나는 것처럼 – 은 그 자체로 나타나기 시작했다. 즉, 권력의 충돌이 종교의 양식을 바꾸어 놓았다. 그러나 개신교는 너무 약해서 그 충돌에서 진위가 의심스러운 개신교 측을 지원할 수 없다는 것이 증명되었고, 그래서 그것을 지원하기 위하여 관여하는 일이 필요했던 가톨릭과 동맹했다. 물론 우리는 프랑스에 관하여 말한다. 어쨌든 프랑스는 1631년부터 매년 스웨덴의 군사적 수고에 과중할 정도의 경제적인 지원금을 보내고 있었다. 1635년 프랑스는 공개적으로 반-합스부르크(anti-Hapsburg) 편에 서서 그 분쟁에 뛰어들었다.

막강한 군대를 가진 이 새로운(또는 어느 정도 오래된) 원수와 마주 대하여, 퍼디낸드는 즉각적으로 소위 프라하 평화조약(Peace of Prague)에서 개신교도들에게 협약을 제출하도록 강요받는 것을 느꼈다. 이 움직임은 교황 우르반 8세(Urban VIII, 1623-1644)에 의하여 당장 정죄되었고, 그의 군사적 무간섭은 원칙의 주요한 근거 – 물론 이단들과는 어떤 타협도 할 수가 없다고 하는 원칙 – 를 제공할 수 있었다. 그러나 그 자신의 타협들은 추기경 리슐리외와 루이 13세

(Louis XIII)를 자극하여 우선 개입하도록 하는 일에 남용되었다. 이것이 이상하게 생각되지 않기 위해서, 다른 모든 것과 마찬가지로, 교황청이 과도하게 강한 황제를 두려워했다는 것은 기억되어야만 하고, 그 황제는 이탈리아에 있는 교황의 신분에 압력을 행사할 수가 있었다. 그러므로 그들의 주요한 파괴자인 황제의 권력을 억제하기를 바라면서도, 교황청은 개신교를 파멸시키는 일을 추구하는 정반대의 정책을 추구했다.

교황청의 이중거래를 지적하면서, 퍼디낸드가 프랑스의 지배 때문에 그의 왕국이 위험에 처할 정도로까지 그 자신의 가톨릭 열정이 그렇게 확대되도록 허락하지 않았다는 것은 아마도 이해할 수 있다. 그리고 만일 그 위협을 피하는 것이 적어도 이단들과 일시적인 화해를 의미했다면, 그때에 그것은 그가 기꺼이 지불해야만 했던 대가였다. 비록 교황의 탄원에 의하여 재촉된 이유들 때문이 아니라, 프랑스의 간섭이 평화를 불가능하게 만들었던 이유가 있었을지라도, 그 전쟁은 간헐적으로 다시 13년 동안 지속되었다. 개신교 덴마크와 스웨덴이 발틱 연안의 지배력(1643년부터 서로 싸웠다고 말해도 좋을 정도로)을 지속적으로 원했던 것처럼, 그리고 교황이 이탈리아에서 황제권이 약해지는 것을 원했던 것처럼, 그렇게 프랑스는 약하고 분열된 제국 독일에 접근하기를 원했다. 독일 영주들은 개신교와 가톨릭 모두 외국의 지배라는 희생을 치르지 않으면서 비엔나로부터 자치권을 원했다. 황제는 소름끼치는 무질서한 혼란으로부터 자신이 지킬 수 있는 것들을 지키기를 원했다.

웨스트팔리아 평화조약과 결과들

분쟁에 대한 결론(아마도 대단원이 더 좋은 단어다)은 1648년의 웨스트팔리아 평화조약으로 총괄하여 알려진 협정서였다. 이것은 "1555년의 신앙의 평화가 전체적으로 그리고 위배 없이 확증되어지고 또 지켜질 것"을 확증하였다. 그래서 처음에 투쟁했던 문제의 관점에서 볼 때, 피바다는 헛되이 흘려진 것이 되었다.

그러나 실제적인 변화들이 있었다. 그 조약은, 아우구스부르크 평화조약(the Peace of Augsburg)의 영향을 받아, "만일 그들이 그들의 지역 영주에게 속한 종교와 의견을 달리하는 경우에는 이주의 권리가 그와 같은 나라들의 백성들에게 부여되었다." 이 "권리"는 앞으로의 몇 년 동안 자주 활용되거나 또는 강화되고는 했다. "그 누구도 자신의 종교에 복종하도록 다른 사람의 종교를 부추겨서는 안 된다"[3] 전쟁 이전에 있었던 뚜렷한 실행들은 끝났다. 가톨릭이나 개신교도들에 의한, 복음전도 역시 마찬가지였다. 이 조항은 유럽에서 개신교의 지역적인 확장의 종말을 명시한 것이었다.

사실상 그것은 모순을 보여주었다. 보헤미아와 헝가리는 강제적으로 다시 가톨릭화 되었다. 오스트리아의 넓은 지역들 역시 마찬가지였다. 개신교의 진전은 북부 팔라틴, 바바리아, 그리고 남독일에서 멈추었고, 군대의 힘으로 뒤집어졌다. "개혁주의자라고 불리는 사람들"은 이제 "가톨릭과 아우구스부르크 신조들"을 따라서 동일한 "권리들과 혜택들"을 받기가 쉬워졌다. 물론 이것들과 별개로 하여, "그 누구도 신성제국 안에서 받아들여지거나 신앙의 자유를 누릴 수는 없었다."[4] 팔라틴 역시 선거후가 지배하는 상태로 회복되었지만, 바바리아 공작들은 위엄을 갖추고 투쟁의 초기에 보상을 받았으며, 그것이 이제 쉽사리 없어질 수 있는 것이 아니었기에, 선거후의 숫자는 여덟 명까지 늘어나는 것이 용납되었다.

그 조약은 국가 군주에 대하여, 지역적인 독립과 영토보전에 대하여, 그리고 주변 국가들의 직무에 대한 불간섭에 관하여 유력한 것이었다. 홉스(Hobbes)의 리바이어던(Leviathan, 욥기 41장에 나오는 바다의 괴물 이름으로서 전제국가를 의미함－역자주)이 구경꾼들의 눈앞에 나타나고 있었다. 웨스트팔리아 평화조약이 현대 국제 정치와 현대 국가를 공부하는 학생들에게 출발점이 되는 것은 이러한 이유 때문이다.

1648년 황제는 독일의 영주들에 대하여 거의 실질적인 권한이 없었다. 그들은 이름을 제외하고는 모든 일에서 독립적이었다. 황제의 활동력은 이후로 서서히(이후에는 급격히) 약해진 오스만 제국으로부터 정복된 땅들이나 폴란드로부터 취한 땅들로 확장되면서, 남쪽이나 동쪽으로 돌려져야만 했다. 옛 제국의 인구는 어쨌든 전투로 인하여 황폐되었다. 독일은 2차 세계 대전에 감소한 인구의 비율보다 더 많은 비율의 인구감소를 경험했다. 전체적인 감소는, 어떤 지역들에서는 그것보다 두 배나 많았지만, 대개 30-35퍼센트였을 것이다. 보헤미아의 인구는 전쟁 중에 50퍼센트까지 떨어졌다. 이 지역들은 그 세기의 남은 기간에, 다른 어떤 지역들에서는 더 많이, 이 인구 통계의 파국으로부터의 회복이 필요했다. 종교개혁에 찬성하거나 반대하는 그 충성이라는 관점에서, 20세기 세속주의와 이후의 이민이 이전의 오래 계속된 충절을 엉망으로 만들기까지, 서부와 중부 유럽의 종교적인 지형은 현대적 형태와 같은 양상을 띠고 있었다.

교황청이 처음에는 전쟁에서 이득을 얻을 수가 있었을 것이다. 교황의 일단은 이전에 구교도파들에게 잃었던 중부 유럽의 많은 지역들을 이제 포함하였다. 독일에서 황제의 권력은 무너졌다. 가톨릭 군주들과 관련된 교황의 정치적 권위도 무너진 것으로 보였다. 웨스트팔리아 평화조약은, 13년 전의 프라하의 평화조약처럼, 로마교황제를 항의하는 자들의 면전에서 만들어진 것이었다. 교황 이노센트 10세(Innocent X, 1644-1655)의 '하나님의 집을 향한 열정' (zeal for the house of God, *Zelo Domus Dei*)이라는 교서에서 개신교도들을 용인하는 일을 크게 비난했지만, 유럽의 가톨릭 군주들은 단순히 그것을 – 그리고 그를 – 무시할 뿐이었다. "하나님의 집을 향한 열정"이 1618년부터 자신과 관련된 조치들에서 교황청의 하나뿐인 동기부여로 실행되었는가의 문제는 어떤 의심의 소지가 있다. 그것은 분명히 유럽의 왕들과 제후들을 자극하여 움직이는 일을 하지 못하였다. '국가의 이성' (reason of the State, Raison D'etat)이 판단하는 일에 있어서 유일한 판단 요소로서 드러났다. 그러나 우리는 이미 웨스트팔리아 조약이 국제 관계에 대한 현대적 양상의 시작이었다고 언급했다.

이것은 종교개혁의 두드러진 결과중의 하나였고, 가장 중대하고 또 확실히 가장 많은 피를 흘렸던, 종교개혁에 의하여 촉진된 종교전쟁의 성과가 나타났던 것이다. 왕위는 이제 제단보다 더 강해졌다. 루터 이전에, 교황은 서유럽 지도자들에게 그들의 영역에서 가톨릭을 유지하는 일에 대해서 감사의 어떤 빚도 지고 있지 않았다. 그런 일에 실패했던 사람들은 그들의 백성들에 의하여 단호하게 로마교황이 제재를 규정한 반역의 비난을 초래했거나 다른 수단들을 통해서 폐위를 초래했었다. 그러나 일단 종교개혁이 일어나고 또 서쪽의 기독교세계의 중요한 영역들에서 받아들여지면서, 입장이 바뀌어졌나.

교황권은 가톨릭 신앙을 유지하기로 선택했고, 그 국민들에게 그것을 강제로 시행했던 모든 지도자들의 채무자가 되었다. 그러므로 교황들이 지지를 받고 있는 상황에서도 정확한 조항들을 지시하는 일이 어려워졌다(아니, 불가능해졌다). 만일 황제, 또는 프랑스나 스페인의 왕이 이단들과 협상하는 일을 선택할 때, 또는 예수회를 쫓아낼 때, 또는 교황이 승인하지 않은 어떤 외국의 정책을 추구할 때, 교황청은 그 일에 관하여 할 수 있는 것이 거의 없었다.

30년 전쟁의 만행은 그리스도의 나라가 참으로 "이 땅에 속한 것"(그것에 의하여 그리스도에 대한 근본적인 가르침이 거절당한다)이라는 주장과 기독교는 그러므로 그것을 통치하는 어떤 방식이라는 논리적인 결론을 말해준다. 결과적으로 교회들, 개신교나 가톨릭 모두는 사악하고 세속적인 목적을 위하여 정치가들에게 지배를 받았다. 퍼디낸드와 프레드릭과 같은 원칙 있는 지도자들이 그들의 바로 그 고상함 때문에, 가장 악한 박해자들이나 또는 신앙적으로 자극을 받아 어리석은 죄악들을 범하는 일에 마음이 강하게 기울어진 사람들이 되었다. 크리스챤 4세나 리슐리외 같은 실용주의 정치가들은 냉소적인, 권력을 추구하는 목적을 위하여 종교적인 신앙심을 최고로 남용하는 경향이 있었다. 그리고 우리가 살펴본 것처럼, 교황청의 모순되는 정책들이 양측 모두에게 그것이 떳떳하지 못한 것으로 맡겨졌다. 그 사이에, 사회적인 그리고 정치적인 다툼은 경쟁적인 문화와 경쟁적인 군사동맹을 갖춘 경쟁적인 국가집단을 형성하는 종교적인 중요한 해결책으로 바뀌어졌다. 앞선 일들의 결과로 생긴 다툼들, 즉 경쟁적인 문화들 사이에서 다른 누군가의 생존을 위협하는 언제나 야만적이었던 다툼들이 "기독교를 위한 전쟁"으로서 축복을 받았다. 결과적으로, 이것이 군사적 교착상태에 이르렀을 때, 그 위선은 내던져졌고, 세속적인 국제 정치가 받아들여졌으며, 기독교는 다음의 계몽주의(Enlightenment)를 살았던 사상가들의 새로운 세대에서는 믿을 수 없는 것으로 여겨졌다.

영국 시민전쟁의 도래

유럽의 국외 섬들 역시 30년 전쟁의 후반기 동안 그들 자신의 폭력으로 큰 소동이 일어났었다. 그것은 보다 광범위했던 유럽의 대화재의 결과에 대한 불안이 역할을 했었던 폭력이었다. 1620년대까지 영국은 열광적이고 두려울 정도로 반가톨릭적인 주민들을 소유하고 있었다. 그렇지만, 영국은 그 정책이 다소 불분명하고, 또 많은 사람들이 두려워했던 일이 개혁주의 자체의 원상복귀였던 방침에 막 도달하려고 하는 교회를 소유하고 있었다.

1624년에 규모는 작았지만 성장하고 있었던 영국 아르미니우스 분파의 한 사람이었던 리차드 몬테규(Richard Montagu)는 그의 대단히 논쟁적인 책 『늙은 거위를 위한 새 재갈』(*A New Gagg for an Old Goose*)을 출판하는 데 성공했다. 이것은 언변의 자유가 제한되는 모든 사회의 관습들을 따랐다. 저자는 칭찬받을 만한 것들을 칭찬하면서 또 공식적으로 유감인 것은 비방한다. 그러나 모든 독자들은 진정한 메시지가 작은 글자(fine print)에 있다는 것과 그리고 칭찬과 비방이 언급된 정확한 용어들을 알고 있었다. 형태상으로는, 적어도, 몬테규의 책은 로마 가톨릭교회("늙은 거위")에 공손한 공격이었지만, 그 논쟁은 너무 계획적으로 잘 되어 있어서 매우 명확하게 로마교회에 상당히 근접한 것을 제시하는 영국성공회의 재정의(redefinition)에 이르게 하였다. 교황주의자들은 셀 수 없는 방식에서 영국성공회가 가톨릭교와 다르다는 그들의 지속적인 주장으로, 창시자가 논의되어지면서, 영국성공회를 비방하였다. 사실, 그는 캔터베리(Canterbury)와 로마 사이에는 논쟁 중인 일곱 개의 교리들만이 존재한다고 주장했다. 교황주의자들이 영국성공회의 공식적인 신학이 필연적으로 칼빈주의에 속한 것이라고 주장한 것은 거짓말이었다.

논쟁과 관련된 이러한 노선의 동향은 보다 명확해질 수가 없었고, 몬테규는 의회 회원들에 의하여 고발되었다. 그는 다음 해에, 『가이사께 상소하노라』(*Apello Caesarem*)는 뒤따르는 작품으로 자신을 변호했다. 그렇지만, 그가 검열관들을 통하여 출판을 허락받는 일에 성공했다는 사실은 그가 이미 가이사에게 개인적으로 – 또는 가이사의 최측근 심복들에게 – 꽤 많은 호소를 했다는 분명하고 상당한 암시였다. 1626년에 새로운 군주 찰스 1세는 몬테규를 치체스터(Chichester)의 주교로 임명했다.

1625년 찰스의 즉위는 영국성공회 내에서 영국 아르미니우스 분파의 주도권을 확실하게 하였다. 이 분파는 1609년 아르미니우스의 사후에 그의 주장을 떠받쳤던 네덜란드 분파와 거의 또는 전혀 공유하는 것이 없었다. 즉 예정론의 칼빈주의 관점에 대한 단순한 거절을 넘어서는 그 이상의 아무것도 없었다. 원래의 아르미니우스에게 있어서 그 동기부여는, 어떤 점에서, 에라스무스파와 자유주의였다. 영국에서, 그 계획은 그보다도 새로운 고교회회원의 태도(High-churchmanship)와 관련되어 있었다. 이것에는 그들이 의미했던 은혜를 실제적으로 전달하는 것으로서의 성례에 대한 중요성과 그리고 성직자들의 사제적인 (즉 중개하는) 역할에 대한 강화된 강조가 뒤따랐다.

그와 같은 사상들은 왕들의 신적인 권리에 대하여 찰스가 온통 마음을 다 빼앗긴 신념과 잘 맞았다. 간단히 언급하면, 이것은 왕들이 통치하도록 그리고 그들은 완전하게 통치해야만 하도록 하나님께서 선택하셨다는 관점이었다. 제임스 1세 또한 이 교리를 주장했으나, 그러나 그는 자신의 백성들의 전통적인 공감과 당면한 환경에 의하여 주어진 기회가 허락하는 것보다 더 멀리 나아가는 원칙을 택할 만큼 어리석은 바보는 아니었다. 그러나 그의 아들은, 전략가로서는 말할 것도 없고, 균형잡힌 뛰어난 전술가도 거의 아니었고, 전제주의자의 이상에 대한 그의 단 하나의 추구는 그 자신과 그의 왕권, 그리고 그의 왕국을 끝없는 나락으로 이끌고야 말았다.

찰스 1세가 총애했던 성직자는 몬테규가 아니고 윌리엄 로드(William Laud)였는데, 그는 유능하고 까다롭고 작은 사람이었으며, 그의 최우선의 관심사들은 찰스의 관심사들을 반영하는 것이었다. 그것들은 직제, 규율, 그리고 의식이었다. 프랑스의 '숨은 실력자' (gray eminence, eminence grise), 추기경 리슐리외와 필적하는 사람들은 인상적이었다. 새로운 왕은 그의 즉위에서, 조지 애벗(Geroge Abbot)의 형태를 따르는 무능력한 대주교를 제외하고, 칼빈주의와 청교도를 찬성하는 분파들로 인하여 부담을 느끼는 자신을 발견했다. 그러나 로드는 분명히 새로운 통치가 시작되는 시기부터 캔터베리의 명백한 후계자였다.

찰스는 로드를 1626년 2월 6일에 있었던 첫 번째 의회의 개원식에서 설교하도록 지명했다. 현명한 권고가 로드로 하여금 엄밀하게 진부한 것들에 집착하도록 이끌어갈 수도 있었다. 그것은 영국연방의 조화, 백성들의 순종, 그리스도인 왕이 그의 국민들을 사랑하는 일, 그리고 그와 비슷한 일들을 의미했다. 그러나 그는 의회에 모인 회원들에게 장광설을 늘어놓는 대신에, 그들이 장로교주의에 숨어 있는 자들이며 또 심지어 그들의 마음에 공화주의(republican)를 숨기고 있다고 효과적으로 고발하는 쪽을 택했다. 그는 각각의 성직자들에 대한 규칙을, 그들의 교구에서, 혐오하는 어떤 사람들이 있다는 것을 알고 있다고 말했다. "그들이 동등하게 소유할 수 있는 것은, 주교도, 정치인도 아니고, 오직 교구[즉, 지역교회] 감독 법원뿐이며, 게다가 그것은 충분히 발견될 수 있는 것이다." 그는 호전전적인 어조로, 그리스도 자신이 감독제도의 조직을 규정하셨으며 그래서 그것은 그 이후로 교회 안에서 보편적인 것이라고 주장하면서 계속 연설했다.

이것은 새로운 의사표명이었다. 엘리자베스와 제임스 1세 시대의 주교들은 자신의 직무를 성직자의 예복을 방어했던 근거와 상당부분 동일한 근거에서 방어했었다. 교회정치의 그 형태는 왕이 무엇을 결정하는가에 관하여, 그리고 그때에 서민들이 양심을 위하여 무엇을 순종해야만 하는 것에 관하여 '아디아포라' (adiaphora, 중요하지 않은 또는 부차적으로 중요함)였다. 대조해보면, 새로운 영국 아르미니우스주의는 그와 같은 실용적인 논쟁들을 거부했고 그리고 '신적인 권리' (*Jure divino*, divine right)에 의한 감독(주교)제도를 강력히 주장했다. 그것은 왕들의 신적인 권리와 긴밀히 협조하는 일에 적합한 교리였다. 둘 다 하나님의 영원한 의지에 호소하는 일에서 조직과 성직자 계급제도를 구했다.

그러나 로드는 다 마친 것이 아니었다. 만일 비감독주의 체계가 만일 행해진다면, "그것은 어떤 소규모의 도시에서 운영되어질 수 있을 것이고, 일단 그것이 일반적인 것이 되면, 그것은 절대로 그리스도의 교회와 일치를 유지할 수가 없다." 그는 신속하게 넘어갔지만, 그가 일격을 가했던 "소규모 도시"는 분명했다. 그것은 칼빈과 베자의 도시, 제네바(Geneva)였다. 그리고 그의 청중들은 그것을 알고 있었다. 최종적으로, 그는 결론을 내렸다. "교회 안에서(in the Church) 모든 형제들, 그 누구도 동등성(parity)을 지지하는 사람은 하나도 없다. 그렇지만 그는 국가에서(in the State) 군주정치를 지지하지 않고 있다."

그것은 놀라운 연설이었다. 동일한 수준에서, 그것은 여러 세대에 길친 신학적인 그리고 정치적인 논쟁의 일반적인 책략으로 사용되었다. 그것은 "미끄러지기 쉬운 비탈길"(slippery slope) 논쟁이었다. 칼빈주의자가 되는 것은, 그는 암시하기를, 청교도가 되는 것이었다. 청교도가 되는 것은 동등하게 장로교주의자가 되는 것이었다. 그리고 장로교주의자들은 참으로 반군주제주의자들이었다. 논쟁의 매 단계는 매우 뚜렷한 터무니없는 생각이 있었지만, 그것이 그와 같이 존재했다는 정권의 주장은 다음 20년 기간 동안에 그 예언대로 성취하는 것이 되었다.

청교도들 모두가 칼빈주의자들일 수도 있지만, 그러나 모든 칼빈주의자들이 청교도는 아니었다. 영국교회 자체는, 1559년부터 이후로, 신학에서 온건하게 그러나 분명히 개혁주의적이었다. 영국 아르미니우스주의자들이 바꾸기를 원했던 것이 그것이었다. 그러나 그렇게 하기 위하여, 변화의 책임으로부터 그들 스스로를 변명하려고, 그들은 교회가 사실상 전혀 개혁되지 않았다는 것을 주장할 필요가 있었다. 마찬가지로, 청교도 운동에 속한 강경파들만이 장로교제도에 찬성한다고 주장했다. 그리고 그들은 스페인의 무적함대 이후로 세력이 쇠퇴하게 되었다. 결과적으로, 공화주의적인 견해에 대한 어떤 주목할 만한 분파가 있었다는 제안은 – 장로회주의자들이나 다른 누구에게서도 – 1625년에는 완전히 터무니없는 것이 되었다. 1642년 시민전쟁이 발발할 때에도 실질적으로 모든 의회주의자들은, 왕을 바꾸기보다는 그가 그의 정적들과 억지로라도 협상하기를 원했다. 의회주의자들의 군대는 외치면서 전쟁터로 나갔다. "왕과 의회를 위하여!"

그러나 엘리자베스 시대와 제임스 1세 시대의 개혁교회 성격을 뒤집으려고 시도하면서, 1630년대와 1640년대 초반 동안, 찰스와 아르미니우스 분파는 영국 개신교회의 의견에 동조하는 온건하고 압도적인 다수가 회복된 청교도 운동의 군사들로 변하는 것을 두려워했다. 찰스는 아르미니우스주의에 동조하는 영국 성직자의 작은 소수파들로 감독교회의 자리를 채웠다.(1630년대의 농담이 유행했다. "아르미니우스 분파는 무엇을 주장하는가?" 그 대답은 "영국에 있는 모든 최고의 주교직!") 그 결과로서, 다시 나타난 소신을 갖고 있었던 강력한 분파는 단순히 '그'(those) 주교들이 아니라 '모든'(all) 주교들을 없애기로 결심했다.

찰스가 뒤이어 일어난 전쟁에서 패했을 때(1642-1646), 그는 여전히 그의 정적들과 좋은 신앙으로 협상하는 것을 거부하고 있었다. 왜냐하면 그의 양심은 그에게 그의 신적인 권리를 절대 양보하지 말라고 말했기 때문이다. 대신에 그는 그들에게 서로 싸움을 붙여서 덕을 보았고, 1648년 짧은 두 번째 전쟁을 시작하였다. 결과적으로, 급진적인 분파는 찰스가 (어쨌든 그는 언제나 무뚝뚝한 사람이었다) 제거되기 전에는 그들의 목숨이 절대로 안전하지 않다고 결론지었다. 1649년 1월, 그 필연적인 수술이 처리되었다. 11년 동안, 영국은 공화정이 되었다. 로드의 어리석은 연설의 성취는 달성되었던 것이다.

그렇게 일처리를 할 필요가 없었다. 그럼에도 불구하고, 찰스와 영국의 아르미니우스 분파는, 그때까지도, 언제나 온건하고 전통적인 개신교의 견해를 적대시하려고 결정했었다. 1630년대 동안, 교구 교회에서 성찬탁자는 청중들로부터 난간으로 막혀 있었고, 종교개혁 이전처럼, "제단"(altars)으로 불려졌다. 그 강력한 암시는 성찬이 희생이라는 것이었고, 오직 사제들만이 성찬상에 다가갈 수 있다는 것이었고, 빵 속에 소중히 보호된 그 은혜는 그들에 의하여 그들이 중개자로서 성찬 난간을 넘어서 그들을 위하여 그들에게 분배해 주어야만 하는 것이었다. 칼빈주의 교리와 그 분파들은 그들의 논쟁적인 인상 때문에 설교하는 일이 금해졌다. 이론적으로, 동일한 제약이 아르미니우스 분파에게도 정해져 있었지만, 실제적으로는, 침묵이 오직 전자들에게만 적용되었다. 1633년 로드가 결국 켄터베리의 대주교가 된 후에, 모든 종류의 청교도들이 이전에는 없었던 통제를 받고, 괴롭힘을 당하고, 그리고 핍박을 당하는 자신들을 발견했다. 어떤 사람들은 분리주의로 돌아갔고, 다른 사람들은 뉴잉글랜드(New England)로 돌아가거나 이민을 떠났다.

프랑스 공주(그러므로 가톨릭이었던) 앙리에타 마리아(Henrietta Maria)와 찰스의 결혼은 필연적으로 궁전에 가톨릭 예배당을 허가하는 일과 그래서 교황청에 반대하는 법률에 대하여 종교자유의 면제를 허락하는 일이 수반하였다. 그러나 예배당은 대중에게 열려져 있었고, 궁전에서 상류층의 가톨릭 개종 분파가 높아지는 것과 연결되면서, 이 사실은 광범위한 비방거리의 원인이 되었다. 많은 사람들이 찰스가 결과적으로 반-종교개혁을 지지하려는 계획을 두려워하였고, 가톨릭을 반대하는 법률이 나라 전역에서 폐지되었다. 이러한 두려움들은 1636년 바티칸과 정치적인 관계를 시작하는 일, 오랜 원수 스페인과 (여전히 적어도 대중의 상상 속에서 가장 두려웠던 가톨릭 권력이었다) 만들어졌던 그 제안, 30년 전쟁에 동참하는 일에서 계속되는 실패 등으로 인하여 한층 높아질 수 있었다.

모든 영국 남자와 여성들은 그들의 눈앞에 현실화되는 것으로 나타난 폭스의 『순교자열전』(*Book of Martyrs*)에 나오는 사건들을 두려워하게 되었다. 로마 가톨릭교회의 모든 것이 만일 폭군적인 정부, 외국의 세력, 그리고 종교적인 박해가 아니라면, 그것은 무엇이었다는 말인가? 그리고 찰스가 행한 일이 만일 그 모든 세 가지 일들이 아니었다면 무엇이었는가? 폭군으로서, 그는 1629년부터 1640년까지의 11년 동안 단일한 의회를 소집하는 일에 실패했다. (그가 모든 권리를 사용하여 만들 수 있었던 기회였으나, 그럼에도 불구하고 그것은 선례가 없는 것이었다) 그는 의심스럽기만 한 합법이었던 여러 가지 방법으로 그의 백성들로부터 돈을 조달했으며, 그리고 그는 그의 뜻을 강화시키기 위하여 판사들과 법원 일에 간섭하였다. 외국의 영향력에 대해서, 찰스는 평상시보다 더욱 프랑스와 가톨릭 아내에게 헌신하였는데, 그녀는 추밀원(Privy Council)이 했던 것보다 더 크게 그 나라의 정상적인 통치 정책에 관여하는 것으로 보였다. 찰스는 방관자가 되는 편을 택했다. 그리고 종교적인 박해에 대해서는, 단지 전통적인 개신교 교리들을 날마다 설교하는 일 때문에 청교도들을 투옥하는 것과 성직자들을 추방하는 것이 날마다 눈에 띄었다. 평범한, 온건한 영국 신사들이 스스로 그렇게 알고 있었고 또 좋아했던 영국이 막 그들로부터 사라지려고 하는 것과 전제주의자인 새로운 교황의 형태로 대체되려고 하는 일에 대하여 큰 고통의 느낌을 갖고 있었다는 것은 이상한 일이 아니었다.

그 떼어놓는 일이 도래하는 데에는 오래 걸리지 않았다. 찰스는 영국에서 법령화했던 그것과 유사하게 스코틀랜드에서 중앙집권적인 정책들을 강요했다. 그리고 이것은 고교회적인 신앙형태를 추진하는 일을 포함했다. 그의 아버지는 그가 지배할 수 없는 스코틀랜드 백성들과 얼마나 멀리까지 나아가야 하는지를 알고 있었고, 그들이 선호했던 철저한 장로교회제도가 주교라는 직함을 가지고 있는 관리들을, 매우 한정된 권력을 가지고 있었지만, 받아들일 수 있을 정도로 완화되어야 한다고 설득했었다. 다른 변화들이, 성찬을 받을 때에 무릎을 꿇는 일과 성탄절과 부활절, 승천일과 오순절을 기념하는 일과 같은 것들이 또한 만들어졌다. 그러나 그것들은 부적당하게 강요된 것들이었고, 그리고 현명한 사람이었던 제임스는 많은 요지부동의 돌들을 남겨두기로 결심했다. 이 모든 민감한 시행들은 장로교회의 지도자들을 반대하는 스코틀랜드 귀족들을 서서히 싸움을 붙여서 잘 처리할 수 있었다. 그러나 제임스의 아들은 원칙적인 사람이었고 그의 아버지가 이룬 것보다 더 멀리 많이 나아가기를 원했다. 게다가 단지 절대명령만으로 그는 그렇게 이룰 수 있다고 믿었다. 결국 그가 왕이었다.

그는 왕이었겠지만, 그러나 그는 대부분의 스코틀랜드 사람들에게 외국인이었다. 1603년 이후에 제임스는 런던에서 (차라리 영국보다는 에든버러) 스코틀랜드를 통치하기로 선택했지만, 그러나 그는 이것을 그냥 지나갈 수 있었다. 그는 자신이 의지할 수 있는 스코틀랜드에 거주하면서 통치했던 일에서 30년이 넘게 축적된 지식과 선한 의지를 갖고 있었다. 찰스는 자신의 고양된 왕권의 관점을 가지고 멀리 떨어진 런던에 소재지가 있을 뿐이었다. 왕으로서 그의 초기 조치들은 이전 교회의 새로운 비종교적인 소유자들로부터 그 땅의 반환에 대한 수락을 제안했는데, 그 땅들은 종교개혁의 시기에 양도되었던 것이었다. 만일 찰스가 자신을 반대하는 귀족들과 청교도 지도자들이 협력하기를 원했다면, 아무것도 그와 같은 결심에 더 적합할 수가 없었다. 그는 그의 즉위 후 8년이 완전히 채워지는 1633년까지 스코틀랜드의 왕위에 앉기 위하여 북쪽으로 여행을 하지 않았다. 그가 그렇게 했을 때, 그는 자신의 고교회 즉위식에서 성가신 소란을 일으켰다. 1637년 스코틀랜드 교회에 영국풍의 기도서를 강제하려는 그의 시도는, 에든버러에서 폭동을 유발하는, 최후의 불행이었다. 스코틀랜드 귀족들은 반란을 일으켰다.

그 반역자들은 하나님 앞에서 그리고 다른 사람들과 더불어, 군대의 힘을 통하여 장로교제도를 지지하기로 그들이 맹세했던 서약의 한 특징으로서, 언약(Covenant, 개혁주의 신학과 헌신에서 기원된 마음에 드는 용어)이라는 칭호를 취했다. 그들은 자신들을 대적하기 위하여 보내진 나약한 영국 군대를 쉽게 참패시켰다.

만일 찰스가 언약도들(Covenanters)을 진압하기를 원했다면, 매년마다 자신들의 집이 있는 지역 밖에서 며칠 동안만 일할 수밖에 없었던 시민군의 무리들이 아니라, 그는 그에 상응하는 정식 군대를 필요로 했을 것이다. 그러나 정식 군대는 비용이 많이 들었고, 찰스는 그 재정 – 1630년 동안 그가 사용했던 폭력적인 수단에 의해서도 – 을 조달할 수 있는 가능한 수단이 없었다.

말하자면 딱 한가지의 수단이 남아 있었다. 찰스는 의회를 소집해야만 했다. 그러나 1620년대 후반 동안 그의 이러한 좋지 않은 경험은 별개의 문제로 하고, 이 모임에 돈을 요청한다는 것은 거부, 타협, 그리고 흥정할 수 있는 의회의 권리를 암시하였다. 통치하는 군주로서 그의 신적인 권리의 장애를 수반했던 모든 일들이 백성들을 통해서는 방해받지 않았다. 일을 더 악화시킨 것은 찰스가 10년이 넘도록 가능한 모든 수단들을 통하여 정치 계급들과 소원해졌다는 것이었고, 그는 그것을 알고 있었다. 영국에서 비난받았던, 그리고 여전히 비난을 받고 있었던 그 일을 스코틀랜드에 부과하는 정책들에서, 그들이 이제는 확실하게 그의 도움이 될 수 있다고 생각하는 것은 찰스의 고상한 이상들에 맞는 사람에게조차도 거의 비현실적인 것이었다. 유일한 행동방침이 특별히 어려운 한 가지 일이 되었을 때, 그럼에도 불구하고 그것은 여전히 실행되어야만 하는 유일한 일로 남아 있다.

그러므로 1640년 4월과 5월의 단기의회(Short Parliament)를 문제가 없는 것으로 기술하는 것은 사실을 확대해석하는 것일 수 있다. 그것은 영국 사람들의 전통적으로 반-스코틀랜드적인 편견들조차도 그 상류계층들과 시민들이 승인하도록 마음을 내키게 하기에는 부적당했던 정책들을 강제집행하려고, 그 누구도 원하지 않는 전쟁을 목표로 세금을 올리려고 소집되었다. 참으로, 찰스는 이전의 그 어떤 군주도 이루지 못했던 일을 성취하는 데 성공했다. 그것은 북쪽과 남쪽 국경의 대중적인 의견들을 하나로 묶는 것이었다. 세금의 요구는 의회에 소집된 회원들이 제출한 불만이 섞인 긴 구매목록과 요구서와 부딪히게 되었다. 찰스는 이의를 말했다. 만일 왕이 적어도 그의 백성들의 어떤 요구들을 응하기 위하여 자기를 낮추지 않으면 어떤 돈도 표결에 부쳐지지 않을 것은 명백했다. 그래서 의회는 해산되었다. 그 모든 회기는 단지 3주 동안 지속되었다.

이 광경에 낙심했지만(왜냐하면 그것은 그 누구에게도 어떤 선(善)을 불어 보내지 못하는 악한 바람이었기 때문이다), 언약도들은 여름 동안에 남쪽의 영국으로 진군하기를 계속하여 뉴캐슬(Newcastle)을 점령했다. 스코틀랜드 사람들은 그 때에, 어느 정도 난해하고 가상적인 단계에서, 그의 군대를 위해서가 아니라 – 그들 자신의 지출을 부담하기 위해서 – 왕이 날마다 400파운드를 지불하라고 요구하는 만용을 부렸다.

찰스는 더욱 가중되는 절망과 더불어 모든 다른 방편들을 시도하면서, 의회가 정말 그가 유일하게 의지할 곳이라는 것을 확신하면서 여름을 보냈다. 가을이 되어서, 그는 굴복했고 다른 의회를 소집했다. 그리고 이 시기에, 그는 그 요구들 가운데 적어도 어떤 것들을 동의해야만 하는 것을 깨달았다.

1640년 11월 장기의회(Long Parliament, 그것은 중단과 다양한 구체화 작업을 거치면서, 10년은 족히 넘도록 열려야만 했다)는 속박이 풀러진 정치 계급들의 억압된 분노를 나타내는 기회였다. 종교적인 일들이 그들의 유일한 목표가 아니었고, 그들은 통치기간 동안에 축적된 긴장들을 집약적으로 보여주었다. 그 정권은 매우 뚜렷하게 즉각적으로 자신의 능력을, 그리고 때로는 그 지배를 강제하는 그의 열의를 상실하는 깊은 고민에 빠져 있었다. 청교도 사역자들은 그들의 교구 교회에서 어쨌든 그들이 기뻐했던 성찬식을 거행했고, 그들은 그것에 대하여 평온한 상태를 유지했다. 분리주의자들과 침례교파들과 같은 다양한 분파주의자들조차도, 지금까지의 은둔생활에서 벗어났다. 그리고 만일 지방의 강도들이 그들을 공격하기로 선택하지 않았다면, 대부분 다치지 않았다. 국가가 큰 실수로 사실상 – 명확하게 법적인 것은 아니지만 – 종교의 자유로 나아가게 되었다.

근지청원(The Root and Branch Petition)은 감독 제도의 "뿌리와 가지"(root and branch)를 무효화시키면서, 장로교 노선을 따라 영국성공회를 개혁하도록 의회의 회원들을 재촉하면서, 청교도 운동원들에 의하여 대대적으로 알려졌다. 그러나 회원들은 무엇이 그것을 대치해야 하는가에 관한 것보다 로드의 정권에 그들이 반대하는 일에 더 협력하였기 때문에, 하원에서 그 결과로 생긴 토론은 곤경에 이르렀다. 이미 의회주의자들은 온건파와 강경파 사이에 분열이 시작되었다. 전자는 그들이 단순히 징벌을 받은 군주였나고 믿었던 그 사실을 두려워했기 보다는 무정부상태와 사회적 혁명을 더 두려워하면서, 이후의 시민전쟁에서 왕당파(royalist)와 합하였다.

1641년 가을, 아일랜드(Ireland)가 반란을 일으켰고, 영국에서의 정치적 위기는 불길하게도 폭력을 향하여 표류하고 있었다. 아일랜드에서의 영국의 지배는 종교개혁의 과정에서 모든 분파들에게 고난과 좌절의 요소가 더해졌던 잔인함과 비극의 긴 역사를 갖고 있었다. 아일랜드는 연합된 사회가 아니었다. 그 나라는 원주민의 종족들로 나뉘어져 있었다. 그리고 영국과 스코틀랜드의 정착민들 가운데 있었던 여러 세대 동안의 혼합은 그 상황을 잠재적인 충성과 경쟁의 변화무쌍함으로 더욱더 변화시켰다. 그러나 일반적인 형태는 개신교 정착민들의 손에서 가톨릭 원주민들에게 속한 것들을 강탈하는 결과로 나타났다. 1641년에 격노한 폭동은 영국 제도(British Isles)의 역사에서 시민들에 대한 최악의 대량학살을 일으켰다. 그 계산은 상당히 논쟁적이었지만, 지금은 일반적으로 남자, 여자, 그리고 아이들을 포함하여 7,000-8,000 정도와 거의 비슷했다고 동의하고 있다. 그러나 상처를 입은 생존자들이 웨일즈와 영국의 서부 바닷가에서 얼굴이나 손을 씻고 있었을 때, 그들의 이야기가 촉발시킨 공포는 전기 충격과도 같이 전국적으로 퍼져나갔다. 100,000 정도의 사망자가 있었다는 계산이 그때뿐만 아니라 이후의 여러 세대동안－나중에 인구통계학이 의심하였던 계산－폭넓게 인정되었다.

만일 어떤 식으로든지 충분히 많은 사람들이 모든 실용적인 정치적 목적들을 위하여 어떤 일을 진실이라고 믿는다면, 그때에 그것은 진실이다. 가톨릭교도인 아일랜드 사람들은 영국 사람들을 그들의 침상에서 대량학살하려고 물을 건너오고 있는 중이었다. 17세기 영국에서 절대로 수면 아래로 감추어지지 않았던 반-가톨릭인 병적인 광기는 최고조에 달했다.

완화(mitigation)시킨다기보다는 단순한 설명으로 이 현상에 대하여 두 가지 요소를 정리할 필요가 있다. 먼저, 영국 제도의 가장 큰 두 곳 사이에 있는 인구의 분산은 오늘날처럼 1640년대에도 균일하지가 않았다. 영국, 스코틀랜드, 그리고 웨일즈의 주민들은 적어도 몇 번이나 아일랜드의 주민들이었다. 그러나 17세기에서 인구는 좀 더 균등하게 퍼져있었고, 그래서 적절한 비율은 아마도 두 세 명당 한 명 정도였을 것이다. 아일랜드의 폭동이 자체적으로 더 큰 섬들을 침략하는 형태로 변형되었을 수도 있다는 것은 너무 황당한 것으로 보이지는 않았다.

두 번째로, 누구든지 이전 세기에 걸쳐서 영국과 아일랜드의 이해관계에서 생겼던 잔학한 원동력을 기억할 필요가 있다. 영국이 식민지로 만들었던 아일랜드에 대한 영국의 태도는 팔레스타인을 대하는 현대 이스라엘의 태도나 남아프리카의 백인들이 흑인들을 대하는 인종격리 정책의 시대에 비유할 수 있다. 각각의 경우에서, 그 혼합물은 세 가지 요소들로 되어 있었다. 하나는 관례적으로 불행한 대상들을 문화적 거만함으로 경멸하는 실제적인 느낌이고, 둘째는 죄에 대한 억압된 느낌이고(즉, 실정[失政]에 대한 야비한 정당화는, 그 누구도 그와 같은 형태로 다른 사람들을 대우하는 어떤 권리를 가지고 있지 않다는, 간단하지 않은 인식에 정확히 비례하였다), 마지막으로 아마 대단히 빠른 어느 날, 규모가 뒤바뀌질 것이고 멸시를 당했던 분파가 두려운 복수를 터트릴 것이라는 정말 실제적인 공포였다. 이 특별한 감정의 조화는 아마도 인류에게 가장 파괴적인 것으로 알려져 있다. 왜냐하면 그것들을 느끼는 사람은 지체하지 않고 의지를 소모시킬 수 있는 인간 이하의 존재로 다른 분파를 대우했기 때문이다. 이 치명적인 조합(칵테일)은 이전에 언급했던 영국 사회의 반-가톨릭적 병적 흥분과는 매우 다른 것이었다 – 그것은 조금도 분리되지 않았다. 그것은 동일한 일에 대한 핵심적인 부분이었기 때문에, 각각의 환경은 다른 환경을 격렬하게 만들었다. 이것은 앞에 놓여 있는 어떤 무시무시한 사건들에 관한 설명에 도움이 되는 최고의 요소로서 마음에 유의해야 할 필요가 있다.

아일랜드의 반란은 절박하고, 피할 수 없는, 그리고 고민을 주는 질문을 제기했다. 왕이 군대를 위탁받을 수 있는 것인가? (마침내 그들은 그의 백성들에 대하여 고교회파 신도 회원권을 강화하는 일을 중단하도록 찰스에게 압력을 가하고 있었다.) 만일 청교도의 견해가 스코틀랜드를 반대하는 군사적 힘을 기르는 일에 사용되어지는 지출에 대하여 만족했다면, 그 누구도 군대가 아일랜드에서 단연코 인간적이지 않은 가톨릭교도들의 무리를 억압하는 일이 즉시 필요했다는 것을 의심할 수가 없었다. 그러나 왕이, 일단 필요한 군대를 얻고 나서, 스코틀랜드의 언약도들을 억압하도록 그들을 이용하고 또 영국 의회 역시도 두려워하게 하지 않을 것인가(누가 알겠는가)? 헌법과 그 나라의 법이 그를 부인했던 일을 설득하여 자기편으로 끌어들이려고, 그가 무장한 군대 즉 절대통치를 사용하지 않겠는가? 분명히 1630년대의 경험은 모든 의회주의자들이 그들의 군주에게 불신의 이득을 주는 것을 없애버리지 못했다.

가장 급진적인 의회주의 지도자들은, 그 승부의 양태가 장기회의로 모였을 때부터 너무 멀리 나아갔기 때문에, 그들의 생명이 그와 같은 질문에 대해서 대답하는 일에 달려 있다는 것을 매우 잘 알고 있었다. 그리고 그 승부는 너무 중요해서 그 위험으로부터 돌아선다는 것을 고려할 수가 없었다. 1642년 여름 동안에, 영국은 시민전쟁을 향하여 표류하고 있었다.

8월에 전쟁이 시작되었다. 첫 번째 전투는 양측이 특별한 지역이나 지방의 병기고의 지배권을 얻기 위하여 다투었던 것으로, 소규모의 단편적인 일이었다. 그 해가 다하기까지 어떤 형태가 나타나지 않았고, 전투가 다음 해로 이어지면서, 상업화된 그리고 청교도화된 남쪽과 동쪽 지역에서 의회가 지배권을 확보한 것(왕당파 군대가 저항하는 소수의 전초기지를 주거나 빼앗는 것)이 명확해졌다. 웨일즈를 포함하여 북쪽과 서쪽은 압도적인 왕당파와 함께 이 각본의 경상(鏡像, mirror image)을 형성했다. 초기의 군사적 이점은 왕 쪽에 있었다. 그 이점은 자신들이 실행하고 있는, 즉 그들의 주권자를 반대하여 싸우고 있는 현실을 받아들이는 주요한 의회 지도자들(그들은 대부분 그 왕국의 귀족들이었다)의 심한 반항으로 증대되었다. 대부분 그들은 그들을 이기기 위해서가 아니라, 왕이 그렇게 하는 일을 막기 위하여 전투에서 싸웠다. 분명히, 이것은 변화될 수밖에 없는 전망이었다. 그럼에도 불구하고, 더 장기적인 전술적 그리고 경제적 이점들은 의회에 있었다.

초기의 사람과 무기의 열세를 만회하기 위하여, 의회파 지도자들은 스코틀랜드에 첩자를 보냈다. 후자의 기간에 전쟁터에서 도움을 얻는 보상으로서 영국에 엄격한 스코틀랜드 형식의 장로교주의가 소개되었다. 그리고 여기에서 그들이 원했던 교회의 어떤 형태에 대한 상세한 요소들과 관련된 영국 정치 지도자들의 호감 가는 과묵함(그들이 거부했던 것들을 단순히 비방하는 일을 반대했던 것처럼)은 최고의 부담이 되었다.

많은 부분에 있어서 종교가 시민전쟁에 연관되었지만, 그것은 특별히 신앙적인 동기들과 관련하여 시작된 것은 아니었다. 그 중심에는 왕의 중앙집권화 정책들에 대한 영국 상류계급의 분노가 있었다. 그리고 이 정책들은 로드주의 교회의 교권주의(clericalism, 즉 높은 직분은 성직자들에게 하나님과 청중 사이를 중개하는 자로서의 권리를 주었다), 특히 주교들에 관한 것을 포함하고 있었고, 많은 상류계급들이 오랫동안 그들의 행정교구들에서 시행해왔던 어떤 부정한 이득을 보는 지역적인 영향력을 무효로 하면서, 그 변화들이 통과되었던 호전적인 중앙집권화의 방법도 포함하였다. 1630년대의 암울했던 시기에, 장로제는 개신교 상류계급들에게 멀리서 아름답게 보이는 신부였다. 이제 그들은 통로를 둘러싸고 있는 자신들을 발견했다. 그러나 보다 엄밀한 검사에서, 그것은 영국 아르미니우스주의의 엄중한 감시인과 기겁할 정도의 유사성들을 갖고 있는 것으로 보였다. 스코틀랜드 양식의 장로교는 모든 성직자들에게 그의 모든 교구 청중들을, 대지주를 포함하여, 징계할 수 있는 권한을 주고는 했다. 그리고 그것이 매우 놀랄 만한 것으로 보일 수도 있으나, 영국 상류계급은 징계를 받으려는 불타는 열정이 전혀 없었다. 참으로, 그와 같은 배합은 그들 중에 누군가가 불평했던 것처럼 제네바의 교회론을 거부하기 위하여 어떤 위험한 도구(hot-Prottery)를 근본적 원리로 받아들이도록 노력하면서, "모든 교구에서 교황"을 소유하는 것이 되고는 했다.

의회는 모든 정치적 분파들이 그와 같은 진퇴양난에서 하는 일을 실행에 옮겼다. 그것은 규칙을 만들고 시간을 버는 것이었다. 1642년 여름 동안, 영국 교회는 "하나님의 말씀을 따라서" 스코틀랜드의 장로교제도와 보다 긴밀하게 협력하여 개혁할 것을 스코틀랜드와 동의했다. 그렇다면 누가 마지막 구절에 동의하지 않을 것인가? 그리고 누가 그것이 의미할 수 있는 것들을 확정할 것인가? 두 명의 성경학자에, 견해는 세 가지였다. 그것은 부활 이후로 16세기 동안 그렇게 존재했다. 스코틀랜드 군대가 전쟁을 수행하는 일과 관련된 필요한 직무를 돕는 동안에, 만일 그 논쟁이 좀 더 길게 연장될 수 있었다면, 영국의 지주들이 성직에 정통한 사람을 잃어버리고 그 결과로 다른 사람을 찾는 일 없이도 양심은 모두에게 충족되었을 것이다.

새로운 동맹이 군사적 효력을 발휘하는 동안에, 토론을 오래 끌면서 말만 무성했던 웨스트민스터 회의(Westminster Assembly)가 시작되었다. 의회가 협의한 중요한 결과들 가운데 하나인 웨스트민스터 믿음의 신앙고백은 그 이후로 계속 영어를 사용하는 개혁주의 기독교인들을 위하여, 특별히 장로교인들을 위하여, 판단기준을 남겨놓았다. 그것이 효과적으로 강력하지 못했기 때문에, 의회가 무엇을 토론하든지 그것을 허락받기 위하여 정치인들을 전적으로 의존하면서, 의회의 교회조직에 관한 기여는 그렇게 훌륭하지 못했다. 1646년 8월, 영국 교회는 공식적으로 장로교제도의 불완전하게 변형된(신앙적인 문제들에서 영국의 특수성에 기인한 불완전한 변형들) 노선을 따라 재조직되었다. 그러나 그것은 대부분의 지역에서 죽은 문자로 남아 있었고, 실제로는 각 교구가 자신들이 판단하기에 옳다는 것을 실행하였다.

1643년과 1644년 의회파는 경험(즉, 그들의 실수들)에 의하여 전쟁을 어떻게 성공적으로 수행해야 하는지를 발견하고 있었다. 1645년까지 그들은 준비된 국가상비군과 어느 정도까지 그것에 재정조달을 할 수 있는 세제 구조(즉 왕당파 측의 대등한 준비보다 그 이상으로 많이)를 갖고 있었다. 1644년 마스톤 무어(Marston Moor) 전투에서 왕의 군대에게 치명적인 타격을 가했고, 그로 하여금 북쪽 대부분의 지배력을 상실하게 했다. 다음 해의 네이즈비(Naseby) 전투는 결정적인 한방이었지만, 그 전투는 절망적으로 1646년까지 지속되었으며, 전투는 점차 사라졌다.

왕은 실패했다. 그러나 정확히 누가 이긴 것이었는가? 전쟁이 끝날 때까지, 의회 군대는 자신의 능력으로 정치적 행동가가 되었다. 그리고 그것은 웨스트민스터에서 이론적인 대가들보다도 훨씬 더 급진적이었다. 새로운 정당이 의회파 쪽에서 일어났다. 그들은 교회론적인 입장에서 국가적인 구조체제 안에서 각 교구가 스스로를 관리해야 한다는 느슨한 모임이었다. 그들 가운데 일부는 개신교의 다른 어떤 분파들에 대해서 제한적인 신앙의 자유를 지지했다.

그때에 분파주의자들이 있었는데, 그들은 특별히 런던에 있었던 군대와 소수의 상인들 가운데 많았다. 이 사람들 중에 그 누구도 가장 엄격한 조건이 아니면 왕이 어떤 일이든지 돌아오도록 허락하는 일에 찬성하지 않았다. 왜냐하면 만일 그가 1630년대 동안 영국교회 안에서 청교도들에게 신앙의 자유를 주는 마음이 없었다면, 그때에, 만일 정치적 협정이 가장 낮은 정도에서 왕의 호의를 의지하는 것이었다면, 그가 분파주의자들과 침례교도들에게 그의 신앙의 관용을 줄 가능성은 완전히 제로였기 때문이었다.

그리고 왕 그 자신은 어떠했는가? 그는 먼저 스코틀랜드의 포로였다. 그러나 돈벌이의 기회를 감지하면서, 이 사람들은 의회파 정치인들에게 (적당한 가격으로) 그를 팔아넘겼다. 이것은 찰스가 사용할 수 있는 수단들을 전적으로 다 소모했다는 것을 의미하지는 않았다. 그의 신앙적인 자각은 그를 체포한 사람들이 그들의 주권자의 원수가 되었기 때문에, 고로 하나님의 원수가 되었다고 그 자신에게 말했다. 따라서 그들을 속이거나 또는 나쁜 믿음으로 그들과 협상하는 것은 죄가 아니었다. 그는 자신을 (절대) 권좌로 되돌아가게 할 수 있는 새로운 시민전쟁을 시작하는 소망으로 서로 반대하도록 그들을 속이는 일에 그의 시간을 보냈다. 1648년 봄에, 그는 성공했다. 그들의 나라에서 장로제에 만족했던 스코틀랜드 사람들은, 적어도, 이제 1630년대로의 복귀에 관한 것보다 영국에서의 급진주의에 관하여 더 걱정하는 자신들을 발견하고 확신했다. 그래서 새로운 영국의 왕당파 군대가 마련되었을 때, 동시에 그들은 스스로 왕을 찬성한다고 선포했다.

두 번째 시민전쟁은 잔인하고 짧았다. 그 전쟁은 10월에 모두 끝났다. 의회와 군대의 급진파들은 찰스가 첫 번째 시민전쟁의 결과에서 나타난 하나님의 명백한 섭리를 전복시키려고 시도했다고 판결했다. (동일한 논리를 사용하여, 1630년대의 로드주의의 통치가 섭리에 의한 것일 수도 있었고 또 의회파들이 '그것' (it)을 전복시키려는 시도가 죄일 수도 있다는 생각은 그들 가운데 그 누구에게도 떠오르지 않았다 – 왜냐하면 하나님께서는 명백히 칼빈주의자요, 또 분명히 청교도였기 때문이다.) 찰스는 성경에서 말씀하고 있는 대로(삼하 16:8) "피를 흘린 자" (man of blood)였고, 그러므로 그를 죽이는 것은 신앙적인 의무였다. 12월에 군대는 대부분의 급진적인 회원들("잔부[殘部, the Rump]", 경멸조로 일컬어진 한 부류의 보수집단-이후로 계속 붙어 다녔던 이름)을 제외한 모든 의회를 숙청했고, 이들은 왕을 반역죄로 재판하기 위하여 특별 법원에 소환하기로 동의했다. 다양한 헌법 뒤집기와 논리적인 재주들이 이 과정을 그럴듯하게 합법적으로 보이도록 하기 위하여 수행되었고, 그때에 국민 거의 대다수는 (그리고 이후의 역사가들 대다수 역시) 그들에 의하여 별다른 감명을 받지 않았다. 그림에도 불구하고, 그것들은 정식으로 시행되었고, 1649년 1월에 찰스도 그렇게 되었다. 그는 스스로 – 백성들과 대립되는 것이 아니라 – "백성에게 속한 순교자"였다는 것을 끝까지 옹호하면서 참수되었다. 영국은 이제 공화국이 되었다.

영국 공화국 1649-1660

왕의 처형과 잔부의회(the Rump parliament)로 이어지는 통치를 인기가 있었던 것으로 기술하는 것은 과장일 것이다. 왕의 처형을 지켜보기 위하여 왔던 군중들조차도 검객이 죽은 것처럼 몹시 괴로워했다. 국내와 국외의 의견 모두, 있는 그대로의 공포를 가지고 그 소식을 받아들였다. 오늘날 제3세계 국가들이 계속하여 깨닫고 있는 것처럼, 왕과 제국을 무너뜨리는 것은 오히려(?) 쉬운 부분이고, 모두가 합법적인 것으로 받아들이는 일에서 대체되는 합의를 찾는 것은 거의 불가능하다. 그리고 일반적으로 받아들여지는 적법성이 결여되었을 때, 혼란을 막기 위한 유일한 도구는 적나라한 강압이다.

그렇지만 대부분의 독재자들은 적나라한 것을 난처한 것으로 알고, 아무리 충분하지 못하고 또 장식띠가 끊어지기 쉬운 것일지라도, 그들의 강압을 무엇인가 다른 어떤 것으로 가리기를 선호한다. 1653년까지, 군인들과 의회의 급진파들에게 있어서 그것은 잔부의회였다. 1653년부터 1658년까지, 그것은 선도적인 공화주의자요 국왕시해자로서, 올리버 크롬웰(Oliver Cromwell)이 명목상으로는 아니지만 실질적으로는 군주정치의 권한을 떠맡았던 새로운 그리고 불확실한 협정이었던 섭정정치였다. 이전의 의회 회원이었을 뿐만 아니라 고위군사 지도자로서, 그만이 홀로 연약한 군대를 영향력이 큰 병력으로 단결시킬 수 있었다.

잔부의회의 대부분의 회원들은 전쟁기간의 혼란 동안에 자라났던 분파주의와 사실상의 종교관용을 두려워했다. 그들은 여전히 그들을 대표하고 있다고 주장했던 영국의 중요한 상류계급이 이 점에서는 좀 더 보수적이라는 것을 깨달았다. 그러나 잔류의회의 권력은 전적으로 모든 면에서 분파주의자들에게 신세를 지고 있었고, 상당 부분 그들로 구성되어 있었다. 그러나 군대 장관들은 그들 자신의 이름으로 지배한다고 보이는 것을 좋아하지 않았다.

왜냐하면 만일 중앙 정부의 모든 개개의 정책이 정규군만으로 모든 마을에 시행되어질 수 없다면, 사회의 통상적인 지도자들인 상류계급과의 협력(결과적으로 그들의 대변자라는 점에서, 의회)이 절대적으로 필요했기 때문이다. 그 결과는 국왕시해 이후에도 남아 있었던 합법성과 티끌만큼만 관계가 있는 보수적인 옹호자들과 총으로 해방되는 것만이 자유라는 급진적인 찬미자들 사이에 있었던 해결이 불가능한 싸움이었다.

많은 현대의 독재자들처럼(또는 그 점에 대해서는, 21세기 초반부의 영국계 미국사람의 군사적 보호령), 크롬웰은 신앙의 자유를 허락하려는 소망과 그 자유가 자신들의 양심을 실족하게 하는 다수로부터 그 자유를 보호해야 하는 필요성 사이에서 절망적으로 괴로워하는 자신을 발견했다. 그러므로 그는 자유라는 이름으로 독재정권을 유지했다. 그는 의회를 소집했지만, 왕을 위하여 싸웠던 사람들이나 그렇지 않으면 공화국에 위협이 되는 사람들을 몰아내기 위하여 그들을 속여야할 필요성을 지속적으로 깨닫게 되었다. 그때조차도, 정화된 의회 역시 그에게는 보수적이었으며, 그들은 한 형태나 다른 형태로 종교박해를 다시 가져오기를 원했다.

그렇다면 무엇이 가장 신앙적인 보수(그로 말미암아 박해하는 일에 굶주린 사람들)에 속한 것인가-그는 그 사람들에게 종교의 자유를 주어야만 했는가? 공식적으로, 전쟁 이전의 다양한 공동기도서를 사용하는 감독파(episcopalianism)는 가톨릭과 더불어 금지되었다. 실제로는 어느 누구도 세간의 눈을 피하면서 또 사람들의 이목을 피하는 한, 모든 종류의 일들이 가능했다. 민주주의는 공산주의자나 국수주의자(fascist)에게(즉 민주주의를 파괴하기로 결심한 사람들에게) 자유를 주어야만 하는가? 서구의 보호령(protectorates)에서 군대 강경론자의 "자유"는 그들의 피를 매일 요구하는 이슬람교 학자들을 관대히 다루어야만 하는가? 그와 같은 질문들은 원칙(principle)과 추정(calculation), 일반적인 신중함과 분노를 기피하는 일의 복잡한 혼합물이다. 모든 대답은 우유부단함이나 탄압의 책임이 있다는 것을 의미한다. 그리고 그것은 크롬웰과 그의 장군들에게도 역시 해당되었다.

1658년 9월 그의 죽음에 이르러서, 네 종류의 구조적인 준비들이 있었고, 그 모든 것들은 군사적인 독재정권의 실제를 가리는 무화과나무의 잎들이었다. 이것들 가운데 하나로서, 잔부의회는 다른 긴급한 일들 가운데에서, 찰스 2세가 그의 아버지의 왕권을 주장하려고 망명에서 돌아와서 많은 스코틀랜드 사람들과 일부 영국 사람들이 그를 위하여 싸울 준비가 된 것을 발견했던, 1650-1651년에 다시 일어난 시민전쟁에 직면하게 된 것이었다. 그 결과는 예상할 수 있는 것이었고, 그 전쟁의 결과는 영국 군대가 스코틀랜드를 점령하는 일을 남겼다.

해결되어야 하는 아일랜드의 끝나지 않은 일이 또한 있었다. 찰스 1세는 1640년대에 그곳에서 군대를 모집하려고 하였고, 의회파의 손에 빠져 들어간 그와 같은 사람들은 무자비하게 다루어졌었다. 1645년 네이즈비 전투 이후에, 웨일즈 진영을 추종하는 사람들의 언어가 의회파 병사들로서 종사한 것 때문에 아일랜드어로 오해를 받았고(결국 그들의 현대 자손들은 대부분 프랑스어와 줄루[남아공화국의 한 종족]어를 분간하지 못한다), 그들은 학살되었다. 전투는 본토에서 끝났고, 아일랜드의 원주민들은 런던에 있는 분파주의자들의 후원을 받고 있었던 공화국이 가장 가혹한 방법으로 아일랜드 가톨릭의 권익을 다룰 것이라고 확신할 수 있었다.

그것은 그렇게 증거되었다. 드로에다(Drogheda)와 웩스퍼드(Wexford)에서 죄수들과 시민들을 크롬웰이 대학살한 것은 당연히 아일랜드의 민간전승으로 사라졌다. 그는 무자비함을 보여줌으로써 아일랜드의 반역이 적어지기를 소망했다. 결과적으로, 그 전법은 역효과와 더욱 강해진 반란을 증명하였다. 그러나 영국의 신모범군(New Model Army)은 유럽에서 이 시기에 가장 뛰어난 군대였고, 그 결정적인 군사적 결과는 절대로 심각하게 불확실한 것이 아니었다.

런던 정부는 그 이후로 아일랜드를 괴롭혔던 위기를 만드는 씨앗들을 뿌리면서 다음 10년의 대부분의 시간을 보냈다. 군대의 급료를 지불할 수 없었기에, 잔부의회와 그 계승자들은 그들에게 아일랜드의 땅을 대가로 주었다. 그것에 의해서, 그들의 소유지가 토착 가톨릭 교인들과 그들의 번영, 정치적 이권들로부터 몰수한 것들로 이루어졌던 개신교 영국 사람들과 스코틀랜드 사람들의 새로운 이주를 정착하는 일은 심지어 생존자들조차도 카스트제도와 같은(caste-like) 인종차별을 영속화시키는 일에 의존했다. 진실로, 우리는 영국의 공화주의자들에게 감사해야 할 이유를 크게 갖고 있다.

영국으로 돌아가서, 분파주의자들의 늘어나는 숫자는 상류계급 가운데 있었던 보수적인 반응을 하는 군대들에게, 고의는 아니지만, 불에 기름을 붓는 격이 되었다. 크롬웰은 분파주의의 지나친 행위로 인하여 (예를 들면 퀘이커파의 극단적인 도발성) 때때로 난처했지만, 그는 그가 할 수 있는 만큼 그들을 보호하기로 결심했다. 참으로, 신앙의 자유의 범위는 유대교를 포함하여 1656년에 더 넓어졌고, 그들은 1290년 그들이 추방당했던 그 나라에 공식적으로 다시 받아들여졌다.

1658년 크롬웰의 사망은 단순히 시간 문제였던 영국 공화정의 특별임원회(adhocracy)의 몰락을 가져왔다. 어쨌든 그는 뛰어난 통솔력, 인격적인 관계들을 소유했었고, 안전을 유지할 수 있는 모든 일에 관심을 가졌던 – 비록 그가 칭찬하는 자들보다 비방하는 자들을, 친구들보다는 원수들을, 많이 가졌었지만 – 유일한 인물이었다. 그의 아들은 그를 대신하여 짧게 취임했지만, 그는 그 자신이 이미 알고 있었고 그리고 다른 사람들도 의심했던 일, 즉 그가 그의 아버지만큼 신속하게 일처리를 할 수 없는 무능함을 증명하는 1659년을 보냈다. 스코틀랜드의 영국 군대 장관이었던 멍크(Monck)는 남쪽으로 이동했고, 수도에 진입하여 잔부의회를 본래대로 회복하였다. 그리고 그 남은 자들은 그들이 지속적으로 할 수 있다고 멍크 장군이 생각하는 것들을 실행하기 위하여 은신처에서 이끌어내어졌다. 그들은 종교의 문제에 대해서 "민감한 양심들"(tender consciences)을 존중해 주기로 하는 그의 약속을 조건으로 유배에서 찰스 2세(Charles II)를 다시 불러들였다. 1660년 봄에 그 왕은 백성들의 축하를 받으며 귀환했다. 공화정은 종말을 고했다. 정통(Legitimacy)과 감독주의(episcopalianism)가 회복되었다.

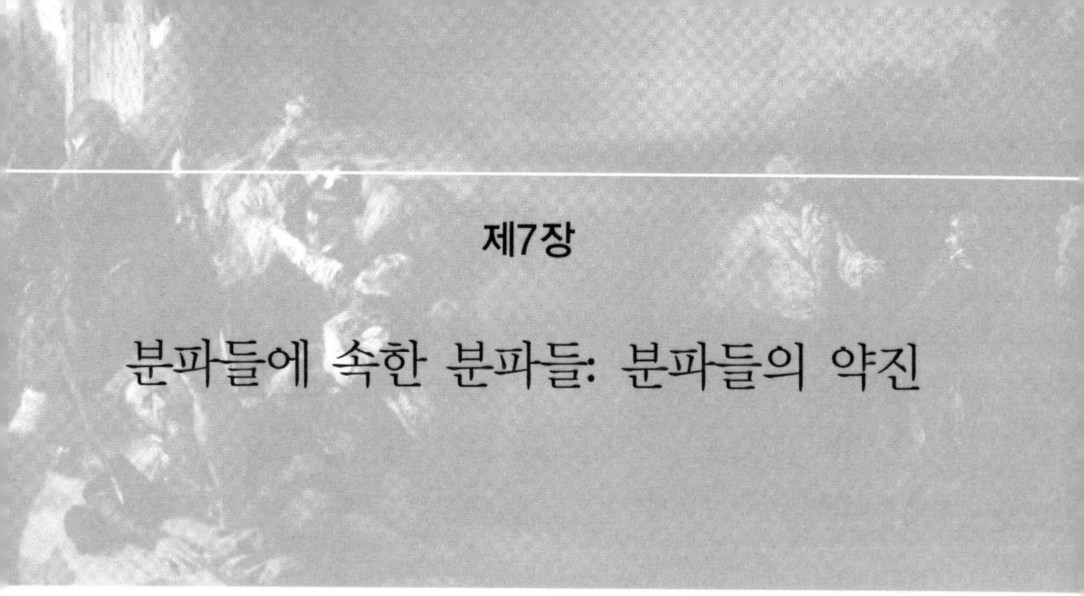

제7장

분파들에 속한 분파들: 분파들의 약진

종교개혁 이전의 기독교 세계는 분파 운동들에서 전적으로 자유롭지 않았다. 그 운동들은 매우 드문 것이었다. 비록 세상 사람들이 영원한 고통으로부터 구원받아야 하는 것이었지만, 중세 동안에는 발의 먼지를 떨어버리면서 로마 가톨릭교회와 그리스정교회(Orthodox)로부터 떠나는 성경적인 지식과 개인적인 확신을 거의 모두가 소유하고 있지 않았다. 그들이 신뢰하도록 양육 받아왔던 그 교회의 성직의 도움은 절대적으로 필수적인 것이었다. 그러나 교육과 도시화의 출현은 교회의 권위에 대하여 내성적인 존경을 갖고 있었던 여러 세기들의 기초를 허물기 시작했다. 그리고 종교개혁 자체는 그 과정을 매우 크게 촉진시켰다. 교회가 개혁되어야 했다면, 사람들의 최고의 태도는 어떻게 개혁이 이루어졌고, 또 일을 하는 이전의 방식을 무엇이 대체했는가에 대하여 깊은 관심을 갖는 것이었다. 그렇지만 그들은 서로 일치하지 않는 것으로 보였고, 근본적인 질문들에 대하여 다른 해답들을 찾아낸 것으로 보였다. 게다가, 종교개혁의 대변동은 종교개혁자들이 화제(話題)로 꺼내기를 대단히 선호했던 것보다 – 예를 들면, 교회의 회원권이나 "기독교국가"(Christian state)를 갖는 정당성과 같은 것들 – 더 근본적인 토론의 주제들을 위한 문을 열어놓았다. 무엇보다도, 일단 다수의 교회들이 생겼을 경우에는, 새로운 어떤 교회를 시작하는 일을 반대하는 논쟁은 단순히 설득력 있는 정도는 되지만, 대단히 미약한 것으로 보였다. 그 결과로서, 우리 시대는 새로운 기독교 분파 운동들의 전례 없는 한 무리(constellation)를 보았다. 그들은 보다 큰 전체에서 또한 서로에게서도 분리하였던 것이다.

'분파' (sect)와 '분파주의자' (sectarian)라는 용어가 어떤 경멸적인 의미로 해석되면 안 된다는 것은 강조할 만하다. 우리는 그 용어들을 여기서 사용하지만, 어떤 신학적인 일탈이 아니고(물론 우리가 현재 볼 수 있는 것처럼, 그들 중의 소수는 분명히 이단적이다), 단순히 한 사회적인 계층으로서 그들을 의미하려고 한다. 분파주의자들은 종종 국가의 도움을 구했으면서도, 결코 그것을 받아들이지 않았다. 이것은 종교적인 면에서나 세속적인 근거에서, 전혀 비판의 대상이 되지 않는다. 양심적으로, 정확히 이 관점에서, 초기 교회는 어떤 분파주의 운동이었다. 그리고 세속적인 관점에서, 분파주의는 근대로 나아가는 발전과정이었다.

16세기 후반과 17세기의 재침례파

재침례파는, 우리가 이미 언급했던 것처럼, 16세기 후반과 17세기 유럽에서 평판이 좋지 않았다. 그들이 무정부상태, 일부다처제, 공산주의, 대학살로 유인하려고 하는 어떤 방식의 종교적인 급진주의(radicalism)라는 비난과 또 어떤 다른 혐오할 만한 것들을 알고 있다는 비난이 증명될 수 있는 것으로 보였기 때문이었다. 그래서 독일과 다른 지역에서 정말로 족히 19세기에 들어와서까지 뮌스터의 오점(stain of Munster)이라는 평판이 그 이름에 붙어 있었다.

그러나 1530년대, 보잘 것 없는 총회가 자체적으로 무너지고 있을 때, 급진파(radical) 가운데에서 더 침착하고 현명했던 지도자들이, 그들이 매우 명확하게 예견했던 재앙을 피하면서, 급진적인 재침례파 운동을 보다 견고하고, 성경주의적이고, 그리고 복음주의적인 입장에 세우기 위하여 열정적으로 사역했다. 비록 그들이 첫 번째 노력에서는 실패했지만, 흩어진 재침례파 분파들을 힘써 모아서 새롭고 보다 견고한 운동으로 세우는 두 번째 노력에서는 성공했다.

그 재건은 박해의 지속적인 어둠으로 인하여 정말 쉽지 않게 이루어진 사역이었다. 그때 역시도 분파들의 어떤 다양성이 성경주의적인 분파의 발전을 계속하여 괴롭히고 있었다. 어떤 분파는 제 정신이 아니었고 어떤 다른 분파들은 보다 세속적으로 이단적이었다. 복음주의적인 지도자들은 1530년대 후반부터 1560년대까지 지속적으로 왕래하였으나, 그들 중에서 가장 성공적인 지도자는 메노 시몬스(Menno Simons)였다. 위트마르숨(Witmarsum) 출신인 이 네덜란드 사역자의 재침례파로의 회심은 할 수 있는 대로 가장 불길할 정도로 때를 맞춘 것이었다. 하지만 뮌스터의 낭패가 멀리 백마일 내외 정도에서 나타나고 있을 동안에 실제로 그의 회심이 일어나면서, 이전의 가톨릭 신부가 헌신된, 명석한, 끊임없이 인내하는 설교자와 신학자로 나타났다. 그는 4반세기를 쫓기는 도망자처럼 보냈지만, 그래도 1561년 그의 죽음의 시간이 이르렀을 때, 그는 응집력이 있고 견고하게 뿌리를 내린 네덜란드와 북독일 재침례파 운동의 탁월한 지도자였다.

그 성취는 값비싼 희생을 치루고 얻은 것이었다. 무자비한 박해의 압력과 함께 있었던 교리와 실천에 관한 논쟁들은 메노파(Mennonites)를 어느 정도 합법적이면서도 내향적인 분파로 돌아서게 했다. 초기의 열심 있는 공격적인 전도의 형태는 약화되었고, 그것은 엄격하고 견실한 모임 구성에 대한 대가(price)의 일부로서, 앞선 수년 동안 지속적으로 줄어들고 있었다. 1550년대에 "파문"(the ban)과 관련하여(어떻게 하여 죄를 범한 회원들이 공동체로부터 제명되어져야 하는지의 처리 과정과 그리고 그들을 반대하여 어떤 기준이 취해져야만 하는가의 규정) 논쟁들이 있었다. 그 결과로 생긴 실행은 자신의 "출교된"(banned) 배우자 버리기를 거부한 회원들의 제명으로 이어졌다. 그들이 그렇게 진지하지 않았고 불경건했다면, 그 운동의 주창자(protagonist)들이 그들의 경건을 그토록 확신하지 않았다면, 그 문제 역시 재미있게 생각될 수도 있었던 가정(domestic) 문제의 합의에 관한 설명으로 이끌었다.

1550년대 중반, 스트라스부르그(Strasbourg) 세 개의 교회회의 이후에, 네덜란드와 북독일 재침례파는 스위스와 남독일 재침례파에서 그들의 다소 엄격한 형제단들으로부터 분리했다. 그들 가운데 필그렘 마르팩(Pilgram Marpek, 그는 그 이전 해에 죽었다)의 인도적인 협의회(humane councils)가 우세하였다. 그러나 라인강(Rhine) 중부의 재침례파들은 북독일 사람들의 엄격주의

(Rigorism)도 참을 수가 없었다. 그 문제를 가라앉히기 위하여, 네덜란드의 워터랜드(Waterland) 지역과 서프리지아(West Frisia)에서 많은 회중들이 버리는 일(shunnings)과 파문(exclusions)에 관하여 보다 온건한 노선을 지지했고, 그들은 그 논쟁에 관하여 메노 시몬스로부터 이탈함으로써 그 문제를 끝냈다. 플래미쉬(Flemish) 회중들조차도 스스로 보다 넓은 의견과 일치하는 것을 선포했다. 동일한 문제에 관하여 분열이 더욱 이어지는 것은 1560년대 후반의 가치를 손상시키는 것이었다.

이것으로 충분하지 않은 것처럼, 메노파는 메노 시몬스의 비정상적인 기독론(Christology)에 대한 책임도 졌다. 그 교리는 메노 시몬스가 네덜란드 재침례파의 모든 흐름들, 즉 복음적인 분파뿐만 아니라 이단적인 분파 모두의 기초가 되는 선조 멜키오르 호프만(Melchior Hofmann)으로부터 이어받은 것이었다. 그의 기독론은 그리스도 단성설(Monophysitism)의 한 종류였다. 이것은 그리스도께서 오직 '하나'의(mono) '본성'(phusis)을 소유했다는 사상이었다. 그리고 그것은 신성이었다. 사실 그는 인간의 육체 안에 거하신 진정한 하나님이셨다. 이것을 가르친다고 비난을 당한 아주 적은 수의 사람들과 단체들만이 정말 그렇게 가르치고 있었다. 보통 그 사상은 단지 이러한 일반적인 경향으로 기울어지기만 하는 가르침들에 쏟아지는 비난으로서는 유용한 것이다. 그리고 이것은 멜키오르의 기독론에서도 역시 사실이었다. 메노와 그의 모임에서 실제적으로 가르쳤던 것은 그리스도께서 마리아로부터 그의 인성을 취하시지 않았고, 하늘로부터 자신과 함께 그것을 가져왔다는 것이었다.

비록 그것을 옹호하도록 만들었던 성경적인 논쟁들이 당황스러울 정도로 매우 경이적인 것이었지만, 그것은 물론 매우 정통적인 것이 아니었다. 메노는 지상에 거하는 신실한 자들이 모여 순수한 회중으로 나타나는, 흠 없는 "그리스도의 신부"(bride of Christ)를 위한 명령(mandate)으로 이 "하늘의 육신"(heavenly flesh) 교리를 깨달았다. 그 결과로 그것은 출교를 사용하는 그의 혹독한 관점을 정당화하는 것이 되었다.

이러한 그 어떤 이유들도 뮌스터 이후의 수십 년 동안 복음적인 재침례파를 재조직하는 일, 즉 의심 많고 당황하고 놀라는 신자들의 충절을 활기차게 하고, 명확하고 성경적인 프로그램과 신뢰할 수 있는 신학을 전개하는 일에서, 메노의 성취가 이룬 중요성을 손상시키도록 허락해서는 안 된다. 무엇보다도, 그는 비상한 설교자요 인도자였다. 어쨌든 그는 레오나드 부웬스(Leonard Bouwens)라는 다른 지도자에 의하여 파문에 관련된 그의 혹독한 입장으로 괴롭힘을 당했다는 타당한 증거가 있다. 분명히, 그 결과로서 생기는 분열은 대단히 그를 괴롭혔다.

그러나 메노의 사후 수십 년 동안 그의 추종자들은, 시간이 흐르면서 정통주의로 대체되어야만 했던, 호프만의 기독론을 의미하는 의심스러운 신학적 유산을 계승하였다. 두 번째 스트라스부르그 대회는 엄격하게 성경적인 표현으로 제한하는 성육신 교리의 모든 토론을 요청하는 것으로, 이미 이러한 변화를 위한 동기를 준비했었다. (멜키오르 호프만의 이름이 하찮은 것으로 취급받았던 스위스와 남부독일에서 온 재침례파들 사이에서는 "하늘의 육신" 가르침이 거의 알려지지 않았다.) 1577년의 워터랜더(Waterlander) 신앙고백서 역시 은밀하게 그리스도의 하늘의 육신 교리를 생략하였다. 그들 중의 한 지도자였던 한스 드 리스(Hans de Ries)는 다음 해에 멜키오르의 기독론이 괜찮은 의견이었다는 견해를 말했다. 그러나 그는 스스로 그것을 고집하지는 않았다. 이것이 1579년 공식적인 워터랜더의 정책이 되었다.

1581년, 파문에 관한 워터랜더의 진보주의는 더 멀리 확장되었다. 그때 그 대회에서 처음으로 회원들이 한 번도 친교의 관계가 없었던 사람들과 결혼할 수 있다는 것을 확언하였다. 그들은 오랫동안 그들 모두를 그리스도 안에서 믿음으로 중생을 체험한 그리스도인으로서 인식했었다. 그 인식은 그들을 "쓰레기차"(drekwagen, garbage wagon)라고 말했던 부웬스(Bouwens, 그는 재판주의[judgmentalism]의 노련한 전문가[practitioner]였다)의 경멸적인 판단을 그들에게 가져오게 했었다. 확실히 워터랜더의 도량이 큰 접근은 그 시대의 가치를 그토록 손상시켰던 서로 파문하는 상황과 또 균형 잡힌 어떤 감각을 결여한 상황을 하찮은 것으로 간주한다. 아마도 그것은 그 분파적인 견해에서 특별히 그러했다.

그러나 워터랜더는 재침례파의 미래에 중요한 해답이었다. 그리고 그들의 관대하고 너그러운 조치는 부웬스의 비타협적인 태도보다 원래적인 재침례파의 통찰력에 더 충실한 것이었다. 독창적인 주장은, 그것은 기억되어질 것인데, 오직 재침례파만이 구원받는 것이 아니었다면, 오직 구원받은 사람들만이 재침례파가 될 수 있다는 전혀 다른 제안이었다.

1570년대까지 네덜란드에 있는 그들의 교회는, 적어도, 어느 정도 관대함의 즐거움을 누릴 수가 있었다. 1577년 그들은 네덜란드 독립전쟁(Dutch revolt)의 실제적인 지도자였던 침묵공 윌리엄(William the Silent)에 의하여 종교적인 그리고 시민의 자유를 허락받았다. 그는 종교개혁의 반대자임에도 불구하고 그렇게 하였다. 그리고 1566년으로 돌아가서, 그의 새로 발견된 눈에 띄는 영혼의 관대함은 스페인 국왕 필립 2세(Spanish King Philip II)의 섭정이었던 파르마의 마가렛(Margatet of Parma)에게 메노파를 제지하는 일에 특별히 엄격하라고 했던 그 자신의 권면도 역시 취소한 것이었다.

그러나 그때는 그 일이 실행되고 있었다. 윌리엄은 그동안 그의 종교적인 확신에서 몇 가지 변화들을 경험했다. 그것은 네덜란드의 독립전쟁이 시작된 10년 동안에, 그의 정치적인 열망과는 관계없는 변화들과 신속하게 변하는 현실이었다. 분명해진 새로운 상황은, 만일 그것이 강력한 스페인 군대의 손에 의한 패배를 모면해야만 하는 것이라면, 종교적인 단체들이 동일한 방식으로 충성하는 것을 필요로 했다. 그리고 이와 같은 견해는 평화주의자(pacifist)인 재침례파와 같이 전투의 실제적인 진행과정에 원조하기를 거부했던 그런 사람들에게조차도 적용했다.

재침례파의 문제들은 네덜란드에서조차도 완전히 끝난 것이 아니었다. 네덜란드 개혁교회 안에 있는 다양한 열정적인 사람들이 신앙의 자유(toleration)를 끝내도록 지속적으로 압력을 가하고 있었다. 리우바르덴(Leeuwarden)에서 있었던 토론에서 그 지역 칼빈주의 목회자들이 재침례파 지도자들을 패배시켰다고 스스로 믿었을 때처럼, 1596년 이후의 몇 해 동안 프리시아에서 메노파 예배가 금지되었던 때처럼, 때때로 그들은 지역적인 수준에서 성공적이었다.

그럼에도 불구하고 모든 급진적인 저술들 중에서, 네덜란드에서 가장 폭넓게 지속적으로 회람되었던 것들은 데이비드 조리스(David Joris)와, 더 많은 분량은, 세바스챤 프랑크(Sebastian Franck)의 것들이었다. 비록 이와 같은 저술들이 얼마간의 성경주의적인 재침례파 교도들을 영성주의(spiritualism)로 이끌어가는 일에 영향을 미쳤지만, 그것들은 반재침례파에게도 동일한 영향을 주었다. 그것은 이미 신앙문제에 관대한 네덜란드를, 종교적인 신앙의 자유를 선호할 수 있었던 네덜란드 개혁교회 안에서 교리적인 경계들을 완화시키는 일과 온건주의자들(moderates)의 손을 강화시키는 방향으로 더 많이 기울어지게 하는 것이었다.

아담 스미스(Adam Smith)가 경제적 이익의 보이지 않는 손이라는 어떤 이름을 부여하기 거의 두 세기 이전에, 그와 같은 노력들은 이미 강화되고 있었다. 일단 그 효과가 명백하기만 하다면, 종교적인 신앙의 자유는 단순히 네덜란드의 경제에 정말 너무나 유익한 것이어서 그것을 없앨 수는 없었다. 1601년 칼빈주의자였던 겔도르프(Geldorp)와 보게르만(Bogerman)이 이단들의 박해를 강조하는 베자(Beza)의 작품들을 번역했을 때, 그들은 수사학적인 질문을 통하여 명백한 반대를 피할 수밖에 없었다. "사탄이 지금, 하나님 대신에, 우리의 상업을 증진시켜야만 하겠는가?"

그러나 어떤 역사가들은 적어도 그 시간 동안, 개혁주의 신앙이 자체적으로 종교적인 신앙의 자유에 맞추어 조정되었다고 주장한다. 그들은 재침례파 교회들이 살아남았고, 그들이 결국에는 종교의 자유를 얻었던 일이 개혁교회가 지배력을 갖고 있었던 지역들에서 있었던 점을 특별히 주목했다. 반대로, 독일과 오스트리아에 있었던 루터교회와 가톨릭교회의 지역들에서 재침례파는 근절되었다. 칼빈주의(Calvinism)의 모든 장점들에도 불구하고, 가정된 하나의 억지와 비교하여 이 현상에 대한 다른 설명들이 가능할 수 있다. 처음부터 개신교(Protestantism)의 개혁주의적인 표현들을 진흥시켰던 상업적인 이익과 관련된 동일한 효과가 이후에도 종교적인 관용으로 진척되었다.

그러나 유럽 중심부에서 재침례파가 지속적으로 핍박에 직면했다는 것은 사실이다. 아주 적은 예외중의 하나는 잠시 동안 그리고 제한된 지역에서 경제적인 이유들 때문에, 급진주의적인 다양성을 지속적으로 감추고 있었던 모라비안(Moravian)과 슬로바키아(Slovak)의 귀족들의 일부가 소유한 부동산들이었다. 그러나 대부분은 특별히 공유생활 신봉자(Communitarian)였던 후터파(Hutterites)였다. 이 분파는 서로 담쌓는 일과 분열을 많이 한 후에, 공유생활 신봉자로서 성경주의적인 복음주의 운동에 나타났다. 첫 번째 특징은, 시금도 여전한 것이지만, 가장 이목을 끄는 것이었다. 각 공동체의 생활은 브루더호프(Bruderhof, place of brothers)를 중심으로 이루어졌다. 회원들은 그곳에 살면서 노동을 했다. 이 단체적 생활은 언제나 느긋하게 우호적으로 통솔되지는 않았는데, 부분적으로 이런 이유 때문에 또 부분적으로 경쟁적인 급진주의 분파들의 매력들을 반대하는 방어적인 구조 때문에, 후터파는 실제로 매우 권위주의적(authoritarian)이 되었다.

후터파의 주요한 감독은 1565년부터 사역한 피터 왈포트(Peter Walpot)로서 그는 유능하고, 지성을 갖추었으며, 또 헌신된 지도자였다. 그는 선임자였던 레온하드 란젠스틸(Leonhard Lanzenstiel)로부터 지휘봉을 넘겨받았는데, 그는 그 운동을 안정된 번영의 시기로 인도했던 인물이었다. 왈포트는 그 운동에 더욱 많은 조치를 취했고, 1578년 그의 죽음에 이르러서는 모라비아와 슬로바키아에 아마도 삼만 명 정도의 장년 회원들이 있었다.

모든 회원들과 모든 어린이들은 상업을 실습하도록 가르쳐졌다. 브루더호프에서의 교육은 실질적으로, 전적으로 모두에게 제공된 충실하고 기본적인 학교교육의 결과였다. 하나님을 경외하는 것, 성경 읽기, 그리고 개인적인 위생을 강조했던 것은 교육이었다. 공동체들이 그들의 숙련된 솜씨에서 매우 뛰어난 품질로 인하여 높은 평가를 받았다. 그에 합당한 재산을 그들에게 가져다 준 것이 한 특징이었지만, 그것은 반대로 재침례파가 아닌 그들의 이웃들의 시기를 그들에게 가져왔고, 가끔씩 세금징수, 절도, 그리고 자치단체의 폭력의 대상으로 그들이 필요이상의 위험을 무릅쓰는 것이 되었다. 넘치는 애정으로 또 애처롭게, 『후터파 연대기』(*Hutterite Chronicle*)는 외부사람들의 손으로 어려움을 당한 잘못된 일들에 관한 지속적인 목록으로서의 공동체 이야기를 기록하고 있다. 반복적으로 부정하고 있음에도 불구하고, 그들 중에 많은 사람들은 후터파 신도들이 부유하게 되는 것을 믿었다고 주장했다. 기괴하고 소름끼치는 고난이 모든 연령, 성별의 브루더호프 거주자들 중 많은 이들에게 고통을 주었던 그 시기인 1618년 이후의 30년 전쟁의 초기 단계에서 번영과 무저항주의뿐만 아니라, 그들을 향한 외부 사람들에 의한 사회적인 비난 역시 이 재침례파 분파가 약탈과 습격을 위한 매혹적인 희생물이 되는 원인이 되었다.

『후터파 연대기』는, 장로였던 카스파 브레이트미첼(Caspar Braitmichel)을 피터 왈포트가 격려하는 일과 함께, 그의 간절한 부탁으로 시작되고 있다. 그는 뉴뮬(Neumuhl, 체코의 Nove Mlyny)과 오스텔리츠(Austerlitz, 체코의 Slavkov)에서 이용할 수 있는 다양한 재침례파 문서들을 활용하고, 세계창조로부터 시작하여, 성경에서뿐만 아니라 고대와 중세 기독교 시대를 지나는 동안 분별할 수 있는 다방면의 의로운 남은 자들에 관한 짧은 언급이 이어지는 여정을 통하여, 마침내 1542년까지의 일들을 계속하여 이야기하는 것으로, 그 일을 시작했다. 최신 정보를 다루면서 그 일을 이끌었던 브레이트미첼의 능력은 1573년 그의 죽음으로 인하여 불가능하게 되었지만, 다양한 후계자들이 1665년에 이르기까지의 이야기들을 계속 이어갔다.

『후터파 연대기』는 이 시대로부터 시작하여 우주적인 맥락에 맞추어 재침례파의 고난을 정리한 단 하나의 중요한 재침례파의 역사편집서(historiography)는 아니었다. 1659에 나온, 틸레만 반 브라흐트(Thieleman J. van Braght)의 매우 큰 『순교자의 거울』(*Martyrs Mirror*)이라는 작품은 범위나 크기에서 존 폭스(John Fox)의 순교자 열전(*Martyrology*)에 뒤지지 않는다. 그 책은 국가교회 형태의 개신교가 아닌 재침례파의 관점에서 쓰였다. 구체적으로 말하면, 그는 네덜란드 급진주의자들의 시련에 초점을 맞추었다. 그렇게 하면서, 그는 법원의 기록들, 남아있는 서신들, 그리고 보다 이른 시기의 재침례파 순교사를 이용했다.

반 브라흐트(Van Braght)에 따르면, "성경의 모든 책들은 오직 순교에 관한 한 권의 책으로만 보인다." 한 사람이 구약성경의 역사에 대한 예수님의 언급을 "의인 아벨의 피로부터 사가랴의 피까지"(마 23:35) 연속적인 것으로 기억할 때, 그가 한 요점을 파악했다는 것은 명백하다. 그러나 그의 주요한 주장은 이와 같은 성경적인 목적관(teleology)이 교회의 역사를 통하여, 이리들 가운데 존재하는 양들처럼, 영구히 지속된다는 것이었다. "하나님의 성자들이 고난을 당하고 싸우기 위하여 태어났던 것처럼, 주님을 위하여 피를 흘리고 죽기까지 싸웠던 영적인 전사들인 피의 군대는 세상의 시초부터 존재했다. 교회의 순결이 보다 명백하게 되도록 하는 용광로의 금처럼, 그의 교회는 처음부터 그리고 시종일관 시련을 겪어야만 하는 것으로 마치 하나님께서 계획하신 것처럼 말이다."[1)]

반 브라흐트는 네덜란드에서 재침례파의 박해가 끝난 후에 두 세대 글을 썼다. 그는 그 역사를 잃어버리기 시작하는 세대에게 그 기억과 순교자의 정신을 전해주었다. 중동부 유럽에서 그들이 경험했던 시련은 여전히 지속되었지만, 네덜란드에 있었던 재침례파는 세상에서 적어도 어느 정도의 평안을 느끼는 즐거움을 누릴 여유가 있었다.

그러나 어떤 분파들은, 집거주파(at-homeness)처럼, 전혀 축복과 쉼이 아닌, 위협적인 존재로서 인식되었다. 이것이 문제가 되는 지역에서, 균형(tension)과 간격(distance)을 다시 만들 준비가 된 지도자가 거의 부족했다. 상당히 비틀어진 의미에서, 야곱 암만(Jakob Ammann)은 스위스에서 아마도 그 시대의 인물이었다.

17세기 후반 동안에, 스위스 형제회(Swiss Brethren)는 스위스 여러 주들과 알사스(Alsace), 그리고 남서부 독일의 일부분 지역에서 안정적인 위치에까지 이르렀다. 박해는 위협정도로 남아 있었지만, 실제로는 동정적인 외부인들-'참된 사람들'(Treuherzigen, truehearted)-의 협력으로, 농업에 종사하는 생활이 산 주변에 크게 늘어날 수 있었다.

베른(Bern)주의 에를렌바흐(Erlenbach) 지역의 장로였던 암만(Ammann, 1644-1731)으로서는, 이것이 모두 너무 평이한 것이었다. 1693년부터, 그는 '버리는 일'(Meidung, shunning)과 그 일이 취해져야만 하는 범위에 관한 이전의 논쟁을 부활시켰다. 그는 또한 '참된 사람들'(Treuherzigen)이 구원받을 수 있다고 하는 그의 동료 신자들(coreligionists) 가운데 증대하는 견해에 대항하여 투쟁에 나섰다. 안타깝게도, 그의 항의는 어떤 복음주의적인 복음과 공로(faith-versus-works) 개념이 아닌, 하나의 참된 교회 밖에서는 어떤 구원도 있을 수 없다는 주장 위에 세워진 것이었다. 그것은 로마 교황청의 그것과 주목할 만한 유사성을 갖고 있는 주장이었다.

암만은 또한 애찬식의 본질적인 부분으로서 세족식을 주장했고, 새로운 유행들을 거부하는 일을 포함하여, "세상"과 가시적인 경계를 세우는 의복의 일치를 주장했다. 암만의 주요한 대적자였던 리스트(Reist)는 불평했다. "한 사람의 양심을 모자, 옷, 양말, 신발, 또는 머리털의 방식에 갖다 붙이는 것과 그와 같은 규정들을 파문으로 강제하는 것은 복음과 반대되는 것이다.” 그러나 그 단계를 따라서, 암만은 이미 그의 지도를 따르지 않으려는 모든 재침례파 지도자들을 향해서 파문을 선고했다.

그것으로 인하여 야기된 논쟁들은 다음 4년 동안에 고질적이고 몹시 괴로운 것이 되었다. 그리고 그것들은 아미쉬(Amish, 암만의 추종자들이 그렇게 불리게 되었다) 공동체와 스위스 형제단에 속한 주요한 조직 사이의 완전한 분리에 이르게 하였다. 비록 그들이 알사스 회중의 대다수를 차지할 수도 있었지만, 아마도 그 운동의 40% 정도가 아미쉬를 포함하였다.

이러한 구분들을 집약적으로 보여주었던 사소한 일들은 아마도 – 팔라틴(Palatinate) 지역에서 – 각 분파가 알려지게 되었던 계기가 되는 이름들로 가장 잘 설명된다. 스위스 형제단 메노파는 '일반단추 사람들' (Knopfler, buttoners)이었지만, 아미쉬는 '갈고리단추 사람들' (Haftler, hook-and-eyes people)이었다. 결국 그 분리는 당신의 웃옷 단추를 어떻게 채우느냐 하는 방식으로 요약된다.

1727년부터 1780년까지, 베른(Bernese) 아미쉬파가 펜실베이니아(Pennsylvania)로 이주하는 일을 시작했다. 그들은 거기에서 이후로 번창했다. 알사스 회중들도 19세기 초반부에 미국으로 따라 들어갔다. 그들 가운데 유럽에 남았던 사람들은 19세기를 지나서까지 아무도 그들의 엄격한 정체성을 유지하지 않았다. 대부분이 평범한 메노파 분파들과 합병하였다.

영국 분파주의의 발흥

영국의 청교도주의(Puritanism)는 본질적으로 분리주의자와 거리가 멀었다. 반대로 그 운동의 주요한 목적은 로마 가톨릭교회의 예전과 통치에서 로마가톨릭에 속한 영속적인 원리들로부터 영국 국교회를 정화하는 것이었다. 분리의 바로 그 개념은 저주(anathema)였고, 재침례파 냄새가 나는 것이었다.

그러나 어쨌든 분리의 과정에서 두 가지 발전과정이 그들 가운데 어떤 사람들을 압박하고 괴롭히는 것처럼 보이면 보일수록, 청교도들이 절망적으로 보았던 권력기구와의 투쟁은 더 길고 괴로운 것이었다. 첫 번째로, 영국 국교회 안에 있었던 추문으로 인해 나타난 현재 상태의 악들에 대한 격앙된 과장은 결국에는 그 교회가 단순히 불확실한 정도라기보다는, 전혀 참된 교회가 아니라고 보는 것으로 해석되었다. 그 누구도 궁극적으로 이혼을 원하는 위험을 무릅쓰지 않고서, 배우자가 모자라다고 그(혹은 그녀)를 웃음거리로 만들 수는 없다. 동일한 원리가 확립된 제도들에도 적용된다. 두 번째로, 청교도들은 엘리자베스의 통치 기간 동안에(또는 그 후에도 오랫동안) 그들의 요구들이 이루어지는 일의 진척을 보지 못했다. 그래서 어떤 사람들은 인내를 잃어버렸던 것이다. 영국에서 시민전쟁(Civil War)이 벌어진 몇 십 년 동안, 더 많은 사람들이 그들의 위로의 전리품을 붙잡고 과연 인내할 수 있는 것인가에 관하여 절망하기 시작했다. 그것은 불완전한 교회 안에서 청교도 스타일로 사는 가능성이었다.

이와 같은 숙고는 적어도 청교도의 한 작은 소수가 분리하는 것을 자극했다. 특별히 폭스(Fox)에 의하여 『행동과 업적들』(*Acts and Monuments*)에 기록되어 있는 순교자 마리안(Marian)에 대한 기억은, 권력기구가 변절당(apostate)인 동안에 어떻게 불법적인 일, 즉 훌륭하게 개혁주의적인 교회생활을 해야 하는지에 관하여 구체적인 실례를 제공했다. 1567년 이른 6월에, 배관공의 회관(Plumbers' Hall)에 불법적으로 모였던 분파의 주모자들은 런던의 주교였던 에드문드 그린달(Edmund Grindal)에게, "우리는 메리 여왕 시절에 이 도시에서 우리의 회중집회가 있었음을 기억합니다"라고 말하면서 자신들을 변명했다.[2)]

다음해 3월, 영국 국교회에서 온 여러 개종자들을 포함하는, 보다 큰 분파가 웨스트민스터(Westminster)에 있는 금세공업자의 집에서 발견되었다. 그들은 매우 세속적인 교회 조직을 소유한 것으로 보였다. 영국 국교회가 거짓 교회라는 이유로 회원들을 영국 국교회에 출석하지 못하게 한 것을 보면, 그들은 분명히 분리주의자였다.

분리주의자들이 어떤 신자들의 교회를 창설하려고 시도하지 않았다는 것은 강조되어야만 한다(포스트모던적인, 다원주의[pluralist] 사회에서 크게 문제가 되지 않는 구별들이 이 시기에는 무척이나 중요한 것들이었다). 그들은 그것이 가능하다고 생각하지 않았다. 그들은 두려운 마음으로 종교적 신앙의 자유사상을 정말 바라보고는 했다. 그들은 불경건한 사람들과 분리하기를 원했으면서도, 그들의 종파를 유지하고 또 모든 다른 사람들을 억제하기 위하여 국가 권력기관을 원했다. 그들의 최종적인 목표는 그들만이 상상했던 것처럼 당시 유행하는 잘못된 종교가 아니라, 진정한 종교의 시행이었다. 그 점에서, 당연히 그들은 원래적인 개신교 종교개혁자들의 목적들과 같은 의견을 가지고 있었다.

1571년에 이것은 초기의 분리주의 분파의 청원에서 명백해졌는데, 그것은 엘리자베스 여왕에게 "교회의 거룩한 표지와 참된 특징들을 확립하고 가르칠 것"과 "우상숭배의 모든 유적들을 완전히 없애버릴 것"을 건의했다. 물론 그것은 가톨릭(popery)을 의미했으며, 엘리자베스 시대의 교회에 남아 있었던 구종교의 모든 흔적들을 포함하는 것이었다. 그 저자는 구약성경이 직접적으로 영국을 언급하였다는 것을 자명한 것으로 취했다. 거기에서 그들은 요령있게 선지서를 영국 제도(the British Isles)와 관련하여 명백히 이해했다. "여호와께서 이르시되, 오 영국이여, 네가 돌아오려거든 내게로 돌아오라"(렘 4:1). 이 분리주의자들은 "우리 하나님의 말씀이 통치하고 또 가장 높은 지위를 얻는 사람들의 모든 재산과 지위를 다스리고 개혁하는 그 일이 시작되어지기"를 원했다.[3] 그들이 비판했던 교회에 관하여 말하자면, 그들에게 있어서 콘스탄틴 대제의 교회와 국가 연맹(Constantinian alliance of church and state)의 적절함은 의심할 여지가 없을 만큼 명백한 것이었다. 그렇기는 하지만 그것은 재침례파와 어떤 신자들의 교회에게는 대단히 당치 않은 것이었다.

그러나 실로 가장 긴 여정이 작은 한 걸음과 더불어 시작된다. 분리주의자들은 변화되어야만 했는데 최종적인 결과는 그들의 창시자들이 가톨릭 그 자체보다 더 두려워했었던 바로 그 일이 되고 말았다. 바로 그 일이란 한 신자들의 교회, 신자들의 세례를 신봉하는 것, 그리고 종교적인 신앙의 자유를 신조화하는 것이었다. 그들에게서 파생된 부작용은 아주 많이 변화되어야만 했다. 다음 몇 장에서, 우리는 그 긴 고난의 여정을 항해하고, 그 기묘한 과정에 대해 약간 설명할 것이다.

브라운주의(Brownism)

초기 분리주의 지도자들 가운데 가장 중요한, 가장 급진적인 인물은 로버트 브라운(Robert Browne, 1550-1633)이었다. 학생으로서 장로교의 이념을 받아들였던 캠브리지에서 교육받은 청교도인 그는, 후에 주교들에 의하여 성직을 받은 전체 영국의 모든 사역자들은 전혀 참된 사역자가 아니라고 결론을 내리면서, 더 멀리 나아갔다. 물론 이것은 그로 하여금 청교도주의에서 분리주의로 이끌었다. 1580년 그와 그의 동역자인 로버트 해리슨(Robert Harrison)은 노르위치(Norwich)에서 분리주의 모임을 조직했다는 혐의로 체포되었다. 그들이 고위직에 있었던 친구들의 중재로 그 다음해에 풀려나고 나서, 그들은 그들과 함께 네덜란드로 가려고 하는 추종자들을 이끌었다.

망명 중에, 분리주의 망명자들은 서로 불화하게 되었다. 브라운의 가장 유명한 논문인 『기다림이 없는 개혁에 관한 논문』(*A Treatise of Reformation without Tarrying for Any*)은 그 다음해에 출간되었으나, 그의 친구 해리슨으로부터 "잡다한 이단사상"으로 채워졌다는 비난을 받았다. 이 논쟁적인 걸작에서 브라운은 경건한 사람들이 성경과 일치하여 교회를 개혁하기 전에 세속 권세의 후원을 확보하기까지 지체할 수 없고 또 지체해서도 안 된다고 제안했다. 왜냐하면 이 문제는 전혀 경건하지 않을 수도 있는 사람들에게 거부권이 주어져 있었기 때문이었다. 브라운은 단지 분리주의자들이 이미 행했던 것에 관한 이론적 설명을 단지 명확히 했을 뿐이었다. 즉 그들은 공적인 허가 없이, 그들 자신의 신념과 일치하는 한 교회를 만들었다. 이러한 보다 명백한 사실에도 불구하고, 대부분의 그의 추종자들은 그것이 이론의 수준으로 끌어올려지는 것에 관하여 극단적으로 불쾌했다. 개혁자들이 잠정적으로 설정한 가설이 행정관들이 구원의 상태에 있지 않다는 것이어야만 한다는 견해는 재침례파와 너무 많이 부딪혔다. 종교적인 자유지원설(voluntarism)에 대한 그의 견해 역시 그와 같은 것이었다. "주님의 백성들은 자발적인 성품을 갖고 있다.... 우리가 하나님의 나라를 찾도록 만들 수 있는 것은 양심이지, 사람의 능력이 아니다." 분리주의 지도자는 다시 그와 같은 심각한 원칙들을 채택하는 일을 늦추지 않았다. 해리슨은 대조적으로, "행정관들이 공개적으로 주님의 명령을 대항하는 죄를 범하는 모든 사람들을 칼로 쳐야만 하는 의무를 갖고 있다"는 보다 정통적인 견해를 지지했다.[4] 브라운을 제외하고, 분리주의자들은 종교의 박해에 대한 원칙에는 아무 문제가 없었다. 하지만 제재(制裁)되어야만 하는 적당한 대상들과 같이, 행정관들이 스스로 무력을 사용하는 일반적인 선택의 문제에 관해서만은 그렇지 않았다.

실제적인 관점에서, 브라운조차 일관되게 자유지원설을 주장하지 않았다. 그는 분명히 행정관들이 참된 종교를 유지해야만 하는 의무를 갖고 있고, 게다가 교회는 적어도 어떤 세속 권력을 사용해야 한다고 믿었다. 그는 어떻게 성도들이 "왕들을 사슬에 묶거나 또 귀족들을 족쇄로 속박할 수 있겠는가"를 이야기했다.[5] 명백히, 브라운의 능변조차도 이것을 그의 자유지원설과 적합하게 하는 일에는 적당하지 않은 것 같았다. 일관성은 그의 설득력 있는 요소가 아니었다. 오히려 의미심장한 것은 일반적인 방향과 유형이었다. 후에 분리주의의 전반적인 방향은 어디서나 브라운의 주장보다 단호하게 더 보수적이 되었다.

어쨌든, 브라운은 이후에 그의 분리주의를 이탈했다. 네덜란드에서 그의 회중과 완전히 틀어지고 나서, 그는 스코틀랜드로 가서 그곳의 장로교회를 비난한 죄목으로, 일시적으로, 그곳에서 투옥되었다. 그곳에서 런던으로 돌아온 후에, 그는 그의 주장들을 철회하고, 영국성공회와 화해했고, 그리고 한 시골 교구의 목사가 되기 위하여 전직하기 전에, (비록 그가 중심지에서는 그의 분리주의적인 활동들을 지속하고 있는지에 관하여 의심을 받았지만) 사우스워크(Southwark)에 있는 성 올라비(St. Olave) 학교의 교장이 되었다. 우리는 마지막으로 1630년대 초기에 치안관을 비난했다는 이유로 다시 체포된, 80대의 그에 관한 소식을 들을 수 있다.

"브라운주의"(Brownism)는 그가 이전에 추구했던 극단주의(extremism)와 후기에 있었던 변절 모두에 대한 비난과 더불어 분리주의자들을 난처하게 하는 수단으로서 외부자들에 의하여 이후의 모든 분리주의자들의 목에 매달려 있었다. 그러나 브라운의 급진주의(radicalism)는 보다 미묘한 방법들로 그의 교회정치 사상을 통하여 보존되었다. 그것은 이후의 분리주의에 지속적으로 영향을 미쳤고, 17세기 회중주의자들과 침례교도들에게도 영향을 미쳤다.

첫째로, 브라운은 교회의 언약이 필요하다고 가르쳤다. 즉 회원들은 함께 "교회가 되기"로 동의했다. 이 사상은 그들의 종교적인 이상을 추구하면서 커다란 개인적 위험을 떠맡고 있었던 각 개인들에게 그렇게 위로가 되고 자극제가 되었는데, 미묘하게도 "기독교국가"(Christendom)의 이념적인 기초를 허무는 것이었다. 즉 분리주의자들의 기본원리를 생각하는 것은 쉬웠지만, 그것이 강제적 의무가 있는 교구생활의 일부분으로서 보이게 하는 것은 어려웠다. 동일한 내용이, 인도하고 가르치는 일에 대하여 책임이 있는 더 많은 은사를 받은 성숙한 회원들과 함께 모든 회원들이 그리스도의 뜻을 분별하는 책임을 나눠 가졌다는 그의 견해에서 나타난다. "기독교국가"가 그와 같은 기초에서 지속될 수 있는 것인가의 문제는 의심스러운 것이다.

마지막으로, 마태복음 18장 15~18절에서 윤곽이 그려진 징계의 단계들을 (책망, 유죄선고, 제명) 규정하는 일 때문에, 전체로서의 회중은 회원권이 적용되어지는 그들을 받아들이거나 혹은 거부하는 책임을 져야만 했었다. 그들의 지도자들을 모아서 지명하는 일도 마찬가지였다. 회중주의적인 참여와 자치권(autonomy)의 견해들이, 그것들은 성경적이었지만, 기독교 국가의 이상과 분리주의자들이 여전히 믿는다고 외쳤던 강제적 의무가 있는 교회가 서로 조화를 이루는 일은 쉽지 않았다.

참된 신앙고백서(True Confession)

브라운 이후에, 영국에서 분리주의자들의 운동이 처음에는 헨리 바로우(Henry Barrow)와 존 그린우드(John Greenwood)에 의하여, 그리고 1593년 그들의 사형집행 후에 프란시스 존슨(Francis Johnson)에 의하여 인도되었다. 그러나 권력기관들이 그들을 찾아내는 일이 더 수월해져 있었다. 바로우와 그린우드는 그들의 인생의 마지막 3년을 많은 책들을 저술하면서 감옥에서 보냈다. 그들이 존슨에게 지휘권을 넘겨주었을 때, 그는 그의 많은 양떼들과 함께 즉시로 체포되었다. 회중은 대부분 네덜란드로 내어쫓겼고, 존슨과 다른 지도자들은 1597년에 석방되어서 그들과 결합하였다.

1590-1593년 동안, 바로우와 그린우드가 감옥에서 쏟아낸 저술들은 부분

적으로 잡히지 않고 남아 있었던 그 회중들의 유익을 위해서였고, 부분적으로는 자신들의 만족을 위하여, 즉 그들의 독방을 방문하여 그들을 전적인 청교도로 개종시키려고 보내졌던, 런던 주교가 보낸 청교도 사절에 대한 그들의 질책을 표출하기 위해서였다. 점차적으로, 분리주의는 자체로 어떤 "무엇이 아님"(not-ness)의 용어로 정의되었다. 즉 그들은 영국성공회에 속한 교회가 아니었다. 이것은 작고, 압력을 받는 소수의 신앙고백서들이, 스스로 경쟁하고 있다고 알고 있는 어떤 풍부하고 월등한 신앙고백서와 비교하여, 지속적으로 빠져 들어가는 술책이었다. 그것은 이해할 수 있는 것이고, 박해받고 있는 사람들이 훨씬 좋게 느껴지도록 한다. (결국 자신들을 박해하는 사람들이나 어떤 유사-박해자들을 만났을 때, 대범한 모습을 유지하는 일에 전적으로 성공했던 사람들은 나사렛 목수와 얼마 안 되는 그의 가장 가까운 추종자들뿐이었다.) 그러나 소수파 자체를 어떤 부정에 의해서 전적으로 정의하는 것은 그것을 사교적이고 지적인 고립집단으로 고착시키는 유감스러운 결과를 갖게 된다.

1596년 분리주의자들의 '참된 신앙고백서'(True Confession)는 일반적으로, 이와 같은 현상을 정확히 반영하는, 그들의 믿음에 대한 진술이라고 고려되었다. 비록 그것이 칼빈주의자들과 청교도들과 대부분의 성직자 계급제도(hierarchy)의 지지자들이 갖고 있는 믿음에 대한 진술과 같은 것으로 시작하지만, 그것은 더 현저한 교회학(ecclesiology)과 배타적인 참됨과 거짓됨을 강조하는 것이었다. 영국성공회를 떠나는 한 사람의 의무는 명백히 그 개인의 구원의 문제였다. "하나님의 명령에 따라서 구원을 받을 모든 사람들은, 재산의 억압을 그것을 소유한 행정관들에게 남겨놓고, 반기독교적(Antichristian)인 재산으로부터 서둘러 나와야만 한다." 이러한 거친 비현실주의(unrealism)는, 행정관들이 분주히 그 저자들을 억압할 때에 한꺼번에 행했던 것으로 나타나는, 인상적인 것이었다. 그럼에도 불구하고, 그 참된 신앙고백서는 그리스도께서 그의 교회를 향하여 "그가 오직 그의 사역자들과 수단들을 통하여 그의 교회를 다스리신다. 그런데 언제나 어떤 거짓된 사역자들에 의해서는 아니다.... 어떤 관리들(Officers)이나 법률을 통해서도 그렇게 하시지만, 다른 그 무엇으로는 아니다"라고 말씀하시는 것을 주장했다.[6]

그러나 적어도 역사가들의 주의를 동등하게 받을 만한 것은, 정말로 거의 의식할 수 없는 것에서 더욱 중요한 어떤 교회학적인 변화였다. 전통적인 청교도들은 그들의 교정을 목적으로 하여, 교구교회들로부터 문제가 있는 죄인들의 징계와 파문을 요구하였다. 좀 더 과격한 청교도는 그와 같은 수단들을 사용하는 자원함(willingness)이 더할수록 참된 교회의 본질적인 표지가 되는 것이라고 생각했다. 분리주의자들은 이론상으로 언제나 동일한 것을 원했다. 실제로, 현상(現狀)의 영국성공회의 그러한 부재(不在)는 왜 그들이 그것으로부터 분리를 선택했는지의 한 주요한 이유였다. 그러나 그들의 참된 신앙고백서는 가치 있는 다수로부터 무가치한 소수를 배제하는 것을 요구하지 않았다. 도리어 그것은 전도된 것이었다. 즉 "불신자들 가운데에서 분리하는 그리스도인이란, 우상숭배, 잘못된 예배, 미신, 자만, 방종한 삶으로부터 분리하는 것이다."[7] 경건한 사람들은 소수로 그려졌고, 그리고 그들의 의무는 더 많은 타락한 군중들로부터 그들 자신을 차단하는 것이었다. 소리 없이, 분리주의자들은 분리주의의 억측으로 부지중에 빠져버렸다.

이것이 생활이 교리를 따라가는 것보다 더 많이 교리가 생활을 따라간다고 말하는 경우에 우리가 의미하는 것이다. 그것은 제기되어진 신학적이거나 다른 어떤 추상개념들 위에 세워져 있는 사람들에게는 괴로움을 주는 깨달음이다. 경험은 우리가 어떤 것을 정당화하도록 이끌 수도 있기 때문에, 그것은 그것이 안고 있는 위험이 없이는 존재하지 않는다. 그러나 교리가 생활을 따른다(일종의 사후의 깨달음, "이것은 우리가 이것을 행하는 이유이다")는 그 가설은 부분적으로 초기 교회의 행실과 일치하는데, 그들의 구약성경 석의(exegesis)는 예수에 대한 그들의 경험으로 조종되었다. 그리고 그들의 교리와 신경은 삼위일체신앙(trinitarianism) 자체를 포함하여 성경적인 자료들을 가지고 동일선상에서 예수님과 성령님에게 속한 그 경험을 이해하는 시도였다. 좋든 싫든, 시간이 지나면서, 동일한 충격에 대한 분리주의자들의 반응은 그들의 교의학이 사실상의(*a de facto*) 분파로서 그들이 매일 살았던 경험을 반영하도록 하였다. 그리고 그것은 원래적인 설득력이 그들이 원했던 기독교 국가와 같은 것에 대하여 심지어 그들 자신에게도 더 가설적이면서도 더 신뢰할 수 있는 것이 되도록 하였다.

일반 침례교도들의 등장

네덜란드에 망명하는 중에, 이 과정은 영국에서 감당하기에는 너무 벅찬 압박을 느꼈던 다른 분리주의자들과 원래의 모임이 합쳐지면서 지속되었다. 1597년 암스테르담(Amsterdam)의 영국 분리주의자들의 숫자는 40명 정도에 불과했던 반면에, 1609년까지는 300명 정도나 되었다. 그러나 브라운과 해리슨의 좋은 전통에서 추방된 급진주의자들은 그들끼리 암탉처럼 싸웠다. 장로 다니엘 스투들리(Daniel Studley)는 반복된 부도덕함으로 인하여 고발되었다. 프란시스 존슨과 그의 형제는 누가 나중에 파문되는가의 일로 다퉜다. 그들의 아버지가 중재하려고 노력했을 때, 그도 역시 파문되었다. 영국 서부 지역의 교회로부터 암스테르담에 왔던 다른 분리주의자 목사들과도 논쟁이 있었다. 영국의 상인들로 이루어진 회중이었던 많은 수의 회원들이 그 도시의 새로운 영국 개혁교회에 합류하기 위하여 떠났다. 그 교회는 공식적으로 네덜란드 개혁 교회 소속이었고, 그러므로 이론적으로는 영국성공회와 같은 종파에 속해 있었다. 그리고 1610년, 존경받는 지도자였던 헨리 아인스워드(Henry Ainsworth)는 30명 정도의 추종자들과 함께 다른 새로운 교회를 설립하기 위하여 정식으로 분리했다.

그러나 가장 큰 손상을 주었던 논쟁은 존 스미스(John Smyth)가 인도한 분파가 가져온 것이었다. 스미스는 북동쪽 중부지역에서 온 분리주의자들의 한 당파와 더불어 나타났다. 그들은 대체로 존슨의 분파보다 좀 더 중산층이었고, 교육받은 사람들과 쫓겨난 이전의 성직자들이 많은 부분을 차지하고 있었다. 따라서 그들은 점차로 존슨의 으스대는 방식들을 복종하지 않게 되었다. 그리고 그들이 그의 청중에 처음에는 절대로 가입하지 않았다는 것은 사실일지도 모른다. 분명히 암스테르담에 있었던 그들의 새로운 분리주의 교회는 존슨이 했던 것보다 많은 문제들에 대하여 더 많은 인류평등주의(egalitarian) 노선을 취했다.

그러나 늦은 1608년, 스미스는 놀라운 결론에 이르는 분리주의자들에게 언제나 양심을 괴롭히는 문제였던 것을 밀고 나아갔다. 만일 영국성공회가 참된 교회가 아니라면, 그 사역 역시 전혀 참된 사역이 아니었다. 같은 표지에서 그 성례전 역시 전혀 참된 성례전이 아니었다. 그러므로 그 세례 역시 전혀 참된 세례가 아니었다. 이러한 완벽한 논리의 암시는 그들의 교구 교회에서 아기였을 때에 세례를 받았던 모든 분리주의자들이 절대로 진정 세례를 받은 것이 아니었고, 지금 진정으로 세례를 받아야 하는 도움을 필요로 하고 있다는 것이었다.

그렇다면 그것은 무엇이었는가? 영국성공회는 참된 교회였는가? 만일 그렇다면, 왜 그 교회로 돌아가지 않고 있는가? 또는 그것은 거짓된 것인가? 그 경우에, 그 세례는 역시 잘못된 것이었고, 분리주의자들은 스스로 재침례를 받아야 할 필요가 있었다.

이 난해하고 괴기한 실제는 오랫동안 청교도들과 그들의 논쟁들에 늘 붙어 다녔다. 그들은 브라운주의자들이 재침례파로 나아가든지 아니면 영국성공회로 돌아가야만 한다고 주장했다. 그 누구도 재침례파가 재침례의 논쟁을 이끌었던 곳에 있다는 것을 의심하지 않는 것으로 보였다. 가설의 중재적인 견해－즉 참된 교회로서 분리주의자들은 영국성공회에 의하여 베풀어진 결함들을 보충하는 재침례를 단독으로 시행할 수 있고, 그렇다면 유아세례는 그 이후에 지속적으로 그들에 의하여 베풀어질 수도 있다－는 모두에게 간과되어졌던 것으로 보인다. 대신에, 만일 재침례의 원칙이 한 번 허락되어졌다면, 그것은 필연적으로 유아세례를 모두 포기하고 신자의 세례를 고수하는 결론으로 반드시 이끌어 간다. 그것이 바로 재침례이다.

세례는 종교개혁 기간 동안에 단순히 모든 교회들이 갖고 있었던 (심지어 그들 안에 있었던 당파들 역시) 일반적인 성향의 명백한 안내자였다. 모든 사람들이 자신들보다 더 보수적이었던 교회들의 정체를 폭로하기 위하여 아리스토텔레스학파(Aristotelian)의 주장들을 사용했고, 급진주의자들로부터 시작해서 그들에게 속한 급진좌파에 이르기까지 비평들을 피하기 위하여 플라톤학파(platonic)의 주장들을 사용했다. 아리스토텔레스학파의 논쟁은 사물들을 그들의 특성들(또는 철학적인 특수용어를 사용하면, "우발성들"[accidents])에 속한 전체로서, 종합이라는 용어로 정의한다. 그러므로 만일 한 교회가 다양한 종류의 부패행위(그리고 비판은 이러한 것들을 확대하기에 좋은 것이었다)를 갖고 있는 것으로 보일 수 있다면, 그것들이 전혀 참된 교회가 아니라는 것이 추론되어질 수 있을 것이다. 이것은 로마교회를 대항하여 개신교도들에 의한 공격의 권위 있는 척도였다. 그리고 그것은 반대로 분리주의자들에 의하여 영국성공회를 대항하여 사용되어진 것이었다. 플라톤학파의 논쟁은 대조적으로 사물들을 그들의 가상의 "본질"(essence)이라는 용어로 정의한다. 그것은, 주장하는 바에 의하면, 단순한 경험적인 특성들에 의해서 영향을 받지 않는다. (별다른 의미가 없는 현대 심리학적 특수용어가, "참된 나"는 어쨌든 명백하게 충분한 근거가 있는 거짓말을 했든지, 사기를 쳤든지, 또는 도둑질을 했던 그 사람과 다르다는 것을 주장할 때, 정정당당하게 사용된다.) 그러므로 비평가들이 그들 자신보다 더 급진적인 사람들에 의하여 그들에게 속한 교회를 대항하여 적용된 신앙을 약화시키는 아리스토텔레스학파를 발견했을 때, 그들은 유감스러운 결점들이 그들 자신이 선호하는 성직 임명의 '본질적인'(essential) 교회다움을 무효로 만들지는 않았다고 번복했다.

이 어리석은 경기를 해야 했던 필요성은 격렬하게 이중사고(또는 그들에게 속한 현대 변증가들이 그것을 부르기를 좋아했던 대로, "조화"[balance])에 몰두했던 많은 신학자들, 특별히 개신교 종교개혁자들로부터 떠났다. 한편, 교황이 적그리스도라고 모순 없이 증거하려고 계획했던 장광설에서, 너무나 지루한 글을 쓰면서 터무니없는 많은 양의 잉크를 써버렸다. 그 다음에, 얼마의 장들이 더 지나서 그들은 로마 교회가 그럼에도 어떤 의미에서(그들은 그 이유를 사실상 말할 수 없었다)－적어도 정당한 세례를 베푸는 일이 관련되어지는 중대한 문제에 있어서는 물론 분명히 더 나아가지는 않지만－참된 교회였다는 것을 지적하려고 스스로를 번복하고는 했었다.

다시 명백한 안내자. 만일 아리스토텔레스학파가 끝까지 지속되었다면, 새롭게 개신교화된 국가들의 모든 주민들이 천주교의 영향 아래에서 유아 시절에 받았던 세례는 무효해질 것이다. 그것은 루터파나 개혁교회의 의식을 따라서 다시 시행되어져만 했을 것이다. 이것은 절대로 일어나지 않았다. 즉 그것은 두 가지 이유 때문에, 대단히 난처한 것이었다. 첫째로, 개신교 국가 교회의 새로운 "참된" 세례의 관리자는, 열 번이면 아홉 번은, 본래의 의식에서는 가톨릭 신부로서 섬겼던 그 동일한 사람이었다. 과거의 교황주의자들과의 흠 없는 단절에 관한 개신교의 설득력은 교회의 실제라는 문제로 인하여 얼굴이 붉어지는 상처를 안게 되었다. 더욱 중요한 것은, 어떤 정당화를 주장했을지라도, 어떤 형태의 재침례를 실행한다는 것은 재침례파에 반대하는 주요한 논쟁들 가운데 하나를 상당히 약화시키는 것이었다. 그렇다면 로마 가톨릭교회가 동시적으로 요한계시록에 기록된 바벨론의 매춘부였고, '그리고'(and) 어느 정도는 참된 교회였다는 것을 유지하는 것이 보다 좋은 것이었다. 그것은 그리스도와 적그리스도 모두에 의하여 지배를 받고 있는 한 몸이었고, 모두 바로 어거스틴주의였다.

그리고 그것은 분리주의자들의 중요한 지도자였던 프란시스 존슨이 스미스의 논쟁을 피할 때에 직면했던 정확히 이러한 종류의 쪼개진 막대기였고, 스미스는 이제 신자의 세례 문제로 다투고 있었다. 1609년 스미스는 스스로 세례를 받았고(그의 판단으로는, 그가 누군가의 손으로 세례를 받을 수 있는 참된 교회가 하나도 없었다), 그러고 나서 이 급진적인 방법에 동의했던 그의 분파의 다른 사람들이 모두 40명 정도 세례를 받았다. 그의 회중의 다른 더 많은 사람들은 그를 존 로빈슨(John Robinson)의 지도 아래 일임하였다. 프란시스 존슨은 그 사이에 영국성공회가 틀림없이 충분히 참된 침례를 베풀었던 한 참된 교회였다는 것을 시인하는 지난 17년의 그의 논쟁을 뒤집었다. 그 시인은 그가 로마 가톨릭교회에 대하여 - 그 논쟁은 모두 연속적인 것이었다 - 동일한 것을 말해야만 하는 필연적인 결과를 남겼다.

스미스는 곧 이 문제가 하나의 일을 반드시 다른 일로 이끌어가는 유일한 논쟁이 아니라는 것을 발견했다. 즉 그는 네덜란드 워터랜더 메노파에 의하여 주장된 많은 신학적인 견해들에 대하여 다음의 몇 개월 동안 중요한 진전을 이루었는데, 암스테르담에서 그들 중의 한 사람으로부터 전제들을 빌려왔다. 새로운 영국 침례파는 그들의 칼빈주의를 포기했고, 종교적인 신앙의 자유에 대한 믿음을 채택했다. 스미스는 스스로 메노파 신학의 방침에서 더 멀리 나아가는 것을 원했다. 그러나 이 문제에서 그는 그의 회중의 충분한 도움을 얻을 수 없었던 것으로 보인다. 결과적으로, 그는 스스로 시행했던 그 침례가 성급한 실수였다는 결론에 이르렀다. 그가 이제야 깨달았지만, 그는 진정 참된 교회였던 워터랜더에서 그것을 구했어야만 했다. 세 번째 침례에 관한 그의 탐구는 놀랍게도 그의 소수의 추종자들에 의해서만 거절되었다.

이 사람들은 그들이 이미 충분히 젖어(wet) 있고, 그래서 세례에 관한 사도적인 연속성의 탐구는 무의미하며 헛된 것으로 증명된 것처럼 주장했다.

토마스 헬위스(Thomas Helwys)가 인도하였던 12명 정도 되는 소수파는 하나님께서 그들을 박해에 직면해야만 하는 영국으로 다시 이끄신다는 결론을 내렸다. 1612년 그들은 그들의 모국으로 되돌아갔고, 거기에서 영국 땅위에 세운 최초의 침례교회가 되었다. 고난에 대한 예상은 정확한 것으로 입증되었다. 즉 그들 중의 대다수는 투옥되었다. 우리는 많은 양의 종교의 자유를 위한 탄원들, 정부에 호소하는 청원들, 그리고 교리적인 소논문들을 소유하고 있다. 그것들은 대부분 그 마지막 10년경에 쓰였고, 침례교파가 거칠게 다루어졌다는 사실이 그 모든 것에서 명백하다. 헬위스 자신은 1616년에 사망했다.

이와 같은 교회들의 생존에 관한 우리의 증거는 단편적으로 남아 있다. 그러나 박해의 무거운 영향력에도 불구하고, 그들이 그들 자신의 사명에 성공했음이 분명하다. 애석하게도, 우리가 그들에 대하여 조금밖에 알지 못하지만, 심지어 그들의 규모에 대해서조차 알지 못하지만, 1620년 말경까지는 다섯 개의 일반 침례교회들이 영국에 있었다. 당국의 주의를 피하기 위해서 대부분의 경우에 후세들과 관련해서도 동일하게 해야만 했다. 그래서 이 교회들이 세워졌던 방법들이 안타깝게도 우리에게는 알려지지 않았다.

특별 침례교도들

어쨌든 일반 침례교(General Baptists)는 20년이 넘도록 영국에서 침례교파의 견해에 대한 유일한 대변자로 존재하지는 않았다. 1630년대 말경의 언젠가(그 밖에, 우리는 더 이상 정확할 수가 없다) 특별 침례교파(Particular Baptists)의 기원이 나타났다. 만일 일반(the Generals)이라는 말이 "일반"(general) 속죄에서(즉 모든 세상의 죄를 위하여 돌아가신 그리스도로 인하여 모든 사람들의 구원이 가능하다-그러나 필연적인 결과로서의 구원은 아니다) 그들의 믿음을 위하여 붙여진 것이라면, 특별(the Particulars)이라는 말은 "특별"(particular) 속죄(그리스도께서 오직 선택하신 사람들의 죄를 위하여 돌아가셨다는 칼빈주의자들의 믿음)

를 그들이 지지하는 일에 붙여진 것이다. 칼빈주의적인 침례교파처럼 끓는 얼음(boiling-ice)과 같은 그러한 현상의 출현은 너무 기이한 것이라서 우리의 각별한 주의를 요구한다.

그 이야기는 1616년에 청교도 선전원이었던 헨리 야곱(Henry Jacob)과 더불어 시작한다. 교회학적인 의견들의 다양성에서 야곱은 "독립파"(Independent)로 분류된 영역에 속한다. 즉, 그는 각 교구가 느슨한 국가적인 구조체계 안에서 그 자신의 업무들을 관리해야 한다고 믿었다. 1600년대 초기에, 현존하는 국가적인 구조체제–그 지도자들은 그의 느슨함(looseness)에서 아무것도 원하지 않았다–가 그를 투옥한 것은 이 견해 때문이었다. 석방되자마자 곧, 야곱은 네덜란드로 갔고, 비록 그가 네덜란드 연안의 항구도시들을 혼란하게 하는 다양한 이름의 영국 분리주의자들을 만났지만, 그는 그곳에서 절대로 그들 가운데 한 사람은 되지 않았다.

그러나 그는 좀 더 평화주의적인 분리주의파 목사 중의 하나였던 존 로빈슨으로 하여금 그리스도께서 문자적으로 청중들 개개인의 직접적인(즉 중재없이) 머리가 되신다는 믿음으로 자신을 전향하도록 하였다. 보다 난해한 이 사상은 다소간 중복되는–느슨하든지 또는 그렇지 않든지 간에–국가적인 구조체제를 만드는 일에서 매우 실제적인 효과를 가지고 있었다. 회중들의 직접적인 그리스도와의 교통은 우선 교회를 구성하는 일에 대해서 또는 그들이 성경을 이해하는 대로 그 명령들을 따르는 그들의 실행에 대해서 국왕의 거부로 결말짓는 경향성이 있었다.

그러므로 대담해진 야곱은 1616년 런던으로 돌아와서 새로운 독립회중모임을 세웠고, 그들의 예배와 훈련은 청교도적인 경향성을 따라서 조직되었다. 역사가들에 의하면, 비록 이 교회가 영국성공회에 대한 일반적이고 예상할 수 있는 모든 비평을 만들었지만, 그들은 국가적인 집단이 결코 참된 교회일 수 없다는 일반적인 분리주의자들의 주장으로 그들을 공격하는 것을 의식적으로 그만두었다. 그래서 그 교회는 일반적으로 "반-분리주의파" 또는 "비-분리주의파"로 일컬어진다. 따라서 야곱의 모임은 한 특별한 근거에서 그들의 교구 교회들의 성찬식에 그 회원들이 참여하는 것이 허락되었다.

이 선례가 없는 큰 도량은 두 개의 직접적인 실천적 유익을 얻었다. 첫째로, 그것은 지지자들(그리고 전체로서의 그 교회)이 당국에 의하여 발각되는 일을 피하도록 도와주었다. 또한 야곱의 회중이 영국성공회 안에 머무르면서 원칙에 근거한 분리주의를 한 중요한 죄로서 주목했던 청교도들의 선한 인정을 획득했다.

야곱 교회(또는 차라리 그가 세웠던 교회, 왜냐하면 그는 스스로 1622년 버지니아로 떠났기 때문이다)는 1620년대와 1630년대의 커다란 성공의 간증이었다. 문제는 성공이 공적인 주의를 끌었다는 것이고, 당국의 그 주의는 잘 배려해주는 것은 아니었다. 1632년, 그 회중은 결국 간파되어졌고, 60명의 회원들 중에 46명이 18개월 동안 투옥되었다. 대부분은 석방되자마자 미국으로 떠났지만, 이 혼란의 기간 동안에 이와 같은 손실들과 전향한 분파인 엄격한 분리주의파에 의한 두 번의 분리에도 불구하고, 그 교회는 지속적으로 빠르게 성장했다.

대주교 로드(Laud)의 특별 우대 속에서 주로 성장이 나타났다. 그의 정책은 청교도들에게 잘 참지 못하는 영국성공회 안에서 지내도록 하는 것이었다. 뉴잉글랜드로 가는 대안은 반-분리주의파에 속한 회중과 같은 불법적인 회중과 연합하는 것이었고, 1630년대 동안에 늘어나는 회원들은 이러한 행동방침을 취했다.

그러나 성장의 이익과는 별도로, 헨리 야곱에 의하여 세워진 그 회중은 내부의 압력을 경험하고 있었다. 1630년대 동안에, 일단의 회원들이 세례는 오직 "(공적으로 신앙을) 고백한 신자들"(professed believers)을 위하여 의도된 것이라는 결론에 이르렀다. 박해의 압력 아래에서, 어쨌든 급조한 기초 위에서, 비록 교회의 칼빈주의가 지속적으로 이 의심의 문제를 만들었지만, 신자들이 누구인가를 어느 누구나 구별할 수 있다는 것이 암암리에 받아들여지게 되었고, 그래서 "(공적으로 신앙을) 고백한"(professed)이라는 형용사가 일반적으로 도움이 되는 수식어로서 더해졌다.

1638년 존 스필스버리(John Spilsbury)는 이러한 성격을 가진 한 회중을 이끌고 있었고, 너무나 우호적이라서 한 분파로 거의 간주되어질 수 없는 모교회에서(헨리 제시[Henry Jessy]에 의하여 그 시간까지 목양되었다) 명확히 독립했다. 참으로, 이렇게 새로운 성격의 침례교파에 속한 많은 사람들은 신자의 침례에 대한 논쟁을 단순히 우선권의 문제로, 즉 어떤 그리스도인들이 합법적으로 의견을 달리할 수 있는 것으로 판단했다. 유아세례를 믿었던 그들의 형제들은 대부분의 경우에 명백히 동일한 판단을 취했다. 그리고 개별적인 확신을 가진 회원들을 포함했던 1640년대-1660년대 동안에, 여러 개의 회중집회들이 있었다.

1640년대, 리차드 블런트(Richard Blunt)는, 매우 친근한 환경에서 다시, 제시(Jessy) 교회에서 탈퇴한 다른 특별 침례교파를 인도했다. 어쩌면 블런트는 스필스버리가 "그것을 올바로 행했는지"를 의심했다. 스스로 네덜란드 설교자였던 블런트는, 칼리지안트 린스버그(Collegiant Rhynsburgers, 종교개혁파, 알미니안파, 메노파에 속한 상호적으로 신앙고백하는 분파들을 가리켰다)의 회중들이 어떻게 의식을 이행하는지를 목격하기 위하여 사전에 즉시 네덜란드를 방문했다.

그들이 나왔던 모교회처럼, 이 특별 침례교파들은 신학에서 칼빈주의였고, 원래는 청교도였으며, 교회정치에서는 회중제도였고, 영국성공회에 대하여 교회의 진정성(church-hood)을 부정하는 일을 그들이 거부함에 있어서는 비-분리주의파(non-Separatist)였다. 비록 그들이 신자의 침례를 실행했지만, 그들은 놀랍게도 그것을 지지하는 일에서 온건했다. 그들에게 있어서, 침례는 그들의 교회학(ecclesiology)에 어울리는 중심적인 논쟁이라기보다는 고립화시키는 논쟁이었다. 그들의 교회학은 좀 모호했다.

> 국가 교회가 존재할 수 있는가? 대답하지 않는다(No answer).
> 영국성공회는 참된 교회였는가? 아마도(Perhaps).
> 교회는 오직 믿는 자들로만, 즉 신앙을 공적으로 고백한 신자들(professed believers)로만 구성되어야만 하는가? 그렇다(yes). 그 누구도 참된 신자들이 누구인가를 참으로 구별할 수는 없다.
> 종교적인 신앙의 자유가 있어야만 하는가? 그렇다면, 어느 한도 내에서. 어쩌면–그러나 모두는 아니다. 분명히 특별 침례교도는 종교의 자유가 주어져야만 했는데, 그것은 국가가 종교적인 신념을 통제하는 직무가 없기 때문이 아니라, 그들이 갖고 있는 정통신앙 때문이었다.

그 질문들이 조롱하는 것으로 보인다면, 그것은 부끄러운 것일 수 있다. 원칙의 과다한 적용이란, 엄밀히 말하면, 이전에 실행했던 것보다 더 많이 진보하는 일에서 분리주의자들과 일반 침례교파들을 저지했던 바로 그것이었다. 실용주의와 신학적인 분규는 영국 분리주의가 필요로 했던 바로 그 치료제였다.

블런트의 분리 조금 이전, 1640년 5월에 제시(Jessy)에 의하여 목양되었던 모교회의 숫자가 크게 줄어들면서 이 모든 분리가 있었고, 그것은 분명히 조심해야만 했던 근거들 위에서 둘로 분리되어야만 했다. 숫자는 모임들에서 너무 많아져서 드러나기를 회피했다. 비록 가죽 장사를 하는 프레이즈갓 발본(Praise-God Barebone, 그는 분명히 청교도 가문이었다)이 이끌었던 런던 이스트 앤드(East End) 지역의 회중이 신자로서 굳이 세례 받으려고 했었던 얼굴뿐인 회원들을 거절했지만, 제시 자신에 의하여 지속적으로 인도받고 있었던 웨스트 앤드(West end) 지역의 회중은 세례 받은(head-moistened) 유아들과 침례 받은(soaking-wet) 신자들 모두를 받아들였다.

시민전쟁 기간에 있었던 영국 급진주의의 강화

예방하는 차원의 분열과 관련이 있는 6개월 이내에, 대부분의 예방책들은 불화의 원인이 되었다. 1640년 11월의 장기 회의(the Long Parliament)의 모임은 종교적인 관리통제를 집행하는 중앙정부의 능력 – 또는 의지 – 을 약화시키는 원인이 되었다. 청교도에 관심이 많은 교구 목사들이, 선택적이든지 전면적이든지, 공동기도서(the Book of Common Prayer)를 읽는 것을 포기했고, 그래서 분리파 교회 역시 현실적으로 알려질 수 있었다. 여전히 대중적인 폭동이나 보수적인 지방 행정관들의 위험에 종속되어야 했지만, 그들은 그럼에도 불구하고 이전보다는 훨씬 자유롭게 드러내놓고 활동할 수 있었다.

이러한 분위기에서, 보수적인 다수파가 분노하기까지, 분파주의자들뿐만 아니라 일반 침례교파와 특별 침례교파 모두가 급격히 늘기 시작했다. 왕과 의회가 1641년과 다음의 반년 동안 시민전쟁으로 표류할 때, 다양한 분파들은 정치적인 혼돈의 우세한 상황에서 그들의 메시지를 활지회하여 전파하는 일에 용기를 냈다. 그 전쟁이 1642년 여름 늦게 시작되었을 때, 그들은 거의 불가피하게 의회파 편을 들었다. 그것은 의회의 회원들이 그들에게 신앙의 자유(참으로, 대부분의 회원들은 그들을 혐오스럽게 바라보았다)를 허락하는 경향성이 있었기 때문이 아니라, 도리어 어떤 변화가 더 좋은 것이 될 수밖에 없다는 단순한 이치 때문이었다. 분파주의자들은 왕이 그들을 핍박할 수도 있다는 것을 사실로서 알고 있었다. 어쩌면 그의 원수들은 더 친절할 수도 있었다.

국가 교회 안에서 급진적인 청교도들과 어우러지는 가장 신중한 목적을 추구하면서, 영국 분파주의가 지속적인 광범위한 의견을 따라서 이제까지 이끌려온 환경은 이 소망을 위한 어떤 정당성을 주었다. 그럼에도 불구하고 상당수의 분리주의자들과 침례교도들은 전쟁의 첫 2년 동안 의회파 운동을 지배하고 있었던 장로교인들에 의하여 크게 비난을 받았는데, 제한된 신앙의 자유를 지지할 준비가 되어 있었던 독립 분파(Independent party)에서도 그들이 있었고, 새롭게 떠오르는 올리버 크롬웰과 같은 지도자들은 그것을 강하게 선호하고 있었다.

그 동안에 다양한 급진주의자들이 법의 집행 때문이 아니라 미약함 때문에 보호받고 있었다. 비누 제조자였던 토마스 람베(Thomas Lambe)는 일반 침례교 설교자로 사역한 그의 활동 때문에 전쟁에 앞서 곧바로 몇 년 동안 몇 번이나 투옥을 감내해야만 했다. 그러나 1640년 중반에 그는 광범위한 영향력을 발휘했던, 수도에 있는 커다란, 부흥하는 떠들썩한 회중모임을 관장하고 있었다. 1645년 의회는 런던 시장의 경고에도 불구하고, 평신도 설교에 반대하는 의회의 규정을 어긴 램을 기소하는 일을 거절했다.

일반 침례교파는 수도에서 쉽게 잘 보일 수도 있었겠지만, 그들이 지방에서 동일하게 평안을 누리는 일은 일반적이 아니었다. 보통 상인들과 도시민들로 분류되는 사람들 사이에서 청교도 동맹의 보다 급진적인 목적이 실행되고 있을 때, 그들에게 속한 특별 침례교도의 일가들(cousins, 또는 경쟁자들) 대부분이 비슷한 주위 환경 속에서 성장하는 동안에, 이 사람들 중에 얼마를 더하여, 일반 침례교파는 처음에는 전혀 청교도가 아니었던 많은 지지자들을 얻었다. 그 이유는 신학적이었다. 청교도 운동의 열정적인 칼빈주의는, 특별

침례교도들이 공유했던 신학, 시골 주민들에게서보다 도시들과 상인계급 가운데 보다 깊은 뿌리를 내렸다. 일반 침례교파는 시골지방에서 이것을 이용했다.

그러나 그 차이점이 과장되어서는 안 된다. 시민전쟁과 공화정(Republic)의 20년 동안, 두 종류의 침례교 모두는 성공적인 초지역적인(trans-local) 조직으로 발전하였다. 가장 인상적인 일반 침례교의 고안은 "사도"(apostle) 또는 "사자"(messenger)에 관한 것이었는데, 그 의무는 복음주의 안에서 지역의 회중들의 간청에 의해 멀리 떨어진 회심자들을 복음전도와 목양적인 심방으로 방문하는 것이었다. 일반 침례교파는 회중들에게 초-민주적(hyper-democratic)으로 그리고 엄격하게 복종하는 목자들이었다. 특별 침례교도들은, 대조적으로, "조합"(associations)이라는 연결망을 만들었는데, 그것은 회중자치에 있는 침례교의 강조점을 표면상 장로제의 협력하면서 적당히 조화시키는 것이었다. 지역에서 온 목회자와 장로들의 조합 모임은 조직교회들이 무엇을 해야 하는지를 지시할 수 없었고, 다만 그들에게 조언할 수 있을 뿐이었다.

1644년까지, 수도에는 일곱 개의 특별 침례교 집회들이 있었고, 이들은 '런던 신앙고백서' (London Confession)를 제출하기 위하여 그해에 모였다. 그것은, 용어상 두 가지 뜻을 다 포함하는, 변명하는 것 같은 작품이었다. 그 저자들은 단순히 자신들의 교리의 자세한 내용을 설명하려고 한 것이 아니었다(하지만 그 신앙고백서는 이 기능을 충분히 잘 수행했다). 그들은 어쨌든 어느 정도라도 가능성을 가지고, 비록 가장 적은 정도일지라도, "재침례파"라는 무서운 유령(spectre)과 화합할 수 있는 모든 청교도들, 분파주의자들, 그리고 다른 사람들과 절충하기를 열망했는데, 그들에 대한 대중적인 평판은 침례파들이 재침례파를 의미한다는 것이었다.

참으로, '런던 신앙고백서' 는 특별 침례파가 칼빈주의나 그리스도인이 행정직을 맡는 일을 멀리하기 위하여 노력한다는 어떤 작은 요소도 제공하고 있지 않다. 그들의 교회론에 대한 해설은 담력에 있어서 거의 겁쟁이와 같다. 그들의 것이 교회를 조직하는 유일한 방식이라는 주장, 또는 그것이 배타적인 순수함을 어쨌든 가지고 있다는 평범한 분파주의(또는, 그 문제와 관계있는, 국가교회) 주장은 전체적으로 없었다. 대신에, 그 고백서는 보다 넓은 칼빈주의-청교도의 종교적 우애에 대한 존경과 관용을 탄원하는 것이었다. 사실 다소 필사적으로, 그들은 그 인정을 계속하여 갈망했다.

그것이 반대편 일반 침례교도에 의하여 누구나 쉽게 받아들여진 것으로 상상할 수 있는 상황은 아니다. 일반 침례교도는 참으로 활발한 – 때로는 무아지경에 이르기까지 하는 – 운동이었지만, 그들은 이미 그들의 파멸의 중요한 한 원인으로 입증되었던 율법주의 경향성이 있었다. 1640년대 초기 동안, 잠시 그들은 그들 가운데 세례가 관수식(affusion-머리에 물을 붓는 것)으로 또는 침수(immersion)로 시행되어야만 하는지에 대한 논쟁으로, 후자의 실행이 결국에는 우세했지만, 다투었다. 다음 10년에, 그들은 다시 더 격렬히, 새롭게 세례를 받는 모든 신자들을 위하여 손을 얹는 행동에 대하여 다투었다. 그러나 세족식과 애찬식을 유지하는 일과 같은 다른 의식들이 어리석은 난타전의 또 다른 하나의 원인이 되었다. 이 모든 것은 단 하나의 성경적으로 수용할 만한 모범이 모든 일에 있다는 핵심적인 사상에서 유래하였다.

이 중요한 확신의 결과로 생기는 과민성은 시민전쟁과 공화정 시대 동안에 그들의 회원권에 대한 유동성을 설명하는 일에 도움을 준다. 그들의 사상은 관심을 끄는 것이었고, 그들의 조직은 역동적이었다. 그럼에도 불구하고, 이러한 긍정적인 지적들은 종종 일반 침례교 청중들의 삶에서 부정되었다. 그리고 그것은 때때로 새로운 회심자들을 붙잡는 일을 어렵게 하는 경직된 태도를 조장하였고, 또 최악의 상태로, 그 운동을 회전문과 같은 어떤 것으로 변질시킬 수 있었다. 사람들은 영국교회로부터 승리를 쟁취했으나, 일 이 년 후에 다시 그것을 잃게 되었다. 1650년대 초기의 케임브리지셔(Cambridgeshire) 지방의 지도자들은 개개의 회심자들이 회심한 상태에 머물러 있도록 권고하면서 그들의 목양적인 활동력을 더 많이 넓혀 나갔다.

그들은 추종자들을 국가 교회에 다시 빼앗기지 않았지만, 그 대신에 일반 침례교도들은 때때로 더 급진적인 분파들, 특히 가장 유명했던 퀘이커(Quakers)파에게 그들을 잃었다. 오늘날 대중적으로 알려진 확신에 비하여, 이 퀘이커파는 조지 폭스(George Fox)에 의하여 시작되어지지 않았다. 단순히 그는 공유되는 인류평등주의(egalitarianism)와 성경에 대한 온건한 영적인 석의 그리고 합리주의 주변에서 떠오르는 퀘이커 운동을 형성하도록 뭉치기 시작했던

1640년대 후반과 1650년대 초반의 진보적인 급진적(구도자들과 다른 종류의 독립파들, 새롭게 나타난 회중들) 지도자들 가운데 하나였을 뿐이다.

퀘이커파는 일반 침례파의 자유의지에 관한 사상을 한 단계 더 진전시켰다. 그것은 잠재적으로 모든 사람들이 구원받을 수 있을 뿐 아니라, 신적인 빛이 이미 각 사람 안에 존재한다는 것이었다. 사람들은 "진리"에 의하여 "확신을 받아야 할" 필요가 있었다. 세례에 대한 논쟁은 무의미한 것이었다. 필요로 하는 것은 단순한 물에 의한 외적인 침수가 아니라 성령의 세례였다. 교회 건물들은 "뾰족탑 집"(steeple house)에 불과했다. 성탄절은 이교의 축제일이었다. 주간의 날들은 우상 숭배적으로 로마의 신들을 따라서 이름이 붙여졌는데, 그 대신에 그들은 "첫째 날", "둘째 날" 등으로 언급했다. 목회자와 같은 모든 부류는 평신도들과 하나님 사이에서 스스로 중재하는 사람들이고, 퀘이커파는 그들 모두를 "사제들"(priests)이라고 모욕적으로 여기고 멀리했다. 자신의 사회적 선배 앞에서 모자를 벗는 것, 또는 그들을 더 친숙한 "너"(thou)와 "그대"(thee)보다는(프랑스어로는 tu, 독일어로는 du, 웨일스어로는 ti, 등등) "당신"(you)으로 언급하는 것은 창조자가 그들에게 주신 근본적인 평등성을 존중하기보다는 사람들에게 존영을 주는 것이었다. 대부분, 만일 사람들이 안에 있는 빛에 귀를 기울이기만 한다면, 퀘이커교도들은 무엇보다도 성경의 의미에 대한 논쟁이 해결될 수 있다고 확신했다. 구속의 이야기에 대하여 문제가 되는 것은 "역사가 아니라, 신비"였다. 17세기 중반의 영국에서 신앙적인 삶에 대한 당파적 논쟁과 1640년대와 1650년대의 폭력적인 다툼의 한 원인이 되었던 성향에 지쳤던 수많은 사람들에게 그것은 매력적인 사상이었다.

조지 폭스(George Fox)

대부분, 그 사상들은 이미 영국교회에 대한 침례교의 비판을 받아들이고 수용했지만, 그와 같은 수용이 필연적인 귀결로 보일 수 있는 율법주의에 관하여 약간은 소심했던 사람들의 심금을 울렸다. 비록 그것이 종종 격심한 고난의 대가를 치루면서 일어났지만, 퀘이커파의 활기찬 – 권위를 비웃는 가능성이 많고 동시에 정당했던 – 합리주의는 많은 사람들에게 호소력이 있었다.

퀘이커교도들이 언제나 평화주의자는 아니었다. 그들은 1660년 군주제의 회복 이후에야 비로소 그렇게 되었다. 그런 다음 그들이 그 누구도 해하려는 뜻이 없고, 그래서 박해를 받지 않아야만 한다는 것이 그들의 확신의 일부분이 되었다. 그 이전에는, 그들이 의회파 군대에 특별히 상당수가 존재했다.

그 군대는 1644년 이후로 청교도의 온상이 되었다. 그것은 그때에 급속하게 향상되고 있었던 기마병 지휘관이었던 크롬웰의 충격적인 군대배치, 즉 사회적인 지위보다는 실제적인 공적으로 군인들을 승진시켰던 일과 더불어 시작되었다. 그가 가장 공적이 크다고 발견한 사람들은 신앙적인 급진주의자들이었고, 만일 어떤 사람이 신앙적이었다면, 크롬웰은 신중하게 그 사람의 신학의 세부사항에 대하여 너무 주도면밀하게 묻는 것을 삼갔다. 전쟁이 끝날 무렵, 많은 개별적인 분파주의자들이 단지 박해를 면제받은 것만이 아니었다. 그들은 그들이 배치된 지역에서 실제적인 권력을 행사했다. 그들을 다루어야 했던 지방의 상류계급을 무기력하게 위축시켰던 것이 이런 일들의 형세였다. 그러나 그것은 분명히 의회주의 분파라는 가장 급진적인 파를 모든 무늬의 분리주의자들과 통합시켰다. 새로운 영국이 전후의 정치적 해결과 멀리 떨어져 있을지라도, 아마 결국에는 그들을 위한 자리가 존재했을 것이다.

많은 분파주의자들은, 특별히 군대에 있었던 그들은, 1640년대와 1650년대 후반 동안 두 가지 정치적 운동 사이에서 시간을 허비했다. 이 둘 중에 첫 번째인 평등주의자들(the Levellers)은 원칙적으로 의회의 주권, 보편적인 성인의 투표권(하인은 제외되었다), 법 앞에서의 평등, 살인과 반역죄를 제외하고 모든 범죄에서 사형폐지, 그리고 일 년마다 선거를 치루는 일에서 의회의 주권을 확립하려는(전쟁터에서 확립된 단순한 사실을 증대시키려는) 세속적인 정치 운동이었다. 가장 중요하게는 그들이 종교의 자유를 주장했다는 것이다. 침례교파, 특별히 일반 침례교파는 평등주의자들의 가장 열렬한 지원자들 가운데 있었다. 그 운동은 1640년 중반의 혼돈에서 일어났고, 일시적으로 1648-1649년 동안 번성했다. 그러나 군대의 폭동이, '다른 이들의 용기를 북돋우기 위하여' (pour encourager les autres), 이어진 전형적인 처형들과 더불어 크롬웰에 의하여 분쇄되었을 때, 그것은 치명적인 상처를 입었다.

이 좌절 직후에 새로운, 뚜렷하게 신앙적인 정치적 운동인 제5왕국파가 일어났다. 구약의 다니엘 선지자에 의하여 묘사된 다섯 군주들의 설명에서 이름이 지어졌기에, 이것은 후천년왕국설(postmillennialism)의 급진적이고, 불안정한 형태를 취하였다.

후천년왕국설의 교리는 영국의 청교도였던 토마스 브라이트맨(Thomas Brightman, 1562-1607)의 작품을 통하여 그 세대의 초기에 처음으로 나타났던 새로운 것이었다. 그 독특한 특징은 그리스도의 재림이 지구상에서 성도들의 '천년' (millennial)의 통치 '이후에' (post) 있을 것이라는 주장이다. 이 전제로부터 보다 어렵고 회피할 수 없는 결론은, 사전에 그들을 위하여 지구를 정리정돈하시는 장엄한 구세주의 재림에 대한 더 적절한 초대교회의 해결책 대신에, 성도들이 그것에 의해서 그들 자신의 통치를 선도하는 것으로 축소되었다는 것이다.

마침, 후천년왕국설은 복음주의의 가장 빈번한 종말론과 필연적인 인간 발전에 대한 인문주의자, 계몽운동의 신화를 영성화시키는 가장 편리한 방법으로서 18세기와 19세기 초반에 보다 존경할 만한 장래성을 가질 수가 있었다. 지구는 점점 나아질 것이고, 영국의 제국주의(imperialism)의 보호와 선교운동 아래에서 보다 많은 기독교인을 얻게 될 것이다. 그러나 그와 같은 당당한 낙천주의가 가장 초기의 몇 십 년 동안에는 후천년왕국설의 가르침에서 특별한 것이 아니었다. 특별히, 그것은 1650년대의 영국에서 제5왕국파의 후천년왕국설에 속한 특색을 이루지는 못했다. 그 운동에 호소하는 일이 가장 용이했던 신학적으로 칼빈주의적 급진주의에 속해 있었던 독립파, 분파주의자들, 그리고 특별 침례교도들은 적그리스도(이것으로 그들은, 대등한 불가피성으로, 교황을 의미했다)의 권세에 대항하는 국제적인 십자군을 준비하는 관점에서, 정부가 신정정치(theocracy)를 이루기 위하여, "성도들"에 의하여(물론 이것으로 그들은 그들 자신을 의미했다) 장악될 필요가 있다고 강조하는 경향성이 있었다. 묵시록이 그렇듯이, 이것은 유럽 중심적이라기보다는 명백한 지역 중심적인 것이었다. 그러나 당시에, 영국의 분파주의자들은 사해동포주의(cosmopolitanism)보다는 우주론(cosmology)에 더 강했다.

군인들 가운데 있었던 그 운동 세력에도 불구하고, 영국은 제5왕국파 때문에 그 이상의 군대 폭동을 면할 수 있었다. 그러나 소위 베어본즈 의회(Barebones Parliament, 냉소적으로 가죽장사가 변하여 된 설교자[leather-seller-turned-preacher]라는 이름으로 불렸는데, 그는 그 회원자격을 상징하는 것으로 평가되었다)라고 불렸던 1656년의 입헌적인 시도는 잠시 동안 "성도들에 의한 정부"(government by the saints)를 막 선도하려는 것으로 보였다. 그 실패와 의회해산은 이전의 많은 제5왕국파 교도들이 그들의 천년설의 소망을 포기하도록 인도했고, 다른 사람들이 그것을 다른 계획으로 바꾸도록 인도했다. 그러나 작은 소수파는 폭력으로 전환하였다. 토마스 벤너(Thomas Venner)는 1657년, 런던에서 칼을 흔들면서 미친 듯이 내달리는 그의 소수의 추종자들과 함께 불운한 어리석은 폭동을 이끌었다. 공화정 정권이 베푼 자비와 경건한 기인들에 대한 이치에 맞지 않는 인내가 그 사건에 대한 처형에서 벤너를 구했다. 그러나 군주제의 회복을 지지하면서, 1661년에 그가 그 경솔한 일을 반복했을 때, 그를 위한 그와 같은 자비는 전혀 없었다.

군대에서 분파주의자들의 힘은 공화정 기간(1649-1660) 동안 계속 유지되었다. 분파주의자들, 침례교파들, 구도자들, 그리고 다른 분파들이 새롭게 나타난 퀘이커들에 의하여 신분이 증대된 것은 이 기간 동안이었다.

결과적으로 1660년의 왕정복고를 유발시킨 것은 퀘이커파의 두려움이었다고 생각하는 학자들이 있다. 그들이 옳을 수도 있다. 보수적인 의견의 관점에서, 침례교도들은 사회적인 신앙 결속에 대한 참을 수 없는 무례였다. 그러나 그들은 비교적 수가 적었고, 그들 중에 일부는, 특별 침례교 중에서 특히, 적어도 상당한 사회적 지위를 바라고 있었다. 평등주의자들의 협박은 보다 불길한 것이었지만, 그것은 10년 전에 끝났다. 제5왕국파는 제 정신이 아니었지만, 그들의 호소는 분파주의자들 가운데에서도 제한적이었다. 그러나 퀘이커파는 대담하게도 도발적이었고, 사회 지도층과 모질게도 인류평등주의자들에 대한 외적인 존경에 대해서조차 공개적으로 거부하였다. 무엇보다도 더 곤란했던 것은 그들이 빠르게 성장했다는 것이다. 1660년까지 10년 안에 두 개의 침례교 운동 세력을 합친 것에 필적하는 60,000명의 회원이 있었다. 그들은 그 나라의 모든 지역에 존재하였다. "한 표지로서 벌거벗고 지내기"(go naked for a sign)에 대하여 기꺼이 응하는 그들의 마음(그것으로 어떤 회원들은 결과적으로 17세기 풍의 벗는 자가 되었다), 브리스톨에서 제임스 네일러(James Naylor)의 신성모독적인 그리스도의 예루살렘 입성에 대한 재현, 성직자들을 비난하는 퀘이커교도들에 의한 교구교회예배의 방해, 이 모든 이목을 끄는 행위들이 무분별했던 분파주의의 모습과 확립된 질서, 성직자 계급제도, 그리고 소유권에 대하여 그들이 제기했던 위협의 요약이었다. 그들이 얼마나 더 멀리 나아갈 것인지는 누구도 알 수 없었다.

1658년 크롬웰의 사망 이후부터, 회복된 군주제가 정부와 관련하여 급진적인 세력에게 지속적인 관용을 제공하기보다는 법과 질서에 속한 성직자 계급제도에 대한, 그리고 소유권에 대한 더 나은 보증을 제공할 것이라는 결론으로 비판적인 상류계급과 군대 상급 장교들을 나아가게 했다는 것은 이런 부류와 관계있는 소심한 생각이었다. 그러므로 1659년과 1660년 초기 동안, 1630년대의 정치로 회귀하는 미래, 가톨릭을 향한 흐름, 또는 대륙풍의 전제정치(absolutism)에 대한 어떤 가능성에서도 정치 계급들을 보호하는 관점에서 협상이 시작되었다. 일단 그러한 필수적인 요소들이 확신되었을 때, 큰 진보가 이루어졌다. 참수형을 당한 군주의 아들이 찰스 2세로 유배지에서 되돌아오는 것이 허락되었다. 이 사건에 수반되었던 기쁨은 보통 "전반적"(general)인 것으로 기술되었지만, 꼭 그렇지만은 않았다. 분파주의자들은 적어도 그 다음에 무슨 일이 일어날 것인지 두려워하는 충분한 이유를 가지고 있었다.

러시아 정교회로부터 비국교도들의 더 진전된 분열

구교도파들(Old believers) – 또는 종파분리론자들(당국자들이 그들을 그렇게 불렀던 것처럼, raskolniki[schismatics]) – 의 공식적인 러시아 정교회로부터의 탈회는 적어도 그 이상으로 분열되는 이론상의 가능성을 만들었다. 종종 그랬던 것처럼, 그것은 '톨키' (tolki) 또는 '소글라시아' (soglasiia)로 알려진, 스스로 그와 같은 분리의 주체였던 이탈자들이었다. 일단 누군가 자신이 그들 가운데 살고 있으면서 그 대다수의 주민들을 출교했다면, 그와 같이 행한 형세와 사이가 나빠지는 것은 비교적 부담이 되지 않는 일이 된다.

영혼의 전사(Dukhobors, "spirit wrestlers")는 18세기 중엽에 동쪽 우크라이나의 하리코프(Kharkov) 지역에서 기원되었다. 그들은 사람들 안에만이 아니라(퀘이커파의 믿음의 양식을 따라서), 모든 생물들 안에서도 선천적인 "내면의 빛"을 믿었던 평화주의자였다. 그와 같은 사상들은 자연적으로 성령으로부터의 인격적인 인도하심과 같은, 그리고 모든 외적인 신앙 의식들을 단념하는 일과 같은, 다른 퀘이커 형태의 신념들에 충분히 동의하였다.

몰로칸파(Molokans, 우유당)는 동일 지역에서 같은 시간대에 영혼의 전사들처럼 나타났다. 그들의 이름, "우유를 마시는 사람들"(milk drinkers)은 정통주의와 달리, 그들이 모든 동물의 생산물들－특별히 사순절 동안에 우유를－을 금했다는 사실로부터 유래했다. 사소한 의식들에 대한 이 명백하게 심오한 신학적인 거절은 분명히 그들의 구약 성경의 음식규정들에 대한 빈번한 준수와 양립하지 않을 수가 없었다. 그와 같은 율법주의는 차치하고, 그들은 단순한 외적인 준수로서 모든 의식들을 거부하였고, 또 어떤 면에서는 매우 성경주의자들이었다. 그들은 또한, 그들이 경건하게 지적했던 것처럼, "신실한 말씀의 젖"(the sincere milk of the Word)을 동경했기 때문에 그들의 별칭을 받아들였다. 그것은 성경주의를 향한 그들의 경향성을 반영하는 주장이었다. 그것들 가운데 한 당파는 그들의 모임에서 뛰고 춤추는 혁명적인 실행을 의심 없이 고려했던 것 때문에 "뛰는 사람들"(Pryguny, the Leapers)이라고 다른 사람들에게 알려졌다. 그리스도인의 예배의 문제에서, 역사가는 그 바퀴가 원래의 자리로 전혀 영원히 되돌아오지 않는다고 억지로 결론을 내리게 된다. 즉 그것은 지속적으로 다시 고안되고 있는 중이다.

영혼의 전사들과 몰로칸파 사이에 있었던 다양한 분파들은 1860년대 후반 이래로 본토 러시아와 우크라이나 복음주의의 발흥을 위한 모판으로서 적절한 때에 행동해야만 했었다. 그러나 그 발전이 일어났을 때, 그것은 또한 획일적인 러시아 정통주의의 외관을 보다 덜 신뢰하게 만드는 다른 요소들, 즉 18세기 후반까지 러시아 사회에 있었던 이국적인 요소들과의 상호작용을 의지하게 되었다.

첫째로, 우리는 18세기 이후로 러시아 제국 안에서 다소간 상설(常設, permanent)적 기초를 가지고 있었던 증대하는 외국 상인들의 숫자를 주목해야 한다. 대부분 서구의 유럽인들인데, 이들은 신앙적으로 가톨릭, 루터교회, 그리고 영국성공회로 구성되었다. 이 사람들 중에 극소수가 다른 종교로 개종(proselytism)했지만, 본토 러시아인들을 새로 온 사람들의 신앙적인 영향력에서 격리시키는 일은 전적으로 가능하지 않았다. 성 피터스버그(St. Petersburg)는 다원주의(pluralism)의 특별한 중심지였다. 그 수도는 얼마 전까지도 1721년 니스타드 조약(the Treaty of Nystadt)에 의하여 제국으로 합병되었다. 그리고 그곳은 경건주의에 커다란 영향을 받았던 독일어를 말하는 귀족뿐만 아니라, 루터파 에스토니아 사람들(Estonians)과 레트사람들(Lett)도 살고 있었던 발트해 지역에 가깝게 위치해 있었다. 피터 대제(Peter the Great)는 1710년 초기에 이 지역들에서 루터교회의 완전한 자유를 허락했다. 경건주의자 독일 귀족들은 궁정에서 중요한 자리를 갖고 있었다. 러시아 혁명이 일어나기 전 몇 년 동안에, 수도 인구가 10%의 개신교 만큼이었을지도 모른다는 어떤 역사가들의 평가는 아마도 그것이 언뜻 보였던 것만큼 놀라운 것이 아니다.

그러나 외국 개신교도들이 출현했다는 것은 수도와 북동부 러시아에서 정확한 것은 아니었다. 독일어를 사용하는 루터교 신자들과 개혁교인들은 제국의 다양한 지역들에서 상인이나 무역업자로, 또는 독립적인 마을들에서는 농부로 소개되었다. 이 사람들 다수는 발트해 연안의 독일인들처럼 경건주의에 깊은 영향을 받았다.

마침내, 메노파교도들(Mennonites)도 역시 러시아로 이주했다. 1780년, 그들 가운데 중요한 다수가 우크라이나와 볼가(Volga)강을 따라서 사람이 많이 살지 않는 대초원지대에 정착하려는 목적으로 캐서린 대제(Catherine the Great)에 의하여 러시아에 초대되었다. 그러나 그 이후의 이주는 우랄(Urals) 지방과 시베리아 지방으로 이동하였다. 새로 온 사람들은 먼 서쪽 지역, 특별히 중부 유럽에서 그들이 경험했던 박해가 유예되었다. 그들의 평화주의를 존중하여, 그들은 또한 땅과 군 복무 면제를 수여받았다. 러시아 정부는 새로운 정착민들, 뛰어난 농부들과 장인들, 그리고 특별히 유익한 납세자들을 얻었다. 그러나 새로 온 사람들 역시 스스로 자신들의 믿음을 지키는 것을 필요로 하였다. 토착민들 가운데에서 개종은 엄격히 금시되었다. 새 정착민들은 자신들의 언어를 유지했고 또 당국에 매우 잘 부합하는 독립적인 마을들에서 살았다. 그것은 19세기 후반 복음주의의 영향력이 메노파교도들 자신들을 새롭게 하고 또 그들의 간증이 그들에게 세워져 있었던 경계들을 뛰어넘도록 하는 원인이 되기까지 무너지지 않았던 협정이었다.

그리고 이 기간 동안에 구교도파 자신들에게 속한 것들은 어떻게 되었는가? 우리가 5장에서 주목했던 것처럼, 신앙적인 종파분리자들에게 종종 그랬던 것처럼, 피터 대제(Peter the Great)는 다수의 구교도파 신도들이 그가 쫓아 보내기를 꺼려했던, 과세할 수 있는 그리고 경제적으로 도움이 되는 활동들을 하는 사업가들이었다는 실용적인 근거 위에서 박해를 보류했었다. 그의 후계자들 가운데, 여제 안나(Empresses Anna, 1730-1740)와 엘리자베스(1741-1762)는 보다 원칙에 의거한 내용들을 만들었으나, 피터 3세(Peter III, 1762-1763)와 캐서린 2세(Catherine II, 대제, 1762-1796)는 그들이 국경 지역들에 머무는 것을 허락했다. 1785년 캐서린의 도회지 설립강령(urban charter)은 그들에게 어떤 정치적인 권리들을, 예를 들면 도시의 관리자를 뽑는 선거에 입후보할 수 있는 자격 같은 것을 주기까지 하였다. 모스코바 도시의 상인들의 삶은 그런 특권 위에 세워졌다. 왜냐하면 구교도파 상인들이 캐서린의 통치기간 동안 도시로 이동했기 때문이었다. 유대인들의 경우처럼, 상호간 신뢰의 유대와 그들 사이의 가족 결속력은 러시아에서 사업을 위한 어떤 적당한 법적인 체제의 부재 – 전체적으로 제국 안에서 무역의 성장을 방해했던 결점 – 를 만회하는 많은 것을 행했다.

니콜라스 1세(Nicholas I, 1825-1855)가 급진주의자(raskolniki)에 대한 박해를 회복할 때까지, 아마도 가장 긴 기간이 아니라면, 그 운동은 너무 견고하게 확립되어 있어서 근절시킬 수가 없는 것이었다. 구교도파들의 결혼조차 무효화하려는 니콜라스의 악의가 있는 시도에도 불구하고, 그의 진정한 목적이 분리주의를 끝장내는 것보다는 단순히 고통을 가하는 것이 아니었다면, 그는 괴롭히지 않는 편이 좋을 뻔했다. 왜냐하면 구교도파의 숫자가 거의 확실하게 지속적으로 성장했기 때문이었다. 1660년대로 돌아가서, 처음부터 정교회 성직자 계급제도는 옛 믿음을 동조하는 일반 사람들의 숫자가 그 믿음과 실제로 연합했던 사람들보다 훨씬 초과하는 것을 정확히 두려워했다. 분리주의에 대한 대중적인 존경은 사사건건 박해의 직무를 방해했고, 또 공식적인 교회를 향한 존경을 축소시키는 형태로 불리한 결과가 되었다. 이 역동성은 시대를 넘어서 변화한 것이 아니다. 19세기 후반까지, 산정된 천만 명의 구교도파들이 있었다. 마침내 자멸적인 것으로 증명된 가혹한 러시아의 정책들의 일람표는 참으로 긴 것이었다.

이단들

'이교도' (Heretic)는 남용되기 쉬웠던 용어이다. 분명히 초기 현대 기독교인들은 그들 자신의 정통성에 속한 개념들을 거스르는 의견들을 갖고 있었던 모든 사람들에게 그것을 자유롭게 적용하는 일에서 퇴보하지 않았다. 물론 로마 가톨릭교회에게 있어서, 그 용어는 모든 개신교회들에게 – 단순히 그들이 하나의 참된 교회를 이탈했다는 사실 때문에 – 적용되었다. 덧붙여, 대부분의 사람들은 급진주의자들과 재침례파 신도들을 이단이라고 간주했다. 그것은 그들이 그들 모두를 잠재적인 뮌스터파(Munsterites)라고 여겼기 때문이었다. 그러나 대부분 급진주의에 속한 진정한 "이단"(heresy)은 사회적이었고, 신학적이지 않았다. 그들은 '그리스도의 몸' (corpus christianum) 또는 기독교국가의 합법성을 부정했다.

그러나 남용, 중상, 그리고 왜곡의 연무(fog) 아래에서, 그 신조의 진술들에 표현된 것처럼 초대 교회의 역사적인 정통성에서 떠난 것으로 엄밀하게 정의된 많은 이단적인 분파들은 본서가 다루고 있는 시대 동안 실로 유럽에서 활동하고 있었다. 대부분, 이러한 것들은 고대의 아리안(Arian) 이단의 형태와는 다른 형태를 주장했는데, 그것은 그리스도의 신성과 삼위일체의 교리를 부정하는 것이었다. 그러나 다른 분파들은 사실상 본질적인 기독교의 교리들을 부정했던 매우 극단적인 신비주의 형태들을 주장했다. 소수의 분파들은, 비록 그 대부분의 운동들이 지도자들 자신과 같이 일시적으로 끝나는 경향이 있었지만, 그들의 지도자에 대한 메시아 자격을 주장했다. 초기 세기들과 고중세시대(High Middle Age)에 영향을 미쳤던 급진적인 이원론(dualism) – 영지주의(Gnostics), 비울피(Paulicians), 보고밀파(Bogomils), 카타리파(Cathars) –

은 그들의 시대를 참고 견디면서, 19세기 비교적(秘教的, esoteric) 사이비 종파와 뉴에이지(New Age) 운동으로까지 종종 현존하였다.

사랑의 가족

논쟁이 될 수도 있는 것이지만, 이 마지막 부분과 관련된 부분적인 예외는 데이비드 조리스(David Joris)의 생애로 인하여 부작용이 있었던 운동들이었다. 1530년대와 1540년대의 조금은 정통적인 재침례파에서 그 이후의 몇 년 동안에 조리스는 자신의 메시아적 지위를 넌지시 암시하면서, 그의 추종자들에 의한 위선을 옹호하였다. 그 위선은 외적인 의식들은 중요하지 않기 때문에 가치를 인정하지 않는다는 기초 위에서 공식적인 교회를 외적으로 순종하는 것이었다. 그리고 그는 아마도(그들은 역사가들 가운데 논쟁의 문제로 남아 있다) 부도덕한 행위들을 실행하고 일부다처제(polugamy)를 용인하면서, 보다 더 신비적이고 비정통적이 되었다.

이 마지막 부분들에 속한 예외로서, 핸드릭 니클라스(Hendrik Niclaes, 1502-약 1580)는 그의 은사(mentor)가 사역을 중단한 곳에서 다시 시작했다. 그의 분파, 사랑의 가족이 그의 본토 저지대(Low Countries, 유럽 북해 연안의 벨기에, 네덜란드, 룩셈부르크로 구성된 지역)에서 추종자를 얻었지만, 그것은 엘리자베스의 영국에서 가장 많이 번성하였다. 그곳에서 지지자들은 논쟁에서 그들의 애매함, 진정한 신앙에 관한 그들의 원칙 없는 거부, 그리고 모든 것이 "H. N."에 의하여 – 관헌들에게 질문 받을 때, 열성적인 추종자들이 강조했던 머리글자는 새 사람(homo novus, new man)을 의미했다 – 새로워졌다는 그들의 '소토 보체'(sotto voce, 작은 소리로) 주장 때문에, 감독교회의 관헌들을 종종 놀라게 했다. 그것이 그들의 지도자의 이름의 두문자어(acronym)였던 사실은 순전히 우연의 일치였다.

사랑의 가족 개념은 당국을 부정하거나 또는 그들의 진정한 의미와 관련된 해석에 대한 거부를 조장하면서, 불명료하고 정의하기가 어려운 언어로 표현되었다. 그들의 영적인 용어가 교리로 어쨌든 한정될 수 있는 정도에 있어서, 그것은 결국 영성주의(spiritualism)의 극단적인 형태가 되었다. 성경은 문자적으로 (그 목적에 부합하는 곳을 제외하고) 이해되어서는 안 된다. (비록 의식을 존중하는 가톨릭교회가 덜 형식주의적인 신교파 교회에 비해 더 선호되어졌지만) 외적인 의식과 기관들은 사소한 일이었다. 가톨릭교회와 개신교회의 상호 저주는 무자비한 것이었고, 혼란과 다툼으로 이끌었다. 그러나 네덜란드 델프트[Delft]의 상인이었던 사랑의 가족 지도자는 진정한 메시아였고, 그래서 그 사실을 깨닫지 못하고 그의 사랑의 가족에 합류하지 못한 모든 사람은 잃어버린 자들이었다. 이 역설을 면밀히 조사한다는 것은 적절하지 못한 과제일 것이다. 그 운동은 이성적으로 설명할 수 있는 가르침 때문이 아니라, 신비 때문에 지속되어졌다.

1570년 중반부터, 두 명의 청교도, 윌리엄 윌킨슨(William Wilkinson)과 존 로저스(John Rogers)는 영국에 나타나고 있는 급격히 확산되는 니클라스의 작품들 때문에 변질을 두려워했고, 영적인 은어의 숲으로 과감하게 들어갔다. 그리고 사랑의 가족 이단에 의하여 그들 가운데 퍼지고 있는 무서운 개념들에 관하여 선한 그리스도인들을 경계시키기 위하여 스스로 출판을 시작했다. 윌킨슨과 로저스의 노력은 숙련가다운 것이었으나, 반박할 수 없는 것이라기보다는 의미가 분명하지 않은, 이의를 제기할 수 있는 시도였다. 그들 중 누구도 그들을 체포하는 일에서 관원들을 돕는 일까지 할 수는 없었지만, 두 사람 모두 그들의 이단적인 적수들을 개인적으로 알고 있었다. 그러나 1579년 일리(Ely)의 주교였던 리차드 콕스(Richard Cox)가 그곳이 특별한 사랑의 가족 신도들의 세력이 존재하는 영역이었던 것을 발견하고 충격을 받았던 이 일리 섬에서, 몇몇의 사랑의 식구 신도들은 이후에 어쨌든 체포되었다.

그 선한 고위성직자는 초조할 필요가 없었다. 대다수의 사랑의 가족 회원을 구성했던 기술공들의 조사에서 이 분파주의자들은, 비록 순수하지는 않았지만, 전적으로 비폭력적이고 또 해가 없다는 것을 증명하였다. 교리에 대한 그들의 영성화(spiritualization)는 참으로 이단적이었다. 그것은 너무 극단적이어서 하늘, 지옥, 그리고 심지어 그들 자신의 묵시록적 웅변조차도 주관적이지 않은 사실들에 대한 것보다는 사람들의 영적인 상태에 대한 묘사 쪽으로 변질되었다. 이러한 이유로 인하여, 그리고 그들의 믿음의 비교적인(esoteric) 성격 때문에, 그들이 추수하는 범위는 언제나 자신들이 사회적으로 해를 끼치지 않는 만큼 제한되어 남아 있는 것으로 보였다.

예수는 제외되었고, 그들의 지도자에 대한 메시아적 지위를 단정하는 운동들이 그 지도자의 사망을 길게 연장하지는 못했다. 어떤 역사가들이 핸드릭 니클라스의 죽음을 1570년에 일어났던 것으로 추측함에도 불구하고, 일반적으로는 그가 1580년경에 쾰른(Cologne)에서 죽었다고 받아들여졌다. 사랑의 가족은 17세기까지 계속해서 존재했다. 그러나 그들은 서서히 쇠퇴하는 시기에 접어들었다. 늦어도 17세기 중반까지 그들은 바야흐로 사라질 위기에 처해 있었다.[8)]

일신론 이단

이단에 속한 보다 더 중요하고 지속적인 긴장상태가 삼촌과 조카인 라일리오(Laelio, 1525-1562)와 파우스토(Fausto, 1539-1604) 소치니(Sozzini)와 더불어 나타났다. 두 사람 모두 개혁주의 개신교사상의 다양한 차이들과 또한 재침례파를 우롱했던 인문주의 학자들이었다. 그러나 그들의 최종 방침은 그들을 따라서 소치니안(Socinianism)이라고 불린 형태에서 일신론 이단에 속한 것이었다. 라일리오의 죽음 전 해에, 그는 최종적으로 칼빈, 불링거, 그리고 다른 사람들이 그에 관하여 오랫동안 의심했던 것들을 해명했다. 그가 그리스도께서 창세 이전에 존재하셨다는 사실, 로고스(Logos)가 그리스도 자신과 일치하고, 또는 그것이 다름이 아니라 하나님의 말씀이었다는 것을 부인했던 요한복음의 1장에 대한 급진적인 주석을 출판했다.

파우스토는 그의 삼촌이 그만 둔 곳에서 다시 시작했다. 그의 관점에서 그리스도는 승천(Ascension) 후에 효과적으로 신성을 받아들였지만, 그는 자신 안에서 또 스스로 하나님은 아니었다. 그의 십자가 고난은 그의 부활이 인류 구원의 보증이었던 것처럼 구원의 사역은 아니었다. 죄는 형벌의 속죄를 필요로 하지 않는다. 대신에 그것은 하나님을 대적하는 불법이나 모욕인데, 아버지는 그리스도의 사역을 고려하여서 자유롭게 용서하시거나 간과하신다. 그러므로 죄용서는 어떤 의미에서도 다른 사람에게 양도할 수 있는 고난의 결과가 아니다.

소치니안파는 16세기 후반과 17세기에 폭넓게 전파되었다. 그러나 그것은 대부분 폴란드와 트란실바니아(Transylvania)에서 번성했다. 두 나라에서 그것은 개혁 교회들에 속한 지지자들을 떠나는 경향이 있었다. 두 나라에서 미약한 정부는 독립적인 마음을 가진 귀족들이 신앙적으로 말하는 그들 자신의 방침을 따르는 기회를 제공하였고, 그래서 이단적인 교사들이 지원받을 수 있는 지역의 추종자를 얻는 여지를 제공하였다. 정통 기독교 삼위일체론자의 신조에 속한 이른바 타협된 일신론(monotheism)에 관한 유대교도와 무슬림의 반대는 논쟁의 소지가 있는 타당한 주제였다. 지역의 유대교도의 세력과 이슬람의 근접(proximity)은 오스만제국(Ottomans)의 형태를 따라 두 지역들에서 역시 동일한 것이었다.

1569년 트란실바니아 재침례파(Transylvanian Unitarians) 공동체가 그레고리 바울(Gregory Paul)에 의하여 라코우(Rakow)에 세워졌다. 많은 수의 그 추종자들은 소수의 귀족 계급들로 구성되었다. 그곳의 거류민들은 재산 공유, 영혼수면설(psychopannychism, 영혼이 사망의 시점과 마지막 심판까지의 부활 사이에서 "잠잔다"[sleeps]는 사상), 그리고 하나님 나라의 임박한 출현을 포함하는 다양한 급진적인 사상들을 제출했다. 1569-1571년 사이에 일정하지 않은 협상들이 모라비안 후터파 교도들과 시작되었지만, 그들은 사회생활의 차이점에 관하여 그리고 하나님의 본성에 관한 문제에서 결렬되었다. 라코우(Racovian)의 사절들은 그들의 주인들이 "열정적으로 삼위일체의 하나님을 옹호했고", "완강하게 삼위일체의 일반적인 교리를" 간직했다고 호소했다.[9]

파우스토 소시니

트란실바니아의 일신론자들은 그 사이에 삼위일체 교리에 대한 크게 발전된 공격을 활자화하여 시작했다. 그들의 주요한 대변인들은, 한때는 루터교인이었다가, 일신론파의 주역이 되기 이전에는 개혁주의의 옹호자였던 프란시스 데이비드(약 1510 1579)과 이탈리아의 의사 조지오 비안드라타(Giorgio Biandrata, 약 1515-1585)였다. 제네바에 있는 이탈리아 청중들과 시간을 보내기 이전에, 비안드라타는 그의 의술 봉사를 폴란드와 트란실바니아에서 왕족들에게 베풀었다. 그런데 제네바에서 그의 삼위일체 교리에 대한 지속적인 질문이 칼빈의 분노를 사게 되었고, 그는 스스로 물러나는 것이 현명하다고 판단했다. 그러나 그가 왕족 의사로서 공식적으로 봉사했던 두 나라 모두에서의 개혁교회 분리의 문제에서 그는 지속적으로 선도적인 역할을 하였다.

트란실바니아에서 왕자 존 지그문트(John Sigismund)는 이단들에 호의적이었다. 1569년 그는 나지바라드(Nagyvarad)에서 개혁파 성직자들 회의를 주재하였고, 거기에서 개혁교회의 결정적인 분리－왕과 그의 주요한 신학적 대변인이었던 프란시스 데이비드와 더불어 다수의 편들기－를 주목했다. 새로운 교회는 성찬식에서 실재적 임재를 부정하는 면에서 급진적으로 성찬형식론자(sacramentarian)들이었고, 유아 세례를 반대하는 경향이 있었다.

만일 그 나라가 루터교, 정교회, 가톨릭 그리고 개혁주의의 두 가지 종류(삼위일체파와 유일신파) 사이에서 고백적인 다툼으로부터 안전하게 지켜져야만 한다면, 그 새로운 시행은 신앙적인 자유의 주장을 긍정적으로 요구하였다. 따라서 1571년, 존 지그문트는 "그 누구도 어떤 신경에도 해를 입혀서는 안 되고, 역시 설교자나 청중들에게도 해를 입혀서는 안 된다. 만일 어떤 사역자가 매우 심각한 범죄를 저질렀다면, 감독자는 그를 심판하고 그 직분을 정지하는 일을 허락해야만 한다. 그 후에 그는 나라에서 추방되어질 수 있다."[10]고 공포했다. 그것은 언제나 신앙의 자유에 기울어 있지 않은 시대에 주목할 만한 환경이었다. 그리고 그것은 오랫동안 가톨릭과 정교회 세계의 변경에서, 하나는 공인된 가톨릭이고 다른 하나는 무슬림인, 합스부르크(Hapsburgs)와 오스만(Ottomans)의 두 다민족 제국 사이에 끼여 있는, 스스로를 이제 발견하는 진기한 중간지역을 반영했다.

1570년 후반에 데이비드는 트란실바니아 일신론자들을 새로운 극단적인 사상으로 이끌고 있었다. 예수는 신으로 숭배되어져서는 안 되고, 그에게 기도로 호소할 필요가 없다. 그는 요셉의 자손이었다. 그의 가르침들은 중요한 것이었지만, 모세의 가르침보다는 덜 권위 있는 것이었다. 토요일은 안식일로서 준수되어야만 했다. 다른 "유대교화된" 지도자들은 구약의 음식규정들을 준수할 것을 강조했다.

그와 같은 혁신은 1572년 존 지그문트의 사망으로 그 뒤를 계승했던 왕자 스티븐 바토리(Stephen Bathory)에게 무거운 짐이 되었다. 바토리가 트란실바니아에서처럼 종교적으로 다양성을 갖고 있는 나라에서 신앙의 자유를 주는 방침을 추구할 정도로 실제적이었음에도 불구하고, 그는 가톨릭이었지만, 데이비드에 의한 정통주의 훼손은 그의 정책의 한계를 시험하고 있었다. 궁전 의사로 체류했었던 비안드라타(Biandrata)는 그의 동료신앙인들의 성급함을 경계했다. 그와 같은 과도함이 전체적으로 일신론파의 계획을 위태롭게 할 것이라는 것을 두려워하면서, 그는 온건한 일신론자들과 급진파 사이를 중재하고 또 조정하도록 폴란드에서 그의 동료 이탈리아인 파우스토 소치니를 초청했다.

최고의 이단이 온건한 목소리로 존재할 때 참으로 그것은 신학적인 결정을 내리기 어려운 모임이 되지만, 그 과정은 진행되었다. 데이비드는 그의 유명한 경쟁자에 의하여 위압당하는 경향성이 있었다. 신념이 확고한 상태에서 1579년 봄 그는 체포되어 의회 앞에 섰다. 그것은 특별히 이단의 죄목(오래전에 서로 엇갈렸던 경계선) 때문이 아니었고, 1571년 존 지그문트에 의하여 증명받았던 것들을 넘어서는 혁신한 일들 때문이었다. 놀랍게도, 궁전의 예수회와 칼빈주의 성직자가 그의 피를 요구했지만, 의회의 귀족들은 계속적으로 그를 후원했다. 그래서 스티븐 바토리가 데이비드를 단지 성 안에 감금했을 때, 그는 그저 신중하게 타협하고 있었다. 그러나 그 문제는 그해 11월 건강 문제로 인한 급진파 지도자의 죽음으로 끝났는데, 왕과 가톨릭 그리고 칼빈주의 성직자, 심지어 비안드라타에게도 달갑지 않았던 결과였다.

트란실바니아 일신론 교회는 그리스도의 신성에 관한 양자론자의 관점(자신 안에서 그리고 스스로는 하나님이 아니었고, 그의 삶과 행위로 인하여 하나님으로 입양되었다)을 취하면서, 그리고 유아세례와 성찬식을 다시 지지하면서 보다 보수적인 노선으로 인식되었다.

그 사이에 소치니는 폴란드의 크라코우(Cracow)에서 1604년에 그가 죽기까지 폴란드 일신론 교의를 위하여 그의 사역을 계속했다. 그의 신학적인 저술들은, 아마도 가장 중요한 소치니파의 신앙진술서로서 자리 잡은 문서로서, 그 다음 해의 라코우 요리 문답(Racovian Catechism)을 위한 기초를 형성했다.

일신론교의는, 특별히 소치니파의 구성에서, 이 책과 그것을 넘어서까지 망라하는 시기 동안 계속하여 정통 기독교에 대한 중요한 도전으로 남아 있었다. 라코우 요리 문답의 영어 번역은, 비교적 관대한 영국 공화정의 한계를 넘어서는 얽매이지 않은 말로 된 문제 형식으로, 그로스터셔(Gloucestershire)의 존 비들(John Biddle)에 의하여 1652년에 출판되었다. 그는 감옥에서 생의 남은 10년을 보냈다. 회복된 군주제 아래에서 그 마지막 10년은 노골적인 이단을 받아들이는 경향성이 덜했다.

그러나 비들은 적어도 소수의 추종자들이 없던 것은 아니었다. 필민(Filmin)이라고 불렀던 한 부유한 상인은 1680년경부터 계속하여 반-삼위일체주의(antitrinitarian) 저작들의 출판의 자금을 조달했다. 그것들 가운데 첫 번째는, 『소치니파라고 불리는 일신론주의 간결한 역사』(*A Brief History of the Unitarians, called also Socinians*)였다. 그 책은 이단이 권력기구로서 거처를 마련했다는 암시를 준다. 그 세기 마지막에 이르러, 장로교와 일반 침례교 성직자들 사이에 아리우스주의(Arian)가 갑자기 나타났다. 두 분파들이 스스로 그와 같은 침입으로부터 방어하려고 노력했지만, 정통주의의 명확한 방어에서 각각의 경우 그 노력은 너무 미약하고 또 명문(明文)으로는 너무 부족하였다. 이단의 발전은 계속적으로 줄어들지 않았다.

1710년까지, 캠브리지의 수학 교수였던 윌리엄 휘스톤(William Whiston)은 아리우스적인 의견을 주장했다는 이유로 그의 지위에서 쫓겨났다. 5년 후에, 그의 신학 동료인 리처드 밴틀리(Richard Bentley)는 소위 "요한의 콤마"(Johannine comma)를 논증했는데, 다소간 명백하게, 삼위일체에 대하여 언급한 성경의 유일한 부분이라고 믿어졌던 그것은 사실 후대의 필사자가 위조로 써넣은 어구(interpolation, 학자들이 지금까지 동의하는 결론)였다.

정통파가 합리주의자들의 비평으로부터 예기치 못한 압력을 받았던 그 일이 실제로 다가왔을 때, 이 마지막 새로운 사실은 반-삼위일체주의의 진보를 격려할 뿐이었다. 장로교인들 가운데, 그 이단은 1710년대 후반기 동안 엑서터(Exeter)에서 청중들을 장악하고 있었다. 그 도시의 놀란 정통주의 분파는

1719년 2월에 런던의 살터 홀(Salters Hall)에서 국교에 반대하는 주요 교단들로부터 온 성직자 회의에 그 사례를 일임했다. 그러나 그 성직자들은 빈약한 다수로 삼위일체 교리에 대한 어떤 인간의 저술이나 해석이 구속력 있는 것으로서 추천되어질 수 없다고 제기했다. 그것은 치명적인 조처였다. 다수의 동인은 성경주의자였다. 그들은 삼위일체의 믿음을 지지하라고 주장했지만, 성경에서 가져오지 않은 다른 교리적인 용어를 강조하려고 하지는 않았다. 그것은 좋은 논쟁이었지만, 사실상 이단자들이 반대편 그들의 신념에 머무르도록 허락하는 것이었다. 그것은 그것을 제공한 사람들에게 가장 극단적인 파멸을 가져다주었던 종류의 자비였다.

18세기 후반까지, 영국 장로교의 많은 사람들이 일신론자가 되었다. 한편으로, 오래 계속된 택자들의 불가해함(inscrutability)에 대한 장로교의 곤경은 그들로 하여금 회원자격을 제공하는 그들의 면밀한 조사－목사에게조차도－를 요구하지 않도록 만들었다. 다른 한편으로, 칼빈주의가 반율법주의적 낙인이라는 그들의 의심은 시민전쟁 기간에 시작된 의혹이 적어도 그들의 사역자들 소수가 합리주의 유형의 아르미니우스주의에 기울게 했다. 이것은 그 다음 과정에서 아리안주의로 보다 쉬운 변화를 일으켰다. 게다가 많은 장로교회의 번영하는 상인 청중들이 새로운 지적 형태로 가장 큰 영향을 받은 계층들 가운데 있었다. 그리고 그들은 "열광주의"(enthusiasm)의 비방으로부터 스스로 먼 거리를 두고자 했었고, 그것은 모든 종류의 신앙적인 반대를 더했다. 그와 같은 태도는 삼위일체주의에 대한 합리주의자들의 거부를 그들 자신이 쉽게 상당부분 제공하는 것이어서－진술에 대한 성경적인 요구들에 관하여 까다로운 집착을 반영하는 모든 논쟁들－서로 다른 파들과 사이가 나빠지는 역사를 갖고 있었다. 그러나 삼위일체와 신성의 위격(persons)에 속한 교리가 빈번한 논쟁의 문제가 되었을 때, 그 일은 그들이 정통교리에 대한 시험에서처럼 결코 엄격하게 성경적인 용어가 아닌 것을 강요하도록 하지는 않았다. 다시 한 번, 그들 중에 있었던 그 이단들은 앞으로 진척하는 무언의 허락을 받았던 것이다.

의견을 달리하는 학교들이 신학적인 쇠퇴의 진행을 계속시켰다기보다는 빠르게 만들었다. 엄격한 학문의 관점에서 보면, 이러한 학교들은 어떤 면에서 18세기 영국 비국교도의 영광이었다. 성공회 교인이 되지 않아서 옥스퍼드(Oxford)와 캠브리지(Cambridge)에 들어가는 일이 금해졌던 젊은 사람들을 위하여 신뢰할 수 있는 교육을 제공하려고 세워졌기 때문에, 비국교도의 학교들은 그들의 목적에서 매우 훌륭하게 성공했다. 그러나 그들 중의 많은 사람들은, 아마도 대부분은, 그들의 아리우스주의나 소치니파 의견들이 그 자체로 몇 세대에 걸친 비국교도의 가장 훌륭한 사상가들의 발전하는 지성에 영향을 미쳤던 급진적인 교사들에 의하여 지배를 받게 되었다.

목사직과 가르치는 지위에 대한 다양성을 주장했었던 사람들 가운데, 조셉 프리스틀리(Joseph Priestley, 1733-1804)는 가장 유명했던 인물로 분명히 여겨진다. 박식가로서, 그의 관심사들은 역사, 전기, 철학, 화학과 철학을 포함했다. 그러나 그것들이 모두 신학의 관심사들에 관하여는 어쨌든 성공하지 못했다. 아리우스주의가 그리스도의 선재(preexistence)뿐만 아니라 그에 대한 숭배도 허락했기 때문에, 아리우스주의를 정통주의처럼 맹목적인 우상숭배라고 여겼던 진보적인 소치니안 프리스틀리는 그의 과학적 연구에서 모든 인간의 생각은 실제에 대한 자유로운 이해에서보다는 육체적인 감각에서 야기되어진다고 결론을 내렸다. 이 통찰이 그 자체를 무효화하든 아니든(예를 들면, 그것이 아침에 커피를 많이 마신 일로, 그리고 점심때에는 너무 오만했기 때문에 야기되었다는 식으로), 그는 명료하게 설명하는 일을 거절했다. 그러나 그럼에도 불구하고, 그는 이것이 인간들을 물질과 영의 혼합물이라기보다는 순전히 물질적인 존재로 만든다고 주장했다. 그것은 또한 그들이 필연성의 지배를 받도록 만들었고, 그것에 의하여 하나님의 세계 지배를 확실히 했고, 또 하나님을 죄의 궁극적인 창조자로 만들었다.

아마도 그것은 그의 소년기의 칼빈주의 회중제도에서 나온 잘못된 지적인 여정이었다. 그리고 프리스틀리는 전형적인 유일신론자가 아니었다. 그럼에도 불구하고 그의 경력은 소치니안 사고의 틀 안에서 급진적인 가능성을 예증하는 것이다. 프랑스 혁명(French Revolution)에 대한 그의 동경은 그를 1789년 이후의 대중적인 혐오대상으로 만들었고, 그는 1794년에 미국 공화제의 안전한 곳으로 옮기는 것이 현명하다고 여겼다.

만일 유일신론 이단이 합리주의자가 르네상스 시기로부터, 특별히 18세기 이후에, 서구 유럽에서 지속적으로 존재하는 경향성을 반영했다면, 그렇다면 러시아에서 특별했던 이단들은 그 광대한 나라의 보다 넓은 일반적인 문화에서 그와 같이 강렬한 주목거리였던 신비주의와 비합리주의를 반영해야만 했다. 러시아 정교회로부터의 모든 분리가 구교도파처럼, 또는 심지어 영혼의 전사(Dukhobors)와 몰로칸파(Molokans)처럼, 온건한 것은 아니었다.

클리스티와 스콥치(The Khlysty and Skoptsy)

클리스티파(Khlysty – 하나님의 사람들, 또는 Khristovoverie – 그리스도 공동체)는 러시아 정교회에서 일찍 분리하였다. 그 분파는 그의 경력이 분파지도자로서 시작되기 이전에 구교도파들에 속한 "성직자 없는"(priestless) 분파들 사이에서 교사였던 것으로 보이는, 코스트로마(Kostroma)에서 온 한 군대 탈영병 다닐라 필리포브(Danila Filipov)의 지도력 아래에서 17세기 후반에 시작되었다. "그리스도들"(Christs)이라고 불렀던, 그 안에 하나님의 충만함이 거한다고 믿어졌던 지도자들을 추종하면서, 이 운동은 각자 신자들 안에 있는 성령을 강조하였다. 물론 그리스도들 가운데 하나였던 필리포브는 "신으로 섬겨졌다"(godded)고 한다. 그것은 핸드릭 니클라스의 선호했던 구절을 상기시키는 표현이었다. "하나님과 함께 신으로 섬긴다." 의심할 것 없이 그 유사성은 단순히 우연의 일치였지만, 많은 클리스티 분파의 사상들은 사랑의 가족파의 사상들과 그 시기 동안 다른 영지주의 형태(Gnostic-type)의 분파들과 유사했다.

먼저, 회원들은 그들이 교구 교회들 안에 머무르는 것으로 보존해야 했던 책략(ruse)인 전적으로 비밀인 그 운동에 대하여 그들의 충실한 지지를 유지하기로 되어 있었다. 둘째로, 그들은 외적인 의식들을 무가치한 것으로 방관했다. 역사상의 다른 영지주의 운동들처럼, 육체는 그 안에서 자체로 악한 것이라고 주장하였다. 그러므로 그들은 고기나 심지어 생선조차 먹는 것을 거부했다. 그들은 또한 예수의 성육신(incarnation, enfleshment)의 문제를 초기 시대의 이단들의 어떤 사상과 적어도 비슷한 방법으로 접근했다. 예수의 세례에서 그리스도의 영이 그에게 임했고, 그의 신성에 대한 양자론자의 관점을 의미하는 것이 그것이었다. 그러나 이원론은 또한 성적 관심에 대한 암시가 있었다. 결혼은 회심자들에 의하여 거부되어졌거나 그렇지 않으면 그들은 독신주의자가 되는 것이 필수적이었다. 한층 걱정스럽게도, 초심자들(neophytes)은 이미 맺었던 실제 결혼뿐 아니라 "영적인 결혼(spiritual marriages)에도 함께 참가했다. 이 사람들이, 마찬가지로, 독신자가 되기로 기대되었지만, 유혹을 찾는 가능성, 자기기만, 그리고 결과로서의 괴로움과 비난은 명백히 거대한 것이었다.

클리스티파는 성령(Spirit) 충만한(또는 어쨌든 영[spirit]으로 충만한) 황홀경에 이르기 위하여 금식에 이어서 노래와 찬송을 사용하였다. 그들의 노래 가운데 많은 것들이 그와 같은 고양된 상태에서 만들어졌고, 그것들은 그들의 비둘기 책(Kniga Golubina, 또는 Dove Book)에 있는 문서의 상태와 일치했다.

그 운동은 코스트로마(Kostroma), 블라디미르(Vladimir), 그리고 모스크바(Moscow)에서 초기에 번성했고, 1733년 당국에 의하여 그곳에서 삼백 명의 분파주의 신도들이 발견되었다. 이들 중에서 한 여인은 귀족 출신이었고, 여덟 명은 수사나 수녀였다. 오직 1/3만이 농부들이었다. 단지 다섯 명만이 사형선고를 받았다. 나머지는 매를 맞거나 또는 그들의 혀가 잘려졌고, 카자흐(Kazakhs)나 시베리아(Siberia)의 변경에서 중노동이 이어졌다. 기가 꺾이지 않고, 많은 다른 사람들은 제국의 다른 곳으로 도망쳤지만, 그리고 그들이 갔던 곳에서 그들의 이단적인 가르침들을 퍼뜨렸지만, 분파주의 신도들은 수도에서 그들의 활동을 지속했다. 1745-1752년 동안 모스크바에서 있었던 연속적인 종교재판들은 신앙고백을 끄집어내기 위하여 고문대와 뜨거운 인두 사용을 많이 포함하였다. 혹사된 450명의 희생자 중에서 다섯 명은 불태워졌고, 다른 26명은 다양한 방법으로 처형되었다. 나머지 대다수는 유배되었고, 그들 중의 몇몇은 코가 잘려졌다. 이때에 피해자들 중 2/3가 농부들이었다. 비록 그것이 전체적으로 전 주민보다는 분파주의자들에게서 훨씬 더 낮은 비율을 여전히 의미했지만, 교육받은 사람들과 상인들이 특별히 연루되기 쉬웠다는 것을 확인하였다. 피해를 입은 자들 가운데 36%는 모스크바 주민이었고, 나머지는 위쪽 볼가 지역 출신이었다. 1900년까지 그 운동은 100,000 회원을 족히 넘어섰고, 특별히 발트(Baltic) 지역들에서 강했다. 그곳에는 약간의 루터파 교인들이 망명해 있었다. 카프카스(Caucasus) 지역에서도 강했다. 클리스티파는 일단 분파에 가입하기만 하면 아이들을 갖지 않는 것으로 되어 있었기 때문에, 세대를 가로지르는 단순한 생존은 인상적이다. 성장은 한층 더 그렇다.

그러나 클리스피파는 18세기와 19세기의 과정을 거치는 동안 몇 번이나 분열하면서, 분열하기 쉬운 경향성을 갖게 되었다. 불길하게도 스콥치(거세하는 사람들, castrators)라고 명명된 사람들이 이들 가운데 있었다. 그들은 그들의 명칭과 동일한 실행을 "불침례"(baptism of fire)라고 불렀다. 그것은 의심할 것이 없는 것이었다. 물론 그 목적은 어떤 남아있는 미래의 싸움을 포기할 수 있는 어떤 획일적인 방책을 사용하여 육체의 탐심에 대항하는 싸움의 필요를 회피하고자 하는 것이었다. 어쨌든 그 분파의 어떤 여성 추종자들도 그 섬뜩한 자해의 특권을 거부하지 않았다. 그들은 자신들의 유방을 잘라냈다. 놀랍게도 그 분파는 현대 시대까지도 살아남았다.

그 창시자는 콘드라티 셀리바노프(Kondrati Selivanov)라는 이름을 또한 사용했던 안드레이 이바노프(Andrei Ivanov)였다. 1770년경 그는 툴라(Tula)지역에서 클리스티파의 "구세주"로 떠올랐다. 그곳에서 그 운동은 대단히 강력해졌다. 그의 형제들의 특수성과 형식주의가 너무 해이했던 것을 고려하여, 그는 별생각 없이 뜨거운 인두를 사용하여 마태복음 9장 12절에 언급된 수술을 스스로에게 가하는 조치를 취했다. 이것은 1772년 어느 때에 벌어졌다. 그는 많은 추종자들을 얻었고, 그들 중에 열세명의 농부들은 "그 세례"를 받아들였기에, 당국에서는 그의 행동들을 주목했던 것이 그 때였다.

1775년 시베리아로 유배된 후에, 이바노프는 그의 아내 캐서린 대제에 의하여 살해되었던(더 정확히 말하자면, 그가 주장했던 것처럼, 실제로는 살해되지 않았다) 러시아 황제 피터 3세(Peter III)로 스스로 행세했다. 그는 결코 그와 같은 사기꾼이 아니었고, 그리고 극소수만이 받아들여졌지만, 그는 20년 후에 감형을 받고 피터스버그(Peterburg)에서 그의 생을 마치도록 허락받았다. 이바노프는 그곳에서 그의 호감을 샀던 수술과 관련하여 색다른 유혹들에 많은 사람들 – 가난한 사람들만이 아니었다 – 이 굴복하도록 설득했고, 그는 백 명이나 되는 많은 사람들에게 그것을 개인적으로 실행했다고 믿어졌다. 그러나 더 많은 사람들이 손대지 않은 본래대로의 모습을 유지하기를 선택했음에도 불구하고, 그들은 이바노프를 성자나 거룩한 사람으로 숭배했다.

클리스티파 가운데 있었던 필리포프(Filipov)의 기억과도 일치하는 그 지위가 스콥치파에서 이바노프에게 주어졌다. 앞선 것에 대한 신화가 그의 삶과 그리스도의 삶 사이에 강력한 대비를 만든 반면에, 이바노프에 대한 대비는 모두 종말론의 영역에 있었다. 그의 추종자들은 그가 다시 올 것을 기대했다. (퇴보적인 상상력의 뛰어난 솜씨로, 그들은 그리스도께서, 한 선한 소콥치파 신도로서 거세된 것으로 믿었다는 것이 추가되어져야만 한다.) 스콥치파의 다른 신조들과 실천은 일반적으로 클리스티파와 동일한 것이었다. 19세기 동안, 그들의 숫자는 수만 명에 달했다.

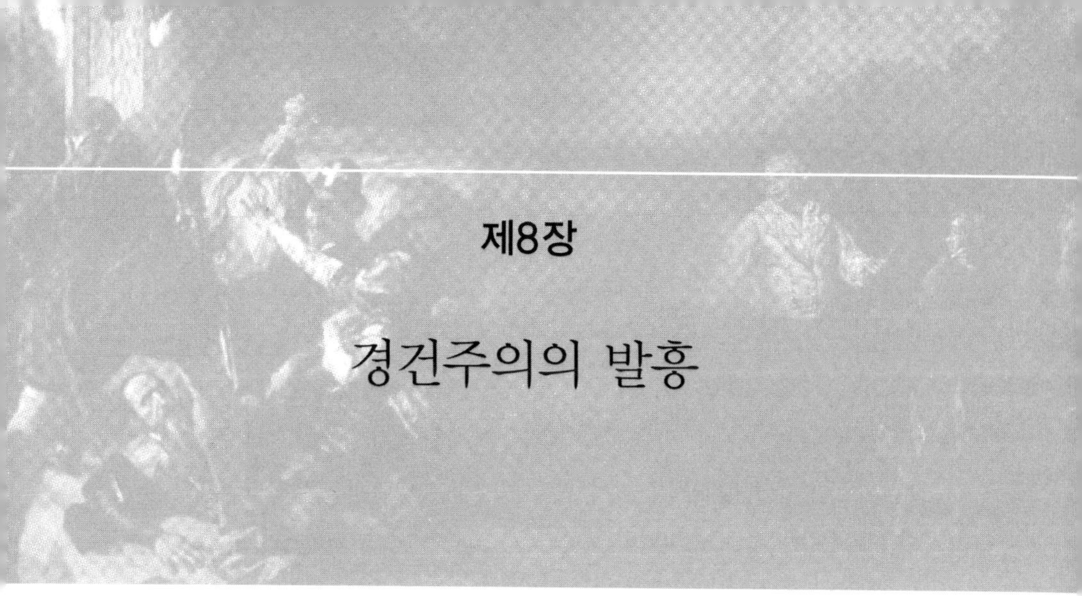

제8장

경건주의의 발흥

정통주의 신앙이 합리주의자들(rationalists)로부터 공격을 받고 있을 때, 국가교회들(official churches)이 믿음을 전파하는 일보다 질서를 유지하는 일에 더 많이 관여하는 사람들에 의하여 이끌려가고 있을 때, 그리고 그 교회들에 속하지 않은 어떤 종교적인 외적 행위가 일반적으로 대역(regicide, 大逆)이나 광신적인 행위(fanaticism)와 동일한 것으로 간주되어졌을 때, 그때에 신실하고 헌신된 신자들이 직면하는 선택의 수는 참으로 극히 제한된 것이었다. 경건주의는 이와 같은 어려움에 대한 하나의 반응이었지만, 그것은 사람들의 이목을 집중시키는 매력적인 운동이었고, 지속적인 영향이 있었음을 입증했다.

경건주의란 무엇이었는가? '청교도주의' (Puritanism)와 같이, '경건주의' (Pietism)라는 말은 여러 해 동안 많은 부분에서 그 공로를 인정받았지만, 더 많은 것들로 인하여 비난을 받아왔다. 경건주의는 현대 복음주의의 원천이다. 경건주의는 감리교회(Methodism)와, 이후에 감리교회의 영향을 받은 부흥운동(revivalism)과 오순절 성령운동(Pentecostal movement), 그리고 은사주의 운동(Charismatic movement)을 낳았다. 그러나 그것은 또한 19세기 자유주의 신학과 1930-40년대의 독일 기독교인들이 나치 정권에 직면했을 때 보여준 복종(passivity)의 원인이 되기도 하였다. 오늘날, "경건주의"는 때때로 신학대학의 교수진들에 의하여 혹평되어지는 경향성이 있다. 그들은 그 혹평을 통해서, 교사들에 의하여 옹호된 교리로 행세하는 대중철학보다 응답되어진 기도에 더 많은 의미를 부여하는 그런 학생들을 위협하고 있다.

그렇다면 근원적으로 경건주의란 무엇이었는가? 그것은 대부분 유럽대륙의 개신교 국가교회들 안에서 발생한 그리스도인 헌신운동의 한 형태였으며, 개인적인 갱신, 생활의 성결과 성장, 그리고 하나님을 향한 실제적인 종교적 체험을 강조하였다. 어쨌든 그와 같은 양상들은 일반적으로 교회생활의 슬픈 현실에 관하여 우리가 알아야 할 필요가 있는 대단히 많은 것들을 알려주는 특별한 것으로 고려되어야만 한다. 그렇기 때문에, 경건주의는 그 내용을 기억하기보다는 오히려 그것을 모방하면서, 소중히 여겨져야만 하는 보배로 간주해야만 한다.

아른트와 뵈메(Arndt and Boehme)

무엇을 경건주의로 간주해야 하는가의 문제에 대하여 어떤 완벽한 일치가 대체로 없었기 때문에, 그 운동의 첫 번째 출현의 시기와 그 운동에 속한 지도자들의 정체성은 논란의 소지가 있는 문제들이다. 어떤 사람들은 경건한 저자 요한 아른트(Johann Arndt, 1555-1621)를 한 선구자로 지목한다. 그는 목사였던 안할트(Anhalt)의 아들이었으며, 햄슈테트(Helmstedt), 비텐베르크(Wittenberg), 슈트라스부르크(Strasbourg), 그리고 바젤(Basel)에서 학생이었다. 그는 열렬한 참-루터파(Gnesio-Lutherans, 이 분파는 성찬에서 주님의 몸의 실재적 임재교리를 방어하는 가르침과 상당부분 연관되어 있다)에서부터 비밀칼빈파(Crypto-Calvinism, 이것은 성찬에서 칼빈이 가르쳤던 주님의 몸의 영적인 임재교리를 고수했던 분파를 비난하는 용어이다)에 이르는, 격렬하게 서로 충돌했던 교수진들로부터 다양한 영향을 받으면서 공부했다. 목사로서 안할트로 되돌아온 아른트는 1590년에 존 조지(John George)와 개혁주의 논점으로 충돌하였고, 그는 종교적인 화상들을 제거하는 일을 이행하지 못했거나 혹은 유아세례 시에 전통적인 축사(exorcism)를 중지시키지 못한 책임으로 그의 교회에서 쫓겨났다. 그곳에서 가까운 퀘들린버그(Quedlinburg)의 그의 다음 목사직에서, 그 도시의 거주자들 중 2,000명을 죽였던 악명 높은 1598년의 역병이 덮친 기간 동안에, 아른트는 그의 헌신된 신실함과 목회적인 돌봄을 통하여 악의를 품은 주민들에게서 인색한 존경을 얻었다. 그 다음 해에 그는 브룬스윅(Brunswick)에 있는 성 마틴(St. Martin) 교회로 옮겼고, 10년 동안, 그는 그곳에서 자신이 신학자들의 격렬한 공격에 휘말려 있음을 다시 발견하였다. 그는 1607년 한 친구에게 보낸 서신에서 다음과 같이 털어놓았다. "나는 신학자들 가운데 그토록 파괴적이고 악한 사람들이 있으리라고는 전혀 생각하지 못했다." 그가 52세의 성숙한 나이가 되었을 때 그와 같은 소견을 말할 수 있었다는 것은 그의 고결함의 탁월함, 또는 그의 진실함(naivete)을 말해주는 것이다. 1611년, 브룬스윅의 경건한 한 기독교인 공작이 그의 관할영역에 있는 교회들의 총감독자로 그를 지명했을 때, 마침내 아른트는 그에게 가장 큰 배상(賠償)이 되는 직책을 얻게 되었다.

아른트는 그의 저작들을 통하여 가장 기억되는 인물인데, 가장 중요한 그의 저작은 브룬스윅에서 보낸 투쟁과 비방의 세월 동안 쓴 것이었고, 그것은 아마도 아른트가 그에 대한 비방에 대항하는 반응을 기술한 것이다. 네 권으로 된 참된 기독교(*Wahres Christentum*, True Christianity)는 클레보르의 버나드(Bernard of Clairvaux), 요한 타울러(Johannes Tauler), 그리고 토마스 아 켐피스(Thomas a Kempis)의 사상에서 퍼 올린 사실상 신비적이고 헌신적인 작품이다. 거기에서, 아른트는 신자와 그리스도 사이의 신비적인 연합의 중요성을 강조하고, 종교개혁자들이 법정적인 칭의 위에 두었던 과장된 강조를 격하시킨다. 작은 범위에서 아른트에게도 해당되는 것, 즉 신조주의자(confessionalist)의 심각한 위험성과 신랄한 논쟁으로부터 그리스도와의 친밀함과 깊은 관계로 물러나는 것이 이후에 경건주의를 위한 한 길잡이가 되었다.

만일 아른트가 경건주의의 선구자라고 한다면, 이론이 있기는 하지만, 다른 사람들은 신비주의자(mystic) 야곱 뵈메(Jakob Boehme, 1575-1624)를 그 내력에 포함하는 것이 마땅하다고 생각한다. 뵈메는 새 시대(New Age)의 포스트 모더니즘적(postmodern)인 신봉자들이 매우 동일한 성질인 것으로 발견했던 범신론(pantheism)의 한 형태를 가르쳤다.

루사티아(Lusatia)에서 온 루터교 신자로서 오직 기본적인 교육이 전부였던 구두수선공 뵈메는 자신이 36살이 되는 1612년까지 작품 활동을 시작하지 않았다. 그러나 그의 초기 작품들은, 비록 그것들이 즉각적으로 인쇄되지 않았고 필사본의 형태로 반포되었음에도 불구하고, 대단한 평판을 일으켰다. 커다란 관심과 또 인쇄되는 일이 실패한 원인은 사실 하나요 동일한 것이었다. 즉 뵈메의 사상들은 이단적이었다. 선임 사역자는 그를 강단에서 탄핵했고, 시의회에는 그가 작품 활동을 그만두도록 지시했다. 그리고 뵈메는 적어도 1618년까지는 그 강제명령에 순종했다. 그 다음에, 잠시 앓았던 병 때문에 그가 죽기 열 달 전, 1624년 새해 첫날에 골리츠(Gorlitz)에서 『그리스도께로 가는 길』(*Der Weg zu Christo*, *The Path to Christ*)이 출간되기까지 비록 그의 작품들이 미출간의 형태로 남아 있었지만, 그는 다시 그의 펜을 들었다. 파라켈수스(Paracelsus)에게 영향을 받았던 그의 신비주의는 그리스도인의 미덕들을 천국과 지옥과 같은 것으로, 영적으로 해석하는 경향성이 있었다. "나는 하늘나라가 어디에나 존재한다고 말했다... 하나님께서는 하늘나라에 계시기 때문이다. 그러므로 하나님께서는 어느 곳에나 존재하신다. 나는 또한 지옥이 한가지로 어디에나 존재한다고 말했다... 마귀인 악한 자는 지옥에 있기 때문이다. 그리고 이 모든 세상은, 사도가 우리에게 가르친 것처럼, 악한 자 안에 거하고 있다."[1)]

이것은 신뢰할 수 없는 논법이다. 그것은 또한 교리를 직관으로 만들어버렸고, 동시에 그 자신의 비난받기 쉬운 약점을 이교적인 논박과 확신으로 단순화시켜 버렸다. "의지의 근거가 스스로 하나님께 굴복할 때, 그렇다면 그것은 그 자신으로부터 나와서, 또 존재하고 있거나 상상되어질 수 있는 모든 근거와 공간으로부터 나와서, 또는 그것들을 넘어서, 점점 어떤 알 수 없는 깊이가 되어버린다."[2)] 그러므로 그것이 모든 것들을 명백하게 한다. 갑자기, 삼위일체(Trinity)와 성육신(Incarnation)의 신비들이 대조적으로 명확하고 윤곽이 뚜렷해진다.

뵈메를 칭송하는 사람들은 보통 그보다 더 높은 사회 환경 출신들이었다. 신비주의는 절대로 하층계급에 속한 종교는 아니었다. 17세기 초 루사티아에 살고 있었던 일반대중들은 일곱 가지의 생성하는 근원이 되는 영들과 영원한 자연에 관한 세 가지의 첫 번째 원리들에 관하여 듣는 일을 간절히 열망하지 않았다. 뵈메를 따르는 사람들은, 교회의 초기 시대에 영지주의를 신봉했었고, 또는 16세기에는 네덜란드나 영국에 있었던 데이비드 조리스(David Joris)나 사랑의 가족(Family of Love)을 신뢰했었고, 또는 현재에 통일교(Moonies)나 사이언톨로지(Scientology)를 신뢰하는 동일한 집단들로부터 왔다. 그러나 그의 작품들이 라틴어와 네덜란드어, 그리고 프랑스어로 번역되었고, 크롬웰의 공화정 기간에는 영어로 번역되었다는 것은 충분히 확신할 수 있다.

그러므로 타당한 이유들이 있기 때문에, 뵈메를 경건주의를 위한 선구자로서 그 역할을 인정하는 것을 모든 사람들이 즐거워하는 것은 아니다. 그러나 뵈메가 어떤 후기의 경건주의자들에 의하여 읽혀지고 또 그 진가를 인정받았다는 사실에 따르면, 그가 신앙고백주의에 반대하여 반발하고 또 그리스도인의 믿음이 인격적인 변화(transformation)와 하나님과의 관계성 위에 근거해야만 한다는 것을 주장한 것은, 적어도 그가 어떤 존경할 만한 진술을 경건주의자들의 계보에서 획득했다는 것을 의미한다.

스패너와 프랑케

논쟁의 여지가 덜하지만, 승리의 월계관은 보통 필립 야곱 스패너(Philipp Jakob Spener, 1635-1705)에게 건네진다. 그는 프랑크푸르트(Frankfurt)에서 사역했던 루터교 목사로 경건주의의 개척자였다. 그의 가장 유명한 저작은 1675년에 출판된 『경건한 열망』(*Pia Desideria*, *Pious Desires*)이었다. 그 책에서 스패너는 개인별 성경공부를 주장했는데, 그들 각자는 성령으로 조명받기를 기대할 수가 있었다. 또한 그는 인격적인 영적 성장을 격려하는 소그룹모임, 모든 신자들의 예배 참여, 그리고 실제적인 실천적 경건에 관한 개인적인 표현을 주장하였다.

대부분의 시대에서 일어났던 다수의 새로운 운동들처럼(종교적이든, 정치적이든, 또는 예술적이든), 이 운동은 부분적으로 당대의 시대풍조를 거부하는 반작용이었고 부분적으로는 그것들을 숙고하는 것이었다. 한편으로, 그것은 종교개혁(Reformation)과 반종교개혁(Counter-Reformation) 시기의 강압적인 신앙고백주의(confessionalism, 신조주의)를 거부하는 반작용이었고, 인격적인 윤리와 영적인 변화를 결과로서 수반하는 보다 실천적이며 적용된 믿음을 위한

필립 야곱 스패너

요청이었다. 그 정도로, 그것은 가까운 과거와 현재의 많은 것에 대한 거절이었다. 그것은 고백적인 논쟁이 이끌었던 무미건조함에서 벗어나려는 한 시도였고, 이후에 조나단 고트프리드 해더(Jonathan Gottfried Herder, 1744-1803)는 "살아있는 나무의 모든 잎이 그렇게 갈라져 있어서 드라이어드(Dryads-숲의 요정)는 불쌍히 여기며 울었다"는 소견을 말했다. 다른 한편으로, 그 계획들은 공공기관의 공무원들이 소유한 공권력의 권리를 포괄적으로 더 많이 약화시킬 것이라고 추정할 수는 없는 것이었다. 그러므로 그것은 바로 현대주의(modernism)의 한 형태였다.

한편으로, 경건주의는 거대하게 나타났던 계몽운동(Enlightenment)에 속한 단순한 지성주의(intellectualism)를 반대하는 반작용이었고, 성령과 하나님 말씀의 본문의 진정한 권위에 호소하는 것이었다. 스패너는 1677년, 성경 독자들은 "그들의 이성이 주인이 되지 않도록 해야만 한다"고 썼다. 다른 한편으로, 그는 즉시로 그들이 "성령의 말씀들에 크게 주의를 기울여야만 하고, 그것들이 어떻게 구성되어졌는지, 그것들을 전후의 말씀들과 비교하고, 그 의미를 고려하면서, 모든 말씀이 성령에 의하여 의도적으로 기록된 것으로 믿고 읽은 그 부분을 성경의 다른 부분들과 비교하라"[3]고 계속적으로 이야기했다. 바꿔 말하면, 그들은 거룩한 본문에 현대적인 문맥상의 접근(contextual approach)을 취해야만 한다는 것이었다. 그들은 합리주의자였다. 더군다나, 회의주의자들(skeptics, 무신론자들)과 이신론자들(deists)의 철학적인 논쟁을 차단함으로써, 어떤 의미에서 경건주의는 그들에게 조건부로 항복한 것이었고, 기독교 신앙이 이성에 둔감한 영역에 뿌리를 내렸다는 가능성을 인정한 것이었다.

한편으로, 경건주의는 기독교인들(혹은 근거 없이 기독교인이라고 말하는 사람들)이 한 세기가 넘도록 서로 맹렬하게 싸우면서 자멸했던 교리적인 논쟁들의 많은 부분들을 피했고, 논법에 관하여 논쟁하는 일이나, 그렇지 않으면 삼위일체, 혹은 신적인 계시나 기적들의 참된 가능성에 대한 철학적인 논쟁에 거의 관심을 기울이지 않았다. 그 정도로, 그 운동은 반-근대적(anti-modern)이었다. 다른 한편으로, 그것은 신앙생활에서 실제성(practicality)과 실용성(pragmatism, 현대적인 미덕의 대부분이 갖고 있는 특징)을 강조했다. 성경 독자들은 "성경이 얼마만큼 그들과 관계있는 것인지, 그리고 그것이 얼마나 그들 자신의 교화(edification)를 위해서 실용적일 수 있는지를 자신에게 적용하면서 성경 전체를 읽어야만 한다." 그들은 "그들 안에 성령의 사역과 능력을 구하고 찾는 하나의 공간을 인정하는 의도가 없이"[4] 절대로 성경을 읽어서는 안 되었다.

그렇다면, 철학적으로 지나친 감이 있는 정통신앙의 오류를 밝히는 평형추(counterweight)는 거룩한 실용주의였다. 즉 성경중심적인 삶이란 실행하는 것이다! 실용적인 평가는 무미건조한, 거의 믿음이 없는 중세말의 스콜라주의에 대한 르네상스 학자들의 반응이었다. 그것은 참으로 근대주의자의 접근이다. 그것은 근본적인 인식론적(epistemological) 질문을 영구한 "보류상태"(hold)로 만드는 희생을 치룰 때에야 획득되어지는 실제적인 지식을 의미한다.

경건주의는 인류평등주의(egalitarian)의 한 빛을 공고히 소유하고 있었다. "하나님께서는 단순한 마음으로 그를 부르는 사람들 모두에게 성령을 약속하셨다. 그렇다면 이 약속은 학식 있는 사람들에만 주어진 것이 아니다." 그러므로 그들은 "성경에 있는 모든 것들이 그들의 구원과 속사람의 성장을 위하여 그들이 필요로 하는 것이라고 이해할 수 있었다."[5] 그와 같은 정서는, 일반적으로, 만일 그들이 다수의 동시대 사람들이 두려워했던 그 "열광"(enthusiasm)과 파괴(subversiveness)의 비난을 피해야만 했다면, 어떤 강력한 교회학적(ecclesiological)이고 사회적인 보수적 경향으로 균형을 맞추는 것이 필요했다. 물론 그들은 그와 같은 비난에서 피하지 않았지만, 스패너와 그의 후계자들의 정치적인 정적주의(quietism)는 대부분 그 비난들을 잠재우는데 이바지하였다.

스패너가 논쟁하는 일이 무시되어야만 한다고 강조한 것은 교리적인 관심사들이 전적으로 중요성을 상실했기 때문은 아니었다. 많은 다른 신교도들처럼, 그는 로마교회가 요한계시록에서 말씀되어진 바벨론의 창녀였다는 것을 자명한 것으로 간주했다. 17세기 경험에서, 평화주의 정신은 절대적인 선이 아니라 상당부분 어떤 상대적인 것이었다.

같은 방식으로, 경건주의의 잠재적인 반지성주의(anti-intellectualism)는 학구적인 삶에 대한 조심스러운 강조로 – 그것이 사색적이고 또 철학적으로 지나치게 느껴지는 신학 주변을 맴돌기보다는 성경 중심적으로 있을 동안에는 – 균형을 맞추었다. 할레(Halle) 대학이 1694년에 이와 같은 관심사들을 반영하기 위하여 독일에 세워졌고, 그것은 순식간에 유력한 중심지가 되었다.

스패너는 1686년에 작센(Saxony)의 선거후(elector) 궁전목사로 지명되었다. 그러나 그는 곧 한편으로는 루터교회의 파벌싸움에서, 다른 한 편으로는 루터교회와 개혁교회의 근원적인 긴장상태와 관계되어 있는 그 파벌싸움에서, 자신이 고소와 다툼의 회오리바람의 중심에 있는 것을 발견했다. 그의 적대자들에 따르면, 스패너의 활동적인 제자도의 소명은 믿음으로 의롭다 칭함을 얻는 종교개혁의 교리를 훼손하는 것이었다. 후자는, 그것이 빈약하고 차가운 느낌으로 해석되어진 이 시대까지, 사회적인 질서와 지위를 옹호하는 받침대로서 개신교 국가 교회들의 새로운 역할에 훌륭하게 이바지하였다. 그 진행과정에서, 그들은 20세기의 디트리히 본회퍼(Dietrich Bonhoeffer)가 이후에 "값싼 은혜"(cheap grace)로 혹평했던 것을 공급하는 조달자가 되었다. 그렇지만 그 옹호자들은 "열광"(enthusiasm)의 위험에 반대하는 필수적인 한 울타리로서 그것을 인정했다. 이 마지막 내용이 1648년 이후의 여러 세대들이 갖고 있었던 주요한 두려움이었기 때문에, 스패너가 강조하는 것들이 많은 사람들에게 무척이나 해로운 것으로 인식되어졌다. 그것들은 위험을 미리 알려주는 것이었다.

몇 년 안에 작센(Saxon) 궁전에서 스패너의 위치는 유지될 수 없는 것이 되었고, 그는 브란데버그(Brandenburg) 선거후의 경쟁자의 궁전으로 옮겼다. 프레드릭 3세(Prince Frederick III)는 개혁교회의 신조를 고수했으나 허식으로 경건한 것은 아니었다. '개인의 경건은 교회의 권위보다 중요하다' 는 스패너의 가르침에 대한 암묵적인 강조는, 스패너가 작센의 관헌들을 불쾌하게 했

프랑케(Francke)
(Illustration from Wolffgang, 1729)

던 사실만큼이나, 그에게는 마음에 드는 것이었다. 1690년대 초기에, 스패너는 베를린(Berlin)에서 최고의 교회 지위를 수여받았고, 그곳에서 그의 중요한 학생들과 제자들이 그와 함께 하도록 허가되었다. 그 중에서 가장 주목할 만한 사람은 아우구스트 헤르만 프랑케(August Hermann Francke, 1663-1727)였다.

프랑케는 새 할레 대학에서 동양학 연구를 가르치는 교수가 되었다. 할레 대학은 브란데버그의 소유지로서, 이전에는 기사대학(*ritterakademic*, knight college)이었으나, 영주에 의하여 경건주의자들에게 양도되어 더 향상되었다. 비록 대학이 젊은 "열광주의자들"(enthusiasts)이었던 교수들이 근무하도록 한 것에 대해서 그 지방의 목회자들로부터 비난을 받았지만, 그 대학은 관대한 보호를 받아 누렸고, 쉽사리 위기를 빠져나갔다.

스패너는 1704년에 죽었고, (그때까지 프로이센의 왕이었던) 프레드릭 영주는 10년 뒤에 죽었다. 그러나 그들의 후계자는 프랑케와 경건한 프레드릭 윌리엄 1세(Frederick William I)였고, 그들은 더더욱 친밀하게 협력하였다.

프랑케로서는, 스패너에 관한 것처럼, 신학이란 정말 흥미로운 것이었는데, 그것이 실제적인 목적에 기여하는 한도 안에서만 흥미로운 것이었다. 그 실제적인 목적이란 하나님과 교제하는 사람, 변화된 생활, 새로워진 교회, 복음화였다. 비록 그들이 교회의 품 안에서 지내는 일이 행복했지만, 그 자체가 어떤 목적인(또는 비-루터교회를 당황하게 하는) 순수한 가르침(*reine Lehre*, pure teaching)에 관한 루터교회 정통파의 강조는 경건주의 지도자들에게 아무 관심도 없었다.

프랑케는 젊은 성직자 시절에 이미 자신의 설교를 준비하면서 회심했다. 그의 의도는 뤼네버그(Luneburg)의 그의 청중들에게 요한복음 20장 31절에 근거하여 설교하는 것이었다. "이것들은 당신이 예수께서 그리스도, 하나님의 아들이심을 믿으라고 기록된 것입니다. 그리고 믿음으로 말미암아 당신은 그의 이름으로 생명을 얻을 수가 있습니다." 그는 자신이 사용하는 본문을 '믿음' (*fides*), 즉 산 믿음과 참된 신학적인 진술들에 단순히 동의(*assensus*)하는 것을 구별하는 일에 적용하기를 원했다. 물론 이것은 메노 시몬스(Menno Simons)의 믿음에 의한 칭의 교리와 시몬스가 비난했던 개신교 종교개혁자들의 가르침인 그것 사이에 존재하는 것과 동일한 구별이다. 그러나 프랑케는 설교를 준비하면서, 자신이 오직 후자를, 즉 형식적인 믿음(formal faith)을 소유하고 있다는 깨달음에 이르게 되었다. 이 발견의 깨우침에서, 그는 하나님의 자비를 구했고, 결과적으로 "예수 그리스도 안에 있는 하나님의 은혜의 확신"을 발견했다. 그가 나중에 회상하기를, "그 당시는 내가 진실로 나의 참된 회심으로 인정할 수 있는 시간이다.... 그때로부터 계속하여 불경함과 세상적인 탐심들을 거부하는 것과 그리고 이 세상에서 의롭고 즐겁게 사는 일이 쉬워졌다.... 이제 나는 겨자씨만한 믿음이 학식으로 가득 찬 수백 개의 가방들보다 더 가치가 있다는 사실을 깨달았다."[6)]

그러나 메노파 교도들(Mennonites)과 달리, 경건주의자들은 산 믿음과 교회가 정의한 단순한 지적 동의 사이의 관계를 그들의 구별을 통하여 결정짓지 않았다. 분리주의자(Separatists)가 되는 대신에, 그들은 '교회 안에 존재하는 교회' (ecclesiola in ecclesiae, church-within-the church)라고 불렸던 활동을 실천했다. 경건주의자 집회와 기도 모임들은 그들의 지역 조직 안에서 함께 이루어졌다. 진실로, 프랑케는 위탁의 세 단계를 깨달았다 – ① 작은 수의 내적인 정수(core), ② 믿음의 여정을 출발했지만 완전한 위탁이 결여된 사람들, ③ 경건에 관한 어떤 형식만 소유한 외적인 영역에 있는 사람들.

그러나 경건한 사람들이 그들의 복된 체험을 한 구석에 비밀스럽게 꼭 붙잡도록 하는 일은 경건주의자들의 원칙에 속한 것이 전혀 아니었다. 그들은 교회와 세계 모두를 변화시키고자 하는 목적을 가지고 있었다. 프랑케 자신은 조직의 천재였다. 그의 "위대한 계획"(Grosser Aufsatz, Great Project), 또는 "모든 사회 계층 안에서 전 인류의 향상을 위한 위대한 사업"(Great Project for a Universal Improvement in All Social Orders)은, 그 수혜자들이 관료정치와 군대를 위하여 미리 준비할 수 있도록 하는, 교육에 의해 주도되는 빠른 사회 진보를 위한 계획을 구상했다. 그 점에서, 그것은 계몽주의 정신을 요약한 것이었다. 그것은 또한 프로이센이 그 세기 동안에 강국의 지위를 추진하게 했던, 그 도시를 강화시킨 실용주의와 시민의 의무를 고취하는 전형이 되었다. 경건주의자들의 성경주의(biblicism)와 프로이센의 군국주의(mili-tarism)는 공동의 끈들로 얽혀져 있음이 판명되었다.

프랑케는 단순히 허무한 몽상가가 아니었다. 그는 이론을 세우는 것보다 훨씬 더 많은 일을 이루었다.

> 그의 고아원 시설은 그 시대의 기적중의 하나가 되었다. 그곳은 보살피고 교육하는 일에서 공장과 비슷한 생산 방침을 적용하여 삼천 명이 더 되는 사람들을 수용하였다.
>
> 그의 의무실은 전례가 없는 표준화된 약의 생산지가 되었고, 5개 국어로 유럽 전역에 그 상품들이 광고되었다.
>
> 그의 할레 신문(Hallesche Zeitung)은 일주일에 삼회 나오는 최초의 프로이센 신문이 되었다.
>
> 할레 출판부는 독일어와 그리스어로, 그리고 로마와 키릴 문자를 사용하는 지역에서 다양한 슬라브어로 성경과 경건서적들을 제공했고, 그것은 1800년대까지 오직 한 곳의 인쇄소에서 2,500,000부의 저렴한 성경들 또는 성경의 단본들을 배포했던 활동이었다.
>
> 부속학교들과 강사교육 전문기관들이 다양한 단계의 훈련생들을 기초부터 가르쳤던 반면에, 할레 대학은 매년마다 천 명 정도의 신학과정 졸업자를 쏟아냈다.

할레에 대한 모든 것, 즉 믿음이 없는 계몽주의적 이성주의에 대항하는 경건한 반작용은 이성주의자들의 추정과 실용주의에 대해서 평가했다. 그것은 규모가 있고 어느 정도 산업화 시대의 여명에 충분히 어울리는 방식으로 진행되었다. 의약품과 출판은 다소간 자급(self-supporting)이 될 수 있었다. 무역과 사업의 모든 방식에서 맺은 계약과 더불어, 모든 다른 기업들을 위한 재정적인 지원을 제공하기 위하여 필요했던 자비의 호소는 사업 자체만큼이나 어떤 범위 내에서는 국제적이었다.

하노버(Hanover)의 선거후인 군주는 또한 영국의 조지 2세(King George II) 왕이었는데, 반(反)경건주의 노선을 취하였다. 그렇기는 하지만, 조지가 괴팅겐(Gottingen)에 새로운 대학을 설립했을 때, 그것을 조직하는 책임을 지고 있었던 그 도시의 목사인 바론 폰 뮌흐하우젠(Baron von Munchhausen)은 그의 아내가 프랑케의 영향력 아래 회심했던 경건주의 지지자였다. 그 대학은 진실한 지적인 자유와 검열 제도로부터의 면제를 부여받았고, 곧 할레에 있는 그의 경쟁 기관인 경건주의에 필적하는 것이 되었다. 몇 년 안에, 그곳에서 회심했던 학생들이, 할레의 모범을 따라서, 가난한 사람들을 위한 학교와 고아원을 설립했다.

남서부 독일 스와비아(Swabia)는 18세기 전반부에 경건주의의 또 다른 중심지가 되었다. 튀빙겐(Tübingen) 대학은 여러 세대를 거치면서 목사들의 특별한 거점과 훈련의 장이 되었다. 요한 알브래흐트 벵겔(Johann Albrecht Bengel, 1687-1752)은 가장 위대한 지도자였다.

벵겔의 아버지는 루터교회 목사로서 그가 여섯 살 때 사망하였고, 그의 가정이 곧 루이 16세의 군대의 손에 의하여 파괴된 후에 그는 수양아버지에 의하여 양육되었다. 매우 어려서부터 헌신적이었던 벵겔은, 할레의 유명한 사람들처럼, 시일을 추정할 수 있는 회심의 경험이 없었다. 그러므로 그는 그것에 관하여 논평하거나 신학화하지 않았고, "새로운 삶"(new life)이 어떤 특별한 방법으로 만나지는 것이라고 주장하는 것도 삼갔다.

벵겔의 최우선적인 종교적 관심은 성경의 해석이었다. 그에게 있어서, 이것은 다른 무엇보다도 신약성경의 다양한 헬라어 본문들의 조화를 포함하는 것이었다. 이것들이 조화를 이루지 못하는 곳에서는 그리스도인의 믿음에 관한 내용을 알려주는 최고의 참고증명서인 성경의 완전성과 권위가 위협을 받는 것으로 보였다. 튀빙겐에서 가르치고 연구하는 생애 동안에, 벵겔의 축적된 학식은 거대한 것이었다. 그의 가장 중요한 목적은 "성경이 무엇을 가르치는가"에 관한 그리스도인의 선언에 확실성을 주기 위하여 가능한 대로 원본에 가까운 신약성경 본문을 재건하는 것이었다. 벵겔의 대작(magnum opus)은 1742년에 출판된, 부피가 큰 『신약성경의 길잡이』(*Gnomon Novi Testamenti*)

였는데, 그것은 다양한 이문(異文)과 비판적인 주석, 그리고 그것들 사이를 분별할 수 있는 기술들을 주고 있다.

이 작업에 착수하면서, 벵겔은 19세기 본문비평을 위한 기초공사를 준비하고 있었다. 그러나 그에게 속한 매우 많은 것들은 그가 지지기반을 강화하려고 시도했던 바로 그 성경의 권위를 허물어버리는 것이 되고는 했었다. 때때로 그는 20세기와 21세기 초반의 독일 복음주의자들에게서 비판을 받는 그는 아직도 정통주의적인 결론에 도달하지 못한 비판적, 과학적 연구를 시도했던 영웅으로 남아있다.

말하자면, 정통주의는 이 한 가지 면에서는 기피한다. 학자적인 양식으로 그리고 영감설(inspirationism)이나 신-영지주의(neo-Gnostic) 개념들로부터 어떠한 영향도 받지 않고 전적으로 착수했던 벵겔의 종말론적인 연구들은 그리스도의 재림이 1836년으로 예정되었다는 확실한 결론으로 그를 이끌었다. 다른 영역들에서도 그는 권위가 있었고, 많은 이들이 그를 믿었다.

그러나 새로운 세기의 전환점에서 경건주의는 벵겔의 착오와 더불어 혹은 그 착오가 없이 대부분의 지역들에서 저항에 부딪혔음에도 불구하고, 독일, 네덜란드, 스위스, 그리고 스칸디나비아와 북미에 있었던 독일계 거주지들에 널리 퍼져나갔다. 프랑케와 할레 대학의 영향력은 남인도, 동인도, 그리고 신세계의 거주자들에게 선교사들을 보내는 일을 통하여 지속적으로 확대되었다.

진젠돌프와 헤른후트(Zinzendorf and Herrnhut)

기인이었던 귀족 진젠돌프의 백작, 니콜라우스 루드비히(Nikolaus Ludwig, 1700-1760)도 경건주의 운동을 널리 보급하는 일에서, 특별히 그것이 선교하는 쪽으로 방향을 잡는 일에서 중요한 역할을 했다. 그의 아버지는 진젠돌프가 아기였을 때 사망했고, 어머니가 재혼했을 때, 그 젊은 백작은 경건주의와 뵈메의 신비주의로 마음이 기울어져 있었던 할머니에 의하여 길러졌다. 할레에서 학생이었던 1710-1716년 사이에, 그는 그곳에서 프랑케로부터 배웠고, 한 비밀공동체(the Order of the Grain of Mustard Seed)에 관련되어 있었다.

그리고 그 모임에 속한 귀족 회원들은 복음의 대의를 더 널리 확장시키는 일에 그들의 사회적인 지위를 이용하기로 서약했다. (그가 몇 년 후에 그 공동체를 일으켜 세웠을 때, 결국 파리와 캔터베리의 대감독들, 그리고 덴마크의 왕도 그 회원들에 포함하게 되었다.) 이 기간 동안에, 진젠돌프는 사역을 위하여 훈련받은 그의 소망과 백작으로서 그의 세습된 역할로 인하여 자기에게 주어진 사회적인 대망 사이에서 괴로워하고 있었다.

연구를 마친 후에, 진젠돌프는 1719-1720년까지 유럽대륙 순회여행(Grand Tour)을 떠났다. 이것은 등짐을 지고 떠나는 여행의 초기 형태의 하나였지만, 귀족들의 교양을 높이는 여행이었고, 또 그들에게로 제한된 것이었다. 현대의 여행에 상응하는 것처럼, 그것은 그만한 여유가 있는 사람들에게 유용한 사역의 두려움으로부터 기분을 전환시키는 목적이 있었다. 또한 오늘날과 달리 교양의 허식을 더하는 의도가 그 여행을 떠났던 사람들에게 있었다. 진젠돌프의 경우에는, 뒤셀도르프(Dusseldorf)에서 그가 보았던 도메니코 페티(Domenico Feti)가 그린 십자가에 못 박힌 그리스도의 그림(이 사람을 보라![Ecce Homo!]')에서, 그 여행이 그의 삶의 방향을 변화시켰다(더 정확히 말하면 집중시켰다). 그 전설이 전하는 내용은 이것이다. "나는 너를 위하여 이것을 이루었다 – 이제 너는 나를 위하여 무엇을 할 것이냐?" 젊은 진젠돌프는 신비한 체험으로 그 자리에 꼼짝 못하고 서 있으면서 구세주를 섬기는 그의 삶을 결단했다.

1722년 집으로 돌아와서, 진젠돌프는 박해받는 모라비안 교도들(15세기 후터파에 속한 많은 우여곡절을 겪어온 페트르 헬치츠키[Petr Chelcicky]의 급진적인 분파의 후손들)을 국경을 넘어와서 작센에 있는 그의 사유지에 정착하도록 초청했다. 정착한 이후 몇 년에 걸쳐서, 헤른후트("주님의 파수꾼" [The Lord' s Watch])로 알려진 그 정착지는 공적인 박해 때문에 당황하는 다양한 종류의 종교적인 피난민들을 지속적으로 받아들였다. 그들의 후원자는 피난처를 제공하고 그들이 자활하는 것으로 만족하지 않았다. 그는, 성경 연구의 지도자 직분을 포함하여, 신앙의 삶과 그 공동체의 방침에 적극적으로 참여했다. 그러나 피난민들의 다양성으로 인하여 만들어진 긴장은 명백한 것이었다. 1722년, 전체 공동체는 심오한 영적 대각성으로 흔들렸다. 그것은 그들의 불

18세기의 모라비안 공동체인 헤른후트
감리교 지도자였던 존 웨슬리가 보낸 삽화, 1903

화의 죄악으로부터, 그들 모두가 순응하기를 기대했던 기본적인 그리스도인 생활을 진술한 한 문서의 저작으로부터, 한 젊은 소녀의 간증으로부터, 그리고 최종적으로 8월 13일에 하나님의 임재에 관하여 대립하는 종교단체들 상호간의 이해를 압도하는 극적인 성찬식으로부터 야기되어진 것이었다.

4년 후에, 진젠돌프가 덴마크의 크리스찬 4세의 즉위식에서 서인도 노예들을 우연히 만난 다음, 헤른후트는 해외선교에 대한 그들의 약속을 착수했다. 서인도에서의 사역을 시작으로, 그들은 이후에 아프리카, 그린란드, 그리고 아메리카까지 사역을 확장하였다. 이어지는 몇 십 년 동안에, 헤른후트는 새로운 탄생(new birth)의 필요성을 설교하는 선교사들의 넘쳐나는 헌신을 증언했다. 진젠돌프는 북아메리카 인디언들을 복음화하고, 펜실베이니아의 베들레헴 도시를 설립하며, 다른 사람들과 협력하면서 북아메리카의 독일 개신교도들을 설득하려고 노력하면서 스스로 이와 같은 선교 사역지들을 몇 번이나 여행했다. 그의 평화주의적인 초교파적 지위에도 불구하고, 그에 관한 어떤 평가기준들은 매우 논쟁의 여지가 있었다. 영국의 웨슬리의 경우에서처럼 (모라비안의 영향력 아래에서 회심했고, 헤른후트에 와서 그를 방문했다), 진젠돌프의 지도 아래, 모라비안 교도들은 여성들이 설교하거나 안수 받는 것을 허가했다. 이것은 공동체 외부에서 신랄한 비판을 일으켰다. 그러나 진젠돌프의 신령한 영감의 강조는 이 문제를 논리적인 단계로 만들었다. 즉, 만일 성령께서 모든 사람들에게 동일하게 확신을 주시고, 말씀하시고 또 영감을 주신다면, 왜 여성들이 교회를 지도하는 일에 참여할 수 없겠는가? 그것은 20세기의 오순절파(Pentecostal)가 좇았던 논리였다.

경건주의는 아마도 미래를 위한 가장 중요하고 유익한 표지 중의 하나였다. 기도와 서로 사랑하는 일이 신학적인 다툼을 극복해야만 한다는 강조에서, 교리보다 종교체험과 훈련을 선호함에 있어서, 그리고 거듭남(being born again, Wiedergeburt)의 필요성에 대한 스패너와 프랑케의 강조에서, 경건주의는 참으로 "원시적 복음주의"(proto-evangelicalism)이다.

중부 유럽과 동부 유럽에서의 독일풍의 현존

만일 영어로 된 유럽지도를 활용했다면, 곧 끝나버렸을 수도 있는 놀이가 있다. 우리는 그 나라의 언어의 공식적인 명칭과는 달리, 그 이름이 영어로 쓰인(단순히 발음되었다기보다는) 얼마나 많은 도회지들과 도시들을 찾아볼 수 있는가? 많은 수의 수도들이 포함될 수 있을 것이다. 예를 들면, 헤이그(네덜란드의 Hague), 브뤼셀(벨기에의 Brussels), 코펜하겐(덴마크의 Copenhagen), 로마(이탈리아의 Rome), 프라하(체코공화국의 Prague), 바르샤바(폴란드의 Warsaw), 모스코바(러시아의 Moscow), 그리고 다른 많은 여러 곳들이 있다. 많은 수의 고대 이탈리아 도시들, 즉 베니스(Venice), 플로렌스(Florence), 파두아(Padua), 제노아(Genoa), 나폴리(Naples)와 그 주변의 좀 더 많은 도시들 역시 포함될 수 있을 것이다. 독일과 스위스의 여러 도시들도 고려할 수 있는데, 여러 다른 도시들뿐만 아니라, 독일의 쾰른(Cologne), 뮌헨(Munich), 그리고 뉘른베르크(Nuremberg)가 있고, 스위스의 제네바(Geneva)와 베른(Berne)도 있다. 그 다음에는 이 놀이가 끝났을 것이다.

그러나 독일어로 동일한 놀이를 한다면, 여러 날이 걸릴 것이다. 중부유럽과 동부 유럽을 가로지르는 셀 수 없는 도시들, 도회지들, 그리고 심지어 마을들이 자신들의 폴란드, 러시아, 체코, 슬로바키아, 헝가리, 루마니아, 크로아티아, 혹은 세르비아의 대등한 그것들에 비교되는 독일어로 된 다른 이름들을 갖고 있었다. 그 이름들은 종종 우리가 제시했던 영어 예문들에 관련된 그것들보다 훨씬 더 많이 다른 것이었다.

그 사실 – 제2차 세계대전의 결과로서 거의 철회되었던 한 실제, 다시 말하면 18세기 후반 이후의 러시아 제국에서, 많은 수의 도시들과 더욱 번영하는 마을들은 슬라브(또는 마자르[Magyar, 헝가리] 또는 루마니아 [Romanian]) 연해 쪽의 독일어를 사용하는 섬들이었다는 사실 – 은 근대가 되기까지 유럽의 근원적인 사회적 사실들 가운데 하나를 반영하는 것이다. 그것이 중세의 중반부와 후반부에 발생했던 정세였다. 그리고 신성로마제국(Holy Roman Empire)의 권력자와 그가 계승하는 국가들은 정치적이고 군사적인 요소들로 인하여, 상업적인 요소들로 인하여는 더더욱 그 정세를 지지하였다. 예를 들면, 중부 유럽의 많은 경우에, 이러한 현상은 단순히 합스부르크(Hapsburg) 왕가의 존재에 의하여 설명되는데, 독일어는 지배계층에서 가장 중요한 언어였고, 독일어를 말하는 그 영역 안에서는 그 흐름이 비교적 문제가 없었다. 그러나 그것은 동유럽 유대인들의 경제적인 사업으로 인하여 더 확대되었고, 그들이 사용하는 이디시(Yiddish)어는 독일어에 속한 한 이형(variant, 異形, 때로는 최소한 한 형태)이었다.

예를 들면 보헤미아(Bohemia)와 헝가리(Hungarian) 땅에서, 종교개혁은 독일 이주공동체가 개신교의 전파를 위한 도관으로서 활동하도록 하는 원인이 되었다. 경건주의의 출현은 그 과정의 어떤 반복을 가져왔다. 실레지아(Silesia)와 모라비아(Moravia) 사이에 있었던, 테센(Teschen)의 중심지역에서 일어난 각성운동은 프랑케와 그의 할레 동역자들에 의하여 더 확장되었고, 다른 무엇보다도 그 지역의 독일어 사용자들과 가톨릭의 공적인 억압으로부터 다소간의 위안을 얻고자 그곳으로 모여 들었던 많은 다른 사람들을 감동시켰다.

독일-발트 귀족 사이의 경건주의는 결국 러시아 왕실에 성경엄수주의(biblicism)를 가져오게 하였다. 시골에 거주했던 독일의 이민자들은, 19세기에, 러시아와 우크라이나의 복음주의를 위한 모판이 되고는 했었다. 그것은 중앙유럽과 동부유럽을 가로질러 반복되고는 했던 한 과정이었다.

18세 초반에 있었던 지역적인 복음주의의 연속적인 각성운동에서, 시베리아(Siberia)는 특별히 주목할 만한 기원을 가지고 있었다. 그것은 1709년 풀타

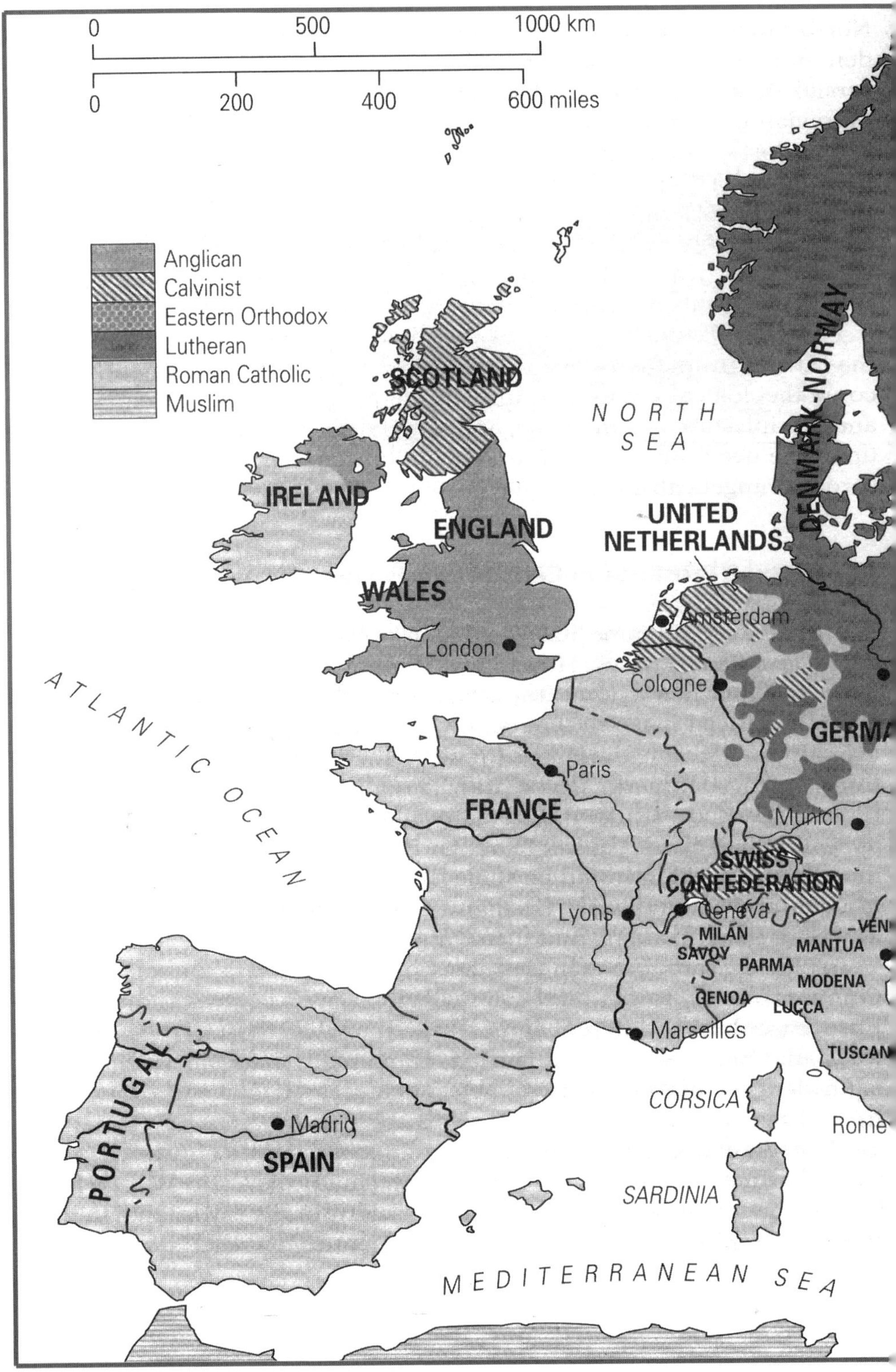

0
500
1000 km
0
200
400
600 miles
Anglican
Calvinist
Eastern Orthodox
Lutheran
Roman Catholic
Muslim
SCOTLAND
IRELAND
ENGLAND
WALES
London
NORTH SEA
ATLANTIC OCEAN
UNITED NETHERLANDS
Amsterdam
DENMARK-NORWAY
Cologne
Paris
FRANCE
Munich
SWISS CONFEDERATION
Lyons
Geneva
MILAN
SAVOY
MANTUA
PARMA
MODENA
GENOA
LUCCA
Marseilles
TUSCAN
CORSICA
Rome
SARDINIA
PORTUGAL
Madrid
SPAIN
MEDITERRANEAN SEA

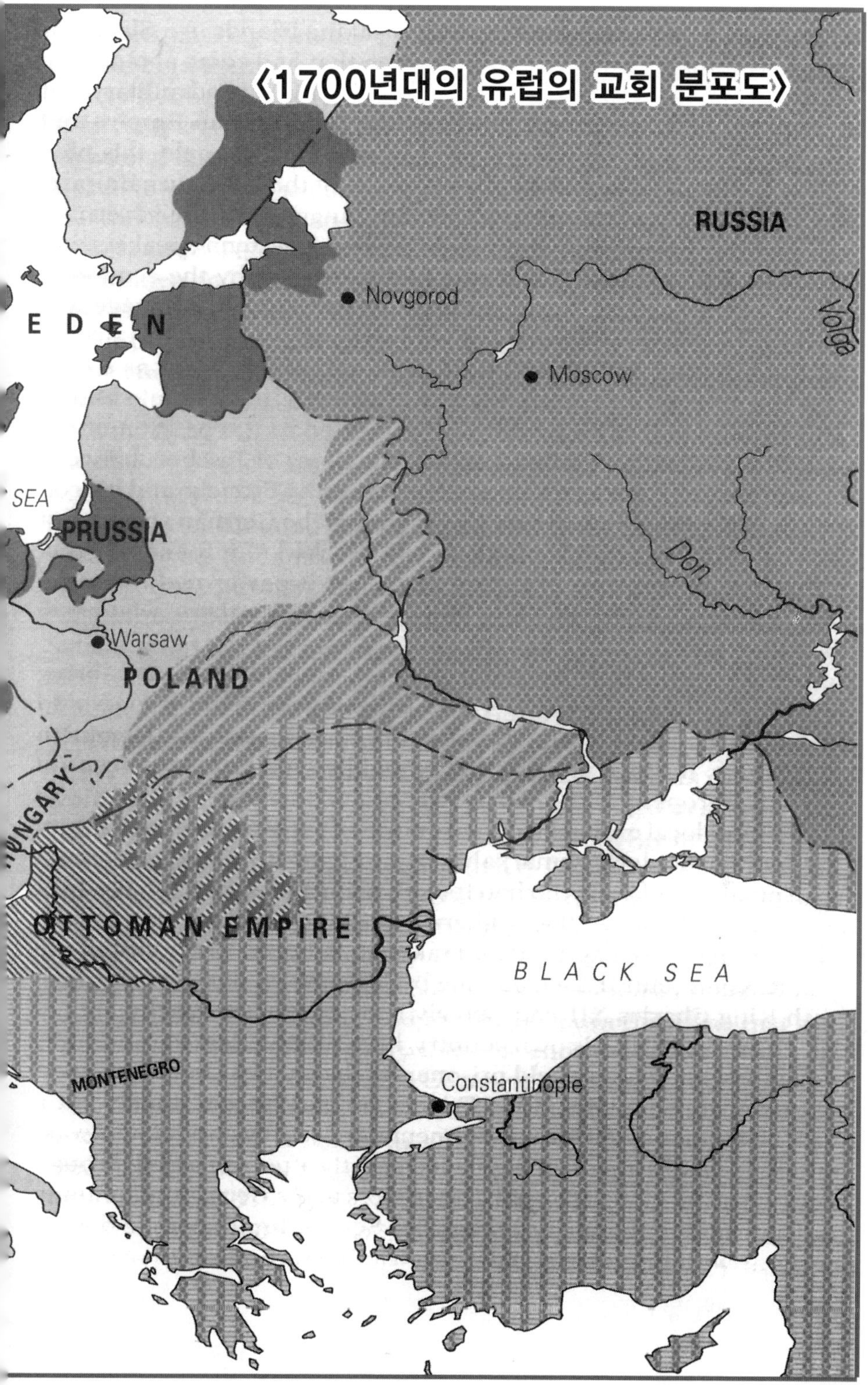
〈1700년대의 유럽의 교회 분포도〉
RUSSIA
Novgorod
Volga
Moscow
EDEN
SEA
PRUSSIA
Don
Warsaw
POLAND
HUNGARY
OTTOMAN EMPIRE
BLACK SEA
MONTENEGRO
Constantinople

바(Pultava) 전쟁에서 러시아를 대항하여 싸웠던 스웨덴의 전쟁포로들 가운데에서 일어났다. 약 20,000명의 군인들과 10,000명의 시민 수용소 종사자들이 생포되었고, 그들은 가는 노정에 모스크바를 지나면서, 중앙아시아의 러시아에 있는 우랄지방의 동쪽인 토볼스크(Tobolsk)로 옮겨졌다. 스웨덴 왕 찰스12세가 자신의 모든 나라에서 경건주의자들의 "열정"(enthusiasm)의 침입을 격렬하게 저항했지만, 그는 적들에 의하여 죄수가 된 그의 병사들 중에서 그 전파를 막는 일에는 무력했다. 가장 영향력 있는 군목중의 하나였던 커트 프리드리히 폰 브리츠(Curt friedrich von Wreech)는 그로 하여금 죄수들 중에서 종교적인 각성운동을 이끄는 도구가 되게 했던 어떤 영적인 중대 국면을 경험했다. 그것은 모스크바를 통과한 직후에 일어났고, 그는 그곳의 독일 공동체에서 두 명의 목사인 토마스 롤로프(Thomas Roloff)와 저스투스 사무엘 샤르슈미드(Justus Samuel Scharschmid)와 함께 시간을 보냈다. 그들은 모두 할레의 프랑케와 좋은 관계를 가지고 있었다. 그 도시를 통과하는 스웨덴 죄수들에 대한 그들의 사역은 이미 그들 중의 상당수를 회심으로 인도했다. 폰 브리츠는 루터, 아른트, 그리고 프랑케가 쓴 책들이 제공되어진 후에 유사한 중대 국면을 그 때에 결과적으로 경험했다.

스웨덴 군대 출신인 독일의 한 지휘관과 함께, 폰 브리츠(von Wreech)의 설교는 많은 죄수들로 하여금 회심하게 했다. 프랑케의 조직은 모스크바에 있는 독일인들을 통하여 그 사역을 돕는 종교서적이나 약들을 보내면서 활동했다. 밀사들이 다른 감옥 막사에서도 그 사역을 추진해 나갔다. 할레의 모델에 충실하면서, 토볼스크에서 학교가 시작되었고(여자들이나 아이들이 포로 막사의 종사자들 가운데 있었다), 그것은 곧 러시아 토착 귀족들의 자제들을 끌어들였다.

그 사역은 일시적인 것이었다. 1720년대 초기에, 죄수들은 집으로 돌아갔고, 그 기관들은 문을 닫았다. 그러나 그 영향력은 좀처럼 사라지지 않았고, 독일 경건주의자들이 흩어져 지냈던 거주지의 구역은 지속되었다.

발트(Baltic)에서는, 독일 귀족들이 토착민들에게 평판이 좋지 않았다. 그들이 러시아의 도움을 받으면서 그 지역의 임시적인 스웨덴의 지배권이 완전히 없애려고 했던 농노제도의 규정들을 강화하였기 때문에 그 평판을 얻었다.

그러나 이 일조차도 발트 지역의 사람들이 완전히 독일의 경건주의자들의 영향력에서 벗어나도록 하기에는 충분하지 않았다. 1732년 잘츠부르크(salzburg)에서 온 많은 개신교 피난민들이 동푸르시아와 리투아니아(Lithuanians)의 인접한 지역들에 도착한 일이 수많은 리투아니아 사람들을 회심으로 이끌었다. 비록, 마지막으로 유럽에서 기독교화 된 그 지역들의 옛날 이교신앙(Paganism)이 그 위태로운 파멸의 고통 중에 있었을 때, 모라비안 피난민들이 라트비아(Livonia, Latvia)와 에스토니아(Estonia)에 도착한 일로 비슷한 효과가 있었다. 진젠돌프는 라트비아를 1736년에 방문했고, 볼마르쇼프(Wolmarshof, Valmiera in Latvian)의 그 땅에 라트비아의 교사 양성소를 세웠는데, 그곳은 한 친족 친구의 소유였다.

다음의 십년 정도까지, 발트 지역의 사역자들 중 대다수는 경건주의자들이었다. 1736년에 있었던 우릅스(Urbs)의 에스토니아(Estonia) 지방과 같은 곳에 있었던 지역적인 부흥들은 레트(Letts) 사람들과 에스토니아(Estonians) 사람들이 사는 지역 가운데에서, 1739년대 후반과 1740년대 초반까지 계속적으로 이어졌다. 1742년까지, 이와 같은 14,000명의 다수의 에스토니아 사람들이 스스로 모라비아 형제단의 성찬식에 참여했다. 1742년, 아렌스부르크(Arensburg)라는 지역의 우파(Uppa)에 사는 에스토니아 사람들과 독일 사람들 양쪽 모두에서 있었던 부흥은 이웃 지역들을 통해서 퍼져나갔고, 1740-1745년의 전체 기간에 지방법원이 그곳에 가져오는 사건이 전혀 없을 정도로 그와 같은 강력한 효과가 있었다.

그러나 1743년, 분리론자(schismatics)를 관용하지 않았던 황후 엘리자베스(Elizabeth)는 모라비안 교도가 모임을 갖는 것을 금지시켰다. 지방에서 사역하는 세 명의 경건주의 사역자들이 체포되었는데, 그 중의 한 명은 1750년에 감옥에서 사망했고, 다른 한 사람은 1760년에 카잔(Kazan)에서 사망했으며, 나머지 한 사람은 2년 후에 석방되었다. 그렇지만 1770년대와 1780년대에 부흥은 다시 일어났다. 경건주의의 충실한 친구였던 러시아 황제 알렉산더 1세(Alexander I)는 1817년 그들을 다시 합법화시켰고, 어두운 지하 공간의 144개 집회소에서 30,000명의 회원들이 즉시 모습을 드러내었다.

제9장

십자가, 초승달, 그리고 별:

발트 해 연안에서 오스만 지배 하의 기독교와 유대교

이슬람의 출현이 세상에서 그리스도인들의 양심과 그들의 환경과 부딪혔던 범위는 이미 언급했다. 물론 어떤 그리스도인들에게 있어서 이슬람은 그들의 매일의 많은 생활방식에서 다른 것들보다 더 강하게 부딪히는 것이었다. 이들은 발칸(Balkans) 지역과 남동부 유럽에서 이슬람의 지배 아래 살았던 사람들이었다. 우리는 이제 그들을 보다 주도면밀하게 다루어야 할 이유들을 얻게 될 것이다.

터키 사람들은 원래 그들 가운데 다수가 아직도 살고 있는 중앙아시아에서 왔다. 9세기 이후로부터, 그들 가운데 많은 사람들이 주로 전사로서 서쪽으로 밀려왔다. 그들이 그 아래에서 군사 훈련을 받았던 바그다드(Baghdad)의 아바스(Abbasid) 왕조의 칼리프들(caliphs)에게서, 그들은 이슬람을 배웠다. 12세기부터 14세기 동안, 그들은 소아시아(Asia Minor)에서 비잔틴 제국(동로마 제국, Byzantine Empire)의 못쓰게 된 유적지 – 마침내 그들을 따라서 이름이 불리게 된 지역 – 로 거처를 옮겼다.

14세기와 15세기 동안 터키 사람들은 불가리아(Bulgarian), 세르비아(Serbian), 그리고 보스니아(Bosnian) 왕국과, 1453년 비잔티움 자체뿐만 아니라 발칸 지역에 있는 비잔틴 영토들도 정복하였다. 1520년대에 그들의 영토는 보이보디나(vojvodina), 트란실바니아(Transylvania), 그리고 헝가리(Hungary)의 더 넓은 지역들뿐만 아니라, 크로아티아(Croatia)의 대부분 지역에까지 이르렀다. 수백만 명의 그리스도인들이, 정교회와 가톨릭 모두, 이교도의 지배 아래에 있는 자신들을 발견하였다.

그러나 그 광풍은 전체적으로 똑같은 정도로 두 신앙고백에 불지 않았다. 발칸 지역의 많은 대다수 그리스도인들은 가톨릭교회가 아니라 동방정교회를 고수했다. 동방정교회 중에서, 러시아와 우크라이나만이 무슬림의 속박이 미치지 않는 곳에 남아 있었다. 그리고 그 속박은 러시아 정교회의 성장하는 지배력으로 점점 대체되기만 했던 것으로서, 그들은 이미 몽골(Mongols) 사람들 아래에서 이교도의 지배를 경험했었다. 터키 사람들의 지배가 마침내 남동부 유럽에서 그토록 오랫동안 지속되었다는 사실(대부분의 지역에서 400년이었고, 파노니아[Pannonia]에서 175년 동안 짧았지만, 마케도니아[Macedonia]에서는 족히 500년이 넘었다)은 동부와 서부 유럽의 경험과 전망 사이에 있는 큰 간격 – 이미 충분히 깊었지만 – 을 더 깊게 하였다. 그것은 오늘날까지도 지속적으로 흔적을 남겨두었다.

콘스탄티노플(Constantinople)은 곧바로 – 혹은 정말로 재빨리 – 터키의 도시가 되지 않았다는 것을 언급해야 한다. 19세기 후반에조차도, 그 인구는 50%의 그리스 사람들이 남아 있었다. 탈-헬라화(De-Hellenization)는 20세기의 그리스와 터키의 민족주의(nationalism), 그리고 그 민족주의가 야기했던 함께 동거할 수 없는 불가능성으로 인하여 한참 후에야 이루어졌다. 오스만의 지배는, 비록 그것이 극심할 정도로 무자비한 것이었음에도 불구하고, 이 문제에서 상당히 유용했다. 그것은 민족들, 종교들, 그리고 언어의 당황스러운 다양성에 어울리는 공존의 한 수단으로서 제공되었다.

물론 그것은 무슬림, 오스만의 협정과 공존하는 것이었다. 모든 법적인 유익은 이슬람을 지지하는 사람들에게 주어졌다. 무슬림이 아닌 사람들은 무슬림들과 옷차림새를 달리 하도록 요구되었고, 그들은 무기를 휴대하는 것이 금지되었다. 무슬림들은 군복무의 의무를 더 감당해야 하는 것으로 보였지만, 그들은 법적인 유익들을 갖고 있었고, 그들의 증언은 법정에서 불신자들의 증언보다 더 큰 가치가 있었다. 무슬림이 아닌 사람들은 다양한 모욕들을 당했다. 만약 그들이 말을 타고 있다면, 무슬림이 다가올 때, 그들은 내려야만 했다. 그리고 그들의 교회는 동일한 정착지에서 어떤 회교 사원(mosque)보다도 더 낮은 곳에 있어야만 했다.

어떤 교회들은 전쟁 직후에 파괴되었다. 그것이 성 나움(St. Naum)의 운명이었는데, 그곳은 A.D. 900년에 성 나움에 의하여 세워졌던 수도원 지역으로 마케도니아의 오흐리드(Ohrid) 남쪽에 있었다. 그러나 16세기에 새로운 교회를 그곳에 건축하는 것이 허락되었지만, 오흐리드에 있는 소피아(St. Sophia) 대성당은 모스크로 바뀌었고, 그 가치를 헤아릴 수 없는 프레스코화들(frescoes)과 벽화들은 흰 색이 덧칠해졌다. 그것은 1912년까지 그리스도인들을 위하여 반환이 요구될 수 없었다. 세상의 불가사의 가운데 하나였던 콘스탄티노플의 하기아 소피아(Hagia Sophia) 성당도 비슷한 사정을 겪었지만, 그리스도인들의 손이 미치지 못하는 오늘날에도 견고하게 남아 있다. 파괴된 비잔틴에 관한 그 교회의 상징적인 가치 때문에, 그 도시의 다른 교회들(다시 말해서, 포위공격과 계속된 대량학살의 폭력에서 살아남았던 그 교회들)은 당분간 어려움 없이 남아 있었지만, 그것은 1453년 정복 이후에 곧바로 몰수되었다. 그러나 차례대로, 대부분의 교회들은 탈취 당했고, 무슬림의 예배 장소나 세속적인 사용을 위한 장소로 바뀌었다. 아니면, 교회들은 파괴되었고, 모스크로 대체되었다. 그리스 문화와 신앙에 관한 메메드 2세(Mehmet II)의 관심은 그의 계승자들에게 전달되지 않았는데, 그 계승자들에게 그리스 사람들은 현실에서 거의 중요하지 않게 보이는 역사적 명성에 근거하여 특혜를 얻기 위하여 한 번 더 감언이설로 속이는 이교적인 신민들을 의미했다. 비록 그 수도가 18세기에 40개의 그리스 교회들을 자랑했지만, 오직 그것들 가운데 세 개만이 비잔틴의 과거 유산들을 이어가고 있었다. 나머지는 새로 지어졌다(Neubau, newly built). 데살로니가(Salonica)와 아테네(Athens)와 같은 다른 주요한 도시들은, 특별히 예배와 관련하여 중앙부에 위치했던 고위직을 위한 자리들에 대해서, 동일한 풍조들과 부딪혔다. 오직 근교 지역의 기독교인들에게서만 교회는 혼란을 겪지 않고 남아 있었다.[1] 무엇보다도, 무슬림이 아닌 사람들은 인두세를 내지 않으면 안 되었다. 오스만이 지배하는 기간 동안 이슬람으로 개종하는 일에 대하여 끊임없이 연속적인 효과를 촉진했던 것이 이것이었다. 오스만의 주민들은 그들의 신앙을 바꿀 수가 있었으나, 이슬람으로부터의 배교는 죽음으로 처벌받는 것이었다. 그러므로 개종은 실제적으로 일방통행로였다.

데브쉬르메(devsirme, 8-12세 기독교 아이들을 강제 징집하는 제도로 왕국의 군사, 행정업무를 담당하게 했다 – 역자주)는 이슬람으로 개종하는 하나의 수단이었다. 그리스도인 주민들은 오스만 지배의 초기에 강요되었던 이 무자비한 과세 방식에 복종해야 했다. 그것은 돈이 아니라 사람을 징집하는 것이었다. 데브쉬르메 아래에서, 14세 정도의 젊은 소년들을 그들의 가정에서 떨어뜨려서 강제적으로 이슬람으로 개종시켰고, 그들을 터키 황제의 정예부대인 근위병으로 만들었다. 17세기 초기에 그 관례가 중지되었을 때까지, 아마도 200,000명의 보스니안 소년들을 이러한 방법으로 빼앗았다. 강요된 회심의 시기가 드물었지만 지방에서 가끔씩 있었다. 대부분, 이슬람화는 단지 여러 세기에 걸쳐 축척된 연속적인 결과였다.

이슬람으로의 개종은, 보스니아와 알바니아와 같은, 특별히 가톨릭과 정교회가 경쟁적이었던 지역들에서 심했다. 그러나 그것은 노비파자르(Novi Pazar)의 산드자크(Sandzak, 즉 세르비아와 몬테네그로[Montenegro] 사이의 지역), 트라키아(Thrace, 오늘날 여전히 현대 터키의 일부분으로 남아 있는 유럽 지역), 그리고 17세기 중엽까지 점령당하지 않았지만 백년 정도 이후에 광범위하게 이슬람화 되었던 크레타(Crete)에서 특별히 주목할 만한 것이었다. 보스니아의 무슬림 인구에 대한 조사는 1520년대에 약 45% 정도였고, 1600년대에는 실제적인 다수였음을 보여준다.[2)]

대부분의 지역들에서, 개종의 비율은 이곳보다는 훨씬 덜했지만, 개종은 어디에서나 있었다. 이슬람화된 슬라브족 사람, 그리스 사람, 그리고 루마니아 사람들의 이름은 일반적으로 터키식이 아닌 형태를 유지했다. 그래서 기록들은 한 세대에서 그리스도인 아버지에게 속한 슬라브족의 무슬림 아들("하산 미하일로비치" [Hasan Mihailovic])과 그리고 그 다음 세대에서 슬라브족의 아버지의 이름을 딴 형태("슐레이만 하사노빅" [Sulejman Hansnovic])의 보존을 보여준다.

어느 곳에서나, 이 시기에는 개인적인 신앙의 정체성에 관한 가장 현저한 변덕이 있었다. 많은 유대인들은 재정적인 동기를 더 많이 강조했던 상업에 그들이 더 크게 관련되어 있었기 때문에 이슬람으로 개종했다. 그럼에도 불구하고, 한 프랑스 여행가는 "어떤 유대인이 무슬림이 되기를 원했을 경우에 만일 그가 이전에 세례를 받지 않았다면, 즉 그리스도인이 아니었다면, 받아들여지지 않을 것이다"라고 기록했다. 17세기의 후반부에, 데살로니가(Salonica)와 비톨라(Bitola)에서 온 유대인들의 어떤 분파는 이슬람으로 돌아섰다가 이후에 그들이 이탈리아로 강제 격리되었을 때, 유대교로 되돌아가거나 기독교로 개종하는 성실한 실용주의의 빛나는 교훈을 보여 주었다.

다양한 종교적인 공동체들은 대부분 자치(또는 적어도 자기관리)의 형태였다. 오스만은 그들의 '백성'(reaya, 문자적으로, 무리[flock])들을, 그들의 언어에 관계없이, 종교적인 노선을 따라서 '밀레트'(Millets, 오스만투르크 제국이 인정한 국내 비이슬람 교도의 종교자치체 – 역자주)로 나누어서 통치했다. 루마니아 또는 정교회 '밀레트'는 오스만 왕국 안에서 모든 로마 가톨릭교도뿐만 아니라 모든 정교회 교인들에게서까지 행정적인 지배력을 포함하였다. 이 지배력은 콘스탄티노플에 있는 그리스 주교들에 의하여 실행되었다. 왜냐하면 오흐리드의 중심을 차지했던 불가리아 주교들과 또 펙(Pec)의 중심을 차지했던 세르비아 주교들이 15세기 중반 – 미래에 원한을 묻어두어야 했던 그 시점 – 에 매매드2세에 의해 완전히 사라졌기 때문이었다. 콘스탄티노플에서 야후디(Yahudi) 또는 유대인 '밀레트'는 최고의 랍비(하캄 바쉬, Hakham Bashi)에 의하여 다스려졌다. 그레고리(Gregorian, 아르메니아 정교회) 주교에게 복종했던 아르메니아 '밀레트'는 다른 모든 사람들, 즉 아르메니아 사람들, 집시들, 그리고 가장 멀리 동쪽의 아시리아 사람들, 그리스도 단성론자들(Monophsites)과 콥트 교도들, 레바논의 마론파 교도들(Maronites), 시실리아와 팔레스타인의 동방귀일 가톨릭(Uniate) 아르메니아 사람들을 포함하였다.

오스만 제국에서 유대인들

제국은 많은, 번성하는 유대인 주민들을 갖고 있었다. 원래의 로마니오트(Romaniot, 지금의 그리스와 그 주변 지역들에서 살았던 유대인 주민 – 역자주) 유대인들은 비잔틴의 반-유대주의(anti-Semitism) 관점에서 해방자로서 터키의 이슬람교도들을 대부분 환영했다. 오스만은 유대인들에게 일할 수 있는 자유를 제공하는 상업적인 이득을 신속하게 사방에서 허락하였다. 아직 확정적인 오스만의 지배 아래 남아 있었음에도 불구하고, '밀레트' 구성은 후자에게 자치의 감각을 주었다.

기독교 국가로부터 유대인 이민자들이 오스만의 영토로 모여들었다는 사실은 그 자신의 이야기를 말해주는 것이다. 그들은 자신들이 기독교 국가에 있었을 때처럼 박해의 홍역을 치를 필요가 없었다. 그리고 특별히 1492년 스페인에서 유대인들(그들 중의 300,000명)을 추방한 이후에, 그 결과로 많은 사람들이 콘스탄티노플과 발칸 지역으로 달아났다. 시칠리아(Sicily)와 남부 이탈리아, 포르투갈, 그리고 프로방스(Provence)에서 온 유대인들 역시 같은 기간 동안에 추방당했고, 이들 중에 많은 사람들이 역시 동쪽으로 나아갔다. 새로 온 사람들은 대부분 스페인 포르투갈계의 유대인들이었다(Sephardic, 문화에서는 이베리아 사람이었고, 언어에서는 라디노어를 사용했다). 거의 모든 사람들이 도회지에 있었다. 특별히 데살로니가는 큰 유대인 도시가 되었고, 18세기 초반부까지 스페인 포르투갈계의 유대인 거주자는 그리스도인들보다 1/3 정도 우세했다.[3] "이스라엘의 어머니"로 불린 이 도시는 1940년대 나치(Nazi) 유대인 대학살의 큰 재앙 때까지 대단히 많은 유대인 주민들을 수용하고 있었다. 비톨라(Bitola)와 스코페(Skopje) 지역에도 역시 상당수의 스페인 포르투갈계의 유대인 공동체들이 있었다. 아르메니아 사람들과 함께, 유대인들은 종종 오스만 제국에서 사업을 지배했지만, 그들은 그들과 함께 다양한 종류의 기술적 지식들, 즉 의약, 공예, 제조공업, 재정적인 전문적 기술, 언어의 기술들도 가져다주었다. 그들이 도망쳐 나왔던 그곳에서 이끌어낸 양자택일에 대한 유대인의 강력한 확신과 더불어 터키 사람들의 손에 의한 품위 있는 대우의 조화는 오스만 터키 황제가 그들의 충성을 매우 확신할 수 있었다는 것을 의미했다.

유대인 주민은 종종 아쉬케나짐(Askenazim, 독일 문화에 속해 있고 이디시어를 사용하는 유대인들)에 속한 유입으로 늘어났다. 이 경향성은 16세기와 그 이후 동안, 30년 전쟁(1618-1648)으로 나아가고 있었던, 그리고 그 전쟁의 기간에 특별히 두드러졌다.

그 무엇도 발생할 수 있는 마찰과 학대를 물리칠 수는 없었다. 유대인의 근면함은 참으로 오스만 경제에 여러 가지 이득들을 가져다주었지만, 다른 근대 이전의 지배자들처럼, 오스만 황제들은 그와 같은 추상적 개념들을 희미하게만 알고 있었다. 그들은 유대인들의 상업적인 사업들이 오스만 정권(Porte)에 세금 수입의 형태로 가져다주는 이득들로 인하여 매우 큰 인상을 받았다. 이것은 근대 이전의 사회에 속한 또 다른 불변하는 모습이었다. 상인들은 그들의 부의 많은 부분들이 현금의 형태로 있었다는 이유만으로, 농부들보다 정부의 국고수입과 관련된 약탈행위에서 더 많은 공격을 받기 쉬웠다. (산업혁명 이래로, 서구사회의 대량 상업화는 세무관리원들에게, 정확히 이런 이유 때문에, 하늘의 선물이었다.) 정부의 강탈에 대한 유일한 억제수단은 그때부터 지금까지 황금 계란을 낳는 거위를 죽이려는 위험이었다. 유대인 상인들에 대한 세금의 목록은 매우 길었고, 그래서 그것은 때때로 이의를 제기하도록 하였으며, 보다 자주 탈세를 시도하였다. 탈세는 만일 발견된다면 사서 고생을 하는 일이었지만, 항의하는 사람들이 위험해질 수도 있었다. 랍비 유다 코보(Judah Kovo)가 1637년 그의 공동체에 의하여 브로드클로스(broadcloth)에 대한 과세의 수준에 반대하여 항의하려고 데살로니가에서 콘스탄티노플로 보내졌을 때, 그의 청원은 터키 황제에 의하여 거절되었고, 이 황제는 랍비의 돌아가는 여행 경비를 절약한다는 명목으로 그를 교수형에 처했다.

그리고 이것이 모두가 아니었다. 감당하기 어려운 터키 근위병들은 종종 유대인들을 학대했다. 강도들 또한 그들을 특별한 표적으로 삼았는데, 상품의 운송이 위험한 일이 되어서 때로는 상업적인 활동들을 무효화시켰다. 터키의 지배자들과 마케도니아의 민요에서 매우 아름답다는 평판을 갖고 있었던 유대인 여자들은 특별히 무슬림에 의하여 부녀유괴의 목표가 되었다.[4] 유대인들은 그들 자신의 지역에서 살도록 규정되었고, 무슬림 신학교(medresa), 이슬람 수도사들의 집회소(tekke), 또는 터키탕(hamam)에 가까운 어느 곳이든지 거주하는 것이 금지되었다. 수많은 규정들은 유대인들이 좋은 옷을 입거나 보석류를 착용하는 것으로 그들의 부를 과시하는 것 그리고 그것으로 덜 진취적인 그들의 무슬림 지배자들의 신경을 거스르는 것이 금지되었다.

교회의 타락과 이슬람화

각각의 '밀레트'는 그 자신의 법적 제도와 법정을 갖고 있었고, 그것이 동일한 '밀레트'에서 나타난 두 분파에 관련된 모든 사건들을 결정했다. (만일 분파들이 다른 '밀레트'로부터 왔다면, 무슬림 법이 우세하였다.) 교회 법정은 결혼, 이혼, 그리고 유산에 대한 문제들에서 충분한 법적 권력을 가지고 있었다. 터키 사람들은 또한 '밀레트들', 도시들, 그리고 상업 조직에 공동의 의무를 부과했는데, 그것은 본질적으로 반대와 저항을 억누르려는 상류계층의 기본 요소인 이기심에서 비롯된 것이었다. 이렇게 하여, 지역적이고 전통적인 기관들이 통치의 수단으로 사용되었다. 우연한 것은 아니었겠지만, 예를 들면, 교회가 세금을 징수하는 일 – 심지어 세금을 부과하는 일 – 에 사용되었던 것처럼, 이것은 교회의 타락과 관련된 더 큰 영향력을 갖고 있었다. 그러나 성직자 자신들은 납세의무(kharadj, tribute, 비무슬림들에게 부과된 인두세)에서 면제를 받았다. 그것은 성직자들을 오스만 터키 황제에게 묶어두는 확실한 방법이면서, 동시적으로 그들의 회중들과 비교하여 어떤 가능한 도덕적인 고상한 근거를 그들로부터 제거하는 것이었다.

만일 오스만 황제들이 정복 이전에 교회의 재정적인 타락과 관련된 이익들을 알지 못했었다면, 콘스탄티노플을 점령한 지 몇 십 년 안에, 그리스 정교회 주교정치가 만성적으로, 경쟁적으로 성직매매의 주체가 되었다는 것은 그들이 일찍부터 배웠던 교훈이었다. 오스만 터키 황제들은 뇌물을 받았다. 그것들을 되찾는 명백한 출처는 교회조직이라는 사다리에서 아래 가로대, 즉 동일한 방식으로 그들이 지출한 것을 되찾았던 주교들과 다른 공무자들 – 그리고 궁극적으로는 평범한 그리스도인들 – 이었고, 결국 모든 조직들이 타락하였다. 직무를 계속하는 일에 직면한 것뿐 아니라, 오스만 황제들이 총대주교에게 매년 보수를 요구하게 되었을 때, 그 타락의 행로는 빨라졌다. 17세기 동안 총대주교의 평균 임기는, 많은 사람들이 여러 번 재직하면서 사역했음에도 불구하고, 단지 20개월이었다. 선거에서 오스만 터키 황제에게 지불된 평균 합계가 20,000피아스터(piastres)였으므로, 이것은 파나르(Phanar, 콘스탄티노플에 있는 그리스 정교회 총대주교 자리)에서 매월 1,000피아스터를 받는 고정

수입과 매한가지였다.[5] 1672년에 이르러, 바울 리코트(Paul Ricaut)경은 총대주교의 직무가 이자지불금을 쉽사리 채울 수 있는 것 이상으로 오스만 왕조에 더 의존하였다고 적었다.

재정적인 타락에 더하여, 모든 계층의 성직자가 행정상의 권한과 관련된 모든 방법을 사용하여 그들의 회중들을 억압했다. 아마도 관점에 따라서는, 특권을 갖고 있었다고 할 것이다. 일반 신자들의 삶은 그들이 속한 성직자에게 의존했고, 그들 사이에 존재하는 의견이 차이는 교회의 범위 안에서 해결이 날 때까지 싸우기가 쉬웠다. 최고의 수준에서 왈라키아(Wallachian) 왕자들, 아토스(Athos) 산의 수도사들, 조지아의 왕들, 그리고 콘스탄티노플의 부유한 그리스 상인들 모두가 주교정치(patriarchate)에 수반되는 성직임명에 관하여 영향력을 획득하려고 다투었던 것처럼, 이 과정은 앞에 말한 성직매매와 긴밀하게 연결되었다.

제국 내의 세속 지배자들과 통치자들은 당연히 일반적으로 무슬림들이었다. 그들은 지역 주민들 가운데 개종한 사람들 중에서 어떤 지역으로 옮겨졌거나 신병으로 모집되었던 개인들이었다. 결과적으로, 발칸 지역의 도시들은 지방들보다 훨씬 더 많은 무슬림이 강하게 존재했다.

그러나 도시들이 더 빨리 주요한 문화적, 정치적 변화들을 받아들였던 추세는 일반적인 경향이었다. 사도행전에 기록된 최초의 사도들이 사명을 수행할 때, 그들은 주민들이 모여 있던 곳으로 향했고, 개종자들을 얻었으며, 새로운 교회들이 그들 자신의 지역 근처를 복음화하면서 계속 전진했다. 그 구도는 다음의 3세기 동안 지속되었고, 후기 로마 제국은 교회를 핍박하는 일을 멈추고 로마의 공식적인 종교로 기독교를 수용했을 때, 새로운 믿음을 따르는 마지막 사람들은 시골 주민들이었다. "시골"(rural, paganus), 또는 "이교도"(pagan－참조. 프랑스어로는 pays, 영어로는 peasant)를 의미하는 로마의 단어는 그 과정에 관한 언어학적인 화석으로서 남아 있다. 7세기에 아랍민족이 북아프리카를 침공했을 때, 첫 번째로 기독교를 포기하고 이슬람에 굴복했던 지역은 도시들이었다. 20세기에 소련의 공산당원들이 모든 종교를 일소하려고 시도했을 때, 조상들의 믿음을 고수했던 사람들은 지방의 러시아 할머니들(babushkas)이었다. 유사하게도, 공산주의가 붕괴되었을 때, 지방은 종종 탁월한 공산주의자(stari kommunisti)의 선거 중심지로 남아 있었고 또 공산주의 이후의 지도자들과 조화를 이루었던 반면에, 큰 도시들에서 가장 열정적으로 자본주의(capitalism)를 받아들였던 사람들은 야심찬 중산층이었다. 언제나, 도시 중심지에서는 계속하여 변화를 받아들였지만, 지방은 가능한 한 뒤쳐졌다.

그러므로 오스만 발칸지역의 도시들이 먼저 이슬람화 되었다는 것은 놀랄 일이 아니다. 한 오랜 기간의 결론은, 오늘날조차도, 보스니아 세르비아 사람들(즉 정교회)이 촌락들에서 농부들 가운데 대부분 다수이기 쉬웠던 반면에, 보스니아 무슬림들이 사라예보와 같은 도시들에 견고하게 집중되어 있다는 것이다.

혼합주의

무슬림으로 개종시키는 일과 관련하여 한 가지 선호되었던 방침은 기독교와 이슬람의 유사성을 강조하는 것이었다. 17세기 코소보(Kosovo)의 프란체스코 수사(Franciscan)는 모욕적인 어조로 이야기했다.

> 저 불경건한 사람들 역시 그들과 그리스도인들과의 차이는 작은 것이라고 말했다. 그들이 말했다. “결국, 우리는 오직 한 분이신 하나님을 갖고 있다. 우리는 너희들의 그리스도를 선지자요 또 거룩한 사람으로 공경하고 있다. 우리는 너희들과 마찬가지로 너희들의 성인들의 축일을 경축하고 있고, 너희들은 금요일, 우리의 축일을 경축하고 있다. 모하메드와 그리스도는 형제이다...” 그리고 이 오류는 광범위하게 퍼졌고, 그래서 동일한 가정에서 한 사람은 가톨릭, 한 사람은 무슬림, 그리고 다른 한 사람은 정교회일 수도 있었다.[6)]

많은 가톨릭 신자들은 정말 금요일을 경축했다. 그들은 무슬림들에게 불쾌감을 주지 않기 위하여 이것을 행했고, 그것을 정당화하기 위하여 거룩한 찬양(Sancta Veneranda, 또는 보다 알기 쉽게, 성 금요일)의 예식을 장려했다. 이 정도까지 입장을 취한 것은 분명히 일반 신자들의 철저한 무지를 당연한 것으로 여긴 것이었다.

누군가 프란체스코 수사에 의하여 언급된 무슬림의 그러한 주장이 사람들로 하여금 그들의 종교를 더 바꾸지 않도록 한다고 생각할 수도 있다. (결국, 만일 모든 종교들이 참으로 똑같은 것이라면, 왜 바꾸라고 괴롭히는가?) 그러나 사실 장기적인 효과는 정 반대였다. 일단 사람들이 무슬림 역시 구원받을 수 있다는 사실을 받아들이면, 실질적인 이익들(세금, 법적인 유익들 등과 관련하여)이 모두 반대 방향을 가리키고 있을 경우에, 기독교를 의존하는 이유들은 더 설득력이 약해지는 것으로 보였다. 그 침략 직후에 어떤 수도원들과 교회들, 그리고 그들의 용도가 이슬람교 사원으로 바뀐 결과는 어떤 사람들을 가까운 교회로부터 고립된 상태로 방치하는 것이었다.

일반적으로, 일반대중들 사이의 정교회는 심지어 유럽의 지방 가톨릭 지역들에서 있었던 경우보다 더 많이 종종 "토속적인 신앙"(folk religion)으로 바뀌었다. 콘스탄티노플의 대학과 많은 지방 학원들이 정복으로, 또는 곧바로, 무너졌기 때문에, 이것이 너무나 많은 성직자들이 신학적인 교육을 결여하는 원인으로 돌려졌다. 남아 있는 모든 것은 파나르(Phanar)에 부속된 그리스 정교회 대학(Patriarchal Academy)과 그리스 국외 거주지에 있었던 – 그 중에서도 특히 학원이 그리스 정교회에 부속되어 있었던 베니스(Venice) – 추방된 학자들의 일단이었다.[7] 참으로, 이탈리아와 서방에서 그들의 근거를 형성하려고 했던 많은 그리스 정교회 학자들과 학자지망생들의 경향성이 이 마지막 논점인데, 그것은 정교회 선임 성직자들의 반-서방적인 경향을 경감시키고 또 가톨릭적인(이후에 개신교에서도 역시) 세계의 발전에서 그리스 정교회가 소외되는 것을 완화시키는 어떤 일을 했다. 파두아(Padua)와 로마에서 공부했던 사람들의 영향력 아래에서, 그리스 정교회 대학은 16세기 후반 이후부터 그들 자신의 교과 과정의 질을 높이는 일을 시작했다.

그렇기는 하지만, 학자들은 원칙이 되기보다는 예외가 되었다. 즉 학원의 기준들이 16세기 말엽에 이르러 아테네 학원(Athenian academy)이 설립되기 이전까지 다른 곳에서는 반복되지 않았다. 많은 수의 학교들이, 보다 기초적인 교육을 제공하면서, 17세기 동안 발칸 지역에 세워졌지만, 그들의 현존여부는 제국의 정책이 아닌 지역 지배자들의 호의에 의존했고, 그들은 종종 지배를 빋는 이교도들의 교육을 증진히는 일에 대하여 그렇게 열신을 내지 않았다. 소아시아와 동부 지역에서 그와 같은 학교들은 매우 적었고, 서로 사이에 거리가 더욱 멀었다. 18세기 최고의 그리스 정교회 교육은 외부의 오스만 제국의 (기술적으로 또는 실제적으로) 정책적인 통제가 아니라, 그리스 문화의 영역에 위치한 사람들에 의하여 제공되었다. 이것은 몰다비아(Moldavia)와 왈라키아(Wallachia)에 속한 반자치적인(semiautonomous) 다뉴브(Danubian)강 지역들을 남겨놓았는데, 그곳에서 학원들은 이아시(Iasi)와 부쿠레슈티(Buchar-est)에서 각각 번성하였고, 베네치아가 지배하는 이오니아 섬들에서도 번성했다.[8] 분명히, 일반 성직자 대부분의 무지가 서유럽에서 온 방문객들과 세차게 부딪혔다. "박식한 동부와 무지한 서부"에 대한 오래 계속된 이타주의(truism)는 과거의 일이 되었다. 그것이 기독교의 부흥보다 앞서 있었던 인식(perception)이었고, 또 중세 동안 가장 극명했던 대조(contrast)였다.

많은 일반 서민들의 "기독교"는 어쨌든 단순히 민간 기독교였고, 민간 이슬람과 그렇게 차이가 없었다. 거룩, 축복, 그리고 독설이 다양한 장소, 경건한 사람들, 기일들, 경축일들, 그리고 의식들과 결합되었다. 신학적인 내용들이 위험할 정도로 오용되었거나 이 모든 것들은 부차적인 숙고의 대상이었다. 그리고 어떤 경우에는 그것조차도 아니었다.

예를 들면, 렘노스(Lemnos) 섬의 터키 사람들은 그리스도의 변화(Trans-figuration)를 기념하는 축일에 그리스도인들이 흙으로 만든 케이크를 만들어서 그것들을 이질(dysentery)과 뱀에게 물린 곳(snakebites)의 치료제나 상처의 진통제로 사용하는 일을 성실하게 준수했다고 증거하였다. 1555년경 한 여행자였던 오기에르 기셀린 뷔스베크(Ogier Ghiselin de Busbecq)는 이것을 적어두었고 터키 사람들의 승인을 기록했다. "그들이 말하기를, 고대인들은 그들이 할 수 있는 것보다 더 많은 것들을 알았고 또 볼 수 있었다. 그리고 그들이 승인했던 관습들은 터무니없이 어지럽혀져서는 안 된다." 코소보의 많은 무슬림들은 세례가 그들이 더 오래 살도록, 정신적인 질병에서 그들을 보호하고 늑대에게 먹히지 않도록, 그리고 개처럼 냄새나는 일에서 구원받도록 도울 것이기 때문에 그리스도인의 세례를 받으려고 하였다.[9] 몸 냄새로부터 구원을 받는다는 이 마지막 신념이 완전한 침수–비누를 가지고–가 시행되었다는 암시인가 하는 것은 확실하지 않을 수도 있다.

특별히 콘스탄티노플에서는, 수피교(Sufis)와 회교 금욕파(dervishes)와 같은 경우에, 발칸 지역으로 그 신비가들을 추방했기 때문에 이러한 종류의 혼합주의는 일반적이었다. 그리고 이슬람의 신비가들은 무슬림들 가운데에서 최고의 혼합주의자가 되려는 경향성이 있었다. 이 과정을 가장 멀리까지 취했던 한 그룹은 벡타시(Bektashi)였고, 특별히 터키 근위병들 사이에서 인기가 있었던 그 운동에서, 그들 중의 다수는 그리스도인으로 양육되었다가 이후에 강제적으로 청년이 되어서 개종하였다. 명목상의 이슬람인 벡타시파는 음주를 허락했고, 라마단 금식을 무시했으며, 사이비 삼위일체론(quasi-trinitarian) 신학을 취했다. 그러나 보다 온건한 수준에서, 많은 일반 보스니안 무슬림들은 '라키' (raki, 터키의 술)를 마셨고, 그들의 여인은 종종 베일을 착용하지 않았다.

코소보에 있는 가톨릭교회는 무슬림들 사이에서 성유가 눈병으로부터 아이들을 보호한다는 신념 때문에 무슬림 이웃들에게 성유를 허락했다. 가톨릭 사절인 페테르 보그다니(Pjeter Bogdani)는 1681년 프리즈랜(Prizren)을 방문했을 때, 그는 무슬림, 가톨릭, 그리고 정교회 모두에 의하여 준수되었던(틀림없이, 사소한 차이의 이해관계가 있었지만) 산 정상 축제에서 설교했고, 이후에 그는 그 지역 주교와 와인을 곁들인 저녁을 함께 했다. 지역 차원에서 가톨릭과 무슬림 사이의 좋은 관계는 전자에 속한 사람들이 자신들의 자녀에게 맞는 대부로서 후자에 속한 어떤 사람들을 지명하는 관습으로까지 확대되었다.

코소보, 북알바니아, 그리고 콘스탄티노플의 많은 사람들이 그들의 아내는 그리스도인으로 남아 있었던 반면에, 공적인 목적을 위하여 (즉 인두세를 피하기 위하여) 자신들은 무슬림으로 돌아섰기 때문에 형편에 따라서는 의심스럽게 쳐다보기보다는 상호집단적인(intercommunal) 친밀함의 이러한 인상적인 경우가 있었다. 표면상 부녀자들을 보살피기 위하여, 성직자들이 집으로 초대를 받았을 때, 그 남편들 역시 성찬식을 포함하여 그 직무들에 역시 동참했다. 1651년 코소보의 한 성직자가 허락하지 않았던 일을 기록했다. "그들 가운데 어떤 사람들(이러한 사람들이 아주 많았다)은 말했다. '우리는 마음으로 그리스도인입니다. 우리는 무슬림들이 우리에게 부과한 세금을 지불하지 않기 위하여 우리의 종교적 회원권을 변경했을 뿐입니다,' 이러한 이유로 인하여 그들은 말했다. '존경하는 시제님, 오서서 우리에게 고해와 성찬식을 은밀하게 베풀어 주십시오.' "10)

정교회 교회의 권위자들과 로마의 교황은 이러한 종류의 실행을 강하게 비난했고, 성직자들과 학습주교들(Junior bishop)이 이러한 상황에서 성찬식 베푸는 것을 금지하려고 노력했다. 그러나 그들의 항의는 효과가 없었다. 그와 같은 허식은 때때로, 19세기에 개방적인 기독교인들로 알려진 그들의 후손들과 더불어, 몇 대에 걸친 가문들에서 유지되었다. 그것은 전문용어로 "비밀-그리스도교(Crypto-Christianity)"라고 알려졌다.

모든 그리스도인들이 평등한 것은 아니다

오스만 사람들은 다양한 이유로 인하여 가톨릭보다 정교회를 더 선호했고, 그것들 가운데 어떤 것들은 20세기 동안 공산정권에 의하여 나타난 동일한 선호감과 동일한 것들이었다. 첫째로, 동방 정교회는 오스만 제국의 영토 밖에서 그 누구에게도 복종과 충성의 유대관계를 전혀 맺지 않았다. 신자들은 콘스탄티노플에서 정교회 총대주교를 기대했지만, 그는 정부의 고분고분한 수단이 될 수밖에 없었다. 정교회는 본성적으로 로마 가톨릭교회가 했던 것보다 훨씬 더 많이 세속정부에 대한 무조건적인 충성을 강조했었다. (참으로, 두 번째 이유는 첫 번째와 거의 연관이 없다. 즉 정교회는 정부에 대하여 정치적인－또는 심지어 도덕적인－세력을 발휘하려고 했던 관점에서 어떤 독립적인 세력기반이 없었다.)

가톨릭교회보다 동방정교회를 이렇게 더 선호했던 다른 이유는 오스만 제국의 상황에서, 비록 누군가 20세기 냉전 시대와 훨씬 더 필적하는 것이라고 이해할지라도, 보다 특별한 것이었다. 정교회와 로마교회 사이에 있었던 장기간의 반감은 유럽의 권력 문제로 인한 대부분의 다툼에서 정교회가 오스만 황제에게 충성스러운 신민이 되도록 만들었다. 동일한 방법으로, 가톨릭교회를 향하여 반감을 갖고 있었던 정교회의 재원은 이후에 공산주의 소련, 루마니아, 그리고 불가리아 정권들이 그들의 정교회 주민들을 지배하는 일에서 의지했던 그 자금을 제공하고는 했다. 총대주교 자리를 진지하게 고려하는 어떤 지원자에게도 반-서방주의(Anti-Westernism)는 중요한 필요조건이었다.

오스만 제국의 발칸 지역에서 가장 탁월한 요직을 차지하였던 그리스인들은 그리스어를 말하는 사람들이었다. 알바니아 사람들과 함께, 그들은 해양무역과 함대를 지배했다. 터키 사람들은 선원이 아니라 군인들이었다. 에게 해(Aegean Sea)의 모든 해안들과 셀 수 없이 많은 섬들은 주로 그리스어 사용자들이 살고 있었다. 그것은 1922-1923년의 대규모 유혈이 있을 때까지 의미심장하게도 변화되지 않던 상황이었다. 비잔틴 지역에 있었던 박식한 비교적 많은 사람들은 그리스 사람들이 지속적으로 행정에서 영향력을 미쳤다는 것을 의미했고, 매우 많은 관직의 통역자(dragoman)들이 그리스 사람들이었다.

한 예로, 18세기 초반부터 왈라키아(Wallachia)와 몰다비아(Moldavia) – 현재의 루마니아 – 에 종속하는 공국들은 오스만 제국이 임명한 그리스 군주들(governors)에 의하여 다스려졌다. 무엇보다도, 그리스 사람들은 상급 교회 지위를 지배하였고, 슬라브(Slav)와 루마니아어를 말하는 지역에서도 마찬가지였다. 매우 많은 사람들이 처음부터 옮겨왔던 그리고 총대주교가 기초를 두고 있었던 콘스탄티노플의 파나르 지역을 본받아, 특별히 교회조직에서 탁월했던 그리스 사람들이 파나리오트(Phanariots, 투르크가 임명하는 그리스인 고관 – 역자주)로서 언급되었다.

이 모든 것이 오스만 제국에서 그리스어를 사용하는 유력한 사람들에게 커다란 이익을 가져왔다. 오스만 제국이 밀어냈었던 비잔틴 기독교 시대의 연장선으로서, 또는 적어도 서방 가톨릭교회의 침입에 대항하는 그리스와 정교회의 문화 영역에 대한 보호자로서, 오스만 제국을 생각하는 일이 가능하게 되었다. 이러한 그리스 사람들의 지배와 이전에 언급했던 부패에도 불구하고, 교회는 발칸 지역 전체에 걸쳐서 지역 주민들과 더불어 일체감을 갖게 되었고, 결국에는 근대에서 종교적인 정체성에 관한 결과론적인 변화가 민족적인 정체성이 되게 하는 모판이 되었다.

그리스 사람들의 지배 유형에 대한 한 가지 예외는 세르비아 교회의 경우이다. 메흐메드 소콜로빅(Mehmed Sololovic, 터키어로는 Mehmet Sokolli)은 소년이었을 때 데브쉬르메로 선발되었고, 슐레이만 황제(Suleiman the Magnificent) 아래에서 성장하여 저명한 수상(1565-1579)이 되었다. 1557년 선임 수상으로 여전히 지내면서, 그는 그의 형제 마카리제(Makarije)로 하여금, 펙

(Pec)지역의 총대주교의 직위에 복직하도록 하였다. 그 이후에, 18세기의 터키 왕조와 파나르의 동맹은 결과적으로 너무 확고한 것이었음을 입증하였다. 펙 지역의 총대주교 직위는 1766년에 다시 억압당했다. 어쨌든 그것은 여러 세대 동안 그리스 사람들의 지배하에 있던 것이었다. 오흐리드(Ohrid) 지역의 직위는 그 직후에 선례를 따랐다. 모든 교회 학교들은 그리스어로 수업을 진행했다. 그 학교에 늘 출석했던 슬라브와 루마니아 학생들은 그들의 기억에서 사라져버린 – 농민들에게는 적합한 – 단순하고 거친 방언처럼 그리스어와 그들의 모국어를 보게 되었다.[11]

헬라화(Hellenization)의 과정은 몰다비아와 왈라키아(루마니아어를 말하는 지역들)에서 그들의 정치적인 상황 때문에 도움을 받았다. 준 자치 공국들(quasi-autonomous principalities)로서, 그들은 파나리오트의 부를 위한 유력한 피난처를 제공하였다. 그곳에 보관되었던 소유물은 오스만 황제의 단호한 몰수의 항존하는 위험에서 안전할 수 있었다. 콘스탄티노플에서 온 부요한 그리스 사람들은 동일한 통찰력을 갖고 있었고, 16세기와 17세기 동안, 그들 중의 다수는 몰다비아와 왈라키아 귀족들과 결혼했고, 부동산에 투자했다. 우리는 이미 주요한 도시들에 그리스 학원들을 세운 일을 언급했다. 그리고 지방의 왕들은 터키 사람들로부터 독립된 위치에서 비잔틴의 마지막 남은 자들이라는 자부심을 갖고 있었다. 그것은 그들로 하여금 파나르와 부유한 그리스 사람들로부터, 그들이 동방 로마 제국의 연속성을 대표하고 있다는 그들의 환상에 대한 확신으로서, 그렇게 많은 관심을 받도록 하는 일이 되었다.[12]

무슬림의 피난 초기

무슬림 흥망에 관한 반전의 시작은 분명히 17세기 후반부터 인식할 수 있다. 기독교 병력들(주로 오스트리아)이 획득한 많은 지역들이 단기간 지속되었음에도 불구하고, 그 일은 오스만 제국의 권력이 약해진 1689-1690년의 군사행동에 뒤따르는 것이었다는 사실은 의심의 여지가 있을 수 없었다.

1689년 오스트리아 군대는 터키의 방어를 뚫고 무너뜨렸고, 다뉴브(Danube)강 남쪽 수백 마일까지 적들을 쓸어버렸다. 승리를 거둔 기독교인들은 바로 코소보와 마케도니아로 터키의 이슬람교도들을 추격해야 하는 자신들을 깨달았다. 코소보에서 총대주교 아르제니에 3세(Arsenije III)를 포함한 어떤 세르비아 사람들은, 정교회-가톨릭의 구별을 무시하는 보기 드문 경우로, 기독교 침입자들을 지원하기 위하여 일어섰다. 그러나 보다 많은 사람들이 가톨릭 침입자들을 의심스러운 눈초리로 바라보았다. 반란을 일으키기로 선택했던 사람들은 곧 그들이 그들의 선입관을 그대로 놔두어야만 한다는 것을 느끼게 되었다. 실망스럽게도, 오스트리아의 군대가 얻은 이익은 그들이 얻었던 것만큼이나 신속하게 되돌려졌다. 반란을 일으켰던 코소보의 세르비아 사람들은 터키 사람들의 보복을 당연히 두려워하면서 북쪽으로 퇴각하는 합스부르크(Hapsburg) 군대와 동맹했다.

그러므로 1919년까지, 다뉴브의 북쪽까지 이르는, 남부 헝가리의 일부분으로 남아있던 크고, 기름지고, 평탄한 땅, 보이보디나(Vojudina, 세르비아의 한 지역 – 역자주)의 주민들과 뒤섞인 정교회가 시작되었다. 소위 대탈출(*elika Seoba*, Great Exodus)의 이 일화는 박해를 당한 민족의 역사에 있었던 중요한 시기로서 세르비아의 민간전승에 일부가 되었다. 1689년의 사건들은 아마도 그들이 그 당시에 느꼈던 것보다 오늘날 더 중요한 것이다. 이민(*seoba*, migration)에 관한 19세기 후반과 20세기 초반의 민족주의자들의 다양한 표현은, 그의 회중들을 피곤한 상태에서 인도하여 슬프게도 "세르비아 나라의 심장"인 코소보로부터 망명길을 떠나는 아르제니에 3세와 더불어, 세르비아 가정들, 공공건물들, 달력들, 그리고 출판물들에서 도처에 널려 있었다.

이 이민에 합류했던 사람들의 숫자가 종종 과장되었는데, 그들은 50,000명 정도를 더 초과하지는 않았을 것이다. 그러나 그것이 코소보에서 알바니아어를 말하는 사람들이 슬라브어를 말하는 사람들보다 더 많아지기 시작했던 것은 바로 이때부터였음은 충분히 가능하다. 분명히, 현대의 세르비아 민족주의자들은 세르비아 사람들이 떠났을 때, 그들이 알바니아 사람들에 의하여 대체되었다는 것을 강조한다. 비록 이 일 전에 알바니아어를 말하는 사람들이 대부분 북쪽(*Ghegs*, Kosovars)에서는 가톨릭이었고, 남쪽(Tosks)에서는 정교회였지만, 이 사람들은 무슬림 터키 사람들의 충성스러운 신민이 되려는 경향성을 갖고 있었기에, 이슬람으로 개종하는 일이 더 쉬웠다.

그러나 1680년대와 1690년대부터, 다뉴브(Danube) 강과 사바(Sava) 강의 북쪽 모든 지역들은 기독교 세계 안으로 다시 통합되었다. 헝가리, 크로아티아, 슬라보니아, 보이보디나, 그리고 트란실바니아 모두 – 가톨릭까지도 – 는 이제 합스부르크 왕가에 수중에 들어갔다. 많은 곳에서, 극소수의 기록들이 터키 사람들의 점령기간에 살아남았다. 동부 슬로바니아의 오시예크(Osijek)는 적절한 경우가 된다. 그 문서기록의 역사는 마지막 300년 이전에는 단편적으로 존재한다.

이러한 터키의 패배로 인한 결과는, 그리고 그 결과로 나타난 그 지역의 광대한 영역의 재기독교화(re-Christianization)는 이 영토들에서 이슬람 주민들을 신속하게 제거하는 것이었다. 무슬림들은 이제 이슬람 영역(dar al Islam, realm of Islam) 안에 남아 있기 위하여, 기독교의 보복을 피하기 위하여, 그리고 다소간 특권을 누릴 수 있는 그들의 상태를 지속하기 위하여 남쪽으로 퇴각했다. 물론 사람들의 그와 같은 이주는 오스만 제국의 지배하에 남아 있었던 남동부 유럽의 지역들에 무슬림이 집중되는 것을 강화시키는 결과를 낳았다. 그것은 19세기 동안 지역적인 제한이 급히 진행되었을 때, 보다 더 두드러진 것이 되었던 과정이었다.

제10장

상호 그릇된 정치

중세 17세기와 18세기 후반부 사이의 시기 – 일반적으로 그 시대는 '구체제' (ancien regime, 1789년 프랑스 혁명 전의 프랑스 절대왕정 시대[부르봉 왕가]의 사회체제를 의미함 – 역자주)라고 부른다 – 는 대략 종교전쟁으로 종말을 고했다. 그러나 그것이 산상수훈이 의미하는 우주적인 승리를 입증한 것은 아니었다. 우선 한 가지 이유는, 30년 전쟁과 영국제도의 내부분쟁에서 여전히 남아 있었던 분열에 대한 암시로서, 뜻밖의 야만적인 작은 전투가 간헐적으로 되풀이되었기 때문이었다. 더 중요하게는 개신교도들이 가톨릭의 지배 아래에서 지속적으로 고난을 당하고, 가톨릭 신도들이 특별히 아일랜드에서 개신교 정부의 지배 아래에서 동일한 일을 당한 것이었다. 영국, 웨일즈, 그리고 스코틀랜드에서 개신교도들은 서로에게 고통을 주고는 했다.

영국 왕정복고의 반대

왕정복고는 기쁨에 찬 왕정주의자들의 사악한 복수심으로 악명이 높다. 크롬웰(Cromwell)과 그의 양자 이레톤(Ireton), 브레드쇼(Bradshaw), 그리고 프라이드(Pride)의 시신들이 파내어져서 참수 당했고, 사지가 찢어졌으며, 공개적으로 전시되었다. 먼저 매장되는 행운을 갖지 못했던 살아남아 있는 국왕 시해자들 가운데 몇몇 사람은 유사한 취급을 받아야 하는 자신들을 깨달았다. 그러나 새로운 왕이 소수의 저명한 희생자들을 향한 공식적인 앙갚음의 흐름을 저지할 수는 있었지만, 지방에서 대중들의 분노가 폭발한 것은 거의 막을 수가 없었다. 나라 전체에서, 침례교와 퀘이커파 모임들이 군주제를 지지하는 폭도들에 의하여 중단되었고, 그 회원들은 체포되었으며, 그들의 재산은 강탈당했다. 저명한 퀘이커교도였던 조지 폭스(George Fox)는 랭커스터(Lancaster)에 투옥되었다.

왕정복고 의회(Restroation Parliaments)는 1661년까지 초기 중도노선에서 급속하게 강경노선의 군주주의(royalism)로 돌아선 역사이다. 첫 번째, 1660년의 컨벤션 의회(Convention Parliament)에는 장로회주의를 지속적으로 선호했던 다수의 상당한 소수파가 포함되었다. 그러나 이 사람들은 찰스 2세가 브레다(Breda)에서 그들에게 실행하기로 약속했던 "연약한 양심들을 위한 자유"(liberty for tender consciences)의 양도를 확실하게 하는 일에 실패했다. 감독제도(Episcopalianism)가 명백히 이제 막 복원되려고 하였고, 군주제(monarchy)는 아마도 감독제의 제한된 형태를 보장하는 것에 의하여 존재했다. 그래서 장로교도의 전략은 어쨌든 국가 체제 안에서 포용주의 정책을 요구하는 것이었다. 찰스는 그들 가운데 일부를, 왕의 지명을 정중히 거절했던 리차드 백스터(Richard Baxter)처럼, 그의 궁정목사와 헌물 주교직(offering bishoprics)에 지명하면서 그들에게 귀를 기울일 준비가 된 것처럼 보였다.

그러나 의회는 적은 수의 독립파(Independents) 회원들도 포함하고 있었는데, 그들은 만일 장로회주의자들이 국가 교회 내부에 포함되어진다면, 그때에 외부의 회원들은 (명백히 그들 자신을 포함하려고 하는) 너무 그 수가 작아서 신앙의 자유를 위한 어떤 중요한 기회를 갖는 것이 어려울 것이라고 판단했다. 그래서 린든 존슨(Lyndon Johnson)의 유명한 정치적 견해의 반전에서 국가 교회로부터 결국 쫓겨나게 될 사람들의 완전한 숫자를 강조한 것은 그들 모두를 위한 정당성을 보장하기 위한 한 방법이었다. 따라서 역설적으로 독립파는 영국 교회 안에서 장로회주의자들의 포용주의를 대적하는 일에서 감독제지지자들과 연합했다. 교회 일에 관여하는 왕의 공포가 효과적이 되도록 하는 법안에 반대하는 것에서(공평하게 말하면, 국왕 자신의 목사들 역시 그것을 반대했다), 그것은 157명이 찬성하고, 187명이 반대해서 부결되었다. 장로회주의자들은 독립파 사람들을 냉대하면서 협력하였다.

해결되었어야만 하는 포용주의 현안은 신앙의 자유에 대한 현안으로 남았다. 그러나 1661년 3월의 기사회의(Cavalier Parliament)는, 장로회지지자들이 60명 정도로 축소되면서, 다수의 왕당파-감독주의자들이 다수파가 되었다. 독립파의 권모술수에 능한 사람들의 계산은 아무 소용이 없었고, 그들 중에 누구에게도 신앙의 자유에 관한 기회는 주어지지 않았다.

왕당파 다수는 이전의 1월에 제5왕국주의자(Fifth Monarchist) 폭동에 의하여 다루기 어려웠던 그들의 결정을 확고히 하였다. 보수주의자들이 비웃는 투로 말했지만, 모든 신앙적인 급진주의자들은 일부에 불과했다. 그들 모두를 억압하는 것이 더 나았다. 그러나 그 논리 위에서, 그들은 필히 관대히 다루어져야만 했었다. 토마스 벤너(Thomas Venner)의 제5왕국 사람들이 칼을 흔들고 "왕 예수를 위하여!" 라고 외치면서 거리를 가로질러 지날 때, 국가는 전혀 동요하지 않았다. 그들 가운데 30명 정도가 그곳에 있었다.

그 해의 지방자치 단체법(Corporation Act)은 모든 공무원들이 엄숙동맹(the Solemn League and Covenant, 1640년대에 장로회주의를 지지하기로 맹세하면서 그들 대부분이 했던 맹세)을 포기하면서 충성과 주권에 대한 맹세를 하고, 무저항을 약속하도록 강요했다. "왕에 반대하여 무기를 갖는 것은 그 어떤 구실로도 합법적인 것이 아니다." 그것은 새 시대의 축가였다.

왕정복고에서, 영국의 상류계급은 그들이 지난 30년 동안 모든 변화들을 거치면서 투쟁했던 것들을 마침내 성취했다. 그것은 의회에 의하여 국가적인 차원에서 지배를 받고, 또 대지주와 교구 목사 사이의 확고한 협력에 의하여 지역적인 차원에서 지배를 받는 – 후자가 담당하고 있었다 – 유순한 교회였다. 상류계급은 그들의 지배 아래 있었던 신앙적인 문제의 해결(결국 그것이 가장 중요한 사회 지배의 수단으로 남아 있었다)을 결정하게 되었다. 동일한 이유로, "열광주의"(enthusiasm)의 모든 형태들은 억압받아야만 했다. 비록 상류계급과 관련된 정치적 권력을 박탈하는 것이었지만, 1662년의 통일령(The Acts of Uniformity)과 기도서(Book of Common Prayer)가 로드주의(Laudian) 감독제도의 외적인 중단을 다시 상기시켜 주었다.

1662년의 대추방령(The Great Ejection)은 영국국교회를 반대하는 역사에서 획기적인 일로서 유명한데, 그 일로 인하여 장로회주의자들과 독립파신도들은 영국 교회에서 그들의 성직을 잃어버렸다. 어떤 의미에서, 그것은 정당한 것이지만, 청교도 성격을 갖고 있었던 모든 종류의 사역자들이 이제 무엇을 할 수 있는가를 결정해야만 하는 고통스러운 전환기를 느꼈기 때문에, 그들은 개혁할 수 없는 것을 개혁하려고 더 이상 지속적으로 노력할 수 없었고, 그들의 생계를 위하여 보다 건설적인 무엇인가 일거리를 찾아야만 했다. 그러나 다른 의미에서 얼마나 많은 사역자들이 그들의 교구로부터 추방당했는가의 문제 때문이 아니라, 얼마나 적은 사역자들이 그랬는가 하는 것 때문에, 대추방령은 인상적이었다. 약 2,000명(전체 9,000명 중에서)이 1660-1662년 동안 그들의 지위를 상실했고, 평신도 후원자(즉 지역 상류계층)에 의하여 지명된 사람들로 주로 대체되었다. 추방된 사람들 중에서 대다수는 장로회주의자들이었고, 약 200명 정도는 독립파였다.

그들의 원래 지위에 이렇게 남겨진 7,000명(또는 거의 78%정도)은, 바로 이전의 20년 동안 다양한 청교도 권력들을 섬긴 이후에, 이제 적그리스도의 장난감처럼 뒤흔들리면서 그들의 날이 더 오래 지속되는 일을 준비했다. 각각의 새로운 종교체제를 떠들썩하게 정당화하면서 원칙 없이 시류에 편승하는 (그리고 모든 변화 이후 그것을 동등하게 떠들썩하게 부인하는) 사람들을 묘사했던 "기회주의자"(Vicar of Bray)라는 표현은 1660년대에는 신조어가 아니었지만, 아마도 그러해야만 했을 것이다. 왕정복고의 시대에서 교구 목사에 대한 통찰력을 우리에게 주는 일을 제외하고, 숙고해 보건대, 이 통계는 우리로 하여금 공화정 시대 동안 그렇게 요란스러운 과시를 보여주었던 급진주의(radicalism)의 진정성에 대하여 덜 감동을 받도록 해야만 한다.

내부에서부터 영국교회를 개혁하려는 청교도들의 소망은 이제 분명히 사라졌다. 그들의 때는 왔다가 가버렸고, 그것은 매우 명백하게 다시 돌아오지 않았다. 이것은 장로회주의와 독립파가 이제 무엇을 의미하는가에 대한 어려운 질문을 남겼다. 각기 한 국가 교회가 되려고 계획했지만, 국가 교회는 그들을 위하여 각각의 마지막 대변인들을 이제 추방시켜 버렸다. 그들이 유아세례를 채택했고, 또 먼저 누가 신자인가를 당신이 절대로 알 수 없다고 그들에게 확신을 준 신학을 채택했기 때문에, 그 어떤 운동도 신자들의 교회가 될 수 없었다. 그러므로 1662년 이후의 장로회제도와 독립파는 무엇이었겠는가? 그들에 관하여 언급할 수 있는 모든 것은 각자가 신앙적인 원칙의 한 특별한 경향에 대한 신봉자들을 받아들였다는 것이다. 각각은 "교단"(denomination)이 되었고, 1662년은 우리가 그것을 현대적인 의미에서 집단적인 명사로 사용하는 정당한 이유를 갖게 되는 최초의 경우가 된다.

국가교회의 구조를 가지고 집약적인 교회로 연합하려는 분리주의자들의 꿈(언제나 반쯤 구워진 생각!)은 좌절되었고, 그래서 아무것도 분리주의자들을 독립파들(또는 회중주의자들)로부터 나눌 수가 없었다. 1660년 야머스(Yarmouth)에서 분리주의와 회중주의 교회들의 연합은 양측의 특별하고도 매우 사소한 의견의 차이가 새로운 실제들을 인지했다는 사실을 상징하는 것이다. 장로회주의와 독립파의 야심에 찬 국가 교회는 열망으로 끝났다. 그들은 더 이상 기도서를 따르지 않는 비국교도(nonconformist)가 될 수 없었고, "국교반대자"(dissent)의 일부가 되었다. 이것은 침례교도(특별파와 일반파 모두)들과 퀘이커파 – 국가의 변화는 고사하고 너무 단명하였고 또 조직이 너무 미약해서 노출되어 있던 변화를 헤쳐 나가지 못했던 시민전쟁 기간에 나타난 다른 분파주의자들 – 과 함께 그들을 바깥 어두움에 남겨두었다. 그렇기는 하지만, 그것은 추방당한 청교도들이 예상하지 못했던 모임이었다.

분리주의자들은 지역 관리들에 따라서, 가지각색의 사악한 단계로 핍박을 받았다. 최고의 동기는 1660년 이전에 그들의 왕당주의(royalism)를 위하여 고난을 받았던 상류계층과 왕당주의는 아니었으나 무기력한 분노 속에서 공화국의 급진주의를 인내했던 많은 사람들에 의한 순전한 악의의 복수심이었다. 그들이 1640년대와 1650년대의 대재앙이 다시 발생하는 일을 막아내고 있다고 스스로를 설득하면서, 왕정복고의 상황은 그들이 복수하는 일을 하게 했다. 1664년과 1670년의 비밀집회금지법(Conventicle Acts)은 비합법적인 종교모임("비밀집회소", conventicles)의 모든 출석자들이 벌금을 부당하게 치르도록 하였다. 분리주의자들은 사형집행을 받기가 쉽지는 않았지만, 그들은 종종 사형 선고에 상당하는 그리고 더 빈번히 쇠약한 건강의 상황에서 긴 기간 동안 투옥될 수도 있었다. 벌금은 종종 모든 가족들의 파멸을 초래하려는 의도를 갖고 있었고, 분리주의자들을 체포하려고 오는 군인들과 다른 사람들에 의한 매질(그것 때문에 많은 사람들이 죽었다)은 거의 알려지지 않았다. 그들은 모든 신앙의 비국교도들이 대역죄인이 되려고 한다는 확신이 있었던 권력자들에 의하여 언제나 괴롭힘을 당했다. 또한 그들은 지역 성직자, 재판관, 그리고 상류계층의 묵인이나 격려로 폭도들에 의하여 공격을 받았다. 그것은 차분한, 신학적인 숙고나 발전에 도움이 되는 상황이 아니었다.

물론 이 모든 분노 가운데 가장 유명한 희생자는 감옥에서 1660-1672년의 시간을 보냈던 베드포드(Bedford)에서 온 땜장이면서 설교가인 존 번연(John Bunyan)이었다. 침례교인들과 회중주의자들은 『천로역정』(*Pilgrim's Progress*)과 『넘치는 은혜』(*Grace Abounding*)(많은 다른 저작들과 함께)의 위대한 저자가 그들의 교파에 속한다고 지속적으로 주장한다. 베드포드 모임(Bedford Meeting)은 이제 침례교인과 회중주의자로 동시에 존재하여 남아있는 유일한 교회이다. 특별 침례교도들의 등장과 관련한 특이한 것은 많은 사람들이 스스로를 어떤 엄격한 의미에서 신자들의 교회로서 보다는 성인 고백 신자에게 세례를 베풀도록 선택했던 회중주의자들로 보았던(7장을 보라) 상황이었다. 그런 까닭에, 세례의 양쪽 형태들은 그 문제에 관하여 서로에게 관용으로 접근하는 일을 훈련했던 동일한 회중인 회원들 안에서 지속적으로 존재하였다. 그리고 그들이나 다른 그 누구도 다른 곳에서 신학적인 차이점의 다른 관점을 드러내지 않았다. 분명히 어떤 관용도 번연에게 치안 판사에 의하여 베풀어지지 않았다. 비록 지시된 것이 아니면 무엇이든지 관대하게 다루려고 하는 세대에게 최근에 덜 받아들여졌던 교훈적 경향이 있었지만, 그는 반강제적인 그의 여가를 가장 위대한 불후의 저작들을 출판하는 일에 사용했다.

만일 의회와 상류계층이 박해에 열중하고 있었다면, 왕 자신은 신앙의 자유에 마음이 기울어지기가 쉬웠다. 부분적으로, 이것은 그가 은밀하게 가톨릭을 선호했고, 또 여전히 열광적으로 반교황적인 나라에 그것을 강요하는 일은 승산이 없다는 것을 알고 있었기 때문이었다. 영국에서 그가 선호하는 신앙의 허용을 최소한이라도 쟁취하는 최선의 소망은 먼저 개신교 분리주의자들에게 신앙의 자유를 주는 것으로 자유에 대한 원칙을 세우는 것이었다. 따라서 1672년, 찰스 2세는 신교자유의 선언(a Declaration of Indulgence)을 선포하고, 분리주의자들이 그들의 가정 집회를 위한 허가증을 지참하는 한에서 모이는 일을 허락했고, 동시에 가톨릭교회가 개인의 가정에서 미사를 거행하도록 허락했다. 대부분의 분리주의자들은 가톨릭교회까지 확장된 신앙의 자유로부터 얻는 유익에 대하여 불편해 했지만, 왕의 호의를 뒤섞인 감정과 함께 받아들였다.

그 다음 해, 의회는 왕에게 신교의 자유를 철회하도록 압력을 넣음으로써 그들의 양심을 지켰고, 저마다의 박해가 다시 시작되었다. 새롭게 지어진 예배당들은 몰수당했거나 파괴되었고, 성직자들은 체포되었다.

찰스는 자신이 죽을 때에 로마 가톨릭교회에 대한 그의 충성을 분명히 하면서, 1685년에 사망했다. 그는 많은 자녀들이 있었지만, 그 누구도 합법적인 자녀는 아니었고, 그래서 왕권은 그의 형제 제임스에게로 넘어갔다. 그리고 그는 죽음의 운명에 의하여 기꺼이 그렇게 하기 훨씬 이전에 자신을 로마가톨릭 교인으로 선포하였다. 한숨을 돌리는 것은 일순간이었다. 정치가들은 메스꺼울 정도로 한동안 그들의 다음 군주가 교황주의자인 것 같다는 것을 알고 있었다. 그러나 그들은 법치와 국왕의 합법성에 대한 그들 자신의 과장된 강조 그리고 무저항에 대한 그들 자신의 교리에 의해 가로막혀 있는 자신들을 이제 발견했다. 어쨌든 많은 사람들은 그들이 자신의 권력자의 사람됨에 대하여 잘 알고 있었고, 또 그가 경솔하게 어떤 일을 시도하지 않으리라는 것을 확신하였다. 만일 그들이 가톨릭화를 향한 어떤 움직임을 독수리처럼 지켜보는 일을 그만두었더라면, 그들은 조금도 인간적이 되지 못했을 것이다. 그리고 제임스가 어쨌든 그와 같은 일을 시도하려는 어리석은 일을 그만두었더라면, 그는 스튜어트(stuart) 왕가의 사람이 되지 못했을 것이다. 그 결과는 전혀 놀라운 것이 아니었다.

제임스 2세가 공황 상태의 개신교도들에 의한 두 번의 반란을 비교적 쉽게 모면했음에도 불구하고, 그의 음모는 결국 그를 보다 심각한 문제로 이끌어갔다. 특히 비국교도들을 몰아내려고 계획했던 심사율(Test Act, 1673년 영국에서 비국교도가 공직을 가질 수 없도록 규정한 법률 – 역자주)에도 불구하고, 그는 자신과 같은 신앙인을 군대와 관직의 직책에 지명하려고 노력했다. 결국 1688년 그는 실제로는 가톨릭을 목표로 하면서 분리주의자들에게 신앙의 자유를 허락하는 1672년에 그의 형제의 신교자유의 선인을 반복하려고 시도했다.

분리주의자들의 개신교는 동일한 유익에서 가톨릭을 몰아내려는 조건에서만 자신들을 위한 신앙의 자유를 구하려고 했는데, 결국 다음의 통치에서 제임스 2세가 강제적으로 그의 딸과 네덜란드의 양자인 메리(Mary)와 오렌지공 윌리엄(William of Orange)을 후계자가 되도록 했을 때, 1688-1689년의 명예혁명(Glorious Revolution)에서 그들의 정치적인 보상을 얻었다. 윌리엄은 의회에서 통과된 1689년의 관용령(Toleration Acts)을 택하는 일에 성공했다. 이것은 복종의 맹세가 적당한 경우들에 취해진다는 조건으로, "신앙의 실천에서 민감한 양심에 대한 어떤 여유"를 허락하였다. 그것은 어떤 집회도 비밀리에 열려서는 안 되고(정치적인 전복에 대한 심각한 의심을 완화시키기 위하여), 가정 집회는 지역 주교들에게 등록되어져야 하고(호의를 가진 공무원들과 거래하지 못하도록), 십일조와 교구지방세는 분리주의자들이 교구 영국국교도인 것처럼 지불해야 한다고 확언하였다.

적어도 그것은 시작이었다. 더 나아가, 명예혁명의 위기는 개신교와 동맹을 맺는 상황으로 나아간 휘그당(Whig party)의 출현을 초래했고, 의회의 의지는 엄격한 왕정주의와 왕위계승권에 관한 무사안일주의적인 합법성보다 더한 것으로 간주하였다. 분리주의자들은 거기에서 (다소간) 새로운 정치적 전망에서 주도적인 세력가운데 하나에 의하여 환영받고 있는 자신들을 깨달았다. 그들의 경쟁자인 토리당(Tory party)은 국교회에 속한 비타협적인 지원자들로 구성되어 있었다. 그리고 새로운 군주에 대하여 충성심을 갖고 있던 사람들은 그들을 임용했던 명예혁명의 합법성에 대하여 양심의 가책을 그들에게 여전히 남겨놓았다.

1689년의 관용령은 영국 비국교도의 삶에서 새롭고 영광스러운 장이 시작되는 것을 볼 수 있을 것이라고 기대될 수도 있었다. 사실, 그것은 퇴보의 세기를 예고하는 것이었다. 다섯 개의 교단들 가운데, 회중주의자들만이 그들의 정통사상이 방해받지 않으면서 그리고 그들의 숫자상의 회원 수가 해를 입지 않으면서 18세기를 뚫고 나아갔다. 어떤 박해가 끝내 달성되지 못했다는 것은, 대부분의 경우에, 그것들이 상대적으로 용이한 새로운 상황들로 인하여 이루어졌기 때문이다.

장로교도들은 17세기 후반에 모든 비국교도의 절반보다 조금 더 많은 비율을 차지하고 있었다. 결국 그들은 이제 영국국교회에서 쫓겨났던 이전의 주류청교도일 뿐이었고, 그들 중의 다수는 그렇게 지냈다. 그들의 청교도 조상들처럼, 그들은 도시들과 무역과 상업계층에서 강했다. 16세기 내내, 큰 세력을 떨쳤던 그들의 지역은 개신교주의가 가톨릭이나 전통주의(traditionalism)를 극복하기 위하여 투쟁해야만 했던 지역들이었다. 국가교회를 이룩하려는 진전된 소망을 상실하면서, 그들은 내향적인(inward-looking) 경향성을 갖게 되었고, 그들 자신의 직무에 대하여 내면적인 일들에 대부분 초점을 맞추었다. 명백히, 그것은 장기적으로 많은 사람들에게 유익한 것이 아니었다.

어쨌든 장로교주의자들의 내면적인 직무는 곧 그렇게 훌륭하게 보이지 않기 시작했다. 왜냐하면 그 세기의 마지막에서 그들이 폭넓은 의견들을 수용하기 시작했고, 또 실제적인 회심의 어떤 증거들보다 신앙의 지식에 대한 어떤 정도만을 요구했기 때문이었다. 결국 장로교주의자들은 어떤 사람도 누가 구원받았는지 또는 누가 잃어버린 영혼인지를 증명할 수 없다고 믿었다. 결과적으로, 그들은 곧 자유주의적인 자유의지론자들을 수용하였고, 이후에는 소시니안파(Socinians)도 수용했다. 이 마지막 수용은 비참한 것이었고, 18세기 동안, 영국 장로교주의는 광범위하게 일신론(Unitarianism)으로 무너졌다.

독립파, 또는 회중주의자들은 18세기 초반 모든 비국교도 가운데 약 18%를 차지했다. 그들은 장로교주의자들과 어떤 신학적인 차이도 없었고(후자가 소시니안주의로 타락하기 이전에), 또 때때로 그들과 협력하였다. 그들과 같이, 회중주의자들은 대부분 도시에 있었지만, 장로교주의가 약했던 카마던셔(Carmarthenshire)에서와 같이, 그들은 동앵글리아(East Anglia, 영국의 라틴명 – 역자주)와 노샘프턴셔(Northamptonshire), 그리고 남웨일즈 지역에 속한 옛 청교도 중심지역에서 가장 강했다. 참으로 그 두 교단 사이의 분포지역의 형태는, 그들의 유사성에 비추어 볼 때, 그들이 서로에게 효과적인 대안으로서 역할을 다했다는 막연한 느낌으로 이끌어가는 서로를 향한 전도(顚倒)된 관계를 갖고 있다. 그러나 17세기 후반부나 혹은 18세기 내내, 회중주의자들은 전체적으로 복음적인 칼빈주의로부터 쇠퇴하지 않았다. 그것은 그들이 그들이 신분에서 이단들을 축출하는 것으로 성취했던 공적이었다.

회중주의자들의 전당에서 가장 뛰어난 이름들 중의 하나는 아이삭 왓츠(Isaac Watts, 1674-1748)인데, 그는 1707년 그의 『찬양과 영적 노래들』(*Hymns and Spiritual Songs*)을 출판했다. 그의 가장 유명한 작시는 아마도 "주 달려 죽은 십자가"(When I survey the Wondrous Cross)이지만, 이 찬송이 영국교회를 포함하여 광범위한 교회들에서 마침내 채택되었던 유일한 노래는 전혀 아니었다. 그의 전성시대에, 거듭난 사람들에게만 적합한 가사를 거듭난 사람과 거듭나지 못한 사람이 함께 부른다는 것과 관련하여 회중찬송은 그의 몇몇 형제들에 의하여 반대를 받았다. (그 비판은 원래의 칼빈주의가, 분리파의 존재양식에 속한 수년간, 양호한 상태에 있는 회원들이 선택받은 자들 가운데 있다는 전제로 얼마나 멀리 일탈하였는가를 보여준다.) 게다가, 그것은 왓츠를 비방하는 사람들에 의하여 찬송이 교회에서 잠잠하기보다는 노래하는 여인들과 관련이 있다는 불평을 받았다. 그것은 큰 소리로 노래하는 거듭나지 못한 사람들에 대한 전망보다 전능자께 훨씬 더 불쾌한 전망이었다.

그렇지만, 장기간 교회의 성공은 아마도 그들이 얼마나 그들 자신에게 속한 내적으로 야기되어진 허튼 생각들을 진지하게 받아들이지 않는가 하는 것으로 가장 잘 평가된다. 이 단계에서 회중주의자들은 충분히 만족할 정도로 통과했다.

그러나 매우 상이한 운명이 특별 침례파들을 기다리고 있었다. 그들은 베드퍼드셔(Bedfordshire), 하트퍼드셔(Hertfordshire), 래드너(Radnor), 그리고 궨트(Gwent)에서 강했고, 남쪽과 남서부에서 제법 강했으며, 북쪽에서는 매우 약했다. 1660년, 그곳에는 30,000명의 특별 침례파신도들이 있었고, 그들은 1689년까지 박해의 기간 동안에 지속적으로 성장했다. 그 후에, 그들의 성장은 차츰 잦아들었고, 18세기에는 그들이 처음에는 점진적이었지만 그 다음에는 매우 급속한 퇴보의 국면이 시작된 것을 보여주었다. 쇠퇴의 원인은 단순했다. 고칼빈주의(hyper-Calvinism)를 채택하는 그들의 증대하는 경향이 있었다.

우주의 질서를 정하시는 하나님의 가장 위대한 섭리 가운데 하나가 거의 모든 그리스도인과 비그리스도인 공상가들(ideologues)을 그들의 외적인 관념의 논리를 따르는 일에서 구하려고 그가 나타나신 방식이라는 것은 일부 독자들만이 주의를 기울였을 뿐이다. 다시 말해서, 대다수는 그 원리를 상관하지 않았다. 그러므로 하나님께서 분명히 자제하시면서 또 실제 경험에서 발생될 수 있는 충분한 결과들을 허락하는 단순한 방편을 통해서, 사고의 악함을 폭로하시는 비교적 희귀한 사건을 우리가 만나게 하실 때, 그것은 아주 충격적이었다. (종종 관찰되어졌던 것처럼, '귀류법' [reductio ad absurdum, 어떤 명제의 부정 명제가 참이라고 가정하여 그것의 불합리성을 증명함으로써 본래의 명제가 참인 것을 보이는 간접 증명법 – 역자주]은 하나님께서 선호하시는 논법이었다.) 그와 같은 것이 특별 침례교도들의 가장 영향력 있었던 신학자이자 자신의 교단과 그 밖의 다른 교단에 속한 사역자들에 의하여 압도적으로 읽혀졌던, 그리고 명백하게 하나님께서 단련하기를 원하셨던 사람이었던 존 길(John Gill, 1696-1771)로 인하여 두드러졌던 것은 놀랄 만한 운명이었다.

토비아스 크리스프(Tobias Crisp, 1600-1642)와 장로교인 조셉 허시(Joseph Jussey, 1659-1726)와 같은 일부 17세기 영국 교회 저자들의 불운한 발걸음에 이어서, 예정이 어떤 개인이 구원받을 수 있는지를 모든 영원성에서 선포되어졌기 때문에, 그리고 그리스도께서 그들을 위하여 즉 그들을 위해서만 돌아가셨기 때문에, 하나님께로부터 버림받은 자(reprobates)가 된 이유로, 완전히 회개하고 믿을 수 없는 사람들을 전도하는 일에 시간을 낭비한다는 것은 하나님의 섭리에 대한 모욕일 수 있으며, 사람들의 수준으로는 어처구니없는 일이었다. 길의 동료 침례교도였던 존 스케프(John Skepp, 1670-1721)는 매우 비참한 동일한 관점을 가졌었다. 즉, 그리스도께로 돌아오라는 초대는 "생명이 없고 무능력한 권고에 이르는" 것이고, 복음주의자의 설교는 "그와 같이 죽거나 무능력한 영혼에게 거의 소용이 없다"[1])

참으로, 1715년 특별 침례교도들이 여전히 220개 교회들을 소유하고 있었던 반면에, 35년이 지난 후에 이 숫자는 146개로 감소했다. 길(Gill)과 스케프는 그와 같은 결과에서 적절한 자존심을 가져야만 했다. 그리고 만일 그들이 그렇지 않았다면, 그들은 그 쇠퇴가 지구의 창조 이전부터 정해졌다는 것을 아는 위로를 갖고 있었다.

아마 결국 그들조차도 충분할 정도로 그렇게 일관된 것은 아니었다. 동일한 논리를 사용하면서, 고칼빈주의의 진리에 관하여 그리스도인들에게 행했던 그들의 저작들과 설교들은 복음전도자의 설교만큼 적절하지 못했다. 그와 같은 사상들을 진지하게 취하기로 예정되었던 그들은 그토록 무관심하게 행했지만 그렇지 않았던 사람들은 그렇게 행하지 않았다. 진실로 시종일관하는 운명론자들(fatalists)은, 결국 우리 가운데 남은 사람들이 실제로 그들의 의견을 이해하기 위하여 있다는 것을 그렇게 확신하지 않았던 엄밀하게 시종일관하는 실존주의자들(existentialists)처럼, 단순히 침묵을 지키고는 했다. 그 침묵은 어떤 결과에 부닥치지 않을 것처럼 헌신적으로 소망되어진 것이었다.

18세기 나머지 후반부에, 앤드류 풀러(Andrew Fuller, 1754-1815)와 다른 사람들이 감리교와 대각성운동의 영향 아래에서 그리고 칼빈주의의 보다 복음적인 형태로 물러선 특별 침례교도들을 인도하기 위하여, 어떤 온건함을 회복하기 시작했다.

만일 특별 침례교도들이 자초한 운명이 과한 것으로 보인다면, 일반 침례교도들이 직면한 것은 더 험악한 것이었다. 그들은 특별파만큼이나 동일한 숫자적 세력을 가지고 왕정복고 시대를 시작했고, 링컨셔(Lincolnshire), 캠브리지셔(Cambridgeshire), 버킹엄셔(Buckinghamshire), 캔트(Kent), 그리고 서섹스(Sussex)에서 수가 많았다. 그들이 그 밖의 다섯 개의 다른 지방들에서 상당한 참여가 있었지만, 다른 곳에서 그들은 매우 미약하였다. 국가의 규모로 볼 때, 그들은 고려될 만한 세력은 아니었다. 그들이 비록 도시뿐만 아니라 시골에 퍼진 칼빈주의적 집단들보다 더 유능하다고 증명되었지만, 그 회중들이 박해기간 동안에는 지주들로부터의 압력에 덜 저항할 수밖에 없었고, 평안했던 시대에는 그들의 형제들과 잘 교제하면서 지내지 않았던 고립된 침체 상태가 되었기 때문에, 이것은 장기적으로 그들에게 부담으로 작용했을 것이다. 그들은 또한 다른 분파들보다 퀘이커파(Quakerism)에게 회원들을 잃어버리기가 쉬웠는데, 퀘이커파는 어떤 유사성들을 그들과 공유하고 있었다. 1715년까지 그들은 이미 146개 교회로 축소되었다. 그것은 내리막길의 시작에 불과했다.

1680년대 서섹스의 호샴(Horsham)에서 일반 침례교 회중의 목사였던 매튜 카핀(Matthew Caffyn)은 아리우스 이단으로 돌아섰고, 그를 징계하려는 시도는 실패했다. 한 중요한 분파가 이 견해를 공유하면서 세워졌던 것처럼, 이것은 심각한 교리적 곤경의 서막이었다. 1697년 정통파가 스스로 일반 연합회(General Association)를 조직하였고, 그것은 일반 총회로부터(General Assembly, 즉 삼위일체를 반대하거나 또는 그 외에도 잘못된 가르침과 타협하려는 준비가 되었던 그 사람들로부터) 독립했다. 비록 두 집단이 1731년에 히브리서 6장 1-2절의 여섯 가지 원칙을 근거로 하여 다시 연합했으나, 그것은 논쟁중인 본질적 차이들과 미미한 관계가 있는 것으로 받아들여졌다. 그와 같은 방식의 사용은 진실로 아리우스주의자와 소시니안주의자들이 성공했던 타협이었다.

1750년까지 일반 침례교도들은, 합리주의와 이단의 쇠약하게 하는 영향력 아래에서, 단지 65개 교회로 줄어들었다. 마지막이 가까운 것으로 보였다. 그러나 1770년 동일한 주제로 새로운 분리를 이끌었던 댄 테일러(Dan Taylor, 1738-1816)에 의하여 그들의 본래 원칙들이 – 늦을 뻔했지만 – 다시 보호되었다. 테일러는 감리교 운동과 그 거슬리는 복음주의에 대단히 영향을 받았다. 그는 17세기의 일반 침례교 전임자들이 "사람들의 죄를 대신하는 그리스도의 죽음이 죄인들의 소망에 속한 유일한 근거라고 주장했었던 것"을 주목했고, 이 복음의 선포가 숫자의 증가를 가져왔다. 이단이 뿌리를 내리기 시작했을 때, 누군가 "경보를 울렸지만, 그들은 사랑에 있어서 하자가 있다고 비방을 받았다. 많은 사람들은 견해를 바꾸고 미봉책을 쓰면서까지 굴복했고, 그들은 복음의 근본적인 교리들을 사소한 문제들처럼 생각했다..." 결과적으로, "그들은 예수 그리스도를 격하시켰고, 그분은 그들을 격하시켰다."[2)]

더 이상은 아니었다. 일반 침례교에 속한 새 교파(New Connection)인 테일러의 분파는 그와 같은 잘못 자리 잡은 "사랑"(charity)을 제쳐놓고 결정적으로 정통주의를 선택했다. 그들은 급속하게, 처음 시작할 때에는 그들 사이에 1,000명의 회원들을 가진 일곱 개의 모임에서 1786년에는 2,367명의 회원을 가진 서른 한 개의 교회로까지 – 그리고 거기에서부터 계속해서 앞으로 – 적극적인 복음주의에 의하여 성장했다.

그것으로 충분한 것은 아니었다. 특별파들은 사실 위기일발로 살아남았던 일반파보다 약간 더 나은 형태로 자신들의 문제들에서 나타났다. 결과적으로, 침례교도들이 보다 영광스러운 19세기로 들어섰을 때, 현저한 긴장상태에 있어야 했던 것은 칼빈주의자들이었다.

일반 침례교에 속한 옛 교파(Old Connection)는 그 사이에 단지 아주 시리져버렸거나 일신론주의가 되었고, 이전의 장로교인들과 연합하였다. 1660년 그들을 분리시켰던 거대한 간격을 고려하면, 그것은 두 분파에게 역설적인 결과였다.

왕정복고 이후의 세기 동안 퀘이커파는 안정된 정착이었지만, 다소간 정체된 신앙 공공체에 대하여 활력이 넘치는 새 운동으로 고전적인 변화를 경험했다. 그들은 숫자적인 면에서 강했고, 동시에 극단적으로 비난받기 쉬웠던 정치적이었던 입장에서 출발했다. 1660년에 60,000명의 지지자들과 함께, 그들은 모든 지방에서 살고 있었다. 일반 침례교도들처럼 그들은 지방에서 강했다고 하지만, 그들은 브리스톨(Bristol) 인구의 6%보다 많이 차지했다. 그러나 그 어떤 것도 다음 세기에 걸친 그들의 쇠퇴를 막지 못했다. 그 이전과 같은 왕정복고 이후의 도발적인 것으로서, 1689년 이전의 몇 해 동안 퀘이커파는 그들의 다양한 기행(奇行)들에 대하여 그리고 종종 비밀리에 만나는 것조차 경멸하는 일에 대하여 타협을 거부하면서, 비국교도들을 박해하는 최고의 폭력을 종종 당했다.

그러나 열광주의(enthusiasm)로 시작했던 많은 것들은 17세기 후반 동안 단순한 율법주의(legalism)로 전락했다. 평범한 언어와 평범한 복장과 같은 집단의 기준에 대한 강조는 초기의 반항적인 분출이 지난 후에 지루하게 보였다. 조지 폭스의 아내, 마가렛 펠(Margaret Fell)은 말년에 "우리 모두는 하나의 색으로 된 하나의 옷을 입어야만 한다"는 "어리석고, 보잘 것 없는 복음"을 불평했다.[3)] 18세기에, 퀘이커파는 자신들을 단순히 기이하고 시대에 뒤진 것으로 보이게 만드는 17세기 복장(예를 들면, 남자를 위한 테 넓은 모자)의 형태를 지속적으로 착용했다. 그러므로 퀘이커파는 성령을 붙잡고 충만하기를 원하는 뿌리 깊은 인간 본능을 간과하지 않는다는 것을 보여주었다.

동시에, 새로운 신앙 운동의 고전적인 경로를 따라가면서, 초기 퀘이커주의에 있었던 초기의 예언자적이고 열정적인 요소들은 경시되었다. 계시가 관례화되었고 덜 흥미로운 것이 되었다. 존 홀(John Hall)이 1693년 지진을 예언하였을 때, 그는 브리스톨 퀘이커교도들에게 비난받고 있음을 발견했다. 조지 폭스의 『기적들의 책』(*Book of Miracles*)은 전혀 출판되지 않았고, 사람들을 치유했다는 그의 주장들은 세기말까지 곤혹스러운 것으로 간주되었다.

1670년부터 1690년까지 매 십년마다, 많은 수의 퀘이커교도들의 죽음이 퀘이커교도 가정의 출생 수보다 많았다. 만일, 출산을 통해서보다는 확신에 의하여 새로운 회원들을 양육하는 초기의 선교적인 정신이 우세했더라면, 이것은 덜 중요한 것이 되었을 것이다. 그러나 사실 초기의 출산은 쇠퇴했고, 18세기 중반까지, 아마도 80내지 90%의 퀘이커교도들은 회심한 사람들보다는 퀘이커교도에 속한 이전 세대의 자녀들이었다.

요약하면, 대각성운동의 시대까지, 영국에 있었던 옛 비국교도는 영적으로 무기력한 상태에 있었다. 그것은 그들을 자극하는 감리교의 탄생과 성장을 필요로 했고, 처음에는 질투했지만, 그 다음에는 경쟁하였다. 그때에만 옛 비국교도가 부흥했다.

가톨릭 유럽의 개신교

단순히 30년 전쟁이 끝났기 때문에 또 신앙적으로 우위를 점했던 외국의 정책들과 종교 전쟁에 반대하는 일반화된 반작용의 시대가 시작되었기 때문에, 유럽의 정치 형태들에서 신앙고백의 이유로 그들의 국민들을 학대하는 일이 없어졌다고 상상해서는 안 된다. 그것과는 거리가 멀었다. 국가적 이익(Raison Detat) – 또는 단순한 정치적인 실용주의 – 이 국가들 간의 관계에서 우선했겠지만, 종교가 압도적으로 국내에서 여전히 사회를 지배하는 가장 유용하고 신뢰할 만한 도구였다.

그러므로 통치자가 지역의 다수를 지지했던 국가들에서, 신앙고백을 하는 소수에 속한 신자들은 심각한 압박에 복종해야 하는 자신들을 발견할 수 있었다. 독일에서 가톨릭이 지배하는 공국들에서보다 이것이 더 사실인 곳은 없었다.

독일과 합스부르크 영토들

점점 더 많은 국가들이 가톨릭 통치자들을 여러 세대 동안 종교개혁을 지지했던 그들의 가문의 왕으로 받아들이려고 했던 개신교의 위기는 그들이 그것에 대하여 차례로 등을 돌리는 일이 일어났다는 것이다. 그와 같은 일이 1697년 작센의 아우구스투스 강건왕(Augustus the Strong of Saxony)의 경우였다. 16세기로 되돌아가서, 통치자의 이익은 각 국가의 정치 영역 안에서 지배를 받는 교회 형태를 통하여 얻는 그 모든 부수적인 이득들, 수도원의 토지들을 몰수하는 경제적인 보상들, 그 밖의 다른 것들과 더불어 개신교를 포용하는 일에 있는 것으로 보였다. 그러나 바야흐로 종교개혁이 일어났고, 교황의 권력은 굴욕을 당했다. 그리고 교회와 국가 간의 권력에 대한 중세적인 균형은 결정적으로 후자를 지지하는 해결책으로 결정되었고, 로마교회를 거부하는 이유들은 설득력이 덜한 것으로 보였다. 참으로, 가톨릭의 성직계급제도의 본성은, 세속 사회의 유사한 계급 제도를 실행했다는 인상을 주면서, 충성에 대한 거대한 흡인력을 유지했다. 그러므로 그들이 지배하는 사람들을 순종과 경외심으로 유지하는 한 방법으로서, 공로에 대한 강조가 믿음에 대한 강조보다 더했고, 화려한 것과 의식에 대한 강조가 간소한 설교보다 더했다. 로마가톨릭 신앙으로 개종하는 보다 개인적인 이유들로 인하여, 왕들은 다른 종교를 가지기도 하였다. 선거후 작센의 아우구스투스 2세는 1697년 폴란드 왕위 선거권을 얻기 위하여 그와 같은 전환을 바로 실행했다.

그러나 새로운 왕들의 로마가톨릭으로의 개종은 작센과 같이 종교개혁이 굳건하게 이루어졌고 또 고르게 확립된 곳에서는 그들의 백성들이 속한 개신교주의에서 좀처럼 위협이 아니었다. 물론 상황의 윤곽이 덜 뚜렷했던 국가들에서 그것은 불길한 암시를 내포할 수도 있었다. 팔라틴 선제후령에 속한 개혁교회 확장의 중단과 그 가문의 가톨릭 확장 때문에 만들어진 그 대치는 18세기 내내 종교재판과 특별한 교회들에 대한 권리와 관련하여 모든 종류의 부적당한 시시한 언쟁으로 이끌었지만, 그것은 대다수 주민들의 신앙적인 태도를 바꾸지 못했다.

최악의 고통이 인구의 다수가 가톨릭이었거나 또는 30년 전쟁으로 인하여 종교개혁의 결과가 광범위하게 완성되지 못한 지역들에서 살고 있었던 개신교도들에게 주어졌다. 1680년대 중반 오스트리아의 드프레겐탈(Defereggental)에서 천 명 정도의 개신교도들이 그들의 집에서 쫓겨났고, 그들에게서 그들의 소유와 아이들이 몰수되었다. 동일한 운명이 그 십년의 후반기 동안에 베

1731년 잘츠부르크에서 추방당한 개신교인들

<데이비드 뵈클린(David Boecklin)의 판화, 라이프치히, 1732년>

르테스가드(Berchtesgade)에서 가까운 곳에서 60명 정도의 개신교 광부들에게 닥쳤다. 이들 가운데 한 사람인 조세프 샤이트베르거(Josef Schfitberger, 1658-1733)는 아내가 자신의 두 딸을 잃은 슬픔 때문에 얼마 후에 죽었는데, 그는 복음주의로 전향해서 오스트리아 내지(內地)의 개신교도들이 그들의 믿음에 머물러 있도록 격려하기 위하여 소책자를 집필했다. 40년이 지난 후에, 1731-1732년의 겨울에, 30,000정도의 많은 개신교도들이 잘츠부르크(Salzburg)에서 추방당했다. 모든 사람들은 샤이트베르거의 문학적인 열정에 친숙했었고, 또 그것을 통하여 양육을 받았다. 배교하기를 원하지 않았던 카린시아(Carinthia)와 스티리아(Styria)에서 온 많은 수의 개신교도들은 이 기간 동안에 우호적인 지역으로 현명한 탈출을 했다. 1730년대까지 헝가리 외부의 합스부르크 영토와 동쪽에 위치한 테센의 작은 영토에서 공개적으로 제 기능을 다하는 유일한 개신교 교회들은 비엔나(Vienna)에 있는 외국 대사관들에 부속된 교회들이었다. 다른 개신교인들은 그들의 믿음을 유지하기 위하여 제 기능을 다하

는 제도적인 교회의 유익을 얻지 못하면서 살아남았다. 1740년 프로이센의 프레드릭 대제에 의하여 신앙고백으로 분열된 실레시아(Silesia)를 침공한 일은 인구의 절반이 되는 그곳의 개신교인들이 단순히 교회에 가기 위하여 국경을 급히 넘어가야만 하는 필요를 적어도 면해 주었다.

잘츠부르크에서 도망친 2/3가 어쨌든 프로이센으로 갔고, 그들은 특별히 흑사병으로 주민이 감소되었던 동부 지역에 다시 정착했다. 프로이센의 관리들은 스와비아(Swabia)에서 그들을 만났고, 그들이 열을 지어 그들의 새로운 집으로 걸어가게 했다. 그들은 도중에 그들에게 매일의 필수품을 주었고, 여행의 말미에는 토지들이나 또는 일할 수 있는 신분을 제공했다. 그 모든 시행은 프로이센 정부가 오십만 탈러 – 이주민 한 사람당 25탈러와 싼 가격으로 – 의 비용을 들였다.

프로이센 왕국은 그 적수들의 비행을 성가시게 하는 것으로 이미 유익을 얻었다. 17세기 중반부터 18세기 중반까지, 프로이센 영토는 박해받은 영혼들의 유입을 환영했다. 거기에는 왈도파(Waldensians), 메노파(Mennonites), 스코틀랜드 장로교인들, 유대인들, 그리고 심지어 보다 엄격하게 개신교 정권에서 도망쳤던 가톨릭 교인들도 있었다. 혁명 이후의 미국처럼, 프로이센은 단순한 신앙고백의 일치에서 추상개념의 국가에 대한 충성을 존중했다. 그런 관점에서, 그것은 실용주의적인 계몽주의 정책의 순전한 모델이었다. 그리고 이후의 미국과 같이, 추방당한 사람들을 환영함으로써, 그들의 감사와 충성심을 확보할 수가 있었다. 프로이센의 유일한 의무적인 종교는 시민의 의무라는 세속적인 종교였다.

그렇지만 합스부르크 개신교 백성들 모두가 프로이센 망명을 택한 것은 아니었다. 그 세기의 여러 가지 학대에서 살아남았던 사람들과 웨스트팔리아 평화조약(Peace of Westphalia)을 추종하는 1/3 정도에 속한 이 세상의 구원은 그와 같은 인구감소가 오랫동안 계속될 수는 없다는 현실에 있었다. 그 백성들이 전적으로 가톨릭 신앙을 유지함에도 불구하고 새로운 백성들을 흡수하면서, 황제 찰스 6세(1711-1740년에 통치했다)와 그의 계승자 여왕 마리아 테레사(Maria Theresa, 1740-1780)는 그들의 제국을 남쪽과 동쪽으로 확장하려고 노력했다. 그와 같은 모순된 정책은 오래 갈 수가 없었다. 황제는 그의 종교적인 엄격주의(rigorism)로 박해를 위협했던 백성들-헝가리 국경 지역의 거주자들-의 충성을 필요로 하면서 홀로 있었다.

황제의 지역들로부터 모라비안 피난민들의 계속되는 행렬을 받아들인 그들의 주제넘음에 대하여 이웃 작센의 통치자를 비난할 만큼 황제가 쇠약해졌기 때문에, 이러한 상황에서, 무엇인가 주어야만 했다. 1781년 가톨릭을 따르는 순종을 강화하려는 시도는 포기되었고, 신앙의 자유에 대한 특권(Patent of Toleration)이 마침내 개신교의 어깨에서 박해의 짐을 (비록 언제나 교활하고 인색한 행정적인 그리고 사회적인 차별에 속한 것은 아니었지만) 제거했다. 그로부터 한낮의 빛으로 나타난 교회들은 오스트리아, 모라비아, 그리고 다른 곳뿐만 아니라 헝가리에 있는 천 개의 목회자가 없는 개혁 교회들도 포함하였다.

폴란드

폴란드에서 개신교의 상황은 16세기 후반에 매우 전망이 밝은 것으로 보였는데, 17세기 후반 이후부터 냉혹할 정도로 퇴보하여 미끄러졌다. 왕권을 약화시키는 수단이었던 '슬라흐타'(szlachta, 귀족계급) 가운데 특정 집단들에게 호소하는 것처럼 보였던 개혁교회는, 외국의 원수들을 대항하여 왕국을 본래대로 유지하려는 보다 중요한 일에서 덜 매력적인 것으로 보이기 시작했다. 게다가, 17세기 중반 이래로 폴란드가 연속적으로 전쟁과 침입의 영향을 받아야만 했던 상황은 정확히 소수파가 가장 강했던 영토들을 상실하는 원인이 되었다. 개신교인들에게는 한층 더 불길하게, 그 싸움은 폴란드 자체를 종교적인 가톨릭 관계와 동일시하는 경향성이 있는 그런 성격에 속한 폴란드의 국가적 자각의 출현을 이끌었다. 그것으로 비가톨릭이라는 말은 적어도 잠재적으로 불충성한다는 낙인이었다.

이 마지막 경향성은 두 가지 요소에 의하여 확장되었다. 첫째는, 다양한 침입자들, 즉 루터파 스웨덴 사람들, 정교회 러시아 사람들, 프로이센과 작센의 루터파 경건주의 사람들이 폴란드 국민들 가운데 그들 자신의 신조들을 지지하는 사람들에게 무지막지하게 호소했다는 것이다. 18세기 첫 10년 동안의 스웨덴 왕 찰스 12세(Charles XII)에 의한 침략은 개신교의 개선된 입장과 루터파 교회 건물이 크게 많아진 것을 보여주었다. 두 번째로, 체스토호바의 검은 마리아상(Black Madonna of Czestochowa)이 스웨덴 군대에 의한 오래된 포위 공격으로부터 그곳의 수도원이 잘 견디도록 도와준다고 믿어졌던 1655년 이후로, 폴란드에서 원기왕성하게 마리아 숭배(Marian cult)가 일어났다는 것이다. 1683년 비엔나를 구원하는 일에서, 얀 소비에스키(Jan Sobieski)의 지도 아래, 폴란드의 중요한 역할은 신앙적으로 가톨릭의 자화상을 강화시켰다. 그러나 확립된 가톨릭 신앙의 자각에 대한 이러한 경향은 1700-1721년의 대북방전쟁(Great Northern War)의 경험으로 확증되었다. 그때 폴란드는 스웨덴과 러시아에 의하여 침략당해 있었고, 그 세기의 마지막 이전에 나라가 모두 사라질 것으로 볼 수도 있는 취약한 상황에 방치되어 있었다. 1717년 체스토호바에서, 이미 하늘의 여왕이었던 동정녀 마리아는 의식적으로 폴란드의 여왕으로도 왕권을 수여받았다. 국가적 토템(totem)은 그것으로 인하여 개신교인들과 유대인들이 공유할 수 없는 것이 세워지게 되었다.

전쟁의 결과는 폴란드에서 어떤 오래된 옛 교회들의 상실만이 아니라 다시 허물어진 새로운 개신교회를 발견한 것이었다. 토룬(Thorn)시의 개신교 도시는 그 루터교 예배 장소를 빼앗겼고 양측 모두에 대한 자극적인 조처 뒤에 1724년 다시 강제적으로 가톨릭화 되었다. 개신교도들은 점차적으로 독일과 스웨덴의 영향력으로 인하여 제5열로서(또는 제5부대, 내부에 있으면서 외부 세력에 호응하여 정치적 · 군사적 원조를 주기 위하여 교묘하게 위장한 단체 – 역자주) 비춰졌다.

학대의 수위가 과장되어서는 안 된다. 거대한 동방귀일 가톨릭(Uniate) 인구가, 비록 그들이 교황에 대한 충성을 인정했지만, 지속적으로 왕국의 남쪽과 동쪽에 머물러 있었다. 아울러 유대인들이 시골지역과 도시에 있는 그들 자신만의 거주지(ghettoes)에서 자신들만의 마을을 유지하는 일이 필요했지만, 그 유대인 인구는 넓게 분포되어 남았다. 백여 개 정도의 회교 사원들이 있었는데, 그것들은 정부가 군대를 위하여 용병으로 고용했던 크리미아의 타타르족(Crimean Tartars)들의 필요를 충족시켜 주었다. 그러나 개신교의 세력은 지속적으로 쇠약해졌다.

낭트칙령의 철회와 그 결과

1598년의 낭트칙령은 위그노파(Huguenots, 또는 보다 공식적으로, 프랑스의 개혁교회[the Eglises Reformees de France])를 공격받기 쉬운 위치로 동시에 국가 안에 있는 면책특권의 국가(privileged state-within-a-state)로 남겨놓았다. 그와 같은 상황은 프랑스 중앙정부의 가톨릭 권력가들에게 칙령의 규정들을 빼앗으려는 자극과 기회를 주었다.

헨리 4세의 통치 동안, 많은 위그노들이 지속적으로 책임 있고 영향력있는 신분을 유지했었다. 개신교 건축가들은 파리의 장식일에 고용되었고, 그들 중의 한 사람인 살로몬(Salomon de Brosse)은 오를레앙(Oreleans)의 대성당 참사회 회원에 의하여 대성당을 다시 건축하는 일에 선출되었다. 그것은 종교전쟁 동안 심하게 훼손되었었다. 그처럼 마음이 푸근한 협력의 주목할 만한 본보기들이 있었지만, 이것들은 그 나라의 일반적인 분위기를 반영한 것은 아니었고, 지방에서보다는 파리에서 보다 분명하게 표명되었다. 그리고 거기에서 두 신앙 공동체는 광범위하게 격리된 삶을 살았다.

수백 개의 교회들이 싸움으로 인하여 황폐화되었다. 필연적인 재건축은 마찰과 서로 비난하는 일을 야기했다. 새로운, 또는 새로워진 건물들은 광범위하게 개신교화 되었던 지역들에서 가톨릭의 재도입을 위한교두보 역할-가톨릭이 활용하기에 너무 늦지 않았던 기회-을 했다.

1621년부터 1628년까지 위그노의 반란은 개신교 귀족들에 의한 가톨릭으로의 개종이 추가로 이어지는 것이 그 이유였다. 그들 가운데 다수는 왕에 맞서 무기 드는 일을 단순히 거절했고, 가장 단순한 방법으로 배교를 선택했다. 1629년, 투쟁으로 끝난 알레스 평화조약(The Peace of Ales)은 왕권에 의한 칙령에 대하여 보다 편협한 해석의 시작을 알렸다.

사회 상류 계층 가운데서 원조를 얻지 못하면서, 위그노 교회들은 그들의 추진력을 상실하기 시작했다. 전통적으로, 그들은 교구 장로법원에서 시작하여 올라가면서 평신도 대회를 통하여 국가 대회의 영적인 최상층의 정점에 이르는 계급적인 위원회를 갖고 있는 장로교 제도 위에 조직되었다. 그러나 비록 이 마지막 기관이 1626년까지 매 3년마다 열렸지만, 그 종교적인 협의는 그 이후에 더 드물게 되었고, 알레스 평화조약 이후에 단지 네 번만(1631, 1637, 1645, 그리고 1659년) 모임이 열렸다.

마지막 회합 때까지, 그 내용은 이미 프랑스 개신교에 불길하게 나타났다. 어쨌든 국가 대회들은 이때까지 존재하는 왕의 특별한 허가를 필요로 했고, 루이 14세의 수상이었던 추기경 마자린(Cardinal Mazarin)은 1659년 대회가 마지막이라는 사실을 명백히 했다. 성직자들의 생활비와 교회의 지출에 관한 (위그노들에게 가톨릭교회에 십일조 지불을 강요했던 일에 대하여 보상하는 칙령이 주는 유익들 중의 하나였다고 추측되어지는) 왕의 기여는 개신교의 충성심을 보장하는 한 방편으로 대부분 외국과의 전쟁이 급박한 양상을 보일 때 얻을 수 있는 것과 같은 것이었고, 단순히 임시적인 유익이 되었기 때문에 역시 오랜 시간이 걸렸다. 교회들은 훨씬 더 빈약했던 자신들의 재정적인 재원으로 되돌아가게 되었다. 지방 귀족들의 가톨릭으로의 개종은 종종 그 최대의 재정 기부자들을 시골 교회들에서 빼앗아가는 것이었다. 그것은 그 교회들이 발전할 수 없도록 만들었고, 또 적어도 허기진 목회자들이 재정적으로 지나치게 긴장되었던 청중들과의 사이를 안 좋게 할 수도 있었다.

왕조차도 1662년에, 프롱드당(Fronde, 반왕당파 – 역자주)의 폭동기간 동안 위그노들의 충성을 인정하여 낭트칙령을 유지하는 것을 약속하는 특별한 선언을 발표하면서, 그는 은밀하게 그 협약의 보다 더 협의적인 정의를 준비하고 있었다. 결과적인 철회는 이미 실제적으로 확실했다. 1669년 루이 14세의 40개 조항의 선포(Declaration of Forty Articles)는 개신교의 예배당들을 파괴하는 일과 많은 행정적인 괴롭힘과 구속을 허가하는 그와 같은 실행에 준하는 것이었다. 보통 개신교도들이 가장 두려워했던 것은 그들이 초기 근대 가정에게 닥칠 수도 있었던 큰 재앙의 지배 – 군인들의 숙영지가 되는 재난 – 를 받는 것이었다. 1685년 낭트칙령의 철회 선포는 오랫동안 절박했던 그 일의 형세를 단순히 공식화했던 것이다. 그것은 모든 남아있는 개신교인들이 그들의 신앙을 당장 포기할 것과 가톨릭교회를 지지하도록 요구했다.

1685년 남아있던 위그노들이 직면한 대안은 박해의 예상에 직면했던 다른 신앙적 소수파들이 직시했던 것과 대체로 동일한 것이었다. 배교, 추방, 다의성(equivocation, 또는 'Nicodemism – 즉 금지당한 믿음을 은밀하게 지속적으로 고

낭트칙령의 철회
얀 루이켄(Jan Luiken)의 삽화>

수하는 것), 또는 저항이었다. 그들의 영혼에 조금도 투자하는 것이 아니었음에도 불구하고, 많은 사람들은 이것들 가운데 배교를 선택하는 것으로 그들의 재산과 생명을 구했다. 특수 직업과 특별한 기술을 소유한 수천의 더 많은 사람들은 외국으로 – 어떤 사람들은 당장에, 많은 사람들은 이어지는 몇 십 년 동안 – 피했다. 그러나 이민은 불법이었음으로, 그것은 많은 사람들에게 닥쳤던 운명이었던 노예선으로 보내지는 위험을 무릅쓰고 감행되었다.

왕 루이 14세는 그렇게 많은 생산적인 백성들을 빼앗기는 것을 전혀 원하지 않았고, 그는 복종을 위한 그의 요구에서 어떤 이탈도 용납하지 않았다. 그러나 이것은 대이동(exodus)을 막지 못했다. 당시에 탈출했던 사람들의 수를 추정하는 일은 대단히 다양했고, 그것은 그때부터 지속적으로 그렇게 해왔지만, 200,000명 정도가 비합리적인 추정치는 아닐 것이다. 떠난 사람들은 불균형적으로 젊고 독신인 젊은이들이 많았다. 선호하는 피난처는 스위스, 브란덴부르크(Brandenburg), 네덜란드, 그리고 영국이었다. 이 모든 나라들은 그들의 적수가 스스로 자초한 상처로부터 상당한 경제적인 유익을 거두었다. 브란덴부르크와 영국에서, 피난민들의 도착은 또한 정치적인 영향력을 주었다. 포츠담 칙령(Edict of Potsdam)에서, 브란덴부르크의 선제후 프리드리히 빌헬름(Friedrich Wilhelm)은 긍정적으로 그 피난민들이 그의 영토로 들어오도록 열심히 설복했다. 그는 루터교 백성들을 다스렸던 칼빈주의 왕이었고, 그와 같은 신자들의 도착은 그의 영향력을 강하게 만들었다. 그는 그들에게 숙소를 지어주었고, 대출을 시작했다. 1700년까지, 베를린에 거주하는 세 명 중의 한 명은 프랑스 사람이었다. 그들은 그들 자신의 교회와 문법학교를 소유했다. 영국은 명예혁명(Glorious Revolution) 직전의 상황이었고, 가톨릭 폭군으로부터 피난 온 사람들의 유입은 제임스 2세(James II)의 통치가 불러올 수도 있는 연속성이 무엇인가에 대하여 이미 두려워했던 사람들을 위한 객관적인 교훈을 제공했다.

프랑스로 돌아가서, 위그노들 가운데 있었던 니고데모파들과 다의성주의자들은 그들 자신의 위험에 직면했다. 공식적으로 배교했던 그들은, 그들의 재산이 몰수당하고 또 그들의 상속인에 속한 소유권을 박탈당하면서, 이후에 노예선으로 보내지는 일에 직면했던 이단으로 되돌아가고 있는 죄악을 발견했다.

모든 이들 가운데 가장 대범했던 사람들은 그들의 신앙을 계속적으로 실천에 옮기는 선택을 했던 사람들이었다. (분명히, 마지막 집단과 이전의 범주 사이에 있었던 이 노선은 종종 희미해질 수 있었다.) 이 사람들 중의 다수는 미디(Midi)의 농부들이었다. 그들은 어쨌든 그들 자신을 파멸시키는 입장을 취하거나 다른 나라들에서 상업하는 기술을 좀처럼 나타내지 않았다. 프랑스 개혁교회는 오랫동안 분파주의적인 존재로 살아왔다. 하지만 그들은 동일한 곤경에 있었던 재침례교도들을 제한했던 평화주의자의 결벽증으로 달리 방해받지 않았다. 개신교 저항자들은 그들의 비밀집회에 무장한 상태로 참여했다. 만일 왕의 친위대가 그들을 발견했다면, 그때 신앙적인 예배는 전투의 한 장면이 되었다.

개신교 전사(maquis, 또는 militias)의 폭력적인 저항은 곧바로 낭트칙령의 철회에 대한 결과로서 빈번한 양상이 되었다. 그것은 즉시 사라지지 않았고, 특별히 세벤느(Cevennes)의 숲과 산에서 그리고 랑그도크(Languedoc)의 저지대 평야에서, 1685년 이후의 몇 십 년 동안 산발적으로 지속되었다. 그 반란이 사라진 것으로 보였던 찰나에, 그것은 다시 1702년에서 1704년까지 카미자르(Camisards, 세벤느 산맥 지방에 살고 있던 프랑스의 신교도 – 역자주)의 반란에서 다시 타올랐고, 그것은 결국 20,000명의 프랑스 군대에 의하여 어렵게 진압되었다.

그렇게 많은 저항자들이 수년 동안 살았던 고난과 극심한 긴장은, 그것을 붙잡고 있었던 사람들 가운데 때때로 놀라운 새 형태로, 영적인 갱신을 산출했다. 그것은 프랑스 개혁교회가 17세기의 상당부분 동안 메마른 정통주의로 특징지어졌다는 것이 일반적으로 인정받고 있기 때문에, 이것은 역설적이었다. 1685년부터 그 공동체를 삼켜버린 그 재난은 많은 사람들이 묵시적인 사색에 열중하도록 자극했고, 그리스도의 임박한 다시 오심에 대한 표지로서 종말론적인 용어들로 그들의 고난을 이해하도록 했다. 망명자들은 페리고르(Perigord)에서 한 여성 설교자와 그리고 이자보 빈센트(Isabeau Vincent)라고 하는 15살의 글을 읽지 못하는 양치기 소녀를 포함시켰는데, 그들은 모두 그녀가 잠자면서 예언하는 동안 하나님의 백성들을 위한 구원을 설교했다. 1688년부터, 수많은 평신도 설교자들이 습관적으로 예언했던 것처럼, 그 운동의 예언적인 형태는 폭넓은 지역에 걸쳐서 더 많이 선언되었다. 은밀한 모임에서 많은 참석자들은 떨림, 넘어짐, 울음을 보였다. 군인들은 이 모임들 가운데 하나를 발견했고 그 참석자들을 몰살했지만, 그들은 1690년대까지 그 운동의 보급을 멈추지 않았다. 모두가 1685년 이후에 태어나서 통상적인 상황의 경험이 전혀 없었던 수백 명의 어린이들을 포함하여, 1701년 예언의 새로운 급증이 있었다. 카미자르의 반란에 비정규적인 단위로 참가하면서, 이 예언자들은 때때로 폭력에 자발적인 참여자가 되었고, 심지어 하나님께서 죄수를 죽어야만 하는지 아니면 살도록 허락하는 일을 원하시는지에 관하여 조언을 해주기까지 하였다. "프랑스 예언자들"은 반란을 무사히 헤쳐 나왔고, 1730년대의 초기 웨슬리 부흥운동에 영향을 미치기까지 하였다.

대부분 마지못해서 그들의 개신교 신앙을 포기했었고, 또 가톨릭교회에 최소한도로 순종하는 삶을 살고자 노력했었던 사람들로 구성되었던 개신교 전사들과 카미자르들은 (매우 많은 비정규적인 운동들처럼) 동정적인 대중들에 의하여 유지되었다. 배교자의 자녀들이 공교회를 경멸하면서 양육되어졌다는 증거가 있다. 아니면, 젊은 성인들처럼 그들 스스로 판단을 갖도록 했다. 루이 14세가 그들을 대적하여 모든 군대를 데려올 수 있을지라도, 위그노들은 사라지지 않았다.

1802년까지 어떤 공식적인 승인도 주어지지 않았던 위그노들에게, 프랑스 혁명에 뒤이은 10년보다도 더 많이, 18세기에 내내 박해가 계속 이어졌다. 그렇지만 그 법률의 조문을 글자 뜻대로 요구하는 지방의 의지는 훨씬 이진부터 결핍되어 있었다. 목사들은 그들의 활동과 관련된 교수형의 위험을 무릅쓰고 사역했다. 1745년 자크 로저(aques Roger)와 1762년의 프랑수아 로셰트(Francois Rochette)는 보다 유명한 사상자들 가운데 있었다. 그러나 이웃들과 지방 관리들은 무슨 일이 있는지를 알고 있었던 것을 종종 눈감아주었다. 참으로 그와 같은 묵과가 없이 그 운동의 생존은 어떤 규모로도 불가능했을 것이다. 그러나 그것은 살아남았다. 그리고 일반적으로 현대 국가에 속한, 특별히 전제주의자의 유형에 속한 권력의 한계가 그 생존에서 아주 명백해 보인다.

스코틀랜드의 고난, 1660-1745

스코틀랜드는 16세기에 개신교가 압도적으로 우세했지만, 경제적으로 후진국 사회였던 점에 있어서는 유일했다. 그곳에서 범람했던 개신교의 과도한 형태가 이런 예외상황을 뒷받침해주었다. 가톨릭 저항이 가장 격렬했던 곳에서, 강경한 노선의 칼빈주의가 종교개혁의 가장 훌륭한 의지가 되었다. 스코틀랜드의 정치적 상태에 관한 모든 것은 맹렬했고, 본질적이었으며, 폭력적이었다. 합법적인 통치자에 대한 칼빈의 신중하고 적당한 존경조차도 현장에서는 수정되거나 뒤엎어야만 했다. 합법적인 왕들에 대한 루터의 과장된 존경은 스코틀랜드의 신앙을 개혁하는 일에서 충분한 수단으로 전혀 도움이 되지 못했다.

장로교주의는 1560년대와 1570년대의 소란스러운 시작부터 언제나 스코틀랜드에서 스스로를 지키기 위하여 분투했다. 존 낙스(John Knox)가 1572년에 사망했을 때, 장로교의 호전적인 지도자로서 그의 위치는 앤드류 메르빌(Andrew Melville)에 의하여 계속 이어졌다. 그는 성직자들이 정기적으로 살해되었던 곳에서, 그리고 영국과 프랑스가 끊임없이 정치적으로 그리고 군사적으로 – 전자는 북부 국경 지역을 굳게 지키기 위하여, 후자는 그것을 동요시키기 위하여 – 모두 개입했던 곳에서, 소년왕 제임스 6세(James VI)의 보호를 얻기 위하여 분파들이 싸웠던 나라에 직면했었다.

스코틀랜드 정치의 혼란 한 가운데에서, 메르빌은 스코틀랜드 교회(Kirk)

의 총회가 1581년 엄격한 '제2치리서' (Second Book of Discipline)를 받아들이도록 설득하는 일에 성공했다. 이것은 국가의 지배로부터 교회의 독립성을 강력히 주장하는 것이었다. 그것은 교회가 국가의 통제를 벗어난 경우에도 충분히 유지될 수 있는 손쉬운 입장이었다. 그러나 제임스 6세가 1583년 그의 유괴범들에 관계있는 마지막 집단(the Ruthven Raiders, 제임스 6세를 납치했던 개신교 영주들의 모임 – 역자주)과 인연을 끊을 때 즈음, 그는 그의 다수파를 거의 손에 넣었다. 그 다음해에 있었던 의회는 고분고분하게 왕이, 집회를 요구하고 주교들을 지명하는 유일한 권리를 가진, 스코틀랜드 교회의 머리라고 주장했다. 그들의 강단에서 설교하는 자유에 대한 성직자의 권리는 만일 그들이 정치적인 문제를 언급한다면 취소되었다.

"흑색 조례"(Black Acts)라는 이러한 의회의 조례는 10년간에 걸쳐 왕의 의도에 속한 단순한 진술로 증명되었다. 하지만 1596-1597년에 있었던 교회 교란의 연속 출판물이 제임스의 손에서 놀아나면서, 그는 활발한 정치적 발놀림으로 그 열망을 현실화할 수 있었다. 그러나 주교들이, 많은 면에서, 교회 정치에서 장로교 제도에 남아 있었던 것과 관련된 참된 권리보다 더 많은 상징적인 것을 소유했다. 제임스의 감독제도는 의회에서 스코틀랜드 교회의 대표자들로서 그리고 대회에서 항구적인 조정자로서의 신분을 매개로 하여, 서서히 나타났다. 1606년이 되어서야 고위성직자들이 분명하게 "주교"였다.

1637년 찰스 1세가 고교회제도를 강요하려고 시도했을 때, 감독제도로의 동향은 몸서리칠 정도의 중단을 경험하게 되었다. 스코틀랜드의 영주들(Lairds)과 평민들은 완전히 성숙한 장로교제도를 회복하기 위하여 언약도의 반란이 있던 때, 폭동을 일으켰다. 따라서 스코틀랜드 사람들은 대부분 1642-1646년의 첫 번째 시민전쟁에서 의회를 지지했다. 그리고 급진주의들이나 분파주의자들의 손에 들어가 있는 것으로 보였던 영국 의회에 직면했을 때, 왕이 모호한 말로 나타낸 그리고 거의 신빙성이 없는 "약속"을 기초로 하여, 그들은 당파를 바꾸어 1648년 4-10월까지 짧았던 두 번째 시민전쟁에서 왕을 위하여 싸웠다.

패배의 예고는 별 문제로 하고, 1648년의 전쟁은 또한 스코틀랜드 "언약도"(engager) 사이에서 장로교를 분열시켰는데, 그들은 무가치한 왕보다 더 걱정스러운 과격주의와 사회적 격변을 발견했고, 더 강견노선이었던 "결의 참가자"(Resolutioners)들은 당파 바꾸는 일을 반대했다. 전쟁은 매우 일찍 끝났고 또 왕 자신은 다음해 1월에 처형되었지만, 죽은 왕의 아들 찰스 2세가 1650년 6월에 스코틀랜드에 도착했고, 그리고 그와 함께 무엇을 해야 하는가에 대한 결단이 다시 두 분파에 나타났기 때문에, 언약도들과 결의 참가자들 사이의 차이점은 이론적인 것으로 남겨두기를 거부했다. 이번에는 양쪽 모두 현명하지 못하게 다른 불평을 신의 섭리에 맡기는 결정을 했다. 그 결과로서 나타난 1650-1651년의 세 번째 시민전쟁은 그 전임자들과 같이 동일한 군사적 판단으로 다시 돌아갔고, 1651년부터 스코틀랜드는 영국 공화국 군대에 의하여 점령된 패배한 나라로서 간주되는 자신을 발견했다. 그 일은 결의 참가자들을 온건파와 강경 노선파로 분열시켰고, 전자(항의자[Remonstrants, Protesters])가 그들의 새로운 주인과 마지못해서라도 협력하기 위하여 준비했던 반면에, 후자는 공화주의와 군대의 지배에 대하여 분노하면서 스스로 언약도들과 동맹을 맺었다. 유명한 신학자요 성 앤드류 신학의 교수였던 사무엘 루터포드(Samuel Rutherford, 1600-1661)는, 그가 비록 그의 1649년 저작, 『가장된 양심의 자유에 반대하는 자유로운 논박』(*A Free Disputation Against Pretended Liberty of Conscience*)에서 신앙의 자유를 반대하여 격렬하게 글을 썼지만, 후자를 지원했다.

그러므로 1650년대와 1660년의 역설은 두드러진 것이었다. 이전의 10년은, 그들이 경멸했던 통치의 후원 아래에서, 스코틀랜드 사람들에게 그들이 원했던 평온한 장로교제도를 주었다. 그러나 1660년의 군주제 왕정복고가 런던에서와 같이 에든버러에서 열광적인 것으로 받아들여졌음에도 불구하고, 그것은 그들에게 "법에 확립된 대로, 위배됨이 없이, 스코틀랜드 교회를 보호하고 보전한다"는 약속이 거의 신빙성이 없었던 군주의 의해 좌우되게 하였다.

게다가, 맥베스(Macbeth)를 향한 마녀의 약속과 마찬가지로, 청중들이 알고 있는 것들이 어쨌든 거짓된 것이었음을 증명할 것이고(어떻게 실행할 것인가를 추측하는 곤경에 처해 있었던 모호함뿐이었다), 스코틀랜드의 장로교 정착은 1633년부터 통과된 모든 법들이 실효성이 없다고 선언하는 단순한 편법으로는 이루어지지 않았다. 1661년 3월의 폐지된 법률(the Act Rescissory)에 의하여, 결국 현재적인 합의는 "법으로 정해진" 그와 같은 것이 아니었음이 판명되었다. 찰스는 이제 "돌아가신 그의 왕 아버지와 할아버지가 통치 기간 동안 이 왕국에 세워졌던 것처럼 교리와 예배의 순수함에서 참된 개혁된 개신교 신앙을 보존하기로"[4] 약속했다. 그러므로 그것은 감독제교회가 되는 것이었다. 그 법령이 통과한 날과 같은 달에 사망함으로써, 루터포드는 임박한 반역의 죄과와 그가 사역했던 모든 것들의 취소를 강제로 목격해야만 하는 일에서 능숙하게 빠져나갔다.

장로교인들의 항변은 신속하게 무너져버렸다. 결의 참가자 제임스 샤프(James Sharp)는 그 목적을 위하여 기대되었던 것보다 훨씬 더 못한 결연한 모습을 보여주었다. 감독주의 적수들과 협상하기 위하여 런던으로 보내졌을 때, 그는 재빨리 자신이 성 앤드류의 대주교라는 직무를 받아들이는 정도까지 성직자계급 제도의 가치를 믿게 된 자신을 발견했다. 새로운 감독 자리 가운데 세 개를 제외하고 모두, 샤프처럼, 그들이 지금까지 그들의 생애를 투쟁하면서 싸웠던 대의로 즉각 개종한 사람들이 앉았다. 그것은 인상적인 광경은 아니었다.

새로운 협정 아래에서도, 장로회 – 평신도들과 작은 권세조차 없이도 – 는 지속적으로 존재했다. 그들은 조정자들에 의하여 감독되었지만, 이 사람들은 주교에 의하여 선발되었다. 사역자들은 "백성들의 삶의 태도를 감독하기 위하여" 저명한 평신도들의 도움을 얻으라는 권고를 받았지만, 그들은 "장로들"로서 더 이상 언급되지는 않았다. 국가 대회와 관련해서, 그것은 주교들과 대주교들을 포함해야만 했지만, 다른 문제 때문에 이전처럼 그들을 만나야만 했다. 사실 왕이 대회를 결코 한 번도 소집하지 않았지만, 왕은 대회를 소집하는 유일한 권리를 갖고 있었다. 다음의 30년 동안, 이 협정을 저항하는 일을 스스로 떠맡았던 모든 종류의 장로교인들과 분파들은 종종 "언약도"(Covenanters)라고 언급되어진다(즉, 시민전쟁 이전의 유사했던 사람들처럼 그 동일한 이름으로).

장로교인들이 우세했던 시기에 지명되었던 현존하는 성직자들은 감독제도의 후원 아래에서 재안수를 받을 필요가 없었다. 그것은 왕정복고의 정권에 속한 자신 있는 권력의 일부가 얼마나 많이 방심했는가를 알려주는 것이었다. 그러나 그들은 성직서임(collation)을 위하여 새로운 주교를 섬기는 일이 요구되었다. 직무에서 이 인준을 위한 유일한 조건은 그것을 지원하는 자발성에 있었다. 그 실행의 목적은, 갑작스러운 실직에 대한 온건한 위협으로, 교구 성직자가 새로운 감독제도의 권위를 인정하도록 설득하는 것이었다. 그 제안의 최종시한은 1662년 9월 20일이었다.

대체로, 스코틀랜드의 북부와 동부는 거의 반대 없이 동의했다. 남부와 서부는 더 문제가 되었다. 확장과 사면 이후에도, 270명의 사역자들이 쫓겨났고, 그들의 자리는 보다 고분고분한 사람들로 채워졌다. 이 후자는 많은 그들의 교구민들에게 "목사보"(curates)라고 조롱을 받았고, 그들은 지속적으로 이전의 사역자들을 섬겼다.

정부는 그와 같은 결과를 예상했었다. 교구 교회들 밖에서의 집회들은 불법적인 비밀집회로 선포되었다. 이전의 사역자들은 스스로 그들이 속했던 이전의 교구들에서 적어도 20마일 정도 옮기라는 요구를 받았다. 세 번 연속적으로 주일 공적 예배에 출석하지 않는 누구든지 국교기피자로서 기소되었다. 군대가 이 법률의 결과로서 일어났던 파멸을 초래할 정도의 벌금을 거두는 일에 유치되었다. 1666년 가을 스코틀랜드의 남서쪽에서 반란을 확인했지만, 그 참여자들은 상당히 변변찮은 처지에 속한 3,000명의 사람들이었고, 그래서 그것은 쉽게 진압되었다.

그럼에도 불구하고, 1669년부터 1674년까지의 기간에 화해할 수 없는 사람들을 제외하고는 모두 받아들이려는 왕권에 의한 연속적인 시도가 있었다. 추방당한 목회자들이 돌아오거나 혹은 주교에게 완전히 복종하는 일을 필요로 하지 않으면서도 다른 새로운 교구에 임명받을 수 있도록 허락되었다. 고위성직자의 손에 의하여 잘못 길들여지는 포용정책보다는 구속받지 않으면서도 그러나 불법적인 장로교제도를 더 선호하면서, 오직 소수파만이 그와 같은 기회들을 그들에게 가치 있게 활용했다.

그러나 당근이 부족했던 곳에서, 중앙정부는 즉시 사용할 수 있는 많은 강압수단을 갖고 있었다. 1674년에 야외 설교는 사형 판결을 받아야만 했다. 대지주들은 그들에게 속한 소작인들의 비밀집회의 범죄의 책임을 졌고, 1678년 남서부 지역의 지주들은 그와 같은 방식으로 자신들의 사람을 단속하는 그들의 무능력함에 이의를 제기했을 때, 6,000명의 스코틀랜드 고지대의 군대들이 원조하기 위하여 그들에게 지정되었다.

그것은 새로운 반란을 위한 불꽃이었다. 1679년 5월, 대주교 샤프는 위험을 무릅쓰고 성 앤드류를 넘어 가려고 하는 오류를 범했고, 그는 마구스 무어(Magus Moor)에서 죽임을 당했다. 그리고 기병대가 드럼클로그(Drumclog)에서 비밀집회소를 공격하는 오류를 범했을 때, 그들은 장로교인들이 그들의 망토 안에 감추어진 기도서들보다 더 많은 은신처를 제공했다는 사실을 발견했다. 병사들은 우회적으로 지나쳤다.

지방에서 억압의 도구가 되는 사람들의 목숨을 빼앗는 일의 성공이 아무리 크게 만족스러웠을지라도, 영웅적인 그와 같은 지방의 반란들은 중앙정부가 발휘할 수 있는 방책을 대항하여 결코 성공할 수가 없었다. 지쳐버린 불가항력과 더불어, 그 반역자들은 몬머스(Monmouth) 공작의 군대에 의하여 분쇄되었다. 그 보복은 야만적이었다.

그렇지만 젊은 야외 설교자요 언약도들의 지도자로 떠오르던 리처드 카메론(Richard Cameron)을 설득하여 1680년 여름에 덤프리스려(Dumfriesshire), 생큐허(Sanquhar) 시장이 서는 작은 읍으로 말을 타고 들어가서 시장 광장에서 문서 읽는 일을 못하도록 할 정도로, 그들은 야만적이지 않았다. 이 선포는 다음과 같이 공언하였다.

> 그때 이후로 몇 년 동안, 하나님과 스코틀랜드 교회에 대한 그의 편견과 언약의 위반으로, 이미 말했던 통치권에 관한 스코틀랜드 왕권을 몰수할 만큼, 그가 어떤 권리를 갖고 있고, 이름을 붙이고, 또는 관심이 있었던, 지나간 이 여러 해의 영국 왕권에 대하여, 우리가 단언할 수 있는 것처럼, 그동안 통치했던 아니 폭정을 일삼던 찰스 스튜어트(Charles Stuart)의 합법성을 인정할 수 없다.

그 저자는 또한 선포하였다.

> 우리의 주님 예수 그리스도와 그의 목적과 언약들에 대한 원수들로서, 그와 같은 폭군이요 강탈자, 그리고 그의 음모와 함께 하는 모든 사람들과 싸우는

> 전쟁이다. 그리고 그를 강하게 도와주는, 그를 지지하는, 또는 어떻게 해서든지 그의 폭정, 국가, 또는 교회에서 그를 인정하는 모든 사람들을 대적하는 전쟁이다.

카메론파(Cameronians)가 자극을 받아서 억압이 지속된 몇 년 동안 전쟁에 대한 이 놀라운 요구를 했다는 것은 즉시 명백해졌다. "주님께서 기회를 주시는 대로, 그들이 우리에게 했던 것처럼, 우리를 대적했던 그들에게 우리가 보복하는 일에 대하여 그 누구도 우리를 비난하지 않기를 소망한다."

"주님께서 기회를 주시는 대로!"라는 생큐허 선언(Sanquhar Declaration)의 저자의 바로 그 말은, 적어도 예측할 수 있는 미래를 위하여, 그들이 자신들의 "전쟁"이 게릴라 전술의 군사행동보다 절대로 더 많을 수 없다는 것을 충분히 잘 알고 있었다는 사실을 드러내고 있다. 그러나 정권은 총력으로 반응했다. 카메론은 그 해에 살아남지 못했다. 지도자로서 그의 계승자도 그 다음 해에 살아남지 못했다. 결과적으로 그들의 계승자인 제임스 렌윅(James Renwick)이 더 오래 동안 가까스로 붙잡히지 않았지만, 마침내 그도 1688년 붙잡혀서 처형당했다. 정부군들이 카메론파에 동조하는 것으로 의심을 받았던 수백 명을 박해하면서 약식으로 신속하게 죽였던 잔인함과 무자비함이 있었던 그 사이에 두어진 여러 해는 "살인의 시간"(the Killing Time)으로 알려졌다.

그러나 해방은 멀지 않았다. 1685년 찰스 2세의 죽음으로 그의 가톨릭 형제 제임스 7세(영국에서는 제임스 2세)에게 왕권이 넘어갔다. 그리고 신기하게도, 새로운 왕이 스코틀랜드에서 공적 생활과 관련된 관습을 간섭한 결과는 생큐허 선언이 고대하던 것 정확히 그것이었다. 제임스는 1688년 강제로 그 나라를 도망쳐야만 했고, 그의 개신교 딸과 사위였던 메리(Mary)와 윌리엄(William)이 후계자가 되었다. 스코틀랜드에서 제임스의 후원자들이 이 사건의 조류를 뒤집으려고 노력했을 때, 윌리엄과 메리의 새로운 통치에 속하는 용감한 투사들로서, 카메론파가 그들의 용기를 증명했고 또 그들을 괴롭혔던 사람들에 대한 일정한 복수를 하는 기회를 얻었던 몇 번의 무력충돌이 계속해서 일어났다.

새로운 군주는 1689년 에든버러에서 삼부회의(Convention of Estates, 성직자 · 귀족 · 평민의 세 계급 대표자로 구성된 신분제 의회 – 역자주)를 열었다. 스코틀랜드의 주교들이 정권의 변화에 따르는 원조를 제공하는 일에서 그들의 영국 형제들의 모범을 따르는 일에 실패했기 때문에, 새롭게 공유하는 군주는 그들 때문에 과도한 걱정을 면할 수 있었다. 그러므로 다음 7월, 한 의회로서 삼부회의가 다시 지정되었을 때, 이 모임은 감독제를 명문화하는 입법을 철회하는 일에서 안전한 근거를 보았다. 다음 해, 그것은 스코틀랜드 교회 전반에서 왕의 지상권을 폐기하기에 이르렀다. 장로교제도가 다시 세워졌고, 웨스트민스터 신앙고백이 다시 서명되어졌으며, 1688년 후반부에 폭도들에 의하여 그들의 교구로부터 이전에 내쫓김을 당하지 않았던 남서부의 "목사보"(curates)들이 이제 직접적으로 배척의 경험을 맛보았다. 수레바퀴가 다시 원점으로 돌아왔다.

찰스 자신보다 왕정복고 의회와 고관들이 청교도, 장로교도, 분파적인 적수들을 더 박해하고 괴롭히는 경향성이 있었던 것처럼, 윌리엄보다 추밀원과 의회가 이제 대학교들에서 감독주의자들과 그들의 지지자들을 대적하는 더 가혹한 수준으로 반대를 받았다. 군주는 그저 순종만으로 충분하고 더 많은 것을 강요하는 것은 양심이 주도하는 반란을 유발시킨다는 것을 보았다. 그러나 고관들은 그들의 대적들이 정권교체에 대한 적법성을 질문하는 것과 그와 같은 정신적인 보류가 미래의 안전에 나쁜 징조인 것을 볼 수 있을 뿐이었다. 적법성에 대한 언급이 결정하기 어려울수록, 그것에 참여했던 것으로 보이는 모든 사람들의 책임은 더 큰 것이었고, '이전 상태'(*status quo ante*)로의 반전을 만드는 과정은 더 어려운 것이었다. 그러나 1662년에 그 이전 교체에서처럼, 자원하여 지속적으로 봉사했던 많은 목회자들이, 대부분 북부에서 있었던 이러한 경우에, 직분을 유지하기 위하여 새로운 형태의 교회 권력의 명백한 승인을 위하여 등록 절차를 밟을 필요는 없었다. 그럼에도 불구하고, 많은 수의 원칙에 근거한 감독주의자들은 결과적으로 스코틀랜드 장로교회를 떠났고, 사실상 그들이 가장 혐오했던 바로 그 일 – 의견을 달리하는 교단 – 이 생겼다. 미래에 더 불길했던 것은 그들이 퇴위한 제임스 2세를 옹립했던 사람들(Jacobites)과 압도적으로 동조했다는 것이다. 즉 그들은 1688-

1689년의 명예혁명의 합법성을 거절했고, 왕위 청구인으로서 지속적으로 제임스 7세와 그의 계승자들을 바라보았다.

그 영역의 좌편에서, 오직 카메론파의 가장 다루기 힘든 사람들이 새로운 협정과 관계하지 않으면서 남아 있었다. 이 사람들은 여전히 스코틀랜드 교회를 에라스투스주의자(Erastian, 국가만능론자 – 역자주)라고 판단했다. 그들은 새 군주가 "언약을 취하지" 않았고 단순히 장로교제도의 복권을 승인했을 뿐이라고 지적했다. 다행히, 아마도 절대로 만족할 수 없었던 그들을 만족시키려는 시도는 필요하지 않았다.

이후의 여러 해 동안 새로운 종교적, 정치적 협약에 대하여 감독제주의자들과 가톨릭의 두 종류의 심각한 도전이 있었다. 1715년, 문제가 많았던 제임스 2세를 옹립했던 사람들이 제임스 7세의 아들인 "이전 왕위요구자"(Old Pretender)인 제임스 에드워드 스튜어트(James Edward Stuart)를 선호하여 반란을 일으키는 일이 있었다. 그러나 제임스를 지지하여 일어났던 5,000명의 동향 사람들이 거부했던 사람들과 맞붙게 되었다. 최종적인, 나약한 연합은 5,000명의 스코틀랜드 사람들과 약간의 랭커셔(Lancashire) 가톨릭신도들로 구성되었고, 그리고 아일랜드에서 도움을 주기로 한 약속이 있었지만, 그것은 너무 늦게까지도 실현되지 않았다. 그 반란은 쉽게 진압되었다. 1745년, 제임스 7세의 손자인 찰스 에드워드 스튜어트(Charles Edward Struart)인 보니 프린스 찰리(Bonnie Prince Charlie)를 지지하여 동일한 지지자들이 일어났을 때, 불평등한 싸움 – 유사하게, 비록 더 많은 피가 흘렀지만 – 이 다시 일어났다. 이번에는, 중앙정부에 의한 서투른 방식 때문에, 모반자들이 더비까지 전진했었다. 그러나 그때에 동향 사람들이 향수병(그들의 관심사는 결국 지역적이었고, 또는 잘 해야 스코틀랜드까지만 미치는 것이었다)을 느끼기 시작했고, 젊은 왕위요구자의 군대는 그 주변에서 사라지기 시작했다. 아무리 큰 대담함도 런던을 향한 신속한 행진이 실현 불가능한 것으로 보였다. 제임스 2세파의 사람들(Jacobites)은 다시 스코틀랜드로 퇴각했지만 쿨로덴(Culloden)에서 사로잡혔고, 거기서 그들은 컴벌랜드(Cumberland)의 공작 군인들에 의하여 진압되었다.

이 중간에 벌어진 일들은 일단 제쳐놓고, 18세기 처음 전반부는 장로교회의 의식과 훈육이 대부분의 스코틀랜드 사람들의 모든 생활양식을 지배하고 있었다. 그것은 엄격하고 가차 없는 것이었다. 저주, 맹세, 술취함, 성적인 죄들, 그리고 주일성수를 범하는 모든 것들이 출교, 칼을 씌우고 하는 회개, 그리고 그 중에서 가장 나빴던, 성직자의 끊임없는 훈계에 복종하는 처벌을 받았다. 주일은 정통 유대교를 연상하는 것보다 더 엄격한 방법으로 준수되었다. 비록 장로들이 스스로 다른 사람들이 교회로부터 도망치지 않았는지 확인하기 위하여 교구들을 순회하는 추가적인 임무는 허락했지만, 신앙적인 행위들과 관례들이 유일하게 허락된 "일"이었다. 교회의 예배는 시간이 길었고, 예전은 규모가 작게 구성되었으며, 즉흥적인 기도가 대부분이었다. 운문적으로 시편(찬송가와 그리고 그것들과 함께 하면서 반주했던 도구들은 승인되지 않았다)을 찬양했고, 그리고 사전에 준비되었지만 마치 그렇지 않은 것처럼 - 즉 설교자는 원고의 도움 없이 말했다 - 전달되고 지옥이 선호하는 주제였던 긴 설교들이 있었다.

기껏해야 그와 같은 분위기는 비정상적인 엄격함의 경건을 불러일으켰다. 더 자주 그것은 어둡고 음침한 율법주의로 이끌었다. 그러나 많은 영역에서, 그 참여는 전심으로 이루어졌다. 성만찬은 탁월한 진지함과 장엄함으로 드물게 시행되었다. "성찬 절기"(communion season)는 교구민들이 특별한 죄악들을 회개하고, 그들이 다투었던 이웃사람들과 화해하도록 그리고 일반적으로 영적인 가정들의 질서를 회복하도록 성직자들과 장로들이 그들의 교구민들을 심방하는 이전 주간들부터 시작되었다. 어떤 위법행위도 지나치게 작은 것이 아니었고, 어떤 소문도 너무 보잘 것 없다고 해서 무시되지 않았다. 성찬 이전의 주간 후반부로 가면서, 설교의 활동들이 많은 사람들을 수용하기 위하여 종종 야외에서 개최되었고, 그곳에서 모든 사람들은 회개를 촉구 받았고 또 합당하지 않게 떡과 잔에 참여하는 사람들에게 임하는 심판을 경고했다. 지정된 주일은 성찬을 기념하는 하나의 긴 행렬이 있었고, 그것은 감사의 예배로 그 다음 날에 이어졌다.

야외 모임의 필요성은 스코틀랜드 교회의 문제를 눈에 띄게 했다. 교회 건물들은 종종 작았고, 무시를 당했다. 시골은 너무 가난해서 교회를 유지하는 일이나, 또는 사역자들의 정당한 월급을 지불하는 일이 많은 교구들의 능력을 넘어서는 일이었고, 어떤 교구들은 성찬 술을 마련할 돈을 구하기 위하여 애써 노력했다. 빈곤 속에서의 열정은 그만큼 더 감동적이었고 가슴 저미는 것이었다.

그러나 이 정도에서의 진지함은 반작용과 포기를 유발시켰다. 로버트 번스(Robert Burns, 1759-1796)에 의하여 생각에 잠긴 칼빈주의에 대한 경멸하는 묘사는 무자비한 것임에도 불구하고 이해할 수 있는 것이었다.

> 오 그대여, 하늘나라에 거주하고 있는 그대여,
> 그대 자신을 가장 기쁘게 하려고,
> 한 사람을 천국에 보내면서 열 사람을 지옥에 보내는 자여,
> 오직 그대의 영광을 위하여,
> 어떤 선이나 악과는 무관하게,
> 그들은 당신 앞에서 행했다!

스코틀랜드의 칼빈주의는 그 자신이 몰락하는 일에서 한 선동자였다. 그들이 하나님의 타자성과 불가해성을 강조했기 때문에, 그것은 그를 일반 백성들로부터 더 멀리 있게 만들었다. 따라서 그 백성들은 한창 성장하는 스코틀랜드의 계몽주의 이신론자들과 합리론자들의 요구에 더 순종하게 되었다. 이러한 것들이 계시를 경시하고 또 멀리 떨어져 존재하는 기원자로서 하나님의 역할을 강조했기 때문에 신적인 불가해성이 그들에게 유리하게 작용했다. 동일한 방법으로, 칼빈주의자들의 "섭리"는, 하나님의 어떤 직접성의 감각이 사라질 때까지, 점차적으로 자연법으로 확장되거나 자연법에 의하여 조정되는 것으로서 강조되었다.

18세기 초반 그들의 신앙이 이와 같은 합리주의자들의 숙고에 의하여 물들여진 교회 안에서 새로운 유형의 목회자들이 목격되었다. 소위 온건주의자들(Moderates)인 이들은 그 세기에 속한 대부분 인기가 없었던 종교 기관에서 협력자, 곧 후원자를 발견했다. 스코틀랜드와 영국 의회의 연합이 1707년에 나타났고, 5년 후에는 새로 연합한 기관이 한 법안을 착수했다. 그것은 스코틀랜드의 정치적 압력에 대하여 보다 더 면밀하게 대답할 수 있는, 스코틀랜드 전임자가 절대로 부딪혀 나갈 수 없었던 것이었다. 그것은 후원자 제도

를 다시 가져왔으며, 그것으로 상류계층이나 다른 지방 유지들이 성직록을 받는 성직자를 지명할 수 있었다. 이것은 인기가 없는 합리주의자들의 의견을 갖고 있었던 성직자들이 교구민들의 항의에 우선하여 지명될 수 있다는 것을 허락하였다. 그들의 진보는 일련의 분리에 의하여 특색을 이루었다. 그 중반세기까지, 국가 교회는 계몽주의 정신을 가진 지지자들에 의하여 지배를 받았다.

아일랜드에서 영국의 통치

우리는 이전 장들에서 아일랜드에서 영국의 통치 양상을 주목했다. 1603년 영국과 스코틀랜드의 왕권 연합 이후에, 그 모두가 마치 동등한 수준에 있는 것처럼 런던의 군주들이 아일랜드를 포함한 그들의 세 왕국에 대하여 이야기하는 것을 좋아했을지라도, 사실상의 형세는 영국의 통치에 속한 것이 되었다. 여러 세기 동안, 종교는 그 통치를 지지하는 앵글로-노르만(Anglo-Norman) 왕들과 그 뒤를 이은 왕들의 시도로 말미암아, 아일랜드를 소유하는 최초의 정복에서 야기되었던 그 투쟁의 부분적인 원인과 결과로 남아 있었고, 그것은 지금도 그러하다.

아일랜드에서 가톨릭의 세력은, 비교적 영국의 많은 진보한 형편과 비교했을 때, 그 나라의 경제적이고 사회적인 퇴보와는 관계가 없었다. 영국, 네덜란드, 그리고 독일과 스위스의 무역 도시들에서 개신교에 공헌했던 사회적이고 경제적인 요소들은 아일랜드에서 전혀 나타나지 않았다. 그곳에는 어떤 규모를 갖춘 도시가 거의 없었고, 원주민들이 아무도 없었다. 더구나 그곳은 낮은 교육과 최소한도의 상업 계층으로 특징지어졌다. 그렇지만 가톨릭의 충성은 단순히 물질적인 상태들만을 반영하지 않았다. 종교개혁 이후에, 그것 역시 성질이 다른 통치에 대한 저항의 동기였다. 물론 종교개혁과 반종교개혁에 뒤이어서 종교 투쟁이 유럽 전반에 걸쳐 심화됨에 따라, 잇따른 런던 정권에 의한 아일랜드 가톨릭에 대한 학대와 개신교를 향한(즉, 런던의 종교 정책에 대하여) 아일랜드의 저항은, 각자가 다른 편의 어리석음에 놀라기까지, 서로 격렬하게 되었다.

물론 결과로서 생기는 어리석음을 제외하면, 그것은 그만큼 단순한 일은 아니었다. 아일랜드의 국교회는 캔터베리(Canterbury)의 닮은 형태인 개신교적인 모방이었다. 즉 1560년 아일랜드 국회에서 국교회가 되었다. 그것은 개신교 교육을 공급하려는 목적으로 1592년 더블린(Dublin)에 삼위일체 대학을 설립하면서 증대되었다. 그러나 교회는 이주민들과 영국식이 된 사람들만의 충성을 고수했다. 당국이 그와 같은 권위의 자리에서 가톨릭을 거의 박멸할 수 없었기 때문에, 대중의 대다수는 동조와 실천에서 가톨릭으로 남아 있었다. 엘리자베스의 통치기간에 속한 나머지 4반세기의 반란들은 혼란스러운 영국의 강력한 대적인 아일랜드 가톨릭의 편에 있었던 스페인으로 계속 연결되었다. 그러나 그들은 개신교 통치를 전복시키는 일에는 실패했다. 밤이 낮을 따르는 것처럼 분명하게, 더 많은 아일랜드 영토를 몰수당하는 반란의 패배가 이어졌다. 만일 토착 아일랜드 주민들이 개신교화를 거부했다면, 그들의 영토는 외부에서 온 개신교인들에게 넘겨졌을 것이다. 그들은 정치적인 런던의 군주에게 충성할 수 있었고, 주민들 가운데 새로운 개신교 원리를 위한 토대를 형성할 수도 있었다.

1607년 얼스터(Ulster, 1590년대의 반란에서 중추적인 역할을 감당했던 지역)에서 대륙으로 유배된 가톨릭 백작의 이동으로 인하여, 이 일은 영국정부로서는 더 쉽게 되었다. 영국에서 데려온, 더 자주는 스코틀랜드 저지대에서 데려온, 개신교 이주민들과 더불어 조직적인 "농장"이 시작되었다. 숲들은 깨끗하게 정리되었고, 아일랜드의 목농주의(pastoralism)는 개간할 수 있는 농장으로 대체했다. 얼스터에서 토착 가톨릭에 속한 원시적인 생계수단 경제를 대체하는 새로운 도시들과 상업경제가 시작되었다. 그 모든 것들이 분노한 주민들로부터 보복의 가능성을 대비하여 방어해주는 것이어야만 했는데, 그들은 노동자들과 고용인의 신분으로 떨어질 수밖에 없었다. 어떤 경우에는, 더욱 최소한도의 이득이 있는 토지로 제한되었음에도 불구하고, 그들은 소작인이 되었다.

인종 배타 정책의 상황은, 로마가톨릭이 돌아왔을 때, 토착 아일랜드 사람 모두가 로마가톨릭으로부터 선행과 형제다운 도움의 표명을 보다 많이 받아들이도록 만들었다. 반종교개혁은 선교와 교육, 그리고 고양된 신앙의 헌신을 위하여 모든 곳에서 가톨릭 신도들을 열광시켰다. 그들이 이교지배자로부터 압력을 받고 있을 때, 새로 발견된 이 힘과 은혜를 동기로 만드는 일에서 아일랜드 가톨릭 신도들보다 더 뛰어난 사람들은 아무도 있을 수가 없었다.

이 기간 동안, 개신교도들의 대부분 뛰어난 성직자는 1625년부터 아마(Armagh)의 대주교였던 제임스 어셔(James Ussher, 1581-1656)였다. 더블린(Dublin)에서 태어났고 헌신적인 칼빈주의자로서, 그는 개신교가 어려움에 처했던 시대에 온건한 개신교에 속한 행동방침의 키를 잡았다. 뛰어난 학자로서, 그는 안디옥의 이그나티우스(Ignatius of Antioch, 1세기 후반과 2세기 초반의 주교)의 일곱 개의 진짜 서신들을 위조된 것들로부터 구별할 필요성이 있다는 증거를 처음으로 제공했다. 어셔 또한 세계창조가 기원전 4004년에 시작되었다고 산정된 것에 따라서, 성경적인 연대기에 관한 일람표를 제시했다.

아일랜드의 토지 1/3은 노르만족의 후예들이며 계속하여 새로 들어온 사람들이었던, 소위 이전의 영국(Old English) 귀족들이 차지하고 있었다. 이 사람들은 현지인화 되었지만, 여전히 스스로를 "순수" 원주민들보다는 낫다고 생각했다. 그들의 삶이 밀접한 관계를 갖고 있었던 그들에게 속한 소작인들처럼, 비록 그들이 자신들의 가톨릭신앙에 고집을 부리면서 남아 있었지만 말이다. 이것 때문에, 그들은 런던의 군주들이 그들의 충성심을 신뢰하지 않는다는 것을 두려워하게 되었다.

1633년 아일랜드의 왕의 새로운 군주 대리인으로, 이해심이 그렇게 넓은 사람은 아닌 토마스 웬트워스(Thomas Wentworth, 후에 스트라포드[Strafford] 백작) 경이 내려왔다. 1634년 12월, 아일랜드 교회가 영국 교회의 39개 조항과 비슷한 교회법을 채택하도록 설득하고 또 그것을 통하여 1615년 어셔가 받아들였던 칼빈주의 조항들을 대체하면서, 그는 아일랜드 교회의 성직회의(Convocation)를 몹시 의지했다. 다음해, 그는 영국의 모범을 따르는 특설고등법원을 세우기 위하여 성직회의를 설득하면서, 다시 어셔와 충돌했다. 그 10년의 끝에, 아일랜드의 모든 주교들은 영국 사람이었다. 감독제도는 사람들의 마음을 끌어당길 만한 그 지방 고유의 기반과 지역들을 갖고 있지 않았다.

아일랜드의 개신교도들은 가톨릭 대양에서 표류하고 있다는 것을 스스로 알고 있었다. 반대편에 속한 해로의 아주 가까운 항로에 있는 웬만한 해로는 그와 같은 상황에서 자연스러운 해답이 아니었다. 배경(스코틀랜드 장로교와 영국 청교도)과 상황에 의해서, 아일랜드 개신교는 아주 적게 찰스의 고교회 입장을 선호하기도 했다. 가톨릭신도들에게서 그러한 전술적인 것으로 얻을 수 있는 것은 아무것도 없었으며, 모든 다양한 개신교 이단들도 동일했다. 유사 교황주의자, 고교회 아르미니우스주의는 칼빈주의자들이 단순히 그것을 혐오했기 때문에, 그들을 확보하는 일에 승산이 없었다. 아일랜드 교회에 로드주의의 개혁을 강화하려는 찰스의 정책은 많은 새로운 동료들을 얻지 못하고 개신교도들 가운데 있었던 통상적인 동맹과 소원하게 되었다. "새 영국"(New English) 지주들로부터 교회에 양도되었던 토지를 회복하려는 스트라포드의 대단히 효과적인 정책은 문제를 가라앉혔다.

그러나 가톨릭신도의 관점에서, 만일 개신교에 속한 모든 형태들이 자신들의 신도들을 파멸에 이르기까지 끌고 가는 일에서 동일하다면, 그들은 분명히 자신들의 정치적인 영향력에서 충분하지 않았다. 그 관점에서, 찰스의 정책들은 아마도 그의 청교도 적수들의 계획보다 덜 가혹한 것들이었다. 1641년의 반란은 부분적으로 영국과 스코틀랜드의 발전에 겁을 먹고 있었던 아일랜드 가톨릭신도들에게서 발생했다. 스코틀랜드에서 장로교인들은 찰스의 교회정책들에 대항하여 반란을 일으켰다. 영국의회 역시 왕에게 보다 강경한 노선의 개신교 정책들을 강요하려고 착수한 것으로 보였다. 누구도 아일랜드의 영국 통치에 관한 미래의 방향이나 그곳에서 가톨릭신앙의 자유에 대하여 잘 예측하지 못했다. 그러나 왕의 난처함과 대영제국의 본토에서 분파들을 완화해주는 것은 또한 기회를 제공하는 것이었다. 반란의 지도자들은 아일랜드의 반란군들이 반란군이 아니며, 왕에게 충성을 맹세하고 그 왕을 영국과 스코틀랜드에서 불온한 그의 백성들로부터 보호하고 있다고 주장할 것을 결의했다.

1641년 10월 23로 계획된 반란에 관하여 알고 있었던 사람들 가운데 한 사람이 그 날 밤 전에 너무 많은 위스키를 마셨고, 누설된 그 말들의 결과로, 많은 주모자들이 체포되었다. 그리고 예정된 더블린 성 공격은 결국 발생하지 않았다.[5] 그러나 다른 곳에서의 반란은 어쨌든 계속되었다. 그 10년 내내 지속되었던 반란은 수천 명이나 되는 영국과 개신교 이주자들에 대한 대량학살을 시작했다. 그것은 1649년 크롬웰에 의하여 드로이다(Drogheda)와 웩스퍼드(Wexford)에서 반대쪽의 대량학살이 가해진 후에, 8년이 지나서야 끝났다.

판돈이 올라가서 위험해진 형국이 되었다. 불길하게도 반란군을 위하여, 1642년 그만큼 일찍, 영국 의회는 몰수하기로 예정되었던 아일랜드 토지의 보호를 위하여 많은 돈을 빌렸고, 그것으로 가톨릭측은 더 두려워했다. 결과적으로 가톨릭 반역자들은 로마교황의 대사 대주교 리누치니(Rinuccini)를 환영하는 일과 돌아온 유배자들의 지도력으로 인하여 개신교도들의 두려움(얼스터의 농장 주인들을 대량학살하는 일과는 별개로)을 확신시켰다.

1649년 크롬웰의 군대에 의한 진압이 이어지면서, 그의 군대들은 동일한 것으로, 즉 몰수된 아일랜드 땅으로 보상을 받았다. 소수만이 자신들을 위하여 그곳을 경작하려고 남았다. 대다수는 그곳을 팔아치웠고 영국으로 돌아갔다. 그러나 토착 가톨릭신도들은 좀처럼 그들 자신의 소유물을 재구매할 수 있는 위치에 있지 않았다. 크롬웰 지지자들의 토지몰수는 아일랜드 전체에 걸쳐서 개신교 지주들과 토지 없는 가톨릭신도라는 새로운 계층들을 만들었다. 1641년 가톨릭은 지속적으로 아일랜드에서 59%의 부동산을 소유하고 있었다. 얼스터와 그 인접 지역들, 윅클로(Wicklow)와 킬케니(Kilkenny)에서만이 다수가 개신교 소유권이었다. 1688년까지, 오직 골웨이(Galway)에서만이 다수를 유지하면서, 가톨릭은 토지 가운데 22%만을 보유하였다. 1703년까지 – 가톨릭이 지속적으로 인구의 3/4을 구성하고 있었던 사실에도 불구하고 – 그 비율은 14%까지 떨어졌고, 1778년에는 5%까지 떨어졌다. 이것은 오늘날 정체성 경제학(identity politics)의 주창자들에 의하여

1641년 개신교도들을 대량학살하는 아일랜드 반란에 대한 개신교도의 묘사

<매튜 테일러의 삽화, 영국의 유혈 심판, 1772>

강조되어진 바로 그 점에서 볼 때, 불법으로 해석할 수는 없는 것이었다. 왜냐하면 언제나 소작인이었던 그들은 누가 그들의 지주인가에 대하여 거의 관심이 없었기 때문이다. 아울러 그들은 오랜 시간 토지가 없었고, 지주의 종교에 대하여도 거의 관심이 없었기 때문이다. 그러나 그것은 새로운 불평분자들의 계층을 만들었고, 그들은 자신들의 가난이 최근의 것이고 또 현재 지주들(또는 그들의 근래 조상들)의 향상과 직접적으로 관계가 있다는 것을 알고 있었다. 그것은 또한, 러시아에서 있었던 것과 유사한, 자산소유자들과 자산이 없는 사람들 사이의 문화적인 차이를 만들었고, 일상적인 온정주의(paternalism)나 공동체 이익에 대한 어떤 의식의 결여에 대해서도 그런 차이를 만들었다. 그것은 필연적인 사회적, 경제적, 그리고 부자와 빈자 사이의 법적인 차별을 완화시키려고 유럽 대부분의 지역에서 그렇게 많이 행해졌던 일들이다.

1660년 군주의 왕정복고는 몰수된 땅의 부분적인 반환을 이끌었다. 특별히, 은밀하게 가톨릭을 선호했던(참으로, 아마도 이미 은밀하게 가톨릭 교인이었던) 찰스 2세는 개신교의 불관용에 속한 최고의 분노로부터 가톨릭신도들을 보호할 수 있는 일들을 했다. 그 보답으로, 가톨릭신도들은 가능한 대로 적당한 기회에 환심을 사고 또 그 기회를 촉진하려고 노력했다. 1669년 새로운 더블린 가톨릭 대주교가 임명되었을 때, 선택된 사람은 피터 탤벗(Peter Talbot, 1620-1689)으로서, 그는 왕의 총애를 오랫동안 받았던 가문의 한 사람이었다. 예수회라는 그의 신분을 아는 것이 개신교의 적의의 불길에 기름을 더 붓는 격이 될 수 있었기 때문에, 그 교단의 대표는 그에게 그의 예수회 회원권을 포기하도록 특별히 허가해주었다. 그리고 그의 대주교로서 성직수임이 앤트워프(Antwerp, 벨기에 북부의 제2의 대도시 - 역자주)의 안전한 지역에서 개최한 것이 교회의 위법성을 반영했음에도 불구하고, 그의 사역은 아일랜드에서 공개적으로 실행되었다.

프란체스코 수도사 피터 월시(Peter Walsh)가, 가톨릭에 대한 공적인 종교관용을 허락하는 조건으로서, 아일랜드의 영주대리인 오먼드(Ormond)의 공작에 의하여 요구되었던 충성의 선언(Declaration of Allegiance)을 제안했을 때, 탤벗은 그 다음 해에 그의 첫 번째 교구주교 회의를 더블린에서 개최할 수 있었다. 그러나 그 선언은 명백히 국왕을 폐하는 교황의 권리를 부정했고, 소집된 주교들에 의한 승인이 너무 절대적으로 간주되었다. 그래서 그 일은 일시정지가 되었다.

그 회의는 또한 아일랜드에서 대주교의 권위에 관한 난처한 문제를 논의했다. 탤벗(문제의 직임을 유지하고 있었던)에 의하여 요구되었던 것처럼 더블린의 대주교직을 포함할 것인가, 또는 올리버 플런킷(Oliver Plunkett, 일치하는 동시간대에, 대주교직에 재직 중이었던)에 의하여 논의되었던 것처럼 아마(Armagh)의 대주교직을 포함할 것인가?

그 사이에, 가톨릭의 적수들은 어느 대주교도 제 역할을 하지 못하기를 원했다. 아일랜드의 가톨릭 상류계급이 런던의 법원에 불평사항에 대한 구제책을 청원하기 위하여 대표자를 보냈을 때, 의회는 탤벗을 왕국에서 추방하고 "모든 수도회, 신학교들, 그리고 교황제도하의 공립학교들을 억압해야 하는데, 모든 아일랜드의 가톨릭신도들은 무장을 해제하고, 또 어떤 가톨릭신도도 그 왕국에서 지휘관이나 병사로 계속 일하거나 받아들여질 수 없도록"[6] 군주에게 청원하는 것으로 응답했다.

1673년 의회의 회원들은 그들의 소원을 쟁취했고, 그가 직후에 복직되는 것이 허락되었지만, 탤벗은 추방되었다. 그러나 1678년, 그는 "로마교황의 음모"(Popish plot)에 관련하여 티투스 오츠(Titus Oates)의 과잉흥분으로 인하여 런던에서 야기되었던 악행에 관련되었다. 이미 병약한 사람이었던 탤벗은 체포되었고, 그는 1680년 감옥에서 사망했다. 감옥에서 탤벗과 화해하였던 그의 경쟁자인 아마의 대주교는 그 다음해에 티번(Tyburn)에서 반역죄로 교수형에 처해지고, 끌어내려져서, 사지가 찢겨졌다.

1685년 찰스의 계승자인 그의 형제 제임스 2세가 즉위했을 때, 아일랜드에서 가톨릭의 기대가 높아졌다. 제임스는 공개적으로 가톨릭이었고, 결과적으로 영국과 아일랜드 양쪽에서 그의 개신교 가신들을 설득하는 일에서 이해할 수 있는 어려움을 겪었으며, 그는 그들의 권익에 적의를 가지고 있지는 않았다. 그들의 확신은 제임스의 오랜 막역한 친구였던 탤벗의 형제 리처드가 아일랜드의 군대를 책임지고 또 티르콘넬(Tyrconnell)의 백작이 되었을 때, 조금도 증대되지 않았다. 곧 그는 한 세기에 걸쳐서 첫 번째 가톨릭 총수가 되었다. 티르콘넬은 아일랜드 정부와 사법부에서 공적인 위치에서 가톨릭신도들을 장려하고, 교회의 재정과 도시 허가서에 영향을 미치면서 구조와 관리를 통하여 가톨릭의 이권(그리고 개신교의 불이익)을 증진하기 위하여 그의 임명권을 사용하였다.

그러나 가톨릭의 이전 지주들이 무엇보다 원했던 것은 그들의 소유물을 되찾는 것이었다. 티르콘넬의 통치는 토지 개척지를 뒤집을 수 있는 기회를 제공했다. 이것을 야기한 상황은 절대로 그렇게 순조로운 것은 아니었다. 그것은 지금 아니면 절대로 안 되는 것이었다. 이번에는, 왕의 허락을 기대하면서, 가톨릭 영토를 회복하는 일에 필요한 법적인 변화의 밑그림을 그릴 수 있는 압도적인 가톨릭 의회를 만들려는 의도를 가지고, 티르콘넬은 이전에 더블린에서 개신교 의회를 배타적으로 양산했던 선거구 개편을 다시 활용했다.

그러나 순조로운 영역은 아일랜드 가톨릭이 깨달았던 것보다 더 작았다. 영국의 정치적인 계급들의 중요한 당파들은 그들의 용기를 완전히 상실했고, 1688년 경외할 만한 개신교도 오렌지 공 윌리엄이 그의 교황주의자 양부를 대신하여 왕위를 받아들이도록 요청받았다.

이것은 아일랜드 가톨릭의 소망을 얻는 일에서 파멸이었다. 티르콘넬은 군사적인 도움을 고대하면서 인내했다. 제임스는 프랑스로 도망쳤으나, 1689년 3월에 그는 프랑스 자금과 무기를 가지고 킨세일(Kinsale)에 상륙하도록 설득되었다. 장기적으로 아일랜드에서 영국의 통치를 훼손할 수 있는 어떤 것이라도 하려는 영국 지도자들의 반발로 인하여 가톨릭신도들이 곤란하게 되었지만, 전쟁은 이어졌다. 단기간에, 소유물의 의미심장한 재분배와 종교관용의 선포가 이루어졌다. 그러나 가톨릭의 유럽은 자체로 분열되었다. 1648년의 평화로운 이주는 신앙고백의 세력권에 속한 방식을 끝냈고, 개신교 영국과 같이, 프랑스 루이 16세의 선한 대적은 가톨릭 진영이었던 오스트리아와 스페인 때문에 동료로 보일 수 있을 뿐이었다. 위기는 두 교황들의 통치－이노센트 11세와 알렉산더 8세－를 애매하게 만들었고, 제임스의 주요한 후원자였던 루이 14세가 교황청과 다투고 있었기에, 심지어 그들은 제임스를 별로 안 좋게 보았다.

아일랜드에서 전투하였던 군대들은 구성에 있어서는 매우 국제적이었다.

제임스의 군대는 대부분 프랑스와 아일랜드 사람들이었는데, 영국, 네덜란드, 독일, 프랑스(위그노), 그리고 덴마크 사람들로 구성된 윌리엄의 군대가 데리(Derry, Londonderry)를 포위공격에서 구하고 그 후 7월 보인(Boyne) 전투에서 가톨릭 군대를 패배시킨 후, 제임스 군대의 사람들은 1690년대 후반 집으로 돌아갔다. 아일랜드 저항의 배후가 1691년 동안 무너졌고, "아일랜드에 사는 아일랜드 사람들은 그들의 생활에서 자유와 소유물들을 평등하게 보호받아야만 하고" 또 "그들의 종교에 관한 자유롭고 구속받지 않는 예배"를 소유해야만 한다는 약속의 대가로, 평화는 그해 10월에 이루어졌다. 그 약속은 거의 신뢰할 수 없는 것이었지만, 영국 군대의 압도적인 병력은 그것이 존재한다는 전제하에 정복당한 자들의 행동을 강요했다. 한 세기 이전에 있었던 크롬웰의 승리에 이어서 떠났던 30,000명에 필적하는 약 14,000명의 가톨릭 아일랜드 군대가 전쟁이 끝날 무렵 유배지로 떠났다. 약 이백만 명 정도의 인구에서 이것은 결코 사소한 일이 아니었던 강건한 남자들의 손실이었다.

추정된 종교의 자유는 그 자체로 환상이었음이 곧 증명되었다. 1694년 교황주의자들을 대항하여, 어떤 가톨릭신도도 무기를 소지할 수 없다는, 정부를 보다 안전하게 보호하기 위한 법령(Act for the Better Securing of the Government)이 선포되었다. 3년 후에, 추방령은 (만일 그들이 거절한다면) 유형이나 교수형에 처해지는 형벌로 모든 가톨릭 성직자들을 추방했다. 그리고 (만일 그들이 대담하게도 돌아오려고 한다면) 사지를 찢어 죽였다. 더 진전된 입법은 가톨릭 신도들을 공직으로부터 그리고 모든 시민생활과 상업에서 배제하는 것이었다.

18세기는 가톨릭을 반대하는 이러한 악명 높은 형사상의 법률들에 의하여 지배되었다. 그러나 그들의 공적인 예배를 반대하는 입법은 새로운 세기의 20년부터 폐지되었고, 나라 전역에 예배당(chapel, 교회[church]라는 용어는 개신교 기관을 위해서 보존되었다)을 세우고 세기 중반까지 전체 주교들과 성직자단을 세우면서, 교회는 정당하게 자신을 조직할 수 있게 되었다. 그러나 영국에서는 교황주의자들과 개신교 분리주의자들 모두에게 영국국교회에 십일조를 지불해야만 하는 의무가 남아있었다. 대부분의 가난한 백성들에게, 나머지 모든 것보다 더욱 분개되어진 것이 이 마지막 법령이었다.

다른 양상들 역시 엄격하게 남아있었다. 백성들을 무지하고 무능하게 하기 위한 노력으로, 가톨릭 교육은 엄격하게 금지되었다. 다양한 야외학교들(hedge schools, 다시 말하면, 옥외에서 일하는 기관들)이 이런 금령을 회피하기 위하여 나타났지만, 그들이 에메랄드 섬(Emerald Isle, 아일랜드의 별칭 – 역자주)의 기후에서 간헐적인 온화함을 의지해야 했던 것처럼, 그들이 인도했던 수업은 질적으로 고르지 못한 것이었다. 그리고 좌절되었다.

사회적인 격리 정책의 역설은 보통 개신교도들이 그들의 가톨릭 이웃들이 개신교로 개종하기를 원하지 않을 정도까지 그들을 가두었다는 것이다. 그 이유는 단순했다. 만일 너무 많은 사람들이 예속된 사회계급(caste)이 되는 것을 단념한다면, 그때에 현존하는 개신교도들의 이권들이 쇠퇴될 것이기 때문이었다.

시간이 흐르면서, 가톨릭신도들은 공적생활로 들어가는 그들 자신의 방식들을 발견하였다. 가톨릭 위원회가 1750년대 후반에 세워졌고, 1760년에는 찰스 오코너(Charles O' conor)와 존 커리(John Curry)에 의하여 그것이 재조직되었다. 해방의 방향으로 압력이 발생했고, 그것은 1778년 이후부터 연속적인 가톨릭 구제 법령(Catholic Relief Acts)들을 유발시켰으며, 1829년의 해방에서 절정에 이르렀다. 그리고 그것은 가톨릭신도들에게 개신교인들에게 속한 협약과 같은 동일한 협약(재산의 소유권)에 관하여 투표할 수 있는 권한을 주었다. 그러나 아일랜드는, 잘 알려진 대로, 모든 해결책에서 문제를 가진 국가이다. 그리고 입법자들이 잘 알고 있었던 것처럼, 1829년의 해방과 더불어 난관은 자산이 오래 전에 가톨릭신도들로부터 탈취했던 기본적인 물자라는 것이었다. 그것은 그들 중의 누구에게도 법령의 조항들에 있는 가정된 원대한 인류평등주의(egalitarianism)의 관점에서 바람직한 어떤 유익도 남겨둘 수 없는 것이었다. 아일랜드의 문제들은 계속 불평의 소리가 날 수밖에 없었다. 그리고 우리가 이 세상에서 전적으로 그것들로부터 자유롭든지 그렇지 않든지 간에, 다행히, '파루시아' (parousia, 그리스도의 재림)는 우리가 여기서 추적할 수 없는 신학적인 문제이다.

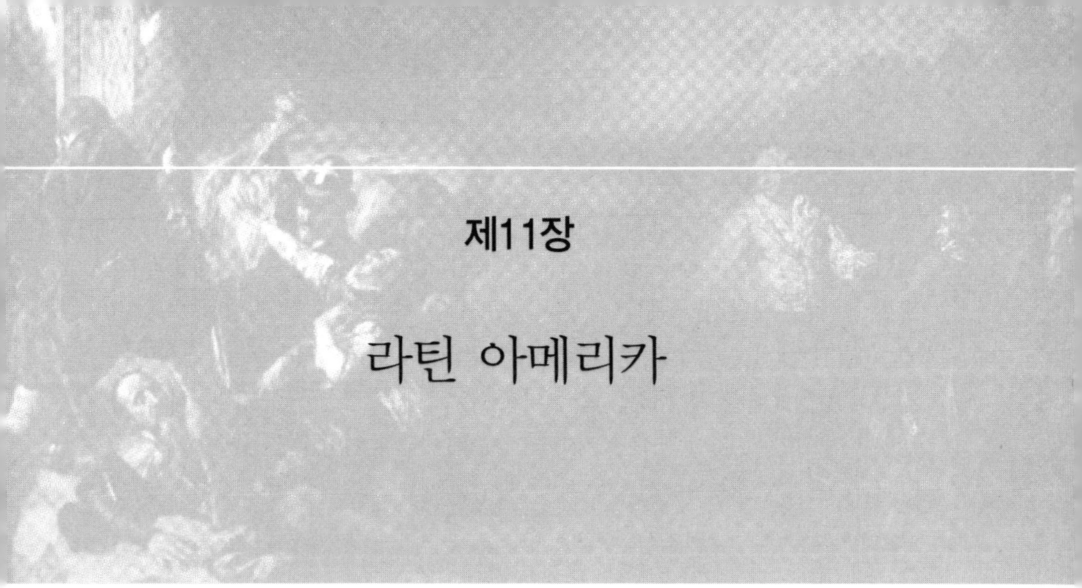

제11장

라틴 아메리카

스페인과 포르투갈 제국의 권력이 지적인 에너지, 군사적 능력, 그리고 영적인 창조성으로 이루어진 원기 왕성한 동력을 얻었을 때, 거의 당연한 일이겠지만, 신세계에서 그들의 제국들이 수립되었다. 하지만 적어도 17세기 중반에 이르러 그들은 그렇게 되는 것을 그만두어야만 했다. 포르투갈은 스페인 왕국에 흡수되었으나, 그 후 1640년에 다시 원래대로 되돌아갔다. 그러나 양쪽 나라 모두에서, 특별히 스페인에서, 그 열정이 꺼져버렸다. 유럽으로 되돌려진 모든 종류의 진기한 금속들을 배에 실어 나르는 일로 어렵사리 얻어졌던 만큼의 그와 같은 군사적, 정치적 이익은 조금씩 얻게 되어, 활용되었고, 대부분 쓸모없게 되었다. 분명히 스페인은 어떠한 경제적 이익도 인지하지 못했다. 그것은 제네랄리시모 프랑코(Generalissimo Franco)의 죽음에 이르기까지 뒤집어지지 않았던 상대적인 권력, 경제, 그리고 인구수에 있어서 오랜 시간 동안 천천히 기울어지기 시작했다.

16세기 후반부의 제한적인 반-종교개혁 세력은 스페인에 그와 같은 해로운 영향력을 미쳤던 신앙과 관련하여 적지 않은 영향력을 갖고 있었다. 신앙적인 탈선에 대한 과도한 두려움과 명예에 대한 과장된 강조만이 가난한 사회들의 특징은 아니다. 그것들이 그 사회를 만드는 한 법칙이다. 스페인 군주들이 한번에, 혹은 차례로, 몇 개의 전쟁들을 수행하기 위하여 자원을 고갈시켰던 바로 그때에, 그 나라의 지적인 삶은 차단되어지면서 내면적인 것이 되었다. 고-가톨릭(Hyper-Catholic) 개혁운동은 정복할 수 있는 신세계들과 약탈할 수 있는 보물과 노예들이 있는 동안 모든 것이 매우 잘 진행될 수 있지만, 누군가 새로운 적수들이 무역과 제조업, 과학과 과학기술 같은 멸시받는 건설적인 활동들을 그 대안으로 신뢰할 때, 그때에 그들은 순응하든지 아니면 무너져야만 했다. 누구든지 세계를 암스테르담과 런던 혹은 돈키호테(Don Quixote)에 속한 것으로 선택해야만 했다. 그리고 스페인은 돈키호테의 세계를 선택했다. 세르반테스(Cervantes)조차도 오로지 조롱하려는 목적으로 그것을 생각해 냈던 것이기 때문에, 이것은 불명예였다.

라틴 아메리카에 있어서, 이 모든 것은 그곳이 갖고 있는 자원에 대하여 증가된 의존을 의미했다. 정복, 강제된 문화적응(enculturation), 그리고 대량학살에 가까운 일, 그 결과로서 생기는 광범위한 인종적 혼합의 소산인 주민들을 통하여 이베리아(Iberian)의 종교와 언어를 이어갔던 일은 새로운 방침 안에서 도움이 되는 독특한 신앙적, 문화적 자원들을 발전시키게 되었다.

불가피하게, 스페인에게 진 빚은 크게 남았다. 대부분의 주교들은 여전히 스페인어를 사용하였다. 대부분 지역에서 그리고 크레올(Creole, 남미 초기 정착민의 후예들 – 역자주) 수도사들에게서 수도사 직제들 가운데 지도적 위치는 반도거주자들(peninsulares, 최근에 스페인에서 도착한 사람들)의 지배 아래 놓여 있었다. 정치적 지배 역시 마찬가지로 마드리드(Madrid)에서 보내진 총독들(viceroys)의 수중에 있었다. 비록 라틴 아메리카 사람들이 그것을 발전시켰고 아름답게 꾸몄을지라도, 교회의 장엄한 바로크 건축은 수입되었다.

라틴 아메리카 사회는 어쩔 수 없이 인디언 가운데 있었던 생존자들, 그들에게 침입했던 이베리아 사람들(반도거주자들이나 크레올 사람들), 흑인 노예들(침입자들이 아프리카에서 데려왔던 사람들), '메스티조'(mestizos, 백인-인디언 조상들과 혼합한 사람들), 그리고 '물라토'(mulattos, 그들은 일반적으로 그들이 갖고 있었던 흑백의 비율에 따라서 하위범주로 구별되었던, 흑백 부모 가문이 혼합된 사람들)의 혼합이었다. 17세기 중반부까지, 혼합 민족이 된 사람들이 도시들과 광산에서 최대의 인구 집단이 되었다.[1)]

인종적인 집단들 가운데 있었던 종교적인 차이점들은 숙고할 만한 것이었다. 물론 이베리아 사람들은 가톨릭이었다. 표면적으로는 적어도, 인디언들 역시 그랬지만, 그들 중의 다수는, 우리가 3장에서 언급되었던 것처럼, 선교지 마을들이 만들어졌던 곳에서 예수회에 의하여 관리되었다. 이러한 특별한 상황들과 동떨어져서, 인디언들은 가끔 아주 미약한 목회적 돌봄을 얻었다. 그리고 먼 거리에 있었던 그들 중 다수에게는, 그들의 가톨릭신앙이 전통적인 신념들 위에 더 많은 근거를 두고 깔려 있었던 베니어판에 불과했다. 흑인 노예들은 가장 복음화가 되지 않았던 계층이었다. 그들의 숫자는 농장재배가 이루어지기 가장 쉬웠던 지역들 – 쿠바, 히스파니올라 섬, 베네수엘라, 그리고 브라질 의 많은 지역들 – 에서 분명히 대단했다. 수도원의 훈령은 인디언들의 복지를 가장 염려하고 있었다. 이후에, 그 감정은 보다 약하게 아프리카 사람들에게 표현되었다. 그리고 어쨌든 물리적으로 유럽문화로부터 인디언들을 보호하려는 예수회의 방책, 즉 할 수만 있으면 그것으로부터 그들을 분리시키는 일은 모든 존재 자체가 유럽 사람들의 지배하에 있는 운명이었던 노예들에 대하여 거의 반복되어질 수 없었다. 결과적으로, 많은 노예들은 전혀 기독교화 되지 못했거나 가톨릭의 혼합주의적인 형태로 깊이 형성되고 말았다. 그러므로 오늘날 하이티(Haiti)의 부두교(voodoo, 미국 남부 및 서인도 제도의 흑인 사이에 행해지는 원시 종교 – 역자주)와 아프리카계 브라질 사람들(Afro-Brazilian)의 사이비 숭배에 대한 강력한 지속성이 그 본보기가 된다.

인디언들의 기독교화

라틴 아메리카의 인디언들은 그들의 전통적인 종교를 지배자들의 감시로부터 떨어져서 실천하는 동안, 그들을 지배하는 사람들에게 순종과 존경을 가장하는 일에 종종 아주 능숙했다. 누가 그들을 비난할 수 있겠는가? 스페인의 침입은, 토착 주민들이 경험했던 일에서 그들을 단순한 남은 자(remnant)가 되도록 하면서, 그들의 사회공동체를 황폐화시켰다. 공개적인 저항이 일어났지만, 대부분의 경우에 그것은 위험한 것보다도 더 험악한 것이 되었다. 그것은 자멸이었다. 그래서 멕시코의 오악사카(Oaxaca)에 가까운 마을의 사제였던 곤잘로 데 발살로브레(Gonzalo de Balsalobre)는 한 세기와 또 1/4세기 동안 그의 교구의 대부분을 형성했었고 또 외직으로는 신한 가톨릭

신자로 (또는 적어도 고분고분하게) 보였던 토착민들이 실제로는 열세 가지의 전통적인 신들을 숭배하고 있었다는 사실에 충격을 받았다. 그는 22년 동안 그 교구의 사제였다. 그는 이렇게 말했다. "모든 방법들을 사용하여 지치지 않는 돌봄으로 지복의 상태에 세우기 위하여 그들을 자극했지만, 비록 그들이 외적으로는 그 모순을 보여주면서도, 나는 언제나 그들이 내적으로 그것에서 아주 멀리 떨어져 있는 것을 발견했다." 1653년에 그는 그들이 그들의 이교 사제(디에고 루이스[Diego Luis]라는 이름의 고분고분한 스페인계 남자)를 자주 찾아가면서, 좋은 사냥감을 얻기 위하여 또는 병에서 회복되려고 전통적인 주문을 사용하면서, 점을 치면서, 개들과 닭들로 희생 제사를 드리면서, 그리고 오래된 이교 사당을 방문하면서, 내내 은밀하게 그들 자신의 일정을 준수하고 있는 것을 발견했다. 이교 사제는 어떤 날이 교구 교회 안에서 자선을 베풀기에 좋은 혹은 나쁜 날인지에 관한 그의 판단을 전해 주었다. 만일 그 사제의 판단이 좋았다면, 비록 숭배되어진 여신은 사실 노휘카나(Nohuichana)였지만, 그때 성모 마리아의 제단에 촛불들이 켜졌다.[2] 분명히, 신부 곤잘로와 그의 전임자들은 주의를 기울이지 못했다! 그의 책무가 진실로 어떤 일을 성취했는가에 대한 그의 보고조차도 "심판의 두려움"을 그의 밀고자에게 주입하는 것을 통해서만 얻어질 수 있었다.

예수회원 안토니오 루이즈 데 몬토야(Antonio Ruiz de Montoya)는 보다 덜한 그러나 아주 다르지 않은 경험을 했다. 1639년 그는 중남부 아메리카에서 그의 사역의 성공에 대한 보고서를 출판했는데, 거기에서 그 역시 과라니(Grarani) 인디언들이 믿음으로부터 심각한 타락에 이른 한 예를 말하고 있다. 몬토야와 그의 동역자들은 어느 주일에 인디언들이 미사에 참여하도록 소집하는 종소리에 반응하여 나오도록 하는 일에 어려움을 겪었다. "그때 몰래 한 젊은 남자가 신부들 중의 한 사람에게 폭로하기를, 세 언덕 위에 말하는 세 죽은 시신이 있다고 말했다. 그들은 대부들의 설교를 듣지 말라고 인디언들에게 경고했다는 것이다." 그 이상의 조사에서, 곡식 헌물을 가지고 천장에 그물로 매달려서, 해골을 가지고 조언을 하는 사제들로 채워진 이교도의 성전을 폭로했다. 죽은 자의 예언은 사람들과 곡식에 건강과 풍요를 전달하는 것으로 믿어졌다.[3]

멕시코의 신부 발살로브레와 과라니족 중의 대부 몬토야만이 홀로 있던 것은 아니다. 1610년까지 리마(Lima)의 총대주교 관구(archdiocese)에서 가톨릭 당국은 그들이 성공적으로 복음화시켰다고 생각했던 주민들이 실제로는 전혀 복음화되지 않았다는 결론에 이르렀다. 인디언들은 내내 은밀하게 우상숭배를 실행하고 있었다. 가톨릭교회는, 우상숭배자 방문객들(*visitadores de idolatria*)로 가득 찬, 안데스 산맥(Andean)의 인디언들을 반대하여 지시받은 근절(eradication)이라는 새로운 운동을 준비했다. 그것은 미혹된 사람들, 신조에 어긋나는 사람들의 조사, 그리고 완고한 사람들의 징계에 대한 가르침을 혼합하고는 했다. 그 활동들은 그 세기 내내 지속되었고, 다음으로는 미약하게 번져나갔다.[4)]

라틴아메리카 인디언들의 기독교화에 대한 한 인상적인 성공 이야기는 그 과정 속에 존재하는 모호한 어떤 것을 보여준다. 과달루페(Guadalupe)의 성모 마리아는 멕시코의 민족적인 의식과 신세계에서 가장 유명한 성모 마리아 성당의 필수적인 요소가 되었다. 일반적으로 인정받고 있는 이야기에 따르면, 스페인 사람들에 의하여 테노치티틀란(Tenochtitlan, 아즈텍 왕국의 수도 – 역자 주)이 점령된 이후 단지 10년째인 1531년, 마돈나(Madonna, 성모 마리아)가 후안 디에고(Juan Diego)라는 기독교로 개종한 인디언 소년에게 나타났다는 것이다. 그녀는 백인 유럽인이 아닌, 거무스름한 인디언으로 나타났다. 그녀는 그에게 "이 장소에" 그녀를 위하여 성전을 건축하라고 가르쳤다. 그는 그 문제를 협의하기 위하여 멕시코시티의 주교를 만나러 갔다. 의심이 있었던 그 주교는 주마라가(Zumarraga)의 후안(Juan)이었는데, 그는 그 소년을 친절하게 대해주었지만 당장 그의 계시들에 대한 실제를 받아들이지는 않았다. 그러나 결과적으로, 그 소년이 그에게 철이 지나서 개화한 꽃들의 표지를 가져와서 그것들을 바닥에 떨어뜨렸을 때, 그리고 그 꽃들이 있었던 그 소년의 망토에서 마리아의 모습이 나타났을 때, 주마라가의 주교는 설득되었다.[5)]

그 이야기는 물론 호감이 가는 것이다. 그러나 그것은 그것을 기술하려고 의도했던 그 사건 이후 118년이 지난 후에 첫 번째로 기록한 것이었다. 그리고 그것은 루이스 라소(Luis Lasso de la vega)라는 사제에 의하여 기록되었고, 그는 과달루페의 성모 마리아(Our Lady) 성당을 책임지고 있었다. 대부분의 중세의 기적과 성자들과 관련된 기적적인 이야기들이 직면하는 동일한 난제는 현재의 그들 자신을 진술한다는 것이다. 가장 일찍 쓰인 그와 같은 이야기들의 기록이 그들이 기술하려고 의도했던 사건들 이후에 많은 세대들에서 날짜가 정해졌고, 그리고 연대기 기록자는 그 또는 그녀가 마침 봉사했던 영적인 기관(수도원, 대성당, 수도원성당, 성당)의 중요성을 확대하는 일에 관심을 가지고 있던 당사자였다. (알려진 대로, 이것은 교회의 초기 시절로부터 신약성경의 기술이나 기록된 기적들을 따라다녔던 문제는 아니다.) 게다가, 성당이 위치하고 있었던 테페쟈크(Tepeyacac)는 이교도의 신전인 "신들의 어머니" 토난친(Tonantzin)이 있던 곳이었다. 인디언 신들의 이 어머니가 성모 마리아의 뜻하지 않은 출현으로 변화했겠는가? 초기 중세 시대의 유럽을 포함하여, 고대의 신들이 새롭게 기독교의 성자로 세례를 받았고 또 고대의 신전들이 지역적인 중요성을 가지고 교회로 다시 봉헌된 다른 곳에서, 혹시 우리가 과달루페의 성모 마리아에 대한 숭배의 발전을 다른 곳에서 기독교화를 수반했던 현상의 하나 더 많은 본보기로서 어쩌면 이해해야만 하는 것인가? 그것은 초기 17세기 교황 그레고리 1세(Pope Gregory the Great)의 조언 – 이 책의 3장에서 우리가 주목하게 만들었던 조언 – 과 일치하였다.

분명히 정복 이전의 이교주의와 식민시대의 가톨릭 사이에 있었던 연속성은 숙고할 만한 것이었다. 18세기 중엽에 독일 예수회원이었던 조셉 아크(Joseph Och)는 북서쪽 멕시코의 인디언들이 그들의 전통을 포기하도록 설득하는 일의 지속적인 어려움을 기록하였다.

> 그들의 관습에서, 인디언들은 선교사들에게 숨기는 것들이 있다. 다른 점에 있어서는 선한 그리스도인들인 사람들 가운데에서조차도, 언제나 이전의 불신앙의 낌새가 있는 무엇인가를 고수한다... 어린 6개월에서 12개월의 유아들이 잔인한 고문을 견뎌야만 한다. 모든 털이 유아의 눈썹에서 뽑히고 그 미세한 구멍들이나 털구멍들이 가시를 사용하여 넓혀졌다.

그는 유아들의 입술이 어떻게 보다 잔인하게 딴 모양으로 고쳐졌는지를 기술했고, 다음에 덧붙이기를,

> 임신한 나이가 지긋한 여인들은 집에서 쫓겨났고 그들이 집에서 아이를 낳는 것은 절대로 금지되었다. 왜냐하면 그와 같은 여인들은 해독을 끼친다고 보았기 때문이다. 인디언들은 출산이 그들의 화살에 있는 능력을 빼앗아가기 때문에, 그들이 목표물을 절대로 맞힐 수 없다고 믿었다.[6)]

사람이 죽은 집은 유령처럼 "죽은 사람이 그곳으로 다시 돌아올 것이기 때문에" 태워버렸다.[7)] 그러나 이러한 인디언들에게 채찍질을 사용하면서까지 기독교의 가르침을 주면서, 아크는 그들이 이러한 관습들을 단념하도록 설득하였다. 또는 가능한 대로 비밀주의가 그 자체로 거듭 주장되었고, 그래서 그는 틀림없이 그들이 그것을 갖고 있다고 생각했다.

어쨌든 라틴아메리카의 인디언들은 좀처럼 지도자의 책임감을 신뢰하지 않았다. 극소수의 예외가 있었지만, 18세기에 이르기까지 사제들은 스페인 사람들이 차지하고 있었다. 메스티조(Mestizos) 역시 대부분 제외되었다. 그것은 공공연하게 인종적인 근거 위에서 이루어진 것이 아니고, 그들 중의 다수가 서출(庶出, illegitimate), 즉 이베리아 사람들에 의하여 생각이 없었던 장난으로 태어난 자손들이었기 때문이다. 그러므로 그들은 성직을 위한 피선거 자격으로부터도 배제되었다. 비록 아메리카의 토양에 가톨릭 신앙이 강하게 뿌리내리는 일을 열망했던 교황 그레고리 14세(Gregory XIV)가 1576년 전통적인 규칙을 철회하고 그와 같은 성직임명을 위한 명백한 허가를 주었지만, 현장에서 있었던 실제의 일들은 관대함에 대한 그의 양보로 인하여 본래 변한 것이 없었다. 멕시코의 정복 이후의 첫 세대 동안, 주마라가의 주교가 뜰라뗄롤코(Tlatelolco)에 성직을 위하여 인디언들을 훈련시키는 대학을 세웠지만, 그 대학이 지속되었음에도 불구하고, 졸업생들 중에 어느 누구도 성직에 임명받지 못했다. 유럽에서보다 인디언 문화 속에서 보다 더 극복하기 힘든 장애물이었던 것을 증명하는 독신주의 때문이었다. 그 대신, 그 졸업생들은 다양한 종류의 성직 보조자들이 되었는데, 특별히 스페인어를 말하는 성직자가 인디언 교구민들과 교통하는 일이 가능하도록 하였다.

그러므로 암담한 무도회가 16세기와 17세기 내내, 그리고 18세기까지 이어졌다. 라틴아메리카의 정치적인 혼합에 있었던 네 가지 투쟁적인 요소들에 대하여, 세 가지는 자기모순의 입장을 채택하였다. 비록 모든 수도사들이나 성직자들이 그토록 고결한 것은 아니었지만, 가톨릭 선교사들은 종종 충분할 정도로 인디언들의 영적이고 물질적인 복지 모두에 대하여 열정적으로 봉사했다. 그들 가운데 대부분의 원칙주의자들은 선교사들의 동료인 유럽 사람들과의 접촉에서 오는 잔인한 결과들뿐만 아니라 그들의 잔인성으로부터도 토착민들을 보호하려고 하였다. 선교사들 가운데 가장 급진적인 부류는 바돌로매 라스 카사스(Bartolome de las Casas)처럼 전체적으로 스페인의 침공을 한탄했다. 많은 다른 사람들은 적어도 그들에 대하여 상반되는 감정을 가지고 있었다.[8] 그러나 노예로 삼는 일과 혹사하는 일의 섬뜩한 결과들을 완화시키고자 하는 그들의 유일한 소망은 스페인의 이름으로 악행들을 수행하며 잔인한 아랫사람들을 지배하는 스페인의 왕권의 힘을 강화시켜야만 하는 것이었다. 왕권 즉 그 혼합의 두 번째 부분은 수사들과 예수회원들의 탄원에 공감하는 귀를 기울일 수가 있었지만, 그리고 신세계에서 향상된 자신들의 권력을 원하기는 했지만, 실행의 분야로부터는 아주 멀리 떨어진 것이었고 그 왕권은 앞잡이들에게조차 대단히 불확실한 지배력을 가지고 있었다. 게다가, 그것은 정복자와 그 후계자들의 힘든 수고 위에 세워진 식민지에서 스페인이 가졌던 것과 같은 그와 같은 지배력을 의존했다.

그들은 '엔코멘데로스' (encomenderos, 군인지주 – 그것이 종종 그들로 하여금 사람들의 반감을 사게 할 수 있는 소지가 있었다)였다. 왕의 서한은 유럽 사람들의 지역에서 언제나 신뢰할 수 있을 정도로 전해지지 않았다. 그 명령들이 세계의 반이나 멀리 떨어진 곳에서 즉각적이고 획일적인 순종을 기대한다는 것은 비현실적이었다. 혼합의 세 번째 요소로서, 인디언들은 그들에게 그토록 억지로 제공되고 있었던 새로운 믿음에 대해서 종종 양면성을 갖고 있거나 혹은 더 나빠졌다. 그러나 기독교 선교사들은 그들이 몹시 두려워했던 그리스도인들의 약탈 행위로부터 그들이 얻을 수 있을 것으로 보였던 보호책을 그들에게 제공하였다. 외적인 순응은 적어도 이러한 많은 유예기간을 보증하기 위하여 일반적으로 필수적인 것이었다.

이 모든 것은 난처한 곤경을 가져왔다. 그와 같은 내부 투쟁에 의하여 비교적 곤란을 겪지 않은 유일한 집단은 식민지 개척자들과 '엔코멘데로스' 자신들뿐이었다. 그들은, 어느 정도, 먼저 그 신앙전파가 그들이 획득한 것들을 정당화했던 종교에 대하여 난해한 존경심을 갖고 있었다. 그리고 그들은 만일 인디언들이 이 종교를 받아들인다면 그것이 장래에 그들을 보다 더 다루기 쉽도록 만들어 나가는 일에 도움이 되리라는 것을 알고 있었다. 그러나 페닌술라레스(peninsulares, 스페인에서 태어난 스페인 사람들 – 역자주)와 크레올(Creoles, 식민지 태생의 백인 – 역자주)들은 그들이 무엇을 원하고 있는가를 알고 있었다. 그것은 토지, 노예들, 은, 그리고 설탕이었다. 그리고 그들은 현지에서 권력을 가지고 있는 사람들이었다. 어쨌든 그 노선을 따라가는 투쟁들에서, 모든 것들이 매우 잘 실현될 것 같은 자신들의 목표들이라고 확신하는 일에 도움이 되었다. 그러므로 최종적인 결과에서 그들의 신앙적인 의식 준수가 보다 피상적인 대륙이었다는 것, 선교사 성직자로서 명목주의(nominalism)를 진정한 신앙심으로 변화시키는 일에 절망하면서 사역했던 일, 그리고 인디언들을 혹사하는 일에 대한 분노와, 그럼에도 불구하고, 토착민들을 하나의 참된 믿음으로 인도하는 하나님의 지배 아래에 있는 거친 도구로서 이베리아의 지배를 설명하려는 바람 사이에서 분열되었다는 것은 거의 놀랍지 않은 원인이어야만 한다.

노예제도

이러한 평가에서 제외된 한 중요하고 흥미로운 집단은 아프리카 노예들이다. 이 사람들은 모두 무능력하고 비참할 뿐이었고, 그래서 우리가 기술하였던 여러 종류의 고려대상에 거의 들어올 수가 없었다. 대서양을 건너 아프리카 사람을 데려오기 보다는 지방 인디언을 노예로 삼는 일이 덜 비용이 들어갔음에도 불구하고, 인디언들을 노예 삼는 일을 금지한 왕국의 비효과적인 시도가 그 관습을 쇠약하게 하는 원인은 아니었다. 도리어, 그것은 토착민들이 너무 약해서 그들의 유럽 주인들이 그들로 하여금 감당하기를 원했던 무거운 짐들을 질 수가 없다고 판단되어서, 이베리아 사람들이 노동자들로서 아프리카 사람들을 선호했기 때문이었다. 유럽에서 설탕을 위하여 언제나 상승하는 요구가 있었고, 결국 그것이 브라질과 다른 곳들에서 노예들을 원하는 요구를 자극했다.

참으로, 노예가 된 많은 인디언들이 설탕 농장 초기에 죽었다. 분노한 예수회 사제 조세 데 안시에타(Jose de Anchieta)는 큰 소리로 비난했다.

> 지난 20년 동안 바이아(Baia) 두령의 관할구역에서 죽었던 많은 수의 인디언들이 믿어지지 않는다. 그렇게 짧은 시간에 그렇게 많은 사람들이 죽었으리라고 누가 생각할 수 있을 것인가? 신부들에 의하여 유지되었던 14개의 교회에서 숫자를 세어보면, 게다가 뒤따라 나온 사람들까지 세어보면, 40,000명의 영혼이 모이고 있었다 – 그러나 오늘날 남아있는 세 교회를 합쳐서 3,500명의 영혼들을 과연 갖고 있는지 의심스럽다... 이제 설탕공장과 바이아의 농장들을 살펴보면, 당신은 토착민들은 별로 없고 기니의 흑인들(Guinean Negroes)로 가득 찬 그들을 만날 것이다. 만일 당신이 그 사람들 모두에게 무슨 일이 있었는가를 질문한다면, 그들은 당신에게 그들이 죽었다고 말해줄 것이다.[9]

안시에타는 예수회 교회들로 그들을 인도할 것이라고 말했던 포르투갈 노예 상인에 의하여 수천 명의 인디언들이 연안 쪽에 있는 정착지에 대한 약속에 속아서 숲으로부터 내륙 안쪽으로 300마일이나 옮겨간 것을 불평했다. "오지에서 신부들이 거주하는 교회들에서만이 인디언들이 자유를 누리고 다른 모든 사람들은 포로로 잡힌다는 것은 상식이었다."[10]

약 백만 정도의 흑인 노예들이 스페인 지배의 아메리카로 1820년까지 3세기 동안 수입되었다.[11] 그리고 600,000명이 더되는 사람들이 17세기에 브라질로 수입되었다. 1800년에 이르러 그들의 자손들이(물론 이후에도 아프리카 사람들이 수입되었다) 인구의 1/3을 구성하였다. 17세기 중반에는 알론소 데 산도발(Alonso de Sandoval)과 페드로 클라베르(Pedro Claver)라는 두 명의 영웅적인 예수회원들과 그들의 아프리카 통역자들만이 카르타헤나(Cartagena)에서 떠다니는 지옥 같은 노예운반선으로부터 나오는 반은 죽은 것처럼 지친, 혼란스러운 노예들의 영적인 그리고 물질적인 필요를 보살펴주고 있었다. 산도발은 1627년 포로들에 대한 소름끼치는 혹사를 비난하는 인쇄물을 출판하였지만, 그의 노력은 허사였다.

노예해방이 북아메리카보다는 라틴아메리카에서 더 빈번하게 있었지만,

결과적으로 자유를 얻은 흑인들의 의미 있는 숫자를 산출하는 그 현상은 규칙보다는 예외를 남겨놓았다. 각각의 농장은 자기 소유의 교회를 가지고 있었다. 그리고 그곳에는 일반적으로 세속적인 성직자(교단에 속하지 않았다는 의미)가 노동자들에게 받아들여진 가톨릭이 그들의 복종을 약화시키기보다는 강화시킨다고 확신하는 농장 소유주의 지배 아래에 있었다. 참으로, 라틴아메리카 사람들의 삶의 다양한 방면에서 매우 칭찬할 만한 예수회수사 자신들은 노예소유주들보다 위에 있지 않았고, 현대 에콰도르(Ecuador)의 수도인 키토(Quito) 가까이에 있었던 예수회의 토지는 1620년대에 노예들을 통하여 경영하고 있었다.[12] 1759년 브라질로부터 예수회가 추방되기까지, 그것은 식민지의 가장 큰 기관 노예소유주였다.[13]

아프리카 노예들은 정복 기간 동안 매우 초기에 남아메리카에 나타났다. 그 초기에 그들은 유럽 사람들과 인디언들 사이에서 중간자적인 사회적 신분이 주어졌다. 그러나 이어지는 여러 해 동안 성장했던 노예무역은 아메리카에서 유럽 사람들이 식민지화시킨 주민들 가운데 중요한 부분으로서 흑인들이 그 누구에 의해서도 더 이상 주목받지 못했다는 것을 의미했다. 노예가 된 인디언들이 죽어 나가면서, 도착하는 흑인들이 라틴아메리카 사회에서 하부 위치를 이어받았다. 1712-1714년의 기간을 브라질에서 보냈던 프랑스의 군인 기술자였던 아메디 프랑수아 프레지에(Amedee Francois Frezier)는 바이아에서 흑인들이 백인보다 20:1로 수가 많다는 그의 추측을 보고했다. 심지어 "그들은 세례를 받을 때조차도", 추정상 "하나님의 아들의 위엄"을 가졌다고 하는 백인들이 대우받는 방식에 대하여 그는 놀라움을 표시했다. 그는 주장하기를, 백인들은 브라질에 있는 포르투갈 사람들 사이에서 "신앙의 위대한 외적인 나타남"을 가지고 사악하게 처신했다.[14]

아프리카 사람들의 기독교화는 일반적으로 노예화가 뒤따랐지만, 성직에서 쫓겨난 후부터, 그들은 코프라디아스(cofradias, 신도단체)를 조직했다. 이것들은 영적인 삶을 촉구하고, 영적인 축제에 참여를 체계화하고, 질병에서 매장까지 범위가 정해진 문제들에서 기본적인 사회적 안전보장을 제공하는 이탈리아 르레상스에서 번성했던 것들과 비슷한 평신도 단체들이었다.

이 기간 동안 극소수의 흑인 그리스도인들 가운데 탁월했던 한 사람은 미틴 데 포레스(Martin de Porres, 1579-1639)였다. 그런데 그는 물라토(mulatto, 흑백혼혈아 – 역자주)였다. 페루(Peru)의 도미니크 수도회가 흑인들이나 물라토들을 사제로 훈련시키는 것은 고사하고 평신도 형제들로 받아들이는 것도 금지하였을 때, 그는 자신을 수도원의 보건소에 자원하는 종으로 받아들이도록 그들을 설득했다. 그의 생애 동안 있었던 그의 고결함에 대한 이야기들이 늘어났다. 수도사들은 그의 영적인 조언을 얻으려고 왔다. "그의 무한한 자비는 도움을 구하는 인디언들과 흑인들의 군중들을 이끌었다. 그는 기도와 참회로 그의 밤을 보냈다. 심지어 동물들도 그가 그들에게 말했던 것을 따라 행동했다." 그것은 풍자적인 유머의 어떤 자극적인 의견이 아니라, 명백히 그의 겸손이었다. 그것은 그로 하여금 "물라토 개"(mulatto dog)로서 자신을 언급하도록 이끌었다.[15] 그와 같은 특이한 일들에서 보여준 통상적인 여정에서, 포레스는 성인의 지위에 어울리는 초기 지원자였을 것이다. 그러나 다시 그의 피부색이 방해가 되었다. 비록 그가 결과적으로 성인으로 추앙되었지만, 1962년까지는 아니었다.

신세계에서 구교회

조직과 구조는 로마 가톨릭교회의 강력한 한 짝이었다. 시간이 지나면서 특별한 개인들의 헌신과 더불어, 조직의 모양새가 유럽의 그것에 필적하는 것으로 나타났다. 초기 영웅적인 성직자는 1580년 스페인 왕 필립 2세(Philip II)에 의하여 지명된 리마(Lima)의 대주교 토리비오 데 모그로베호(Toribio de Mogrovejo)였다. 모그로베호는 페루의 가톨릭교회를 재조직했고, 그의 대주교 직위 26년 동안, 세 지방 교회회의와 열 개의 교구 주교 대회에서 설교하는 일을 통하여 그 조직에 응집력과 조직적 일체감을 주었다.

이전의 적합했던 종교재판소 관리자처럼, 모그로베호의 최우선 순위 가운데 하나는 우상숭배를 근절하는 것이었다. 1581년의 지방의회는 스페인 사람들이 도착하기 전에 있었던 아메리카에 사는 모든 인디언들이 영원한 정죄의 상태에 있다고 선언했다. 이 선고는 페루의 지방 고위 예수회원이고, 모그로베호가 교회회의의 최고 신학자로 임명했던 사람인 호세 데 아코스타(Jose de Acosta)

의 인도 아래에서 일어났다. (이 임명은 예수회와 도미니크 수도회 사이에서 가톨릭교회의 지적인 추진력을 얻는 지위를 목표로 하는 신랄한 경쟁의 관점에서 다소 놀라운 것이었다.)

아메리카에서 어쨌든 종교재판소를 운영하는 책임을 가지고 종종 신학적으로 보다 자유롭고 융통성이 있는 노선을 취했던 사람들은 도미니크 수사들이었다. 바톨로매 데 까사스(Bartolome de las Casas)는 이 학교 소속이었고, 그의 동역자 도미니크 수사 프란시스코 데라 크루즈(Francisco de la Cruz)는 이 전통을 따랐다. 그러나 아코스타는 그를 저주하는 일을 계속했다.

그러나 그것은 가장 활동적이고 문화적인 유연성을 산출하는 이러한 종류의 교리적 엄격함이었다. 모그로베호의 교리문답이 3년 후에 출판되었을 때, 스페인어, 케추아족(Quechua)어, 그리고 아이마라족(Aymara)어로 나타났다. 인디언들의 영적 상태에 대한 아코스타의 서투른 진단은 분명히 무지에 근거한 것은 아니었다. 1590년의 그의 『인디언에 대한 자연과 도덕의 역사』(*Historia Naturaly Moral de las Indias*, *Natural and Moral History of the Indians*)에서 그가 설명했던 것처럼, 그는 폭넓게 아메리카 사람들에 대하여 잘 알고 있었다. 그에 따르면, 스페인의 정복은 전혀 도덕적인 진지함이 없었다. 그것은 다른 경우들처럼 정치적인 사실이었다. 그것의 중요성은 인디언들을 가톨릭교회의 품 안으로 데려오는 일에서, 하나님께서 그 일에 두신 섭리의 효과에 의지하고 있었다. 정확히 예수회가 교회 밖의 인디언들의 상태에 대하여 비관주의(pessimism)를 갖고 있었기 때문에, 인디언들의 구원을 진전시키기 위해서 모든 종류의 문화적인 적응들을 하려고 하였고, 그들의 복지를 위하여 기꺼이 옹호하는 목소리를 내려고 행동했다. 마코스타 자신은 그와 같은 옹호자였다. 그는 선교사들이 지방의 언어들, 관습들, 그리고 신념들을 배워야 한다고 재촉했고, 이 사람들이 "믿음이나 정의와 투쟁하지 않는 곳에서, 나는 그것이 그들을 변화시키는 이치에 합당한 것인지를 신뢰할 수가 없다"고 하였다.[16]

교리적인 완고함은 계몽시키는 일과 결코 모순된 것이 아니었다. 우리 시대가 증거하는 것처럼, 그것은 그 자체를 위한 조건이다. 한편으로, 신학적인 엄격함의 현상들은, 다른 한편으로, 문하저인 유연성과 정치적인 갈망과 모순된 것이 아니었다. 오히려 그것들은, 복음적인 선교사들이 우리의 시대에 다시 보여주었던 것처럼, 보충하는 것이다. 그러나 그것은 – 지금도 아니지만 – 모두 안정된 입장은 아니었다. 참으로, 우리가 3장에서 보았던 것처럼, 아시아에서 예수회는 라틴아메리카에서 도미니크 수도회에 의하여 유지되었던 그것들과 동등한 입장들을 채택하게 되었다. 문화가 사라지고 교리가 회복되는 곳에서는 미해결의 논점이 있을 수가 있다. 또는 맥루한식(McLuhan-esque)의 용어로 이 문제를 바로잡으려고 매체(medium)와 전하는 말(message) 사이를 구별하는 것은 불확실해질 수 있다.

17세기 내내 남부와 중앙아메리카의 인디언들이 지속적으로 성직자들로부터 배척당했지만, 실제로는 경계선들이 흐려지게 되었다. 유럽 사람들의 무능력 혹은 타락이 그 창문을 열었다. 그러므로 잉카(Inca) 추장의 자손이었던 인디언 그리스도인 펠리페 화만 포마 데 아얄라(Felipe Huaman Poma de Ayala, 1532-1615)는 그의 생애 말년에 스페인 왕 필립 3세(Philip III)에게 은사를 받은 인디언들이 교회에서 찬양을 하고 또 집사로서 사역하고 있다는 것을 발견했다고 기록한 방대한 서신을 썼다.

> 성직자들의 무능력이나 부재 때문에, 그들은 모든 올바른 기도와 답창과 더불어 죽은 자들을 매장하고 있는 자신들을 곧 깨달았다. 그들은 저녁 기도를 드렸고 기도의 영창뿐만 아니라 음악과 노래업무를 맡았다. 주일과 거룩한 날들에는, 그들이 성수로 아기들에게 세례를 주었다... 수요일과 금요일에는, 인디언들이 이른 아침 예배를 인도했다... 그러나 그들은 성직자들로부터 훼방 외에는 아무것도 얻지 못했다.[17)]

포마 데 아얄라는 소수의 성직자들, 특별히 예수회 수사들과 도미니크 수사들을 조심스럽게 칭찬했다. 그러나 그는 다른 수도사들과 대다수의 세속적인 성직자들이 독신주의 규칙에 따라서 사는 일에 실패하고, 무기를 가지고 다니며, 교회일과 함께 무역에 탐닉하고, 인디언들을 혹사하면서 타락한 것을 발견했다. 1,190쪽에 달하는 그의 긴 작품은 성경에서 인용한 역사로 섞어 짜인 페루의 역사를 보여주고 있다. 그에 따르면, 그리스도와 복음에 대해서 전혀 들어보지 못했던 그와 같은 세부적인 내용들임에도 불구하고 정복 이전의 인디언들은 그리스도인들이었다. 왜냐하면 그들은 "하나님의 계명들과 동정심에서 나온 선행들을 준수하였기 때문이다."[18] 이것은 도미니크 수사들의 입장조차 뛰어넘은 것이고 20세기 칼 라너(Karl Rahner, 예수회)의 사고에 더 가깝게 다가간 것인데, "익명의 그리스도인들"(anonymous Christians)이라는 칼 라너의 사상은 제기되었던 것보다, 비록 논쟁적이었지만, 아마도 덜 혁신적이다.

포마 데 아얄라의 호소는 아예 출판되지 않았을 뿐만 아니라, 그것은 스페인의 식민정책이나 교회정책에 전혀 영향을 끼치지 못했다. 그 문서는 분명히 감지할 수 없을 정도로 사라졌다가, 거의 3세기가 지난 후인 1895년에 코펜하겐(Copenhagen)의 왕립 도서관에서 우연히 찾게 되었다. 그러나 그의 사역이 한 사람의 유별나게 신중한 인디언의 사고와 태도를 예증하는 것은 아니다. 그리스도인의 삶에 대한 그의 재해석들과 적용은 자신에게 속한 주민들에 대한 지속적인, 거의 일반적인 혹사에 그가 항의하는 일과 함께, 대단히 많은 다수에 의하여 공유되어진 모든 가능성 안에 존재하였던 것이다. 그리고 그의 세밀한 사색들은 기록되지 않았으므로, 그들의 행위로 알려진 여기저기 산재한 세부사항들로부터 이론적으로 재정립되어야만 한다.

스페인의 지배를 받는 아메리카에서 출판된 인쇄된 책들이 더할 나위 없이 압도적으로 종교적이었다는 사실은 우리들에게 주민들의 헌신에 대한 것보다는 – 성직자들이 어울리지 않게 독자의 많은 부분을 형성하고 있었던 이유로 – 글을 읽고 쓰는 능력의 분포(아마도 약 10%)에 대해서 더 많은 것을 전해주고 있다. 비록 결국 리마가 페루의 행정중심지가 되었기 때문에, 전반적으로 인구수에 어울리는 유사한 비교를 추정하려는 일이 지각없는 일이겠지만, 참으로 1611년 리마 주민 26,500명 가운데 정확히 10%가 성직자이거나 신앙적인 신분을 갖고 있었다. 공평하게 말하면, 대부분의 출판되어진 책들은 문학의 도움을 받아 주민들을 복음화하려는 강력한 추진력을 반영한 신앙적인 요소에 속한 것들이었다. 만일 그 의도된 청중들이 그것을 읽을 수 없었다면, 고작 큰 소리로 읽혀졌을 뿐이었다. 진보는 천천히 이루어졌다. 18세기에 스페인의 지배를 받는 아메리카에서 18개의 도시만이 인쇄기를 갖고 있었다. 1808년까지 – 법으로 공포된 상황 – 브라질은 전혀 없었다.

놀랍지 않게, 교회는 라틴아메리카의 다른 그 어느 곳보다도 브라질에서 더 가난하고 약했다. 그 나라는 1700년 후반까지 오직 세 명의 주교직위를 갖고 있었고, 18세기 내내 대학교가 없었다. 그 성직자들이 전적으로 지주에게 종속되었고, 정식 수도회에 속해 있었던 예수회 수사들만이 독립적인 경제적 기초를 갖고 있었다. 그 세기 동안 내내 포르투갈 왕권의 영향력은 교회를 한층 더 약화시켰다.

또한 브라질은 많은 다른 식민지들보다 취약했다. 그 인구수는 작았고(아마도 1700년에 백만, 1800년에는 200만), 연안 도시들과 내륙의 농장들에 집중되었다. 식민지 개척자들은, 멕시코와 페루에서처럼, 약탈하여 얻을 수 있는 즉각적인 부를 전혀 발견하지 못했고, 아즈텍(Aztecs)과 잉카(Incas)의 문화들처럼 진보한 인디언 문화 역시 마찬가지였다. 1630년 팽창주의자(expansionist) 네덜란드 동인도 회사(Dutch East India Company)가 페루남부크(Pernambuco)를 성공적으로 점령하여 1654년까지 그곳을 차지하고 있었을 때인 17세기 중반에 브라질의 취약성은 드러났다. 그들의 영토는 북동부 브라질의 헤시피(Recife)를 포함하였다. 새로운 개신교 이주민들은 칼빈주의 목사들에 의하여 곧 증가하였고, 그들은 인디언들 사이에서 사역을 시작하였다. 가톨릭교회의 관점에서는 더 나쁜 것이었지만, 소위 새 그리스도인들(New Christians)이라는 대다수가 네덜란드에 의하여 정복된 지역들에 거주했다. 이 사람들은 15세기 동안 이베리아 반도에서 무어족(Moors)에게 패한 후에 강제적으로 개종했던 이베리아 유대인들이었다. 그들의 개종은 적법한 불신의 문제로 남아 있었다. 그 문제는 부분적으로 종교재판관들이 박해할 만한 누군가를 필요로 했고, 그래서 그들의 정통성, 그들의 신실함, 또는 그 모두를 의심했기 때문이다. 또 부분적으로, 이런 면에서, 유대인들이 그들에게 갚아야할 어떤 의무감을 느꼈기 때문이다. 하지만 가톨릭 당국의 억제하는 영향력이 사라지면서, 페르남부크에서 많은 수의 새 그리스도인들은 스스로 유대인으로 실토하고 공언했다. 당시 상황은 네덜란드 사람들을 거의 난처하게 하지 않았다. 그들은 이미 암스테르담 고향으로 되돌아 온, 신앙적인 자유와 자유로운 기업 활동이 그들을 정직한 사람이 되게 했던 수천의 이베리안 유대인들을 갖고 있었다.

불행하게도, 유대인들과 개신교도들 모두에게, 네덜란드가 소유했던 지역들의 가톨릭 거주자들은 1654년 이래로 새로운 지배자들을 대항하여 단합했고, 1654년 네덜란드는 유대인들을 비참하게 노출된 형편에 내버려두고, 정착지를 형편이 안 좋은 곳처럼 포기해버렸다. 그들 중의 다수는, 비록 시간이 조금 지난 후 되돌아왔으나, 이제 강제적으로 떠나야만 했다. 18세기 초기, 한 예로 네덜란드로 피해서 성공했던 새로운 그리스도인이었던 바이아의 한 신부는, 그곳에서 자신이 유대인이라고 공언했다.

중부와 남부아메리카에서 가톨릭 문화의 정체성은 한 번도 심각하게 도전을 받지 않았다. 그리고 필연적으로 예술은, 믿음과 같이, 광범위하게 유럽에서 수입되었다. 예를 들면, 17세기 스페인이 지배하는 아메리카의 바로크식 교회들의 다수는 구세계에서의 교회들만큼이나 웅장한 것들이었다. 그러나 조각술은 그것들을 장식하는 일에서 유럽에서 그랬던 것보다 더 유명한 장소를 가지게 되었고, 그곳에서 미술은 더욱 중요한 것이었다. 그러나 종종 다른 용액들이 유사한 배합과 조화로 사용되어졌다. 예술의 다수는 필연적으로 매너리즘(mannerism)과 가톨릭 유럽, 특별히 이탈리아와 스페인의 다른 유행들과 가까워졌고, 또는 일치했다. 그러나 인디언들은, 비록 그들이 그들의 식민지 고용주들에게 속한 기술이나 기법들을 배웠지만, 그들 자신에게 속한 요소들을 가져왔다. 조각술에서, "인디언들이 선호하는 모양은 그리스도의 찢어진 상처와 피투성이의 모습들이었다"[19]는 것은 단순한 문화적응(enculturation)일 수도 있었고 또는 저항의 요소를 가리킬 수도 있었다. 포마데 아얄라는, 그의 기록은 더 일찍 언급했는데, "인디언들은 미술, 조각, 도금에서처럼 장식 미술에서 기술이 뛰어나다"[20]는 의견을 말했다. 그의 사역이 거의 500점이나 되는 그 자신의 그림들로 예증되기 때문에, 그는 자신을 한 본보기로 거의 언급할 필요가 없었고, 그것들은 "페루의 문화적 혼종성(hybridity)에 대한 최근의 학문에서 연구하는 가장 인기 있는 중심이 되었다."[21] 19세기 동안, 쿠스코(Cuzco)의 옛 잉카 수도는 그리스도인의 예술과 전통적이고 토속적인 주제들을 연합시킨 종교 예술의 학원 중심지가 되었다.

17세기와 18세기는 이베리아 사람들이 지배하는 도시들을 넘어서 보다 넓은 주교관구들로 교구 제도가 진일보한 것으로 특징져질 수 있다. 도회지가 아닌 지역들은, 초기에 대부분 '가르침들'(doctrinas) 즉 선교회나 다른 수도회의 남자들로 구성된 단체, 특별히 예수회에 속한 성직자의 감독 하에-그리고 때로는 세속적인 권력-종종 큰 지역들로 나누어져 있었다. 교구 제도의 확장은 이 사람들과 새로운 사람들, 즉 대부분 그들을 대신하고 있었던 크레올 성직자들 사이에 분쟁을 일으켰다. 그러나 그것은 또한 인디언 문화와 경작지의 쇠퇴를 더 야기했다. 선교사들은 대부분 언제나 그들이 활동했던 지역들에서 사용되었던 케추아어(Quechua), 아이마라어(Aymara), 또는 그와 같은 다른 언어권에서 활동했다. 그러나 새로운 크레올 성직자들은 대부분 그와 같은 미세한 차이에 관심이 없었고, 그들이 생각하기에 사라질 수밖에 없는 운명으로 생각되었던 문화의 언어를 배우는 일에 일반적으로 흥미가 없었다.

예수회 선교 사업들

예수회의 사역은 가장 멀리 떨어진 숲이나 정글 지역을 거점으로 삼았는데, 그곳은 어쨌든 그들에게 흥미를 유발했던 곳이었다. 순수한 복음이 타락한 유럽 사람들의 영향력을 배제하고 전파되어야만 했다. 그것은 다른 선교회들이 동일한 완벽함의 정도를 공유하는 일에서 내키지 않아 하거나, 또는 할 수 없는 비전이었다. 다른 선교회들은 식민지의 도시 생활에 대한 세속적인 정책에 동조하는 동안에 혼란에 빠져 있었다. 그 사이에 예수회는 주교들이나 세속적인 지배자들로부터 덜 영향을 받았던 라틴아메리카에서 교황과 농업 자원에만 책임지는 특별히 집중화된 구조를 누렸다.

그와 같은 고상한 원칙들-그리고 그와 같은 독립-은 예수회의 강력한 적수들을 능가했다. 18세기는 유럽과 식민지 국가들 거의 모두에서 예수회를 반대하는 매도(罵倒)의 위기를 목격하고 있었다. 그 위기는 1773년 수도회 자체를 억압하는 일에서 절정에 이르렀다. 라틴아메리카에서, 노예 무역상들 그리고 사실상 자주 이들과 결탁했었던 식민지 행정관들로부터 인디언들을 보호하려는 그들의 결심은 식민지 당국자들을 격노하게 했다. 예수회가 바티칸(Vatican)의 권력과 보다 직접적으로 연결되었을 뿐만 아니라 재정과 자원의 독립된 출처를 갖고 있었다는 사실이 그들로 하여금 도덕적이고 영적인 권위를 가지고 말할 수 있게 해주었다.

내륙 안으로 깊이 들어간 예수회의 선교 사업들은 17세기 초반에 시작되었다. 1691년 이후부터, 10개의 선교회가 볼리비아(Bolivia)에 세워졌다. 예수회 회원들은 선교회 교회 주변에 모인 '정착지'(reducciones, settlements) 안으로 인디언들을 데려왔고, 그들은 그곳에서 농업을 훈련했고, 또 교육을 했다. 1648년 한 작가는 그들이 "초대교회와 같은 새로운 성장"(nueva plana de la primitiva Yglesia, new growth of the primitive church)이었다고 감격했다.[22] 더구나 진정으로 파라과이(Paraguay)에서 '정착지들은, 과라니 인디언들에 의하여 금으로 장식되어지고 정교하게 만들어진 셀 수 없는 제단들을 포함하여, 거대하고 고도로 구별된 교회들과 더불어, 그것은 동시대에서 특별한 놀라움의 이유였다. 예수회는 모든 것이 인디언의 언어들을 통하여 이루어졌다는 것을 확신할 뿐만 아니라, 가능한 그곳에서, 보다 활발하고 기독교화된 문화를 만들기 위하여 동류(同類)의 인종적이고 언어적인 집단들이 연합하는 일을 격려하는 일에 최선을 다했다.

그러나 식민지 개척자들은 덜 활발한 인디언 문화를 원했다 – 그 이상을 원하지 않았다. 그리고 불행하게도 라틴아메리카의 예수회에게 있어서, 유럽에서의 사건들이 다른 적수들에게 유리하게 사용되었다. 포르투갈은 대서양을 가로지르는 거대한 식민지에서 나오는 수입을 더욱더 의존하였고, 왕권에 속하는 능력 있고 원기왕성한 수상은 내륙의 잠재력을 개발하려는 계획을 갖고 있었다. 이렇게 생각해 보면, 새로운 정책에 대한 예수회의 반대는 아마도 실수였다. 정부의 분노는 근거가 있는 것일 수도 있었고, 날조된 것일 수도 있었다. 왜냐하면 1759년 포르투갈과 그 제국으로부터 그 수도단을 쫓아내는 결과는 국왕이 브라질에서 예수회의 소유물을 빼앗는 기회를 포함하였는데, 그것은 광대한 것이었고, 토지들, 목장들, 사탕농장들, 대학들, 그리고 다른 도시의 재산들과 투자 소유물들을 포함하였다. 그리고 우리가 기록했던 것처럼, 예수회(the Society of Jesus)는 매우 많은 수의 노예들을 소유하고 있었다. 선교 사업들이 그랬던 것처럼, 교회들은 세속적인 성직자들에게 넘겨졌다. 대학들은 문을 닫았고, 종종 군사적인 용도로 바뀌었다.

예수회는 스페인이 지배하는 지역들에서 그들의 사업을 계속 이어나갔다.

그중에서 가장 주목할 만한 것은 파라과이에 속한 그들의 정착지였다. 참으로, 새로운 선교가 1760년 신부 호세 산체스 래브라도(Jose Sanchez Labrador)와 호세 마틴 만틸라(Jose Martin Mantilla)에 의하여 벨렌(Belen)에서 시작되었다. 선교를 세우는 일을 원했던 인디언들은 음바야족(Mbayas)이었고, 그들은 정착민들과 투쟁했던 긴 역사를 갖고 있었고, 예수회의 손에 의한 기독교화가 다른 식민지 사람들로부터 그들을 위한 보호와 관련하여 최고의 소망인 것을 이제 주장하였다. 그러나 성직자 호위부대의 지휘관조차도 덜 호의적으로 그 진취성을 바라보았고, 어떤 분노와 더불어 그 성직자의 책무를 살펴보았다. 벨렌은 성공이었지만, 1767년 정착민들은 예수회가 스페인 보호령으로부터도 쫓겨나게 되자, 정착민들은 자기 길을 갔다. 선교는 계속되었으나, 그 번영은 기울었다. 예수회를 교체하기 위하여 불러들인 세속적인 성직자는 인디언 문화에 그렇게 잘 정통하지 못했다. 어떤 사람들은 실제로 그들의 생활을 극단적으로 두려워했다.[23)]

그러나 다른 측면에서 그들의 교육을 아무리 계몽했을지라도, 인디언들을 수도원의 새 회원으로 모집하는 일에 대한 예수회의 실패는 그들의 선교사역이 그것을 시작했던 문화적인 문외한들을 끊임없이 의존하도록 만들었다는 사실을 덧붙여야만 한다. 이러한 상황에서, 인디언들이 “어린이들”이라는 지속적인 상태로 남아 있었다.

제12장

북아메리카: 신앙의 관용과 불관용

북아메리카의 초기 청교도 정착민들에 대한 모든 일반적인 오해들 가운데에서, 그들이 신앙의 자유를 목적으로 신대륙에 왔다는 것과, 그들이 도착한 이후에, 다른 사람들에게 동일한 자유를 거부했던 면에서 대단히 위선적이었다고 하는 것보다 더 참기 어려운 것은 없다. 이 잘못된 개념에 따르면, 이후의 미국 헌법에서 명문화된 교회와 국가 분리는 청교도 조상들과 그 후손들의 목적에 따라서 다시 읽혀져야만 한다. 일단 청교도들이 그들의 박해자들로부터 안전하게 멀리 떨어질 수 있었다면, 추측하건대, 이러한 목적들은 이후에 잊혀졌다. 그것은 전혀 사실이 아니었다.

아메리카의 기독교 세계 형태

당연히, 1620년 메이플라워호를 타고 항해했던 분리주의자들은 박해로부터 피난처를 구한 것이었다. 그러나 플리머스(plymouth)로의 그들의 이민은 인간 공동체들이 종교 신념의 다양성을 포용해서는 안 된다는 것이 아니라, 감독제도에 괴롭힘을 당하지 않을 뿐만 아니라 이단들이나 불경건한 사람들에게 더렵혀지지 않은 그들의 거룩한 시도가 지구의 이 먼 구석에서 시행될 수 있다는 개념을 소중히 간직하였다. 그들은, 그들 가운데 어떤 이들이 암스테르담(Amsterdam)에서 목격했던 경쟁하는 종파들에 속한 그와 같은 비벨

(Babel)이 아닌, "언덕 위의 도시"(city on a hill)를 건설하려고 했다. 나다니엘 워드(Nathaniel Ward)는 1647년에 선포했다. "모든 패밀리스트(Familist, 16-17세기 유럽에서 신비주의적 기독교를 추구했던 사랑의 가족[the Family of Love] 신도 – 역자주), 도덕률 폐기론자들, 재침례파들, 그리고 다른 열광주의자들은 우리와 떨어져서 자유를 얻을 수 있을 것이다. 그리고 그와 같은 것들은 가능한 빨리 사라지게 될 것이다. 그것이 빠르면 빠를수록 좋다."[1] 우리가 6장에서 보았던 것처럼, 분리주의자들은 영국에서 그들의 공적인 박해자들이 했던 것보다 신앙의 관용에서 더 많은 호의를 보이지 않았다. 분리주의자들은 어떤 교회가 강화되어야 하고 또 어떤 교회가 박해를 받아야 하는지의 질문에서만 박해자와 차이가 났을 뿐이었다. 이것이 그들에게 있어서 대서양을 가로질렀던 확신들이었다.

1630년대 동안, 청교도 최초이민자들을 따라서 뉴잉글랜드로 따라온 비분리주의자들인 독립파 청교도들은 진실로 신앙 조직이 어떻게 보여야만 하는가에 대한 동일한 통찰력을 본질적으로 갖고 있었다. 그들 사이의 유일한 실제적 차이 – 영국에서 온 분리주의와 비분리주의 – 는 일단 양쪽 집단이 그들의 본토를 지배하고 있었던 미심쩍은 감독제도의 일단으로부터 실제로 삼천 마일이나 분리되자마자 다소간 가설적이 되는 경향이 있었다. 그러므로 그것은 1630년대 동안 분리주의자들이 뉴잉글랜드의 회중제도를 구성했던 훨씬 더 많은 청교도들의 도착과 함께 그들과 뒤섞이기 이전의 문제일 뿐이었고, 그들은 매사추세츠(Massachusetts)와 그 이웃 식민지들에서 공교회를 구성했다.

청교도 이주자들과 그들의 후손들은 지속적으로 북아메리카의 식민지들 – 또는 적어도 그들이 스스로 우세했던 지역들에서 – 이 그들이 건설하기 위하여 그렇게 멀리까지 왔던 그 "언덕 위의 도시"였는지를 확실하기 위하여 그들의 최선을 다했다. 그 꿈이 비로소 분명히 잠잠해지기 시작했던 것은 17세기 말, 그러니까 틀림없이 대각성운동이 지나고 나서였다. 그렇게 되었을 때, 그것은 많은 격동들을 경험한 결과였는데, 그중의 다섯 가지를 차례대로 이제 논의할 것이다. (1) 앤 허친슨(Anne Hutchinson)의 설교와 성경 주석을 둘러싼 대소동, (2) 청교도들이 미래 세대에게 얼마나 그들의 신앙적인 유산을 전달했겠는가의 질문, (3) 그 식민지들에 대한 지배력을 확장시키려는 런던 정부에 의한 시도를 막아야 할 필요성, (4) 살렘(Salem) 마녀 재판, 그리고 (5) 종교 분파주의와 종교 다원주의의 발흥.

첫 번째 세대에 속한 매사추세츠 식민지들은 교회 회원들에게만 정치적인 권리들을 허락했다. 결과적으로, 교회는 회심했다는 신뢰할 만한 증거를 가지고 성직자들과 장로들을 만족시킬 수 있는 사람들에게만 회원권을 허락했다. 진실로, 그것은 성자들이 통치하는 일을 바라는 의도였다.

한 세기 이전에, 회심, 교회 참여, 그리고 시민의 질서 사이의 뒤얽힌 관계들은 인간이 선행의 근거 위에서가 아니고, 그리스도 안에 있는 믿음의 근거 위에서 존재하는 구원의 상태에 있다는 것을 스스로 알 수 있다는 루터의 불안한 선언 이후로 때때로 성가신 것이었다. 이 분석이 의미했던 사회적 혼란의 징조들이 현존하는 종교개혁을 유지하기 위하여 – 매우 재빠르게 – 이야기되었다. 그 불안정은 하나님께서만이 어떤 개인을 그가 이 구원 얻는 믿음을 얻게 하시려고 선택하셨는지를 아실 수 있다고 말함으로써 한 쪽의 방침을 피할 수가 있었다. 그래서 모두가 이전처럼 필요한 부분만 약간 수정하여(mutatis mutandis) 존속할 수가 있었다. 감사하게도, 어느 이웃의 정확한 영원의 운명은 아무도 알 수 없는 것이었기 때문에, 모든 사람들은 공적인 교회에 복종하고 참여해야 했다. 대안의 해결책은, 재침례파의 그것처럼, 참된 기독교가 사회 안정을 떠맡을 수 없다는 것을 받아들이는 것이었다. 그들은 거듭난 사람들의 정체성은 알 수 없다는(그와 같은 무지가 놓여 있는 예정론을 따라서) 것을 부인했고, 그래서 그들은 – 모든 사람들이 속할 수 없고 또는 속하려고 하지 않는다는 결론으로 – 교회를 구원받았다고 알고 있는 사람들로 제한하려고 노력했다. 이것은 결과적으로 교회와 국가 사이에 있었던 연결고리의 손상을 요구했다. 초기 근대 시기에 그 어떤 지배자도, 온건한 또는 유독한, 한 종류 또는 다른 종류의 예정론 신학이 국가 교회 개신교주의에서 필수요소였던 결과로, 이 두 번째 해결책을 취할 준비가 되어 있지 않았다.

그러나 열성적인 개신교도들이 그 문제를 어설프게 손을 대던 일에서 계속적으로 돌아섰고, 종교개혁이 결국 가톨릭 경쟁자보다 결정적으로 더 경건한 사람들의 교회를 만들 수 없다는 것에 실망했다. 특별히 영국 청교도들은 그들이 인정했던 사람들이었지만 적어도 수치스러운 삶을 살았던 징세중인 교구민들의 성찬을 금지하는 방법으로 타개해 나갔다. 16세기 후반과 17세기 초반에 분리주의자들과 반(semi)분리주의자들에게서 이탈한 무리들이 교회 회원권을 얻기 위하여 단 하나의 진정한 요소로서 "가견적 성자들"(visible saints)에 관하여 말했다. 그 성자들은 "신앙에 무지하지 않고, 수치스러운 삶을 살지 않는" 사람들을 말하는 것이었다. 이렇게 말하는 방식은, 시간의 흐름과 더불어, 누가 구원받을 수 있는가 하는 문제에 대하여 결국 누구나 임시변통의 추측을 만들 수 있다는 억측과 쉽사리 뒤섞였다. 결과적으로, 우리가 6장에서 주목했던 것처럼, 그들 중의 어떤 사람들은 스스로 이 견지에서 신자의 침례에 관하여 설명했고, 그것으로 칼빈주의 침례교도들이 생겨났다.

아메리카에서, 메이플라워호와 함께 왔던 분리주의자들과 10년이 지난 후에 그들을 따랐던 비분리측의 독립파 청교도들은 이 지점까지 나아가지 않았다. 그러나 그들은 또한 실제로, 어쨌든 자신들의 칼빈주의와 하나님의 은밀한 선택에서, 누구나 교회의 회원권이 회심의 신뢰할 수 있는 간증을 제시할 수 있는 사람들에게 제한되어야만 한다고 요구할 수 있다는 관점으로 나아갔다. 1636년까지 회중교회 목회자는 실제적으로 그와 같은 검사를 요구했다. 한편으로, 더 강경하게 그리고 전통적으로 그들의 신학에 대한 개혁교회의 견해는 그들에게 기독교 국가에 대한 가능성과 또 바람직함을 지속적으로 확신시켜 주었다. 따라서 교회 회원권과 정치적인 권리 사이의 관계는 이 사실에서 유래했다. 1648년 매사추세츠의 회중교회 성직자 대회에서, 국가는 시민의 단결을 유지하는 권익에서 이단을 응징해야만 한다는 캠브리지 강령(Cambridge Platform)의 증언 역시 이 사실에서 유래했다.

앤 허친슨 사건

그것은 신앙의 관용을 주었던 합의가 아니었다. 앤 허친슨(1591-1643)이 담임목사의 설교를 보스턴의 다른 교구민들에게 설명하는 일을 시작했을 때 발견했던 것처럼, 안으로부터 분리주의자들은 거친 대우를 받기 쉬웠다. 설교하는 일과 성경을 주석하는 그녀를 둘러싼 대소동은 신세계에서 거대한 청교도 실험을 깨는 주요한 혼란들 중에 첫 번째 요소가 되었다. 의심스러웠던 목사는 존 코튼(1584-1652)이었다. 그와 허친슨은 1633년에 그들의 고향 영국의 링컨셔에 있는 보스턴에서 뉴잉글랜드로 왔다. (아메리카에 있는 셀 수 없는 정착지들이 즉시로 그들의 새로운 유럽 이민자들이 예전에 살고 있었던 곳의 이름을 따서 지어졌다.)

코튼의 설교는 칼빈주의 율법폐기론의 가능성을 암시했다. 즉, 만일 하나님의 은혜가 모든 것을 한다면, 그리고 만일 믿음이 사람에게 필요한 유일한 것이라면, 그때에 율법의 행함은 필요 없는 것이었다. 허친슨이 수용하기를 주저하지 않았고 또 이전 주일에 코튼과 협의한 것들을 토의하려는 수요일 모임에서 그녀의 집으로 몰려왔던 여인들에게 상세히 설명하는 일은 영향력이 있었다. 성화는 칭의와 관련된 아무 증거도 아닌 것으로 보였다. 그 결론이 첫 번째 단계였다. 두 번째 단계는 성령께서 각각의 칭의된 사람들 안에 거하신다는 주장이었다. 그것이 오늘날 그리스도인들에게는 전적으로 놀랄 만한 사상이 아니겠지만, 17세기 청교도들에게는 두려운 것이었고, 그들은 그것을 단지 직접적인 조명의 요구를 폄하(貶下)하는 일로 보았다. 그리고 참으로, 다음과 같은 요구가 허친슨의 세 번째 단계였다. 각각의 칭의된 사람은, 성령의 계시에 의하여, 그 또는 그녀를 도우면서 "은혜 언약 아래" 있는 구원받은 사람들이나 "행위 언약 아래" 있는 잃어버린 사람들을 분별할 수 있도록 누가 다른 칭의된 영혼인가를 말할 수 있다는 것이다. 이것은 허친슨과 동의하지 않았던 사람들이 후자의 진영, 곧 잃어버린 사람들에 속해 있다는 사실을 노골적으로 암시하면서, 북아메리카의 전체 청교도 사역을 파멸시키도록 위협하였다.

그것은 종교개혁 신학이 하나님의 측량할 수 없는 섭리 안에서 하나님에게만 알려져 있는 선택된 자들의 엄격한 정체성을 아주 신중한 비밀로 유지하는 일을 통하여 그 세력을 획득했던 것을 되풀이하는 것이다. 그렇게 하는 것만이, 복음적인 구원론이 사회질서를 유지하고 또 모든 사람에게 외적인 도덕적 순종을 요구하는 국가 교회와 존속할 수 있었다. 허친슨의 사상은 자신의 구원뿐만 아니라 다른 사람들의 구원을 확신하는 사람들과 그렇게 확신하지 못하는 사람들 사이의 분열로 교회를 무너뜨리면서, 그 결합을 해체하도록 위협하였다. 그것은 또한 구원에서 도덕법의 중요성을 무너뜨림으로써 도덕 질서를 위태롭게 했다.

매사추세츠의 베이(Bay) 식민지 설립자인 존 윈스럽(John Winthrop, 1588-1649)은 1636년 초에 허친슨의 모임에 관하여 심각한 우려를 갖기 시작했다. 1637년 1월, 그녀의 시동생인 존 휠라이트(John Wheelwright)가 성화를 칭의의 증거라고 생각하는 가상의 율법주의자를 비난하기 위해서 설교 끝부분에 무절제하게 일어섰을 때, 그는 크게 안심할 수가 없었다. "우리는 주님의 말씀으로 그들을 죽여야만 합니다." 비유적인 언어이든지 아니든지, 식민지의 바로 그 안전성이 위기에 처한 것으로 보였다.

더욱 불리하게도, 식민지의 젊은 총독, 영국 국무장관의 아들인 헨리 밴(Henry Vane, 1615-1660)이 앤 허친슨의 편이었다. 그는 20세의 어린 나이에 그 직분에 선출되었지만, 그의 의심할 수 없는 재능에도 불구하고, 그 다루기 힘든 내분에 대한 그의 지원은 이제 유권자들 다수가 그를 선택한 일을 후회하는 마음이 일어나게 했다. 1637년 윈스럽은 총독 자리를 얻기 위하여 그를 반대하여 성공적으로 저항하였고, 질서의 회복을 결심하였다.

결과적으로, 그해 11월 곤경에 맞서게 되었다. 앤 허친슨은 1638년까지 지속된 긴 법적 과정에서 답변하도록 부름을 받았다. 난처하게도, 그녀는 그녀의 재판소 적수들의 성경의 지식과 그것들을 해석하는 능력과 거의 같은 것을 보여주면서, 감탄할 정도로 잘 처신했다. 그러나 논쟁에서 그녀의 성공은 단지 그녀의 적대자들의 두려움을 강화시키는 일에 도움이 될 뿐이었다. 그것은 그녀 자신의 사상이었을 뿐만 아니라, 휴 피터(Hugh Peter)가 그녀의 재판에서 목회자로서 의견을 표명했던 대로, 사회 질서에 대한 위협을 만들어내는 (대표가 아닌) 개인 자격으로서의 그녀였다. "당신은 당신의 신분에서 그릇된 행동을 했다. 당신은 아내보다는 남편처럼, 청중보다는 설교자처럼 행동했다. 그리고 신민보다는 치안판사처럼 행동했다."[2)]

그녀의 최종적인 파멸을 입증했던 것은 허친슨이 하나님의 영감에 호소한 것이었다. 그녀에게 말씀하시는 분이 성령이신 것을 어떻게 그녀가 그렇게 확신할 수 있는가 하는 곤란한 주제와 부딪혔을 때, 그녀는 주저하지 않고 마치 예수님처럼 질문으로 대답했다.

허친슨: 여섯 번째 계명을 깨뜨리는 것으로서, 아브라함은 어떻게 그의 아들을 바치라고 그에게 명령하시는 분이 하나님이었던 것을 알았는가?
재판관: 직접적인 음성으로.
허친슨: 나에게도 그렇게 직접적인 음성으로.
재판관: 어떻게! 직접적인 계시.
허친슨: 그 자신의 영의 음성으로 나의 영혼에게.[3)]

아무리 호소였을지라도, 그것은 치명적인 실수였다. 만일 가톨릭과 개신교 모두에 속한 다양한 국가교회들이 어떤 것에 동의한다면, 그것은 하나님께서 배타적으로 재판소의 종교지도자들을 통하여 자신의 뜻을 나타내시는 일에서 그들과 협력하신다는 것이었다. 5세기 초반으로 되돌아가서, 어거스틴은 성령의 은사들이 지난 시대의 일이라고 주장함으로써 기독교 세계의 신학화를 도왔다. 공식적인 신앙에 관한 전체적인 요점은 그것이 성령을 수사학적인 목적과 신학적인 연구를 제외한 모든 것들에서 불필요한 것으로 남겨두었다는 것이다. 허친슨은 이제, 재침례파나 열광주의자들처럼, 병(bottle)에서 다시 나온 귀신을 받아들이고 또 콘스탄틴 이전의 상황으로 되돌아가는 위협적인 것이었다. 그리고 그 나쁜 영향은 퍼져나갔다. 소문에 의하면, 이미 젊은 헨리 벤이 "성령과의 직접적인 연합을 유지하기 위하여" 그 시점까지 나아가고 있었다.[4)]

그것은 허락될 수가 없었다. 법원은 선포했다. "당신은 우리 사회에 적합하지 않은 여인이 되었기 때문에 우리의 재판에서 추방당하는 것이오. 그리고 법원이 당신을 쫓아내기까지 당신은 투옥되어야만 하오." 그녀가 "무엇 때문에 내가 추방되는지?"라고 질문했을 때, 근엄한 얼굴의 윈스럽이 명령했다. "더 이상 말하지 마시오. 법원은 이유를 알고 있고 또 만족하오."[5)]

설사 부적당한 송사가 불분명하게 남았다하더라도, 그때에 그 동일한 것이 선고에서 이야기될 수 없었다. 허친슨과 그의 추종자들은 로드아일랜드(Road Island)로 그들의 발걸음을 정했고, 그곳에서는 최근에 청교도의 "언덕 위의 도시"에서 떠돌던 그리고 바깥 어두움에 끌려 나갔던 다른 일단이 새로운 식민지를 세우고 있었다.

불완전한 언약(The Half-Way Covenant)

뉴잉글랜드 방식에 대한 두 번째 심각한 도전은 어떻게 청교도들이 한 세대에서 다음 세대로-그리고 그 다음 세대로-배턴(baton)을 넘겨주는가에 대한 난처한 문제였다. 교회 회원의 자녀들이 자란 후에 그들의 회심을 간증할 수 없거나 또는 하지 않는 상태로 머물러 있는 경우에, 무엇이 실행되어야만 하는가? 많은 유권자들과 공직에 적합한 피선거권이 있는 사람들-참으로 인구에 비례하여, 그리고 아마도 절대적으로-이 줄어들기 시작했기 때문에, 회심을 증명하는 일에서 그와 같은 실패는 정치적 영향력을 가져왔다. 그리고 다음 세대에는 어떻게 되었는가? 만일 1650년대와 1660년대에 태어난 아기들이 세례를 받지 못한 상태가 되었다면, 그들은 교회와의 모든 관계를 상실했을 것이다. "언덕 위의 도시"는 쇠퇴와 파멸로 빠져 들어갔다.

회심하지 않은 성인들의 현 세대, 즉 첫 번째 이주민들의 자손들은 그들의 부모의 믿음에 근거해서 유아세례를 받았다. 그렇다면 그들은 교회 회원권을 위한 자격을 갖추었는가? 그 대답은 "아니다"로 보였다. 그들은 성찬을 받을 수 있는가? 다시, 아니다. 그들의 자녀들이 세례 받을 수 있는가? 명백히 이 질문에 대한 대답은 "예"였는데, 부모가 믿음과 교회의 가르침에 동의하는 조건이었다. 그와 같은 것들이 1662년 총회에서 회중주의 목회자들 모임의 결정이었다. "불완전한 언약"으로 후손들에게 알려진 그들의 타협적인 해결은 성자들의 교회의 이상을 주민들이 폭넓은 비율로 참여하는 일에서 그 실행이 가능하도록 균형을 맞추려고 노력했다. 그것은 사회를 신앙적으로 유지하려고 노력하는 것이었다. 비록 사회 자체가 보다 덜 그렇게 되고 있을지라도 말이다. 그것은 경건의 요구를 정치적인 안정의 요구와 적합하게 하려고 노력했다. 하지만 그것은 초기 청교도 뉴잉글랜드의 확신에 대하여 가혹한 패배를 주었다.

필연적으로, 그 결정은 논쟁을 야기했다. 어떤 청중들은 시조들의 엄격함에서 형식주의로 이탈하는 것이라고 그것을 비난했다. 다른 사람들은 반대로 그것이 충분하지 못하다고 걱정했고, 그래서 그들은 성찬식 자체가 "회심하는 의식"이라고 추론했다. 은근히 "가톨릭" 교회론임에도 불구하고, 조나단 에드워즈의 조부이자 매사추세츠 노샘톤(Northampton)의 사역자였던 솔로몬 스토다드(Solomon Stoddard)는 이 후자의 견해를 취했다. 존 코튼의 양자요 또 당연히 가장 영향력 있는 매사추세츠 성직자 가운데 한 사람이었던 인크리스 마더(Increase Mather, 1639-1723)는 처음에 그 쇄신안을 반대하는 경향이 있었다. 그러나 후에 그는 그의 마음을 바꾸었고, 개척자들이 그것을 지지했고 또 누가 세례를 받을 수 있는가의 질문에 대하여 그와 그의 동시대 사람들이 느꼈던 것보다 더 넓은 자유를 보여주었다고 증명하면서, 1675년 『뉴잉글랜드의 첫 번째 원칙들』(*First Principles of New England*)이라는 책을 썼다.

정치적 그리고 군사적 긴장들

식민지들이 1670년대 중반 인디언 전쟁에서, 수천 명의 이주자들이 죽고 뉴잉글랜드 도시의 반이 파괴되거나 손상을 입었을 정도로 대단한 손실을 받았음에도 불구하고, 그 전투는 뉴잉글랜드의 청교도 지배의 본질적인 기초를 뒤엎으려고 위협하지는 못했다. 대신에, 세 번째 도전이, 원주민들의 이해할 만한 분노로부터가 아니라, 식민지들과 모국 사이의 관계로부터 왔다. 그 세기 초기에, 영국의 국력이 쇠약해졌을 때, 국왕 정권의 영향력은 대서양을 건너 거의 미치지 못했다. 참으로, 그것은 왜 신앙적인 비국교도들이 그곳으로 갔는가의 정확한 이유였다. 결과적으로, 찰스 1세 치하에서, 런던 정권은 그들의 변덕스러운 신민들 사이에서, 그들이 그렇게 수가 적고 약했지만, 거의 승인할 수 없었던 문제들 그리고 그의 미수에 그친 절대주의 통치와 로드의 교회 지배로 인한 문제들에 관련된 정치적 협정들에 골몰해야만 했고, 그것은 혐오스러운 것으로 보였을 것이다. 그러나 영국 군주들, 시민전쟁들, 그리고 공화정이 지나갔음에도 불구하고, 이후의 세기에서 런던의 세력범위는 늘어났다. 1680년대 동안, 런던은 신세계의 반항적인 신민들에게 감독제를 도입하려고 시도했다. 1684년 매사추세츠 면허장이 폐지되었고, 그 다음 해에 새로운 가톨릭 군주 제임스 2세(1685-1688)는, 뉴욕과 뉴저지의 식민지들과 마찬가지로, 뉴잉글랜드의 식민지 의회의 모든 것을 행정상의 통제권으로 대체시켰다. 그의 목적은 멀리 떨어진 그러나 열렬한 개신교도 신민들의 자치권을 억제하는 것이었다.

그 통제는 그것을 도입했던 군주보다 더 오래 지속되지 못했다. 그러나 개신교 군주 윌리엄 3세와 메리 2세 치하에서 허가받은 1691년의 새로운 면허장은 영국에서 일반적인 것과 동일한 기초 위에서 선거권, 소유권을 주었다. 하나님이 아니라 돈–자유로운 보유 부동산 값어치만큼 적어도 1년마다 2파운드–이 누가 선거권을 소유했고 소유하지 않았는지를 이후로 결정했다. 청교도 뉴잉글랜드의 유사 신정정치는 종말을 고한 것으로 보였다.

이러한 두려움들을 변호하려는 것처럼, 뉴잉글랜드의 어떤 목회자들은 감독제도 또는 성찬식의 고(high)견해를 우롱했다. 그 반응으로, 불안해진 그들의 형제들은 목회자 지방 연합회를 다시 세웠는데, 그것은 더 이른 세대에 존재했었지만 사라지도록 방치했었다.

참으로, 뉴잉글랜드 선도자들의 다수가 믿었던, 그들의 선조들이 추구했던 신앙의 매우 많은 형태들에서 타락이 나타났다. 열정은 가라앉았다. 이것은 왜 그렇게 맘몬이 그들 가운데 그렇게 많이 잠식해 들어갔는지를 말해준다.

더 나쁜 일이 이어졌다. 1698년 목회자인 토마스 브래틀(Thomas Brattle)은 목사 신분에 대한 유일한 직함이 영국에서 안수 받았다는 것뿐인 새로운 성직자를 그의 보스턴 교회에 소개했다. 영국에서 안수를 받았다! 그래서 그 사람은 주교에게 무릎을 꿇었다. 회중주의자들 가운데 목사직이 허용될 수 있는 단 하나의 수단은 교회 회원들의 선거에 의하여 그리고 동료 목사들의 승인으로 인한 것이었다. 의욕에 불타는 인크리스 마더는 초조했다.

> 만일 우리가 이처럼 그와 같은 원칙들을 채택한다면, 다시 말해서 만일 교회들이 그들의 교제 안으로 받아들이는 사람들의 거듭남을 살펴보지 않는다면, 목회직 소명의 본질은 사람들의 선거가 아니라, 안수의 의식에 있다. 사람들이 이웃 교회들이나 장로들의 허락 없이 목회 직분을 세울 수도 있겠지만, 우리는 그때에 당장 모든 청중들의 대의를 내주는 것이다.[6)]

살렘 마녀 재판들

사실, 회중주의는 이미 자체로 사라지는 과정에 있었거나 적어도 자신의 신뢰성을 손상시키고 있었다. 1692년 살렘의 마녀 재판들("언덕 위의 도시"를 에워싼 네 번째 우리의 격동) 이후 3세기 이상, 그 의사록은 청교도의 우둔함, 잔인함, 그리고 편협함에 대한 나쁜 본보기들을 남겼다. 참으로, 호전적으로 세속적인 시대에서, 그들은 대중적인 범위 밖에 있는 모든 종류의 신앙을 때려 부수려는 몽둥이가 되었다. 심지어 극작가 아더 밀러(Arthur Miller)가 발견했던 것처럼, 어쨌든 어떤 대중적인 신념을 신봉하는 것도 공격하였다.

그러나 마법(witchcraft)은 유럽에서 처벌해야 할 불법으로 남아있었고, 처형은 여전히 드문 것이 아니었다. 1692년 여름, 매사추세츠의 살렘에서 20명의 죽음은 심한 타격이었지만, 독일의 기준으로 큰 재해는 아니었다. 그러나 뉴잉글랜드 거주민들이 대부분 독일이 아니라 영국에서 이주해왔기 때문에, 그 비교는 고안되어졌을 것이다. 그리고 1692년까지, 마녀 재판의 결과로서 그렇게 많은 사람들의 죽음은 큰 재해로 간주했다. 적어도 영국에서 80년이 넘는 기간 동안 그 불법으로 인하여 그 누구도 적어도 화형을 당하지 않았었다. 계몽주의에 속하여 잠식해 들어오는 이성주의는 약간의 회의론과 함께 마녀 조사에 대한 범주들을 다루기 시작했다. 신세계가 이성주의의 영향력을 결코 받지 않을 수가 없었다.

퀘이커가 지배하는 펜실베이니아(Pennsylvania)에서는 이전의 9년 동안 법원이 마가렛 맷슨(Margaret Mattson)과 예슈로 핸드릭슨(Yeshro Hendrickson)을 적대하여 마법으로 고소하는 일에 직면했다. 법원은 그 문제를 철저히 조사했고, 다소 지쳐서, 맷슨이 "마녀라는 일반적인 평판을 갖고 있다"는 유죄 판결을 내렸지만, 둘 다 방면되었다.

그러나 살렘에서는, 많은 요소들이 대체적으로 보다 폭력적인 결과를 일으키는 일에 하나로 합쳐졌다. 한 최근의 역사가는 그것들을 다음과 같이 목록으로 실었다.

> 살렘의 마을들과 보다 큰 살렘 도심지 사이의 정치적 투쟁, 서부 인디언 노예들과 연합된 부두교(voodoo) 의식, 마법과 싸우는 방법들을 보여주는 고대 서적에 대한 최근의 재출판, 약탈하는 원주민들과 그들이 맺은 프랑스 동맹과의 최근 긴장상태, 식민지 영성의 쇠퇴에 대하여 불안해하고 또 그것을 저

> 지하려는 방법을 찾기 위하여 열심인 판사들과 목회자들, 소수의 외로운 늙은 여인들과 소수의 새로운 가정들을 대적하는 터질 것 같은 공동체의 적의, 넓은 범위의 비교(秘教) 의식, 그리고 소수의 늙은 남자들의 사법적인 병적흥분과 더불어 소수의 10대 소녀들의 미숙한 병적흥분.[7)]

그때에는 사건들을 위한 많은 여지가 없었다. 둘 또는 세 개의 이러한 상황들의 어떤 조화는 초기 근대 시기 동안 마녀에 관한 두려움을 충분히 자극할 수 있었을 것이다. 거의 언제나 그와 같은 자극제들이 도덕적으로 또 언어적으로 변두리지역에서, 특별히 도시들이 개발되지 않은 숲이나 산에 속한 큰 지역들로 둘러싸여 있는 곳에서 번성했다. 경제적이고 정치적인 불안정성이 사람들의 활동에서 나타나는 고난에 대한 설명을 마귀에 맞추어 찾으려고 하는 경향들과 강하게 관련되었다. 그리고 거의 언제나 그와 같은 어둠의 대행자들은 한 종류 또는 다른 종류에 속한 사회적인 주변인들이었다. 여권신장론자들(feminists)이 고소당한 사람들이 대부분 여인들이었다는 것을 지적하는 것은 평범한 일이 되었다. 그러나 요정 이야기를 들었던 모든 사람들은, 마녀들이 숲 속에서 살았고(문학적으로 또는 비유적으로) 또 그들이 홀로 살았다는(다시, 그 특성은 문학적이거나 또는 비유적일 수 있었다) 것 이상으로, 마녀들에 관하여 더 많이 알고 있었다.

그들 자신에게 있는 압력을 경감하기 위하여, 악의를 갚기 위하여, 또는 동기유발의 힘이 너무 강했기 때문에, 살렘에서 고소당한 자들에 대한 압력은 그들이 다른 사람들을 용의자들로서 지목해야 하는 일에 전념하기가 쉬웠던 그와 같은 것이었다. 마녀들에 대한 신념은 자신을 강화시켰다. 그리고 어쨌든 매카시(위스콘신주 출신의 공화당 상원의원으로서, 1950~1954년 미국을 휩쓴 일련의 반[反]공산주의 선도자 – 역자주)의 미국에서 공산주의자들처럼, 마귀들의 대행인들은 홀로 행동하는 것 같지는 않았다.

1692년 동안 백 명 이상의 사람들이 마법의 죄목으로 고소되었다. 그들 가운데 27명이 소송을 당했으며, 19명이 교수형에 처해졌고(13명은 여인들이고, 6명은 남자였다), 또 길스 코레이(Giles Corey)라는 80대의 노인은 증언하기를 거절했기 때문에 압박하여 죽게 만들었다. 추가적으로 적어도 4명의 사람들이, 그러나 아마도 17명 정도, 감옥에서 죽었다. 그 모든 것이 끝날 무렵, 고소인들과 박해자들 가운데 심각한 의심이 일어났다. 만일 마귀가 능동적이었다면-그가 명백하게 그랬던 것처럼-그들이 상상했던 방법에서보다는 역설적인 느낌으로 존재했을 것이다. 그것은 놀랄 만한 생각이었다. 고소들이 정직한 시민들과 유명한 성자들에게 향해지기 시작했을 때, 인크리스 마더는 소송들을 적대하게 되었다. 사회의 내부자들-특별히 그들이 교회의 기둥들이었다면-은 마녀들이 될 수가 없었다.

5년 후에 격앙된 분위기가 죽었고, 그 판사들 가운데 한 사람이었던 사무엘 시월(Samuel Sewall)은 소름끼치는 일에서 그의 역할을 참회하면서, 교회에서 개인적인 고백문을 읽었다. 마귀의 소행에 대한 결과로서, 이성주의가 청교도 뉴잉글랜드에서 또 다른 한 걸음을 전진하게 되었다.

막을 수 없는 다원주의, 피할 수 없는 신앙의 자유

우리가 여기에서 살펴보려고 하는 것들 가운데에서, 그 최종적인 파멸을 증명했던 "언덕 위의 도시"의 청교도 꿈에 일격을 가하는 대소동들의 마지막 다섯 번째는, 신앙적인 분파주의와 막을 수 없는 종교다원주의의 세력이었다. 우리의 각본에서 가장 중요한 초기 관계자는 체포와 영국으로 되돌아가는 국외추방을 피하기 위하여, 앤 허친슨의 추방 거의 2년 전에, 1636년 1월에 매사추세츠로 도망쳤던 목회자인 로저 윌리엄스(Roger Williams, 약 1603-1683)였다. (이상하게도, 윈스럽은 법원 판사들이 도착하기 전에 그를 내보냈다.) 윌리엄스의 죄목은 세속정부가 오직 도덕적인 질서를 유지하는 일을 제외하고는 주민들의 신앙을 강화하는 어떤 직무도 가질 수 없다고 논쟁했다는 것이었다. 윌리엄스에 따르면, 구약의 이스라엘과 현재 국가에 정해진 어느 주민들 사이의 유비는 잘못된 것이고 성경적으로 옹호할 수 없는 것이었다. 그가 이후에 썼던 것처럼, "이스라엘 영토의 상태(거기에서 왕들과 국민, 평화와 전쟁)는... 비유적이고 의식적이고, 어떤 왕국이나 또는 다가오는 세계의 시민국가에 대한 선행적인 어떤 형태도 아니다."8)

미치 이것이 충분히 위험하지 않은 것처럼, 윌리엄스는 도덕적인 질서가 정착민들이 인디언의 영토와 소유를 몰수한 일과 거의 양립할 수 없다는 것을 역시 지적했다. 그는 그리스도인의 신앙고백이 어떤 특별한 시민 특권들을 수여하는 것이 되어서는 안 되고, 원주민들 가운데에서 그것이 결여되었다는 이유로 유럽 사람들이 그들을 학대하는 일을 정당화해서도 안 된다고 논쟁했다. "우리는 왕으로부터 공유지 특권에 의하여 우리의 땅을 소유할 수는 없다. 그러나 원주민들은 그것의 참된 소유자들이다. 그리고 우리는 공유지 특권으로 그것을 받았다는 것을 회개해야만 한다."[9] 만일 백인들이 땅을 원했다면, 그들은 그것을 참으로 소유했던 그들로부터 그것을 구매해야만 했다.

보스턴에서 그의 한겨울 탈출 이후, 인디언들에 의해 끌려가지 않았다면 윌리엄은 죽었을 것이고, 인디언들에게 있어서 백인과 정직한 거래의 경험은 진기한 것이었다 – 그리고 보통은 여전히 진기한 것으로 남아 있다. 겨울이 지나고, 윌리엄스는 그의 의견을 확신했고, 살렘에서 함께 있었던 여러 가정들을 따라서, 프로비던스(Providence) 식민지를 건설하기 시작했다. 새로운 정착은 매사추세츠 당국의 사법권에 속하지 않은 곳에 위치했다. 적절한 때에, 그것은 로드아일랜드(Rhode Island) 식민지로 개발되었다.

윌리엄스의 신앙적인 원칙들은 신앙의 자유와 신자의 교회를 암시하였고, 그것은 보스턴에 있는 윈스럽에게 다시 작은 놀라움으로 되돌아갈 수 있었으며(비록 그가 분개하는 톤으로 그의 일기장에 그 보고를 기록하였지만), 그의 과거의 적수가 결과적으로 – 그것은 증명된 것인데, 앤 허친슨의 누이들 가운데 한 사람의 영향 아래에서 – "재침례파주의"로 돌아서게 되었다. 날짜는 1639년 3월이었다.

이러한 신자의 침례로의 전환은, 비록 그가 입장을 바꾸었지만(왜냐하면 그가 자신의 의견을 그해 여름 끝에 다시 바꾸었기 때문이다) 윌리엄스를 미국 침례교 전통의 원천적인 자리에 올려놓았고, 그것은 그때부터 매우 광대하게 영향을 미친 것이 증명되었다. 이 사실만이 그 사건을 중요하게 만든다. 그러나 윌리엄스 자신은 그의 신자의 침례가 성급한 실수였다고 생각하게 되었다. 만일 지상 교회의 성찬식이 성직에 필요한 기술이나 교황제도의 발흥으로 타락되어질 수 있다면, 비록 타락이 거부될 수 있고 또 거부되어져야만 할지라도, 그것은 참된 의식들을 재실시하는 현시대를 사는 경건한 사람들의 효력에 있는 것이 아니었다. 이것은 성령의 특권이었다.

그러나 신앙의 자유에 대한 윌리엄스의 염려는 절대로 흔들리지 않았다. 그는 오직 앤 허친슨의 보스턴 추방에 대한 최종적인 결과를 듣는 것으로 이 확신을 강화시킬 수 있었다. 1643년 6월, 그녀, 그녀의 자녀들, 그리고 그녀의 종들이 시워노이(Siwanoy) 인디언들에 의하여 머리가죽이 벗겨졌고, 그들은 몇 달 이전에 네덜란드 군인들에 의하여 80명의 시워노이 남자들, 여인들, 그리고 아이들이 대량학살당한 것에 대하여 백인들에게 복수하였던 것이다.

다음해, 로저 윌리엄스는 런던에서 그의 가장 유명한 책, 『양심을 지키기 위해 받는 박해에 대한 처절한 항변』(*The Bloudy Tenent of Persecution for Cause of Conscience*)을 출판했다. 거기에서, 그는 "가장 이교적인 것들, 유대교, 터키사람들, 또는 반기독교인들의 양심과 예배의 허용은 모든 민족들과 나라들에서 허락되어야만 한다.... 조만간 강제된 일치가 시민전쟁, 양심의 강탈, 그의 종들 안에 계신 그리스도를 핍박하는 일, 그리고 수백만의 영혼들의 위선과 타락의 가장 큰 이유가 된다."라고 말했다.[10]

재판관의 불관용에 근거한 파괴적인 공격이었던 이 논문은 재판관들의 신앙에 대하여 격노한 후원자들로부터, 원저서의 주요한 대상들 중의 한 사람이었던 존 코튼으로부터는 가장 현저하게, 남은 10년 동안 백 권이 넘는 출판된 논박을 불러 일으켰다. 코튼 자신의 책은 『어린양의 피에 씻고 깨끗하게 된 피투성이의 테넌트』(*The Bloudy Tenent Washed and Made White in the Bloud of the Lamb*)라는 딱딱한 제목이 주어졌다.

> 행정관들의 임무를 육체와 주민들의 재산에만 제한하고, 그들을 그들의 영혼을 돌보는 일에서 제외하는 것은 육체적이고 세속적이고, 참으로 불경건한 상상이다.... 하나님께서 부모들에게 그들의 자녀들의 육체만 책임지라고 맡기시고, 그들의 영혼은 돌보지 말라고 하셨는가? 주인들에게 그들의 종의 육체만 책임지라고 맡기시고, 그들의 영혼은 돌보지 말라고 하셨는가?... 지휘관이 진영에서 공적으로 공언하고 실행되는 잘못된 예배와 우상숭배를 참고서, 전쟁에서 승리하기를 기대할 수 있겠는가?[11]

코튼은 이 질문들이 수사적이라고 명백하게 생각했다. 그것들은 그 자체로 대답이 되었다. 오늘날 거의 모든 사람들이 그의 확신을 공유하지 않을 것이다 – 심지어, 많은 경우들에서, 부모와 자녀들에 대해서도 그렇다. 그의 마지막 소견은 즉각적으로 4세기 로마황제 콘스탄틴을 생각나게 하는데, 그는 그리스도인의 하나님을 그를 위하여 그의 전쟁들을 승리하게 하신 신이었다고 믿었다. 마치 유전적인 유산에 의한 것처럼, 그것은 국가를 후원하는 기독교를 위하여 모든 대변인들에 의하여 여러 세기에 걸쳐서 전해졌던 확신이었다.

코튼은 윌리엄스의 논쟁들이 진실로 양심을 위한 변호였다고 생각하지 않았다. 양심이 진리와 일치할 때 그것은 오직 그 자체로 존재하기 때문이었다. 잘못된 양심은 전혀 양심이 아니었다.

> 교리와 예배에 속한 근본적이고 원칙적인 요점들에서 하나님의 말씀은 그와 같은 일에서 매우 분명해서, 한 두 번의 훈계 후에, 그가 현명하고 신실하게 처리된 자신의 방식에 속한 위험한 오류를 양심으로 납득되어질 수밖에 없다... 만일 그와 같은 훈계 이후에도 그 사람이 그의 방식에 속한 오류에 여전히 집착한다면, 그리고 그 결과로 징벌을 받아야 한다면, 그는 양심의 송사로 인하여 박해받는 것이 아니라, 자신의 양심에 대적하는 죄로 인하여 박해받는 것이다.[12)]

이것은 17세기에서조차 점점 적게 납득이 가게 하는 논쟁이 되어버렸다. 지속적으로 박해하는 그 교회들은, 다른 세기보다 더 많이, 개인 양심에 대한 위험한 근거로부터 그와 같은 논쟁으로 나아갔고, 하나님의 영광과 명예를 변호하는 것이나 혹은 그리스도인의 국가가 유지되어지는 필수적인 규칙에 관한 안전한 웅변술로 돌아가는 경향이 있었다. 개인의 양심에 대한 숙고로 너무 주도면밀하게 들어가면서, 뉴잉글랜드 청교도들은 교리를 포기하게 되었다.

윌리엄스의 답변은 신음하는 듯이 『피투성이의 테넌트, 여전히 더 많은 피투성이』(*The Bloudy Tenent yet More Bloudy*)의 제목이 붙었다. 그것은 그 시대의 모든 규범이었지만, 문제가 되는 그 주제들은 – 그 자체적으로뿐만 아니라 미국의 미래를 위하여–중대한 것들이었다. 그러나 처음에는 미래가 신앙의 자유에 관한 송사에 달려 있다는 것이 전혀 분명하지 않았다. 그러나 분파주의자들과 분리주의자들은, 코튼의 수사적인 질문들을 조롱하고 이단들에 대한 세속적인 징벌에 관한 그의 비난을 불가능하다고 하면서, 그들의 단순한 수의 우세로 인하여 결국 회중주의 설립의 지지자들을 압도할 수 있었다.

신앙의 자유 선전인들

허친슨과 윌리엄스의 사건 이후에, 먼저 뉴잉글랜드에 중대한 원칙적인 문제들을 제기한 사람들은 침례교도들과 퀘이커파였다. 서퍽(Suffolk)의 존 클라크(John Clarke, 1609-1676)는 1637년 그의 신세계 도착한 직후에 "재침례파로 변질되었다"는 의심을 받았기 때문에, 보스턴 당국에 의해 그의 무기들을 압류 당했다. 그와 같은 예측은 모두 대단히 정확했다는 것이 후에 증명되었다. 14년이 지난 1651년, 그때까지 클라크는 로드아일랜드의 침례교 목사였는데, 매사추세츠에서 다시 체포되었다. 행정관들의 명령에 따라서, 이 사건에서 클라크의 두 동료 가운데 한 사람이었던 오바다 홈즈(Obadiah Holmes)는 그가 몇 주 동안이나 걸어 다닐 수 없을 정도로 그리고 그의 남은 생애에 그의 등에 수많은 흉터들을 남겨둔 잔인한 채찍질을 당했다. 그러나 더 악한 것이 다가왔다. 1656년 이래로 뉴잉글랜드에 도착한 퀘이커파들은, 그와 같은 방식으로 정통신앙을 강요하려는 시도가 포기되어지기 이전에, 더 많은 다수의 수족절단, 투옥, 추방과 더불어 몇 건의 실제적인 처형으로 이끌렸다.

퀘이커파(The Quakers)

초기 퀘이커신도들 가운데 가장 문제가 많은 사람들 중의 하나는 메리 다이어(Mary Dyer, 1611-1660)였다. 그녀는 앤 허친슨의 친구이자 협력자였다. 1637년으로 되돌아가서, 메리는 기괴하게 흉한 모습의 아기를 사산하였고, 그것은 2년 반 후에 그녀의 친구와 스승에게도 닥쳤던 비극이었다. 보스턴의 목회자들의 강경한 칼빈주의는 그 둘의 사산에 대하여 하나님의 심판의 증거로서 승리감에 사로잡혔고, 반면 다른 사람들은 그와 같은 전조가 그 여인들이 비도덕과 마법에 오염되었다는 것을 암시한다는 곳까지 멀리 나아갔다.

그러나 그것이 메리 다이어가 초기의 퀘이커 운동을 받아들였다고 내몰았던, 그와 같이 불쾌하고 또 냉혹한 도덕적인 해석의 칼빈주의자의 섭리론(Calvinist providentialism)에 있었던 어떤 분노였던 것으로는 보이지 않는다. 차라리, 그녀는 신앙적인 개인주의, 영적인 조명, 그리고 사회적인 급진주의의 보다 일반적인 논리를 의도하는 것으로 보인다. 앤 허친슨 자신이 퀘이커 운동의 발흥을 볼 정도로 오래 살지는 못했지만, 그녀가 관계자였다고 생각할 수 있는 충분한 이유가 있다. 내면의 빛을 강조했던, 그녀가 지지했고 1641년 클라크의 침례교 분파에서 갈라졌던 뉴포트(Nweport) 교회의 분파는 후에 퀘이커파가 되었다.

메리 다이어의 퀘이커주의 회심은 뉴포트에서가 아니라 영국에 되돌아가서 발생했다. 1639년 허친슨 분파의 추방 이후에, 1650년 다이어의 가정이 영국으로 되돌아가고, 로드아일랜드의 거주민들은 퀘이커 운동을 받아들였다. 1656년, 그들이 로드아일랜드로 되돌아온 것이 보였고, 그들은 그들의 새로운 믿음을 전파하기로 결의했다. 로저 윌리엄스는 새로운 운동에 대하여 불쾌하게 바라보았으나, 그 자신의 원칙들이 그 보고에 대하여 그들을 대적하여 행동을 취하지 못하도록 막았다.

뉴잉글랜드에서는 그렇지 않았다. 그녀는 두 번의 추방 이후에 되돌아 온 퀘이커 선교사들을 처형해야만 한다고 포고했던 매사추세츠 당국에 공개적으로 도전하면서, 그녀의 초기 방문들에 가해졌던 다양한 모욕들을 감수했고 또 지속적으로 그녀의 믿음을 설교하려고 되돌아왔다. 그들이 평화를 선호하는(비록, 사실에 있어서는, 극단적으로 문제가 되는) 한 여인을 교수형에 처했을 때에 그들에게 일어날 수 있는 공적인 불명예와, 그리고 그들이 반복되는 불법에 대하여 규정된 형벌을 강제하지 못했을 때에 그들의 권한이 받을 수 있는 불명예 사이의 선택에 직면했을 때, 보스턴 행정관들은 전자의 과정을 선택했다. 1660년 메리 다이어는 그녀의 순교자 면류관을 획득했다.

두 퀘이커 남자들이 같은 이유로 이전 해에 교수형에 처해졌다. 세 번째 남자는 1661년 3월에 동일한 형벌을 감당했다. 그때까지 런던의 왕위는, 영국 공화정의 내부 파열에 뒤이은, 청교도 신권체제(theocracy)에 대한 적의가 그의 아버지의 고결한 고교회신앙보다 훨씬 더 치명적인 어떤 것으로 부추겨졌던 한 사람에 의하여 재집권되었다. 자신에게 보스턴 행정관들이 참을 수 없다기보다는 불합리하게 보였던 찰스 2세는 부주의한 속인이었고 미식가였다. 영국 국내에서 그는 그의 국민들에게 "연약한 양심의 자유"를 약속했고, 그는 그것을 불완전하게 의미했다. 스스로 지나치게 활동하는 양심에 의한 번거로움이 없었기에, 그는 사회의 질서를 유지하는 일상적인 역할을 할 수 있는 신앙의 확립의 필요성을 발견할 수 있었다. 그러나 그의 인생 경험이 지금까지 그가 신중했던 일들에 대하여 모든 정당성을 부여해주었던 역할에 관하여, 그 역할이 다툼으로 또는 무죄한 백성들이 다치는 일로 이끌어가지 않도록, 그는 그것이 가능한 대로 고통이 없는 것이 되기를 원했다. 그리고 그의 판단으로, 퀘이커신도들은 악의가 없었다. 퀘이커파 지도자들 중의 한 사람인 조지 폭스(George Fox)를 만나고 나서, 왕은 그 사람이 위험하기보다는 도리어 유쾌하다는 견해–그 견해가 의도했던 대로, 전혀 유머 없는 폭스를 놀라게 했던 평가–를 갖게 되었다.

영국에서 찰스의 통치는 자신의 왕정주의 후원자들의 박해하는 열심을 온건하게 하는 적당한 시도로 특징 지워졌다. 그리고 1661년에 그는 적어도 생명을 부지할 수 있는 범위까지 뉴잉글랜드의 퀘이커신도들의 곤경을 경감시켜주려고 결심했다.

그것은 다툼의 끝이 전혀 아니었다. 더 이상 치명적인 것은 아닐지라도, 퀘이커파와 침례교파는 지속적으로 박해의 가장 힘든 자리에 있었다. 그러나 분파주의자들이 더 먼 지역의 이주민들 가운데 회심자들을 만들었을 때, 그 때 이후에 점차로 그 다툼은 청교도 도시 보스턴(Boston)을 목표로 하는 그들의 공격을 재개하기 위하여 사라졌다. 비록 공적인 학대가 계속되었고 또 회원들이 도착해서 종종 못이 박혀진 문을 발견했지만, 참으로 1665년부터 활성화된 침례교 회중이 도시에 있었고, 그들은 1679년에 이르러 자신의 건물을 소유하게 되었다. 많은 다른 분파주의자들은 로드아일랜드에 정착하여 그와 같이 진행하는 불화를 피하고, 새롭게 열려진 펜실베이니아 영토에서

보다 남쪽에 정착하는 선택을 했다. 그곳은 신앙의 자유를 명문화했던 식민지들이었다.

이것이 신세계에 있었던 국가 교회의 원칙에 대한 저항력이었다. 이론적으로, 분파주의자들은 추방을 당해도 광대하고 인구밀도가 낮은 전원지역의 새로운 다른 식민지에서 출발할 수 있었기 때문에, 어떤 기관들이 그들에게 편의를 봐주거나 신앙의 자유를 주기 위하여 존재할 필요가 없었다. 그러나 그것은 자체적인 약점이 있었다. 이 과정이 자체적으로 매우 멀리까지 이루어졌을 때, 많은 식민지들 가운데 몇몇은 신앙의 자유를 옹호했고, 우호적으로 다른 곳에서 강압적인 협정에 적응할 수 없었던–혹은 적응하지 않으려고 하는–새로운 이주민들을 위하여 경쟁하였다. 게다가, 그 식민지들 안에서조차 강제적인 교회들(compulsory churches)을 소유하고 있었기 때문에, 계몽된 원칙의 근거에 의해서가 아니라 단순한 실용주의 때문에, 국교를 반대하는 이주민들을 박해하는 의지는 점차적으로 약해졌다. 만일 신앙적인 비국교도들이 스스로 광야 안으로 20-30마일 떨어진 새로운 택지로 옮겼다면, 그들을 체포하고 지역 감옥으로 다시 데려가기 위하여 온 힘을 다해 치안관들을 보내는 것으로 어떤 만족을 얻을 수 있겠는가? 그리고 그 만족은 그렇게 행해진 손실을 보전해줄 수 있는가?

서서히, 모양새가 다른 사람의 뒤를 이은 한 지역 재판관을 사실상 침례교 또는 브라운주의에 관한 원칙들로 변화시켰다. 사람들이 주님의 나라를 찾도록 몰아친 것은 "사람의 능력이 아니라 양심"이어야만 했다.[13] 장기적으로 사람의 능력은 신세계의 길이 없는 황무지 사이에서 점차 사라져갔다. 각자의 영토 안에서 각기 의도된 독점자였던 구세계(Old World)에 속한 개신교의 국가교회들, 즉 영국성공회, 장로교회, 루터교회, 그리고 개혁교회는 그들 가운데 분파주의자들을 단순히 받아들이는 것보다 더 많은 일을 실행할 필요가 있었다. 이 교회들 각자가 자신이 다른 분파들에 의하여 맞서고 있다는 것을 깨달은 바로 그 사실은, 보이는 곳에 침례교인이나 혹은 퀘이커신도가 없을지라도, 미국이 필연적으로 분파주의자들 자신의 방식으로 기능해야만 한다는 것을 의미했다.

펜실베이니아는 다른 어떤 북미 식민지보다도 더욱 종교 다원주의와 동의

어가 되었다. 해군 제독의 아들이었던 윌리엄 펜(William Penn, 1644-1718)은 1660년대 중반 퀘이커주의로 돌아섰고, 1688년 소책자를 작성한 죄목으로 투옥되었다. 1669년에 그의 작은 방에서, 그는 자신의 가장 유명한 역작인, 그리스도의 고난을 주제로 하는, 『십자가 없이는 면류관도 없다』(No Cross, No Crown)를 저술하였다. 그 책에서 그는 25세의 나이로 애정이 깃든, 분별력이 있는, 그리고 확신에 찬 경건을 발휘했다.

> 망설임은 가장 악한 것이다. 영혼은 교섭에서 지기 때문이다. 자기명시는 그것과 함께 힘을 가져온다. 하나님은 사람들을 설득하지 않으시고, 순종을 통해 사람들에게 능력을 주신다... 하늘은 왕의 보좌이고, 땅은 자신을 굴복시키는 그 사람의 발판이다. 그리고 그 지위를 아는 사람들은 쉽사리 요동하지 않을 것이다. 그와 같은 사람들은 그들의 날 계수하는 것을 배운다. 그들은 그들의 죽음에 놀라지 않을 것이다. 그들의 날들이 악하기 때문에, 자신의 세월을 아껴야 한다(엡 5:16). 청지기직을 기억하면서, 자신들의 판단을 편파적이지 않은 재판관에게 가져가야만 한다.[14)]

감옥에서 나와서, 펜은 그의 퀘이커 활동을 다시 시작했다.

다행히도 퀘이커 운동에서, 어떤 "언덕 위의 도시"를 건설하기보다는(그들은 그와 같은 환상을 믿지 않았다), 퀘이커신도들은 적어도 광야에서 피난처를 얻을 수 있는 땅이 유효한 것이 될 수가 있었다. 1637년, 크롬웰 군대에서 군인으로 봉사했던 두 퀘이커신도들, 존 펜윅(John Fenwick)과 에드워드 빌링(Edward Byllinge)은 델라웨어(Delaware) 골짜기에 있는 서부 저지(West Jersey)를 얻기 위하여 1000파운드를 지불했다. 매각하는 사람은 버클리 영주였고, 그는 요크의 공작인 제임스(미래의 왕 제임스 2세)에게서 그 땅을 받았고, 제임스는 그것을 그의 형제 찰스 2세로부터 받았다. 그의 군사들이 1644년 네덜란드로부터 뉴욕과 더불어 그것을 정복했었다.

비록 그것이 그들의 박해받는 동료신앙인들을 위한 피난처를 제공한다는 펜윅과 빌링의 진술된 목적은 없었을지라도, 그것은 그들의 의도와 거리가 멀지 않았다. 조지 폭스는 그의 선교여행 가운데 하나로 막 미국으로 돌아왔고, 1659년 일찍 그곳에 퀘이커 기주에 대한 가능성을 문의했다. 새로운 두 소유자들은 곧 다투었고, 젊은 윌리엄 펜을 식민지의 사건을 처리하기 위하여 데려왔다. 다행히도, 돈이 없는 찰스 2세는 펜의 사망한 아버지에게 빚졌던 왕의 빚 16,000파운드를 해결하기 위하여, 자신의 것으로 누구에게 수여하기에는 조금 부족했던 뉴저지의 남부와 서부의 토지를 주기로 결심했다. 1681년, 그래서 신세계에는 펜실베이니아로 알려지게 된 – 펜의 숲 – 토지의 그 광대한 영역이 펜의 소유가 되었고, 그것에 의하여, 신앙의 자유를 분명히 했던 사람들에게 유용하게 되었다.

일반적으로 퀘이커신도와 침례교신자들과 마찬가지로, 박해에 대한 펜의 반대는 그가 박해받았던 사람들 가운데 있었다는 우연한 사실로부터 유래하지 않았다. 퀘이커신도들이 정치적인 상황을 주도하는 당사자였던 곳에서도, 그들은 다른 사람들에게 신앙의 자유를 제공했다. 펜은 달리 생각했던 개신교도들을 대수롭지 않게 생각했다. 그는 자신들의 고난을 명예로운 상징으로 내세우는 국교 반대자들을 힐책했지만, 그들이 단순히 그들이 선호했던 방식으로 영국국교회를 대신하기를 원했기 때문에, 그는 윌리엄스의 논제보다는 코튼의 논제에 속한 편을 취했다.

> 당신은 다른 사람들에게 순응하기를 거부하고, 게다가 양심의 자유를 위하여 이 8년간 글을 써왔다.…당신은 다른 이들에게 그렇게 진실하게 당신 자신을 위해 구하는 것을 주려고, 본의가 아닌 어떤 의미심장한 간증을 주려고 하는가? 그것은 당신의 부정을 드러내고, 또 권력의 결핍만이 당신이 실행하려는 것을 가로막고 있다는 것을 명백히 나타내는 것은 아닌가? 그러나 일반적으로 모든 개신교인들에게 나는 질문한다. 당신은 가톨릭신도들을 기독교 반대자로 비난하는 것을 본심으로는 기독교인이 되는 박해라고 생각하고 있는가? 당신은 그것이 그들의 신앙에 있는 결점이라고 판단했는데, 그러면 그것은 당신에게 설득력 있는 주장인가?[15)]

그에게 수여된 설립허가서에 의하여 펜에게 정해진 제한은, 그의 목적의 관점에서 보면, 사소한 것이었다. 감독제도의 예배가 묵인되어져야 한다는 분명한 규정이 있었다. 식민지는 런던의 정부에 자신들을 납득시키기 위한 관리를 임명해야만 했다. 이러한 규정들 모두는 이것들 각각을 실행하는 매사

윌리엄 펜(William Penn)

추세츠의 실패에 대한 왕권의 분노를 반영한다. 첫 번째 조항은 펜에게 전혀 부담이 되지 않았다. 왜냐하면 그는 그의 "헌신적인 시도"에서 모든 신청자 전부를 관대히 다루기로 결심했기 때문이었다. 그리고 두 번째 역시, 그가 불충성하거나 또는 초기의 공화주의를 전혀 의도하지 않았기 때문에, 충분히 이치에 맞는 것이었다.

다음해 1682년, 그의 아내와 아이들을 당분간 영국에 남겨놓고, 펜은 미국으로 항해했다. 수백 명의 대부분 여행객들은 퀘이커파였고, 약 30명이 바다에서 2개월 동안 천연두로 사망했다. 사역이 필라델피아(Philadelphia)의 새로운 도시를 건설하는 일로 시작되었다. 1683년까지 새로운 이주자들의 쇄도-스웨덴, 영국, 독일, 웨일스-가 357개의 거주지를 채웠고, 그 도시를 특징지었던 서양 장기판 무늬가 유행했다. 같은 해, 독일도시가 독일 메노파와 네덜란드 퀘이커신도들에 의하여 세워졌고, 펜은 그 목적을 위하여 그들을 그곳으로 초청했다. 그의 식민지는 너무 절실하게 그곳을 필요로 하는 모든 종류의 소수파들과 분파주의자들에게, 영국뿐만 아니라 유럽 대륙에서 오는 사람들에게도 쉼터를 제공했는데, 그들의 내력은 우리가 6장과 10장에서 살펴보았다. 마법(우리가 살펴본 대로), 우상숭배, 신성모독, 간음, 위증하는 일, 그리고 저주하거나 부모를 때리는 일을 포함하여 매사추세츠의 15가지 죄목과 비교할 때, 펜실베이니아는 단지 두 가지 불법에 대해 사형을 언도했다. 살인과 대역죄였다.

일신교에 동의했던 모든 신청인들을 관대하게 대하는 자발성은 두 가지 결과를 가져왔다. 그리고 그 모두는 그들의 식민지 전체에 걸쳐 퀘이커신도들이 지배하는 일에 결과적인 침식이 있었다. 먼저, 신앙의 자유는 모든 종파에 속한 신앙인들의 유입을 이끌었다. 17세기의 마지막 20년 동안, 당황스러웠던 다양한 독일의 분파주의자들은 황무지로 나아갔고, 그 곳의 많은 것들이 황무지가 더 이상 아닐 때까지 있었다. 메노파, 던커파, 슈벵크펠트파, 그리고 이제는 사라져버린 수많은 분파들이 랭커스터(Lancaster) 주와 고향을 떠나 멀리 정착했다. 18세기 초에, 앤 여왕의 정권이 기톨릭인 프랑스와 스페인의 신뢰할 만한 적수들과 더불어 영국의 식민지들을 강화하려고 할 때, 그들은 독일 루터교회와 개혁교회에 의하여 추가되었다. 16세기 이후로부터 네덜란드와 그 이후의 영국에서처럼, 이 발전은 급속한 경제 성장을 위한 완벽한 조건들을 만들었다. 그것은 시간이 지나면서, 펜실베이니아를 그 개척자가 의도했던 것보다 덜 엄격하고 덜 한정적으로 영적인 장소로 만들기가 쉬웠던 환경이었다.

두 번째로, 곧 퀘이커신도들은 자신들의 식민지에서 처음에는 단순히 수적으로 우세했지만, 이후에는 점진적으로 점점 덜 영향력 있는 소수로 쇠약해지는 것을 발견했다. 1718년 펜의 죽음 이후에 – 그의 아들들을 포함하는 작았지만 분명한 소리를 내고 또 영향력 있는 소수파였던 – 필라델피아에 정착한 성공회는 단호하게 거의 모든 정치적이고 행정적인 현안들에서 반퀘이커 노선을 견지했다. 1680년대와 1690년 동안에도, 총독(종종 퀘이커파가 아니었다)은 퀘이커가 지배하는 의회와 특별히 방위와 시민군의 필요성과 같은 문제에서 충돌했다. 의회의 견해는 영국성공회에 의하여 회의심과 더불어 받아 들여졌고, 그들 중의 어떤 사람들은 1697년 최고집행위원(Lord Commissioners)들에게 무역과 농장을 위하여 청원했다. "그들이 유지하고 있는 원칙들이 정부의 목적과 본질에 불리하게 영향을 미치고 있다.... 시민군을 구성하기 위한 어떤 안건도 통과될 수 없다.... 그 수단들에 의해서 국가가 무방비와 방어할 수 없는 상태와 또 황폐화되도록 노출되어 그곳을 침입하는 적군에 의해서 희생이 될 수 있다." 이 마지막 염려는 거의 가설적이고, 프랑스와 인디언들 사이에 전쟁의(1756-1763) 도래가 식민지 행정부로 하여금 퀘이커 평화주의를 포기하도록 이끌었을 때, 그 문제는 최고조에 달했다.

영국으로 되돌아가서, 초기의 퀘이커 정신의 고취와 원칙에 근거한 약식 행위는 퀘이커의 하위문화에서 "영적인 것"으로 통했던 감동적인 행동들의 조합(mixture)뿐만 아니라 자신들의 엄격함과 형식주의를 17세기 말까지 서서히 발전시켰다. 그러나 동일한 발전이 미국에서도 역시 일어났다는 것은 전혀 놀랄 일이 아니었다. 스웨덴 사람 피터 캄(Peter Kalm)이 1749년 필라델피아의 한 퀘이커 모임을 방문했을 때, 그는 곤혹스럽게 그의 경험을 기록했다.

> 우리는 10시부터 11시 반까지 매우 조용하게 앉아서 기다렸다.... 마침내 앞쪽의 신도석에서 늙은 남자 중에 한 사람이 일어섰다.... 그는 말하기 시작했고, 큰 모임은 아니었는데, 너무 약해서 심지어 교회의 중간에서도, 말의 헛갈리는 중얼거림을 제외하고는 어떤 것도 들을 수가 없었다. 이후에 그는 보다 큰 소리로 말하기 시작했지만, 너무 느려서 문장들 사이에 4분이나 5분이 경과했다. 마침내 그 말들이 더 크고 빨라지게 되었다. 그들의 설교에서, 퀘이커신도들은 독특한 표현양식을 갖고 있었다. 특별한 박자와 어조와 함께, 그것은 반 정도가 노래이고, 또 말하자면 각각의 박자는 반 정도가 벅찬 울음으로 뒤섞인 채로 마쳤다. 각각의 박자는 둘, 셋, 또는 네 개의 음절들로 구성되었지만, 때때로 말이나 의미상의 필요를 따라서 더한 경우도 있었다. 예를 들면, 나의 친구들 / 당신의 마음에 품어라 / 우리는 / 아무것도 하지 않는다 / 우리의 선행을 / 하나님께 속한 것이 아니고서는 / 도움과 원조.... 결국에, 그가 최선을 다하여 말했을 때, 그는 갑자기 멈추었고, 자리에 앉아서 모자를 썼다.[16)]

다른 퀘이커파의 특이한 성격들은 모두 건설적이었다. 18세기 동안, 프랜드파(Friends)는 노예제도에 대항하는 그들의 원칙적인 자세로 인하여 알려지게 되었다. 그것은, 적어도 혁명 이후에, 그들이 대부분의 감리교도들과 연합되어질 수 있는 자세였다. 비록 그것이 중요한 흑인 후원을 다시 시작하는 것으로 보상을 받았던 후대의 운동이었지만(그 세기의 끝에 나타나기 시작했던 단독적으로 설립된 많은 "흑인 교회들"은 하나인 다양성을 가졌거나 또는 감리교에 속한 다른 것이었다), 퀘이커파는 그럼에도 불구하고 노예제도에 관한 그들의 인내와 지속성으로 인하여 그리고 그 일을 끝장내려고 노력했던 면에서 명예로운 표창을 받을 만하다. 그렇기는 하지만, 미국에서 발전하는 노예 숫자뿐만 아니라 노예 논쟁에서 발전하는 그리스도인의 대립도 보여주었던 19세기가 이어지고 있었다. 그것을 해결했던 유혈의 격변을 경험했던 것은 역시 19세기였다.

침례교파

만일 퀘이커들이 지울 수 없는 흔적을 초기 미국 생활에 남겼다면, 미래를 구체화했던 사람들은 침례교도들이었다. 그들의 초기 몇 십 년 동안은 꽤나 인상적이지 않았고, 1700년대까지 미국에 오직 24개 정도의 침례교 교회가 있을 뿐이었다. 그들 대부분은 서로 관계가 없었고, 또 천명이 훨씬 안 되는 회원 수로 이루어져 있었다. 그것들이 언제나 영적인 열정의 표지가 아니었음에도 불구하고, 그들 또한 다양한 종류의 논쟁들로 괴롭힘을 당하였다. 미국에서 침례교도들의 장기적인 영향력은 너무 대단해서 그들의 초기의 지루함은 단순히 인내되어야만 하는 것이었다. 18세기 말경에야 그들은 성장하여 초기 공화국에서 가장 큰 교파가 되었다. 참으로, 이후의 급속한 성장의 중요성을 이해하기 위하여 그것을 알아야만 하고, 그 이유들도 마찬가지이다.

1640년대 이전에 우리가 주목했던 존 클라크(John Clarke)에 의하여 인도되었던 교회는 프로비던스에서 윌리엄스의 청중을 뒤이어 미국 최초의 침례교회였던 것으로 보인다. 그것은 평화롭지 않았다. 형제들은 특별파(칼빈주의자들)와 일반파(자유의지론자들)로 나뉘어졌다. 결과적으로 분열이 생겼다. 1671년에 그 운동은 안식일 문제로 다시 분열하였다. 스티븐 멈퍼드(Stephen Mumford)는 안식일이 주일이 아니라 토요일에 준수되어져야만 한다고 가르쳤고, 그는 자신의 주장을 밝히기 위하여 습관적으로 주일에 쟁기질하는 것을 중요하게 생각했다.

한 침례교회는 스완지(Swansea) 근처에 있는 웨일즈의 일스톤에서 온 피난민들에 의하여 1663년 매사추세츠(로드아일랜드의 접경에 근접하게 위치했던) 스완지에 설립되었다. 그들은 정확하게 찰스 2세의 "연약한 양심들을 위한 자유선언"(indulgence of tender consciences)이 실행과 웅변의 갈라진 간격을 메워줄 것 같지 않다고 예견했고, 그래서 그 결과로부터 탈출하여 대서양을 건넜다. 그들의 목사는 특별침례교회를 조직하면서 동시에 크롬웰의 권력기구 편성에서 교구 목사로서 섬겼던, 믿기 어려운 공적을 수행한 존 마일스(John Miles)였다.

신세계에서, 마일스는 다른 종류의 신학적인 절충주의(eclecticism)를 보여주었고, 그의 교회는 특별파와 일반파 모두를 수용했다. 이 합의는 청중들이 이 주제로 인하여 갈라섰던 1680년 이후에는 인정을 받지 못했다.

이년 후에, 한 침례교회가 메인(Maine)에서 설립되었지만, 그것은 박해에 직면하였다. 그래서 1696년 그 회중은 사우스캐롤라이나(South Carolina), 찰스턴(Charleston)으로 집단 이주했고, 그곳은 표면적으로 성공회였으나, 실제적으로 종교의 자유를 허락했다. 참으로 1680년대로부터 찰스턴에 침례교회들이 존재했다. 메인(Maine)으로부터 도착한 신자들은 모두 특별파였으나, 그들 대부분이 일반파였던 현존하는 침례교도들과 충분히 잘 어우러졌다.

여러 교회들이 같은 10년 동안 중부 식민지에 설립되었다. 1684년엔 필라델피아 가까이의 콜드스프링(Cold Spring)에, 그리고 4년이 지난 후엔 같은 지역의 페너팩(Pennepek)에 교회가 설립되었다. 이것들 가운데 후자는 엘리아스 키츠(Elias Keach)에 의하여 설립되었는데, 그는 자신의 설교사역으로 회심했다는 당황스러운 특성을 갖고 있었다. 런던의 유명한 침례교 목사의 아들 벤자민 키츠(Benjamin Keach)는 1687년 거듭나지 않은 상태에서 미국에 도착해서, 농담으로, 그의 아버지의 명성에 힘입어 한 침례교 모임에서 설교해야 한다고 갑자기 생각했다. 그러나 그 자신의 말이 그를 사로잡았고, 그는 그의 청중들에게 그때까지 그가 범하고 있었던 죄들을 고백하기 위하여 그의 설교를 잠시 멈추었다. 당황스러웠음에도 불구하고, 그의 청중들은 일단 그 충격이 사라지고 새로운 회심을 명백하게 확립하게 되자, 그의 그런 농담을 관찰하고 싶어 했다. 키츠는 침례교인의 삶에 붙어 다니는 논쟁들을 피하면서 또 여러 개의 새로운 교회들을 세우면서, 계속하여 대단히 성공적인 목회를 했다.

1740년 이후부터 적어도 대각성부흥운동이 그들의 활기를 건전한 방향으로 돌려놓을 때까지, 급속한 성장으로부터 그들을 저지했던 것으로 생각되는 것은 침례교도들의 분리주의와 그들의 기이함이었다. 보통 가장 초기의 미국 이주자들은 그들의 대서양 횡단 이주가 (또는 그들의 직접적인 조상들의 그것이) 이미 그들을 꽤나 많이 분리시킨 것으로 느꼈던 것으로 보인다. 초기 식민지들에서 있었던 강조는 사회적인 단결의 질서와 유지에 관한 것이었다. 무한한 광야에서 빈약한 인구와 관계있는 기본적인 현실은 근대이전의 세계에서 흔히 있었던 것보다 그 특성들을 받아들이는 일을 훨씬 더 어렵게 만들었다. 비록 북미의 상황에서 법률적인 강압의 어려움들이 침례교도나 퀘이커신도들로 하여금 존속하는 것을 거의 불가능하도록 했을지라도, 그때에 그 동일한 현실들은 분리주의의 사회적인 일탈이 영국으로 되돌아간 것보다 심지어 덜 칭찬 받게 만들었다. 그러나 1740년대쯤에 이 형세는 변화하기 시작했다. 한편으로, 침례교도들 스스로가 유연해지고 또 자신들의 유별남과 특이함에 그래도 덜 사로잡혔다. 다른 한편으로, 북미의 인구가 더 많이 성장했다. 사회적인 순응은 초기에 있었던 것보다 별로 프리미엄이 없었다.

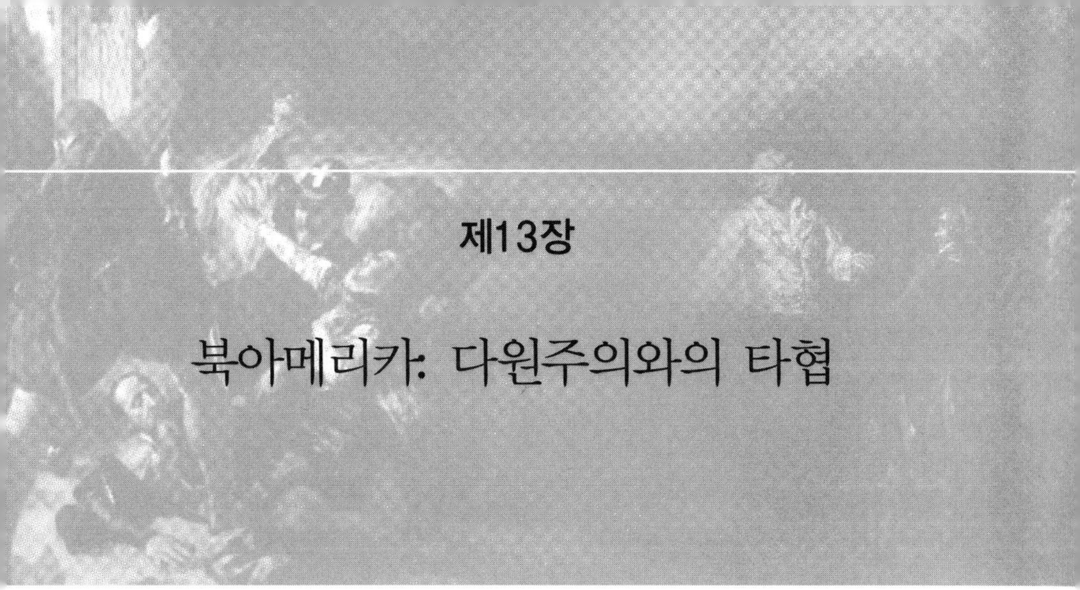

제13장

북아메리카: 다원주의와의 타협

청교도들 – 또는 어떤 다른 현실적인 미국 사람들 – 이 종교다원주의를 원했든지 원하지 않았든지 간에, 그것은 미국 생활의 현실이었다. 종교의 자유와 함께, 기독교 역사에서 아주 많이 나타났던 것처럼, 가르침이 실천에 선행하기보다 도리어 실천을 따라갔다.

분파주의 대륙에서의 가톨릭, 성공회, 그리고 장로교

의심할 여지없이, 문제가 되었던 그 실천은, 그들의 분파주의적인 상대편들보다는, 전통적으로 주교제(magisterial)의 교회들에게 더 곤란한 것이 되었다. 그런데 우리가 살펴보겠지만, 주교제 교회의 대부분이 미국 헌법이 단단하게 세워지기 이전에 그 도약을 성공적으로 타협했다.

로마가톨릭

남부와 중부 아메리카 지역이 가톨릭교회에 속하였다면, 북아메리카는 개신교 대륙이었다. 플로리다와 남서부 지역에 떨어져서 지냈던 초기의 스페인 이주자들인 북아메리카의 가톨릭신도들은 자신들의 로마 가톨릭교회 영적 수징이 근절하겠다고 시약했던 이교도들이 점령했던 지역들에서는 부득이 손님들이었다.

그러나 유럽의 개신교 국가들에서 가톨릭 소수파들은 자신들이 소수파 신분으로 살아가는 방식에서, 그것이 비록 비밀주의를 포함하고 있을지라도, 소기의 성과를 거두었다. 미국에서 그들을 향한 적의는 더 나타나지 않았지만, 가톨릭신앙은 그것을 고수하는 자들에게 중요한 불이익들을 수반하였다. 교황청은 영국에서처럼 모든 곳에서 동일한 의심을 초래하였다. 대부분의 개신교인들은 가톨릭신앙이 절대왕정을 선호하는 일과 관련되어 있는－그리고 (원칙에 근거했던 침례교나 퀘이커처럼, 또는 단지 자신들만을 위했던 청교도들처럼) 그들이 누리려고 미국에 왔던 바로 그 자유들에 대하여 대단히 심각한 위협이 되는－박해하는 신조라고 당연히 믿고 있었다. 그런 환경에서 반가톨릭적인 정서는 놀라운 것이 아니었다.

1780년대까지 미국의 영토가 되는 지역들에서 400만 명의 거주자들 가운데 단지 25,000명만이 가톨릭신도들이었다. 이 사람들 가운데, 적어도 필라델피아와 그 인근주변에 몇 천 명이 살고 있었고, 거의 대다수는 메릴랜드(Maryland)에 살았다.[1)] 메릴랜드에 있는 식민지는, 최소한 쉽게 영국 가톨릭신도들의 피난처가 되는 것을 목적으로, 17세기에 볼티모어(Baltimore)의 첫 번째와 두 번째 영주였던 조지 캘버트(George Calvert)와 그의 아들 세실리우스(Cecilius)에 의하여 세워졌다. 이주민들은 캘버트가 사망한 지 2년 후인, 1634년이 되어서야 도착했다. 그들은 거의 약 200명 정도였고, 대부분 가톨릭신도였으며, 그리고 두 명의 예수회 신부를 포함하고 있었다. 많은 개신교인들이 1638년 그들을 뒤따랐으나, 그들 중의 상당수가 예수회 수사 중의 하나인 앤드류 화이트(Andrew White, 1579-1656)의 영향력 아래에서 가톨릭신앙으로 개종하였다. 화이트는 계속하여 피스카타웨이(Piscataway) 인디언들의 언어를 문자로 옮겼고, 더 나아가 그들을 위하여 교리문답책을 만들었다.

그러나 두 번째 볼티모어의 영주는 다양한 곤경에 직면했다. 개종하는 일에 있어서 가톨릭교회의 성공－개신교 이주민들이나 또는 인디언들에 속한 사람들 중에서의 개종이든 간에－은 가톨릭의 진취적인 성격에 대한 관심을 자아냈고, 적개심을 불러일으킬 소지가 다분했다. 어쨌든 그 진취성이 어떤 성공이 되려면, 상당한 숫자의 이주민들을 필요로 했고, 이 이주민들 중에 대부분이 개신교인들이었다는 것은 피할 수 없는 사실이었다. 게다가, 예수회 수사들은 능숙하게 자리를 잡는 습성이 있어서, 그들은 영주의 권위에 위협이 되었다. 많은 이유들, 즉 가톨릭 상류계층들이 지나치게 열성적인 예수회와 영국에서 후원하는 다른 선교사들과 충돌하게 하는 문제들과 어떤 유사성을 갖고 있었던 그 모든 일들로 인하여, 볼티모어는 메릴랜드의 가톨릭화를 제어하기로 결정했다. 바티칸의 동의를 얻고, 그는 예수회 수사들의 철수(그들의 이름 자체가 개신교 영국인들을 충분히 오싹하게 만들었다)와 프란체스코 수사들과 세속적인 신부들에 의한 교체를 확실하게 했다. 그리고 그는 메릴랜드가 신앙의 자유를 용인하는 식민지라는 것을 분명히 했다. 1649년의 관용령(Toleration Act)은 거주자들이 "영주의 소유권[즉 볼티모어에 대하여]에 대하여 불성실하거나 또는 확립된 시민 정부를 대항하여 방해하거나 음모를 꾸며서는 안되고, 또는 그나 그의 승계자들의 지배 아래에서 이 지역에 머물러야만 한다"는 가장 중요한 관심사에 종교적인 문제들은 단호히 부차적인 문제임을 분명히 했다. 그런 정치적인 압박이 미치는 곳에서, "예수그리스도를 믿는다고 고백하는" 모든 사람들이 받아들일 수 있는 것으로 간주되었다.[2)]

물론 그 법령은 영국이 공화국이 되려고 하는 때에 통과되었다. 1650년대 크롬웰 지지자들의 정권은 신앙의 자유를 추구하는 경향이 있었다. 그러나 분명히 가톨릭에 대해서는 아니었다. 개신교도들이 1650년대 동안 메릴랜드를 지배하면서 그 법령을 폐지했고, 식민지의 가톨릭신앙 거주자들을 억압하기 시작했다. 왕정복고의 군주제는 가톨릭신앙에 대하여 보다 호의적인 관점을 갖고 있었지만, 그럼에도 불구하고 영국교회가 메릴랜드에 국교회가 되도록 하였다. 이 공적인 입장에도 불구하고, 비록 외부의 편견과 가톨릭신도들 자신에 의한 현실에서의 지속적인 훈련의 필요성이 결과로서 수반되어졌지만, 우리가 이미 살펴본 미국 생활의 역동성은 가톨릭신도들에게 지속적인 기회를 보장해 주었다. 결국 이것은 구세계(Old World)나 라틴 아메리카에서 발견될 수 있는 것과는 매우 다른 가톨릭신앙의 형태를 만들어냈다. 그것은 더 자유롭고 또 진정으로 신앙의 자유를 주는, 그리고 현대의 산업화된 사회 안에서 삶의 필요들에 순응되어진 것이었다. 가톨릭신자 숫자가 독립전쟁 이전에는 낮은 상태였지만, 미국에서 세 번째로 큰 교파로 만들면서 그들은

1820년대까지 160,000명으로 발전했다.

그 사이에, 약 60,000명 정도의 대단히 많은 가톨릭 교인들이 퀘벡(Quebec) 지역에 거주했고, 그 주요한 도시가 울프(Wolfe) 장군에 의하여 점령된 이후 1763년에 프랑스에서 영국으로 양도되었다. 역설적으로, 영국 정부 – 더 먼 남부의 식민지들을 고압적으로 그렇게 대우했지만 – 는 신속하게 그들의 새로운 주민들을 돌보는 일에 성공했다. 1774년의 퀘벡 법령은 그 지역 안에 있는 가톨릭교회에게 부여된, 신자들에게 십일조를 부과하고 심지어 가톨릭 신도들에게 완전한 시민의 자격과 정치적인 권리들을 주는 그 특권에 대하여 – 그들과 같은 신자들이 영국에서 가졌던 것보다 더 많은 권리였기에 – 개신교도들에게는 논의의 여지가 있는 것이었다. "우리가 우리의 계율들을 사용하고 우리의 종교에서 자유로운 예배를 회복하는 일에서 자비로우신 폐하, 국왕 조지 3세에 의한 통치를 받았던 놀라운 선함과 친절함"을 지적하면서, 몇 년 후에 퀘벡의 가톨릭 주교가 독립전쟁 동안 단호한 영국의 후원자로 증명되었을 때, 그것은 충분히 되갚아졌던 관대함이었다. 프랑스계 퀘벡 사람들(Quebecois)은 그 투쟁 기간 동안 중립적으로 남아 있었다. 주교 브리앙(Briand)은 더 멀리 나아가서 그의 청중들에게 "당신의 서약들, 당신의 신앙이 당신이 소유하고 있는 모든 능력을 다하여 당신의 나라와 왕을 보호하는 피할 수 없는 의무를 당신에게 재촉합니다"[3]라고 촉구했다. 신세계에서의 정치는 남다른 동료를 만드는 일을 결코 멈추지 않았다.

영국성공회

신세계에서 영국성공회의 존재 – 적어도 우리의 시대에서 – 는 가톨릭보다 더 많이 고려할 만한 것이었다. 우리가 살펴본 것처럼, 영국성공회가 버지니아(Virginia), 캐롤라이나(Carolinas), 조지아(Georgia)에, 그리고 1691년 이후 메릴랜드에 국교회를 설립했다. 그 세력은 뉴욕 지방까지 확대되었다.

그러나 영국성공회가 직면하는 문제들은 광대한 것이었다. 공간이 그 하나의 문제였다. 많은 교구들은 넓이가 몇 백 마일이었다. 미국 사회의 매우 판이한 자연 – 특별히 남부 농장에서 – 은 또 다른 문제였다. 후원자들이나 또는

(펜실바니아와 같이) 채권자들에게 토지를 하사하려는 국왕 찰스 2세의 의도는 중부와 남부 식민지들의 통치에 대한 주요한 문제들에서 영주 식민지 지배자들에게 거의 독점적인 권한을 주었다. 그리고 그 지배자들은 일반적으로 그들이 이주민들을 얻을 수 있는 곳에서 그들을 취하기를 원했다. 그것은 일반적으로 영국에 불만을 품은 사람들 즉 종종 국교반대자들을 의미했고, 또는 그들이 어떤 사람들이든지 영국교회에는 달갑지 않은 다른 나라들에서 온 거주민들을 의미했다. 1732년에 세워진 조지아와 캐롤라이나에서는, 이것이 현실적인 긴급한 현안이었다. 그래서 남부의 가톨릭 신도들을 제외하고, 대부분 성공회에 속한 식민지들은 누가 거주할 수 있는가에 관하여 너무 까다롭게 하려는 마음이 내키지 않았다.

주교의 부재는 거의 모든 일들을 불확실하게 만들었다. 감독제도의 구조에서 주교는 새로운 사역자를 임명하고 견진성사(confirmation)를 시행하는 일에서 필수적이다. 후자의 이유 때문에, 성공회 평신도의 실제 상태는 필연적으로 모호한 것이 되었다. 지역 행정관들은 사역자들을 지명하고 또 취임시키는 권한을 부여받았다. 그 상황이 또한 성공회 성직자와 평신도 사이에 지속적인 불화의 상태로 이끌었다. 농장주 귀족 계층이 3,000마일 멀리 떨어져 있는 주교와 공급이 딸리는 성직자와 더불어 교구위원회를 좌우하기에 이르렀고, 그것은 곧 교구들 전반에 걸친 강력한 통제에까지 이르게 되었다. 이러한 문제들에도 불구하고, 교회는 조직화된 정비나 새로운 주교관구의 설립에 맞추어 조정되지 않았다.

이 마지막 실패는 과장되었을 수도 있다. 토마스 브레이 박사(Dr. Thomas Bray, 1656-1730)는 1696-1700년까지 신세계에서 단지 4년을 보냈고, 그동안 그는 메릴랜드에서 런던의 대표 주교로서 봉사했다. 그의 체류의 결과로서, 그는 지속적인 중요성을 갖고 있었던 두 개의 기관을 설립했다. 1698년에 가난한 어린이들을 교육하고 또 교회의 활동을 후원할 수 있는 인쇄물을 제공하기 위하여 기독교 지식보급 협회(Society for Promoting Christian Knowledge, SPCK)가 설립되었다. 그 첫 번째 출판은, 브레이 자신의 책을 600부 복사한 『세례와 영적 중생에 관한 담화』(*Discouse Concerning Baptismal and Spiritual Regeneration*)로서, 1699년에 출간되었다. 가톨릭 백과사전에 "영국 성공회 안에서 가장 크고 가장 중요한 협회"로 기술되었고, 초기 지도자들은 솔즈베리(Salisbury)의 주교 길버트 버넷(Gibert Burnet), 고미술품 연구가이자 역사학자 존 스트라이프(John Strype), 그리고 일지 기록원이자 원예가이며 정치 평론가였던 존 에블린(John Evelyn)을 포함하였다. 다른 사람은 사무엘 웨슬리 목사(Rev. Samuel Wesley)였는데, 그의 아들들인 존과 찰스는 1730년대에 선교사로서 짧은, 성공하지 못한, 그리고 매우 불행한 시기를 조지아에서 보냈다. 브레이의 다른 협회는 복음전도협회(Society for the Propagation of the Gospel in Foreign Parts, SPG)라고 기묘하게 이름을 붙였다. 그가 영국으로 돌아간 다음 해인 1701년, 이 단체가 북아메리카와 카리브 연안의 이주민들과 노예들 가운데에서 사역하는 일뿐만 아니라 인디언들에게 선교하는 일을 증진하기 위하여 세워졌다. 그 첫 번째 사역자들과 교사들이 그 다음해에 도착했고, 독립전쟁 때까지 약 300명의 선교사들이 파송되었다.

1730년대 후반과 1740년대 초반의 대각성운동 기간 동안, 많은 불만을 느낀 뉴잉글랜드의 회중교회주의자들이 복음주의자들의 소란과 감정주의로부터 피난처를 얻고자 성공회로 돌아섰고, 거기에서 영국성공회가 영적으로 미지근한 사람들의 안식처라는 후자의 취지를 확실히 변호하였다. 동일한 경향을 강조하는 것은, 아마도, 처음의 다섯 미합중국 대통령들 가운데 네 사람이 영국 성공회를 지지하는 버지니아 사람들이라는 사실에 있고, 그들은 강하게 이신론(deism)으로 기울어지는 경향이 있었다.[4] 성공회주의는 남부 식민지들에서, 제조업과 용역에서 무역보다는 농업과 토지에 지속적으로 더 많은 기초를 두고 있었던 사회에서, 토지소유주들과 농장주들 사이에서 강하게 남아 있었다.

그렇지만 신세계에서 성공회에 대한 가장 큰 실제적인 난제들을 야기했던 것은 주교의 지속적인 부재였고, 그래서 독립전쟁 이전의 몇 십 년 동안, 성공회주의자들과 비성공회주의자들 사이에 가장 큰 알력을 야기하는 누군가가 임명되는 것이 걱정거리였다. 1767년 토마스 브래드베리 챈들러(Rev. Dr. Thomas Bradbury Chandler)는 식민지를 위하여 주교를 임명하는 영향력에 관한 비성공회주의자의 의심을 완화시키려는 의도를 가지고 『미국에서 영국교회를 위하여 대중들에게 호소함』(*Appeal to the Public in behalf of the Church of*

England in America)이라는 글을 썼다. 그러나 그의 논쟁의 많은 부분들은 그가 의도했던 것과는 정반대의 결과를 가져왔고, 그는 주교의 도래가 왕권을 강화시키고, 비성공회 교인들에게 세금을 부과하는 것으로 부담지울 수 있는 비용을 부과하며, 강제된 국교 신봉의 미끄러지기 쉬운 경사지로 한 단계 더 이끌어 내릴 수 있다고 하면서 교회에 대하여 적의를 품고 있는 많은 사람들을 확신시켰다. 비성공회주의자들은 필연적인 결과로서 전체 대륙에 걸쳐있는 영국교회들이 런던 주교에게 속한 교회 재판권의 영향을 받는다는 사실을 인정하지 않았다. 그들은 그 결점 대신에 미국에 있는 영국교회에 지워졌던 이 현실을 인정했다. 그 사이에, 런던으로 되돌아가서, 란다프(Llandaff)의 주교인 존 유어(John Ewer)는 자신이 식민지 이주자들과 그들의 신앙을 통렬히 비난했던 SPG에 대하여 연례 설교를 전했다. 청교도 창시자들은 "하나님에 관한 회상이나 지식이 없이" 신세계로 옮겨갔고, 게다가 현재의 후손들에게 있어서 신앙은 "탐욕의 방식이라고 할 만큼 장애물"이라고 통렬히 비난했다. 대서양 건너편에서는, 거의 모든 사람들이 그것이 진실에서 더 멀리 있거나 분노를 자극하는 것은 없다고 느꼈다. 그것에 관하여 듣고, 다양한 유형의 미국 성직자들은 신랄한 대답을 시도했다.[5)]

장로교회와 개혁교회

장로교회와 개혁교회는 실제적으로 같은 것이었다. 1664년까지 네덜란드가 뉴욕(New Netherland)을 지배했기 때문에, 개혁교회라는 그들의 낙인이 그 지역에서 강했던 것은 놀라운 일이 아니었다. 첫 번째 사역자가 1628년에 도착했지만, 이어지는 몇 십 년 동안, 네덜란드 식민지는 경제적, 사회적, 그리고 군사적 차질로 어려움을 겪었고, 그래서 경건한 지역으로는 거의 기술될 수가 없었다. 개혁교회 장로요 목사의 아들이었던 피터 스타이브센트(Peter Stuyvesant)는 1647년 총책임자로서 네덜란드 서인도 회사(Dutch West India Company)를 인계받았고, 신앙적인 비국교도들을 관대히 다루는 이전의 실행을 강력하게 탄압하는 일을 계속했다. 높이 존경할 만한 루터파 교인들조차도 벌금형을 받았고, 예배 의식을 준비하는 일로 구금되었으며, 게다가

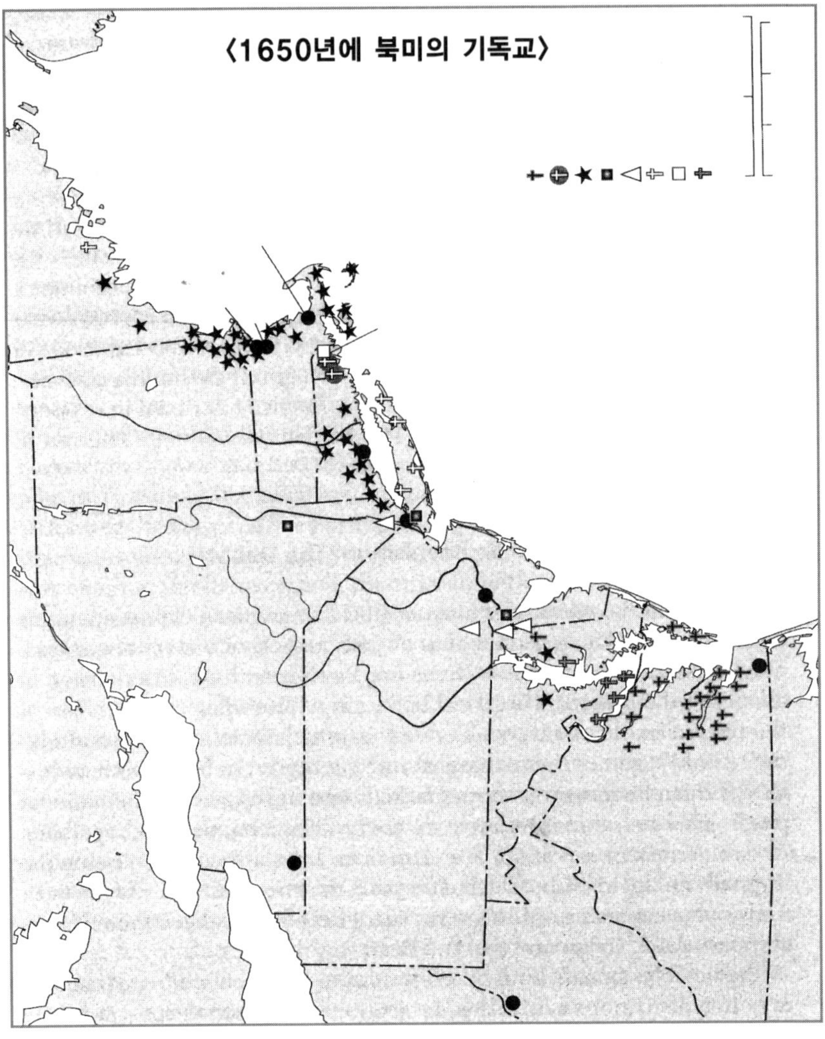

교회 건축하는 일이 거절되었다.

뉴 네덜란드(New Netherland)에서 사태를 위기로 몰아넣은 것은 1654년에 브라질에서 23명의 유대인들이 도착한 것이었다. 유대인들은 페르남부코(Pernambuco)에 있었던 네덜란드 식민지의 붕괴에 뒤이어, 가톨릭 당국자들과 포르투갈의 분노에서 도망치고 있었다.6) 개혁교회 사역자들과 총책임자 모두는 자신들의 각각의 영주인 암스테르담(개혁파) 종교법원과 네덜란드 서인도 회사가 그와 같은 이단의 유입을 삼가해 달라고 재촉했다. 그러나 최종 결정권을 갖고 있었던 것은 회사였고, 네덜란드에서 다원주의와 종교의 자유를 야기했던 동일한 상업적인 이유들은 네덜란드 식민지에서 동일한 방향으로 결과를 이끌어갔다. 유대인들이 주요한 주주들이었고, 그들의 신앙 동료들은 수월하게 학대를 받지 않을 수 있었다.

네덜란드 개혁교회가 정치적으로 "장로회주의" 였음에도 불구하고, 그들은 그 이름으로 나아갈 필요가 없었다. 모국에서 그들을 다른 경쟁자들과 구별하는 다른 어떤 개혁주의적인 분파들이 없었기 때문이다. 그러나 스코틀랜드와 아일랜드에서 온 이주민들도 그러했고, 따라서 자신들의 신학에 관한 형태보다는 교회 정치의 형태에 관한 이름으로 알려진다. 미국에서 첫 번째 장로교 회중은 1684년 메릴랜드의 스노우 힐(Snow Hill)에 세워졌다. 그 설립자는 아일랜드인, 프란시스 매케미(Francis Makemie, 1658-1708)였다. 이어지는 20년에 걸쳐서, 그는 이후에 도착한 장로교 신자들과 협력하는 사역을 지향하면서 힘썼고, 1706년에 그는 필라델피아 장로회의 구성을 도왔다. (우리는 그것을 그가 가톨릭의 중심지대에서 가정을 꾸리면서 그리고 그의 장로회를 퀘이커들이 세운 도시에 설립하는 과정에서 주목한다. 다원주의는 미국 사람들의 생활에서 불가피한 현실이었다.) 초기 장로교인들 가운데 많은 사람들은 매케미와 같이 스코틀랜드-아일랜드계(또는 얼스터 개신교도들)였다. "성찬 절기" (communion seasons, 우리가 10장에서 지적했다)를 유지하는 스코틀랜드와 아일랜드 장로교인들의 습관이 중부 식민지들에 또한 소개되었다.

스코틀랜드와 아일랜드 장로교인들은 18세기 동안 펜실베이니아의 주민들 가운데 가장 중요한 구성요소였다. 그곳에 있는 성공회와 더불어, 그들은 입법부에서 퀘이커파의 지배에 분노하였고, 결국 그것을 전복하는 일에 성공했다. 시간이 지나면서, 장로교회와 개혁교회는 중부 식민지 전체에 걸쳐서 가장 영향력 있는 견해를 가진 분파들 가운데 하나가 되었고, 독립전쟁이 일어났을 때 그것을 지원하는 일에서 그들의 영향력을 결정적인 것으로 간주하는 일은 분명히 가능하다. 영국은 독립전쟁 군대에 대하여 가끔씩 "장로교인" 으로 언급하였다.[7]

종교와 미국의 독립전쟁: 논쟁

전 세계에 걸쳐서, 가장 불합리하고 당파심이 강한 주장들이 과거에 대하여 만들어진다. 너무 사소하여 전혀 확대시킬 수 없는 것을 확대함으로써, 역사에 대한 토론이 불가피하게 현재에 관한 것이 되기 때문이다. 역사적인 논쟁들은 오늘의 새로운 소식과 관련이 있는 그 전쟁터의 연대기적인 확장이 되고, 거기에서 현실은 진정한 활동무대를 유지하는 전적인 발판을 만든다. 그것이 해석(interpretation)이다. 역사에 대한 아주 작은 문제들에서, 이러한 현상은 "국가의 과거"와 관련된 사실보다－즉, 어디든지 사람들이 이따금 언급하는 지역과 관계있는 국가－더 명료한 것이다. 그 자체로서 상호적으로 적대적인 짐승들처럼 존재하는 미국의 신보수주의(neoconservatism)와 미국의 진보적인 세속주의에서, 이는 최근 몇 십 년 동안 역사의 가장 뜨거운 논쟁되는 영역들 가운데 하나가 종교와 미국 독립전쟁 사이의 관계였음을 의미한다.

충분히 예상한대로, 신보수주의적인 그리고 세속-진보주의적인 견해들이 종종 왜곡되었다. 더 정확히 말하자면, 그것들은 오늘날의 주창자들이 실제로 주장했던 가치관과 관계있는 과거로 되돌아가는 투영들이다. 어떤 우익 복음주의자들은 최근에 무덤에 다가가서 죽은 자들을 회심시키려는 자신들의 노력으로 진정한 지옥의 정복(harrowing of hell, 예수가 지옥에 빠진 영혼을 구하는 일－역자주)을 집행하고 있었다. 다시 말하면, 독립전쟁의 지도력의 대부분을 형성했던 18세기 이신론자들의 분류가 "기독교 미국"(Christian America)을 선호했던 정통주의 기독교인들(되도록이면 복음주의자들)로 재구성되고 있는 것이다. 다른 한편, 복음주의자들의 세속주의 적수들은 교회와 국가의 분리를 향해 나아가도록 최선을 다하고 있지만, 그것은 미합중국 헌법 제정자들(Founding Fathers)이 신앙을 '위한' 자유로서 의도했던 것이었는데, 결국 신앙으로 '부터의' 자유가 되고 말았다. 그것에 의하여 어떠한 신성한 상징이나 신학적인 (또는 전통적으로 도덕적인 것조차도) 견해가 공공광장에서 어떤 자리도 차지할 수 없었다. 그와 같이 고착상태가 된 수많은 경우들에서 흔히 있는 것들이지만, 다른 편의 불합리한 것들을 끈덕지게 지적함으로써, 각자는 자신의 불합리한 것들을 정당화한다.

미국의 독립전쟁과 신앙의 형태는 어느 범위까지 연결되어 있는가? 1730년대 후반과 1740년대의 대각성 운동은 분명히 북미 식민지들에서 많은 교파들에게 활기를 북돋우었고, 강력한 복음주의를 시작하게 되었다. 그것은 오늘날 미국인들의 삶에서 결정적인 요소로 남아 있다. 그러나 이 발전이 영국에 대항하는－또는 민주주의나 공화제도를 지지하는－반란에 추진력이 생기도록 도와주었다고 주장할 수 있는가?

물론 어떤 특별한 정치적 협정들을 적극적으로 국가에 요구하는 것이 이 신칭의 교리에는 전혀 없다. 그렇지만, 복음적인 신앙의 인격화된 본질은 의지주의자(voluntarist) 원칙으로 나아가기가 쉬웠다. 그리고 그것은 각각의 신자들이 다루고 있는 것을, 그리고 하나님께서 직접적으로 그들을 다루고 계시는 것을 이해하도록 고무했다. 개혁신학과 청교도 전통이 궁지에 몰린 그 의지주의를 오랫동안 유지하도록 노력했음에도 불구하고, 우리가 이번 장의 초반부에서 보았던 것처럼, 장로교회와 회중주의 교회들 안에서조차도, 미국의 전통들은 결국 그것들을 압도했다. (웨스터민스터 신앙고백의 18세기 미국 판은 "모든 신성모독죄와 이단들이 시민 행정관의 권세에 의하여 억압받아야 한다"고 규정했던 1648년 영국의 원문을 그 구절들에서 삭제했다.) 그 때에, 대각성 운동이 미국에서 종교적 다원주의의 피할 수 없는 현상을 강화시켰다－또는 원칙의 수준으로 올렸다. 그리고 그것에 의하여 개인적인 자율성에 강조점을 두었다. 신앙적인 일들에 속한 개인적인 자율성은 삶에 있어서 보다 가치가 덜한 양상들(aspects)에 있는 개인적인 자율성에 관한 권리의 근거를 준비한다. 이 우회적인 수단들에 의하여, 복음주의의 발흥이 공화주의(republican)와 민주주의(democratic)에 대한 사고방식을 준비하도록 도와주었다고 논쟁이 될 수도 있다. 대체로, 왜 그것이 영국에서 그렇게 실행하는 일에 실패했는가는 설명되지 않는다. 그러므로 널리 보급된 복음주의가 그럴 듯하게 미국의 독립전쟁을 촉진하는 한 원인으로서 주장될 수 있을지라도, 그것이 충분한 또는 주요한 원인은 결코 아니었다고 결론내리는 것이 가장 안전한 것이다.

어쨌든 독립전쟁의 전 단계 동안 미국인들의 삶에서 복음주의 교회들의 탁월함이 과장되어서는 안 된다. 역사가들은, 1790년대 동안 다시 발흥하기 시작하는, 복음주의 교회들의 숫자가 1750년대와 1770년대 사이에 감소하였거나 또는 단지 슬럼프에 도달했는지에 관하여 논쟁한다. 그러나 그 누구도 그 운동이 독립전쟁 이전 세대 동안, 주민 수에 비례하여 계속적으로 성장하였다고 주장하지 않는다. 그리고 이 사실은 복음주의 신앙과 미국 독립전쟁 사이의 관계가 모두 간접적이고 부분적이라는 것을 암시하고 있다. 강력하고 직접적인 관련이 전쟁이 발발하기 바로 전에 복음주의 세력의 발흥으로 보일 수도 있었지만, 이것은 발생하지 않았다.

대신에, 기독교인들은 동일한 방식으로 미국 독립전쟁 기간 동안 정치적으로 행동했다. 다시 말해서, 보수적인 전망에 기울어져서 반란을 비난하고 또 영국 왕실과 인연을 유지하려고 했던 사람들은 그렇게 실행하는 성경적이고 신앙적인 이유들을 발견했다(로마서 13장에 있는 바울의 가르침, 국민으로서의 마땅한 방위, "마법의 죄와 같은" 성격의 반란, 등등). 반면에, 독립전쟁을 후원할 마음이 있었던 사람들도 자신들의 입장에 대한 신앙적인 근거를 발견했다(폭군에 대한 항거, 군주의 타락은 성경이 비난하고 있다, 자신의 백성들의 자유를 작정하신 하나님의 소망, 등등). 만일 21세기 초반부의 기독교인들, 즉 노동당, 자유당, 또는 보수 정당들, 민주당, 그리고 공화당의 후원자들이 그와 같은 선택의 여지, 논점을 회피하는 관행, 그리고 성경과 기독교의 교리적 전통의 남용을 피한 것이라고 한다면, 현재의 저술가들은 그 사실을 기록하는 일에서 완전히 실패한 것이었다.

종파와 그 주창자들

미합중국 헌법 제정자들 대부분은 이신론자였다. 워싱턴(Washington), 메디슨(Madison), 프랭클린(Franklin), 제퍼슨(Jefferson)이 이에 해당한다. 그렇지만 그 누구도 지나치게 전통적 신앙에 대하여 거부하지는 않았다. 참으로, 신앙적인 개념들(틀림없이, 신중한 모호함과 더불어 말로 나타냈던)은 지속적으로 독립선언서에서부터 미국 헌법에 이르기까지 그들의 선언들 가운데 교묘하게 스며들었다: "자연과 자연의 하나님께 속한 원칙들"이 "그들의 창조자에 의하여 주어져 있다", "세상 최고의 재판관", "신적인 섭리." 그러나 그 구절들은 그들 자신과 대개 수사학적이고 또 성경적인 계시의 세목들로부터 명백한 거리를 두고 있다. 사람들이 "창조주로부터 부여받은" 것이 "절대적 권리"인 것으로 바뀌었다. 비록 바티칸 2차 공의회와 1960년대 이후의 교황들이 (그리고 복음주의자들은 더 일찍) 새로운 은어(argot)를[8] 채택하기에 이르렀을지라도, 그 개념은 모든 것을 계몽주의에 속한 세속적인 철학자들에게 신세지고 있었고, 성경에 신세지고 있는 것은 (성경의 자기 해석[eisegesis]에 의한 것을 제외하고는) 전혀 없었다. 다른 요구사항들 역시 새롭게 유행하는 것이라기보다는 덜 성경적인 것들이었다. 간단명료하게, 그것은 신앙적인 그리고 유사-신앙적인 설득력이 그들을 지지하는 어떤 대체품으로서 불가항력적일 수 없다는 것이었다. 왜냐하면 그 자체를 위해서 만이 아니라(그것이 도덕적인 높은 근거를 세우는 일에 있어서 다른 모든 고려의 대상들을 능가하기 때문이다), 성경주의자 신앙이 전체적으로 주민들 가운데 매우 광범위하게 퍼져 있어서 그것에 대한 자기-정당화의 언급이 자연스러운 의지가 되었기 때문이었다.

거듭 반복하자면, 미합중국 헌법 제정자들은 신앙에 대하여 절대로 적의를 가지고 있지 않았고, 또 그것이 자유로운 사회를 위한 필수적인 토대라고 간주했던 사람들이었다. 그들은 단순히 종교의 어떤 특별한 이름이 정부에 의하여 대중들에게 강제되어서는 안 되는 것을 주장했었다. 그 주장은 불신앙에 대한 허용을 또한 의미했고, 추측하건대 동일하게 계산된 모험에서 그것으로 민주주의는 파시즘 신봉자(fascist)와 공산주의자가 선거할 수 있는 권위를 얻으려고 노력하는 자유를 의미했다. 그와 같은 일탈에 대한 실제적인 선거권의 후원은 사실상 매우 제한적이었다. 만일 어느 한 쪽이든 모험이 실패한다면, 그때에 자유로운 사회는 끝나는 것이다. 20세기가 전자의 모험의 대해서 증명했고, 21세기는 후자에 대해서 증명을 시작하고 있다.

이신론자였던 토마스 제퍼슨(Thomas Jefferson)은 한 국가의 자유가 "우리가 주민들의 유일한 견고한 확신인 이 자유가 하나님의 선물이라는 그들의 마음에 있는 확신을 제거했을 경우에도 확실하다고 생각될 수 있는가? 그 자유들이 적어도 하나님의 진노로 더럽혀지지 않았다는 확신을 제거했을 경우에도?"라고 질문했다. 다른 무신론자였던 프랭클린은 헌법제정 회의(constitutional convention)가 진행되는 매일 마다 기도로 시작하기를 제안했다. 1798년 존 아담스(John Adams)는 "우리의 헌법은 도덕적이고 신앙적인 사람들만을 위하여 만들어졌다. 그것은 전체적으로 어떤 다른 정부에게는 부적당한 것이다"는 의견을 말했다. 조지 워싱턴은 그의 동료 미국인들에게 "도덕성은 종교 없이 유지될 수 있다는 가정에 빠지지 말라.... 이성과 경험은 모두 우리가 국가적인 도덕성이 신앙적인 원칙을 배제하고서도 널리 보급될 수 있으리라는 기대를 금하고 있다"고 강조했다. 그리고 실제적으로 정통 기독교 신자요 또 의사였던 벤자민 러쉬(Benjamin Rush)는 다음과 같이 동의했다. "공화국에서 유익한 교육을 위한 유일한 기초는 종교에 기초해야만 한다. 그것이 없이는 아무 덕도 존재할 수 없고, 덕이 없이는 아무 자유도 존재할 수가 없으며, 자유는 모든 공화 정권의 목적이요 생명이다." 역사가 거트루드 힘멜파브(Gertrude Himmelfarb)는 공화국이 교회와 국가와 분리하는 일에 더하여, 다음과 같은 논평을 더한다. "헌법이 덕과 종교처럼 교육을 개인들과 주정부들에 일임하면서, 그것에 대하여 아무것도 말하지 않는 것은 주목할 만하다."[9] 그것은 종교, 덕, 그리고 교육이 중요하지 않다는 것이 아니었고, 오히려 그것들이 매우 중요하기 때문에 정부가 그것들에 간섭해서는 안 된다는 것이었다.

다원주의의 힘

역사가 마크 놀(Mark Noll)은 최근에 미국의 공화주의가 로마가톨릭과 당시의 작은 유대 공동체의 신도들뿐만 아니라, "이신론자들과 일신론자(Unitarians)들" 그리고 "옛 영국의 교회들,... 새로운 종류의 복음주의,... 대륙에서 건너온 전통적인 개신교 신앙"에 속한 후원자들로 인하여 둘러싸였다고 말했다.[10] 만일 그 연립이 – 정말 그 때의 사정 그대로 – 절충이었다면, 그 경우에 우리는 복음주의가 미국 독립전쟁의 계기가 아니었다고 결론을 내리는 일을 신뢰한다. 역사적으로 말하면, 침례교 계열을 제외하고, 거의 모든 기독교 교회들이 군주제를 선호하고 공화주의를 반대하는 경향으로 기울어져 있었다. 그리고 침례교파의 전체적인 취지는 종교-정치적인 경향을 전혀 갖지 않았다는 것이다.[11] 그렇다면 어떻게 이 모든 종파의 신자들이 교회와 국가를 분리하려는 공화정을 지지하는 일을 도모했겠는가?

교회와 국가의 분리를 필연적이고 바람직한 것으로 만들었던 것은 종교의 압도적인 다양성에 대한 단순한 현실이었다. 그러므로 기독교의 많은 여러 분파들은 "광야에서 피난처"(refuge in the wilderness, 그것으로 인하여 청교도의 "언덕위의 집"은 궁지에 빠졌다)를 구하기 위하여 미국에 왔고, 식민지 정부는 현장에서 그 현실들을 자체적으로 조화시켜야만 했다. 그리고 어떤 교회도 다수파로서 어떤 것을 명령할 수 없는 현실은, 가장 한정된 수준의 영역을 제외하고는, 심지어 사회적으로 그들 가운데 가장 보수적이었던 가톨릭, 성공회, 그리고 장로교인들조차도 분리파의 규칙들을 따라서 처신하도록 하는 원인이 되었다. 세력과 지지는 미수(未遂)에 그친 권력에 대한 의존이 아니라, 매력에 의해 쟁취되었다.

매사추세츠(Massachusetts) 주정부는, 확실하게, 자신들의 1780년의 권리선언(Declaration of Rights)에서 "하나님께 대한 공적인 예배"와 "경건, 신앙, 그리고 도덕성에 관한 공적인 교육"을 지지하는 조항을 포함하였다. 그러나 이것은 그곳의 회중주의자 권력기구의 거의 무너진 권력에 환심을 사기 위한 것이라고 가장 잘 이해된다. 매사추세츠에서는 2년 일찍 제안된 헌법이 침례교도들과 분리주의자들에게 불이익을 주는 법규들을 보존하고 있었다. 그러나 그것은 만일 침례교도들이 절대로 참석하지 않았고 신앙적으로 거부했던 국가교회들을 위하여 강제로 수입을 지출해야 한다면, 그들은 "진정도 하지 못하고 과세하는 것"이라고 주장했던 분리파 침례교 지도자였던 아이삭 배커스(Isaac Backus)로부터 격노한 공격을 받게 되었다. 그것은 미국 독립전쟁이 첫 번째로 반대하여 발발했던 원칙이었다. 이 독창적인 (그러나 거의 비이성적인) 논쟁의 경향은 그로 하여금 신앙의 자유가 "이 유혈전쟁에 불을 지핀 문제"였다고 주장하는 일을 가능하게 했다. 비록 매사추세츠가 1833년까지 그 범주 안에서 국가 교회를 유지하는 일에 성공했을지라도, 그것이 분리파들을 억제하는 일에 성공적이지는 않았다.[12)]

다른 주들은 공적 생활에서 적어도 어떤 신앙의 특성들을 유지하려고 시도했다. 한 예로, 델라웨어와 북캐롤라이나 모두 1766년의 공적인 임용은 성경의 신적인 영감과 믿음의 삼위일체 고백을 인정하는 조건을 마련했다. 펜실베이니아 역시 입법 기관의 회원들에 대한 조금 광범위한 시험을 부과할 뿐이었다. 테네시(Tennessee)는, 조금 더 진보적이었는데, 무신론자들이나 또는 내세를 부인하는 사람들을 관공서에 못 들어오게 하였다. 다음해에, 조지아(Georgia)는 선출된 대표자들이 "개신교 신앙"을 소유해야만 한다고 결의하였다. 1784년 뉴햄프셔(New Hampshire)는 지역 관리들이 지방 관원들-비록 한 교파의 어떤 지지자라도 다른 교파의 교사들에 대하여 유지비를 지불하는 것이 의무적으로 요구되어져서는 안 되다는 것이 더해졌지만-이 "자기를 희생하여 경건, 신앙, 그리고 도덕성을 갖춘 공립학교 개신교 교사들에 대한 지원과 유지에 대비하라"고 승인했다. 어떻게 이 두 가지 규정이 개신교인들이 아닌 거주자들이 남아 있는 상황에서 조화를 이루었는지는 언급되어 있지 않다. 그렇지만 이러한 제한들조차 시간이 흐름에 따라 약화되었다. 1790년 델라웨어는 "어떤 신앙적인 평가도 공직이나 또는 공익 재단에 대한 자격으로 요청되지 않을 것이다"[13]라고 선언함으로써 그 이전의 규정을 취소했다. 미국은 독립전쟁 이후에 훨씬 더 많이 다원주의자가 되었고, 이전보다 못하지는 않았다.

다원주의는 의지주의(voluntarism)를 촉진했다. 그리고 그 무엇이 복음주의적 신조보다 더 많이 의지주의자가 될 수 있었겠는가? 복음주의는 부분적으로 시대의 조류에 맞추고 또 자신을 발견할 수 있었던 나라들과 협조하는 것으로 지지를 얻었다.

그러나 강제의 부재는 회의주의나 무종교 쪽으로 비복음주의자들을 압박하지 않았다. 교회들의 매력적인 모습은 셀 수 없는 이민자들의 요구와 대부분의 그 후손들에 의하여 지속적인 공공의 정체성에 맞추어졌다. 여러 가지 언어, 교회들, 그리고 문화들이 공존하는 광대한 대륙에서 홀로 지낸다고 하는 것은 난처하고, 소외되고, 고립되는 것이었다. 스웨덴 루터파 교인이 되는 것은 곧바로 자기 집과 같은 안식처를 얻는 것이었다. 그리고 18세기부터 그 이후로 나아가면 시골의 더 밀집한 정착촌의 시대에서조차, 어떤 종류에 속한 것이든, 사회적 억제수단에 전반적으로 필수불가결한 도움이 되는 신앙을 찾을 수 있다.

국교 충성파

그러나 모든 교회들이나 모든 기독교인들이 결단코 독립전쟁에 협력적이지 않았다는 것을 기억해야만 한다. 그들 주변의 보다 더 세속적인 마음을 가졌던 이웃들이 그랬던 것처럼, 기독교인들은 정의와 부정과 관련된 주제들에 대하여 의견을 달리 했다. 참으로, 반란 그 자체는 독립전쟁의 특징에 대한 어떤 모습을 갖고 있었다. 대략 13개주의 주민들 가운데 20% 내지 30% 이상은 전적으로 충성파였다. 35,000명 정도의 충성파들은 당연히 공화주의자의 보복을 두려워하면서, 전쟁 이후에 캐나다와 새로운 국경에 속하는 북쪽 지역으로, 아직은 영국령이었던 캐나다의 노바 스코티아(Nova Scotia)로 이주했다. 수천 명이 넘는 사람들이 북쪽 캐나다로, 온타리오(Ontario)와 이리(Erie)호의 북쪽 지역으로 즉시 이주했다.

전쟁이 일어나기 전 몇 십 년 동안에도, 성공회는 식민지에서 성장하는 왕실의 권력을 위한 달갑지 않은 트로이의 목마처럼 비춰졌다. 복음전파를 위하여 영국 상류사회에서 보내진 선교사들은 회중교회주의자와 장로교회주의자의 세력에 속한 지역으로 보내졌다. 그 운동은 이 후자들이 1766년 이래로 자신들 사이에서 성공회의 침입을 저지하기 위하여 "연합에 관한 안건"(A Plan of Union)을 탐구하도록 하는 원인이 되었다. 미국에서 주교를 임명하려는 성공회의 의도는 영국에서와 같이 동등하게 식민지에서 성공회의 사법권에 대한 절대적인 주장인 것처럼 상당한 두려움이 되었다. 그리고 참으로, 그 전쟁이 시작되었을 때, 가장 빈번하게 영국과 국왕 편에 선 것은 성공회주의자들이었다. 대부분의 회중교회주의자들과 장로교회주의자들은, 대조해 보면, 혁명 측에 서 있었다. "나의 원수의 원수는 나의 친구이다"라는 건전한 원리에서 반란군들을 위한 회중주의와 장로회주의의 지지는, 뉴잉글랜드의 신앙 확립에 대하여 냉정한 대우에 물려버린, 그래서 국왕을 위하여 싸웠던 적어도 소수의 침례교도들에게 상당한 영향을 주었다. 비록 침례교 사고의 보다 일반적인 원리들이 그들 중의 더 많은 사람들로 하여금 중립을 유지하거나 (정부를 위한 "기독교인의 정치"는 없다) 그들을 혁명 측으로(신앙의 자유는 공적 생활에서 보편적인 참여를 의미한다) 밀고 나갔을지라도 말이다. 다른 가톨릭신도들이 개신교 대륙이라고 분명히 운명 지워진 그 한계 안에서 다수파에 의한 압력으로부터 최선의 방어책으로서 다원론자 민주제도를 인정했지만, 어떤 가톨릭신도들 – 심지어 어떤 이교도, 개신교신도 조차도 – 은 공화정보다 군주제를 선호했다.

뉴욕의 성공회신도이자 킹스 칼리지(King' s College, 오늘날 콜롬비아 대학으로 더 잘 알려진)의 총장이었던 마일즈 쿠퍼(Miles Cooper)는 일단 사람들이 "지배를 받는 자가 지배하는 자보다 상위라고 생각하면" 그때에 그들은 "통치를 얕잡아보고, 위계질서를 악하게 말하며, 또 무정부, 혼란, 그리고 마음에 떠오르는 모든 죄악을 향한 문을 열기에 이를 것이다"라고 잘 알려진 논점을 분명히 말했다. 다른 성공회주의자들도 동일한 요점을 말했다. 뉴욕의 한 평신도였던 아이삭 윌킨스(Isaac Wilkens)는 왕권과 강제로 다투거나 또는 그가 어떤 성공적인 반란이 계속해서 일어나리라고 확신했던 무정부 상태의 혁명정부에서 살아가기보다는 영국으로 다시 되돌아갔다. 그러나 코네티컷(Connecticut), 뉴브리튼(New Britain)의 존 스몰리(John Smalley)가 스스로 "왕권을 대적하는 명백한 반란"을 비난하면서 1775년에 실행했던 것처럼, 이따금씩 회중교회주의자나 장로교회주의자조차 동일한 곡조를 되풀이하는 것이 발견되고는 했다. 그는 질문했다. (그가 생각했던 것처럼 웅변적으로) "당신은 당신의 왕을 대적하여 싸울 것인가?"[14] 17세기 후반과 18세기 초반에는 1649년 찰스 1세의 시해를 결정적인 정치적, 사회적 참사로 간주했다. 1770년대까지도, 많은 사람들은 여전히 왕권을 대적하는 반란의 전망에서 뒤로 물러나기만 했다.

회중교회주의의 많은 사람들의 특징은 코네티컷 목회자 연합회(General Association of Congregationalism Connecticut)의 태도였고, 그것은 "우리 조상들이 누리기 위하여 조용히 이 광야로 피신했던 그 고귀한 특권들을 군대와 무기를 사용해서 지키는 통탄할 필요성"을 강조했다. 큰 실수들, 무감각, 번거로운 세금, 그리고 무엇보다도 식민지에서 영국의 법률의 간섭이 이전 세기의 청교도들이 설립하기를 원했던 바로 그 일을 파멸시키려고 위협했다. 덜 확실하게, 매사추세츠, 살렘(Salem)의 장로교 목회자였던 나다니엘 휘태커(Nathaniel Whitaker)는 사사기 5장 23절("여호와의 사자의 말씀에 메로스를 저주하라 너희가 거듭 거듭 그 거민을 저주할 것은 그들이 와서 여호와를 돕지 아니하며 여호와를 도와 용사를 치지 아니함이니라")에서 자신의 교구민들이 독립전쟁의 투쟁에 동참하지 않으려고 하는 그들의 모든 이웃들을 비난하는 정당성을 발견했다.[15]

기독교의 세력

그러나 기독교인들은 공통적으로 이것을 많이 소유했다. 즉 어느 편에 서 있을지라도, 그들은 성경적 정당성이나 또는 일반적으로 자신들의 신분에 대하여 기독교인이라고 고려하는 정당성에 의존하고는 했다. 물론 이것이, 이후 세기의 3/4에 걸쳐서, 남북전쟁(American Civil War) 기간 동안 미국 사람들이 실행했던 정확히 그 무엇이다. 다시 말해서 양측 모두가 성경과 기독교의 전통에 호소했다. 즉 미국 사회에서 이러한 방식을 실행하는 경향성은 일반적으로 종교의 세력을, 아마도 특별하게는 복음주의 세력을 반영하는 것이다. 그것은 우리들에게 기독교 정통주의와 자신들의 정치적 의견을 동일시하는 기독교인들의 자발성에 관해서보다, 종교에 대한 "정확한" 정치적 방침이 무엇이어야만 하는지에 관하여 훨씬 적게 말해주고 있다.

미국 독립전쟁과 종교적인 신념 사이의 관계에 관하여 주목해야만 하는 어쩌면 가장 중요한 것은, 10년 조금 더 지난 이후에 있었던 프랑스 혁명에서 매우 특징적이었던 기독교에 대한 그 반감의 전적인 부재이다. 북미에서 영국의 통치는 종교적인 협정에서 그 자체를 합법화하거나 정당화하지 않았다. 특별한 교회(particular church)를 설립하려는 초기의 시도들은 약해졌고, 한 식민지와 이웃한 식민지가 서로 의견이 달랐고, 그래서 - 가장 중요한 것은 - 완전히 무효화되었다는 것이다. 참으로, 영국 본토 내에서 종교 다원주의는 깊은 뿌리를 갖고 있었다. 1689년 삼위일체 교리를 믿는 개신교도들에게 허락되었던 제한적인 신앙의 자유는 18세기를 거치는 동안 실제로는 확대되고 있었다. 영국의 통치를 전복시킨다는 것은 미국의 생활에서 당면한 신앙의 자유를 전혀 의미하지 않았다.

확실히, 개별적인 교회 구조를 위한 암시가 있었다. 성공회는 자체적으로 실제적인, 제도적인, 그리고 정치적인 유대에 의하여 그리고 영국 왕실에 대한 피할 수 없는 충성심에 의하여 단결되어 있는 것을 알 수 있었다. 감리교도들은 공식적으로 성공회와 친밀한 관계를 갖고 있는 일부분으로 남아 있었고, 존 웨슬리의 왕당주의와 독립전쟁의 대립은 일반적으로 알려져 있다. 퀘이커파와 메노나이트파는 영국정부뿐만 아니라 그 누구를 위해서도 싸우는 것을 거부했다. 독립전쟁의 열기로부터 나타난 이 폄하들은 관련된 분파들에게 불이익을 가져다주었다. 특별히 평화주의자 교회들은 한 편의 탈출한 죄수들이나 부상당한 병사들을 도와주었기 때문에 종종 다른 편으로부터 보복을 당했다. 그러나 이러한 어려움들이 일시적이었음에도 불구하고, 1780년대 중반에 이르러 감독주의자(성공회원)들이 교구의 숫자에서 상당히 축소되었지만(1774년 318개에서 1789년 259개로), 세 명의 주교들을 임명할 수 있었다. 그리고 그들은 교회의 정신을 미국화시키고 또 공화주의화하는 일을 시작했고, 교회의 구조를 재건했다. 무엇보다도 주교가 이끄는 교회들의 곤경들이, 일반적으로 신앙에 관하여는 제쳐두고라도, 그 교회들에 대해서조차도 지속적인 적의를 초래하지는 않았다.

우리는 미합중국 헌법 제정자들이 주로 이신론자라고 분류하면서 – 이는 어떤 독자들을 불쾌하게 할 수 있는 신원확인이다 – 이 장을 시작했다. 그리고 그 몇몇 제정자들이 이 분류가 의미하는 것보다 정말 더 열렬한 경건을 소유했고, 또는 전통적인 기독교를 더 많이 용인했던 것은 사실이다. 그렇지만 모든 논쟁들이 숙고되어지고 또 모든 양보가 이루어졌을 때, 이것이 그들의 신앙적인 전망을 구성하는 가장 신뢰할 수 있는 '보편적인' (general) 평가로 남는다.

그리고 어쩌면 현대의 비교는 여기에서 적절한 것이다. 오늘날 일반적인 수백만의 미국 사람들은 대부분 오늘의 유행하는 철학, 특별히 뉴에이지 (New Age) 정신과 상대주의자의 도덕적인 판단에 의하여 형성된 관점을 갖고 있다. 그렇지만 그들은 경건, "형제애", 예수 경배, 또는 저 세상에서의 삶에 대한 모호한 신념 등과 관련된 성경적이거나 유사성경적인 개념들을 고수하고 있다. 그리고 그들은 주변에 있는 다른 수백만의 미국 사람들이, 그들 중의 다수는 보다 지속적으로 또는 적어도 다소간 더 그러했던, 이러한 성경적인 개념들을 유지하고 있었기 때문에 그들은 그와 같이 실행했다. 그러나 200년 지난 후의 우파 연구자에 상당하는 사람들이, 빌 클린턴(Bill Clinton)이 때때로 설교했던 남부 침례교신도였다고 해서, 그가 "진실로" 복음주의자라고 주장하는 일을 시도할 것인가? 워싱턴, 존 아담스, 메디슨, 그리고 다른 사람들은 빌 클린턴 못지않게 성실했다. 그러나 그들은 더 이상 지속적이지 않았다. 그들이 신앙의 중요성을 인정했고, 세속적인 사상으로부터, 특별히 이신론으로부터 정통 기독교 쪽으로의 그들의 편향성이 때때로 주목할 만한 것이었다는 사실은 기독교가 그들 주변의 그렇게 많은 사람들에게 대단히 중요했기 때문이었다. 그리고 이것은 우리가 미국의 지나치게 종교적인 수준에 관하여 알아야 할 필요가 있는 많은 것들을 우리들에게 기본적으로 말해주는 것이다.

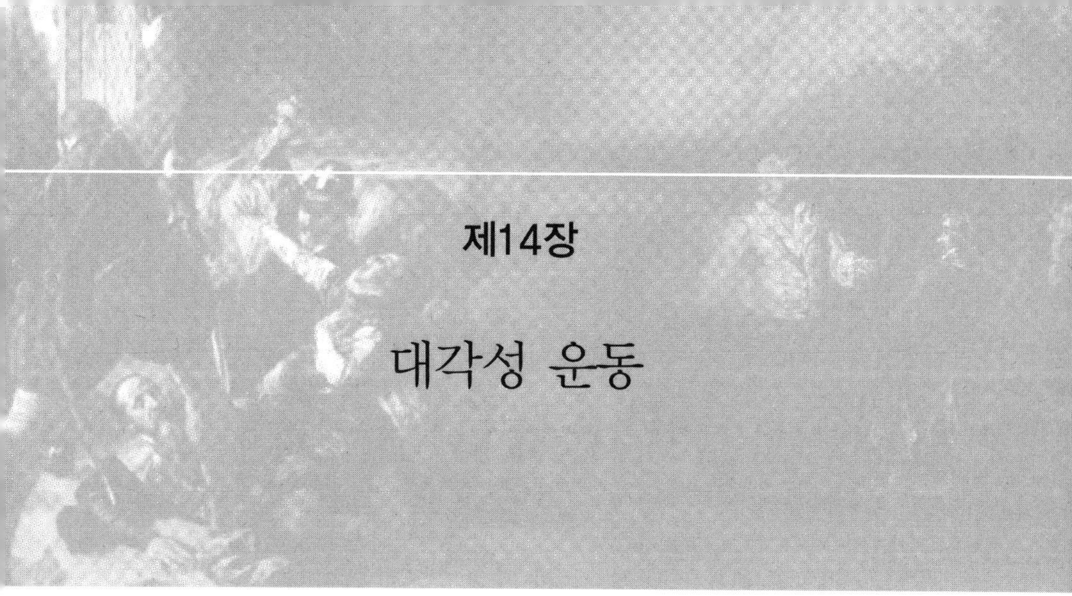

제14장

대각성 운동

18세기의 대각성 운동과 특히 감리교의 탄생은 영국에 속한 여러 지역들의 신앙생활과 또한 미국 식민지의 신앙생활을 기반까지 뒤흔들었고, 더구나 미래의 기반을 결정적으로 새롭게 형성하였다. 이 사건들은 만장일치로 현대적 의미에서 "복음주의"(evangelicalism)의 탄생이라고 간주되고 있다. 그리고 공통적인 이해가 매우 분명하게 정당한 곳에서는, 그것에 이의를 제기하는 것이 전혀 소용이 없다. 사고방식의 예민함을 증명하기 위한 다른 방법들이 있을 뿐이다.

그 논점에 관한 이 적절한 만장일치는, 1730년대 이후에, 데이비드 베빙턴(David Bebbington)이 최근에 "복음주의"의 정의와 관련하여 본질적인 네 가지 주요한 특징들, 또는 기술어(descriptors)들로서 확인할 것을 우리들에게 가르쳐 주었던 것과 관련하여 유래한다. 이것들은 매우 자주 인용되고 또 기술되는 것들로서, 여기에서는 그것들을 생략하고 싶은 마음이 든다. 그렇지만, 인내심이 있고 관대한 독자들은 다음의 몇몇 절들에서 본래의 놀라운 부족을 필자의 애틋한 우려로 돌릴 것이다. 어떤 사람들은 다른 곳에서 "기술어"를 마주치지 못했을 수도 있고, 또 그들에게 있는 그 장애 때문에 살펴보는 일을 그만두지 않을까를 필자는 염려한다.

첫 번째 특징은 '회심주의'(conversionism)이다. 죄의 확신 아래에서의 고통, 죄책감, 믿음, 죄책에서의 구원: 복음주의적인 견지에서, 이것들에 대한 체험이 기독교인과 비기독교인 사이의 구별을 특징짓는다. 그래서 그것은 부차적인 신학적 문제들에 관한 어떤 교파적인 구분이나 차이들보다도 더 중요한 것이다. 여기에서, 경건주의와의 연속성이 분명하게 발견된다. 그 강조에서 (좀처럼 종잡을 수 없는 "자신의 개인적인 구세주"라는 사고방식) 나오는 유익과 불이익 모두와 더불어 그것 또한 믿음을 매우 개인적인 것으로 만든다.

두 번째로, 우리는 '행동주의' (activism)를 주목한다. 복음주의자들은 다른 사람들의 회심을 구한다. 그들은 기도, 상호교화, 예배 등의 모임에 참석한다. 그들은 자선, 선행, 사회 개선, 그리고 도덕 운동에 참여한다. 간단히 말해서, 그들은 분주한 사람들이다.

세 번째로, 복음주의자는 '성경주의자' (biblicist)이다. 그것이 발생한 한 근원이었던 경건주의와 같이, 그것은 성경의 개인적인 연구와 실천적인 적용을 강하게 촉진시켰다. 그러나 성경의 권위가 교회의 지도력, 전통, 이성 또는 "성령"에 대한 호소보다 훨씬 더 높은 것으로 또한 간주되었다. 다른 복음주의자들이 어떤 일이나 또는 이 모든 다른 일들과 관련하여 기준을 바꾸는 일에서 그 중요성을 인정할 수도 있었지만, 그것들은 부차적인 것이다. 모든 교리와 실천이 복종해야만 하는 리트머스 시험(litmus test)은 언제나 성경에 속한 것이다.

물론 많은 사람들이 언급했던 대로, 성경은 광범위한 책이고, 많은 멋지게 독창적인 석의학자가 유별난 해석들을 성경에서 끄집어낼 수도 있을 것이다. 그러나 비록 역사적 신조들이, 공식적으로 성경 자체와 동일한 정경의 권위로서가 아니라, 가르침이 이루어지는 범주 안에서 넌지시 의견을 일치시키는 요소로서 역할을 했지만, 실제로 복음주의자들은 신조에 있어서는 정통주의이다. (예를 들면, 니케아와 칼케돈 신조들은 복음주의자들이 절대로 필요하다고 고려하는 어떤 문제들에 관하여 침묵하고 있다.) 신조들이 가르치는 경계들 밖으로 탈선하는 일은, 교회의 명령에 의해서가 아니라 비공식적인, 상호적으로 인정하는 조직에서 점진적으로 배제됨으로써 – 복음주의적인 집단에서 – 제명의 위험을 무릅쓰는 것이다.

네 번째로, 복음주의는 '십자가 중심적' (crucicentric)이다. 모든 신학, 설교, 그리고 헌신의 삶은 끊임없이 십자가의 주제로 되돌아온다. 사도 바울이 "우리는 십자가에 못 박힌 그리스도를 전한다"(고전 1:23)고 기록했을 때보다 더 적당하게 복음주의자들에 의하여 그들 가운데 한 사람으로서 주장되었던 적도 없다. 십자가는 구원과 칭의의 활동장소이기 때문에 중심이 된다. 그것은 인간의 상실과 하나님의 사랑을 강조한다. 그것은 회심의 초점, 활동주의의 동기, 그리고 그것을 통하여 성경이 해석되는 성경해석학의 열쇠이다.

중요한 회심사건들

대각성 운동은 다양한 지역들에서 다양한 기원을 가지고 있다: 영국, 웨일즈, 그리고 북미. 우리는 차례로 이것들 각기 언급하려고 한다.

영국에서의 시작은 1730년대 옥스퍼드의 학생들 가운데 비범한 경건 단체와 관련이 있다. 분명히 그 누구도 신성클럽(Holy Club)을 불성실하다고 비난할 수 없었다. 단번에 하늘나라를 획득하려는 그들의 노력에서, 그 회원들은 (존과 찰스 웨슬리를 포함하여) 헌신의 엄격한 관리방식, 선행, 그리고 매우 엄한 고행에 자신들을 위탁했고, 그 일로 인하여 한 학생이 정신이상으로 이후에 죽었다. 그 단체의 다른 학생인 조지 휫필드(George Whitefield, 1714-1770)는 이 훈련들의 결과로 매우 건강이 악화되었고, 하나님과의 평화를 찾으려는 그의 노력에서 자신을 별스러운 행동으로 이끌어갔다. 그렇지만 1735년 4월, 그는 구원의 확신을 얻었다: 경건주의자들이 이야기했던 그 중생(Wiedergeburt, "re-birth")이 있었다.

같은 해 봄 일찍, 웨일즈 국경지방을 가로질러, 다른 회심사건이 전적으로 다른 환경은 아닌 상태에서 일어나고 있었다. 하웰 해리스(Hywel Harris, 1714-1773)는 브레콘(Brecon) 가까이에 있는 트레베카(Trefeca)에서 출생한 한 젊은 교사였다. 부활절 몇 주 동안, 그는 탈가스(Talgath) 교구 교회에 출석했고, 거기에서는 성찬식에 참석하는 것을 마지못해 하는 교구민들이 명백하게 성직자의 인내에 무거운 짐이 되고 있었다. 강단에서, 교구목사는 맹렬히 비난했다. "당신들은 스스로 성찬상에 가까이 나아가는 일에 적합하지 않다고 말합니다. 그렇다면, 나는 당신들이 기도하기에 적합하지 않다고 말합니다. 그렇습니다. 당신들은 살기에 적합하지 못하며, 죽기에도 적합하지 않습니다."[1)]

거의 모든 사람들이 그와 같은 목사의 설교들을 완전히 무시하는 세속화된 확신을 갖고 있었던 시대였다. 그러나 확실하게 젊은 해리스는 그렇지 않았다. 그 목사의 말들이 그의 귓가에 남았고, 그는 그의 돈과 가장 좋은 옷들을 다른 사람들에게 나누어주고, 음식과 물을 일주일에 4일만 먹고 나머지 3일 동안은 전적으로 금식하면서, 자신의 죄를 확신하고 또 5주 동안 완전한 삶을 살려고 노력했다. 성령강림절(Whitsunday)에, 오직 "내 무거운 짐을 내려놓기를 간절히 기대하면서" 그는 떨면서 성만찬에 나아갔다. 예배 시간 내내, 그는 기본적인 기독교인의 신앙에 대한 이성주의자의 반대에 굴복하라는 내적인 음성에 유혹을 받았다고 이후에 기록하였다. 계몽주의는 그의 옆자리에 앉아있는 농부들에게까지 침투하지는 않았을지 모르지만, 그 젊은 교사를 힘껏 잡아당기는 일을 시작했던 것이다. 그런 까닭에 그러한 유혹들에 대한 그의 답변의 경건주의적인 특성은 흥미롭다. "나는 무엇인가를 실행하거나 [나의 기독교 신앙]을 방어하려는 어떤 마음이 생기게 하는 힘이 없이, 전적으로 수동적이었다." 그는 기록하고 있다. "그것은 오히려 다행스러운 것이었다. 그렇지 않았다면, 나는 자신의 무기를 가지고 있는 사탄과 싸워야만 했을 것이다. 그리고 그에게 정복당해야만 했을 것이다."[2)] 이것이 감리교 설교자로서 해리스의 최초 투쟁에 그 이후의 설명을 더한 것인지 아닌지, 또는 그가 이미 경건주의에 의하여 영향을 받았던 것인지 아닌지는 거의 중요하지 않다. 계몽주의의 이성주의와 경건주의의 신앙주의 사이의 전투는 가치가 있는 것이었다.

"이성"을 상대로 하여 그의 회의를 약화시키는 대신에, 해리스는 단순히 질문했다. "만일 하나님이 존재하시지 않는다면, 어떻게 성만찬이 만들어졌고, 왜 그렇게 많은 현명한 사람들이 기만당했는가?"[3)] 그것은 오늘날엔 마귀에게 거의 감동을 주지 못하는 논증이었을 것이다. 그럼에도 불구하고, 1735년에 그것은 여전히 마귀들이 완전히 무산되도록 만드는 것이었다. 외견상의 기독교인의 준칙에 대한 사회적인 견고함은 매우 극소수의 사람들만이 그 기본적인 전제에 이의를 제기하도록 했던 어떤 내용을 갖고 있었다. 사회의 근본적인 개념들이 서서히 변화되어서, 그 때에 유행했던 것들을 제외하고, 그것들이 지각없이 지지를 받고, 일종의 지적, 감정적, 사회적인 안전을 제공한다. 의식적으로 그들을 거부하는 것은 공허한 일에 빠져 들어가는 것이다. 분명히, 모든 사람들이 성만찬에서 일어나는 일의 실체에 대하여 기만당할 수는 없었다. 다수가 구원이 없다고 믿었다기보다는 자신들의 구원을 매우 경솔하게 다루었다고 믿는 것이 더 쉬웠다.

마지막으로 해리스의 회심은 십자가 중심적이었다. "성찬상에서, 십자가에서 피흘리시는 그리스도가 내 눈 앞에서 계속하여 그 상태로 보였다. 그리고 내가 그 피로 인하여 죄용서를 받고 있다고 믿는 능력이 나에게 주어졌다." 그는 "기쁨으로 뛰면서" 집으로 돌아갔고 또 즉각적으로 활동주의자가 되었다: "나는 슬퍼하고 있는 한 이웃에게 말했다. '당신은 왜 슬퍼하고 있나요? 나는 나의 죄악들이 용서받았다는 것을 압니다.' "4)

웨일즈의 대각성 운동의 또 다른 탁월한 선각자로 있었던 인물인 그리피스 존스(Griffith Jones)의 설교사역으로 인해서 회심하고 나서 몇 달 이내에 이러한 사건들이 해리스의 삶에서 발생했다. 다니엘 롤랜드(Daniel Rowland, 1711-1790)는 세레디지온(Ceredigion)의 랑게이토(Llangeitho)에서 태어났고, 그곳에서 그의 아버지는 교구 목사였다. 젊은 롤랜드는 1734년 안수 받았고 그의 아버지의 교구에서 부목사가 되었다. 그는 같은 해에 결혼했다.

그리피스 존스는 젊은 시절에 비국교도였지만, 그는 영국 교회에 가입했고 또 란도우러(Llanddowror)의 교구 목사가 되었다. 더 중요한 것은, 그가 약 3,000개의 순회 학교 설립자였고, 웨일즈에서 사람들이 성경을 읽도록 가르쳤다는 것이다. 이것은 교회 당국에 의하여 반대를 받았던 발전이었다. 존스의 복음주의적인 설교는 많은 군중들을 이끌었고(그것은 그를 곤란하게 했다), 이미 성직자였던 롤랜드가 회심했던 것은 이러한 모임 가운데 하나에서였다. 롤랜드의 랑게이토 교구는 막 일어나고 있었던 부흥운동의 중심지가 되었고, 그곳은 5세기와 6세기 성도들의 시대 이후에, 기독교 역사의 가장 영광스러운 사건으로 웨일즈를 인도하였다.

역년(calendar years)이 지속되면서, 1735년은 분주한 한 해였다. 대서양의 먼 저편에서, 동일한 해에 미국의 대각성 운동에서 첫 번째 중요한 극적사건이 벌어졌다. 즉은 정통주의를 소생시키는 일은 뉴저지의 네덜란드 개혁교회중에서 15년 더 일찍 시작되었다. 그들의 독일계 지도자인 데오도르 야곱 프라일링구이센(Theodor Jacob Freylinghuysen, 1691-1748)은 스코틀랜드 장로교인이었던 길버트 테넌트(1703-1764)로 하여금, 회심과 그리스도께 깊은 인격적 위탁을 요청하는, 개인적으로 자신에게 실행했던 것처럼 그의 청중들에게도 동일한 방법들을 채택하도록 확신시켰다. 테넌트는 그렇게 실행했고, 동일한 양적 증가와 영적인 성장이 결과적으로 나타났다. 그러나 미국 부흥의 전형이었던 조나단 에드워즈(Jonathan Edwards, 1703-1758)의 처음 결정적인 탁월한 능력이 나타났던 것은 1734-1735년이었고, 그때 그의 설교가 자신이 교구 목사였던 매사추세츠의 노샘프턴(Northampton)에서 삼백 명의 회심을 초래했다.

웨일즈의 롤랜드와 같이, 에드워즈는 성직자 신분 출신이었다. 회중주의는 뉴잉글랜드에서 확립된, 국가가 후원하는 교회였고, 자손대대로 성직자의 딸들은 다른 성직자들과 결혼했으며, 이어서 동일한 부류에 속하는 어린 아이들을 많이 낳았다. 그래서 그의 십대 때에 예일대학(Yale)에서 학생으로서 회심한 이후에, 젊은 에드워즈가 1724년 노샘프턴에서 교회의 사역자가 되기 위하여 사역하고 있는 동안, 5년 후에 그의 할아버지 솔로몬 스토다드(Solomon Stoddard)가 사망하기까지, 그와 동역하는 것은 하나의 의무였다. 1734-1735년의 흥분되는 일은 에드워즈로 하여금 20세기에 이르기까지 – 그리고 논증할 수 있는 일이지만 지금까지도 – 미국 기독교에서(빛나는 별들 가운데 있는 진정한 기라성에서) 가장 영향력 있는 유일한 인물로 보이도록 했던 설교와 저작의 경력에서 첫 번째 사건이었다.

비록 1735년이 웨슬리 형제에게도 중요한 해였지만, 그들의 회심에 있어서는 아직 변화를 느낄 수가 없었다. 그렇지만, 그들이 선교사로서 조지아의 영국 식민지에 갔던 그 해였던 것으로 보면, 그것은 여전히 미래에 속한 것이었다. 존 웨슬리(1703-1791)는 이미 1728년에 임직을 받았다. 그와 찰스 모두는 최선의 유익이 되도록, 그것에 대하여 하나님께 반드시 설명을 해야만 하는 의무를 갖고 있는 것으로 확신하면서, 하루를 매 분 단위로 사용하는 그들의 질서정연한 방식 때문에 그들을 경멸하는 학생 중상자들에 의하여 "규칙주의자들"(Methodists)라고 불린 옥스퍼드 신성클럽에 깊이 관여해 있었다. 매 분(every minute)은 링컨셔(Lincolnshire)의 엡워스(Epworth)의 그들의 부모인 사무엘과 수잔나 웨슬리의 가정에서 가장 유익하게 오랫동안 사용되었던 것이고, 그곳에서 사무엘은 고교회(High Church)의 교구목사였다. 존과 찰스는 각각 그들의 열다섯 번째와 열여덟 번째 자녀였다. 두 소년은 학업을 위하여 옥스퍼드에 보내졌고, 그들이 신성클럽의 감동적인 인물이 되었던 것이 그곳이었다. 결국 이것은 그들로 하여금 신세계에서의 사역을 감당하는 일을 고려하도록 이끌었다. 조지아의 선교사역은 재앙이었고, 존은 거의 모든 사람들을 멀리 했다. 1738년 그의 귀향에서, 그는 비탄에 젖어서 기록하고 있다. "나는 인디언들을 회심시키려고 미국에 갔었다. 그러나 아아, 누가 나를 회심시킬 것인가?[5]

그렇지만 존 웨슬리를 신생으로 인도하는 환경은 이미 진행 중에 있었다. 미국으로의 외국여행에서 웨슬리 형제는 같은 배에 승선하고 있었던 모라비안 경건주의자들(Moravian Pietists)의 집단에 깊이 감명을 받았고, 배가 한 순간에 침몰하는 위험에 처한 것으로 보였을 때, 그들 주변의 모든 사람들이 일반적인 공포에 떠는 중에도 그들은 대단히 침착했고 또 계속 기도하고 있었다. 런던으로 돌아와서, 존과 찰스는 동일한 부류의 다른 사람인 피터 뵐러(Peter Boehler)를 만났고, 이 뵐러는 4월에 존에게 구원 얻는 믿음을 가질 필요를 확신시켰다.

순화된 웨슬리는 뵐러에게 그가 스스로 구원의 확신에 도달할 때까지 설교하는 일을 그만두어야만 하는지를 질문했다. 뜻밖에도, 뵐러는 다음과 같이 대답했다. "절대로 그렇지 않습니다." 그러나 웨슬리는 – 아직 구원받지 않은 사람으로서 – 그가 무엇을 설교해야 하는지를 되받아 질문했다. "당신이 그것을 얻을 때까지 믿음을 설교하십시오. 그러고 나서, 당신이 그것을 얻었다고 판단이 되면, 당신은 믿음을 설교하십시오." 거의 3세기가 지나서도, 논리적인 하자가 그 권고 어딘가에서 여전히 보인다. 그러나 그것은 바라던 대로의 열매를 맺었기 때문에, 전반적으로 요지를 벗어난 것이다. 마침내, 1738년 5월 24일에 웨슬리는 런던의 올더스게이트(Aldersgate) 거리의 신앙 모임에 참석했고, 그곳에서는 루터의 로마서 주석 서문이 큰 소리로 읽혀지고 있었다. 화사가 "하나님께서 그리스도 안에서 믿음을 통하여 마음 안에서 역사하시는 변화를 설명하고 있을 때, 나는 이상하게도 마음이 뜨거워지는 것을 느꼈다. 나는 구원을 위하여 그리스도를, 오직 그리스도만을 의지한다고 느꼈다. 그리고 그가 나의 죄들을 가져가셨다는 확신이 나에게 주어졌다."[6)]

마지막으로, 우리는 존 세닉(John Cennick, 1718-1754)의 비상한 회심을 언급해야만 하는데, 그는 그의 짧은 생애 동안 복음주의자로서 열렬한 성공을 이루었다. 영국의 레딩(reading)에서 태어난 그는 1735년부터 죄의 고통스러운 확신의 경험을 겪게 되었고, 그때 그는 단지 17세였다. 그는 이렇게 기록하고 있다. "나의 모든 날들이 지옥에 가는 고통으로 견디기 어려운 것이었을지라도, 나는 이전에는 그 어떤 무게도 이와 같이 전혀 알지 못했다." 세닉은 방황하는 은자(隱者) 처럼 솔즈베리(Salisbury) 평원에서 다음의 2년 동안을, "도토리와 나뭇잎, 게와 풀들을 먹고", 그리고 자신의 죄에 대하여 "자비를 구하기 위하여 혹사하며, 괴로워하며, 또 큰소리로 외치면서" 보냈다. 그는 1737년 구원의 확신에 이르렀고, 웨슬리의 첫 번째 평신도 설교자들 가운데 한사람이 되었다.[7)]

우리가 위의 기사로부터 어떤 결론을 내릴 수 있는가? 그것은 상류 사회의 이성주의, 그 시대의 비도덕성, 그리고 국가교회의 영적인 무기력에도 불구하고, 영국에서 정통주의 믿음을 충분히 받아들여서 자신들의 영혼을 대단히 걱정하는 많은 사람들이 있었다는 것이다. 영국 교회는 종종 불만족스러운 영적인 갈망과 죄책의 느낌을 일으켰지만, 그것을 완화시키기에는 영국교회의 사역이 너무 미약했다. 어쨌든 이 갈망과 죄책을 느꼈던 사람들 가운데 많은 사람들이 젊은이들이었다.

조리에 맞지 않는 회심사건들의 실제적인 동시성과 극적사건에서 첫 번째의 행동들과 관련해서, 단순한 역사적인 설명들은 실패했거나 또는 설득력이 없는 것이 되기 시작한다. "누가 [예수 무덤의] 돌을 옮겼는가?"에 대한 논쟁들과 같이, 모든 합리적인 설명들이 불가능으로 점차 소멸할 때, 사람들은 기적과 관련된 것으로 남게 된다.

휫필드와 웨슬리

조지 휫필드(George Whitefield)는 1736년 6월 글로스터(Gloucester)의 주교

에 의하여 임직을 받았고, 그는 그의 첫 번째 설교를 다음 주일에 실행했다. 그것은 대성공이었고, 여러 사람들이 그가 열다섯 명의 사람들을 미치게 만들었다고 그 주교에게 불평했다. 우리의 청중들을 제정신이 아닌 상태로 만들기 위하여 몇 십 년을 노력했던 우리들로서는 첫 번째 분출에서 본 그 젊은 사역자의 성공을 시기할 수도 있다. 그러나 그것이 거기에서 멈춘 것은 아니었다. 휫필드는 런던에서 널리 알려진 성공과 더불어 설교했고, 그러고 나서 웨슬리 형제들이 오직 악감정만을 거두었던 곳에서 부흥을 진척시키면서, 1737-1741년의 대부분의 기간을 조지아에서 보냈다.

영국 본토를 잠시 방문하면서, 휫필드는 브리스톨(Bristol) 외곽에서 첫 번째로 야외에서 설교했다. 하웰 해리스가 이미 웨일즈에서 이것을 실행하고 있었고, 모건(Morgan)이라는 성직자도 브리스톨의 킹스우드(Kingswood)에서 어떤 교회도 그곳에 설립되지 않았다는 근거에서 광부들에게 같은 방식을 실행했다. 그것은 매우 새로운 착상이었고, 또 대단히 물의를 일으키는 것으로 생각되었다.

이 새로운 실천을 채용한 이유들은 여러 가지였다. 첫째로, 새로운 스타일의 설교자들로부터 들으려고 모여든 청중들의 숫자가 때로는 너무 많아서 교구 교회들이 수용할 수가 없었다. 두 번째로, 성직자와 주교들은 예배당들이 종종 그와 같은 "열광적인" 목적에 사용되는 허가를 거부했다. 게다가, 접근 방식의 문제가 있었다. 교구 교회가 신흥 산업 노동 정착지에서 어떤 방식으로 위치하게 되면서, 일부 교구들은 대단히 커졌지만, 영국교회는 자체로 그것에 적응하지 못했다. 그리고 바로 그 다음 세기까지도 자체적으로 적응하려고 하지 않았다. 초기의 산업 혁명은 발전하는 인구와 그 분포구역에서 형태들이 변화된 것을 의미했다. 그것은 감리교 성장에 원동력을 제공했다. 국가 교회는 교구 경계들을 다시 설정하는 것으로 이것을 고려하는 일이나 새로운 교회들을 설립하는 일에서 실패했다. 새로운 산업 정착지들은 감리교의 경향성이 강하게 있었고, 그것은 사람들이 있는 곳으로 나아갔다.

1739년 4월, 그와 같은 부적절함에 대한 그의 양심과의 작은 다툼 이후에, 존 웨슬리는 "더 많이 부적절하기로 동의했고"(그가 그의 일기에 그 조처를 색다르게 묘사했나) 브리스톨의 킹스우드 야외에서 광부들에게 설교하는 일루

볼턴 크로스에서 설교하는 존 웨슬리

<감리교도 존 웨슬리 삽화, 1903년>

휫필드에게 합류했다. 그 이전 6월, 그의 회심 이후 곧바로, 웨슬리는 독일로 여행을 떠났었고, 헤른후트(Herrnhut)에서 진첸도르프를 만났다. 영감을 얻고 나서, 그는 영국을 복음화하기로 결심하면서 영국본토로 돌아왔다.

웨슬리와 휫필드 사이의 동역 기간은 짧았지만 결실이 풍성했다. 두 사람 모두 능력 있는 설교자들이었으나, 후자는 자신의 청중들을 감화시키는 더 큰 능력을 아마도 갖고 있었다. 참으로 그들의 모임에 속한 많은 사람들이 감정적인 격앙된 말들을 증언했다. 수천 명의 사람들이 그들의 말을 들으려고 모여들었고, 그리고 정확히 이 이유 때문에, 그들의 회합들은 상류사회에 경종을 울렸다. 헌팅턴 백작부인인 셀리나 하스팅스(Selina Hastings, 1707-1791)는 복음주의 설교자들을 후원하는 일에서 귀족들 중에서 거의 유일하였고, 1737년에 그녀는 버킹엄(Buckingham)의 공작부인으로부터 그녀의 보잘 것 없는 스타일을 비난하는 편지를 받았다. "당신이 땅위에 기어 다니는 비속한 천박한 사람들만큼 죄스러운 마음을 갖고 있다고 들어야 하는 것은 소름끼치는 일입니다. 이것은 대단히 불쾌하고 또 모욕적인 것입니다. 그리고 나는 당신의 귀부인 신분이 상류층과 또 현명한 예의범절과 그렇게 많이 상충하는 어떤 경향들을 기쁘게 여기는 것에 놀라지 않을 수가 없습니다."[8)]

거의 3세기의 거리가 있음에도, 주위의 시선을 초래했던 권력자들의 영향력 있는 억측들을 살펴보는 것은 즐거운 일이다. 그것이 그렇듯, 죄스러움은 하류층 사람들이 독차지하는 일이었다. 그것이 왜 국가 교회의 첫 번째 기능이 그들을 그 자리에 붙들어 두어야 하는지의 이유였다. 1739년 6월 웨슬리가 배스(Bath)에서 야외설교를 하고 있을 때, 사교계는 그에게 분풀이를 할 수 있는 기회를 목격했다. 유명한 (또는 악명 높은) 멋쟁이 보 내쉬(Beau Nash)가 웨슬리에게 당연한 벌을 주려고 한다는 소문이 그 도시에 돌았고, 구원받기 위해서라기보다는 재미를 얻기 위해서, 아마도 상류계층 수천 명이 그 무리들 속에 더했다. 웨슬리의 설교 어느 부분에서, 내쉬는 청중들을 헤치고 나아가서 웨슬리에게 그 모임이 불법적인 비밀집회이기 때문에 중단할 것을 요구했다. 웨슬리는 그 결정이 선동적인 모임들을 다루는 것일 뿐이며 이 모임은 전혀 선동적이 아니라고 대답했고, 내쉬는 웨슬리가 그들이 두려워서 꼼짝 못하게 했기 때문에 선동적이라고 대답했다. "나는 만일 그가 이전에 내가 설교하는 것을 들어본 일이 있었는지를 질문했다. 만일 아니라면, 어떻게 그가 전혀 들어보지도 못한 것을 판단할 수 있겠는가? 그는 말했다. '일반적인 보고에 의해서, 그가 나의 특징을 알고 있기 때문이다' ... 나는 계속했다: '선생님, 내가 질문하도록 허락하시기 바랍니다. 당신이 이름이 내쉬가 아닙니까?' 대답: '선생님, 나의 이름은 내쉬(멋쟁이)입니다.' '그렇다면, 선생님, 나는 일반적인 보고가 진리의 선한 증거가 될 수 없다고 믿습니다.' 웃음소리가 그에게 불리하게 완전히 돌아섰고, 그는 주변을 돌아보았으나 상황을 거의 회복시킬 수가 없었다."[9)]

지성과 재치 있는 즉답의 인품이 웨슬리와 휫필드를 1741년 그들 사이의 상호 불일치에 대한 결과로부터 충분히 구할 수 있었다면 좋았을 것이라고 충심으로 생각한다. 그들은 그들이 협력하는 일을 그만두었던 예정론의 주제에 대하여 매우 심각하게 사이가 틀어졌다. 이 논쟁의 본질은 어거스틴이 5세기 초에 '무로부터' (ex nihilo) 기독교의 예정론(predestinarianism)을 만들었던 때부터 되풀이되었던 다툼의 원인이었다. 다른 역사적인 상황에서, 그 논쟁은 어떤 정말 중요한 주제였지만, 웨슬리와 휫필드의 상황에서, 두 사람 모두 동일한 것을 원했기 때문에, 그것은 가장 단순한 현학적인 문제였다. 두 사람 모두 자신들의 설교사역을 통하여 교회 안에 감리교회를 세운, 영국교회에 속한 복음주의적인 회원들이있다. 이 경우에서 웨슬리가 자유의지론자로서 세상이 만들어지기 이전부터 운명이 미리 정해진 자들 가운데 하나였던 반면에, 자발적으로 그리고 거침없이, 고의적으로 칼빈주의가 되기를 선택했던 것은 휫필드였다. 그리고 이 차이에서 그 운동은 분리되었다.

둘 중에서, 누구나 휫필드가 더 많이 시종일관했다고 판단해야만 한다. 참된 신자의 정체성을 오직 하나님께만 알려진 비밀로 정돈함으로써, 그것에 의하여 신자의 교회에 대한 논의를 꺾어버림으로써, 칼빈주의는 언제나 국가교회와 복음주의 구원론과 훨씬 더 잘 어울리도록 했다. (모든 종교 개혁자들이 그것을 채용했고, 그들의 재침례파 경쟁자들은 한결같이 거절했었다.) 웨슬리의 자유의지 교리의 진정한 근원은 명확하게 "혁신적인"(left) 재침례파가 아니고, 그의 부모에게 있었던 "보수적인"(right) 아르미니우스주의였다. 그의 부모는 고교회에 속하였고, 웨슬리는 성경주의와 일치하는 그의 회심을 전후하여 고교회원이 되는 원리들과 싸웠다. 참으로, 조지아의 그의 불운한 청중들은 그가 어떤 신앙을 설교했는지 이해할 수가 없었고, 그의 회심 이후에도 그의 초기 추종자들은 가톨릭교회의 부조리한 비난으로 괴롭힘을 당했다.

이것이 웨슬리의 신학적인 절충주의의 끝은 아니었다. 그는 이후의 복음주의를 광범위하게 감싸는 지속적인 결과를 가져왔던 완전한 성화에 대한 믿음을 가르쳤다. "영광의 소망이신 그리스도를 자신 안에 갖고 있는 누구나"(골 1:27), 그는 이후에, "그의 깨끗하심과 같이 자신을 깨끗하게 한다"(요일 3:3)고 설교했다. 그 의미는 그리스도인이 이론적으로(그렇지만 실제적으로) 그리스도처럼 살 수 있다는 것이었다. 요한 사도는, 그가 지적했지만, " '이로써 사랑이 우리에게 온전히 이루어진 것은 우리로 심판 날에 담대함을 가지게 하려 함이니 주께서 그러하심과 같이 우리도 이 세상에서 그러하니라.' 사도는 여기에서, 모든 반대를 넘어서, 그에게 속한, 자신과 다른 살아있는 기독교인들에 관하여 말하고 있다.... 그는 단호하게 확언한다. 죽음의 때나 그 이후에서만 아니라 '이 세상에서도' (in this world), 그들은 그들의 주님처럼 존재한다(요일 4:17)."[10]

진실로, 그 논쟁은 성경적으로 매우 어려운 난제였고, 만일 그것이 오늘날 복음주의자들 가운데에서 거의 호의를 얻지 못했을지라도, 그럼에도 불구하고 20세기에서조차 일반적인 감리교 교리가 되었다. 그것은 또한 19세기에 광대한 성결 운동을 야기했고, 오순절운동(Pentecostalism)과, 우리 시대에서, 은사주의 운동(charismatic movement)에 이르기까지(1870년 이후로부터 어떤 중요한 변천을 통하여) 디딤돌이 된 것을 증명했다.

성령의 은사에 관하여, 그것들이 단지 사도시대만을 목적으로 했기 때문이 아니라, "믿음과 성결이 거의 상실되었기" 때문에, 웨슬리 자신은 그것들이 초대교회 이후 시대에 사라졌다고 결론지었다. 웨슬리가 "사도시대나 키프리안 시대(Cyprianic age), 또는 어떤 정해진 기간에, 길거나 짧거나 간에, 모든 것들이 회복되는 때까지도, 적당히 제한을 받는 기적들을 가르치는 어떤 성경도 생각할 수 없다"[11]고 한 것을 보면, 이 상실은 돌이킬 수 없는 것이거나 하나님에 의하여 의도된 것이 아니었다. 그렇지만, 비록 토마스 왈쉬(Thomas Walsh)라고 하는 그의 젊은 설교자들 가운데 한 사람이 1750년 방언을 말하는 경험을 기록하고 있지만, 그때나 혹은 그 이후에, 웨슬리가 그렇게 했다는 어떤 암시도 없다. 그리고 감리교가 은사를 드러내고자 하는 심정을 가진 "은사주의 운동"이었다고 오늘날 자주 듣게 되는 주장에 대하여 전혀 어떤 정당성도 없다.

예정론과 완전 성화에 관한 다툼의 대답으로, 마지막 관계 단절 이전에, 견인의 칼빈주의 교리를 부정하면서(누구나 자신의 구원을 상실할 수가 있다) 동시에 "죄 없는 완전"을 믿는 모순을 지적하면서, 휫필드는 1740년 9월에 웨슬리를 비난하듯이 편지를 썼다. 만일 사람들이 완전할 수 있다면, 그들은 타락하지 않을 것이다. 그는 계속했다: "그러나 당신이 자신의 선택을 인정하지 않기 때문에, 당신은 이것과 또 많은 다른 불합리한 것들을 만날 것이다. 그리고 당신이 그것을 인정한다면 반드시 유기(reprobation)의 교리를 믿어야 하기 때문에, 당신은 자신의 선택을 인정할 수가 없다."[12] 웨슬리는 자신이 구원에 대한 개개인의 예정론을 거절하고자 했기 때문에 견인교리를 거절해야만 했다. 그리고 그는 개개인의 예정론이 필연적인 반대편, 즉 영벌로의 예정을 수반하고 있기에 그것을 거절해야만 했다.

이것은 어느 정도 불공평한 것이다: 웨슬리는 '죄를 짓는 불가능성' (non posse peccare)에 있는 믿음이 아니라, '죄를 짓지 않을 수 있는 능력' (posse non peccare)에 있는 믿음만을 신봉했다. 후자는, 그가 논쟁했을 수도 있는데,

죄를 짓는 가능성에 반대되는 정의 – 그리고 전적으로 배도하는 일의 가능성에서도 역시 – 로 포함되었다. 여전히, 휫필드는 현실적인 긴장을 확인하고 있었고, 적어도, 그의 분석의 뒷부분은 아마도 올바른 것이다: 칼빈주의 교리는 함께 서든지 아니면 무너졌다. 그러나 그것은 국가 교회의 범위 안에서 영국의 복음화에 아주 적은 적절성을 가지고 있었던 모든 것이었다.

그 불일치는 현장에서 다른 실체적인 문제들에 아주 적은 적절성을 또한 갖고 있었다. 감리교는 격렬한 반대와 군중들의 폭력을 야기하였고, 때로는 신사계급과 교구 목사들에 의하여 선동을 받았다. 설교자들과 그들의 청중들은 공격을 받았고 때로는 죽임을 당했다. 집들과 예배당이 박살이 났다. 윌트셔(Wiltshire)에서 복음주의자로서 세닉의 성공은, 한 예로, 그 자신과 동료들에 대한 많은 격렬한 공격들에 의하여 훼손당했다. 세닉의 "그리스도의 보혈" 설교를 조롱하면서, "스트래튼(Stratton)의 한 폭도는, 그들이 '우리에게 피를 충만히 주소서' (give us blood enough)라고 한 것처럼, 도축업자로 하여금 어떤 기구를 채울 정도까지 가능한 대로 모든 피를 모으라고 했다." 그러나 상황이 훨씬 더 악화될 수 있었다. 한 회심자의 집 창문들이 돌에 맞았고 그의 가족들이 다쳤다. 세닉은 1741년 특별히 사악했던 한 사건을 기록하였다. "내가 많은 것을 말하기 전에, 군중들이 칼과 장대들 그리고 막대기들을 가지고 스윈던(Swindon)에서 다시 왔고, 그들은 나이나 성을 무시하고 도중에 서있는 모든 사람들을 때려눕혔다. 어떤 사람들은 그들의 얼굴에서 피가 뚝뚝 떨어졌고, 또 어떤 사람들은 맞거나 짓밟혀서 거의 죽게 되었다.... 마침내 그들은 많은 문들을 가진 도로의 일부가 되었고, 거기에서 그들은 자체적으로 자리를 배치하고, 우리가 걸어갈 때 우리 각 사람을 비인도적으로 때렸다. 이 일이 이마일이나 계속 되었다."

두 사람 사이의 불화에도 불구하고, 웨슬리와 휫필드의 사역은 계속되었다. 웨슬리는 그의 생의 나머지 대부분을 영국의 모든 지역을 여행하면서, 하루에도 몇 번씩 설교하면서(자신의 심성이 사나운 것에 더하여, 견딜 수 없는 중압감을 그의 우발적인 불행했던 결혼 탓으로 돌렸던 삶의 양식) 보냈다. 영국에서 "웨슬리가 이 집에 머물렀다"는 (또는 어떤 그와 같은 종류의) 명(銘)과 시간이 새겨진 장식판으로 간소하게 꾸며진 19세기 이전의 벽돌은 이제 거의 없다.

그는 변함없이 말을 타고 여행했고, 최대로 가능한 유익을 위하여 매 분을 사용하는 경우에 신경을 많이 썼기 때문에, 말을 타고 가면서 뒤쳐진 독서와 서신교환을 만회했다.

웨슬리는 휫필드보다 훨씬 더 나은 조직가였다. 그는 1742년부터 그의 회심자들을 속회 별로 조직했고, 그것은 상호 고백, 격려, 성경 공부, 그리고 기도를 위하여 회합했다. 독특하게 감리교 편성의 원리를 제외하고, 이것들은 경건주의에서 자신들의 기원과 관련된 특징을 지니고 있었다. 그 속회들은 1746년부터 구역회(circuit, 또 다른 특이한 감리교의 새로운 제도) 안에서 정리되었다. 반대로, 휫필드의 사람들은, 그의 말로는, "모래밧줄"이었다.

이 차이는 두 사람의 사역의 미래에 결정적인 영향을 미쳤다. 휫필드는 설교하고, 개종자들을 만들고, 그리고 새로운 곳으로 옮겼다. 분명히 그는 헌팅턴 백작부인으로부터 재정적인 도움과 후원을 받았고, 그녀는 복음적인 설교를 전해지는 것을 제외하고는 영국교회의 의식을 따라서 예배가 집행되는 몇 개의 예배당을 건축했다. (1779년의 적법한 결정은 그녀로 하여금 그것들을 비국교도 예배당으로 억지로 등록하게 했다.) 그러나 이것들이, 소위 헌팅턴 백작부인과 관련된 것이, 사실상 1770년 휫필드의 사후에 그의 사역이 제도적인 형태로 남아 있었던 모든 것들이었다.

그는 많은 시간을 북미에서 보냈고, 그곳에서 그의 복음주의는 주목할 만한 영향을 미쳤으며, 그곳에서 그는 회중교인들, 장로교인들, 그리고 침례교인들과도 자유롭게 협력했다. 그 시기의 주목할 만한 관대함(이 장에 서두에서 언급했던 기술어[descriptors]에 의하여 기술되었던)은 당시에 생겨나고 있었던 새로운 복음주의 성향의 전조가 되었다.

존의 동생인 찰스 웨슬리 역시 복음주의 운동에 연관되었고 그는 감리교의 위대한 찬송가 작사자였다. 그는 폭넓게 변화를 준 양질의 7,270개의 찬송가를 만든 것으로 추정되고, 그것들 가운데 많은 것들은 매우 길었다(12절 또는 그 이상도 보기 드문 것이 아니었다). 가장 위대한 많은 찬송가들이 모든 곳에서 아직도 교회 예배의 대들보이다.[13] 더 많은 것들이 당연한 불명료함으로 조금씩 변해갔다. 어떤 것들은 독특하게 웨슬리의 교리를 전달하기 위하여 매우 자의식이 강한 것으로 사용되었다. 그 이후의 판들은 종종 이조를 부드럽게 할 수 있다고 종종 인정했던 특징이 있었다.

1787년, 비국교도 예배당으로서, 그들보다 이전에 헌팅턴 백작부인에게 속한 예배당들이 그랬던 것처럼, 웨슬리파 예배당들이 등록되었다. 그러나 영국교회로부터의 실제적인 분리는 존과 찰스 웨슬리 모두에 의하여 그들이 살아있는 동안 격렬하게 반대를 받았다. 그렇지만, 1791년 존의 사후에, 국가교회와의 단절이 1795년 평화의 조약(Plan of Pacification)으로 명시적으로 이루어졌고, 그것은 감리교 성직자에 의한 성례의 시행과 결혼식과 장례식을 주관하는 일을 허가하고 있다. 새로운 교파가 만들어졌던 것이다.

조나단 에드워즈와 북미

1734-1735년 조나단 에드워즈의 설교사역의 결과로 일어났던 매사추세츠에 노샘프턴(Northampton)의 부흥은 이어진 여러 해 동안 확산되었다. 영국에서부터 온 조지 휫필드의 방문들이 이것을 고무했고, 1740년 가을에 그는 매일 8,000명 이상의 청중들에게 한 달 이상 설교했다. 그와 같은 사건들이 얼마나 감명을 주었는지 그리고 그들이 참석했던 사람들의 마음에 일어나게 했던 표지가 무엇이었는지를 평가할 때, 두 가지 요소를 유념해야 할 필요가 있다. 먼저, 이것은 확성기나 음향 시스템이 있기 이전의 시대에 있었다. 이 규모의 일부분의 청중들에게 연설하는 것조차도 강한 목소리와 화자의 끈기, 그리고 청중들의 철저한 정적이 요구되었다. 둘째로, 영국 식민지 대부분 지역의 주민들은 드문드문 흩어져 있었고, 특별히 유럽 사람들에 의하여 최근에 정착된 지역들에는 더 그러했다. 8,000명의 청중들은 실제적으로 사방으로 멀리서부터 온 모든 인구를 의미할 것이다.

나단 콜(Nathan Cole)이라는 한 사람은 휫필드의 설교를 통하여 자신이 회심했던 그 날의 사건을 기록하고 있다. 그 시간과 장소의 소식이 그가 밭을 갈고 있을 때 그에게 도착했다. 그는 집안으로 달려 들어가서 그의 아내에게 준비하라고 말하고, "1마일은 말을 타고, 1마일은 걷는" 방식으로 말을 공유하면서, 그들은 세차게 강둑으로 12마일을 달렸고, 거기에서 그들은 설교단을 향하여 나아가고 있는 전체 이웃사람들을 발견했다.[14] 거창하게 진술했지만, 몇 년 동안 유명한 설교자의 방문은 일반 대중이 관심을 갖고 있었던 유일한 사건일 수도 있었다. 분명히 소문과 같이 자신들의 추진력을 만들어냈던 부흥운동들은 뉴스가 되었고, 강한 호기심과 부흥주의자들에게 호감이 가는 발언의 기회를 주는 어떤 경향을 가져왔다.

1741년 노샘프턴의 조나단 에드워즈 교구에서 더 진전된 부흥이 있었다. 그해 6월에, 그가 단순히 방문 설교자로서 코네티컷(Connecticut)의 엔필드(Enfield)에서, 신명기 32장 35절의 "그들이 실족할 그 때에 내가 보복하리라"(Their foot shall slide in due time)는 말씀을 본문으로, '분노하신 하나님의 손 안에 빠진 죄인들' (Sinners in the Hands of an Angry God)이라는 그의 설교를 전하고 있을 때, 그의 경력에서 가장 유명한 사건이 벌어졌다. 그는 그 설교를 이전에도 몇 번이나 설교했었지만, 이 경우에는 불길이 떨어졌고 강인한 남자들이, 큰 목소리로 자비를 구하면서, 예배당의 기둥들을 부여잡았다. 허영심이 강한 경쟁자들과 자칭 강당 선동자들은 그 이후로 계속 그 현상이 반복되는 것에 대한 환상에 빠졌다. 아마도 그날의 마법은, 설교의 어느 부분에서, "당신들 중의 어떤 사람들은 지옥에서 이 설교를 기억할 것입니다"라고 했던 에드워즈의 동기유발과 관련된 어떤 것에 돌려야 했다. 분명히 느헤미야 스트롱(Nehemiah Strong)은 자신의 일기에 "반대의 어떤 생각도 없이" 그 설교는 그가 "그 날에 그리고 그 장소에서 펼쳐질 두려운 심판"을 기다리도록 이끌었다고 털어놓았다.[15)]

에드워즈의 청중들에게 미친 그의 영향력의 근원이 무엇이었든지, (그리고 안타깝게도, 엔필드의 사건은 그가 심리적인 조종을 못한 것이라고 보여준다) 그는 대각성 운동을 시작하는 덜 세련된 어떤 사람들에 의하여 사용되었던 연설조의 소리 지르는 설교방식을 강조하여 정죄하지 않았지만, 그 방식은 현재까지 복음주의의 많은 진영을 계속하여 비난하고 있다. 도리어, 그는 작은 노트에서 큰 소리로 그의 설교들을 읽는 경향이 있었고, 그 강조는 그 내용에 관한 것이었다.

그렇지만, 뉴잉글랜드에서 성직자 지배층에 의한 대각성 운동에 대한 주요한 비평들은 그 운동이 자체적으로 학식 있는 성직자들을 통하여 감정주의와 통제력의 상실을 제공한다는 것이었다. 지도력은 교육을 받지 못한 열광자들의 수중에 넘어가는 경향이 있었고, 그것 때문에 원래적인 경건한, 잘 정돈된 "언덕위의 도시"라는 청교도 비전이 진부한 것이 되었다.

회중주의자들이 파악하기 이전에조차, 장로교인들은 이 난처한 분노하게 하는 일을 파악했다. 1738년 필라델피아 대회는 어떤 목회자도 구세계에 있는 대학교나 예일 또는 하버드에서 받은 학위 없이는 인정받을 수 없다고 정하였다. 왜 그와 같은 결정이 서양 반구(hemisphere)에 도착한 그 이후의 여러 세대들에게만 공식화해야만 하는지에 관하여 약간 애매하기는 하지만, 그것은 옛날의 신앙고백주의자 형식의 교회에서는 충분히 정당한 것으로 생각되었다. 그렇지만, 장로교인들의 새로운 복음주의적인 분파는 어떤 애매한 것도 파악하지 못했다. 그것은 윌리엄 테넌트(William Tennent)에 의하여 8년 전에 설립된 단칸 "통나무 학교"(Log College)에서 공부했던 학생들을 배척하려는 소란스러운 시도였다. 이 시설에서 받아들였던 학습은 숙고할 만한 것으로 생각된다. 그 이전의 학생들 가운데 몇 명이 자신들의 대학을 설립하려고 했고, 한 사람이 프린스턴(Princeton, 1746년에 설립되었다)의 학장이 되었다. 그러나 테넌트와 관련된 기관에 대한 주요한 반대는, 확립되어 있는 성직자 계층의 메마르고 점잖은 칼빈주의 정통주의에 대한 날카로운 도전으로 그들의 열정이 나타났던 젊은 복음주의자들의 미래 세대를 그가 훈련하고 있다는 사실에 있었다.

1739-1740년 동안 펜실베이니아와 뉴저지에서 조지 휫필드의 승리를 거둔 설교여행-통나무 대학을 방문했던 그 여행-은 그것이 주류파를 격분시켰던 바로 그 때에, 복음주의의 열정적인 인도자들의 사기를 높였다. 1740년에 이르러, 길버트 테넌트(윌리엄 테넌트의 사역자가 된 네 아들 가운데 하나)는 자신의 아버지의 정적들에 대한 저급한 의견에 관한 암시로 가득 찬, 회심하지 않은 목사직의 위험(The Danger of an Unconverted Ministry)에 대하여 설교했다. (그것 역시, 물론 누구나 "회심하지 않은 사람들"이 실제로 누구인지를 구별할 수 있다고 넌지시 암시하는 도리어 반-칼빈주의적인 것이었다.) 거기에서, 그는 다음과 같은 사람들을 비난하였다.

> 그들은 생명이 없는 사역에 만족하는 사람들이다... 만일 그들이 한 사람을

> 얻을 수 있다면, 그 사람은 사역자의 이름을 갖는다... 만일 그가 실제로 큰 죄악들로부터 자유하다면, 그리고 그들의 양심에서 적당한 거리를 계속 유지하는 일을 중히 여긴다면... 오, 그 사람은 참으로 좋은 사람이라고 가련한 사람들은 생각한다. 우리의 목사는 신중하고 덕스러운 사람이며, 그는 우리의 귀에 두려움과 어마어마한 저주를 언제나 반복하지는 않는다. 자신들의 무자비한 방식으로, 언제든지 불쌍한 사람들이 제 정신을 잃게 하는 어떤 경솔하게 달려드는 설교자들과 같지 않다.[16)]

더 젊은 테넌트는 반지성적인 웅변술을 사용하는 것이 가치가 없다고 생각하지는 않았다. 청교도 교권주의 관점에서 가장 안 좋았던 것은, 공적으로 이러한 차이점들에 대하여 그가 의견을 발하는 일이 신앙고백적 결속의 전통에 대한 경멸의 불합리한 과시였다는 것이다.

다음해에, 분열이 이루어졌다. 복음주의자들은 쫓겨나는 일에서 자신들을 지키기 위하여 마침 좋은 때에 그 대회로부터 탈퇴했다. 그때에 그들은 경쟁자인, 1745년에 설립된, 뉴욕 대회를 창립했고, 그들이 버리고 떠났던 그 모임보다 더 많이 번영하기 시작했다. 분쟁에 대한 모든 지역의 의견발표는 "새 진영들"(New Sides, 복음주의자들)에게 평신도들의 참여와 경험적인 신앙의 기초 위에서 대중의 지지를 호소하는 기회를 가져다주었다. 그리고 대부분, 그들은 그것을 얻었다.

그 분열은 신학이나 영성에 대한 것만큼 문화에 대한 충돌이었다. "구 진영들"(Old Sides) 성직자들은 복음주의자들이 갑자기 나타났던 것보다 대체로 10년 정도 오래되었다. 그들은 대부분 성년으로서 신세계로 이주했다. 복음주의적인 장로교 지도자들은 대부분 아메리카에서 태어났거나 유년시절에 그곳에 도착했다. 교육적인 차이가 원래의 그것들을 반영했다. 스코틀랜드 대학교들이 한편에 있었고, 예일, 하버드, 그리고 통나무 대학이 다른 편에 있었다. 복음주의자들의 반란은, 어떤 의미에서, 구세계에 속한 형식주의와 성직자 계급제도에 대한 신세계의 거부였다.

그리고 그 문제들은 뉴잉글랜드 회중주의자들에게 곧바로 이후에 확산되었고, 그들의 장로교 형제들처럼 정확히 동일한 하나의 주제를 따르면서, 그들은 "옛 빛"(Old Lights)과 "새로운 빛"(New Lights)으로 나뉘었다. 참으로,

그들은 필라델피아 대회를 그처럼 격노하게 만들었던 동일한 설교를 출판하는 것으로 그 방침에서 고무되었다. 만일 부흥과 그 대표자들에 관하여 의심스럽게 의문을 제기했던 그 장로교 성직자들이 진실로 회심하지 않았다면, 분명히 동일한 일이 "옛 빛" 회중주의자들에게도 틀림없는 것이어야만 한다.

만일 그 주제에 대하여 어떤 의심이 있다면, 26세의 사역자 제임스 대번포트(James Davenport)는 그것을 일소하기 위하여 그의 최선을 다했다. 보스턴 바깥쪽에서 설교하면서, 그는 회심하지 않은 것으로 그 도시의 12명의 목회자들을 지명했다. 영적인 분별력에 대한 그와 같은 주장이 그를 자신이 속한 교파의 칼빈주의 정통주의 바깥에 위치하도록 했을 뿐만 아니라, 그의 난처한 동료 복음주의자들 역시 사실상 그를 제정신이 아닌 것으로 평가했다. 참으로, 그 이야기의 범주에서는 그가 제 정신이 아닌 것으로 보인다. 그러나 그 손상은 끝났다.

최초의 부흥은 1739년부터 1745년까지 단 몇 년 동안 최고조였다. 후자의 기간까지, 반대가 점점 분명하게 되었다. 예일과 하버드 측은 "열광주의"를 대항하여 그들의 학생들에게 경고했다. 에드워즈의 어떤 후기 저작들은 부흥에 대한 방어와 설명들로서 진술되었음에도 불구하고, 그것과 수반하여 일어나는 더 열광적인 어떤 표현과 관련하여 한쪽에 치우친 움츠림이나 적어도 제한이 있다. 뉴잉글랜드 회중주의는 권력기구와 너무 결합되어 있었고 또 안전성과 일정한 생활 방식에 너무 깊이 관련되어 있었기 때문에, 열광적인 정점의 감정을 자극하는 것으로 실현되었던 운동에 대하여 완전히 호의적으로 바라보지 못했다.

그렇지만, 부흥주의의 영향력은 거의 모든 개신교 교파들에게 영향을 미쳤고, 영어를 말하지 않는 그룹들까지 포함하였는데, 그들의 경건주의는 두터워졌고 또 새로워졌으며, 그들은 이 사건들을 통하여 영어를 말하는 주류에 더 가까워지게 되었다. 부흥운동에 의하여 영향을 받았던 흑인들, 젊은 사람들, 그리고 노예들의 숫자–모든 집단들은 교회 출석에서 그들의 숫자에 비례하여 열등하게 묘사되었다–는 특별히 이 기간 동안 두드러졌다. 교육의 정확한 표준에 대해서보다 개념을 구술로 전달하는 일에 대한 부흥의 강조는 그것이 그와 같은 집단들에게 강하게 호소하도록 만들었다. 회중주의 교회에서 완전한 회원권의 허가에 관련된 평균 연령은 6세로까지 잠시 동안 떨어졌다. 부흥은 젊은이들의 사악한 행동을 차단했고, 절제와 책임감이 있는 삶을 위한 어릴 적의 결심들을 가져왔다.

게다가, 부흥주의는 식민지들이 민주화로 나아가도록 자극하였다. 회심만이 고려의 대상이고, (그 주창자에게 속한 변함없는 칼빈주의에도 불구하고) 한 개인의 개종은 다른 사람들에 의하여 – 적어도 임시변통의 기초에서 – 분별될 수 있다고 보는 그 추정은 청교도 창시자들의 성직권 존중주의의 가부장주의(paternalism)를 허무는 경향이 있었다. 전통적인 성직자들은 자신들의 지위를 지지하기 위하여, 그리고 열광적인 설교자들과 대중적인 지지자를 얻으려고 경쟁했던 평신도 설교자들의 입장을 경시하기 위하여, 지식과 관련된 박학한 원천으로서 자신들의 신분에 억지로 호소하였다. 그것이 회중주의 성직자들 가운데 있는 부흥주의자들의 인과응보인 찰스 촌시(Charles Chauncy)의 취지였고, 그는 "그들이 설교자들의 직무를 실행하는 책임을 맡게 한 것은 젊은 사람들, 때로는 청년들, 또는 차라리 소년들, 오히려 여인들과 소녀들, 그뿐 아니라 흑인들"이라고 불평했다. 그들의 권고들을 "단순한 열정적인 종교"로서 멀리하면서, 그는 웅변적으로 질문했다. 어떤 간계를 "사탄이 그와 같은 엄청난 정도로 고양된 서민들의 열정보다, 모든 시대에서, 더 많이 치명적인 용도로 이용했던 적이 있었는가?"[17)]

웨일즈에서의 대각성 운동

웨일즈로 되돌아가서, 하웰 해리스는 그의 회심 이후에 죄로부터 그의 청중들을 일깨우기 위하여, 친구들과 이웃들에게로 그리고 더 멀리 밭으로 가서 그의 소리를 들을 수 있는 누구에게든지 성경과 경건서적들을 큰소리로 읽어주었다. 비밀집회를 금지하는 것과 안수 받지 못한 자신의 형편을 고려하면서, 그는 설교하는 것이 아니라 단지 "권고하는 것"이라고 주장하였다. 그럴지라도, 자신들의 집으로 그를 받아들였던 사람들은 안목을 갖고 있지 않은 행정관들에 의하여 턱없이 비싼 20불의 벌금이 부과되었다.

해리스는 그의 활동 때문에 영국교회에서 안수 받는 일이 거절되었다. 그는 자신을 따뜻이 대접해 주었던 비국교도들과 연합하는 일에 마음이 끌렸으나, 어쩌면 예상하지 못했던 충성심이 그로 하여금 국교회에 충실하도록 만들었다. 그의 충성심은 그에게 되갚아지지 않았다. 어떤 이전의 호의적인 성공회 교인들조차도 그들이 그가 비국교도들과 친하게 지내고 있다는 것을 발견했을 때에 그를 버렸다.

1737년 다니엘 로우랜드와 하웰 해리스는 서로 교제를 시작했다. 두 사람 모두 그들의 회심자들을 위하여 영국 감리교도들이 이후에 따랐던 방침을 따라서 신도회(society)가 시작되었다. 그들은 또한 웨일즈에서 칼빈주의 감리교를 형성하기 위하여 휫필드와 협력했고, 그것은 영국에서 우세했던 웨슬리의 알미니안 모델과 대조되었다. 랑게이토에 기반을 둔 로우랜드의 설교사역은, 그곳에서 그는 그의 형제들을 목양했는데, 매우 능력 있고 또 성공적이었다.

그렇지만, 1752년 로우랜드와 해리스는 기독론을 둘러싸고 사이가 틀어졌고, 그들의 기관들 역시 그 불화가 치유되기 이전의 십 년 동안 쪼개어졌다. 그 때는 해리스가 트레베카에서 공동생활체를 창설했던 어려운 시기 동안이었고, 그곳에서 헌팅턴 백작부인은 이후에 사역자들을 훈련하기 위한 대학을 추가하였다.

해리스의 초기 회심자들 가운데 한 사람은 펜티셀린(Pantycelyn)의 윌리엄 윌리엄즈(1717-1791)이었다. 윌리엄즈는 회중교회 장로의 아들이었고, 비국교도 학원에서 교육을 받았었다. 그러나 그는 자신의 복음주의적인 활동 때문에 1743년 성직자로서 임직 받는 일은 거절했지만, 영국국교회로 전향해서 1740년 부제로 임직을 받았다.

윌리엄즈는 신도회의 위대한 조직가였고, 영적으로 또는 심리적으로 어려움을 갖고 있는 사람들을 돕는 은사가 있었고, 폭넓은 지적인 관심을 갖고 있었다. 다작의 저자로서, 이후의 복음주의적인 차분함과 크게 상충하는 영을 제시하면서, 그의 저작들은 세계의 종교들과 성윤리에 대한 설명을 포함하였다. 그렇지만, 윌리엄즈는 찬송가 작사로서 최고의 영속하는 명예를 얻었다. 그의 찬송가 한 권은 요한계시록 4장 6절을 환기시키는, “유리바다 위에 서 있는 자들의 노래들”(Songs of those Standing on the Sea of Glass, Ganeuon y rhai sydd ar a Mor o Wydr)이라는 인상적인 제목으로 세상에 나왔다. 지금까지도 그의 가장 위대한 노래들 중의 최고(예를 들면, "오 위대한 여호와여, 나를 인도하소서. Guide me, O Thou Great Jehovah")는 그의 모든 저작들이 씌어졌던 웨일즈에서부터 오랫동안 영어로 번역되었다. 한 시는 부흥 모임들에서 춤을 추는 일에 대하여 크게 비판하는 행위를 옹호하고 있다.

그의 남아있는 초상화로 충분히 판단할 수 있을 정도로 엄격했던 풍채를 갖고 있었던 다니엘 로우랜드는 또한 예배의 많은 부분을 특징졌던 감정주의를 변호하기 위하여 글을 썼고, "웨일즈의 뛰는 사람들"(Welsh jumpers)이라고 낙인찍힌 그 지역의 감리교도들을 이끌었다. "영국 사람들은 우리를, 웨일즈 사람들을 비난한다. 그리고 우리를 대적하여 말하면서 '뛰는 사람들, 뛰는 사람들!' 이라고 한다. 그러나 우리는, 웨일즈 사람들은 당신들을 대항하여 내세울 만한 어떤 것을 가지고 있고, 우리는 대부분 정당하게 당신들에 관하여 말한다. '잠자는 자들아! 잠자는 자들아!' "[18]

1760년에 로우랜드의 형제가 죽었지만 로우랜드 자신은 그럼에도 불구하고 랑게이토의 교구목사직을 다시 넘겨받았고, 그것은 그의 아들에게 주어졌다. 1763년, 그는 마침내 감독교회 당국자에 의하여 전체적으로 거부되었다. 영국교회로부터 웨일즈 감리교회의 분리는 그때에 일어났고, 그런데 하웰 해리스가 했던 국교회에 대한 지속적인 충성－그는 절대로 안수를 받지 않았다－은 제외해야 한다. 결과적으로, 분리는 1795년까지 공식적으로 발생하지 않았고, 칼빈주의 감리교도들은 공식적으로 1811년 목사임직의 절차에 따라 공식적으로 조직되었다. 그들은 부흥, 복음주의, 그리고 선교사 파송의 황금시대에 막 착수하고 있었다.

스코틀랜드

스코틀랜드는 대각성 운동에서 완전히 영향을 받지 않은 상태로 남아 있지 않았지만, 널리 퍼진 장로교주의의 엄한 진지함은 그곳에서의 어떤 각성이 적어도 칼빈주의의 관심을 강하게 고취할 수 있다는 것은 확실했다. 스코틀랜드 장로교회(Kirk)에 속한 장로교인들의 정착이 17세기 말부터 충분히 확고했지만, 웨스트민스터 신앙고백의 지지자들에게 운신할 수 없는 좁은 한계를 남겨주는 그 이전의 50년 논쟁에서 과도한 신랄함이 초래되었다. 감독 제도의 지지자들은 여전히 어떤 교구들을 견고하게 붙잡고 있었다. 같은 가톨릭 신앙을 가진 사람들은 지속적으로 옛 믿음을 끝까지 요구했다. 교구 임명에 대한 목사 추천권의 구조는 불경건한 에라스투스주의(Erastianism – 그리고 영국의 간섭을 달갑지 않게 생각하는, 경건하거나 그렇지 않은 다른 거의 모두에게)의 자각을 부드럽게 하는 일격을 가했다. 합리주의는 사역자들을 훈련하는 글래스고우(Glasgow) 대학을 통하여 느껴졌던 그 불신의 영향력을 일으키고 있었다. 1715년과 1745년의 반란에 의하여 정당함을 입증했던 것으로 보여야만 했던 그와 같은 성가신 근심들이 겉보기에는 내실이 없고 요점을 벗어난 것처럼 보이는 많은 구조적인 확신에서 런던을 떠나게 했다.

그러므로 목사 추천제도와 합리주의의 영향력에 불만을 가지고 있었던 사람들에 의하여 분리파를 야기했던 장로교회 내부의 긴장상태에서 발생한 사건들로서, 1740년대의 부흥의 어떤 양상을 읽는 것은 가능하다. 1740년대 중반까지, 분리파 교회는 40개 정도의 집회모임에서 지원을 받고 있었다.

휫필드는 일을 촉진시키기 위하여 스코틀랜드로 오라는 초청을 받은 것인지 또는 안 받은 것인지에 관하여 뒤섞인 연속적으로 색다른 서신을 받으면서, 그는 궁금증을 억누를 수가 없었고, 1741년 여름에 북쪽으로 여행했다. 그가 도착했을 때, 그는 에벤에셀(Ebenezer)과 랄프 어스킨(Ralph Erskine)이 인도하는 분리파 신도들과 스코틀랜드 교회 안에 머물렀던 복음주의 분파 사이에 붙잡힌 자신을 깨달았다. 그가 양 편을 위하여 설교했음에도 불구하고, 전자는 그와 교제를 계속할 것인지에 관하여 망설이고 있었다. 휫필드가 영국의 감독교회에서 사역했다는 사실은 지상권 승인 선서(the oath of supremacy)를 맹세했었다고 단언하는 것이었다. 그리고 그는 분리파들의 마음에 쉼 없이 영향을 미쳤던 엄숙한 동맹과 계약(Solemn League and Covenant)을 포기했고, 그래서 그가 그들 가운데에서 사람들을 그리스도께로 단순히 인도하려고 했던 사역은 빛을 잃게 되었다.

스코틀랜드 교회 안에 머물렀던 복음주의 분파를 위한 휫필드의 설교사역은 보다 행복한 성과를 맺었다. 에든버러에서 한 설교를 마친 후에, 그는 그에게 손을 흔들어 인사하면서 군중 가운데로 넌지시 들어오는 한 퀘이커 신도와 마주쳤다. "친구 조지여, 당신이 당신인 것처럼, 나는 나입니다. 나는 모든 사람들을 영존하시는 하나님의 생명과 능력으로 데려오기 위하여 존재합니다. 그러므로 만일 당신이 나의 모자에 관하여 나와 다투려고 하지 않는다면, 나는 당신의 긴 웃옷에 관하여 당신과 다투지 않을 것입니다." 서신을 왕래하던 한 사람에게 그 사건을 언급하면서, 휫필드는 자신의 의견을 말했다: "나는 모든 교파에 속한 모든 사람들이 그런 식으로 주의를 기울이기를 원합니다." 아멘, 그리고 아멘.

그러나 1742년 한 부흥이 클라이드사이드(Clydeside)에 캠버스랑(Cambuslang)에서 새로운 목사인 윌리엄 매컬럭(William McCulloch)의 인도를 받아, 스코틀랜드 교회 안에 남아 있던 교회들 가운데서 일어났다. 휫필드는 그 여름에 스코틀랜드로 돌아갔고, 에든버러와 캠버스랑 모두에서 떠들썩한 반응으로 설교했다. 질투에 의한 것이든 아니든, 분리파들은 부흥을 거부했다. 부르짖음과 떨림을 포함하여, 모임에서 동반되는 감정주의는 그것이 사탄의 작품이라는 긍정적인 증거였다고 그들은 주장했다. 적어도, 이 많은 것들은 분리파들이 그와 같은 판단을 내리는 일에 말이 될 수 있었다. 즉 그들은 복음주의적인 부흥주의는 강력한 회심에 대하여, 단회적인 것을 제외하고는, 보다 더 침착한 장로교 전통과 불협화음으로 일치하지 않는다는 것을 정확히 인식했다.

아마도, 그와 같은 통찰력은 그들의 『스코틀랜드에서 반교황주의, 반루터주의, 반고위성직자, 반휫필드, 반국가만능론주의, 반분파주의, 그리스도의 참된 장로교회에 속하여 고난 받는 남은 자들의 선포, 항의, 증거』(*Declaration, Protestation, Testimony of the Suffering Remnant of the anti-Popish, anti-Lutheran, anti-Prelatic, anti-Whitefieldian, anti-Erastian, anti-Sectarian, true Presbyterian Church of Christ in Scotland*)의 출판을 크게 정당화하지 못했다. "비열하고, 감독주의에 속한, 당파심이 강한 손"으로 감히 장로교인들에게 성찬을 베풀려고 했던, 이 수수한 소책자가 단언했던 휫필드는 "적그리스도의 사지(四肢)", "수치스러운 우상숭배자"였다. 그가 (그리고 이것이 의심할 바 없이 최고의 반응점이었다) "영국의 적그리스도 싸움터에서" 왔다는 것이 경건한 사람들에게는 놀라운 일이 아니었다. 그때나 지금이나 이러한 통렬한 비난에 대하여 어떤 대답도 필요하지 않았고, 휫필드는 지혜롭게 어떤 시도도 삼갔다.

그것이 그 누구의 사역이었을지라도, 부흥은 몇 달 동안만 지속되었다. 그러나 자신의 아르미니우스주의가 그를 분리파의 의심스러운 눈길에서 휫필드보다 몇 천 배나 더 불리하게 만들었던 웨슬리는 이어지는 몇 십 년 동안 스코틀랜드에 제한적으로 진출했다. 그러나 비분리파 신자들에게서도, 마지막 빗방울까지 하나님의 불가항력적인 영원한 작정에 돌리는 일에 있어서 그의 부족함은 휫필드와 이전에 직면했던 외교적인 장애물들보다 더 높은 뛰어넘어야 하는 장애물들을 그에게 가져다주었다. 그럼에도 불구하고, 1751년이 시작되면서, 웨슬리는 스물두번이나 그 나라를 방문하였고, 감리교 사역은 그 세기 말까지 변경의 북쪽에 잘 확립되었다.

복음주의와 북미의 발전

부흥이 가져온 민주화의 영향력은 이 장에서 이미 언급하였다. 그러나 대각성 운동 기간 동안이 아니라 그 이후에, 북미의 영국 식민지들은 복음주의의 새로운 형태를 위한 풍부하고 비옥한 토지인 것을 증명해야만 했다. 종교적으로 말하면, 식민지 이주자들은 셀 수 없는 다양성에 직면하게 되었고, 그래서 일찍이 신세계에서 그들의 창조성과 능력, 그들의 다른 이들로부터의 분리들, 그리고 대륙 지형의 무제한 광대함 모두가 두 세기 이전의 구세계 종교개혁자들과 필그림 파더스(Pilgrim Fathers) 자신들조차도 전적으로 놀라게 했을 교파들과 신앙운동의 번식력을 남겨놓았다.

비록 그 불화가 1750년대 후반에 회복되기는 했지만, 대각성 운동은 장로교인들의 일치를 금가게 했다. 그러나 회중교회신도들은 에드워즈의 지지자들 그리고 회심을 갈구하는 것보다 “열광주의”를 두려워했던 사람들로 분열되어 남아있었다. 이미 중부 식민지들은 영국성공회, 침례교, 퀘이커, 스코틀랜드 장로교, 네덜란드 개혁교회, 루터교회, 독일 개혁교회, 던커파, 그리고 메노나이트파의 당황스러울 정도로 혼합된 서식처였다. 각자는 구세계의 구속력의 부재의 결과로 분리하기 쉬웠다. 진취적인 평신도들을 임시변통으로 사용하는 필연적인 모임의 경향성과 더불어, 많은 경우에 사역자나 설교자들이 부족했다. 이것들은 종종 그들의 교회를 이제까지 그들이 속한 교단의 형태보다 새로운–아니, 어쨌든 덜 공식적이고, 더 성경주의적이며, 경험적인–방향을 취했다. 교파들은 간섭하려고 시도할 수 있었으나 분리를 유발시켰다. 또는 그들은 충분히 홀로 남아있을 수 있었다. 어느 쪽이든지, 그 결과는 동일했다. 즉 식민지에서 교회생활에 관련된 커다란 영역들이 실용주의를 추구하는, 포플리즘 추종자, 성경주의 인도자들의 관리로 나뉘어졌다.

북미에서 복음주의의 미래는 대부분 배타적인 부흥주의 집단들, 즉 주로 감리교와 침례교에 지워져 있었는데, 그들은 연안에서 떨어진 곳에서 생활하는 새로운 이주민들 가운데에서 번창했다. 감리교와 침례교는 회중주의 구조라는 관점에서 신앙의 유연성 있는 형태를 제공했고, 그것은 국교회 형태의 교회들이 덜 민감하게 제공했던 것이었다. 이 공격적인 복음주의 교회들은 어떤 교구 구조들, 공들여 지은 건물들, 또는 공식적으로 훈련된 목회자들을 필요로 하지 않았고, 그래서 그들은 사람들이 있는 곳이면 어디든지 즉시 움직일 수가 있었다. 참으로, 가장 기본적인 제도상의 수준에서, 복음주의는 모든 상황에서 이주민들에게 제시되어질 필요조차 전혀 없었고, 자연스럽게 그들과 함께 움직여 나아갔던 스스로 하는(do-it-yourself) 신앙이었다. 결과적으로, 국경지방은 부흥주의자가 완전히 남아 있어야 했고, 미국인의 정신 속에 깊이 새겨졌던 그것은, 우리들의 수중에 있는 그 결과와 더불어, 미국인의 생활방식에 속한 일부분이 되었다.

침례교파는 급격하게 남부 식민지들에서(조지아와 캐롤라이나) 1750년대 이후로부터, 영국성공회에 대하여 활기찬 대안을 제공하면서 성장했고, 영국성공회는 이제까지 그곳에서 우세했었다. 그들은 1770년대에 감리교인들에 의하여 뒤를 잇게 되었다.

이 침례교파들 가운데 첫 번째 성장은 분리파 침례교회의 샌디 크리크 협회(Sandy Creek Association)의 사역에서 대부분 일어났다. 아홉 개의 교회들이 1758년 기관을 설립했다. 그들을 인도하는 사람들은 목적을 가지고 3년 전에 뉴잉글랜드에서 북캐롤라이나로 이주했던 보스턴 시민들인, 슈발 스턴스(Shubal Sterarns, 1706-1771)와 그의 이복동생 다니엘 마샬(Daniel Marshall, 1706-1784)이었다. 스턴스는 개인적으로 권위주의 자세와 공적으로 매력적인 설교 형식을 소유하고 있었고, 마음대로 자신의 청중들 속에 다소간 눈물이나 두려움을 자아낼 수 있었다. 한 동시대의 사람은 적어두기를, "모든 분리파 목회자들이 목소리의 음조와 몸의 행동에서 그를 모방한다. 그리고 어떤 소수는 그를 능가한다."[19)]

회심한 평신도들을 목회자들과 설교자들처럼 활용하면서, (논의의 여지가 있지만) 그들의 모임에서 여성들이 큰 소리로 기도하는 일을 허락하면서, 그 운동은 주민들이 종종 조밀하지 않게 흩어진 지역들에서 급속하게 성장했다. 그와 같이 낮은 신분의 설교자들과 감정적인 전달의 방식에 의하여 설득되어졌던 더 가난한 부류의 이주민들은 종종 그들의 더 나은 사람들에 의하여 종종 무시되었고, 복음주의자들이 부유한 지주들과 국가 종교를 지지하는 사람들과 접촉했을 때, 그 당시에는 종종 분쟁이 있었다. 그러므로 1771년 월러(Waller)라는 이름으로 한 침례교인이 타이드워터(Tidewater)에서 설교하려고 시도했을 때, 그는 교구목사와 보안관의 연합군에 의하여 채찍질의 벌을 받았다.

그러나 월러는 그곳에서 계속 지냈다. 그래서 수십 명이 더 되는 사람들이 그와 같이 지냈다. 그러나 그때에 샌디 크리크 협회의 회원들이 버지니아와 캐롤라이나 전역에서 수천 명에 달했다. 1787년 그들은 온건한 칼빈주의 강령을 기반으로 한 성실한 일반 침례교인들과 화해했는데, 그 강령은 북미 침례교인들 가운데 있었던 개혁신학의 어떤 역사적인 우세함의 덕택이었던 것만큼이나 많은 침례교 지도자들의 가문(그들은 종종 뉴잉글랜드 회중주의에서 이탈한 사람들이었다)에 신세를 지고 있었던 신학적인 입장이었다. 그러나 그것이 샌디 크리크 분리파들이 그렇게 번성하도록 하게 하는 그들의 신학은 아니었다. 그것은 온건함, 실용주의 그리고 영적인 열심을 그들의 근본적인 선한 양식과 그들의 선동적인 복음주의와 최고로 잘 조화시킨 일에 있었다.

이 조화는 감리교인들에 의하여 공유되었고, 다른 복음주의 집단들은 미국의 미래를 관계하고 있었던 그들과 조화되어 있었다. 그렇지만 그 초기에 그들은 침례교인들이 가지고 있지 않았던 부담을 견뎠다. 식민지 권세자들과 견실한 역사적인 그리고 조직상의 연관성이 문제였다. 1770년대의 그 정권은 무너지는 과정에 있었다. 이러한 종류의 연관성은 영국성공회에게는 거의 치

1784년 프란시스 에즈베리의 안수식(1882년)

명적인 것으로 증명되었고, 그 회원들이 독립전쟁 기간 동안 1/10정도 죽임을 당했으며, 그 이후로 지속적으로 여러 세대에 걸쳐서 감소하였다. 그러나 웨슬리의 널리 홍보된 왕권을 대항하는 일을 "반란"으로 규정한 반대에도 불구하고, 감리교회는 번성하였다.

1775년 이후 얼마 동안, 프란시스 에즈베리(Francis Asbury)는 미합중국이 되려고 하는 지역에서 감리교의 유일한 선교사로 남아 있었다. 그렇지만 감리교 회원들은 3,000명에 지나지 않았던 것에서 1790년에는 60,000명으로 성장했다.

물론 감리교 운동이 1795년까지 영국교회 안에 공식적으로 남아 있었다는 것은 기억되어야만 한다. 그렇지만 친구와 적 모두는 그것이 그 집단에서 반갑지 않은 손님으로 보일 수 있었다 – 그리고 독립전쟁의 미국에서 그것은 조금도 해를 끼치지 않을 수 있었다. 게다가, 웨슬리의 도움이 안 되는 정치적인 입장을 갖고 있는 난처한 불리한 조건은 그의 다른 유산들에 의하여 더 큰 가치로 비춰졌다: 실용주의와 "대중친화성"(the common touch). 1784년의 볼티모어 회의(Baltimore Conference)는, 그 순회 전도자들을 엄격하게 교육하면서, 충실하게 대중친화성을 반영하는 것이었다. “지위가 높은 사람들에게 악영향을 미치지 마라. 복음의 설교자는 모든 사람들의 종이다.” 그 시대에 그리고 그 이후로 오랫동안 미국인들의 기질과 조화를 이룬다고 생각할 수 있는 이보다 더 좋은 충고들이 거의 없었다.

침례교인들과 같이, 감리교의 조직은 유연성이 있었고, 그들의 설교는 단순하고 직접적이었으며, 그들의 영성은 뜨거웠다. 공식적인 학위의 결여는 어느 운동조직에서도 활동적인 사역에 참여하는 일에 필연적인 장애물이 아니었다. 그들은 참여적이고 유동적인, 그리고 원기왕성한 신흥 미합중국의 사회에서 주요한 구성 요소인 것을 증명해야만 했다.

복음주의, 현대성, 그리고 산업 혁명

복음주의와 현대성의 관계는 그 논쟁이 일반적으로 점점 격렬해지고 있는 것과 관련된 주제이다. 포스트모던주의자들은 절대 진리에 대한 현대주의자의 개념들에서 유래하는 것만큼이나 문자에 얽매인 문화와 복음적인 교조주의의 부산물로서 복음주의적인 성경주의를 멀리 했다. 비록 그것들이 기껏해야 일부만의 진리라고 할지라도, 물론 그와 같은 비난에 대하여 언급되어진 무엇인가가 있다. 그러나 복음주의가 제3세계의 불안정한 도시 사람들을 제외하고 오늘날 새로이 교육받은 사람들 가운데 들어가서 동부 유럽의 주민들 가운데 가장 서구화된 지방에서 그 개종자들을 쟁취하고 있다는 것이 소수의 눈에는 띄지 않을 수도 있다. 그 정도까지, 그것은 참으로 근대주의(modernist)이다.

대각성 운동과 그 이후에, 복음주의는 그리스도를 따르려는 개인적인 “결단”(decisions)에 초점을 맞추었다. 그것은 교회생활과 예배에서 대중적이고 자발적인 모든 회원들의 참여를 또한 격려했다. 그렇게 함으로써, 그것은 광대한 다수의 인간 경험에서 진실이 아니었던 것을 만들어내는 결단에서 개인적인 자율성의 정도를 취하고 또 조장하는 것이었다. 농부들은 스스로 거의 결단할 수가 없었다. 그들은 다른 사람들이 자신들에게 놓은 요구들과 기대들에 의하여 너무 크게 속박을 받았다. 지주들과 사회적 상관들, 가족 구성원들이나 이웃들은 그 누구도 농부들, 아들들, 또는 이웃들의 신앙적인 충성의 변화를 "개인적인 문제"로 간주하려는 경향이 없었다. 복음주의가 산업혁명 기간 동안에 탄생했고, 현대화의 사회적 유동성에 의하여 가장 많이 영향을 받은 공동체들에서 가장 크게 진보하고 있었다는 것은 우연이 아니다. 그것은 또한 그 공동체들이 속한 현대적인 영역들에서 가장 커다란 진보를 보였다: 산업 기술공, 공장과 광산 노동자들, 새롭게 도시화된 사람들, 이주민들, 경제적 환경들이 최근에 새 장소로 옮겨놓은 사람들. 그것은 영국에서 런던, 뉴캐슬, 브리스톨, 그리고 콘월에서 가장 강력하였고, 마지막 세 곳 모두는 광업으로 협력했다.

복음주의는 다른 관계된 방법들에서는 현대적이었다. 성경에 초점을 맞추는 일에서 그리고 모든 사람들은 스스로 그것을 읽을 수 있고 또 읽어야만 한다고 주장하는 일에서, 복음주의는 교육을 떠맡았고 또 장려했다. 읽기를 배우는 것은 신자의 신앙적인 의무였고, 또 불신자에게는 신앙의 통로가 되었다. 이 많은 일들이 16세기 종교개혁에 속한 참된 것이었다. 18세기 복음주의는 동일한 추진력을 더 확장하면서 더 강조하였다. 웨일즈 복음주의 운동의 선구자였던 그리피스 존스는 수천 개의 순회 학교의 설립자로서 그의 가장 지속적인 명성을 얻었다. 산업혁명은, 도시화된 주민들을 늘리는 일만이 아니라, 읽을 수 있는 더 많은 가난한 자들을 필요로 했고, 그래서 새로운 복음주의 운동을 위한 능력 있는 신회원들에 속하는 가난한 자들이 급속도로 성장하고 있었다.

복음주의적 활동주의 역시 개인적인 진취적 기상을 위한 능력과 대부분의 문화들이 현대 시대 이전에는 결여하고 있었던 책임감을 의지했고 또 증진시켰다. 각 개인들이 개인의 관심사들, 강박관념, 그리고 우표를 수집하는 취향이나 이교도들을 회심시키는 일, 물총새를 연구하거나 노예들을 해방하는 일에 근거하여 함께 모였던 것처럼, 19세기의 영국은 "공동체들"(societies)의 시대였다. 이것은 근대 이전의 세계에서 "정해짐"(givenness)의 관계와 완전히 대조되는 것이었다. 그리고 복음주의의 발흥은 주어진 원인 안에서 같은 의견을 갖고 있는 다른 사람들과 함께 행동하는 각 개인들의 새로 발견한 능력에 대한 전조였다. 물론 복음주의자들은 스스로 공동체들의 원인이 되는–선교, 자선행위, 또는 어떤 정치적이거나 사회적인 운동을 증진하는 일에서 어느 쪽이든지–가장 중요한 창설자들 가운데 있었다.

새로운 복음주의 교회들은 많은 면에서 영혼을 상실한 사람들을 위한 감동적인 피난처를 제공했다. 산업혁명은 수백만 명을 시골 생활의 안전함으로부터 새 도시들에서 익명성과 불확실성의 사람들로 갑자기 밀어 넣었다. 그들의 조상들이 여러 세대를 거쳐 살았고 또 그들이 알고 있는 지형에 둘러싸여 지냈던 교구들에서 끊어져서, 많은 사람들은 자신들이 속한 새로운 생활방식에서 오는 혼란과 불확실성으로 인하여 극심하게 고통 받았다. 감리교도들과 다른 새로운 교회들은 황량한 산업 세계의 익명성과 냉혹함으로부터 대치 공동체들과 구제를 제공했다. 정확히 이 현상은, 그리고 정확히 이 사람들은, 오늘날 북미, 아프리카, 그리고 아시아의 갑자기 발전한 도시들 안에서 복음주의에 대하여 가장 잘 반응한 사람들 가운데 있다.

복음주의적인 신념은 자신들의 품위를 빼앗겼다고 여기는 사람들에게 품위를 부여했지만, 그들의 비천하고 안전하지 않은 주거지는 상실되었고 또 이제 현금 급여를 얻을 수 있는 만큼만 가치를 인정받았다–그 급여는 대개 아주 작았고 또 때로는 아무것도 없었다. 복음주의적인 복음은 그들이 거룩한 구세주의 보혈의 가치가 있다고 그들에게 말해주었다. 그것은 또한 의미 있는 신앙의 행동주의가 새로운, 가혹한 전망에서 표류하고 있는 자신들을 느낀 사람들에 의하여 경험된 심오한 의미의 상실을 대체해주는 방법을 제공했다. 모든 조사들은 산업 도시들에서 비국교도가 가장 강했고, 국가 교회가 가장 약했다는 것을 보여준다.

웨슬리의 왕당주의와 감리교파 지도자들의 보수주의에도 불구하고, 민주적인 태도를 촉진하는 것이 감리교와 복음주의 교회 생활의 참여적인 특성이었다. 1741년, 휫필드와 결별한 그 해에, 비록 처음으로 마지못해서였지만, 웨슬리는 마침내 평신도들이 설교하는 일을 허락했다. 그렇지만 일단 이 단계가 이루어지자, 그는 이후에 여성들도 설교하는 일을 허가하는 쪽으로 나아갔다. 때때로 여성들 역시 초기 감리교에서 속회의 인도자였다. 모범과 경험은 가르침을 실천해 나갔다. 그 결과로, 감리교를 기존 체제에 대한 위협으로 비난했던 보수주의자들은 결과에 의하여 정당함을 입증받았다.

대각성 운동의 신화들

현재에 이어지는 유산을 소유하고 있는 많은 역사적인 발전들과 같이, 후자가 전자에 관하여 스스로를 역사적인 주장의 한 부류로서 만들려는 명료한 경향성이 있었다. 이것은 일반적으로 과거의 영웅적 행위에 관하여 신화로 만드는 형태를 취했다. 어떤 현대의 민족 국가들은 그 과정에서 그들 자신의 역사와 전혀 관계가 없었던 상상의 과거를 만들어낸다. 복음주의자들은 그와 동일한 종류의 유혹을 피하지 못했다.

복음주의자들이 오늘날 영국에서 대각성 운동의 영상을 갖고 있는 한에 있어서, 그들이 들었던 설교에서 또는 더 신중한 인물들 가운데에, 웨슬리, 휫필드, 또는 로우랜드의 대중적인 전기들에서 주로 그 일화로 알려진 것이 전혀 풍자는 아닐 것이다. 그 결과로서 생기는 대중적-복음주의적인 모습은 대체로 세 가지 중요한 요소들로 구성된다.

① (경건한 사역자들의 부재로 말미암아) 대각성 '이전에' (before) 완전히 비참한, 영적으로 파산한 국가 교회
② 대각성 기간 '동안' (during) 거대한 회심자들의 숫자(격변하는 영적인 능력과 감동적인 열정의 모임에서 영웅적인 설교자들에 의하여 회심했던 모든 사람들)
③ 웨슬리, 휫필드, 그리고 그들의 동료사역자들의 사역의 직접적인 결과로서, '그 이후의' (afterward) 변화된 국가

대부분 이 모습이 복음주의적인 설교자들을 훈련하는 대학들에서 유용했던 그 가르침에 의하여 영구히 보존된다는 것은, 의심할 바 없이, 전적으로 불행한 일이었다.

모든 세 가지 요소들이 18세기 실제에 대한 전반적인 과장을 표현한다고 지적하는 것－그것들이 신화들이라고 하는－은 대각성 운동의 중요성을 축소시키는 것이 아니다. 신화를 만든 사람들은 (의심할 바 없이 모든 좋은 신앙 안에서) 놀랍게도 감리교 운동의 도래로 역사되어지는 변화의 중요성을 강조하고

자 소원했던 19세기 감리교 역사학자들에 의하여 착수되었다. 부분적으로, 그들은 가능한 이전의 영국의 신앙적인 상태의 그림을 가장 어두운 색조에서 그리는 것으로 이 일을 실행했다.

이제 성경주의자의 믿음이, 그것을 전후했던 시간과 관계가 있는, 1660년의 왕정복고와 1735년 대각성 운동에서 주요한 복음주의자들의 회심 사이의 3/4 세기 동안 쇠퇴기에 있었다. 그러나 이것은 광범위한 비참함, 교회의 타락, 그리고 영적인 파산이라는 전망에 이르지는 않는다. 어떤 최근의 역사학자들은 18세기 초반 교회가 놀라울 정도로 좋은 활력의 상태에 있었다고 느끼지만, 복음주의적인 관점에서는 결점이 있었다. 웨슬리의 영국 사람들만이 독일의 경건주의에 의하여 영향을 받았던 것은 아니었다. 비록 그 시대의 일반적인 경향성이 그들을 대적하여 흘러가고 있을지라도, 신앙적인 공동체들과 경건한 단체들이 중심지와 다른 곳에 가득했다. 새로운 합리주의의 파괴는 일반 주민들보다 상류계층과 학식 있는 사람들에게 훨씬 더 깊이 영향을 미쳤다. 대부분의 사물들에 대한 그들의 민감성은 한 두 세대 지체되는 곤란을 겪었다(그리고 여전히 겪고 있다). 그러므로 1730년 후반부터 복음주의자들이 인지했던 충분한 신앙적인 감수성이 있었다. 게다가, 비록 청교도 시기의 유산이 억압을 받았고 또 그 옹호자들이 권좌에서 쫓겨났을지라도, 그것은 전적으로 사라지지 않았다. 모든 분파주의자들도 죽음이나 일신론에 굴복하지 않았다. 대각성 운동의 여러 주요한 동참자들은 옛 비국교도 안에서 어떤 배경을 가지고 있었다.[20)]

두 번째 요인을 고려해보면, 대각성 운동 기간 동안 회심자들의 숫자는 상당한 것이었지만, 그들은 수백만에 달하지는 않았고, 그들의 영향력 역시 국가적인 분위기의 변화에는 이르지 못했다. 18세기 후반의 영국은 폭동과 반란의 경향성이 있는, 그리고 가혹한 형법전을 가진, 철저히 매력이 없는 사회로 남아 있었다. 비록 『파멜라와 톰 존스』(Pamela and Tom Jones)와 같은 헨리 필딩(Henry Fielding)의 소설들과 호가드(Hogarth)의 그림들이 대각성 자체의 초기 몇 십 년과 동시대의 것이지만, 그 시대를 특징짓는 술 열풍(Gin Craze), 전체적인 나쁜 평판, 그리고 방탕들은 이어지는 국왕 조지 3세의 시대에서 쉽사리 인지하였다. 그리고 19세기 초반에까지도, 성직자 찰스 시므

온(Charles Simeon)은 캠브리지 교구에 넌지시 들어가서 그의 복음주의적인 교리들을 재학생 세대들에게 설교하는 일에서 여전히 분노하게 하는 특이한 성향을 가진 사람으로 여겨질 수 있었다.

그러나 그때까지, 복음주의적인 영향력은 전체적으로 시골에서 중요성을 지니기 시작했다. 참으로, 시므온은 여전히 앞에 놓여있는 참된 변화를 추구하는 개척자였다. 1800년에, (웨슬리 사후에, 국가 교회로부터 분립했던) 감리교 단체들의 회원총수는 94,000명쯤 되었다. 부흥주의에서 많은 회심자들이 영국성공회에 남아 있기로 결심하고, 그것에 의하여 거기에서 초기의 복음주의 운동이 성장하였다는 의심할 여지가 없는 사실을 감안하더라도, 그것은 대각성을 따르는 사람들과 대각성에 대해 분노하는 사람들 모두에게 보여줄 만한 많은 것은 아니었다. 그렇지만 1850년까지 오십만 명에 거의 다다른 감리교회 신도들이 있었고, 그것은 오십년 동안 정말로 인상적인 성장이었다. 회중교회 신도들과 침례교회 신도들에 관하여, 그 이야기는 동일한 것이다: (각각 35,000과 27,000에서 각각 165,000명과 140,000으로) 동일한 기간에 다섯 배나 늘었다. 그때에, 회심자의 실제 큰 숫자는 대각성 운동의 거대한 집회들과 유명인 설교자의 흥미로운 설교에서 야기된 것이 아니었다. 비록 그것들이 그렇게 야기되었다고 할지라도, 그것은 흥미롭고 중요한 것이었다. 참된 변화는 좀 더 작고, 좀 더 극적이지 않은 증언, 설교, 그리고 개별적인 청중들과 신자들의 도덕적이고 영적인 영향력에 의하여 나중에 나타났다.

세 번째 요인에 관하여 – 대각성 운동이 변화된 국가를 남겼다는 사고 – 우리의 결론은 이제 명백해져야만 한다. 그것은 국가를 완전히 뒤엎어버리지 않았다. 그러나 그것은 무엇을 따라갈 수 있는지에 대한 본질적인 근거를 놓았다. 19세기 중반까지, 복음주의자들이 주요한 주창자들에 속해 있었던 – 공장법(Factory Acts)에 따른 노예제도의 폐지에서부터 – 많은 사회적인 증진과 개혁에 더하여, 그들은 범죄율이 떨어지고 도덕적인 기대가 올라가는 것을 주목하는 영국 내에서 문화적이고 도덕적으로 거의 지배적 지위를 유지했다. 대각성 운동은 멀리 있는 절정에 도달하는 기초를 놓았다. 그것은 그 절정의 작품을 목격하지는 못했다.

제15장

이성과 권력

합리주의자들의 신학과 왕들의 신적인 권리

1570년대 -1640년대의 30년 전쟁과 나머지 종교적으로 착색된 투쟁의 유해한 유산은 우리 시대의 잔류물(remainder)이기도 한 유럽의 신앙적인 사조들을 지배하였다. 합리주의(Rationalism)와 절대왕정주의(royal absolutism)는 잠시 동안 다소간 서로 양립하는 것으로 보였다(그것들은 신앙적 열광을 반대하는 반작용에서 가장 중요한 요소들이었다). 그러나 반대로 18세기 후반에 이르러, 그들의 차이점들은 새로운, 위험한 투쟁의 전조라는 사실이 분명해졌다.

종교에 대한 합리주의자의 도전

근대주의자의 합리주의는 종교적인 열정을 억압하고 또 그와 같은 열정이 기초를 형성하고 있는 확실성에 의문을 제기하려는 경향이 있었다. 적어도 이것들이 한 부류의 기독교와 다른 것 사이에서 그 차이점들에 영향을 미치는 한에 있어서는 그렇다. 한편으로 절대 왕정은 정치적 체제의 유지를 종교의 주요한 목적으로 간주하여, 그것으로 그 관심사들을 순화시키려고 노력했다. 18세기 동안에만 합리주의는 왕정을 지지하는 신적인 기초에 이의를 제기하는 새로운 방향으로 변했다.

합리주의는 믿음이나 계시를 의지하지 않는 인간성과 세계에 대한 지식을 추구하면서 발전했다. 그것은 또한 마찬가지로 종교를 인정하는 어떤 필요에서 자유로울 수 있는 공적인 국가 행정 조직의 기초를 추구하였다. 적어도, 그것은 그 이야기의 한 쪽에 해당된다. 다른 쪽은 개신교주의 자체를 만들어냈던 동일한 자극의 연장선에 있었던 것이다. 그것은 관념적인 "진리"라는 이름으로 국가의 공공기관들에 대하여 비판하는 것, 사람들보다 우선하는 원칙의 수위성(primacy), 눈에 보이는 광경보다 우선하는 인쇄된 본문의 고귀함, 전통의 권위보다 우선하는 조사의 결과를 선호함, 그리고 공명정대함과 객관적 타당성이 도달 가능한 목표라는 기만이었다.

예를 들면, 칼빈은 성경을 해석하는 권리를 정당한 이유 없이 자신에게 돌리는 일에 대하여 가톨릭교회를 비판했다. 대신에, 그는 주장하기를, 그것은 어떤 사람의 기준에 의해서라기보다는 "영원한 진리의 기준에 의하여" 하나님의 특성을 기술한 "교리의 보고"였다. "만일 사도들과 선지자들의 교리가 교회의 근원이라면", 그는 추론하기를, 그때에 "전자는 후자가 존재하기 시작했던 그때 이전부터 그 확실성을 소유했던 것이 분명하다."[1] 그 때에, 권위의 문제에서 진리는 관습을 능가했다.

인쇄된 본문의 고귀함에 관하여, 영국의 순교사학자인 존 폭스(John Foxe)는 " '교황이 지식과 인쇄를 철폐해야만 하든지, 아니면 인쇄가 마침내 그를 근절할 것이다.' 교황들과 사제들은 자신들의 권세가 '지식의 결여와 어리석은 기독교인들의 무지' 에 달려 있었기 때문에, 항상 인쇄에 대하여 원수들이었다."[2] 종교적으로 혼합된 주민들이 사는 지역들에서, 그것은 개신교의 식자(literacy) 비율이 가톨릭 이웃들의 비율보다 훨씬 웃돌았다는 주목할 만한 사회적 현실에 의하여 지지를 받았던, 여러 세기에 걸쳐서 인정받았던 시각이었다. 가톨릭주의가 반계몽주의자(obscurantist)였고 또 무지로 성장했다는 이해는 예수회의 새로워진 교육 운동과 트렌트 공의회의 개혁에 뒤따라 설립되었던 새로운 신학교들보다 오래 지속된 것이었다고 개신교가 비웃었던 표적이 되었다.

그렇지만, 그 유익들은 전적으로 일방통행이 아니었다. 합리주의의 요소들이 개신교 자체 안에 존재했다는 사실은 그것이 신학적인 쇠퇴와 자유주의로 서서히 나아가도록 만들었다. 합리주의와 이신론이 어떤 개신교회 지체들에게 영향을 미치기 시작했을 때, 17세기 후반과 18세기 동안 그랬던 것처럼, 그것들은 적어도 부분적으로 이단적이 되었다고 말할 수 있었다. 그것들은 단순히 가톨릭의 논쟁하는 관점에서만이 아니고, 실제적인 사실에서도 마찬가지였다. 이 추론의 결과 가운데 하나는 개신교 국가들에서 18세기 합리주의 사상가들과 철학자들이 좀처럼 명백히 반종교적이지는 않았다는 것이다. 프랑스에서의 보다 속박된 분위기에서, 그들은 종종 반종교적이었다. 스페인과 포르투갈에서의 훨씬 더 속박된 분위기에서, 어쨌든 그들은 좀처럼 나타나지 않았다.

물론 합리주의의 발흥, 그리고 대부분 특별히 종교와의 관계가 19세기와 20세기의 (지금까지도 그렇게 전통적인) 가치에 있어서 기이하게도 왜곡되었다는 것은 적어도 논의의 여지가 있다. 합리주의는 태연히 세속적인 전문어로 묘사되었다. 종교는 지식의 진전과 인간 번영의 진흥에 거대한 장애물인 반계몽주의자로 그려졌다. 간단히 말해서, 근대 초기 시대의 지적인 역사는, 그것이 전통적으로 가르쳐졌던 것처럼, 그럴 듯하게 세속주의자(교육, 종교 분리론자)의 주장에 대한 승리를 묘사하고 있다. 한 작가는 최근에 그 문제를 다음과 같이 말했다.

> 1600년경에 "계몽주의"라고 시작되는 시대에 관한 정체성 증명은 "암흑시대"(Dark Age)라는 그 이전 천 년에 대한 정체성 증명만큼 부적당하다. 게다가 그 모든 비난은 동일한 사람들에 의하여 만들어졌다. 그들은 종교, 특별히 로마 가톨릭교회의 평판을 나쁘게 하기를 원했던, 다시 말하면 어둠을 반대하는 믿음이 빛을 반대하는 세속적인 인문주의와 어울리게 했던 지식인들이었다. 그들 중의 어느 누구도 과학적인 진취성을 가지고 그 어떤 중요한 일부도 보여주지 못했지만, 이 목적을 위해서 그들은 "과학 혁명"(그들의 발상에 대한 다른 용어)을 신뢰하고자 노력했다.[3)]

그것은 거슬리는 것이었지만 정당한 것이었다. 그 문제에 대한 이 평가를 지지하여 말할 수 있는 것이 상당히 있었다. 그 한 가지는, 대부분의 주요한 과학자들은 신앙적이었고, 그것은 단순히 형식에 치우친 의미보다 더 큰 신앙심이었다. 뉴턴(Newton)과 갈릴레오(Galileo) – 이후 현세적인 과학 주창자들의 우상 – 가 적절하고 가장 중요한 경우들이다. 전자는 이후의 과학자들이 그를 그렇게 유명하게 만들었던 주제들에 관한 것보다, 종교와 심지어 신비주의적 비교(秘敎, esoteric) 문제들에 관하여 더 많은 것을 썼다. 19세기와 20세기 역사학자들은, 어쨌든 그들이 뉴턴의 종교성을 못마땅하게 바라보면서, 이 추측된 역설에 경악했다. 그처럼 명료한 사람이 어떻게 재림의 날에 관한 복잡한 계산으로 괴로워할 수 있겠는가? 그렇지만, 과거를 관찰하는 현대적 감각을 가진 사람들에게서 흔히 볼 수 있듯이, 그 오해는 우리 모두의 것이다. 뉴턴 자신의 마음에서 우주를 관찰하는 것과 그 창조자를 이해하려고 구하는 것 사이에는 전혀 다툼이 없었다. 뉴턴의 서류들을 수집했던 20세기 경제학자 존 메이너드 케인스(John Maynard Keynes)는 결론내리기를, "그는 우주를 전능자에 의하여 놓인 암호처럼 여겼다."[4)]

뉴턴은, 그 시대의 다른 많은 지식인들처럼, 신학과 종말론뿐만 아니라 점성학(astrology)과 연금술(alchemy)에 관심을 갖고 있었다. 그리스도의 재림에 대한 그의 날짜 계산 – 1948 – 이 부정확했다는 것을 증명했지만, 이 날짜가 "유대인들의 대환란 끝" 이후 4년일 것이라는 그의 예언은 20세기의 실제 사건들에 비추어 보면 섬뜩할 정도로 그 특징에 가까운 것으로 보인다.[5)]

갈릴레오(1564-1642)도 반계몽주의 교회의 비합리적인 요구로 괴롭힘을 당했던 "분별력이 있는 사람"(man of reason)의 틀에 박힌 경우와는 거리가 멀었다. 생애 대부분 동안 그는 추기경 마태오 바르베리니(Matteo Barberini)의 친구였는데, 그는 1623년(1644년 그가 사망하기까지) 교황 우르반 8세(Urban VIII)가 되었다. 그들의 생애의 마지막 10년 동안 두 사람의 우정이 불화로 돌아선 것은 갈릴레오가 1632년 『두 개의 주요한 세계 구조에 대한 담화』(*Dialogue Concerning the Two Chief World Systems*)라는 책을 출판하기로 선택했던 방식 때문이었다. 만일 그가 코페르니쿠스의 논쟁을 지지하기를 원했다면, 그가 그렇게 할 수도 있는 것이었지만, 자신을 가설적인 말로 표현해야만 한다는 것이 갈릴레오에게 계속적으로 분명하게 되었다(즉, 그는 이것이 자신들이 이해했던, 순수하게 수학적인 논쟁이 지적할 수도 있는[would] 결론이었다는 것을 보여주어야만 했다).[6)]

갈릴레오가 이 규정과 맞서는 일에 실패했을 뿐만 아니라, 그는 필요 없이 모욕하는 말투로, 그의 『담화』(*Dialogue*)에서 자신을 표현했다. 그렇지만 그가 자신을 자제하면서 표현하라는 요구는, 비록 진력나는 것이었지만, "믿음의 시대"(age of faith)에는 그렇게 특별한 것이 아니었다. 그 강제적인 위선행위들은 여전히 우리들에게도 존재하고 있다. 예를 들면, 통계학자들, 회계사들, 그리고 정치인들이 날마다 임박한 연금 위기를 말하지만, 그들은 재정, 경영, 그리고 늘어나는 수명의 추상적인 용어를 자신들에 국한시킨다. 서구 인구학(demographic)의 몰락의 실제적인 원인들을 언급하는 것은 1960년대 이후 사회의 온건한 단조로움에 대한 참기 어려운 모욕일 수 있다. 지금도 그렇지만, 당시에도 그랬다. 17세기에는, 갈릴레오가 더 나은 일을 행할 수 있었다. 그 때의 사정으로는, 그는 자신의 태양 중심의 관점을 철회해야 했고, 그의 남은 생을 가택연금 상태에서 보내야만 했다.

그러나 갈릴레오의 경우에서 잘잘못을 옆으로 제쳐놓고, 교회가 그를 부당한 사람으로 간주하기 시작한 이후에조차도 그는 스스로를 선한 가톨릭 교인이라고 생각했다는 주요한 사실이 남는다. 그의 기본적인 기독교 확신은 자신의 과학적인 노력에 의하여 훼방을 받지 않고 남아 있었다. 갈릴레오가 중얼거렸던 것처럼, "자연이라는 책은 수학의 용어로 하나님의 손에 의하여 기록되어진 책이다."[7)]

이 점에서는, 뉴턴과 갈릴레오가 윌리엄 페일리(William Paley, 1743-1805)와 같이 동일한 기독교인 변증론자들이었는데, 그는 캠브리지에 그리스도 대학의 성직자요 특별연구원으로서 그의 책들과 가르침들은 새로운 과학적인 발견들이 결론적으로 자비하신 하나님의 존재를 향하게 한다고 주장했다. 그는 지금도 유명한 시계와 그 시계를 만든 자에 관한 유비를 만들었다. 특별한 필수적인 기능으로 사용되는 각 부분을 갖고 있는 그 시계는 너무 복잡해서, 만일 우리가 그것에 이미 정통하지 않다면, 우리는 그 시계를 만든 자의 존재를 추론하도록 강제될 수도 있다. 살아있는 피조물들은, 페일리가 관찰한 대로, "모든 계산의 결과를 초월하는 정도에서" 시계보다 훨씬 복잡하다. 창조자는 어쩔 수 없이 우리의 존재에 관한 완전한 사실에 의하여 추론되어진다. "설계의 표지들이 너무 설득력이 커서 분명히 전달되지 않는다. 설계는 반드시 설계자가 있어야만 한다. 그 설계자는 인격체여야만 한다. 그 인격체는 하나님이시다." 페일리의 『기독교의 명백성에 대한 견해』(*View of the Evidence of Christianity*, 1794)는 그 출판 이후 한 세기가 넘도록 캠브리지에서 여전히 영향력이 있었다. 그의 『자연 철학』(*Natural Theology*): 또는 『조물주의 존재와 속성들에 대한 증거들』(*Evidences of the Existence and Attributes of the Deity*), 『자연 현상들에서의 정리』(*Collected from the Appearance of Nature*)는 1802년까지 세상에 나오지 않았다. 두 작품들은 19세기 전체에 걸쳐서 대서양 양편에서 개신교 변증론의 중요한 주제들로 남아 있었다.

그렇지만 계몽주의에 대하여 받아들여진 이야기는 세속주의 철학과 현대 과학의 발흥이 관련되었다는 것이다. 그것은 18세기 세속주의자들이 일으켰던 주장이었다: "실제적인 발견들이 '진지하고 때로는 헌신적이었던 기독교인들에' 의하여 발견되었다는 것을 신경쓰지 마라. 정말 중요한 것은, 피터 게이(Peter Gay)의 말 중에서, '과학은 이신론자들이 원했던 것들을 줄 수 있다 – 뉴턴의 하나님이 없이도 뉴턴의 의학은 존재한다' 는 것이다."[8)]

그렇지만 일단 계몽주의에 관한 세속주의자들의 주장이 폭로되면, 지적인 조류가 정통주의 기독교 교리들을 대항하여 등을 돌리고 있고 또 그것이 합리주의 때문에 그렇게 실행되고 있다는 의심할 수 없는 사실이 남는다. 이후의 주장이 철학적인 이신론이 존재한다고 주장했던 뉴턴의 신학이 전적으로 그것과 거리가 멀었던 반면에(제1원리[Principia]는 "참된 하나님은 살아계시고, 지성을 갖추고 계시며, 능력 있는 존재로서... 만물을 다스리시고, 또 실행되어지거나 실행되어질 수 있는 모든 것을 알고 계신다"고 주장했다), 그의 그리스도의 신성에 관한 양자론적 관점은 그럼에도 불구하고 그가 기독교 정통주의에서 수용되었던 정경에 의하여 이단적으로 간주된 것을 의미한다. 이단적이라는 말은 성육신에 대한 그의 이성주의적인 접근 때문이다. 그리고 그 시대의 많은 다른 선도적인 지식인 선각자들 – 흄(Hume), 기본(Gibbon), 아담 스미스(Adam Smith), 디드로(Diderot), 볼테르(Voltaire), 루소(Rousseau) – 이 훨씬 더 광범위한 정도로 기독교 정통주의를 거부했다.

그러나 선도적인 지식인 선각자들은 본성적으로 자신들이 살고 있었던 사회에서 격식을 벗어난 사람들이었다. (만일 그들의 사역이 지속되고 또 그들의 사

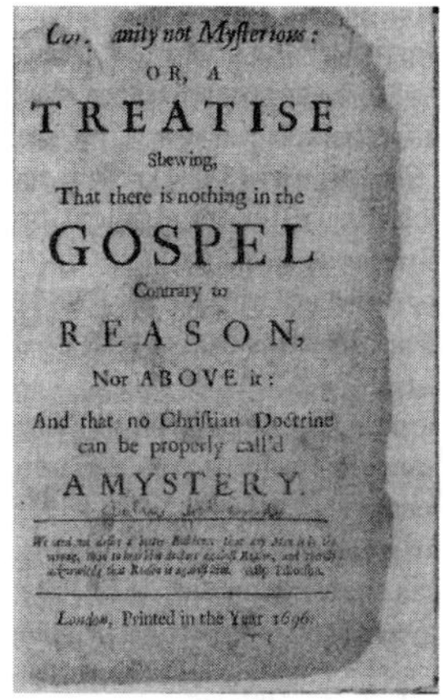
anity not Mysterious:
OR, A
TREATISE
Shewing,
That there is nothing in the
GOSPEL
Contrary to
REASON,
Nor ABOVE it:
And that no Christian Doctrine
can be properly call'd
A MYSTERY.
London, Printed in the Year 1696.

신앙과 이성을 일치시키려는 시도
존 톨란드(John Toland), 1696년>

상이 확장된다면) 그들은 그들과 함께 매우 편한 마음을 갖고 있었던, 그들을 추종했던, 그 시대 사람들의 전형이었다. 그들의 사상은, 일반적으로 변조되고 또 단순화된 형태에서, 이어지는 시대들의 모범이 된다. "인권"(Human rights)은 톰 페인(Tom Paine, 1737-1809)의 시대에 급진적으로 간주되었지만, 단순히 우리 시대에서는 평범한 것이 된다. "국가들"(nations)은 구체제 동안에는 군주들과 제국들을 위협하는 "국민"(the people)으로 정의되었지만, 20세기에는 자명한 것으로 보였다. 그러므로 격식을 벗어난 사상가(이 경우에, 격식을 벗어난 세속주의자와 합리주의자)를 어쨌든 "사람들이 사고하고 있었던 방식"의 대표자로 간주하는 것에 의하여 – 특별히 그들의 (변조되고, 단순화된) 사상들이 우리들 가운데 전형적일 경우에 – 과거를 그릇 해석하는 것은 가능하다. 이 사실이 우리의 선조들을 현대적 사상을 가진 사람으로 그릇 해석하는 대중적인 역사의 일반적 경향성으로 더하여진다면, 그때에 이전의 강제된 종교성을 휩쓸어갔던 세속주의의 대중적 조류로서 계몽주의 시대를 잘못 해석하는 전제조건은 완벽하다.

실제로, 웨스트팔리아 평화조약과 프랑스 혁명 사이 시대의 합리주의와 회의주의는 대부분 상류계층과 유행을 따르는 지식인들에게 – 그들 중에서도 중요한 소수에게만 – 제한되어 있었다. 예를 들면, 1737년에 영국 조지 2세의 아내였던 캐롤라인(Caroline) 여왕이 임종의 자리에 있을 때, 여러 종류의 조신(朝臣)들이 기도가 합당한 것이라고 제안했다. 그 당시 수상이었던 로버트 월폴(Robert Walpole)은, "공주님, 기도라는 이 광대극이 상연되도록 합시다. 대주교는 그것을 매우 잘 실행할 것입니다. 당신이 그에게 당신이 하려는 대로 가능한 짧게 명령해도 좋습니다. 그것은 여왕께 선한 것에 지나지 않으며, 어떤 해도 끼치지 않을 것입니다. 그리고 그것은 모든 선하고 지혜로운 어리석은 자들을 민족시킬 것이고, 만일 우리가 그들과 같이 대단히 어리석은 자들이라고 말하지 않는다면, 그들은 우리를 무신론자라고 부를 것입니다."[9]라고 덧붙이면서, 공주 에밀리(Emily)에게 캔터베리의 대주교 존 포터(John Potter)가 필요하다고 제안했다. 상류계층들 가운데 우세했던 정신적 상태에 관한 더 좋은 예는 찾기가 어려울 것이다: 일반 국민들이 그들의 지배자들의 회의적인 정서를 공유하지 않았다는 - 아마도 그것을 인식조차 하지 못했다는 - 의식, 궁전 안에서 어떤 사람들 가운데 있었던 관례적인 본능(임종의 자리에서의 기도), 대중의 느낌을 모욕하면서도 그것을 누그러뜨리는 자진하는 행함, "우리"가 실제적인 무신론자들이라는(참으로 대부분 그들은 그렇지 않았다. 많은 경우들에서, 이신론은 거리가 멀었다) 어떤 인정까지는 나아가지 못하는 분명한 구도가 있었다.

프로이센의 프레드릭 대제(1740-1786년까지 다스렸다)는 유사하게 기독교에 대하여 회의적이었다. 신앙의 자유에 관한 그의 정책은 적어도 부분적으로는 모든 종교가 동등하게 미혹된 것이라는 신념 위에 근거를 두고 있었다. 그렇지만 그의 영국 상대자들과 같이, 그의 거부는 개인적인 것이었다. 교회와 사역자들은 주요한 행정관으로서 책임이 있었고, 그들이 사회 질서를 유지했고, 그러므로 너무 유용하기에 그들을 없이할 수가 없었기 때문에, 그들에 대한 공개적인 공격은 관대히 다루어지지 않았다. 그러나 성직자 지위의 약 1/3에 대하여 그가 갖고 있는 임명권은 교회 안에서 현대주의자들과 합리주의자들을 장려하고는 했다. 이 권세는 18세기 동안 새로운 합리주의 비판을 채택했던 교사들에 의하여 운영되는 할레 대학교를 손에 넣는 것으로 강화되었다.

요한 살로모 샘러(Johann Salomo Semler, 1725-1791)는 할레의 새로운 교사들 가운데 - 가장 급진적이지는 않았지만 - 가장 유명했다. 젊은 나이에, 그는 그의 아버지의 경건주의를 거부했고 초대교회의 살아있는 경험에서 기독교 믿음의 뿌리를 찾았다. 다른 교회들이 다양한 정경의 목록을 가지고 있었고 어떤 일치도 4세기까지 도달하지 못했기 때문에, 그의 네 권으로 된 『정경에 대한 자유로운 연구에 대한 논문』(Treatise on a Free Enquiry into the Canon, 1771-1776)은 기독교가 신약성경이 구성되기 이전에 그리고 그 이후 오랫동안 말로 보급되었음을 지적하였다. 예수의 가르침에서 시작하여 정경에 대한 일치에 이르기까지, 믿음을 유대주의와 헬레니즘 모두에 의하여 깊게 흔적이 남겨진 것이라고 하면서, 그는 그 과정의 모든 단계들이 이전의 존재했었던 개념들에 대한 조화를 나타내는 것이라고 논증하였다. 그렇기 때문에, 현대의 신학자들은 (어쨌든 역사적으로 필요조건이었던) 정통주의에 관한 본질적인 검증 신조들을 완고하게 집착할 필요가 없다.

그럴지라도, 샘러는 그의 동료들 가운데 일부의 기준으로는 보수적으로 남아 있었다. 그는 적어도 십자가에 못박힘, 부활, 그리고 속죄와 성령의 사역을 시인했다. 그럴지라도, 성경의 내용과 정경이 역사적인 작품이라는 그의 논쟁의 혹평은 많은 사람들에게 위험한 것으로 보였다. 역사신학에 대한 가장 위대한 현대 해설자 가운데 한 사람이 현명하게 주목했던 것처럼,

> 전통에 대한 그 관념이 동향(movement)과 변화(change)로서의 역사의 개념들과 일치하지 않는 것으로 보이는 의견이 있다. 역사가 때를 맞춘 어떤 단계에서, 이전에는 그곳에 존재하지 않았던 상황을 암시하기 때문에, 전통은 역사를 갖고 있지 않는 것으로 생각된다. 유세비우스(Eusebius)의 교회사(Ecclesiastical History)에 따르면, 정통주의 기독교 교리는 영원히 진리이고 또 원래 가르쳐졌기 때문에, 진실로 역사를 갖고 있지 않았다. 특별한 시간에 그리고 특별한 교사들의 새로운 도입을 통하여 일어났기 때문에, 이단만이 역사를 가지고 있었다... 신학자들은 오류가 있는 것으로 이해했던 교리들이나 교리적인 구조들의 역사의 기원을 기꺼이 조사하고자 했던 것으로 보인다. 그러나 규범적인 전통은 어떤 역사를 소유하고 있는 또는 어떤 역사의 부산물에 속한 상대성으로부터 보호되어야만 했다.[10)]

게다가 "역사를 갖고 있다는" 것에 대하여 죄를 느끼는 정통주의 전통을 발견하는 암시에서, 그것을 알아내는 것은 "잘못된" 것이었다. 역사적인 우연의 오점으로부터의 자유는 속박을 받지 않는 이성에 의하여 도달할 수 있는 진리에서만 발견되어질 수 있다. 마부르크(Marburg)와 할레에서 가르쳤던 크리스찬 울프(Christian Wolff, 1679-1754)의 자연신학(Natural Theology)은 동일한 방향을 향하고 있다. 울프가 샘러가 그것을 의도했든지 안했든지 간에, 그 근거는 독일에서 진원지를 발견할 수 있는 현대주의 자유주의 신학과 성경비평이 번창했던 19세기 기간 동안에 놓인 것이었다.

프로이센 교회는 역사적인 정통주의에서 벗어났기 때문에 오염된 유일한 교회가 아니었다. 1710년대부터 1740년대 기간 동안에 연속적으로 방골(Bangor), 헤리퍼드(Hereford), 솔즈베리(Salisbury)의 주교였던 벤자민 호들리(Benjamin Hoadly)는 그의 적수들에 의하여 실제적인 이신론으로, 이유가 있어서, 고발되었다. 호들리는 극단적인 경우였지만, 캔터베리의 대주교였던(1691-1694) 존 틸로트슨(John Tillotson)은 흄, 볼테르, 그리고 앤서니 콜린스(Anthony Collins)와 같은 이신론자들과 종교의 회의론자들을 아주 기쁘게 하였고, 그는 단순히 "열광주의"나 "미신"으로 받아들인 정통주의에 대한 공격을 정당화하기 위한 변호로서 그들에 의하여 끊임없이 인용되었다.[11]

"열광주의"와 "미신": 이것들은 국가교회 형태의 개신교회가 구체제 기간 동안 대항하여 분명히 규정했던 두 가지 중요한 것이었다. "열광주의"는 분파주의자들의 잘못이었다. 그리고 참으로 왕을 대적하여 반란을 일으켰던 청교도들의 잘못이기도 했다. 성경 본문의 급진적인 적용, 개인적인 영적 계몽이나 계시의 요청, 자신이나 다른 사람들에게서 신앙체험을 요구하는 일–이 모든 것들은 "열광적인", 광적인, 그래서 위험한 것으로 오명이 씌워질 수가 있었고, 또 씌워졌다. 다른 한 편으로, "미신"은 로마 가톨릭교회의 잘못이었다: 개신교회들 가운데에서 기독교 전통의 교조주의적인 이해–삼위일체, 성례전이든지, 또는 성경의 규범적인 해석들이든지–는 매우 많은 교황주의자의 어이없는 일만큼이나 면죄부와 콘스탄티누스 대제의 기부증서와 함께 하나로 취급될 수 있었다. 그것으로 인하여, 합리주의자들이 개신교주의가 종교개혁 이후에 알려진 것으로 헐뜯을 때에도, 그들은 합리주의자들이 스스로 선한 개신교인이라는 신임장을 요구하는 대로 내버려두었다. 기독교가 단순한 합리성으로 재정의되고 있었다. 캔터배리의 대주교 틸로트슨이 말한 것처럼, 하나님께서 "우리의 이성에 적합하지 않거나 우리의 권익에 해가 되는 아무것도 명하시지 않았다. 아니, 가혹하고 우리의 본성의 기질에 반하는 것은 아무것도 없다."[12]

존 로크(John Locke)의 책, 『기독교의 합리성』(*The Reasonableness of Christianity*, 1695)은 이성과 기독교가 하나요 동일하다는 것을 증명하려는 많은 사람들의 요구를 요약하였다. 그러나 그 과정에서, 독특하게 기독교에 대한 기독교인의 양상들 – 특별히 기적적인 일들과 계시에 의존하는 교훈적인 요소들 – 이 열외로 취급되었다. 남아 있게 된 것은 도덕이었다. 그리고 이것조차도, 틸로트슨이 주목했던 것처럼, 오로지 이성과 일치하는 어떤 것으로 이해되어야만 했다. 하나님의 주요한 목적은 도덕 질서에 관하여 보증을 서는 – 그리고 사회적인 것에 대해서도 그렇게 – 하나님으로 한정되었다. 그리고 비록 이것이 감탄할 만큼, 17세기 후반과 18세기에서 국가 교회들의 실제적인, 주목할 만한 기능과 어울렸지만, 그것은 그들로 하여금 그 이후의 마르크스(Marx)의 비판에 대하여 치명적인 상태가 되게 하였다.

그렇지만, 사실은 마르크스까지 기다릴 필요가 전혀 없었다. 그 비평가들 – 일반 백성들을 적법하게 유지하기 위하여 그들을 이용하는 속임수라고 기독교와 그 도덕성을 조롱하려했던 사람들 – 은 이미 출입구에 있었다.

> 그러므로 중요한 것은 사회의 확립을 위하여 수고했던 입법자들과 다른 현명한 사람들은, 그들이 지배해야만 하는 사람들로 하여금 모든 사람들이 자신의 욕망에 빠지는 것보다 그것을 극복하는 것이 더 유익하고, 자신의 사적인 이익으로 보이는 것보다 공공의 이익에 더 주의를 기울이는 것이 훨씬 더 낫다고 믿도록 해야만 했다는 것이다... 인류를 문명화하는 책임을 졌던 그들은... 자기부정의 어려움에 관한 일반적인 대응물이 모든 경우들을 만족시켜야만 할 때, 개개인의 모든 행동에 대하여 모든 사람들을 만족시킬 수도 있는 그렇게 많은 보상을 줄 수 없었고, 그들은 가상의 그것을 고안해내야만 했으며, 또 그것은 자신들에게나 다른 사람들에게나, 아무것도 잃어버리지 않으면서, 수령인들에게 이제까지 가장 수용 가능한 보상이어야만 했다....[13]

그러므로 버나드 멘더빌(Bernard Mandeville)은 1714년에 자신의 책인 『꿀벌의 우화』(*The Fable of the Bees; or Private Vices, Publick Benefits*)에서 내세와 관련된 교리에 대한 그의 교활한 공격을 시작했다. 역사학자 에드워드 기본(Edward Gibbon)의 유명한 『로마제국의 쇠퇴와 타락』(*Decline and Fall of the Roman Empire*)은 그 사건을 (확신하건대, 수천 페이지에 걸쳐 흩뜨린 품위 있는 말로서) 단호하게 기독교의 책임으로 비난했다. 그는 "자신이 살던 시대의 사람들에 의한 '초자연적인 진실성에 대한 동의는 냉냉하고 수동적인 동의라기보다는 덜 능동적인 일치' 라고 생각했다."14)

가톨릭 프랑스에서, 계몽주의 사상가들은 종종 개신교 유럽에서 그들의 상대편보다 더 강박적으로 반신앙적이었다. 데이비드 흄(David Hume)조차 그들의 무신론에서 분노를 야기하게 하고 또 주제넘은 것을 발견했다고 언급된다. 볼테르(Voltaire, 1694-1778)는 비록 자신이 무신론자는 아니었지만, 자신의 문학적 활동력의 많은 부분을 섭리와 기적들 같은 교회와 근본주의 신앙사상들을 공격하는 데 사용했다. 그가 뉴턴에 의하여 긍정적으로 가정되었던 기계론적인 우주 때문에 불필요하게 되었다고 여겼던 이러한 것들은 뉴턴이 거의 동의하지 않았던 관점이었다. 1755년 만성절에 리스본(Lisbon)의 지진에 의해 거의 모든 교회를 포함하여, 100,000명이 넘는 사람이 죽었고 또 그 도시의 85%의 모든 건물들이 파괴되었는데, 이 지진은 세상이 선하신 하나님에 의하여 다스려지지 않는다는 증거로서 인용되었다. 부활과 같은 기독교 신념들은 예수의 가르침에서 나온 것이 아니고, 그의 제자들의 꾸며낸 이야기에서 나타난 것이었다. 교회는 새로운 허구들과 교리들을 일삼으면서 이러한 초기의 허위들로부터 발전했다. 데니스 디드로(Denis Diderot, 1713-1783)와 다른 사람들의 협력 하에 1751년과 1780년 사이에 35권으로 출판된 볼테르의 유명한 『백과사전』(Encyclopedie)은 무신론자와 유물론자의 성경으로 적합하게 되었다.

다른 피할 수 없는 그 시대의 프랑스 사상가는 장 쟈크 루소(Jean-Jacques Rousseau, 1712-1778)이다. 그는 제네바에서 칼빈주의 가정에 태어났지만, 금전적인 이득을 얻기 위하여 16세에 가톨릭으로 개종하고, 42세에 다시 이전으로 돌아왔다. 그는 모든 신앙과 그의 모든 부유하고 사랑이 컸던 후원자들과 사이가 나빠졌는데, 그는 사실혼 관계의 아내에게 했던 것처럼 대단히 가증스럽게 그리고 배은망덕하게 그들을 대했다. 문맹의 하녀였던 이 여인은 다섯 명의 자녀를 그에게 낳았으며, 그는 그들 모두를 고아원에 거의 죽도록 내버려두었다. 그러나 그는 자신의 소설 에밀(Emile)에서 어린이들을 양육하는 올바른 방법에 대해서 상세히 설명하는 일에서 전혀 움츠러들지 않았다는 사실이 있다. 단호하게 기독교를 반대하는 그의 주요한 사상은 사람들이 본질적으로 선하다는 것이었다. 그들을 타락시킨 것은 사회이다. 거의 모든 현대의 "아동중심" 교육은 궁극적으로 어떤 해설자가 "지금까지 쓰인 가장 영향력 있는 교육과 관련된 논문"이라고 말했던 것에서 유래한 확신에 근거를 두고 있었다.[15] 사회적인 모범을 위한 탐구도 마찬가지였다. 만일 세상에 문제가 있다면, 그것이 기독교의 가르침에 의하여 단정된 부류에 속하는 또는 타락한 세상의 필연적인 결점이 되는 인간의 죄악됨의 허물일 수는 없다는 것이 뒤따라온다. 그러나 그것은 사회적이고 정치적인 구조여야만 하고, 그래서 그것은 완전에 도달할 때까지 변할 수 있고, 또 변해야만 한다.

루소는 현대의 그릇된 교육자로서만이 아니라, 현대 기술주의 사회의 수호성인이다. 『사회계약론』(*The Social Contract*)에서 표현된 그의 사상은 사람이 "자유로워질 수 있다"(forced to be free)는 것이다. 그것은 공산주의자들로부터, 자칭 "자유주의자들"이라고 하면서 참견하는 입법부 의원들까지, 옳게는 미국 신보수주의자들까지 거의 모든 현대적 사상을 가진 사람들에 의하여 공유되었고 또 공유되고 있는 망상이다. 루소는 18세기 사상에 속한 한 양상의 주요한 선조로서 서 있고, 비록 그것이 계몽주의의 일부분으로 간주된다고 하더라도, 그것은 합리주의와 깊은 충돌이 있었다. 그것은 바로 낭만주의(Romanticism)였다. 인간본성에 대한, 유년시절(childhood)의 무죄함에 대한, "고상한 미개인"(noble savage)에 대한 그의 이상화는 18세기 합리주의와 함께 비합리적으로 묶여 있었고 또 기독교의 과거에 대한 그 거부만 공유하면서, 당시부터 현재까지의 유력한 유산이 되었다.

거듭 반복하자면, 1789년 이전의 세기에서 합리주의자, 이신론자, 그리고 명백한 불신자들은 보통 지성인들과 일정 비율의 지배 계급에서는 제한적이었다. 그들에게 있었던 완전한 충격은 이후에야 감지되고는 했다. 그 사이에 대부분 일반 백성들은, 그들이 20세기에 이르기까지 대체로 실행해야만 했던 것처럼, 적어도 형식적으로는 신앙적인 상태로 있었다. 맨더빌(Mandeville)의 비난과 관련된 교활함, 일반적으로 종교를 유지하려는 프레드릭 대제에 대한 여론과 대중의 관심조차도 회유하려는 월폴(Walpole)의 자발성은 모두 비평가들이 스스로 작은 소수파로 존재하는 것을 알고 있다고 매우 분명하게 지적한다. 18세기는 감리교, 경건주의, 그리고 독실한 가톨릭 신도들이 그들의 견해를 분명히 말할 수 있었던 시대였다. 합리주의자들은 신중하고 또는 과장된 말에서 위로를 구했고, 배우지 못한 사람들이 이해하지 못하는 그 말들을 퍼부으려고 생각했다.

왕들의 신적인 권리

사조에서 합리주의와 같이, 정치에서 전제주의는 1648년 이후 세계의 단순한 생성물이 아니었다. 그것은 적어도 1500년경부터 창안된 것이었다. 16세기는 거의 모든 국가들에서 중앙정부와 지방 정부 사이의 권력 투쟁으로 특색 지워졌고, 이것들은 17세기까지 지속되었다. 이 권력 투쟁들은 우리들 시대에까지 지속되고 있는 장대한 이야기에서 초기의 사건들이었다. 중앙정부의 발흥하는 권력은 그 아래에서 살고 있는 사람들과 관련된 것이었다. 정부 통제의 범위와 영역은 중세 이후로 확고하게 성장하고 있었고, 그것들은 퇴보의 어떤 기색도 보이지 않았다. 우리가 비웃듯이 "자유 시장"이라고 부르고 있는 것에 넘겨진 그 발전된 오늘날 경제 제도들은, 실제 행해지고 있는 곳에서는, 정부에 의하여 지배되고 있고, 그 간섭은 GNP의 1/4과 1/2 사이를 포함하며, 그 안에서 어떤 생산품이나 서비스도 (당신의 손에 지금 붙잡고 있는 책을 포함하여) 고위 공무원 관료들에 의한 표준과 절차의 엄격한 규정 아래에 일치해야만 팔기에 적합하다. 이 목을 옥죄는 일에 대하여 유일한 예외들은 개발도상국에서 발견되는 것들이다. 그것들은 근대이전 국가들에 가장 근접해 있다. 국가들이 근대화되었던 것처럼, 세금 관리들이 정부의 소용돌이치는 관심사들을 더욱더 지원하는 조치를 취해야만 했다.

초기 근대 세계는 중앙정부의 통제에 속한 이 특별한 사닥다리에서 더 낮은 가로대들 가운데 하나에 있었다. 엘리자베스 1세 여왕은, 언젠가 멀지 않은 미래에, 뉴캐슬과 칼라일에서 백성들이 순종하고자 했던 정당한 기회를 붙잡고, 런던에서 명령을 내릴 수 있었던 영국의 초기 군주들 가운데 한 사람이었다. 다른 지배자들은 시간이 더 지난 이후에 이 높은 위치에 이르렀다. 그리고 일단 그들이 그와 같은 초보적인 통치에 도착하게 되자, 그들 대다수는 자신들이 그것을 좋아하는 것을 깨달았다. 게다가, 지역의 차원에서 전통적인 권력 소유자들 – 중부지방의 기사들, 치안판사들, 하급과 상급 귀족계급,

시의회-은 그들의 전통적인 재판권들이 자신들로부터 없어져 버리고 있었고 또 그 권력이 중앙으로 움직이고 있다는 사실에 도리어 분개했다. 지난 오백 년에 걸친 세계역사의 많은 부분들은 이 관점의 격자(grid)를 통하여 기록될 수 있었다.

그렇지만, 여기에서 우리들과 관계있는 요지는 초기 근대 시대의 왕들이 그 "중심"이었다는 것이다. 오늘날 대통령이나 의회에 부여되는 강력한 중앙권력은 먼저 군주들에게 귀속하였다. 그 군주들은 자신들의 성장하는 권력을 지지하고 그들을 위하여 신앙적인 합법화를 제공할 수 있었던 교회들을 강하게 선호했다. 그 합법화는 일반적으로 왕들의 신적인 권리에 대한 교리에서 찾을 수 있었다. 하나님께서는 군주들이 절대적으로 그리고 어떤 제약없이 다스려야만 한다고 결정하셨다는 것이다. 영국의 찰스 1세는 자신을 막 처형하려는 그들의 면전에서 웅변적으로 그 문제를 말했다. "국민과 국왕은 명백히 다른 것이다."16)

중앙집권화 하는 군주들의 관점에서, 개신교주의와 로마가톨릭주의는 각기 하나의 유익한 것과 불리한 것-비록 그 균형이, 절대주의자 황제들에게는, 후자를 선호하여 칭해진 것으로 보였지만-을 갖고 있었다. 개신교 국가교회는 왕국, 공국, 또는 다른 행정조직 안에서 교회의 통제를 견고하게 결정짓는 유익을 얻었다. 루터는 이 원칙을 가르쳤고, 19세기를 지나면서 루터교회 공국들에서 17세기의 교회는 군주들의 고분고분한 도구로 증명되었다. 개혁교회 전통은, 지배자가 그의 백성들이 교회를 실제적으로 지배할 수 없도록 하면서 교회를 유지하고 강화시키기를 기대하는 가운데, 좀 더 유동적이었다. 이러한 이유로 루터교회주의는 개혁교회 개신교주의가 했던 것보다 절대주의 황제들에게 더 많이 공헌하였다. 중앙집권화 하는 군주들의 관점에서 개신교주의의 어떤 조직에 관한 불리한 면은 개신교 교회 안에 성직자계급제도가 상대적으로 없다는 것과 예술적인 광채와 의식으로 사람들을 두렵게 하기보다는 설교와 성경읽기에서 그 의견을 말하는 경향이었다. 그러므로 종교개혁의 교회들은 매우 정치적인 파벌주의로 확대될 수도 있었던 교리적인 논쟁들과 관련된 성가신 가능성을 갖고 있었기에, 절대주의자 군주들은 일치라는 명목으로 그들에게 성가신 잔재력을 억압하기를 원했다.

가톨릭주의의 장점은 그 전통주의, 세속적인 동등함의 정상(頂上)이 왕인 것을 암시하는 그 교회의 성직자계급제도, 그리고 일반 백성들이 상당한 거리를 유지하는 신성한 신비에 대한 강조였다. 불이익은, 범위와 의도에서 일반적인 것처럼, 어떤 군주의 지배와도 관계없이, 권위의 정상이 로마 가톨릭 교회에 있다는 사실에 있었다. 그 관심사와 정책들은 언제라도 가톨릭 군주의 목적과 충돌할 수 있었다. 그 적수들은 그의 지지자들일 수 있었고, 현재 호의적인 그 적수들의 아들일 수도 있었다.

그렇지만 1648년 이후에, 이 불이익은 광범위하게 가설이었다. 우리가 6장에서 시사했던 것처럼, 종교개혁이 많은 국가에서 스스로를 확립하는 일에 성공했다는 사실은 교황으로 하여금 사실상 가톨릭신앙에 남아 있기로 결심했던 (또는 가톨릭주의로 개종했던) 모든 군주들의 가신에 이르게 하는 영향을 끼쳤다. 그러나 모든 군주들이 교황에게 그렇지는 않았다. 이 실제는 모든 주요한 가톨릭 국가의 군주들과 가톨릭교회 사이에서 명백했다. 웨스트팔리아 평화조약 이후의 상황은 그 실제의 일반적인 인정을 증명했다: 가톨릭신앙을 유지하고 강화하는 답례로, 교회는 왕들의 신적인 권리를 지지하고는 했다.

근대 군주들의 압도적인 권세는, 1773년 교황 클레멘트 14세(Clement XIV)의 『주와 구세주』(*Dominus ac Redemptor*) 교서에 근거하여, 예수회에 대한 억압에서보다 더 분명하게 보이는 곳은 없다. 반종교개혁의 영광이었던 예수회는 17세기와 18세기 기간 중에 군주들에 의하여 거의 일반적으로 혐오스럽게 되었다. 식민지 개척자들의 수중에서 남아메리카의 인디언들의 약탈을 방해하면서, 그럼에도 불구하고 그들의 정착지에서 늘어나는 부에 의심을 받고 또 프랑스에서 쓰라린 교회 논쟁에 크게 관련되었지만, 예수회는 모든 곳에서 부요하였고 또 강력했다. 그리고 교황에 대한 그들의 개인적인 순종의 맹세는 결국 그들이 18세기 후반에 이르러 나머지 교회들이 군주에게 고분고분하는 도구가 되었던 것보다 덜 그리하도록 만들었다. 1750년대와 1760년대 동안 가톨릭 군주들과 그들의 사역자들이 모여서 모의한 것이 마침내 그 요점에서 일치를 만들었다: 예수회는 억압되어야만 했다. 1769년 프란시스코 수도사였던 클레멘트의 교황 선출은 이 논쟁과 밀접한 관련이 있었고, 얼버무려 넘기려는 몇 년의 기간에도 불구하고, 그는 마침내 가톨릭의 일치를 보전하기 위하여 동의했다.

러시아에서 교회는 바로 그 특성상 군주제의 독재정치에 매우 쉽게 적응하였다. 비정통주의 통치 아래서가 아닌 유일한 정통주의의 영역으로서, 러시아는 급속히 비잔틴 문화와 신앙의 유산 수령인 가운데 우위에 이르렀다. 그럼에도 불구하고, 새롭게 정복한 정령숭배자와 무슬림 부족들 가운데 왕성한 선교 활동을 수반하면서, 17세기와 18세기의 급속한 팽창은 정통주의 기독교인들이 그곳에서조차도 소수파가 되는 위협을 주었다. 비록 그때조차도 기독교가 샤머니즘(Shamanism)과 다른 전통 신앙들에 대하여 외견상으로 빈약한, 때로는 충분한, 합판 한 장처럼 남아 있었지만, 이것은 전체적으로 후자보다는 전자 사이에서 더 성공적이었다.

러시아 교회의 점점 증가하는 국제적인 지위는 당장 그것을 러시아 황제가 지배하는 일이 더 견고하고 더 중요한 일로 만들었다. 내적인 변화에 대한 파괴적인 결과들이 17세기에 우리가 이미 5장에서 살펴보았던 그리스의 예배의식과 더 큰 협력을 이룩하려고 초래되었다. 피터 대제(Peter the Great, 1694-1725년 동안 통치)와 그의 주요 각료들은 국가로서의 지위에 관한 서구 사상에, 홉스의 국가론(Leviathan)에서 가장 현저하게, 상당한 영향을 받았다. 그의 근대화 계획은, 그 이전의 총대주교 니콘(Nikon)의 계획처럼 그가 독일의 개신교도들을 각료의 자리에 임명했고 러시아 귀족들이 수염을 기르지 못하도록 금하였기 때문에, 러시아의 전통주의자들을 분노하게 하였다. 보수주의에 대한 이러한 모욕들은 피터 대제의 겉보기로 꾸미는 경건의 과시와 동방귀일 가톨릭교도(Uniatism)에 대한 그의 거부보다 더 큰 것들이었다.

총대주교 아드리안(Adrian)과 그의 투쟁은 1700년 아드리안의 죽음으로 끝났지만, 피터는 후계자 선거를 방해하는 것으로 전통을 무시하는 일을 계속했다. 그는 자신의 나머지 재임 기간 대부분 동안 특별한 협정으로 임시변통하였지만, 1721년 그는 최고 교회회의(Holy Synod)를 명하였고, 그것은 이후로 교회를 통치하는 것이었다. 이것은 나머지 정통주의 세계와 중대한 단절을 명시하는 것이었지만, 다른 점에서는 러시아가 선도하는 지위에 있었다. 더구나, 비정통주의 종교 단체들의 안건에 대한 그 대회의 책임 – 비그리스도인들에 속한 그것들도 – 은 현대의 "종교 업무과"처럼, 그것을 효과적으로 기의 세속적인 단체로 만들었다. 무엇보다도, 그것은 시키는 대로 하는 단체였다. 한 역사학자가 주목했던 것처럼, "일반적으로 자신의 관할권에 놓인 문제들에 관하여, 그 대회는 정부의 지령들을 받아들이는 것 외에 다른 선택이 없었다... 그리고 그 대회는 엄격하게 일시적인 단어의 의미를 제외하고 아무도 총대주교의 후계자라고 주장할 수 없었다." 참으로, 그 대표자들은 다음과 같이 고백했다: "이 교회의 행정은 총대주교의 그것과 같지 않다... 그것은 자신의 이름으로 다스리지 않고, 도리어 그의 왕(Majesty)의 명령에 의하여 다스려지고 있다. 그는 자신을 이 최고 교회회의의 최상의 지배자요 심판자로서 세웠다."17)

그렇지만, 러시아는 특별한 경우였다. 서부와 중부 유럽에서 그 시대의 대부분의 군주들에게 있어서, 로마 가톨릭교회와의 유효한 관계는 가장 매력적인 종교적 해결책으로 보였다. 그것에 의하여 만들어진 정치적 문화는 수많은 정치적 가공(加工)을 야기했다. 그러나 교황청은 가능성을 모색하는 명수였고, 또 그렇게 남아 있었다. 절대 군주제들이 명백히 사라지고 있던 19세기 기간 동안 왕권을 지속적으로 지지했던 것은 교회와 잘 맞던 합의였고, 그것은 1960년의 제2차 바티칸 공의회까지도 민주주의, 공화주의, 의회, 그리고 인권의 새로운 세계와 결국은 조화되지 못했다.

그 시대의 주요한 가톨릭 군주국은 오스트리아 제국이었다. 1648년 이후의 상황에서, 왕의 요구들이 로마교황청의 요구들과 충돌했던 곳에서 그것들을 반대하는 것이 결정적인 교황제도의 무능력에 대한 좋은 본보기이다. 제국과 교황청은 마음으로 멀어진 그때로부터 경쟁자였고, 또 교황들은 지속적으로 그들이 할 수만 있다면 황제의 코를 비틀었으며, 그것은 대부분 북부 이태리에서 있었다. 그렇지만 왕후 마리아 테레사(Maria Theresa)와 그의 아들 조셉 2세(Joseph II)는, 그들 각자의 양식에 따라서 모두 경건한 가톨릭 교인이었지만, 교황들이 막기에는 무능했던 일련의 개혁들을 법령으로 규정했다. 외국의 황태자-주교들에게 모두 종속하는 잘츠부르크(Salzburg)와 파사우(Passau)의 주교직들은 오스트리아 영토 내에서 박탈당했다. 교구들은 과감하게 재조직되었고, 합리적으로 다루어졌다. 교회 재정은 (또는 그것들 중의 얼마는) 꺼내졌고 또 국가의 목적에 전용되었다. 많은 수도원들이 문을 닫았고,

그 거주자들은 연금을 주어 내쫓았으며, 그 소유물은 의무적인 학교교육에 투자했다. 모든 것 가운데 가장 급진적인 것은, 황제 조셉 2세가 그의 미망인이었던 어머니의 1780년 사망에 뒤이어 유일한 지배자가 된 이후에, 1781년 유명한 신앙의 자유에 관한 특허(Patent of Toleration)를 발표한 것이었고, 그것으로 개신교도들이 각자 정부에 등록하고 또 의견을 분명히 하는 한 신앙의 자유를 얻었다. 그의 동기는 여러 가지였다: 계몽주의 원칙들에 대한 그의 개인적인 몰두는 그로 하여금 이 행동의 적절함을 확신하기에 충분하였다. 그는 이미 공격적인 프로이센이 오스트리아의 사무에 간섭하는 일에 대한 변명을 거절하기를 원했다. 박해는 무익하고 때로는 심지어 역효과인 것을 증명했다. 그리고 그는 많은 부지런한 개신교 국외 추방자들이 돌아오기를 원했다. 그렇지만 그는 얼마나 많은 그의 백성들이 그들에게 주어진 신앙의 자유를 악용하려고 하는지에 대해 상당히 큰 충격을 받았고, 등록하는 구조가 더 난해하고 또 어렵게 만드는 원인이 되었다. 최근의 한 역사학자가 적절하게 그것을 묘사했던 것처럼, 그 결과적인 일처리는, 관료집단에 의한 일반대중의 그 성취에서 "상당한 비공식적인 불관용이 함께 하는 신앙의 자유와 결합하였다"[18] 그와 같은 조절은 중부와 동부 유럽의 많은 곳을 가로지르는 신앙적인 소수파에게 아주 잘 알려진 것이다.

이태리에서 교회는 다양한 정권들 아래 살고 있는 자신을 깨달았다: 교황의 직접적인 지배 아래 있는 교황 제도의 정부들뿐만 아니라, 베니스(venice), 롬바르디아(Lombardy), 모데나(Modena), 토스카나(Tuscany), 그리고 사르디니아(Sardinia)와 나폴리(Naples) 정부들도 있었다. 이태리는, 다른 지역의 대응자들보다 훨씬 더 작았던 대부분의 주교관구와 더불어, 전체적으로 주교직에 크게 집중되어 있었다. 나폴리 왕국에만 131개가 있었다. 이태리의 다른 곳에서처럼 그곳에서 감독제의 임무는 알프스 북쪽이나 이베리아 반도의 경우에서보다 비천한 가문출신의 사람들에게 더 개방적인 경향성이 있었다. 많은 사람들은 교황의 통치를 받는 의식을 통하여-20세기에 여전히 주목할 만한 것이었던 현상-성장했던 지방 사람들이었다.

중세 후반의 신앙적인 단체들은 교회에 속한 헌신의 삶에서 많은 일반 백성들을 포함하였고, 이 관례는 종교개혁으로부터 북부 이태리 도회지들(그들의 사회적, 경제적인 여건들은 또 다른 면에서 개신교주의에 대한 민감함과 관련되어 있는 좋은 예측 변수였다)을 지키는 일에 많은 일을 했다. 교황 바울 4세(Paul IV)의 종교재판소에 의해서가 아니라, 16세기 후반 이래로부터 캐퓨친 수도회나 예수회의 설교 전도에 의하여 더 많이, 그 구조 수단은 보호가 되었다. 캐퓨친 수도사들은 개신교회가 공격했던 그 교리들을 강조했다: (예수의 죽음과 부활 사이의 기간을 기념하기 위하여) 40시간 동안 교회에서 빵과 포도주의 영성체를 노출하는 그들의 습관은 구원의 전달 수단으로서 거룩한 변화를 일으킨 영성체들에 대한 대중의 헌신을 만들어냈다. 예수회 바울 세그네리(Paul Segneri, 1624-1787)로부터 피에트로 안살로네(Pietro Ansalone, 1633-1713)에 이르기까지, 가톨릭 신앙 부흥 운동가들은 17세기와 18세기에 활동적이었다. 그들은 수천의 사람들을 헌신의 삶으로 변화시키는 동안 다양한 연극을 사용하였다. 설교가 지옥의 두려움과 성모에 대한 헌신, 그리고 명상을 강조했고, 또 자학을 실천했던 알폰소 리구오리(Alfonso Liguori, 1696-1787)는 시골의 가난한 사람들 가운데 신앙적인 사역을 이루려고 1732년 구세주회 수도회(the Redemptorist Order)를 설립했다.

이러한 규모에서, 가톨릭교회가 개신교 유럽의 감리교회와 경건주의 부흥운동가들에게 대응하는 것을 발견하는 것이 가능하다. 적어도 그들의 방법에서 어떤 유사성이 있었을 뿐만 아니라, 그들에게 속한 일반대중의 주장은 엘리트적인 지성인의 종교가 회피했던 전통적인 종교의 양상들을 정확히 강조했고, 그들은 그렇게 실행하는 새로운 형태들을 사용했다. 장기간의 효과들이 매우 달랐기 때문에, 그 유추는 극단적으로 강조되었다. 감리교회는 산업혁명과 상업사회에 의하여 요청되었던 가치들과 조화를 이루었던 아주 비슷한 개인의 자립과 자기훈련의 태도를 촉진하였다. 가톨릭 전통주의는 거의 반대편을 성취하였다.

어쨌든 이태리는 이 책에서 다루고 있는 시대의 대부분 동안 주로 스페인의 지배를 받는 상태였다. 1648년 이후 스페인과 북네덜란드의 유대는 영구히 갈려졌고, 그 군대와 물자의 연결로–스페인 도로(the Spanish Road)–는 더 이상 존속하지 않았다. 유럽에 남아있는 스페인의 활동력은 이탈리아 반도로 돌려지게 되었다. 결과적으로, 남부 유럽 가톨릭교회의 분위기는 가톨릭교회가 북쪽지역에 충성하도록 그렇게 영향을 주었다. 그리고 그들로 하여금 합리주의와 상업의 가치를 향하는 경향이 있었던 개신교주의와 계속 진행 중이었던 접촉으로부터 매우 천천히 어느 정도 차단되는 경향이 있었다.

스페인 교회 자체는 쇠락해가는 제국에서 많은 다른 것들처럼 비논리적으로 조직되었다. 18세기 후반에 60,000명의 사제들이 있었고(1,000만 명의 인구에 대해서) 그들 가운데 22,000명만이 교구 사역에 헌신하였다. 나머지는 대성당의 직무와 도시들의 경건한 기초를 혼란케 했고, 19,000개의 시골 교구들 가운데 거의 3,000개가 전혀 사제가 없었다.[19] 결과적으로, 교회는 그 환경에 잠겨버렸고, 그 일은 십일조와 땅에 대한 지대를 매개로 하여 어마어마한 부를 시골로부터 도시로 옮겨갔다. 그것이 후자에서 유용한 상업의 진흥을 막았고, 전자에게는 고달픈 빈곤의 원인이 되었다. 주교직의 수입은 막대하게 변화되었고 또 주교 직위의 크기와 중요성과 관련되지 않았다. 관리는 빈약했고, 다양한 종교적 단체들은 교회의 구조에 서투르게 흡수되었다. 왕권과 교황권의 관계는, 이것이 왕권이 이기는 위치에 있었던 전쟁이었지만, 종종 나빴다.

포르투갈의 상황은 많은 면에서 스페인의 상황과 닮았다. 시골지역의 턱없이 부족한 성직자들이 있었음에도 불구하고, 너무 많은 또 능력이하의 일을 하는 성직자들이 있었다. 그렇지만 포르투갈 교회는 스페인보다는 부요했고, 18세기의 2/4분기는 교회와 수도원의 건물을 짓는 일에서 급속한 발전을 경험했다. 포르투갈에서는 수도원과 수녀원들이 귀족 집안의 어린 아들들과 결혼할 수 없는 딸들을 위한(어쨌든 어떤 상속자와도 결혼할 수 없는) 어느 정도 유용한(때로는 매우 유용한) 피난처로서 중세 유럽 전체에 걸쳐서 지속적으로 실행했던 역할을 담당했다. 양쪽 나라에서, 주교직은 귀족들의 아들들로 채워지는 경향이 있었다.

그러나 신앙적인 영향력은 종종 상당히 정치권력을 따르고(19세기의 기독교와 20세기의 미국 영어의 보급자들과 같이 영국의 영향력을 입증한다), 그렇기 때문에 아마도 프랑스가 '구체제'(ancien regime)의 시대 동안 가톨릭신앙 안에서 발전할 수 있는 가장 비옥한 옥토였다는 것에 동의해야만 한다. 우리는 얀센주의자들과 예수회원들 사이의 다툼을 이미 5장에서 언급하였다. 그러나 정적주의자(Quietist) 운동은, 그것이 특별히 스페인 사람 미가엘 몰리노스(Miguel Molinos, 1628-1717)의 『영적 안내』(*Spiritual Guide*)라는 작품에서 이미 기원하였지만, 루이 16세(Louis XIV) 왕국에서 그 거대한 번성과 최고로 유명한 대표자를 발견했다. 마담 잔느 마리 귀용(Madame Jeanne Marie Guyon, 1648-1717)은 15살에 22살 된 선배인 한 남자와 결혼했다. 세 아이를 낳고 나서, 그녀는 어린 아이 같은 예수와 영적인 결혼을 시작한다고 선언했고, 그것은 그녀가 경건한 삶을 살아야만 하는 것이었다. 그녀의 남편은 4년이 지난 후에 사망했기 때문에, 그는 이것을 오랫동안 참을 필요가 없었다. 그의 친척들은 자신의 아이들을 포기하고 명상 기도생활을 신봉했던 그들의 미망인이 된 인척의 다음 행동에 감동을 받지 못한 것은 말할 것도 없었다. 기도에 관한 그녀의 작품들이 대단히 영향을 미쳤지만, 그녀는 그 시대의 가장 위대한 두 성직자였던 보쉬에(Bossuet)와 페넬롱(Fenelon) 사이의 투쟁에서 인질로 잡혀 있는 자신을 깨달았고, 바스티유(Bastille) 감옥에서 한 동안 수감되어 지냈다.

1727년부터 내내, 프랑스 가톨릭주의는 새로운 방침으로 어려움을 겪었다. 성 메다흐(Saint-Medard)의 가난한 파리 지역에서 평판이 좋은 얀센주의자였던 프랑수아 드 파리스(Francois de Paris)의 죽음은 그가 사후에 치유의 기적을 일으켰다고 이구동성으로 요청하는 원인이 되었다. 그 곤혹스러움은 그의 시복(beatification)에 대한 요청 때문이 아니라, 그 지역에 모여서 무덤에 떼를 지어 쇄도하면서, 치유를 바라는 무리들의 단순한 흥분으로 야기되었다. 얀센주의가 공적으로 비난을 받았다는 사실은 그 문제를 더욱 난처하게 만들었다. 1732년 초에, 관헌들은 그 묘지를 차단했다. 그것은 헛된 것이었다. 그 운동은 비밀스럽게 진행되었고, 성체용기에 의지하지 않고서도 지속하는 방식들을 발견했다. 가난한 프랑스 사람들 가운데 야기되었던 그 분노는 영속적인 것으로 보였다. "두 세대가 지난 이후에, 이러한 부류의 얀센니즘이 강했던 파리 지구들은 '과격파들' (sansculottes)로 가득하게 되었다."[20)]

참으로, 가톨릭의 후원을 받는 전제주의가 혁명으로 이어졌던 불안정한 비탈은 아마도 우리 시대와 관련된 그 이후의 종교역사에서 가장 중요한 프랑스의 공헌이다. 우리가 살펴본 것처럼, 프랑스의 지성인들은 개신교 유럽의 경우보다 훨씬 더 많이 그리고 더 실제적인 적의를 가지고 기독교로부터 소원하게 되었다. 그래서 왕좌와 제단의 확고한 결합을 주의하는 것으로 충분하고, 그들이 그 안에 있었을지라도, 그것은 다른 한편을 거꾸러뜨리기 위하여 한편을 무너뜨릴 수 있는 사람들을 필요로 했다. 부르봉가는 교황들을 잘 대우하지 않았다: 이론적으로, 1789년 오래 전에 반왕당주의 운동이 교황주의에 충성하는 신앙적인 외관으로 그들을 가린다는 것은 가능할 수도 있었다. 그러나 사실상, 우리가 열거했던 이유들로, 교황들은 자신들이 쥐고 뒤흔들기에는 충분하지 못한 저항을 하였다. 분명히 그들은 프랑스 군주들 이상으로 교회 안에서 자라나고 있는 왕가의 권위를 반대하기 위하여 대중들 안에 있는 천성에 호소하는 진지한 시도를 하지 못했다.

사실, 1789년의 통치형태와 군주제도를 괴롭혔던 국고의 재난은 교회의 자산이 다른 방법으로는 불가능한 재정적인 순환을 청산하는 일에 사용되어야만 한다고 적극적으로 주장했다. 성직자들 가운데 얼마는 적어도 기꺼이 양도하였고, 1789년의 헌법 제정단(Constituent Assembly)은 처음에는 타협을 이룰 것처럼 보였다. 그러나 모든 수도원들과 수녀원들이 필요한 금액을 얻기 위하여 매각되어야 할 필요가 있다는 것이 명료해짐에 따라서, 급진주의자들은 수도원 서약의 금지를 계속 요구했고, 성직자들 가운데 - 그리고 그 바깥쪽에서 - 많은 사람들은 경계하게 되었다. 주사위는 돌이킬 수 없을 정도로 던져졌다. 그러나 그것은 계속 연결되는 책을 목표로 하는 이야기다.

제16장

예 술

개신교 종교개혁은 예술과 음악에서 다양한 태도의 변화를 발견했다. 대부분의 개혁자들은 사람의 열정을 움직이는 그 모두의 능력을 예민하게 파악하면서 적어도 회의적이었고, 그 능력을 사용하려는 요구와 그것을 저지하려는 요구 사이에서 분열되었다. 개신교주의는 결국 부분적으로, 인간성에 있는 인지 요소에 대한 탁월한 언급과 더불어, 말(word)에 관한 새로운 강조였다. 더구나, 특별히 예술은 자신의 지위를 고양시키고 또 그 메시지를 특별히 문맹자들에게 전하기 위하여 가톨릭교회에 의하여 사용되었다. 종교개혁자들의 주요한 요점들 가운데 하나는 쓰인 (지금은 인쇄된) 본문에 의하여 전달되는 사상들이 너무 오랫동안 열외로 취급되었다는 것이다. 무엇보다도 악한 것은, 결국 형상을 향하게 되는 예배인 숭배로서, 예술이 우상숭배하는 형식에 종종 사용되었다. 개신교 지도자들은 "성육신이 사실상 나무와 장식과 돌을 신성화하지 않았다는 것을 알았다... 하나님과 피조물 사이의 존속되는 차이는 어떤 형상－어떤 형상이라도－을 예배의 보조물의 위치에서 오해하기 쉬운 풍자예술로 변질시킨다."[1)]

물론 그와 같은 평가의 강점과 약점 모두는 이원론(dualism)이다. 물질적인 대상들은 영적인 유익을 전할 수 없다. 그러나 그것은 신앙적인 예술이 본질적으로 유해할 것이라는 것을 의미했는가? 많은 개신교 신도들은 그렇게 생각했다. 예를 들면, 루터의 초기 동역자들 가운데 한 사람이었던 칼슈타트

(Karlstadt)는 "영지주의의 아마도 물질과 영혼의 가장 완벽한 분리에 대하여"[2] 지지하는 주장을 했다. 가장 신앙적인 급진주의자들인 재침례파 신도들과 또 같은 부류의 사람들은 동일한 관점을 취하였다.

음악

이 모든 일에도 불구하고, 예술에 대한 인간의 애착은, 특별히 음악에 대하여, 보통 너무 깊게 각인되고 또 너무 견고해서 그것들이 완전하게 포기되어야 한다고 말하면서도 저항할 수가 없었다. 개혁자들이 주민들의 지성과 마음에 감명을 주고자 원했던 사상들과 정서를 전달하는 일과 관련된 그 잠재력은 완전히 포기될 수 없었다.

루터는 확실히 개혁자들 가운데 가장 실용적인 사람이었다. 그는 전통적인 신앙 예술들이 우상숭배적으로 사용되지 않는 경우에 그것들을 간직하면서 즐거워했고 또 일반 백성들이 예배하는 일을 격려하기 위하여 음악의 수단들을 사용하는 일에 열심이었다. 열성적인 성악가와 류트(lute) 연주자로서, 전통적인 가톨릭 노래들, 민속 음악 곡조나 또는 새로운 작품 어느 쪽이든지, 그는 많은 찬송가들을 만들었고 또 교회음악을 위한 일련의 자료들을 활용하는 일에 열심이었다.

"거리들, 집들, 그리고 다른 곳에서 불러지는 악하고, 소란한 가락들, 쓸모없고 부끄러운 노래들이, 만일 그것들이 선하고 유용한 기독교의 내용들과 말들을 담고 있다면, 그 악한 영향력들을 제거하기 위하여 거리의 노래들, 기사들과 광부들의 노래들이 기독교적인 도덕적이고 윤리적인 방식으로 변화된 것"에 그는 만족하였다.[3]

결과적으로, 루터파 전통은 초기에 원리적으로 찬송가를 제공하였다. 루터 자신과 그의 후계자들은 청중들이 찬송가 부르는 일을 실행하도록 격려했다. 왜냐하면 "기도서는 성취할 수 없는 것이지만, 하나님의 말씀은 크게 내면화되고 또 열매를 맺을 수 있기 때문이었다."[4] 대부분의 찬송가들은 노래하는 사람들이 무반주로 노래하는 것을 기대했지만, 이것은 악기에 대한 반대의견 때문이 아니라, 빈곤의 일반적인 경험에 더 많은 이유가 있었다. 그들이 이용할 수 있을 때에 오르간과 다른 악기들은 자유롭게 사용되었다.

전체적으로 개혁교회 전통은 음악의 잠재력에 대하여 루터가 취했던 것보다 훨씬 더 거친 관점을 취했다. 노래하는 일과 춤추는 일이 해가 없는 오락으로 보지 않았고, 모든 종류의 추잡함에 선구자요 또 부수물이라고 보았다. 명백한 성경에 관한 반론에 대답하면서, 칼빈은 특별한 변론을 의지했다: "백성들이 유년기였기 때문에, 도구로서의 음악은 율법의 시대에만[즉, 구약] 관대히 다루어졌다."[5)]

그렇지만, 결과적으로, 제네바 사람들은 시편 – 오직 시편만 – 은 불릴 수 있다는 견해를 받아들이도록 협의하였다. 그러나 어떤 화성과 어떤 종류의 수반하는 악기들이 있을 수가 없었다. 제네바 시편 찬송가는 데오도르 베자(Theodore Beza, 칼빈의 가장 중요한 동역자요 그를 이어받기로 정해졌다)와 다른 사람들에 의하여 번역된 운문체의 시편으로, 루이스 부르주아(Louis Bourgeois)에 의한 악곡과 더불어, 1562년 세상에 나왔다. 그 곡조는 기억할 만한 것이었다. (참으로 부르주아 자신은 그의 은사들이 승인하지 않았던 모든 종류의 자료들 – 루터파, 민속 음악, 심지어 그레고리안 성가 – 로부터 그것들을 생각했던 것으로 보인다. 그렇지만 과감한 수정에 의하여, 그는 그것들을 그의 시편 찬송가에서 통합하였다.) 그리고 일단 만들어지고 또 어디든지 종교개혁 신앙이 전파되었던 곳에서 사용되는 다양한 언어로 번역되자마자, 어떤 비난도 화성과 악기들로 꾸며진 종국의 장식을 영원히 막을 수가 없었다.

부르주아 자신은, 다른 개혁주의 작곡가들과 같이, 시편에 대하여 운율의 변화가 있는 작곡을 하였다. 그의 첫 번째 판은, 아마도 제네바의 관리들이 그와 같이 단순함에서 이탈된 것들을 승인하지 않았기 때문에, 1547년 리용(Lyons)에서 출판되었다. 제네바 사람들이 그 도시에서 이 자료의 출판을 허가할 정도로 동정적으로 생각했을지라도, 칼빈 자신이 "그와 같은 망상의 작품은 예식에 속하지 않고, 예식에는 동음의, 무반주의 시편들로 충분할 것이다"라고 한 것은 분명했다. 그 증거는 강하게 보였다. 꾸밈없는 가락의 사용은 교회 예식에서 우세했던 것으로 추측되었던 반면에, 종교개혁 작곡가들이 가정에서 사용하기 위하여 운율의 변화가 있는 곡을 만드는 것으로 그와 같은 비난에 반응했나는 증거는 실득력이 있는 것으로 보인다.[6)] 시편 찬송가의 제네바 판이 백 개가 넘는 다른 운율법을 활용했지만, 영국 판은 단지 하나만 사용했다. 이것이 한 현대 학자가 그들의 이데올로기에 의하여 작곡가들에게 부여된 "큰 타격을 주는 음악적인 제한"을 말할 때 그가 언급한 것이다. 그것은 대체로 모진 결핍과 엄한 단순성에 대한 요구였으며, "빵과 물만의 식사에 상응하는 음악을 낳았다."[7)]

재침례파들은 1520년대 중반에 노래하는 일을 완전히 금하기 시작했다. 그들의 첫 번째 지도자 가운데 하나는 가장 우둔한 문자주의 가운데 한 부류를 열심히 추구했다. "우리는 신약성경에서 노래하는 일에 관하여 가르치는 아무것도, 그 어떤 모범도 발견하지 못한다.... 그들이 시편과 신령한 노래들로 서로에게 말하고 가르쳐야 한다고 바울이 말하고 가르친 이래로, 그는 매우 분명하게 에베소서 5장 19절과 골로새서 3장 16절에서 노래하는 일을 금하고 있다. 그리고 만일 누군가 노래하려고 한다면, 그는 그의 마음으로 노래하고 감사해야 한다." 공평하게 말하면, 그가 지켜보았던 그 독단적인 관찰은 몇 세기에 걸쳐 정말 진실로 들렸다: "누구든지 노래를 못 부르는 사람들은 그것으로 괴로움을 당한다. 누구든지 노래를 잘 하는 사람은 자만하게 된다."[8)]

어쨌든 그 금지는 몇 달 이상 지속하지 못했다. 초기 지도자들 가운데 한 사람이었던 펠릭스 만즈(Felix Manz)는 1527년 그의 순교 이전에 적어도 찬송가 한 곡을 작곡했다. 그 첫 번째 행인, "나는 마음을 다하여 노래할 것입니다"(Mit Lust so will ich singen, I will Sing Heartily)는 그것이 단순히 무언의 광상곡으로 의도되었다는 아무런 인상도 나타내지 않는다. 차후의 재침례파들은 운문들에 대한 견고한 추세를 만들었고, 그들 중의 다수는 더 넓은 사회에서 이미 유행하고 있는 세속적인 노래들의 곡조를 붙이기 시작했다. 그 결과물인 재침례파의 찬송가 모음집 『전형』(*Ausbund*)은 아직도 사용하는 가장 오래된 개신교 찬송가집이다.

영국의 엘리자베스 1세 시대의 교회에서 1562년에 제네바 모범을 본받았던 스턴홀드(Sternhold)와 홉킨스(Hopkins)의 시편 운문 번역이 출간되었다.[9)] 16세기 동안 시편 찬송–교회에서만이 아니라–은 대단히 대중적이었다. "스턴홀드와 홉킨스는 1599년 65판을 출간했고, 그것은 다음 3세기의 가장 많은 해 동안(때로는 1년에 한 번씩) 재출판되었다.

그렇지만, 영국의 대성당에서 빈약한 운문 시편은 더 공들인 작품들보다 덜 인정을 얻었다. 16세기와 17세기 동안 이 후자를 노래하는 일은 일반적으로 성가대의 특권이었다. 청중들은 대부분 잠잠하였다. 대단히 고상한 개신교 일부는 종교개혁 이전의 예전을 지배했었던 라틴어 사용하는 일 – 베네딕투스(Benedictus), 유빌라떼(Jubilate), 떼 데움(Te Deum), 라우다무스(laudamus), 눙크 디미티스(Nunc dimittis) – 을 경멸하였고, 그것에 의하여 의심할 바 없이 청교도들은 감독제도와 그 모든 기관에 대한 그들의 불신을 확실하게 하였다. 윌리엄 버드(William Byrd)와 같은 작곡가들에 의한 독주는 상당히 유행하였다. 많은 종류의 관악기들이 현악기들보다 선호되었다. 후자가 가락을 맞추는 일에서 더 어려웠기 때문이었다. 대성당들과 주교 교회들에서 "미신적인 기념물들과 관련된 모든 오르간들, 화상들, 그리고 모든 물건들의 신속한 파괴를" 1644년에 의회법령으로 금지했을 때, 이것이 적어도 남북전쟁과 공화정까지의 경향이었다. 왕정복고 이후에, 프랑스에서(가톨릭에서도) 새로 도입된 많은 바이올린을 왕궁 부속 예배당에 소개했던 찰스 2세와 함께, 그 반대의 극단이 유행하였고, 일지 기록원 존 에벌린(John Eveyln)이 혀를 찼던 그것은 "교회보다는 선술집이나 극장에 더 적합하였다."[10] 그러나 그 경향은 멈추지 않았고, 청중들의 참여보다는 공연을 위하여 의도된 성가에서 소리와 악기들을 결합하면서, 헨리 푸르셀(Henry Prucell, 1659-1695)은 새로운 스타일의 작곡가들 가운데 최고가 되었다.

16세기 동안, 개신교는 교회음악에 대한 세속적인 영향력에 관하여 염려하는 단 한 부류가 아니었다. 트렌트 종교회의 신부들도 대중들을 위하여 의도된 음악이 세속적인 음악과 혼합된 것을 전혀 포함해서는 안 되고 또 복잡한 소리를 내는 작품들은 거부되어야만 한다는 방향성을 엄격하게 교육하였다. 말들은 모든 사람들에게(또는 적어도 라틴어를 아는 모든 사람들에게) 분명히 이해할 수 있어야만 했다.

비록 개인적으로 그렇게 확신하고 있지는 않았지만, 지오반니 피에르루이지 팔레스트리나(Giovanni Pierluigi da Palestrina, 약 1525-1594)는 이 새로운 필요조건들 안에서 살려고 노력했던 가장 유명한 사람들 가운데 하나이다. 그의 많은 것들이 그 이후로 계속 널리 보급되어 남아 있다. 반종교개혁은 산타 클라라(Santa Clara)의 수도원에서 맨발의 남녀 수도사 성가대를 조직했던 스페인 사람 토마스 루이스 데 빅토리아(Tomas Luis de Victoria, 1548-1611)와 같은일련의작곡가들을발생시켰다. 그리고 스페인에서 '빌란시코스' (villancicos)라는 민속음악 노래들이 교회의 작곡가들에 의하여 새로운 종교적인 관행으로 적용되었던 때, 트렌트 공의회의 가르침들에 관련된 최고의 목적은 실패했다.

이태리에서 세속 오페라의 초기 17세기 기원은 가톨릭교회에 의하여 신속하게 받아들여졌다. 새로운 양식이 표현했던 그 강력한 감정들은 신앙을 증진시키는 매개물로 잘 이용되었다. 단순한 음악과 성가대의 솜씨가 모호한 명료함과 의미를 허락해서는 안 된다는 성직자들의 오래 계속된 요구와 완전히 마주치면서, 1610의 몬테베르디(Monteverdi)의 저녁기도(Vespers)는 그 결과의 두드러진 모범이다. 17세기 초반의 이태리는 또한 성경적인-특별히 구약의-이야기들의 음악극 치료법의 발흥을 보았고, 그것은 정상적인 교회 예배의 정황이 아니라, 오라토리오(oratorio)로 알려진 기도 집회장에서 특별한 모임으로서 상연되었다. 자코모 카리시미(Giacomo Carissimi)와 알레산드로 스트라델라(Alessandro Stradella)는 가장 성공적인 작곡가들 가운데 있었다.

18세기를 통하여 가톨릭교회는, 개신교 경쟁자들보다 훨씬 더 많이, 그 과정에서 모든 부류의 그리스도인들-심지어 많은 교양 있는 이교도들조차도-이 지속적으로 모여들었던 귀중한 많은 것들을 그 과정에서 축적하면서, 지속적으로 고상한 미술과 현대 음악을 추구했다. 그렇지만 일반적인, 시골의 교구들이 궁전이나 대성당이 있는 도시의 음악을 상연하는 것은 가능하지 않았고, 많은 교구들은 훨씬 변변찮은 상연물로 임시변통해야만 했다.

17세기 동안 러시아 총대주교 니콘은 서방측의 음악 양식들과 음악 주해의 수입을 전통에 반대하는 그의 다른 범죄에 추가했다. 놀라울 정도는 아니지만, 구교파 신도들은(Old Believers) 그의 예전의 변화와 마찬가지로 그것들을 거부했고 계속적으로 옛날의 즈나메니(znamenny) 성가를 실행했다. 그러나 러시아 정교회는 전체적으로 교회음악에 관하여 서방측, 가톨릭 양식을 따라-특별히 바로크 화성-움직였다. 18세기 말경에는, 이태리 연극조의 특징들이 나타나기 시작했다.

물론 더 멀리 서부에 살았던 그 시대의 한 거장은 요한 세바스찬 바흐(Johann Sebastian Bach, 1685-1750)이다. 그는 그의 전 생애를 작센(Saxony) 지경 안에서 보냈고, 교회력의 각 부분을 위하여 특별히 계획된 음악을 포함하여 200개가 넘는 칸타타를 만들면서 마지막 27년은 라이프치히(Leipzig)에서 보냈다. 헨델(Handel)과 마찬가지로, 그는 그의 가장 어린 시절을 교회 오르간주자로 훈련하면서 보냈다.

바하의 작곡들은 복잡했지만, 그들은 회중예배의 경험에 그들의 근거를 갖고 있었다. 많은 그의 작품들은 루터의 성가를 기반으로 하였고, 그는 새로운 조화로서 그것들을 부흥시켰다. 그의 '성 요한의 고난' (St. John' s Passion)과 '성 마태의 고난' (St. Matthew' s Passion)은 독창자들과 관현악단, 영창, 그리고 합창곡을 사용하는, 두 개의 가장 널리 공연된 그리고 가장 훌륭한 큰 작품들로 남아 있다.[11]

아마도, 조지 프리드리히 헨델(George Friederich Handel, 1685-1759)은 그의 재능이 바흐의 그것에 필적한다고 평판 받을 수 있는 그 시대의 유일한 또 다른 음악의 거장이다. 참으로, 베토벤(Beethoven)은 이후에 헨델을 "생존했던 가장 위대한 작곡자로 묘사했고, 나는 나의 모자를 벗고 그의 무덤에 무릎을 꿇을 것이다"라고 했다.[12] 그는 할레에서 태어나서, 헨델의 조숙한 음악적 재능에 감명을 받았던 작센 공작의 충고로, 일곱 살 때에 마리엔크리헤(Marienkriche)의 오르간주자로 실습생활을 했다. 1707년, 이태리에서 3년의 체제 기간 동안, 그의 두 개의 시편 작곡과 다른 작품들이 추기경 카를로 콜로나(Carlo Colonna)에 의하여 위탁되었고, 카르멜 산의 성모 성당(Our Lady of Mount Carmel)의 축제일을 위하여 로마에서 저녁시간 동안 상연되었다. 다음해 부활절에, 비록 막달라 마리라(Mary Magdalene)의 역할을 했던 가수가 교황이 공적인 무대에서 여인들의 연기하는 일의 타당성에 관하여 불평하는 일에 뒤이어 두 번째 밤에 강제로 물러났지만, 그의 새로운 오라토리오 부활(*La Resurrezione*)이 공연되었다. 그녀는 – 그들이 갖고 있는 젊은 목소리의 불운한 아름다움 때문에 그 지위에 임명되었던 유형의 한 사람이었던 – 남자 카스트라토(castrato)인 피포(Pippo)로 대치되었다. 그러자 교황의 양심은 그것으로 만족하였다.

1710-1712년까지 하노버(Hanover)에서 짧은 쉼에 이어서, 헨델은 여행을 제외하고서 그의 생의 남은 부분을 보냈던 영국으로 옮겼다. 그의 작품은, 시편 성가 작곡과 신앙적인 오라토리오들을 포함하여, 거대한 것이었고, 오라토리오의 가장 유명한 것은 1741년의 '메시아'(Messiah)였다.

영국과 북부 아메리카 식민지들에서 1640년대는 청교도 회중들 가운데, 교육수준이 낮았던 지역들에서 19세기까지 잘 지속되었던 관행인, "반주 없이 한 줄씩 읽는 노래"(lining out)가 있었다. 본질적으로, 인도자는 시편에서 한 줄을 읽거나 노래했고, (비록 그 절차가 이후에 찬송가로 옮겨졌지만) 청중들은 그 다음에 반복하고는 했다. 동일한 과정이 다음 줄로 이어졌고, 그래서 끝까지 지속되었다. 그 생각은 교육이 없는 사람들이 참여하고 이해하는 일을 가능하게 했고 또 너무 가난해서 찬송가를 소유할 수 없는 청중들이 노래를 따라 부르도록 했다. (21세기 초기에 무지하게 잘못 철자를 쓰고 또 구두점도 잘못 찍은 광학 투영 영상들과 파워포인트가 어떤 일에 대한 실제적인 개선을 보여주었다는 것을 아는 것은 위안거리이다.) 그러나 인쇄된 종이에 기록된 찬송가를 한 줄 한 줄 읽는 것이 전체적으로 몇 배나 더 음악성을 확실하게 감소시켰다. 그것은 단순히 "당분간으로" 추천한 웨스트민스터 사원이나, 또는 돌아갈 수 있는 충분한 책이 있는 곳에서는 연습이 불필요하다고 했던 존 카튼(John Cotton) 그 어느 쪽도 놓치지 않았던 실제였다. 18세기 초에 아이삭 왓츠(Isaac Watts, 1674-1748)는 분명히 후회하면서 반주 없이 한 줄씩 읽는 노래는 "현재 개혁되어질 수 없다고" 적었고, 그래서 그는 다음 줄까지 어떤 자취도 남기지 않고서 각 줄이 완전한 생각을 포함하는 것을 확실하게 하는 것으로, 그 필연성에 부응하는 그의 찬송가들을 썼다.[13] 노래하는 학교는 대서양 양편에서 회중들의 노래하는 일을 증진시키고 또 "기계적으로"(by rote) 하기보다는 "악보에 따라"(by note) 사람들이 노래하도록 돕는 국가 기관이 되었다.

비록 격렬한 논쟁 이후였지만, 찬송가들이 17세기 후반 동안 특별 침례교도들 가운데 나타나기 시작했다. 그러나 새로운 시대의 참으로 다작 찬송가 작가 중의 첫 번째였던 사람은 회중교회주의자 왓츠였다. 1730년대 이후로 대각성 운동은 하나님께서 그들에게 행하신 것들이나 또는 그를 향한 그들의 동경을 말로 표현하는 대중적인 작곡가들의 많은 수요를 촉진시켰다. 그리고 그 과정에서, 같은 일을 실행하고 있는 그들의 동료 예배자들을 위하여 그 내용들을 제공하였다. 왓츠의 작품들의 인기는 찰스 웨슬리(Charles Wesley), 윌리엄 윌리엄스(William Williams), 그리고 부흥과 관련된 다른 위대한 찬송가 작가들을 자극하였고, 결과적으로 그들의 사역은 그 이후로 계속 지속되었던 가치 있는 많은 것을 촉진시켰다.

그때도 지금처럼, 그리고 헨델의 경력이 보여주는 것처럼, 음악과 그 전문직 종사자들은 종종 신학적인 적의에 대한 분명한 경멸을 보여주었다. 우리는, 제네바의 예배용 시편에서조차도, 이미 음악에 관한 차용에 주목하였다. 30년 전쟁이 극에 이르는 동안, 개신교 작센 궁전의 교회음악 작곡가였던 하인리히 슈츠(Heinrich Schutz, 1585-1672)는, 몬테베르디(Monteverdi)의 새로운 스타일을 배우면서, 베니스의 교황주의자들 가운데 2년을 보냈다. 몬테베르디는 그 이후 작곡에 영향력을 미쳤다. 영국의 왕정복고에서 영국성공회는 청교도들의 운문적인 시편을, 그것들이 매우 인기를 얻었기 때문에, 근절시키는 것이 거의 불가능함을 발견했다. 그리고 비국교도들의 찬송가는, 왓츠와 같이(또는 투옥되었던 번연조차도), 적절한 때에 그들을 승인하지 않았던 그 성직자들의 소유물이 되었다. 대각성 운동 기간 동안, 휫필드와 칼빈주의 지도자들이 왓츠와 그의 동료들의 찬송가 사용을 변호하였던 반면에, 아르미니우스파 지도자들은 찰스 웨슬리의 찬송가를 그들의 개종자들에게 강력히 추천하였다. 그러나 그들의 추종자들은 그들을 모른 체 하면서, 구별하지 않고 양쪽 모두의 신학적인 매력이 담긴 노래들을 사용했다. 영국교회 성직자들이 그랬던 것처럼, 부흥주의자들의 노래들은 차례로 비국교도들에 의하여 채용되었다. 그리고 그 이야기는 현재까지 전해지고 있다: 20세기 중반 영국의 오순절파들에게 가장 대중적인 찬송가집은 중세 가톨릭교회 대수도원장이었던 클레르보의 버나드(Bernard of Clairvaux)의 노래들을 포함하고 있었지만, 그들의 합창곡들 가운데 어떤 것들은 크로아티아(Croatia) 전통주의자의 가톨릭 교구 예배에서 발견되었다. 기독교인들은 정말로 좋은 노래에 잘 속는 사람들인 것 같다.

미술, 조각, 그리고 건축

트렌트 종교회의가 음악 작곡자들에 대하여 세속적인 영향력을 혼합시키는 일이 없이 명백함과 명료함을 반드시 요구했던 것처럼, 그것은 미술가들과 그들을 후원하는 사람들에게 다음과 같이 지시했다.

> 거짓된 교리를 (암시하는), 그리고 교육받지 않은 사람들에게 위험한 과실의 기회를 제공하는, 어떤 형상도 세워져서는 안 된다.... 또한, 성인들의 기원, 유물 숭배, 그리고 형상의 신성한 사용에서, 모든 미신이 사라져버릴 것이고,... 모든 외설이 방지될 것이다. 그와 같이 지혜로운 것에서, 화상들은 그려지지 않거나 또는 탐욕을 일으키는 아름다움으로 장식되지 않을 것이다.... 결국 이 사실에 비추어서 거룩함이 하나님의 집에 어울리기 때문에, 아무것도 무질서하게 보이거나, 부적당하거나, 혼란스럽게 정돈된 것으로 보이지 않는 것으로, 세속적인 것과 무례한 것이 아닌 것으로, 그렇게 큰 관심과 노력이 이에 비추어 주교들에 의하여 사용되도록 하라.[14)]

"탐욕을 자극하는 아름다움"을 미술가가 묘사하는 것에 대한 트렌트 공의회 신부들의 걱정은 단순히 전혀 가설적인 것은 아니었다. 그 이상으로, 르네상스와 그 이후의 윤색(embellishment)의 매너리즘에 속한 미술가들은 창조의 아름다움에 관하여 하나님을 영화롭게 하려는 갈망을 오랫동안 증명하였다. 그 때문에 부분적으로는 인간의 고귀함에 대한 확신과 물질세계를 사용하는 새로운 매력으로부터, 그리고 부분적으로는 고대 그리스와 로마의 그림과 조각을 열심히 배우려는 열정으로부터 유래한 나체의 인간 형태를 그리는 그림이 쏟아져 나오게 되었다. 다윗왕의 나체상, 나체의 아담으로 장식된 시스틴(Sistine) 성당, 성모 마리아의 노출된 가슴을 빨고 있는 벌거벗은 아기 예수의 묘사 등 이 모든 것들이 15세기 후반과 16세기 전반부의 미술 형식들로부터 유래하였고, 그것은 헬레니즘 세계의 그림들을 모방하려고 노력했다. 중세 예술은 좀처럼 나체상을 묘사하지는 않았다. 그것이 그렇게 실행되었을 때, 일반적으로 그것은 죽음, 부패, 흑사병, 또는 마법의 배경에서 그려졌고, 고의적으로 혐오감을 주는 것이었다. 16세기 중반에 이르기까지, 날카롭게 대조되는 인간의 몸에 대한 르네상스의 찬미는 종교적인 예술이 우상숭배라는 개신교의 주요한 비난에 외설이라는 비난을 더하는 것으로 보였다. 게다가, 고대의 신화와 조화를 이루는 르네상스의 매력은, 화가의 캔버스로 몰래 들어와서 그때로부터 교회의 벽들에 그려진 비성경적인 특징들과 신들을 동반하여, 기독교 상징과 이교 그리스와 로마의 상징 사이에서 어떤 통합을 가져왔다. (공평하게 말하자면, 카타콤[catacomb]에서의 모든 초기의 기독교 그림들조차도 이것과 관련된 죄를 범했다고 덧붙여 말해야만 한다.)

1550년대에 이르러, 미술가들은 그들의 전임자들의 (또는 살아있는 동료들의) 작품을, 불쾌한 해부상의 이런저런 것들 위에 반바지 – 적어도 전략적으로 나뭇잎들이나 천조각들 – 를 더하여 붙여서 손질하라는 위탁을 받았다. 그리고 1563년에 그들의 25번째 마지막 모임에서, 트렌트 공의회의 신부들은 미래의 종교 미술이 성경적 기사에 대한 성실함에서 오는 그와 같은 곤란이나 비난에서 자유로워야만 한다는 것을 분명히 했다.

거의 10년이 지난 후에, 조각가 바돌로매 암마나티(Bartolomeo Ammanati)는 나체의 몸에 관한 자신의 초기의 묘사들을 부인하는 공적인 편지를 썼다. 아마도 그 비판은 압력의 결과였다. 하지만 세속주의적 독단주의(현시대의 역사 작가들 사이에서 전적으로 부족한 것이 아닌 특성)에 대한 경솔한 참여가, 예술가들에게는 별난 일이었던, 종교재판관들의 호출과 관련된 전적인 구속과 어떤 두려움의 모든 결과라고 주장할 수 있었던 16세기 후반과 17세기 초반의 가톨릭 미술가들 사이의 어조에서, 그렇게 많은 마음의 변화들과 그와 같이 뚜렷한 변화들이 있었다.

종교재판이 그와 같은 문제들에서 전적으로 활동하지 않았다고 하는 것은 아니다. 바오로 베로네세(Paolo Veronese)는 성경의 사건들에 대한 자신의 묘사들에서 너무 통제가 없는 자유로 미술의 인가를 허락하는 일로 1573년 베니스에서 그들 앞에서 문제가 된 자신을 깨달았다. 그러나 그와 같은 사건들은 드물었다. 동료들과 관공서의 압력은 그때에 – 지금처럼 – 종교재판관들을 방문하는 (혹은 그들로부터 방문을 받는) 두려움이었다기보다는 공적으로 수용된 신앙심에 대한 사회적인 맹종을 이끌어내려는 것이 훨씬 더 큰 바람이었다. 그 노선을 따르는 훨씬 더 강제적인 이유는 후견인들의 출처 사이에서 우세했던 상황에서 발견되어져야 한다. 이것들 가운데 주요한 교황제도 자체는 16세기 초반부 몇 십 년 동안 존재했던 쇠퇴기에 접어든 나약한 기관에서 변화되었다. 새로운 신앙적인 단체들, 교회의 위대한 건축가들은 유사하게도 반종교개혁의 결과였고, 또 르네상스나 매너리즘적인 미술의 유순한 자신감을 받아들이려고 하지 않았다. 경건한 미술과 건축에 대한 세 번째 후원자들이었던 중부 유럽의 가톨릭 귀족들은 개신교주의의 침입을 멈추게 하려고 열망하면서, 특별히 30년 전쟁 이후에, 분명히 가톨릭교회의 영광을 증진할 것 같은 사역에 기꺼이 자금을 지원하려고 하였다. 그것은 마돈나(Madonna)의 인상적인 초상화, 인상적으로 화려한 교회들, 성인들의 기적들(특별히 이그나티우스 로욜라와 같은 최근의 가톨릭 영웅들), 구세주의 상처들이었다. 참으로, 섬뜩하게도 순교에 대한 사실적인 묘사들, 특별히 예수에 관한 그 묘사는 일반적으로 새로운 바로크 미술에서 가장 중요한 요인들 가운데 있었다. 반종교개혁과 같이 일반적으로, 그것은 개신교 신도들의 진지함에 필적하는 새로운 진지함으로 나타났다.

바로크 양식은 열렬한 감사와 겸손의 느낌과 더불어 감정들을 고양시키는 일에 뛰어났다. 그리스도와 성인들의 고난을 제외하고, 선호되는 주제들은 하늘의 영광을, 그리고 성찰에 의하여 그 지지자들을 그곳에 안내하는 교회의 영광을 포함하였다. 극적 효과, 감정, 장엄은 성인들이 십자가 앞에서 엎드렸던 것과 같이 또는 천국이 기도에 도취된 영혼에게 나타나기 위하여 열리는 것과 같이, 바로크 미술과 조각이 묘사하고자 했던 특성들이었다. 아마도 미술이 더 이전의 기간에서보다 반종교개혁에 의하여 더 강조되었다는 것은 아닐 것이다. 도리어, 그 기능이 변화되었다. 르네상스의 미술이 자신의 솜씨를 과시했을 때, 바로크의 그것은 묘사된 물체에 관심을 기울였다. 전자가 영광을 높이려고 노력하는 그곳에서, 후자는 믿게 하려고 노력했다. 바로크 미술은 그 관점에서 반종교개혁의 개종시키는 취지에서 본질적인 부분이었다: 그것은 신자들을 지원하면서, 의심하는 사람들의 감정과 상상에 호소하는 것이었다.

그 진취적인 정신은 최소한 많은 신진 세대의 예술가들이 성직에 있었던 현실에서 촉진되었다. 특별히 이것은 예수회 가운데서 그랬다. 경건한 미술의 새로운 움직임은 단순히 유력한 사람들의 속임수가 아니었다. 그것은 가톨릭 주민들 가운데 깊은 뿌리를 내렸다. 앤트워프(Antwerp)는 개신교 이단들과 가까운 변경에 위치하였고, 1570년대에 그들이 사라지기까지 개혁주의 활동의 주요한 중심지였다. 그곳은 17세기 초기 동안 반종교개혁의 주요한 중심지들 가운데 하나였다. 1601년부터 1650년 사이에, 두 개의 대학들과 수많은 교회들, 수도원들, 그리고 수녀원들을 위해서뿐만 아니라, 먼 곳에 있는 후원자들을 위하여 작품들을 제작하는 거의 750명의 거장들이 그 도시의 화가들 장인조합에 등록되었다. 인쇄물을 위한 목판화와 조각술이 대중적인 소비를 목적으로 하였다. 여전히 더 비천한 군중들을 위하여, 자작 미술이 가톨릭 헌신의 분출을 표현하였다. 한 최근의 역사학자는 기록하기를, "카라바조(Caravaggio)나 루벤스(Rubens)와 같은 거장들의 고상한 미술로 일반적인 신학적 원리를 나누었던" 반면에, 바바리아(Bavaria)의 알토팅(Altotting)이나 프로방스(Provence)와 같은 순례지들에서는 수백 개의 투박하게 그려진 봉헌의 그림들이 하나님의 기적에 의하여 고침 받은 우환들과 신체의 부분들을 묘사했다."[15)]

유럽 바깥에서 자신들의 전도사역으로 나아갔던 다양한 사회의 예술적인 전통과 문화와 상호작용하는 예수회 수사들의 능력은 거의 비범할 정도였다. (16세기 후반) 일본에 대한 그들의 전도 초기 단계에서조차도, 예수회 수사들은 자신들의 교회 건물의 건축양식에서 "이미 그 지방 고유의 스타일에 대다수 적응하고 있었다."[16)] 일본 그리스도인들에 의하여 만들어진 미술은 자주 유럽의 스타일에서 모방한 것이었지만, 오랫동안 감추어졌다가 1960년대에야 재발견되었던, 16세기에 그렸던 '눈과 마돈나' (Madonna of the Snows)처럼, 종종 상당히 뚜렷하게 일본의 요소들이 나타났다.[17)] 중국의 많은 기독교 미술과 대부분의 교회 건물들은 유럽의 양식들을 밀접하게 따랐다. 인도 사람들은 기꺼이 더 많이 시도했지만, 기독교의 주제들을 그렸던 많은 사람들은 스스로 힌두교 사람들이거나, 더 많게는 위험한 무슬림들이었다.[18)] 기독교 미술의 토착화가 가장 멀리까지 미쳤던 곳은 남아메리카였다. 특별히 과라니족(Guarani) 미술가들은 주제들과 양식들 – 단순히 장식미술의 장식물로서 유럽 사람들에게 보였던 요소들 – 을 "하나님 창조주와 같은, 자신들의 신들과 영들의 난더루부스(Nanderuvusu) 그리고 숲의 마귀 안나(Ana)의 화신(化身)"[19] 처럼 해석하는 방식으로 기독교의 주제들과 관련된 그림을 혼합시켰다. 라틴 아메리카에서 모든 기독교 예술이 확실하게 이 범위까지 혼합되지는 않았지만, 많은 그림과 건축이 토착적인 요소들과 혼합되었다.

개신교 신앙의 미술은 가톨릭교회의 많은 특징을 반대하는 종교개혁의 반작용에 의하여 대부분 난처하게 되었지만, 가톨릭교회의 특징들이 중세기간 동안 미술을 지배했고, 반종교개혁은 그것들을 강조하기로 결심했다: 성모 마리아에 대한 숭배, 성인들에 대한 경배에 초점 맞추기, 헌신하는 삶을 목적으로 미술을 사용하는 일은 개신교의 판단으로 우상숭배라고 말할 수 있는 것이었다. 다른 개신교인들 가운데 종교개혁자들과 많은 청교도적인 사람들은 전적으로 신앙적인 미술을 회피하는 경향이 있었다. 다른 사람들은 조심스럽게 그것을 사용했고 또 그 표현들을 철저히 성경적인 주제들에 제한하였다. 그러나 대중적인 선전에서는 개신교의 같은 신자들을 대항하는 가톨릭의 잔인한 행동들을 묘사하는 일을 두려워하지 않았다. 폭스나 재침례파의 『순교자 모범』(*Martyrs Mirror*)과 같은 순교자열전은, 어떤 합리적인 분석으로도, 결국 성 세바스천(St. Sebastian)이나 성 우르술라(St. Ursula)에 관하여 가톨릭신도들이 묘사한 것들과 밀접하게 동등한 많은 목판화로 가득하다.

개신교 건축은 동일한 분열을 반영하였다: 서구 전통의 그리스와 로마적인 요소들에 관한 르네상스 운동의 강조에 대하여, 장로교회와 개혁교회들은 그들이 소유했던 어떤 인상적인 특징들 때문에, 인색하고 실용본위인 경향성이 있었다. 온건한 또는 "고위의" 개신교도들은 가톨릭 전통이나 또는 가톨릭 세계의 최근 발전들을 모방하는 일에 더 관대했다. 바란자(Baranja)의 루그(Lug)의 그것처럼 어떤 개혁 교회는 그 안에 엄숙함의 중심이, 긴 양편을 갖고 있는 중간쯤에, 높아진 강단이 있는 보다 엄격한 형태의 모범이었다. 개신교 예배에서 설교의 상징적인 중심성은 건축양식으로 확립된다. 동부 폴란드에서 많은 그와 같은 예배 처소들–어떤 정통주의 교회들에 의하여 공유되어진 특징–은 방어적인 요새의 요소들을 지니게 되었다. 다른 한편으로, 개신교주의의 덜 음침하고 더 진지한 형태들은 그들의 건물들을 가톨릭 상대진영에 대한 의식적인 거부보다는 그들과 담화를 나누면서 설계하는 경향이 있었다. 1666년 런던의 대화재 직후에 건축된 런던의 새로운 성 바울 대성당은 로마의 성 베드로 성당의 착상을 자유로이 모방했다.

18세기 영국의 비국교도들-장로교인들, 회중주의자들, 침례교인들, 그리고 퀘이커파-은 가장 실용적인 노선을 따라서 건축하였다. 대부분, 중앙의 강단에 초점을 맞추고 또 어떤 그림이나 조각에 의하여 장식되지 않은 그들의 정사각형 모양의 관람석이 설치된 청중석은 계속적으로 영국의 작은 도시들과 마을들을 인상적으로 만들었다.

음악에서처럼, 시각적인 예술도 그랬다. 즉 개신교와 가톨릭은 때때로 갈라진 길을 선택했지만, 가끔 서로를 보충해주는 것으로 알았다. 개신교가 종종 "원수"(the enemy)를 모방하는 것-또는 때때로, 그와 같은 "무익한 것들"(vanities)과 관계하는 것조차도-이 얼마나 타당한 것인지에 관하여 그들 가운데 의견이 달랐음에도 불구하고, 개신교의 발전에 대한 가톨릭의 영향력이 그 반대보다 다소 더 컸다.

결 론

어리석은 행동과 격정의 두 세기(Two centuries of folly and fury) 즉 냉정한 탐구의 활동을 강화시키고 미신적 관습을 멀리했던 이성의 시대는 추정하건대 신앙에 의하여 인가되고 또 신앙의 지도자들에 의하여 분명히 인가된 야만적인 전쟁들과 더불어 시작했다. 그 결말은 일련의 더딘 분리를 경험했다. 그 분리는 신앙고백의 충실한 지지와 외교정책 사이에서, 어떤 나라들과 어떤 교회들 사이에서, 그리고 점진적으로 믿음과 이성 사이에서 나타났다. 그 시대는 프랑스 혁명으로 종지부를 찍었고, 그것은 계몽주의 제단에서 인가된 새로운 대학살과 인간의 권리를 정당화하는 것이었다. 계몽사상가들(philosophes)의 사고는 현대의 무시무시한 이데올로기와 온정주의적인 관계에 거하게 되었다. 재침례파의 "열광주의자들"과 16세기의 가톨릭 신비주의자들, 그리고 "복자들"(beatas)은 "영감 받은 사람들"(Inspired), 러시아 "영의 투사들"(spirit wrestlers), 성 메다흐의 얀센주의자들, 감리교 평신도 설교자들, 그리고 미국 변경의 부흥주의자들로 바뀌었다. 한편, 동일한 복음주의 부흥주의자들과 예수회 수도사들처럼, 그 창조적인 사역은 실용주의자들에 의하여 성취되었다. 그리고 그들은 이론보다는 결과에 상당히 초점을 맞추는 이상주의를 받아들였으나, 기독교인의 삶에 의미를 주었던 믿음의 기본적인 조항들과 그들의 관계를 끊을 정도는 아니었다. 그리고 그들은 "이성의 시대"라는 바로 그 표현이 역설적인 웃음의 계기가 되었던 먼 훗날에도, 계속하여 그리스도인의 삶에 의미를 부여하려고 하였다.

우리가 숙고하고 있는 두 세기 동안의 기독교인들은 그들 스스로 분열되었고, 그것은 우리가 숙고하고 있는 신앙고백의 판단 때문만은 아니었다. 18세기에서조차, 어떤 개신교인들과 가톨릭 교인들은 종교개혁과 반종교개혁의 전성기 동안 그들의 선조들이 실행했던 것처럼 서로를 상당부분 판단하였다. 전형적인 현대인이었던 조나단 에드워즈는 교황이 적그리스도요 또 개신교주의가 로마교회를 밀어내게 되었다는 것을 자명한 것으로 여겼다. 약 1700년 정도의 아일랜드 가톨릭에게 있어서, 새로운 영국성공회 합리주의("광교주의", latitudinarianism)가 개신교회 범위 안에서 옛 청교도의 엄격함에 도전하는 일은 아무 의미가 없었고, 종교개혁은 아일랜드의 가톨릭 추종자들에게 옛날 소식에 불과한 것처럼 생각될 수 있었다. 거기에서 다른 기독교인들은 양편 세계와 교회들이 변화되는 것을 볼 수 있었지만, 그들은 그 변화가 악화되는 것을 두려워했다. 1648년 이후의 어떤 교황도 가톨릭 군주에 대한 그의 권력이 그의 전임자들에 의하여 행사되었던 권력의 그림자일 뿐이라는 것을 인식하지 않을 수가 없었다. 그리고 모든 합당한 관용(allowance)이 설교자들의 지속적인 경향성으로 하여금 자신의 시대의 악들을 특별히 사악한 악들로 비난하게 했던 그 이후에도, 새로운 산업 도시들, 상류사회의 이신론자들, 그리고 '상퀼로트'(sansculottes, 프랑스 혁명에서 중심적 역할을 한 파리의 하층시민 공화당 – 역자주)의 원칙에 근거한 무신론자들 가운데, 천년이 넘도록 존재했던 기독교 세계의 소실을 바라보는 그 사람들을 동정하지 않는 것은 어려운 일이다.

마침내, 기회의 관문으로 현대의 도래를 인식하는 사람들이 있었다. 발전하는 교육은 모든 사람들이 성경을 읽도록 하였다. 그 교훈은 더 많은 소책자들과 신약성경을 출판해야만 했다. 경제적으로 그리고 정치적으로 가장 진보한 나라들 – 영국, 네덜란드, 미국 – 에서 교회들은 압제정치의 대부분, 또는 모든 것을 없애버렸다. 일반 백성들의 충성과 이해에 호소하는 것으로, 그리고 자신들의 박식한 열정을 촉진하는 것으로 그들은 스스로를 새롭게 하는 일이 필요했다. 유럽 제국들의 확장은 가톨릭 복음주의에 대한 거대한 기회를 제공했다. 영국의 발흥은 개신교도들이 동일한 것을, 그리고 더 많은 것을 하도록 유인했다.

현대성은 개신교회를 위해서만이 아니라, 일반적으로 종교를 위해서도 거대한 도전을 야기했다. 첫 번째로, 프랑스 혁명은 거친 반종교 협약들을 강력히 옹호하는 현대적 독단주의(dogmatism)와 관련하여 한 주요한 부분의 선구자였다. 그것은 개인의 주도권에 대하여 정부의, 개인들에 대하여 대중의, 소수에 대하여 추상적인 국가의, 과거의 유산에 대하여 현재의 요구들의, 그리고 지방에 대하여 중앙지역의 권리를 강화시켰다. 비록 어떤 20세기의 민족자결주의자들(nationalists)이 대중의 인기를 노리는 – 거칠고 또 불쾌한 – 종교적 비전의 테두리 안에서 이러한 강조의 많은 부분에 집중하는 방식들을 찾았지만, 그 결과는 보다 자주 반종교적이었다. 19세기의 민족자결주의자들과 19세기와 20세기 대부분의 사회주의자들은 노골적인 무신론자가 아니라면, 강경하게 비종교적이었다.

두 번째로, 현대철학이나 이데올로기와 상관없이 존재에 관한 현대의 양식이 본질적으로 세속화되었다는 것이다. 산업고용의 실시는 지주와 소작인 또는 영주와 농노사이에서 돌봄과 존경이 상속되는 신성화된 유대를 무의미한 것으로 만들었다. 도회지의 삶은 어쩔 수 없이 다소간 익명성이었다. 교구는 더 이상 사회적, 정치적, 그리고 신앙적인 삶에 대하여 자의식이 강한 중심일 수 없었고, 또 관여하는 일이 백 개의 사소한 제재규약이나 부정적인 인식으로 강제될 수 없었다. 우리가 살펴본 것처럼, 종교적 다원주의는 산업화 이전에도 번영하는 상업 경제를 위한 최고의 전제조건 중의 하나였다. 그 이후에, 종교는 더욱더 개인적인 선택이 되어야만 했다.

그렇지만 미국의 독립전쟁은 현대성과 기독교회 사이의 더 만족한 동거의 소망을 제공했다. 미국 건국자들 가운데 이신론은, 일반대중들로부터 엄격하게 성경주의적인 내용들을 상실하게 하거나 또는 새로운 – 그리고 참으로 합리적인 – 목적들로 그들을 분산시키면서도 기독교를 함축하고 있는 말들을 사용하면서 여전히 종교적인 그들을 만족시켰기 때문에, 무종교에 대한 단순한 은신처가 아니었다. 그것은 영향을 미칠 수가 있었지만, 대부분 그것이 그들의 취지는 아니었다. 제퍼슨조차도 도덕성, 사회질서, 그리고 애국심을 유지하기 위하여 종교가 반드시 필요하다고 믿었다. 그러나 충분한 사회적 영향력을 소유하기 위하여, 그것은 스스로 각 개인에 의하여 자유의사로 동의된 종교이어야만 했다. 그리고 그것은 종교의 자유를 요구했다. 만일 교회들이 새로운 용어들에 순응한다면, 그때에 그들은 번성할 수 있었다. 분명히 이것은 침례교 교회들과 같이 어떤 사람들에게는 다른 사람들에게서보다 더 쉬웠다. 미국에서 보인 것처럼, 그들은 번성했다. 미국의 모더니즘은 정부에 대하여 의심이 많았고 또 개인의 주도권 – 신앙의 영역을 포함하여 – 을 지지하였다. 비록 그것이 "국가"의 개념을 강화하는 것이었지만, 실제로 그것은 권위가 떨어진 국가였고 소수파들이 좋은 조건으로 자신들을 위한 활동 범위를 개척하도록 방임하였다. 확실하게 신앙이 없는 극소수가 그 사람들을 단결시켰기 때문에, 국기, 헌법, 그리고 다른 상징들에 대한 미신이 분명히 발생했다.

그렇지만, 미국 스타일의 현대성은 최고의 중요성(primacy)이 과거의 유산을 지나쳐서 현재의 필요에 있다고 생각하는 일에서, 프랑스의 경우와 일치하는 치명적인 것이었다. 비록 이것이 가톨릭교회의 위대한 역사적 기관들에 더 어려운 타격을 주고, 또 개신교의 유사한 기관들에 더 무겁고 육중한 타격을 주며, 부흥주의자들의 가벼운 실용주의와 성경 지향적인 교회들에 단기간의 이익을 주는 것처럼 보였지만, 결국 그 대가는 그들 모두에 의하여 치러졌다. 모두는 스스로를 그리고 그들의 사명을 "시대의 정신"(the spirit of the age)과 더 많은 조화를 이루는 용어들로 재정의해야만 했다 – 그 정신이 소멸되었거나 다른 것으로 대체되었던 몇 십 년 이후에는, 그 실행을 반복하도록 억지로 강제되어질 뿐이었다. 모든 교회들은, 잠재적으로 그리고 실제적으로, 억압적인 보수주의, 반계몽주의, 그리고 진보의 방해물이라는 짐을 추가로 짊어지게 되었다. 그와 같은 비난을 피하기 위한 그들의 필사적인 노력에서, 기독교의 교리들은 부지불식간에 고쳐지게 되었고 – 인문주의자들의 "할 수 있다"(can-do)는 것과 같은 자유의지, 발전한 신화나 분명한 운명과 같은 예정론, 인권과 같은 하나님의 형상으로서의 인간성, 자기발전으로서의 회개 – 그 시대가 쇠락할 때까지 사후의 세계와 전 세계의 심판자는 먼저 이신론자의 자비로운 섭리로 축소되었다. 나아가서 과학이 아직 설명할 수 없는 것으로 틀어막는, 언제나 점점 작아지는 틈새의 하나님으로 축소되었다.

이 예상 가운데 작은 일부는 1789년에 분명해졌다. 그러나 프랑스 혁명의 도래는 분명히 지성인들이 집결하는 일에 공헌하였다. 그렇지만 반종교적인 격노가 가톨릭 유럽의 심장부에서 발발했을 때에도, 동일한 해에, 다른 더 눈에 띄지 않는 사건이 대서양 다른 편에서 발생하고 있었다: 존 캐롤(John Carroll)이 미국에서 첫 번째 로마가톨릭 주교로서 취임했던 것이다. 구세계에서 왕권과 제단의 연합이 실패로 돌아가고 또 무너지기 시작했던 것과 같이(1차 세계대전의 대량학살 때까지 어쨌든 완전하지 않았던 분열), 로마 가톨릭교회 역시 공화주의, 종교다원주의, 그리고 초기의 민주주의 현대 세계를 받아들이는 법을 배우기 시작했다. 교회의 가장 절박한 것이 프랑스 사람들의 세속주의적-민족주의자(secular-nationalist)의 방식을 받아들이는 것보다, 역설적이지만 그럼에도 불구하고, 미국사람들의 현대성과 관련된 실용주의적-민족주의자(pragmatic-nationalist)의 방식을 받아들이는 법을 배우는 것이 더 쉬운 것임을 깨달았던 것은 아마도 우연이 아니다. 미국의 근본방침들은 교회를 후대하는 것이 아니라 일반적으로 종교를 지지하는 것이었다. 프랑스의 본보기와 관계있는 그것들은 혁명(Revolution)에 앞서 일어났던 왕권과 제단의 (연합) 시대에 대한 거부정책(rejectionism)으로 깊이 빠져 들어갔다. (동일한 이유로, 교황제도는 1860년대부터 무솔리니[Mussolini]와 맺은 라테란조약[Lateran Treaty] 때까지 이태리 민족국가의 존재를 인정하는 일조차 마지못해서 하였다.)

조금 차이가 나는 이유들이 있었지만, 개신교인들 역시 미국인들의 방식에서 더 도움이 되는 것을 발견했다. 우선 한 가지 이유는, 그것이 그 유력한 민족의식을 갖고 있는 영국계 사람에게 기원을 둔 개신교 여론에 기초하고 있기 때문이었다. 그리고 비록 그 지배가 우리 시대의 끝 무렵에 이미 쇠락했지만, 그 여론은 계속 지속되었다. 우리 시대의 끝 무렵까지 그리고 그 이후 한 세기를 넘어서까지 가장 거대한 세계적인 강대국이었던 영국 내에서, 미국에서처럼, 종교는 자유로운 것으로 모든 실용적인 목적을 위하여 존재했고, 개신교 여론은 유력한 것으로 존재했다.

1789년까지, 주정부들, 정부, 그리고 정치에 걸쳐서 행사할 수 있었던 기독교회의 세력은 1570년에 가졌던 세력에서 상당히 쇠약해졌다. 그리고 그것은 더 많이 쇠약해지려는 찰나에 있었다: 그것이 프랑스 혁명의 의미였다. 그렇지만 기독교 국가들이 여러 세기 동안 교회에 닫혀 있었던 지역들에 들어가서 복음화하는 기회를 열어주고, 또 우리 시대에 현실화된 참으로 전 세계

교회의 발전가능성을 높여주면서, 역사적으로 비기독교 국가들의 상대편인 기독교 국가들의 세력은 급격하게 성장했다. 그렇지만, 역사적 기독교세계의 공식적인(formal) 지배력의 상실은 비공식적인(informal) 지배력, 즉 영향력과 대중적인 지지의 유지로 보상될 수 있었다 – 이것은 19세기와 20세기까지 해결해야 하는 과제로 남아 있을 것이다.

연대표(Time Line)

연대	교회/신앙의 주요한 발전들	정부/사회의 주요한 발전들
1570	교황 피우스 5세의 교서 'Regnans in Excelsis' 가 영국의 엘리자베스 1세의 폐위를 선언한다.	
1571		레판토 전투 – 기독교 해군이 터키에 대해 승리를 얻다
1572	성 바돌로매의 대학살 스코틀랜드 종교개혁자 존 낙스의 죽음	프랑스에서의 4차 종교전쟁(1572-1573)
1575	보헤미아 신앙고백(*Confessio Bohemica*) 루터파 종교개혁자 마티아스 플라치우스 일리리쿠스의 죽음	
1576	"스페인의 광기" (Spanish Fury): 앤트워프(Antwerp)에서의 약탈	프랑스의 5차 종교전쟁
1577	일치신조(Formula of Concord)가 루터파의 분열을 치유하기를 시도하다	프랑스의 6차 종교 전쟁
1580		프랑스에서의 7차 종교 전쟁
1581	마닐라의 첫 주교가 임명되다 예수회의 에드문드 캄피온(Edmund Campion)이 런던에서 처형되다	
1584-1589		프랑스에서 세 헨리들(Three Henries)의 전쟁
1586	슬로베니아의 개혁자 프리모즈 트루바르(Primoz Trubar)의 죽음	

연대	교회/신앙의 주요한 발전들	정부/사회의 주요한 발전들
1587	일본의 황제 히데요시가 친기독교 정책을 바꾸기 시작하다	스코틀랜드의 메리 여왕이 처형되다
1588		스페인의 무적함대(Spanish Armada)
1590	처음으로 완성된 헝가리 성경	
1593	나바라의 헨리(Henry of Navarre)가 가톨릭으로 개종하다	
1596	브레스트 동맹(Union of Brest)이 우크라이나 동방귀일가톨릭 교회를 청설하다	
1598	낭트 칙령이 프랑스 위그노파에게 제한된 관용을 허용하다	
1599	디암페르(Diamper) 대회가 인도의 도마 기독교에 대해 가톨릭의 지배를 부과하다	
1604	반삼위일체주의자 파우스토 소치니(Fausto Sozzini)의 죽음	
1605		런던에서의 화약음모사건(Gunpowder Plot)이 실패하다
1606	기독교가 일본에서 불법이 되다	
1609	아르미니우스의 죽음 존 스미스가 네덜란드에서의 유배 시에 처음으로 영국 침례교회를 세우다	스페인과 연합주(United Provinces)와의 정전
1610	중국에서 예수회 마태오 리치의 죽음	프랑스의 헨리 4세(Henry IV)가 암살되다
1611	공인된 킹 제임스역이 출간되다	
1618		30년 전쟁이 시작되다
1619	도르트 대회가 칼빈주의 정통주의를 옹호하다	네덜란드에서 올덴바르너벨트(Oldenbarneveldt)의 처형 팔라틴의 프레드릭(Frederick)이 보헤미아의 왕위를 수락하다

연대	교회/신앙의 주요한 발전들	정부/사회의 주요한 발전들
1620	'메이플라워' 호가 아메리카에 도착하다	
1621	추기경 로버트 벨라민(Robert Bellamine)의 죽음	스페인-화란의 정전이 끝나고 전쟁이 재개되다
1625	시안퓨(Sigan-Fu) 기념비가 중국에서 발견되다	덴마크가 30년 전쟁에 돌입하다
1631		마그데부르크(Magdeburg) 시의 약탈 브라이텐펠트(Breitenfeld)의 전투
1632	갈릴레오가 철회의 압박을 받다	
1635		도쿠가와 칙령이 일본을 외부 세계와 차단하다
1638	앤 허친슨(Anne Hutchinson)이 매사추세츠(Massachusetts)만에서 축출되다	
	코르넬리우스 얀센(Cornelius Jansen)의 『어거스틴』(Augustinus)이 출간되다	
1641		아일랜드의 반란이 발발하다
1642		영국의 시민전쟁이 시작되다
1644	특별 침례교의 '런던 신앙고백서' (London Confession)	중국의 밍(Ming) 왕조가 만주(Manchu)로 대체되다
1648	웨스트민스터 신앙고백	웨스트팔리아 형화조약이 30년 전쟁을 끝내다
1649		찰스 1세 왕의 처형
1653	인도의 도마 기독교인들이 그들의 교회를 재구성하다 얀센의 『어거스틴』(Augustinus)이 교황 이노센트 10세 의해 정죄되다	
1660		공화정의 붕괴에 뒤이어 찰스 2세가 왕으로 복귀하다

연대	교회/신앙의 주요한 발전들	정부/사회의 주요한 발전들
1662	블레이스 파스칼의 죽음 대추방령(The Great Ejection)으로 영국에서 국교 반대자들이 성직을 잃다	
1675	스페너의 『경건한 열망』이 출간되다	
1678	번연의 『천로역정』이 출간되다	
1682	러시아 구교도파(Old Believers)의 지도자인 아바쿰의 처형 펜실베이니아가 종교 관용령에 기초하여 세워지다	
1683		소비에스키(Jan Sobieski)가 터키에 의한 비엔나의 포위를 거두다
1685	루이 14세에 의한 낭트 칙령의 철회	
1689	관용령이 영국의 의회에 의해 통과되다	다뉴브의 터키 남쪽에 대한 일시적인 오스트리아의 승리
1690		보인(Boyne) 전투
1692	중국의 강 희 황제가 기독교에 대한 관용령을 발표하다 매사추세츠(Massachusetts), 살렘(Salem)에서의 마녀 재판	
1693	아미쉬(Amish)가 메노파에서 떨어져나가다	
1700		대북방전쟁(Great Northern War)이 시작되다
1701		스페인 계승전쟁이 시작되다
1714		스페인 계승전쟁이 끝나다
1717	버진 마리아(Virgin Mary)가 "폴란드의 여왕"이 되다	

연대	교회/신앙의 주요한 발전들	정부/사회의 주요한 발전들
1721	중국의 황제 강 희(K' ang Hsi)가 기독교를 금하다 러시아의 피터 대제가 최고 교회회의(Holy Synod)를 명하다	대북방전쟁(Great Northern War)이 끝나다
1727	헤른후트에서의 대각성 파리의 세인트 메다르드에서 기적이 보고되다	
1732	개신교도들이 잘츠부르크(salzburg)에서 추방되다	
1735	히엘 해리스, 다니엘 로란드, 조지 휫필드의 회심 매사추세츠 노샘톤(Northampton)에 조나난 에드워즈의 교구에서의 부흥	
1738	존 웨슬리와 찰스 웨슬리의 회심	
1741	휫필드와 웨슬리의 분열	
1742	스코틀랜드 캠버스랑(Cambuslang)에서의 부흥	
1751		『백과사전』(Encyclopedie)의 첫 책이 출간되다
1752	다니엘 로란드와 히엘 해리스의 분열	
1755		리스본의 지진
1756		칠년 전쟁이 브리튼과 프랑스 사이에 시작되다
1758	분리파 침례교회의 샌디 크리크 협회(Sandy Creek Association)가 세워지다	
1759	예수회원들이 브라질에서 축출되다	
1767	예수회파가 스페인계 남아메리카에서 축출되다	

연대	교회/신앙의 주요한 발전들	정부/사회의 주요한 발전들
1772		폴란드의 첫 분열
1773	예수회에 대한 억압	
1776		미국의 독립선언서
1778	아일랜드에서 첫 가톨릭 구제 법령(Catholic Relief Acts)	
1781	오스트리아에서 신앙의 자유에 대한 특권(Patent of Toleration)	
1789	존 캐롤(John Carroll)이 미국에서 첫 가톨릭 주교가 되다	프랑스 혁명이 발발하다

추가도서 소개

Chapter 1

Atiya, A. S. *A History of Eastern Christianity*. London: Methuen, 1968.

이 작품은 30년 전에 출간되었으나, 서방의 독자들이 보통 잘 알지 못하는 중요한 교회들의 훌륭한 개관을 제공해준다.

Black, C. F. *Italian Confraternities in the Sixteenth Century*. Cambridge: Cambridge University Press, 1989. 이탈리아에서 개신교의 침투를 저항하는데 확실히 기여했던 독특한 현상들을 살핀다.

Chadwick, O. *The Reformation*. London: Penguin, 1990.

이 책은 오래 전에 출판되었으나, 여전히 이 주제 영역에 대한 유용하고 생생한 개관을 제공해준다.

Courbage, Y., and P. Fargues. *Christians and Jews under Islam*. New York: I. B. Tauris, 1998.

이 책의 도표와 차트는 흐름을 살피고 동방 기독교와 이슬람의 영역에서의 통계치를 분석하기를 원하는 사람들에게 필수적이게 만든다.

Dickens, A. G. *The Counter Reformation*. London: Thames and Hudson, 1968.

반동 종교개혁(Counter-Reformation)에 대해 훌륭하게 설명된 서론적인 기사를 제공해준다.

George, Timothy. *Theology of the Reformers*. Nashville: Broadman, 1988.

이 책을 "이해하기 쉽다"고 묘사하는 것은 모욕처럼 위험스럽게 들린다. 그는 루터, 츠빙글리, 칼빈, 그리고 메노 시문스의 신학에 대해서 탁월하게 간결한 전기와 서론을 제공해준다.

McGrath, A. E. *A Life of John Calvin*. Oxford: Blackwell, 1990.

전기학자들은 루터처럼 칼빈을 잘 소개한다. 맥그라스는 칼빈의 경력의 한 십년간을 신속하게 건너뛰지만, 칼빈에 대한 그의 전기는 공감적이고, 사려가 깊으며, 명확하다.

Moffett, S. H. *A History of Christianity in Asia: 1500–1900*. Vol. 2.

유감스럽게 모펫의 책은 필자가 그것에 관심을 주기에는 너무 늦게 출판되었다. 하지만 그 책은 분명히 매우 중요한 작품이고, 앞으로 수많은 시간 동안 그 주제에 관한 주요한 참고자료가 될 것이다.

Mullett, M. A. *The Catholic Reformation*. London: Routledge, 1999.

Oberman, H. O. *Luther: Man between God and the Devil*. London: HarperCollins, 1993.
루터에 대한 수많은 자료가 이 출판사를 통해 계속 나오고 있다. 이 책은 최근의 보다 대중적인 전기 중에 하나다.

Pearse, M. T. *The Great Restoration*. Carlisle, England: Paternoster, 1998.
당시의 종교적인 급진주의와 관련해서 본인의 책을 좋아하지 않는 독자들은 이 책이 유사하게 성가신 것으로 여길 것이다.

Potter, G. R. *Zwingli*. Cambridge: Cambridge University Press, 1984.
이 전기는 스위스 종교개혁자들에 관한 탁월하고 상세한 연구서다.

Williams, G. H. *The Radical Reformation*. Kirksville, MO: Sixteenth Century Journal Publishers, 1992.
급진주의를 아주 좋아하여 많은 돈과 시간을 들이고도 아까워하지 않는 매력을 갖는 독자들은 윌리엄의 책의 광대한 규모가 현란하고 방대한 정보를 얻는 경험임을 깨닫게 될 것이다.

Ye'or, Bat. *The Decline of Eastern Christianity under Islam: From Jihad to Dhimmitude*. Cranbury, NJ: Fairleigh Dickinson University Press, 1996.
이 거대한 주제에 관한 훌륭한 개요를 제공해준다.

Zernov, N. *Eastern Christendom*. London: Weidenfeld and Nicolson, 1961.
제노브와 아티야의 작품은 지금은 오래되고 범주에서 일반적이지만(제노브의 5장은 이 책이 다루고 있는 시대와 관련한 유일한 부분이다), 그럼에도 불구하고 서방의 독자들이 보통 잘 알지 못했던 중요한 교회들에 관한 훌륭한 개관을 제공해준다.

Chapter 2

네덜란드

Duke, A. *Reformation and Revolt in the Low Countries*. London: Hambledon Press, 1990.

Limm, P. *Dutch Revolt 1559–1648*. Harlow, England: Longman, 1999.

Parker, G. *The Dutch Revolt*. London: Penguin, 1990.

프랑스와 종교전쟁들

Diefendorf, B. B. *Catholics and Huguenots in Sixteenth-Century Paris*. Oxford: Oxford University Press, 1991.

Holt, M. P. *The French Wars of Religion, 1562–1629*. Cambridge: Cambridge University Press, 1995.

Knecht, R. J. *The French Religious Wars 1562–1598*. Oxford: Osprey, 2002.

Labrousse, É. "Calvinism in France, 1598–1685." In *International Calvinism 1541–1715*. Edited by M. Prestwich. Oxford: Oxford University Press, 1985.

Mentzer, R. A., and A. Spicer, eds. *Society and Culture in the Huguenot World 1559–1685*. Cambridge: Cambridge University Press, 2002.

Prestwich, M. "Calvinism in France." In *International Calvinism 1541–1715*. Edited by M. Prestwich. Oxford: Oxford University Press, 1985.

Sutherland, N. M. *The Huguenot Struggle for Recognition*. New Haven: Yale University Press, 1980.

독일과 중앙 유럽(보헤미아/모라비아, 폴란드, 헝가리/트란실바니아)

Crăciun, Maria, Ovidiu Ghitta, and Graeme Murdock, eds. *Confessional Identity in East Central Europe*. Aldershot, England: Ashgate, 2002.
다양한 주제, 특히 헝가리와 트란실바니아에 관심을 갖는 전문가들의 에세이 모음집.

Kloczowski, J. *A History of Polish Christianity*. Cambridge: Cambridge University Press, 2000, chaps. 4 and 5. 이것은 비가톨릭적인 사건이나 사람을 다루는데 있어서 약간 이해력이 부족한 부분이 있을뿐더러, 매우 "정교하고", 복잡한 작품이다.

Maag, K., ed. *The Reformation in Eastern and Central Europe*. Aldershot, England: Scolar Press, 1997. 특히 헝가리와 트란실바니아에 관심을 둔 다양한 주제들에 관한 또 다른 전문가들의 에세이 모음집

Pörtner, R. *The Counter-Reformation in Central Europe: Styria 1580–1630*. Oxford: Oxford University Press, 2001.

Teter, M. *Jews and Heretics in Catholic Poland: A Beleaguered Church in the Post-Reformation Era*. Cambridge: Cambridge University Press, 2005.

Říčan, R. *The History of the Unity of Brethren*. Bethlehem, PA: Moravian Church in America, 1992.

Chapter 3

Hastings, A., ed. *A World History of Christianity*. London: Cassell, 1999.

해스팅은 모든 종교와 시대에 대한 많은 유용한 서론이나 개관이 되는 자료를 제공한다.

브레스트 동맹(Union of Brest)과 그 대의들

Fedoriw, G. *History of the Church in Ukraine*. Toronto, Canada: St. Sophia Religious Association of Ukrainian Catholics in Canada, 1983.

유용한 기사이지만, 아주 상당히 현대 민족주의자의 의식과 관심의 렌즈를 통해서 바라본다.

Gudziak, B. A. *Crisis and Reform: The Kyivan Metropolitanate/the Patriarchate of Constantinople/the Genesis of the Union of Brest*. Cambridge: Harvard University Press, 2001.

미국의 기독교화

Bradford, William. *Of Plymouth Plantation 1620–1647*. Edited by S. E. Morison. New York: A. A. Knopf, 1997.

G. F. Wlison의 보다 현대적이고 이야기적인 기사와 비교해서 본래의 원문 자료를 담고 있는 고전판이다.

Burkholder, M. A., and L. L. Johnson. *Colonial Latin America*. 3rd ed. New York: Oxford University Press, 1998.

Grahn, L. R. "Guajiro Culture and Capuchin Evangelization." In *The New Latin American Mission History*. Edited by E. Langner and R. H. Jackson. Lincoln, NE: University of Nebraska Press, 1995.

Willison, G. F. *Saints and Strangers: The Story of the Mayflower and the Plymouth Colony*. London: Heinemann, 1966.

아프리카에서의 가톨릭 선교

Caraman, P. *The Lost Empire: The Story of the Jesuits in Ethiopia*. Notre Dame, IN: University of Notre Dame Press, 1985.

Hastings, A. *The Church in Africa 1450–1950*. Oxford: Oxford University Press, 1996.

Isichei, E. *A History of Christianity in Africa*. London: SPCK, 1995.

해스팅, 이시케이, 그리고 순드클러에 의한 아프리카 교회 역사에 관한 세 개관들 중에서 이시케이에 의한 이 작품이 가장 규모가 작고 압축적이다.

Sundkler, B. and C. Steed. *A History of the Church in Africa*. Cambridge: Cambridge University Press, 2000.

아시아에서의 가톨릭 선교

Cummins, J. S. *A Question of Rites: Friar Domingo Navarrete and the Jesuits in China*. Aldershot, England: Scolar Press, 1993.

Drummond, R. H. *A History of Christianity in Japan*. Grand Rapids: Eerdmans, 1971.

Elison, G. *Deus Destroyed: The Image of Christianity in Early Modern Japan*. Cambridge: Harvard University Press, 1988.

Ross, A. C. *A Vision Betrayed: The Jesuits in Japan and China 1542–1742*. Maryknoll, NY: Orbis, 1994.

Whyte, Bob. *Unfinished Encounter: China and Christianity*. London: Collins, 1988.

동방의 교회들

Hudson, D. D. *Protestant Origins in India: Tamil Evangelical Christians, 1706–1835*. Grand Rapids: Eerdmans, 2000.

Magocsi, P. R. *A History of Ukraine*. Toronto, Canada: University of Toronto Press, 1996.
특히 우리가 다루고 있는 시대 동안에 종교적인 양상들에 대해서 많은 유용한 자료를 제공하고 있는 방대하고 세속적인 우크라이나의 역사

Waterfield, R. E. *Christians in Persia*. London: George Allen & Unwin, 1973.

Werner, R., W. Anderson, and A. Wheeler. *Day of Devastation, Day of Contentment: The History of the Sudanese Church across 2000 Years*. Nairobi, Kenya: Paulines Publications Africa, 2000.

기독교 역사에서 가장 덜 알려진 양상들에 관한 놀라운 기사 — 이 작품이 본서에서 다루고 있는 시대에는 덜 적용될지라도, 그것은 수단에 기독교인들의 삶에 관해서 상세히 다루고 있다.

Chapter 4

The German Lutherans and the Formula of Concord (1580)

Jungkuntz, T. R. *Formulators of the Formula of Concord*. St. Louis: Concordia, 1977.
원 자료와 그 원 자료에 대한 해석을 제공한다.

Kolb, R. *Andreae and the Formula of Concord*. St. Louis: Concordia, 1977.

———. *Sources and Contexts of the Formula of Concord*. Minneapolis: Fortress, 2001.

영국교회(1570–1625)

Collinson, P. *The Elizabethan Puritan Movement*. Oxford: Oxford University Press, 1967.

이 책은 이 주제에 관해서 여전히 명확한 연구서로 남아 있다.

Kendall, R. T. *Calvin and English Calvinism to 1649*. Oxford: Oxford University Press, 1981. 본래 옥스퍼드 대학교의 박사논문이다. 이 책이 처음 출판되었을 때, 그것은 열렬한 칼빈주의자들 사이에서 논쟁을 발생시켰다. 칼빈은 제한 속죄 교리를 가르치지 않았고, 그의 계승자인 베자가 그 교리를 주장했을 때, 그것이 영국의 청교도들 사이에서 재앙적인 목회적 결과로 이끌었다고 켄달이 주장하였기 때문이다.

Lamont, W. M. *Godly Rule: Politics and Religion 1603–1660*. London: Macmillan, 1969.
규모는 작을지라도, 이 간단하고 통찰력 있는 책은 지적으로 분석적으로 가공할 만하다. 매우 추천할 수 있다.

Trinterud, L. J., ed. *Elizabethan Puritanism*. Oxford: Oxford University Press, 1971.

핵심적인 문서들을 제공하고, 그것들의 배경과 의미에 대한 탁월한 해석을 제공한다.

Tyacke, N. *Anti-Calvinists: The Rise of English Arminianism c.1590–1640*. Oxford: Oxford University Press, 1990. 제목이 제기하는 것보다는 덜 흥분되지만, 이 논문은 영국에서 17세기 초의 고교회회원(High Churchmanship)에 대해서 잘 다루고 있다.

화란의 개혁교회(1570–1619)

Bangs, C. *Arminius: A Study in the Dutch Reformation*. Eugene, OR: Wipf & Stock, 1998. 화란 사람과 관련한 표준적인 작품으로 아직도 남아 있다.

Hsia, R. Po-Chia, ed. *Calvinism and Religious Toleration in the Dutch Golden Age*. Cambridge: Cambridge University Press, 2002.

Chapter 5

로마 가톨릭 교회

Bossy, J. *The English Catholic Community 1570–1850*. London: Darton, Longman & Todd, 1975. . 영국의 가톨릭에 대해서 충분히 다루고 있다.

Dures, A. *English Catholicism 1558–1642*. Harlow, England: Longman, 1983.
이 책이 속해 있는 많은 시리즈 작품들처럼, 이것은 훌륭한 서론적인 기사다: 읽기 쉽고 믿을 만하며 탄탄하다.

Headley, J. M., and J. B. Tomaro, eds. *San Carlo Borromeo: Catholic Reform and Ecclesiastical Politics in the Second Half of the Sixteenth Century*. Cranbury, NJ: Folger Books, 1988.

Holmes, P. *Resistance & Compromise: The Political Thought of the Elizabethan Catholics*. Cambridge: Cambridge University Press, 1982.

Hsia, R. Po-chia. *The World of Catholic Renewal 1540–1770*. Cambridge: Cambridge University Press, 1998.

Sedgwick, A. *Jansenism in Seventeenth-Century France*. Charlottesville, VA: University Press of Virginia, 1977.

Waugh, E. *Edmund Campion: Scholar, Priest, Hero, and Martyr*. Oxford: Oxford University Press, 1980. 이것은 영국의 소설가인 와우(Waugh)에 의한 논쟁적인 가톨릭 작품이다 —하지만 그 모든 것에서 그리 나쁘지 않다. 이 책은 읽기에 쉽고, 당시에 중요한 이슈들을 제기한다 — 또는 부활시킨다.

러시아 정통 교회

Hosking, G. *Russia: People & Empire 1552–1917*. London: HarperCollins, 1998.
주로 세속적인 역사일지라도, 이 책은 교회 일과 종교적인 문제들에 관해서 훌륭하게 다룬다.

Michels, G. B. *At War with the Church: Religious Dissent in Seventeenth-Century Russia*. Stanford, CA: Stanford University Press, 1999.

Chapter 6

30년 전쟁

Asch, R. G. *The Thirty Years War: The Holy Roman Empire and Europe, 1618–1648*. London: Palgrave Macmillan, 1997.

Bonney, R. *The Thirty Years' War 1618–1648*. Oxford: Osprey, 2002.

Parker, G. *The Thirty Years' War*. London: Routledge, 1997.

영국의 시민 전쟁

Aylmer, G. E. *Rebellion or Revolution?* Oxford: Oxford University Press, 1986.
역사적인 논쟁에 관한 논의와 더불어 훌륭하고 기초적인 기사를 제공하지만, 종교적인 이슈들이 아일러의 중심적인 관심사는 아니다.

Fincham, K., ed. *The Early Stuart Church 1603–1642*. Stanford. CA: Stanford University Press, 1993. 전쟁에 대한 종교적인 배경을 제공한다.

Foster, W. R. *The Church before the Covenants: The Church of Scotland 1596–1638*. Edinburgh: Scottish Academic Press, 1975.

Hill, C. *Puritanism and Revolution*. London: Mercury, 1962. 힐의 작품은 전쟁의 종교적인 양상에 관심이 있지만, 그것을—그밖에 다른 것—막스주의자의 물질적인 측면에서 개관한다. 동일한 것이 그의 매력적이지만 그르치기 쉬운 The World Turned Upside Down(Harmondsworth, England; Penguin, 1975)에도 참으로 해당될 것이다. 그것은 시민전쟁 시대에 분파주의의 혼란한 세계를 살핀다.

Manning, B., ed. *Politics, Religion and the English Civil War*. London: Edward Arnold, 1973. 크리스토퍼 힐과 같은 막스주의자의 범람하던 "지혜"에 궁극적으로 도전하는 것이 전문적으로 현명하지 못하던 시기에 나왔을지라도, 이 책은 유용한 에세이들의 모음집이다.

Mullan, D. G. *Scottish Puritanism 1590–1638*. Oxford: Oxford University Press, 2000.

Woodhouse, A. S. P., ed. *Puritanism and Liberty*. London: Everyman, 1986.
최소한의 편집적인 언급과 함께 그 시대의 핵심적인 문서들을 제공한다.

Chapter 7

Ingle, H. L. *First among Friends: George Fox and the Creation of Quakerism*. New York: Oxford University Press, 1994.

Nolt, S. M. *A History of the Amish*. Intercourse, PA: Good Books, 1992.

Pearse, M. T. *The Great Restoration*. Carlisle, England: Paternoster, 2003.

Reay, B. *The Quakers and the English Revolution*. New York: St. Martin's Press, 1985.
레이의 작품은 냉전 시에 서방의 역사 편찬을 메마르게 했던 막스주의적, 물질주의 환원주의 학파의 경향이 있지만 그는 그런 방식을 따라 많은 화제를 만든다.

Tolmie, M. *The Triumph of the Saints: The Separate Churches of London 1616–1649*. Cambridge: Cambridge University Press, 1977.

White, B. R. *The English Baptists of the Seventeenth Century*. London: Baptist Historical Society, 1983.

———. *The English Separatist Tradition*. Oxford: Oxford University Press, 1971.

Williams, G. H. *The Radical Reformation*. Kirksville, MO: Sixteenth Century Journal Publishers, 1992, chapters 27–28, 30–31.

Chapter 8

Campbell, T. A. *The Religion of the Heart*. Columbia, SC: University of South Carolina Press, 1991, chapter 4.

Hamilton, J. T., and K. G. Hamilton. *History of the Moravian Church: The Renewed Unitas Fratrum 1722–1957*. Bethlehem, PA: Moravian Church in America, 1983, parts 1 and 2.

Lewis, A. J. *Zinzendorf the Ecumenical Pioneer*. London: SCM Press, 1962.

Stoeffler, F. E. *German Pietism during the Eighteenth Century*. Leiden, the Netherlands: E. J. Brill, 1973. 이 주제에 관한 고전적인 작품이다.

Stoeffler, F. E., ed. *Continental Pietism and Early American Christianity*. Grand Rapids: Eerdmans, 1976.

Ward, W. R. *The Protestant Evangelical Awakening*. Cambridge: Cambridge University Press, 1992.

유럽 대륙의 대부분이 18세기 전반에 복음적인 각성을 경험했다는 점에서 영미(Angl American)의 복음주의가 대륙의 경건주의에서 유래했을 뿐 아니라 그 일부였다는 논지를 실험하는 뛰어난 책이다. 논증은 잘 먹히지 않지만 전개되고 있는 자료는 아주 흥미로워서 그 단점이 문제가 되지 않을 정도다.

Weinlick, J. R. *Count Zinzendorf*. Bethlehem, PA: Moravian Church in America, 1984.

Chapter 9

Malcolm, N. *Bosnia: A Short History*. London: Macmillan, 1994.

———. *Kosovo: A Short History*. London: Macmillan, 1998.

이 말콤에 의한 두 책과 아래에 나오는 마조워의 책은 발칸에 관한 최근의 세속 역사책으로는 가장 좋은 것에 속한다. 책의 전개과정에서 이 세 책은 모두 본서에서 다루고 있는 시대의 교회 역사에 적절한 많은 자료들을 논한다.

Mazower, M. *Salonica: City of Ghosts*. London: HarperCollins, 2004.

Runciman, S. *The Great Church in Captivity*. Cambridge: Cambridge University Press, 1968. 이것은 이 영역에서 오랫동안 인정받는 작품이다.

Chapter 10

영국 왕정복고의 반대

Brown, R. *The English Baptists of the Eighteenth Century*. London: Baptist Historical Society, 1986.

Hill, C. *A Turbulent, Seditious, and Factious People: John Bunyan and His Church*. Oxford: Oxford University Press, 1989.

부분적으로 외면적인 주제 문제에 대해서도 그렇고, 그의 삶의 말미에 막스주의 역사가의 일부 부분적인 철회와 일부 완고한 변호로서도 매력적인 작품이다. 그는 주변에 막스주의의 붕괴가 그의 입장을 곤란하게 하고 있는 때에 이 글을 쓰고 있다.

Watts, M. *The Dissenters*. Oxford: Oxford University Press, 1978.

첫 번째 책은 탁월하고, 학문적이며, 본서와 거의 정확하게 일치하는 시대를 다루면서, 그 주제에 관한 매우 읽기 쉬운 개요를 담고 있다.

낭트칙령의 철회와 그 이후

Joutard, P. "The Revocation of the Edict of Nantes: End or Renewal of French Calvinism?" In *International Calvinism 1541–1715*. Edited by M. Prestwich. Oxford: Oxford University Press, 1985.

스코틀랜드의 시련, 1660–1745

Drummond, A. L., and J. Bulloch. *The Scottish Church 1688–1843*. Edinburgh: Saint Andrew Press, 1973.

McIntosh, J. R. *Church and Theology in Enlightenment Scotland*. East Linton, Scotland: Tuckwell Press, 1998.

아일랜드에서의 브리티시 규칙

Clarke, A. "The Colonisation of Ulster and the Rebellion of 1641." In *The Course of Irish History*. Edited by T. W. Moody and F. X. Martin. Cork, Ireland: Mercier Press, 1994.

Greaves, R. L. *God's Other Children: Protestant Nonconformists and the Emergence of Denominational Churches in Ireland, 1660–1700*. Stanford, CA: Stanford University Press, 1997.

Rafferty, O. P. *Catholicism in Ulster 1603–1983*. London: C. Hurst, 1994.

Chapter 11

Bailey, G. A. *Art on the Jesuit Missions in Asia and Latin America 1542–1773*. Toronto, Canada: University of Toronto Press, 1999.

Burkholder, M. A., and L. L. Johnson. *Colonial Latin America*. 3rd ed. New York: Oxford University Press, 1998.

Goodpasture, H. McKennie, ed. *Cross and Sword: An Eyewitness History of Christianity in Latin America*. Maryknoll, NY: Orbis, 1989.

Greenleaf, R. E., ed. *The Roman Catholic Church in Colonial Latin America*. New York: Alfred A. Knopf, 1971.

Ruiz de Montoya, A. *The Spiritual Conquest Accomplished by the Religious of the Society of Jesus in the Provinces of Paraguay, Paraná, Uruguay and Tape*. Translated by C. J. McNaspy et al. St. Louis: Institute of Jesuit Sources, 1993.

Saeger, J. S. "Eighteenth-Century Guaycuruan Missions in Paraguay." In *Indian-Religious Relations in Colonial Spanish America*. Edited by S. E. Ramírez. Syracuse, NY: Syracuse University, 1989.

Schwaller, J. F., ed. *The Church in Colonial Latin America*. Wilmington, DE: Scholarly Resources, 2000.

Chapter 12

'마스덴(G. M. Marsden), 마크 놀(Mark Noll), 그리고 나단 해치(Nathan Hatch)는 미국 교회역사의 선구자적인 해석자다. 마스덴의 ...은 매우 유능하고 확실하고, 잘 구성되어 있으며, 잘 연구된 개관이다. (아래의 목록들을 보라.)

Bremer, F. J. *The Puritan Experiment: New England Society from Bradford to Edwards*. New York: St. Martin's Press, 1976.

Delbanco, A. *The Puritan Ordeal*. Cambridge: Harvard University Press, 1989.

Gaustad, E. S., ed. *A Documentary History of Religion in America to the Civil War*. 2 volumes. Grand Rapids: Eerdmans, 1982.

Hall, D. D. *Worlds of Wonder, Days of Judgment: Popular Religious Belief in Early New England*. Cambridge: Harvard University Press, 1990.

이 책은 신세계의 영적인 삶에 관한 보다 흥분되는 양상들을 살핀다.

Jones, R. M. *The Quakers in the American Colonies*. London: Macmillan, 1911.

여전히 이 주제에 관한 보다 유용한 출발점 중에 하나다.

LaPlante, E. *American Jezebel*. New York: HarperCollins, 2004.

명확한 페미니스트의 관심이 과거나 그 특징들을 기괴하게 왜곡시키는 영향을 갖지 않는 신선한 연구의 사례다. 라플란트는 그 문제를 올바르게 만든다. 즉 그녀는 앤 허친슨과 그녀의 동료들을 매우 잘 이해하고 있고, 그들의 믿음에 대한 공감 부족이 그녀가 그 사실을 설명하는데 방해가 되지 않게 한다. 결과적으로

성의 역할에 대한 그녀의 언급은 기초가 잘 잡혀 있고, 원리적으로 동의가 있게 만든다. 훌륭한 책이다.

Lovelace, R. F. *The American Pietism of Cotton Mather: Origins of American Evangelicalism*. Grand Rapids: Christian University Press, 1979. 이 작품은 라플란트가 언급한 이야기의 다른 쪽 측면을 제시한다.

Marsden, G. M. *Religion and American Culture*. New York: Harcourt Brace Jovanovich, 1990.

McBeth, H. L. *The Baptist Heritage*. Nashville: Broadman, 1987.

McBeth, H. L. *A Sourcebook for Baptist Heritage*. Nashville: Broadman, 1990.

초보적인 연구자들은 맥베스의 이 두 권의 책의 엄청난 규모에 소심해져서는 안 된다. 그 책들은 읽기가 매우 쉽고, 전혀 딱딱하지 않다. 첫 번째 책은 미국에 관심을 두고서 세계 주변의 침례교 역사에 대한 광범위한 개관을 제공해준다—그리고 과장하지 않는다. 두 번째 책은 믿음의 가장 중요한 진술을 포함시키면서 문서들과 문서들의 발췌문에 관한 매우 유용한 개요와 그 역사에 대한 설명을 제공한다.

Noll, M. *A History of Christianity in the United States and Canada*. Grand Rapids: Eerdmans, 1992.

Noll, M. A., N. O. Hatch, G. M. Marsden, D. F. Wells, and J. D. Woodbridge, eds. *Christianity in America*. Grand Rapids: Eerdmans, 1983.

Reinitz, R., ed. *Tensions in American Puritanism*. New York: John Wiley & Sons, 1970.

Speck, W. A., and L. Billington. "Calvinism in Colonial North America, 1630–1715." In *International Calvinism 1541–1715*. Edited by M. Prestwich. Oxford: Clarendon, 1986.

Staloff, D. *The Making of an American Thinking Class: Intellectuals and Intelligentsia in Puritan Massachusetts*. New York: Oxford University Press, 1998.

Chapter 13

Bonomi, P. U. *Under the Cope of Heaven: Religion, Society and Politics in Colonial America*. New York: Oxford University Press, 1986.

Gaustad, E. S. *Neither King nor Prelate: Religion and the New Nation 1776–1826*. Grand Rapids: Eerdmans, 1993.

Himmelfarb, G. *The Roads to Modernity*. New York: Alfred A. Knopf, 2004.

이 책은 폭넓은 모습을 살핀다. 게르투르드 힘멜파르브는 신보수주의적인 경향을 갖고 있을지라도, 상당히 박식하고 설득력 있는 사회 역사가다. 이 책은 그녀의 다른 책들처럼 살짝 그런 학문을 덧입고 있다.

Marsden, G. M. *Religion and American Culture*. New York: Harcourt Brace Jovanovich, 1990.

Murphy, T. and R. Perin, eds. *A Concise History of Christianity in Canada*. Toronto: Oxford University Press, 1996.

Noll, M. *America's God: from Jonathan Edwards to Abraham Lincoln*. Oxford: Oxford University Press, 2002.

Westerkamp, M. J. *Women and Religion in Early America 1600–1850*. London: Routledge, 1999.

Chapter 14

Baker, F. *John Wesley and the Church of England*. London: Epworth Press, 1970.

웨슬리와 그의 모교회 즉 영국성공회와의 어려운 관계를 다룬다(또는 Brown-Lawson을 보라).

Bebbington, D. *Evangelicalism in Modern Britain: A History from the 1730s to the 1980s*. London: Unwin Hyman, 1989. 고전으로 그 책의 출판을 환호했는데, 그 이후로 어느 것도 그런 평가를 바꾸거나 훼손할 만한 일이 발생하지 않았다. 이 영역에 관한 한 책만을 읽는다면, 이 책을 기꺼이 읽어라.

Bennett, R. *Howell Harris and the Dawn of Revival*. Bridgend, Wales: Evangelical Press of Wales, 1987. 20세기 초의 칭송적인 전기의 재판

Brown-Lawson, A. *Wesley and the Anglican Evangelicals*. Durham, England: Pentland Press, 1994. 웨슬리와 그의 모교회 즉 영국국교회와의 어려운 관계를 다룬다(역시 Baker을 보라).

Clarkson, G. E. *George Whitefield and Welsh Calvinistic Methodism*. Lampeter, Wales: Edwin Mellen Press, 1996.

Dallimore, A. *George Whitefield*. 2 volumes. Edinburgh: Banner of Truth Trust, 1970, 1980.
다소 칭송 일색일지라도, 이 책은 위대한 복음전도자에 대한 표준적인 작품으로 남아 있다.

Evans, E. *Daniel Rowland and the Great Evangelical Awakening in Wales*. Edinburgh: Banner of Truth Trust, 1985. 이 책은 저자도 처음부터 인정하듯이 로란드의 글들이 그가 죽고 나서 몇 년 내에 소실되었다는 사실 때문에 상당히 곤란을 겪는다. 따라서 이 작품의 중심적인 특징은 전반적으로 다소 모호하다. 로란드에 관한 어느 가능한 연구들에게도 본질적일 수밖에 없는 이런 결점들이 있는 에반스의 책은 로란드에 대해서 우리가 갖고 있는 가장 좋은 책이다. 하지만 그럼에도 불구하고 독자들은 조심스럽게 읽어야 한다.

Fawcett, A. *The Cambuslang Revival*. Edinburgh: The Banner of Truth Trust, 1971.
스코틀랜드의 양상에 대해서는 거의 다루어지지 않으나 이 책은 예외다.

Hattersley, R. *A Brand from the Burning: A Life of John Wesley*. London: Little, Brown, 2003. 이 작품은 은퇴한 정치가이자 미디어에 능통한 저자의 명성 때문에 그 안목을 붙잡는 것을 거의 놓치지 않는다.

Heitzenrater, R. P. *Wesley and the People Called Methodists*. Nashville: Abingdon Press, 1995. 전반적으로 그 운동을 살핀다.

Jenkins, G. H. *Literature, Religion and Society in Wales, 1660–1730*. Cardiff: University of Wales Press. 1978. 배경적인 상황에 관한 유용하고 매우 학문적인 취급을 하고 있다.

Marsden, G. M. *Jonathan Edwards: A Life*. New Haven: Yale University Press, 2003.
이것은 위대한 미국의 부흥주의자에 관한 표준적인 작품일 수 있다.

Morgan, D. L. *The Great Awakening in Wales*. London: Epworth Press, 1988.
그 이야기에서 웨일스 사람들의 측면에 관한 가장 학문적인 취급을 하고 있는 책 중에 하나다.

Rack, H. *Reasonable Enthusiast*. London: Epworth, 1989.
메도디즘이 사라진다해도 웨슬리의 전기서는 부족하지 않을 것이다. 아마도 최근의 가장 좋은 전기서는 랙과 톰킨스의 전기서를 포함할 것이다. Reasonable Enthusiast는 아마도 가장 견고하게 다루고 있는 책 중에 하나일 것이다.

Rohrer, J. R. *Keepers of the Covenant: Frontier Missions and the Decline of Congregationalism 1774–1818*. New York: Oxford University Press, 1995.
이 작품은 본서에서 다루고 있는 시대 동안에 미국에서 대각성운동의 진전된 결과를 다룬다.

Tomkins, S. *John Wesley*. Grand Rapids: Eerdmans, 2003.
웨슬리의 전기 중에서 이것은 간략하고, 가혹하며, 홍정에서 적지 않게 장난 끼가 있다는 점에서 경쟁하는 책보다도 훨씬 더 재미가 있다.

Vickers, J. *Thomas Coke: Apostle of Methodism*. London: Epworth Press, 1969.
미국의 대각성운동의 주요한 주창자들 중에 한사람에 관한 전기를 제공한다.

Wigger, J. H. *Taking Heaven by Storm: Methodism and the Rise of Popular Christianity in America*. New York: Oxford University Press, 1998.

로러와 빅커가 그리한 것처럼, 위거는 본서에서 다루고 있는 시기 동안에 미국의 대각성운동의 결과를 상고하고, 특히 미국 혁명 이후에 수십 년간에 웨슬리파 운동의 급속한 상승을 다룬다.

Chapter 15

Chadwick, O. *The Popes and European Revolution*. Oxford: Oxford University Press, 1981. 오웬 채드윅의 모든 다른 책들처럼, 이것은 탁월하고, 재치가 있고 박식하다. 하지만 부피가 크다.

Châtellier, L. *The Religion of the Poor: Rural Missions in Europe and the Formation of Modern Catholicism, c.1500–1800*. Cambridge: Cambridge University Press, 1997.

Cracraft, P. *The Church Reform of Peter the Great*. Stanford, CA: Stanford University Press, 1971.

Delumeau, J. *Catholicism between Luther and Voltaire*. London: Burns & Oates, 1977.

Gay, P. *The Enlightenment: A Comprehensive Anthology*. New York: Simon and Schuster, 1973.

———. *The Enlightenment: The Rise of Modern Paganism*. New York: W. W. Norton, 1966. 게이의 두 책은 권위가 있고 대단히 계몽적인 연구서들이다.

Heyer, F. *The Catholic Church from 1648 to 1870*. London: Adam and Charles Black, 1969. Popes and European Revolution에서 채드윅이 길게 다룬 동일한 주제에 보다 간략한 논의를 제공한다.

Martin, A. L. *The Jesuit Mind: The Mentality of an Elite in Early Modern France*. Ithaca, NY: Cornell University Press, 1988.

McManners, J. *French Ecclesiastical Society under the Ancien Régime*. Manchester, England: Manchester University Press, 1960.

Spellman, W. M. *The Latitudinarians and the Church of England, 1660–1700*. Athens, GA: University of Georgia Press, 1993.

Stark, R. *For the Glory of God: How Monotheism Led to Reformations, Science, Witch-Hunts and the End of Slavery*. Princeton, NJ: Princeton University Press, 2003. 세속주의자들의 '성스러운 암소들' 을 죽이기를 착수한다. 그의 책에서 어떤 주요한 허점이 없는 것은 아닐지라도, 전반적으로 스타크는 성공을 거둔다.

Ward, W. R. *Christianity under the Ancien Régime*. Cambridge: Cambridge University Press, 1999.

주(註)

서문

1. P. Jenkins, *The Next Christendom* (New York: Oxford University Press, 2002).

1장

1. Owen Chadwick, *The Reformation* (London: Penguin, 1990), 144.

2. '필리오케' (*filioque*)는 그 신조에 추가된 것이고, 이는 서방에서는 채택되었지만 동방에서는 채택되지 않았다. '필리오케' 에 따르면, 성령은 성부로부터만이 아니라 "성부와 성자" 로부터도 나오신다. 이즈음에 동방의 신학자들과 철학지향적인 신학들을 설명하는데 삶을 집중하는 지역의 사람들은 이 독특한 구분에서 심오한 의미를 발견하는 것으로 영향을 받는다. 이 의미가 전적으로 이단적인지 아니면 삼위일체 교리의 본질적인 근간인지는 그때나 지금이나 해석자의 조상들의 윤리적 정체성에 거의 전적으로 달려 있는 것으로 보인다.

3. Chadwick, *The Reformation*은 이 주제에 대한 유용하고 생생한 서론을 계속해서 제공한다.

4. 루터의 보다 대중적인 전기 중에 하나가 *Luther: Man Between God and the Devil* (London: HarperCollins, 1993)의 전기다.

5. G. R. Potter, *Zwingli (*Cambridge: Cambridge University Press, 1984)에 의한 전기는 탁월하다.

6. 루터처럼 칼빈도 전기학자들에 의해 애용된다. *A Life of John Calvin* (Oxford: Blackwell, 1990)은 그 주제에 대해서 공감적이고 사려가 깊고 명확하다. *Theology of the Reformers* (Nashville: Broadman, 1998)은 루터, 츠빙글리, 칼빈, 또한 메노 시몬스의 신학에 대한 읽기 쉽고 탁월하고 간결한 전기와 서론을 제공해준다.

7. *The Great Restoration* (Carlisle: Paternoser, 1998)와 보다 상세하고 긴 *The Radical Reformation* (Kirdsville, MO: Sixteenth Century Journal Publishers, 1992)은 대단히 유익한 정보를 제공하는 작품이다.

8. *The Counter Reformation* (London: Thames and Hudson, 1968)은 이 시기에 관한 훌륭하고 잘 설명된 서론적인 기사를 제공한다.

9. H. Troyat, *Ivan the Terrible* (London: Phoenis Press, 1984), 65-78, 85-86; G. Hosking, Russia: People & Empire 1552-1917 (London: HarperCollins, 1997), 3-4, 9-11.

10. *The Decline of Eastern Christianity under Islam: From Jihad to Dhimmitude* (Cranbury, NJ: Fairleigh Dickinson University Press, 1996)은 이 거대한 주제에 관한 확실한 개요를 제공해준다.

11. Y. Courbage and P. Fargues, *Christians and Jews under Islam* (New York: I. B. Tauris, 1998), 64.

12. Ibid., 57-90.

13. A. S. Atiya, *A History of Eastern Christianity* (London: Methuen, 1968), 365-67.

2장

1. Martin Luther, *Gesammelte Werke*, Weimarer Ausgabe, 127 vols., (Weimar, Germany: Hermann Bohlaus Nachfolger Weimar GmbH, 1883):37. 317.

2. *The European Reformations Sourcebook*, ed. C. Lindberg (Oxford: Blackwell, 2000), 270, http://info.abdn.ac.uk/history/documents/hi2510_frenchwars_religion.doc.

3. 이 주제의 개요에 대해서는 *The Dutch Revolt* (London: Penguin,1990)을 보라.

4. 갈등의 개요에 대해서는 *The French Wars of Religion, 1562-1629* (Cambridge: Cambridge University Press, 1995)을 보라. M. Prestwich(Oxford: Oxford University Press, 1985), 71-108이 인용한 "Calvinism in France" in *International Calvinism 1541-1715*은 더 짤막한 서론을 제공하지만 Prestwich, 339-68이 편집한 동일한 책에서 "Calvinism in France, 1598-1685"은 전쟁의 사후를 살핀다.

5. Matija Vlačić에 관해 더 자세한 것은 4장을 보라.

6. J. Gow and C. Carmichael, *Slovenia and the Slovenes* (London: Hurst, 2000), 63-64.

7. A. Zamoyski, *The Polish Way* (London: John Murray, 1987), 81-90.

8. Ibid., 83.

9. *The Catholic Encyclopedia*, s.v., "Mary Queen of Scots," http://www.newadvent.org/cathen/09764.htm.

10. Ibid.

3장

1. P. R. Magocsi, *AHistory of Ukraine* (Toronto: University of Toronto Press, 1996), 163-64.

2. Ibid.

3. Ibid., 166

4. S. Huntington, *The Clash of Civilizations and the Remaking of World Order* (New York: Simon & Schuster, 1997).

5. Magocsi, *History of Ukraine*, 177.

6. R. Hakluyt, *Voyages and Discoveries* (London: Penguin, 1985), 164-70

7. Ibid., 243-49.

8. M. Tanner, *Croatia: A Nation Forged in War* (New Haven: Yale University Press, 1997), 40.

9. 이 책에서는 엄격한(하지만 대륙의 입장에서는 더 정확한) "토착 아메리카인"보다 "인디언"이란 용어가 유럽의 탐험가들이 이미 그 지역에 발견했던 아메리카의 거주자들을 묘사하기 위해서 사용된다.

10. L. R. Grahn, "Guajiro Culture and Capuchin Evangelization," in *The New Latin American Mission History*, ed. E. Langner and R. H. Jackson (Lincoln, NE: University of

Nebraska Press, 1995), 132.

11. A. Hastings, ed., *A World History of Christianity* (London: Cassell, 1999), 336.

12. M. A. Burkholder and L. L. Johnson, *Colonial Latin America*, 3rd ed. (New York: Oxford University Press, 1998), 97.

13. E. Isichei, *A History of Christianity in Africa* (London: SPCK, 1995), 64-65.

14. B. Sundkler and C. Steed, *A History of the Church in Africa* (Cambridge: Cambridge University Press, 2000), 48-49.

15. Ibid., 74-77.

16. Ibid., 71-72.

17. C. R. Boxer, *The Christian Century in Japan 1549-1650* (Berkeley: University of California Press, 1951), 58.

18. A. C. Ross, *A Vision Betrayed: The Jesuits in Japan and China 1542-1742* (Maryknoll, NY: Orbis, 1994), 2.

19. Bob Whyte, *Unfinished Encounter: China and Christianity* (London: Collins, 1998), 65.

20. Ibid., 63.

21. W. H. Clark, *The Church in China* (Philadelphia: Macrae Smith, 1973), 28.

22. Ross, A Vision Betrayed, 163.

23. Whyte, *Unfinished Encounter,* 49.

24. Ibid., 79-83.

25. Gregory the Great, *Letters, XI*. 76.

26. J. G. Aragon, O. P., "The Controversy over Sanish Rule," in *Studies in Philippine Church History*, ed. G. H. Anderson (Ithaca, NY: Cornell Uneversity Press, 1969), 11.

27. *A History of Christianity*은 이 시기에 관한 좋은 서론적인 기사를 제공해준다.

28. R. E. Waterfield, *Christians in Persia* (London: George Allen & Unwin, 1973), 63.

29. *Day of Devastation, day of Contentment: The History of the Sudanese Church across 2000 Years* (Nairobi, Kenya: Paulines Publications Africa)의 5장은 이런 토대를 잘 다루고 있다.

4장

1. Luther, Gesammelte Werke, *Weimarer Ausgabe*, vol. 26, 462.

2. See the whole text in L. J. Trinterud, ed., *Elizabethan Puritanism* (Oxford: Oxford University Press, 1971).

3. P. Collinson, *The Elizabethan Puritan Movemen*t (Oxford: Oxford University Press, 1967), 112-13.

4. 이 요지는 강조되어야 한다. 우리는 장로교가 지금 구별된 독립교단이라는 것을 잊어야 할 필요가 있다. "이" 시기에 장로교인들은 그 교회가 장로교의 노선을 따라서 통치되어지기를 원했던 영국 교회 내에서 청교도의 별칭이었다.

5. *Godly Rule: Politics and Religion 1603-1660* (London: Macmillan, 1969)을 보라.

6. *Anti-Calvinists: The Rise of English Arminianism c, 1590-1640* (Oxford: Oxford University Press, 1990)은 이런 발전에 관한 명확한 연구를 담고 있는 책 중에 하나다.

7. Arminius: *A Study in the Dutch Reformation* (Eugene, OR: Wipf & Stock, 1998)은 아르미니우스의 삶과 사상에 관한 모범적인 개관을 담고 있다.

8. 이 특별한 논쟁에서 고전적인 상호교환은 아마도 *Calvin and English Calvinism to 1649* (Oxford: Oxford University Press, 1981)와 *Calvin and the Calvinists* (Edinburgh: Banner of Truth, 1982)사이에 이루어진 것이다.

5장

1. Dickens, *The Counter Reformation*, 161.

2. Ibid,., 164.

3. R. Po-Chia Hsia, *The World of Catholic Renewal 1540-1770* (Cambridge: Cambridge University Press, 1998), 146.

4. Ibid., 148.

5. Cited in A. J. Freddoso, "Molina, Luis de," in E. Craig, ed., *Routledge Encyclopedia of Philosophy* (London: Routledge, 1998), http://www.nd.edu/~afreddos/papers/molina.htm.

6. J. M. Houston, ed., *The Mind on Fire: an Anthology of the Writings of Blaise Pascal* (Portland: Multnomah Press, 1989),41.

7. "Pope Pius V's bull against Elizabeth (1570)," Tudorhistory.org, http://tudorhistory.org/primary/papalbull.html.

8. In G. Cavendish and W. Roper, *Two Early Tudor Lives: The Life and Death of Cardinal Wolsey and the Life of Sir Thomas More*, ed R. S. Sylvester and D. P. Harding (New Haven: Yale University Press, 1968).

9. Encyclopedia Britannica, 11th ed., Online Encyclopedia, s.v. "Sanders, Nicholas," http://encyclopedia.jrank.org/jrank.org/SAC_SAR/SANDERS_NICHOLAS_c_1530_1581_.html.

10. E. Waugh, *Edmund Campion: Scholar, Priest, Hero, and Martyr* (Oxford: Oxford University Press, 1980), 190-91.

11. A. Dures, *English Catholicism 1558-1642* (Harlow, England: Longman, 1983), 36.

12. 이반의 별명인 "그로즈니"(폭군)은 이 용어의 고전적인 의미를 가리키는 것으로 자주 설명된다. 그러나 그의 경력을 간략하게 알게 되었었을 때, 그의 경우에 이 칭호의 적용은 쉽게 언어적인 흐름의 변천을 통해 생성된 것임을 확증해준다.

13. Hosking, *Russia*, 64-74.

6장

1. H. J. C. Von Grimmelshausen, *The Adventurous Simplicissimus. Being the description of the life of a strange vagabond named Melchior Sternfels von Fuchshaim,* A. T. S. Goodrick, trans. (New York, 1912), chap. 4.

2. Ibid.

3. Ibid.

4. Ibid.

7장

1. Thieleman J. van Braght, *Martyrs Mirror* (Scottdale, PA: Herald Press, 1950), 12.

2. *The English Separatist Tradition* (Oxford: Oxford University Press, 1971)에서 인용함

3. C. Burrage, *Early English Dissenters*, vol. 2 (Cambridge: Cambridge University Press), 15-18.

4. A. Peel and L. H. Carlson, eds., *The Writings of Robert Harrison and Robert Browne* (London: George Allen and Unwin Ltd., 1953), 162.

5. Ibid.

6. *True Confession*, cited in W. L. Lumpkin, ed., Baptist Confessions of Faith (Valley Forge, PA: Judson Press, 1969), 82-97.

7. Ibid.

8. Pearse, *The Great Restoration*, 134-38.

9. Williams, *The Radical Reformation,* 1094-95.

10. Ibid., 1119.

8장

1. J. Boehme, *Of Heaven and Hell* (1624), http://kingsgarden.org/English/Organizations/OM.GB/Boehme/HeavenAndHell.html.

2. Ibid.

3. P. C. Erb, ed., *Pietists: Selected Writings* (London: SPCK, 1983), 57.

4. Ibid.

5. Ibid., 56.

6. Ibid., 105-106.

9장

1. S. Runciman, *The Great Chruch in Captivity* (Cambridge: Cambridge University Press, 1968), 189-91.

2. N. Malcolm, *Bosnia: A Short History* (London: Macmillan, 1994), 53-54

3. M. Mazower, *Salonica: City of Ghosts* (London: harperCollins, 2004), 46-65.

4. A. Matkovski, *A. History of the Jews in Macedonia* (Skopje, Macedonia: Macedonian Review Editions, 1982), 37-67.

5. Runciman, *The Great Church in Captivity*, 201.

6. N. Malcolm, *Kosovo: A Short History* (London: Macmillan, 1998), 133-34.

7. Runciman, *The Great Church in Captivity*, 208-12.

8. Ibid., 215-18.

9. Malcolm, *Kosovo,* 129-30.

10. Ibid.,131-32.

11. C. A. Frazee, *The Orthodox Church and independent Greece 1821-1852*, 9.

12. Runciman, *The Great Church in Captivity*, 364-66.

10장

1. H. L. Mcbeth, *The Baptist Heritage* (Nashville: Broadman, 1987), 175.

2. Ibid., 162-63.

3. Cited in M. Watts, *The Dissenters*, vol. 1 (Oxford: Oxford University Press, 1978), 388.

4. J. H. S. Burleigh, *A Church History of Scotland* (Oxford: Oxford University Press, 1960), 236-37.

5. A. Clarke, "The Colonisation of Ulster and the Rebellion of 1641," in *The Course of Irish History*, ed. T. W. Moody and F. X. Martin (Cork, Ireland: Mercier Press, 1994), 198.

6. The Catholic Encyclopedia, s.v. "Peter Talbot," http://www.newadvent.org/cathen/14432c.htm.

11장

1. Burkholder and Johnson, *Colonial Latin America*, 204.

2. R. E. Greenleaf, ed., *The Roman Catholic Church in Colonial Latin America* (New York: Alfred A. Knopf, 1971), 140-47.

3. A. Ruiz de Montoya, *The Spiritual Conquest Accomplished by the Religious of the Society of Jesus in the Provinces of Paraguay*, Parana, Uruguay and Tape, trans. C. J. McNaspy et al. (St. Louis: Institute of Jesuit Sources, 1993), 85-86.

4. K. Mills, "The Livits of Religious Coercion in Midcolonial Peru," in *The Church in Colonial Latin America*, ed. J. F. Schwaller (Wilmington, DE: Scholarly Resources, 2000), 150.

5. H. McKennie Goodpasture, ed., *Cross and Sword: An Eyewitness History of Christianity in Latin America* (MaryKnoll, NY: Orbis, 1989), 63-66.

6. Ibid., 83-85.

7.Ibid.

8. "라스 카사스"에 대해서 더 자세한 것은 3장을 보라.

9. Jose de Anchieta, cited in Goodpasture, *Cross and Swork*, 51-52.

10. Ibid.

11. 동일한 시기에 전반적으로 아메리카로 약 8백만 명의 노예가 수입되었다. 미국 혁명의 시대까지 영국의 북아메리카로 수입된 약 35만 명의 노예와 비교해보라(미국의 노예 수는 남북전쟁까지 1790년대 이후에 급격하게 상승했다) Burkholder and Johnson, *Colonial Latin America*, 127을 보라.

12. Goodpasture, *Cross and Sword*, 58-59.

13. Burkholder and Johnson, *Colonial Latin America*, 261.

14. Goodpasture, *Cross and Sword*, 102.

15. Hastings, *A World History of Christianity*, 337.

16. Cited in G. A. Bailey, *Art on the Jesuit Missions in Asia and Latin America 1542-1773* (Toronto, Canada: University of Toronto Press, 1999), 42.

17. Goodpasture, *Cross and Sword,* 48.

18. Hastings, *A World History of Christianity*, 337-38.

19. G. Pendle, *A History of Latin America* (Harmondsworth, England: Penguin, 1976), 62.

20. Goodpasture, *Cross and Sword*, 48.

21. Bailey, *Art on the Jesuit Missions*, 147.

22. Ibid., 242.

23. J. S. Saeger, "Eighteenth-Century Guaycuruan Missions in Paraguay," in *Indian-Religious Relations in Colonial Spanish America*, ed. S. E. Ramirez, (Syracuse, NY: Syracuse University, 1989), 55-86.

12장

1. M. T. Pearse, *The Great Restoration*에서 인용함.

2. E. S. Gaustad, ed., *A Documentary History of Religion in America to the Civil War*, vol. 1, 2nd ed. (Grand Rapids: Eerdmans, 1982), 133-34.

3. Ibid.

4. W. A. Speck and L. Billington, "Calvinism in Colonial North America, 1630-1715," in Prestwich, *International Calvinism*, 265.

5. E. LaPlante, *American Jezebel* (New York: HarperCollins, 2004), 130.

6. I. Mather, *The Order of the Gospel* (1702), cited in Speck and Billington, "Calvinism in Colonial North America," in Prestwich, *International Calvinsm*, 265-66.

7. M. A. Noll, *A History of Christianity in the United States and Canada* (Grand Raids: Eerdmans, 1992), 49-50.

8. A. S. P. Woodhouse, ed., *Puritanism and Liberty* (London: Everyman, 1986), 266.

9. Roger Williams, *The Boudy Tenent of Persecution, for the Cause of Conscience, Discussed in a Conference Between Truth and Peace* (London: 1948), 375.

10. Woodhouse, *Puritanism and Liberty*, 266.

11. *Tensions in American Puritanism* (New York: John Wiley & Sons, 1970)에서 인용함.

12. Ibid., 111.

13. Peel and Carlson, *The Writings of Robert Harrison and Robert Browne,* 162.

14. W. Penn, *No Cross, No Crown* (London, 1669), 4. 22, 23.

15. W. Penn, *Select Works* (London, 1825), 163-65.

16. A. B. Benson, ed., *Peter Kalm's Travel in North Amertca* (New York: Dover Publications, 1966) 나는 이 놀라운 인용을 발견한 데 대해서 나의 이전 학생인 오스틴 스티븐

슨에게 감사한다.

17. McBeth, *The Baptist Heritage,* 147.

13장

1. J. P. Dolan, *In Search of an American Catholicism* (New York: Oxford University Press, 2002), 14.

2. *Christianity in America*에서 인용함.

3. *History of Christianity in the United State and Canada*에서 인용함.

4. Answers.com, http://www.answers.com/topic/lost-of-united-states-presidential-religious-affiliations?method=22, provides a full list.

5. P. U. Bonomi, *Under the Coe of Heaven: Religion, Society and Politics in Colonial America* (New York: Oxford University Press, 1986), 203-5.

6. 11장을 보라.

7. G. M. Marsdin, *Religion and American Culture* (New York: Harcourt Brace Jovanovich, 1990), 30.

8. 이 주제에 관한 논의를 위해서 그들의 흐름을 멋진 것으로 좋아하는 독자들은 나의 *Why the Rest Hates the West* (London: SPCK, 2003; Downers Grove, IL: IVP. 2004)에 문의해보아야 한다.

9. G. Himmelfarb, *The Roads to Modernity* (New York: Alfred a. Knofp, 2001), 204-5, 208, 210-11.

10. M. Noll, *America's God: from Jonathan Edwards to Abraham Lincoln* (Owford: Oxford University Press, 2002), 64.

11. 인정하듯이, 기독교 왕조에 의한 그들의 박해는 침례교가 세속 국가—그리고 아마도 비왕조적—의 잠재적인 지원을 적어도 만들 수 있는 경향이 있었다.

12. The Baptist Heritage을 보라.

13. E. S. Gaustad, *Neither King nor Prelate: Religion and the New Nation 1776-1826* (Grand Rapids: Eerdmans, 1993), 161-74.

14. *Christianity in America*에서 주어진 인용들.

15. Ibid., 138-39.

14장

1. *Howell Harris and the Dawn of Revival* (Bridgend, Wales: Evangelical Press of Wales, 1987)에서 인용함.

2. Ibid., 25.

3. Ibid.

4. Ibid., 26.

5. J. Wesley, *Journal,* 24 January 1738.

6. Ibid., 24 May 1738.

7. Cited in A. Dallimore, *George Whitefield*, vol. 1 (Edinburgh: Banner of Truth,

1970), 301.

8. Ibid., 132.

9. *John Wesley to James Hutton*, Bristol, June 7, 1739, in The Letters of John Wesley, vol. 1, ed. J. Telford (London: Epworth Press, 1931),

http://wesley.nnu.edu/john_wesley/letters/1739.htm.

10. J. Wesley, *Sermons*, 40. 26-27.

11. John Wesley, journal entry, August15, 1750, http://www.godrules.net/library/wesley/274wesley_b5.htm and John Wesley to The Lord Bishop of Gloucester, Novebber 26, 1762, "A Letter to the Right Reverend," http://www.godrules.net/library/wesley/274wesley_i8.htm.

12. G. Whitefield, *Letters of George Whitefield 1734-1742* (Edinburgh: Banner of Truth, 1976), 211-12.

13. Charles Wesley's better-known hymns include: "And Can Be That I Should Gain," "Christ the Lord Is Risen Today," "Come, Thou Long Expected Jesus," "Hark! the Herald Angels Sing," "Jesus, Lover of My Soul," "Love Divine, All Loves Excelling," "O For a Thousand Tongues to Sing," "Rejoice, the Lord Is King." and "Soldiers of Christ, Arise."

14. M. Noll et al., *Christianity in America*, 112-13.

15. O. E. Winslow, ed., *Jonathan Edwards: Basic Writings* (New York: New American Library, 1966), xx.

16. Noll, *History of Christianity in the United States and Canada*, 120.

17. ibid., 140.

18. *Revival and Its Fruit* (Bridgend, Wales: Evangelical Library of Wales, 1981)에서 인용함.

19. *The Baptist Heritage*에서 인용함.

20. 이런 사례가 웨일즈와 관련하여 Geraint H. Jenkins에 의해 잘 만들어졌다. "무타티스 무탄디스"(필연적인 변화)는 역시 영국의 경우에도 해당된다. 예를 들어, G. H. Jenkins, *Literature, Religion and Society in Wales, 1660-1730* (Cardiff: University of Wales Press, 1978), 305-9; G. H. Jenkins, *Protestant Dissenters in Wales 1639-1689* (Cardiff: University of Wales Press, 1992)을 보라.

15장

1. J. Calvin, *Institutes of the Christian Religion*, book 1, chapter 6, sections/chapters3, 4; book 1, chapter 7, sections/chapters 1, 2.

2. K. L. Sprunger, *Trumpets from the Tower: English Puritan Printing in the Netherlands 1600-1640* (Leiden, Netherlands: E. J. Brill, 1994), 8-9.

3. R. Stark, *For the Glory of God: How Monotheism Led to Reformations*, Science, *Witch-Hunts and the End of Slavery* (Princeton, NJ: Princeton University Press, 2003), 166.

4. Cited in ibid., 172.

5. Ibid., 171.

6. 이것이 현대의 서방 사람들이 생각하는 것만큼 터무니없지는 않다. 이전의 소련에서 조차도 말의 올바른 형태를 사용한다면, 논쟁이 가능했다. 현재의 서방 사람들이 보여주는 "흐름

들의 독법"에서 많은 사회들의 독자들은 이 "흐름을 읽는데" 더 커다란 정신적 명민함을 보여주었다.

7. Ibid., 165에서 인용함.

8. Peter Gay, *The Enlightenment: The Rise of Modern Paganism* (New York: W. W. Norton, 1966)에서 인용하고 있는 ibid 167.

9. A, Plummer, *The Church of England in the Eighteenth Century* (London: Methuen, 1910), 109.

10. J. Pelikan, *The Christian Tradition*, vol. 1 (Chicago: Uneversity of Chicago Press, 1971), 7.

11. Gay, *The Enlightenment*, 326, 344.

12. ibid., 345에서 인용함.

13. Bernard Mandeville, *The Fable of the Bees; or, Private Vices, Publick Benefits* (1714), cited in D. Wootton, ed., *Divine Right and Democracy* (Harmondsworth, England: Penguin, 1986), 494-95.

14. L. Damrosch, *Fictions of Reality in the Age of Hume and Johnson* (Madison, WI: University of Wisconsin Press, 1989)에서 인용함

15. P. Gay, *The Enlightenment: A Comprehensive Anthology* (New York: Simon and Schuster, 1973), 304. "어린이가 알 수 없는 것을 그에게 보이지 말라... 어린이가 지금 사용할 수 있다고 알고 있는 것을 그에게 말하라...다른 어린이들과 비교하지 말라. 그들이 서로 경쟁하고 적수가 되게 하지 말라. 심지어 달리기 경주에서도 마찬가지다. 어린이가 시기나 허영심을 통해서 배우게 하는 것보다 아무것도 배우지 않게 하는 것이 낫다....나는 책들을 싫어한다. 그 책들이 우리가 아무것도 알지 못하는 것을 말하게 가르친다."(ibid., 313). 원리적으로 무지한 자에 대한 그러한 가르침이 수없이 주어졌다.

16. C. V. Wedgwood, *The Trial of Charles I* (London: Fontana, 1970)에서 인용함.

17. L. Cracraft, *The Church Reform of Peter the Great* (Stanford, CA: Stanford University Press, 1971), 209.

18. W. R. Ward, *Christianity under the Ancien Regime* (Cambridge: Cambridge University Press, 1999), 198.

19. Ibid., 35-36.

20. Ibid., 32.

16장

1. T. C. Work, " 'Iconomy': A Rule Theory for Images in the Church," TelfordWork.net, 1999, http://www.westmont.edu/~work/articles/iconomy.html.

2. Ibid.

3. Wilson-Dickson, *A Brief History of Christian Music* (Oxford: Lion, 1992)에서 인용함.

4. J. Herl, *Worship Wars in Early Lutheranism* (New York: Oxford University Press, 2004), 67.

5. Wilson-Dickson, *A Brief History of Christian Music*에서 인용함.

6. J. D. Witvliet, *Worship Seeking Understanding: Windows into Christian Practice* (Grand Rapids: Baker, 2003), 224-25.

7. Wilson-Dickson, *A Brief History of Christian Music*, 101-2.

8. G. H. Williams and A. M. Mergal, eds., *Spiritual and Anabaptist Writers* (Philadelphia: Westminser Press. 1957), 75-76.

9. 그들의 작품의 초기 판이 에드워드 6세의 통치 동안인 1549년에 나타났다. *Te Deum: The Church and Music* (Minneapolis: Augsburg Fortress, 1998), 170-71.

10. A. Wilson Dickson, *A Brief History of Christian Music*에서 인용함.

11. Westermeyer, *Te Deum*, 239-41.

12. Ludwig van Beethoven quoted by Edward Schulz, "Handelian Anecdotes," G. H. Handel, http://gfhandel.org에서 인용한 "A Day with Beethoven," The Harmonicum (1824).

13. Westermeyer, *Te Deum*, 188, 205.

14. J. Waterworth, ed. and trans., *The canons and decrees of the sacred and oecumenical Council of Trent* (London: Dolman, 1848), 235-36.

15. Hsia, *The World of Catholic Renewal 1540-1770*, 159.

16. Bailey, *Art on the Jesuit Missions*, 59.

17. Ibid., 75.

18. Ibid., 105-9, 137-41.

19. Ibid., 145.

용어풀이

계몽된 사람들(*alumbrados*). 영적인 의미에서 "계몽되거" 나 "조명을 받은" 사람을 의미하는 스페인어다.

복자들(*beatas*). "복 받은" 여성을 의미하는 스페인어다. 특히 이 용어는 자신의 집에서 구별되게 경건한 삶을 살아가는 여성을 일컫는다.

귀족(boyars). 러시아 귀족들

브루더호프(*bruderhof*). "형제들", 즉 헤른후트나 재세례파들이 공동체로 살았던 장소를 일컫는 독일 용어다.

총주교(catholicos) 동방교회들에서의 대주교

산도미리엔시스 협약(Consensus Sandomiriensis). 폴란드의 개신교를 연합시킨 1570년의 대회.

콘베르소(*conversos*) 중세 후반에 스페인에서 무어족의 축출 이후에 가톨릭으로 개종했던 – 실제적으로 또는 단순히 외향적으로 – 스페인 무슬림들.

맨발의 수도사(Discalced). "신발이 없는." 16세기 수도사와 수녀들의 특히 엄격한 수도단에 주어진 이름.

콘스탄티누스 대제의 기부 증서(Donation of Constantine). 로마 황제 콘스탄틴이 썼다고 주장하는 8세기의 위조문서인데, 그것은 교황에게 절대적인 세속적 권위를 주고 있다. 15세기 학자인 로렌조 발라가 그 문서가 위조된 것임을 밝히기 전까지 그것이 진정한 문서인 것으로 일반적으로 받아들여졌다.

에세네파(Essenes). 그리스도의 시대 경에 금욕적인 유대 운동. 이 공동체의 구성원들에 의해 사해사본이 만들어졌다.

사효론(*ex opere operato*). "행해진 일에 의해 작용하는" 이란 의미의 라틴 용어다. 특히 성례가 정확하게 행해진 일에 의해 영적인 영향을 가지면, 그 일을

집행하는 사람 – 특히 사제 – 의 은혜의 상태(또는 은혜의 부재)에 의해 영향을 받지 않는다.

법정적인 칭의(forensic justification). 한 사람이 칭의 되어지는 과정에 관한 개신교 종교개혁자들의 교리를 일컫는다. 즉 의는 법적인 의미에서 그리스도의 죽음의 혜택을 통해서 사람들에게 전가된다.

글라골루 문자(Glagolitic). 슬라브족의 언어로 예전과 성경을 적기 위해서 9세기에 시릴과 메도디우스가 고안한 알파벳. (시릴의 이름을 딴) 시릴 필기체가 나중에 글라골루 문자에서 발전되었다. 원 필기체는 19세기까지 특히 크로아티아에서 일부 목적을 위해서 계속 사용되곤 했다.

영주(landgrave). 대략 백작과 동의어인 독일 귀족.

마르(Mar.). 인도 교회에서 성인 – 그러므로 사도 도마 이후에 Mar 도마 – 또는 총대주교에 의해 채택된 칭호.

파드로아두(*Padroado*). 인도의 주교 관구에 대해 교황이 포르투갈 왕에게 준 종교적 후원 세력들.

계몽사상가(*philosophes*). 18세기의 프랑스 정치적-철학적 작가들.

레더리케르카머스(rederijkerkamers). 특히 종교개혁 시대에 성경의 교리들을 촉진하는 개념의 교환을 위한 장소로서 연출되고 행해진 '수사의 방.'

리터아카데미(Ritterakademie). 과학, 정치, 언어를 공부하는 독일 귀족의 아들들을 위한 대학. 여기서 언급된 이런 형태의 기관이 브란덴부르크(Brandenburg)의 기관이다.

러스(Rus'). 초기와 중기의 중세 시대 동안에 지금은 우크라이나라 일컫는 곳에서 살았던 초기 슬라브족 사람들과 그들의 스칸디나비아 통치자들을 나타내는 용어다. 그들과 그들의 나라는 몽골족의 침입으로 흩어졌다. 현대의 러시아와 우크라이나가 모두 러스로부터 직접적으로 출원한 민족들의 후손이라고 주장한다.

상퀼로트(*sansculottes*). "무릎 아래가 없는 반바지"를 의미하는 프랑스 용어. 프랑스 혁명의 가장 공격적인 중추를 이루었던 누더기 옷을 입은 가난한 자들(또는 자주 단순히 그런 식으로 자신을 표현한 사람들)을 일컫는다.

세속 성직자(secular clergy). 수도원이나 다른 규칙에 따라서 살지 않는 일반적인 성직자(그러한 규칙을 따라 살아가는 사람들은 "정규 성직자" [regulars] 다).

시안퓨 기념비(Sigan-Fu Stone). 때로 네스토리안 기념비라고도 불려진다. 1625년에 재발견된 이 8세기 기념돌은 7세기에 기독교가 중국에 전파된 일에 대한 정보를 제공하는 많은 비문을 담고 있다.

스타우로페기알(Stauropegial). 스타우로페기알은 직역하면 "십자가의 부속물"을 의미한다. 즉 동방 정교회에서 그것은 지역의 관구 주교 아래보다는 교회의 대주교의 권위 아래에 – 특히 콘스탄티노플의 총대주교에게 정규적인 충성을 하는 사람들 – 직접적으로 있는 수도원에 대해서 사용된 용어다.

슬라흐타(*szlachta*). 폴란드 귀족

인간 이하의 사람들(*Untermenschen*). "인간 이하"에 대한 나지 용어. 지나치게 흥분한 민족주의에 대하여 풍자적으로 이 책의 서문에 사용한 이 용어의 가장 근접한 동의어는 "거의 인간 종족이 아닌" 일 것이다.

왈라키아(Vlach/Vlachs). 발칸 언어와 그 언어를 말하는 사람들. 왈라키아는 발칸의 로마화된 거주자들로부터 내려왔다고 생각된다. 그들의 언어는 일반적으로 루마니아와 관련이 있는 것으로 생각된다. 왈라키아는 인구밀도가 높은 지역에서 떨어져서 그들의 삶과 문화를 유지했던 목가적 사람들이었다. 당연히 그들의 언어는 근세기에는 심각하게 손상을 입었고, 많은 사람들이 슬라브족과 다른 더 커다란 인종 그룹에 흡수되었다. 일부 사람들이 마게도니아와 그밖에 다른 곳에 남아 있다.

색 인

「그리심」의 교회사에 관한 도서

- **대중적 신앙 2** (모나크 교회역사 시리즈)
  아이보르 J. 데이비드슨 · 라은성 역 · 528면 · 신국판 · 양장
- **개혁과 투쟁 4** (모나크 교회역사 시리즈)
  루돌프 W. 하인즈 · 원종천 역 · 544면 · 신국판 · 양장
- **이성의 시대 5** (모나크 교회역사 시리즈)
  메익 피어스 · 박응규 역 · 568면 · 신국판 · 양장
- **기독교와 서양문명**
  임희완 저 · 656면 · 신국판 · 양장
- **서양문명의 정체성(헤브라이즘과 헬레니즘의 만남)**
  임희완 저 · 360면 · 신국판 · 반양장
- **초대교회의 신학자들**
  G.R 에반스 · 박영실 역 · 410면 · 신국판 · 반양장
- **하나님과 인간, 그리고 시산(기독교적 역사이해)**
  어얼 E. 케이른스 · 박영실 역 · 264면 · 신국판 · 반양장
- **초대교회사**
  서요한 · 664면 · 신국판 · 양장
- **중세교회사**
  서요한 · 892면 · 신국판 · 양장
- **종교개혁사**
  서요한 · 832면 · 신국판 · 양장
- **르네상스와 종교개혁**
  윌리엄 에스텝 · 라은성 역 · 655면 · 신국판 · 양장
- **로마카톨릭주의와 복음주의**
  가이슬러 · 맥켄지 · 라은성 역 · 746면 · 신국판 · 양장
- **교회사 안에 나타난 이단과 정통**
  헤롤드 O. J. 브라운 · 라은성 역 · 704면 · 신국판 · 양장

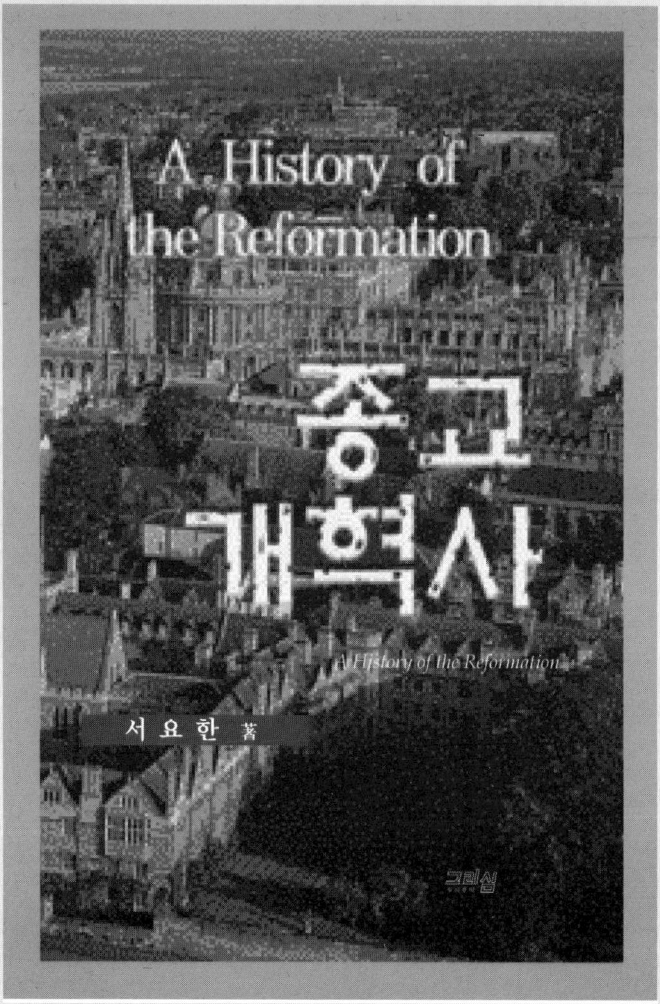
A History of the Reformation
종교
개혁사
A History of the Reformation
서요한 著
그리심

종교개혁사

서요한 지음 · 신국판 · 양장 · 832면 · 그리심

"역사 속에 갈등과 대립, 미움과 증오, 반목과 분열은 왜 일어나는가? 인간의 지속적인 복지와 행복의 추구에도 불구하고 왜 이 땅에 가난과 질병, 기근과 전쟁, 재난과 재해는 종식되지 않는가? 정말 신은 존재하는가? 존재한다면 왜 의인이 고난받는가?"와 같은 질문은 종교인이나 비종교인, 크리스천이나 넌 크리스천 간에 상시적으로 제기되는 공통된 질문이다. 저는 그동안 역사 연구를 통해 이러한 질문은 모든 사람들, 특별히 16세기 종교 개혁자들에게도 동일하게 제기된 주제였음을 발견하였다. 그 해답은 성경의 핵심 주제인 언약 신학에 기 초한 하나님의 통치와 절대주권이었다. 지금까지 국내외 출판사들이 출간한 「종교개혁사」는 기독교 일변도였다. 일부 책들은 역사적, 신앙적, 신학적 내지 실천적으로 품격 있게 기 술되었다. 경우에 따라서는 학문상 첨예한 논쟁과 비판으로 신학적 묘미를 극대화하였다. 하 지만 저자는 기존의 역사 서술과 적용, 관례를 존중하되 종교개혁사를 언약신학 및 구속사 적 관점에서 통시적으로 재해석하였다. 특별히 중세 약 1,000년을 지배한 동로마 제국의 몰 락과 오스만 터키의 출현 및 확장과 몰락에 주목하였다. 그 이유는 동방의 소위 제국 기독 교의 성찰과 그 제국의 몰락과 패망, 예견된 일이지만, 이슬람의 확산과 정착이 세계 역사를 재편했기 때문이다. 본서는 저자가 선지학도들과 일선 목회자들을 위해 지금까지 강의한 것들로 출간을 위해 특별히 정리한 것이며, 모두 5부 18장으로 구성되었다.

이성의 시대(모나크 교회사 시리즈 5)

2013년 7월 20일 초판 1쇄 인쇄
2013년 7월 30일 초판 1쇄 발행

저 자 • 메익 피어스(Meic Pearse)
역 자 • 박 응 규
발행인 • 조 경 혜
발행처 • 도서출판 그리심
156-763 서울시 동작구 사당5동 196인정 B동(B01)

등록번호 • 제 7-258호(1998. 4. 23)
출 판 사 • 전화 523-7589 팩스 523-7590
홈페이지 • http://grisim.biz
전자우편 • grisimcho@hanmail.net

값: 표지 뒷면에

ISBN 978-89-5799-333-0 (94230)
ISBN 978-89-5799-263-0 (세트)